谨以本书献给中国特色的社区矫正法治建设事业和中国政法大学成立70周年！

本书系国家社科基金重点项目《中国特色的社区矫正制度研究》（项目编号：13AFX007）的基础理论成果之一。

中国特色社区矫正基本制度问题研究

Study on Issues of Fundamental System of Community Corrections with Chinese Characters

王顺安 马 聪 ◎著

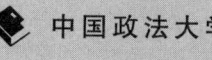

中国政法大学出版社

2022·北京

声　明	1. 版权所有，侵权必究。
	2. 如有缺页、倒装问题，由出版社负责退换。

图书在版编目（CIP）数据

中国特色社区矫正基本制度问题研究/王顺安,马聪著.—北京:中国政法大学出版社,2022.9

ISBN 978-7-5764-0110-3

Ⅰ.①中… Ⅱ.①王… ②马… Ⅲ.①社区－监督改造－研究－中国 Ⅳ.①D926.74

中国版本图书馆 CIP 数据核字(2021)第 188399 号

出 版 者	中国政法大学出版社
地　　址	北京市海淀区西土城路 25 号
邮寄地址	北京 100088 信箱 8034 分箱　邮编 100088
网　　址	http://www.cuplpress.com (网络实名：中国政法大学出版社)
电　　话	010-58908586(编辑部) 58908334(邮购部)
编辑邮箱	zhengfadch@126.com
承　　印	北京鑫海金澳胶印有限公司
开　　本	720mm×960mm　1/16
印　　张	41.25
字　　数	700 千字
版　　次	2022 年 9 月第 1 版
印　　次	2022 年 9 月第 1 次印刷
定　　价	149.00 元

社区矫正的探索与研究永远在路上
（代序）

百年社区矫正的历史演变

正如罗马城不是一天就能建成的一样，作为在社区并利用社区资源帮助犯罪人重新社会化并更好地融入社会的社区矫正制度，也不可能一蹴而就，而是在不断探索与研究的过程中逐渐形成、壮大并呈蓬勃发展的趋势的。

一、现代社区矫正制度起源于对近代以来剥夺自由刑及其监狱封闭式管理负面效应的反思

基于1764年意大利天才青年切萨雷·贝卡利亚撰写并出版的《论犯罪与刑罚》的广泛宣传与鼓动，卢梭、伏尔泰、孟德斯鸠和边沁等启蒙思想家的天赋人权、人人平等、反对刑讯逼供、主张罪刑法定、废除死刑和肉刑、倡导自由刑等刑事古典学派的观点和主张，迅速获得普及并直接导致了1789年法国大革命和1791年法国刑法典、1810年拿破仑刑法典的诞生，以肉刑和死刑为主并公开血腥恐怖的广场式行刑模式，向以剥夺自由的监禁刑并采取监狱监禁和忏悔的封闭式行刑模式转化。

剥夺自由的监禁刑及其执行场所的监狱，在人类历史上为替代和废除肉刑、死刑等残酷的刑罚及其行刑方式，作出了不可磨灭的贡献，曾被誉为人类刑罚文明最灿烂的花朵，但好景不长就呈现出诸多弊端。尽管在19世纪末20世纪初，刑事古典学派的犯罪与刑罚理论及监狱行刑实践，遭到刑事实证学派（犯罪人类学派和犯罪社会学派）理论的冲击，犯罪研究的重点由犯罪行为转变为犯罪人，犯罪原因观由一元论变成多元论，刑罚治罪由万能和唯

一变成最后且迫不得已，监狱管理由单纯的惩罚报应向能动的教育矫正转型并呈日趋人道文明的发展趋势。但是，监狱固有的弊端仍然无法获得彻底的解决。

监狱始终存在的痼疾主要体现在以下几个方面：一是监狱的规模容积无法适应社会犯罪和犯罪人口的变化，监狱不能随便地扩建与废置；二是监狱建设、运营及其行刑矫正的成本越来越高，国家和社会都难以承受有限财富的消耗；三是监狱内的罪犯易于交叉感染（不同性质犯罪人之间）、深度感染（相同性质犯罪人之间）和因人口爆满、缺少安全距离及需求矛盾而生暴力甚或暴动；四是长期狱内封闭性囚禁和严格的惩罚规训，罪犯社会化人格和主动性决策能力丧失，形成监狱人格，不利于刑满释放后顺利融入社会，存在着行刑目的与行刑手段相冲突的矛盾；五是针对偶犯、初犯、过失犯、行政犯、少年犯和老年犯等被判短期剥夺自由的监禁刑罚的罪犯，监狱行刑普遍存在对服刑人员而言的惩罚无功、威慑无力、改造不能、"学坏正好"的问题；六是一旦入狱行刑，无论怎么教育矫治，即使立功减刑出狱，都难以摆脱刑事前科的羁绊和监狱人的标签烙印，出狱后困难重重，极易重新犯罪。

如何克服与解决封闭性监狱的顽瘴痼疾呢？政治家、法学家、刑事学专家和狱务工作者都在不断地探索着对监狱的改良措施，并将封闭式监狱管理模式向半开放式、开放式监狱管理模式转变。对于长期监禁刑罪犯而言，采取累进处遇提前附条件释放的假释制度，让其有一个过渡性的渐进回归社会的缓冲期和中途之家，帮助其再社会化重新融入社会。对于监狱中正在刑罚执行过程中的罪犯而言，尽可能地设计并适用有利于罪犯与社会接融的开放性处遇制度，除接纳专业社工、医务人员和宗教人士参与狱内教育帮扶外，还通过回家探亲、学习释放和劳动释放等制度来保持与社会的联系与沟通。对于短期监禁刑罪犯而言，除必要和必须收监执行的极少部分罪犯以外，尽可能多地在刑事诉讼过程中，通过警察预审羁押环节的保释转处、检察起诉环节的不起诉和附条件的暂缓不起诉等措施来避免刑事诉讼过程中的副作用、在法院定罪量刑环节根据人身危险性评估作出附条件暂缓判决和附条件暂缓执行，尽可能少地未决羁押和收监执行。

二、社区矫正萌芽于英美的假释和缓刑制度

（一）假释（Parole）

假释，又称假出狱，是指监狱剥夺自由的监禁刑罪犯，经过一定的服刑

期限，有悛悔实据的，附以条件许其暂行释放出狱，在考验期限内没有违反条件，就将其出狱日数算入刑期内的刑罚执行变更处遇制度。假释具有诸多正面功能：一是可以救济长期剥夺自由刑的弊端，鼓励监狱服刑人员积极改造自新；二是可以救济量刑时的失当，克服刑罚量的过剩；三是能发挥"中途之家"的作用，助其逐渐适应社会生活；四是可以疏通监狱，缓解监狱人口的压力，贯彻刑罚经济原则；五是可以配合累进处遇制度，改变监狱的静止与僵化，以达改善罪犯之目的。假释是最早的社区矫正项目，是联系监狱行刑和刑满解矫之间的桥梁，是世界各国社区矫正制度的一种重要形式。

国外假释制度源于监狱制度的改革。在美国和英国，人们通常把亚历山大·麦克诺基（Alexander Maconochie）和沃尔特·克罗夫顿（Sir Walter Crofton）看作是假释制度的创始人。亚历山大·麦克诺基是19世纪英国刑罚改革家，在受命管理澳大利亚诺福克岛上的流放犯人时，他推行一种激励记分制度，犯人通过劳动和良好的表现获得分数，分数积累到一定数量可以拿到释放证，重获自由。沃尔特·克罗夫顿是19世纪爱尔兰监狱改革家，他受亚历山大·麦克诺基记分制度的启发，对释放证制度进行完善，设置了中间监狱阶段，使监狱服刑罪犯在释放前有一个半自由的过渡期，白天可以到社会上工作，晚上回监狱报告情况并住在监舍。经过中间阶段的考察，合格者发给假释证书，予以假释。假释后罪犯需要每个月向狱方和监管人提交一份行为表现报告，监管人会动员社会力量帮助假释犯寻找工作并监督他们的日常工作。在欧洲大陆，人们把博维纳尔·德·马尔桑吉（Bonnevile de Marsangy）看作是假释之父。博维纳尔·德·马尔桑吉是19世纪法国刑罚改革家，其假释制度分为两个阶段：第一阶段是准假释阶段，犯人白天在外面工作，晚上住在监狱，其目的在于让罪犯为重新适应社会生活作好准备；第二阶段是附条件提前释放，但要求假释犯在假释官的监督下，并接受假释官的指导、帮助和约束。

（二）缓刑（Strafaussetzung）

又称刑之执行犹豫、附条件暂缓刑罚执行，是指法院基于法定之条件，对于犯罪人在一定期间内缓其刑之执行，若犯罪人在该条件规定的一定期间内行状良好，而无撤销之事由时，即不再执行刑罚，其效力等于未受刑之宣告，反之则撤销并收监执行其所宣告之刑。缓刑在美国则是对于尚未受剥夺自由刑之宣告和执行之前交付的保护管束的制度，被称为 Probation。受剥夺自由刑之前的保护管束，亦称保护观察，此项制度主要适用于初犯、微罪者或偶发犯、机会犯，可分为犹豫其刑之宣告（Suspended Sentence）和暂缓其宣告之执行（Suspension of the Execution of the Sentence）两种方式，前者为缓宣告，或称宣告犹豫制度，后者为缓执行，即执行犹豫制度。此种制度不仅可以消除刑事前科和避免短期剥夺自由的监禁刑及其监狱行刑的弊端，而且还可以收到鼓励犯罪人改过自新和预防再犯的作用。被美国乃至全世界誉为"现代缓刑之父"的美国波士顿鞋匠约翰·奥古斯塔（J. Augustus），在1841年对一名酗酒的年青犯罪人在法官未宣告判决前所申请的保释尝试和随后在三周考验期限内的提供住宿，帮其习艺找工作，并作为"善行保证人"及时向法庭报告犯罪人的行为表现的做法，实际上是缓宣告的保护观察。

在欧洲，由于受到英美等国之判决的宣告犹豫制度的影响，比利时和法国先后发展出将所宣告的刑罚予以暂缓执行之方式，即刑之执行之犹豫制度。比利时于1888年5月31日制定的《假释及附条件有罪判决法》，率先揭开了大陆法系缓刑之序幕。1891年法国在《刑之减轻与加重法》，规定了惩役和罚金的刑之执行犹豫制度，1895年在巴黎召开的第五届国际监狱会议对刑之执行犹豫即缓执行制度进行了热烈的讨论，随之传播到意大利、匈牙利和德国，又由法国和德国传播到日本及中国。

三、社区矫正得益于二战之后的更生理念、民权运动和标签理论的推动

（一）更生理念

由于二战后民主自由与平等博爱思想深入人心，刑事执行的刑罚目的已由传统的报应主义转向特别预防主义。刑罚的手段，由消极的惩罚趋向积极的教育，监狱行刑与矫正不再注重对罪犯过去犯罪行为的惩罚报应性回顾，而更关注对罪犯未来回归社会的更生保护性前瞻。早在1929年，美国联邦监狱局就把罪犯"更生"和帮助罪犯重返社会作为基本的目标。1954年，"美国监狱协会"更名为"美国矫正协会"。二战后至20世纪60年代之间，新型的监狱执行策略集中在社会的习得和消除在监狱生活中的负面影响。更生的理念能够在美国的司法执法体制中得以贯彻，与美国国家政策的调整密不可分。让罪犯"重新与社会结合的思想"与20世纪60年代美国时任总统林登·贝恩斯·约翰逊提出的"伟大的社会"的工程是一致的。"伟大的社会"工程思想在矫正领域中涉及对罪犯的工作训练项目，为罪犯创造特别的工作机会和强调基于社区的矫正项目，将非监禁的矫正方法（社区矫正）作为帮助罪犯的主要形式。1967年美国总统林登·贝恩斯·约翰逊的法律执行和司法

管理委员会认为,"理想的矫正体系主要应强调社区的工作,使罪犯能够重新融入社会的结构之中。因而,缓刑和假释变为在矫正领域的主要方法","总统的计划与学界观念的吻合,促使了美国社区矫正的迅速发展"。[1]更生理念不仅有利于对罪犯再教育和再社会化,而且有利于针对社区存在的诱发犯罪的致罪因素和不良环境进行治理。

(二) 民权运动

美国在20世纪60、70年代的民权运动,不仅因涉及监狱罪犯权利的保障问题,而且还因监狱剥夺罪犯自由的行刑方式而导致罪犯权利的实现和合法权益的保障具有天然的困难性、局限性,从而推动了监狱行刑的开放式处遇和非监禁的社区矫正模式。罪犯权利运动的核心问题是解决罪犯受歧视、受到不公正和不合理的对待。首先罪犯享有平等地获得保护和矫正处遇的权利,缓刑犯和假释犯的基本权利应当明确且受法律保护。其次,改变传统管理罪犯的基本理念与做法,对罪犯的控制和干预不是越多越好,而是较少的控制和干预则更好,应当减少和限制国家的权力,扩大罪犯的权利。此外,赋予罪犯受惩戒时的"适当程序的权利"。撤销缓刑和假释应给予罪犯享有预备听证会、听证会等救济的机会和走程序的权利。

(三) 标签理论

20世纪30年代,美国犯罪学家弗兰克·坦南鲍姆首先提出了标签理论,认为越轨和犯罪是一个"恶作剧"的标签过程,一旦"恶名"的标签被贴在身上,越轨和犯罪人就难以洗刷"恶名",这就埋下了日后继续从事越轨和犯罪的种子。埃德温·利默特等又运用互动理论来解释犯罪行为的形成过程,从而深化和扩大了标签理论的内涵,认为没有行为在本质上是犯罪的,犯罪仅只是社会或旁观者所赋予的定义,亦即社会反应的结果。[2]标签理论在20世纪70年代逐渐受到重视,强调一旦犯罪人非进入刑事司法程序不可时,应尽量运用社区处遇替代机构性的监狱行刑,以避免其受机构处遇前科记录的污染。其他没必要列为犯罪行为加以惩罚者,亦尽量予以非犯罪化、非刑罚化,改用刑罚以外的手段予以处理。"对所有罪犯(成人和未成年人)的处理应尽可能采用在监狱之外的方式,如社区矫正包括非刑罚处罚的方式。"[3]

---

[1] 刘强:《美国社区矫正演变史研究——以犯罪刑罚控制为视角》,法律出版社2009年版,第90页。

[2] 张平吾编:《犯罪学与刑事政策》,正中书局2000年版,第347页。

[3] 刘强:《美国社区矫正演变史研究——以犯罪刑罚控制为视角》,法律出版社2009年版,第87页。

中国特色社区矫正基本制度问题研究

四、社区矫正在20世纪60、70年代的美国蓬勃发展，直接源于监狱成本的高昂和矫正政策的改变

（一）监狱成本的高昂

根据我国最早在公开刊物上发表的《美国社区矫正制度》一文中揭示，当时美国监狱的建造和维持费用极为昂贵，中级警戒监狱每间囚室的造价已高达3.7万美元，高级警戒监狱每间囚室的造价达7.8万多美元，每年一名囚犯的伙食费和看守费用高达1.5万美元，有的监狱则高达3万元，美国政府难以继续扩大监狱的建设，刑事司法机关不得不注意采用非监禁的狱外的各种替代性处遇措施。[1]同时，联邦财政对社区矫正大力支持，"为矫正思想体系与社会和政治现实相结合提供了动力，从而使社区矫正方法在全美得到广泛的采用"，"从执法辅助委员会一九六七年开始拨款到一九七五年七月，联邦为《街道安全法》提供了23 837 512美元，州和地方提供了12 300 710美元，专用于成年犯释后居住就业辅导方案"。[2]

（二）矫正政策的改变

依据导致犯罪的原因和因素中，对犯罪人个人因素和社会因素强调的不同，美国矫正政策模式，可分为四种：一是监禁模式，它忽略了罪犯个体因素和社会因素，只求单纯地关押；二是改造模式，它强调产生犯罪的社会因素，但忽视了罪犯个体的因素；三是康复模式，它强调了对罪犯个体因素的矫治，忽视了社会因素的改造；四是复归模式，它强调从社会和罪犯个体两方面因素的矫正入手，帮助罪犯再社会化。美国社会中实行的各种社区矫正制度都是基于帮助罪犯复归社会这一指导思想进行的，"这种复归矫正政策认为犯罪是由社会和罪犯本身的错误，两方面造成的。要预防犯罪，预防罪犯的重新犯罪，必须改造社会的环境和矫正罪犯"。[3]

五、社区矫正得益于20世纪末以来的法治建设的保障与促进作用

（一）美国的立法情况

美国是联邦制国家且属于英美法系，各州都有立法权，因各州的历史文化不同而使社区矫正的立法内容有所差异。1966年加利福尼亚州的法官为了

---

[1] 晓雾：《美国社区矫正制度》，载《犯罪与改造研究》1990年第3期，第51~54页。
[2] [美]克莱门斯·巴特勒斯：《罪犯矫正概述》，龙学群译、陈新华校，群众出版社1987年版，第56页。
[3] 晓雾：《美国社区矫正制度》，载《犯罪与改造研究》1990年第3期，第51~54页。

更好地惩处违反交通法停车法的妇女，创设了社区服务刑（Community Service）。20 世纪 70 年代创设了日报告刑（Day Reporting Centers）。1973 年明尼苏达州通过了世界上第一个州立的《社区矫正法》。1983 年佛罗里达州的《矫正改革法》规定了家庭监禁刑（House Arrest，House Confinement），同年美国开始在全国推广针对青少年的矫正训练营（短期军事化禁闭管制）（Boot Camp）。在 1973 年至 1996 年的 23 年间，美国一共有 28 个州通过了《社区矫正法》或类似法律。

（二）英国的立法情况

英国是最早创制累进处遇假释制度的国家，早在 1864 年就由英国议会颁布法律将豁免刑期与点数制结合起来，规范了累进处遇假释制度。1887 年《初犯缓刑法》（Probation of First Offenders Act）出台。1972 年《刑事司法条例》规定了社区服务令。1991 年《刑事司法法》（The Criminal justice Bill）明确了缓刑为一种独立的刑种——缓刑令（Probation Order）。2000 年颁布的《刑事法院权利（量刑）法》和 2003 年颁布的《刑事审判法》分别规定了宵禁刑（The Curfew Order）和间歇监禁刑（Intermittent Custody）。

（三）俄罗斯的立法情况

20 世纪 90 年代苏联解体后，俄罗斯先后颁布了《俄罗斯联邦刑法典》《俄罗斯联邦刑事诉讼法典》《俄罗斯联邦刑事执行法典》，在刑事的实体、程序和执行的不同阶段的法律中，都规定了社区矫正的内容。尤其在《俄罗斯联邦刑事执行法典》中设专编即第二篇为"被处刑人员非社会隔离性刑罚的执行"，规定了第四章"义务性劳动刑执行"、第七章"矫正性劳动刑执行"、第八章"限制自由刑执行"等特色的社区矫正刑及执行制度。

（四）日本的立法情况

日本在 20 世纪前后就借鉴法国和德国的刑事法律，规定了缓刑和假释制度，同时对刑释人员较早地规定了更生保护制度，形成了极具特色的更生保护社区矫正制度。二战后，日本制定了《犯罪者预防更生法》。1950 年又颁布了《紧急更生保护法》。1954 年制定了《缓期执行者保护观察法》。1995 年日本整合更生保护的相关法律，制定了《更生保护事业法》。2007 年日本又重新整合了《犯罪者预防更生法》《缓刑者保护观察法》《司法保护事业法》《紧急更生保护法》，以及《少年法》的部分内容，出台了更加系统化的《更生保护法》，将保护观察制度和更生保护制度一体化。

六、"中间处遇"或"中庸制裁措施"兴起,有逐步取代传统社区处遇之势

由于缺乏对罪犯的再犯风险评估以及对社区处遇对象不加甄别,各种不适合于社会矫正的对象包括严重暴力罪犯和惯犯、累犯都放入社区矫正,最后造成社区治安环境恶劣,保释、刑释和各种开放性处遇的犯罪人再犯率飙升,在美国的一些社区居民喊出了"将罪犯赶出社区"的口号。1974年美国犯罪学者马丁森等经过系统地调查研究抛出了"矫正无效论"的报告,传统报应刑监狱监禁处遇思潮及实践又被重新唤起,"美国又重新使用了惩罚和监禁这些古老的办法。对罪犯采取的强硬态度使得强制性判决日益增多,并使监狱拥挤不堪,死刑得以恢复"。[1]毕竟新建的监狱赶不上犯罪浪潮的冲击,更何况监狱的建造成本高昂、客观存在的副作用无法克服,社区矫正的优点远大于缺点,因此尽管有些州废除假释等非监禁处遇措施,但仍阻挡不了社区矫正等"替代监禁"措施的发展壮大。

与此同时,综合性的刑罚目的观开始兴起,以关注被害人损害修复为核心的恢复性司法运动在北美加拿大和澳大利亚、新西兰等国获得治罪和治理的巨大成功,再加上犯罪学研究揭示出犯罪人犯罪生涯的"二八"律及"三振出局"排罪理论逐渐深入人心,刑事政策从单调的"严格刑事政策"转向"重重轻轻两极化"刑事政策,监狱行刑负责"重重刑事政策"的实施,社区矫正负责"轻轻刑事政策"的落实,二者之间相互依存相互转化,共同完成报应与预防的刑罚目的及其任务。

基于以往在适用缓刑和假释等非监禁社区处遇制度上,可能存在的对犯罪人缺乏必要的惩戒和适当的监控,造成了对社区大众的不满和不安,于是在20世纪80年代后期英美国家新创出所谓的"中间处遇"或称"中庸制裁(惩处)措施"(Intermediate Punishment;Intermediate Sanction)。所谓"中间处遇"或者"中庸制裁措施",是指介于监狱看守所机构处遇与社区非监禁处遇之间的制度,其目的在于缓和监狱看守所机构处遇中隔离与监禁的严厉性,使受刑人易于回归社会。因此,"中间处遇"或"中庸制裁措施",经常结合监狱看守所机构处遇与社区处遇的各种方法,取长补短且有机结合,以达到康复社会预防犯罪的目的。"中间处遇"或"中庸制裁措施"除了对社会提

---

[1] [美]克莱门斯·巴特勒斯:《罪犯矫正概述》,龙学群译、陈新华校,群众出版社1987年版,第3页。

供更大的保安力量外,亦提供犯罪人更多协助。

根据英美两国"中间处遇"或"中庸制裁措施"的发展,可分为两大类:第一大类是以监狱看守所机构处遇为基础,而并采社区处遇措施,其内容有开放式处遇、外出制处遇、通勤制处遇、周末拘禁处遇、假日拘禁处遇、夜间拘禁处遇、半拘禁处遇等;第二大类是以社区处遇为基础,并利用监狱看守所机构设备以为处遇的措施,其内容有保护观察之家、中途之家、释放前辅导中心、社区内处遇中心、社区诊断与处遇中心、追踪辅导中心等。"中间处遇"或"中庸制裁措施"是监狱看守所机构处遇与社区矫正社区处遇之间的桥梁,更是刑释解矫人员渐进回归融入社会的通道。

日本学者藤本哲也教授和我国许福生教授认为,以社区为主的"中间处遇"或"中庸制裁措施",其发展目的在于控制犯罪,以及将犯罪对社会的影响减到最低,而且还可以随时根据情况将犯罪人交付监禁监狱看守所机构或一般保护管束社区矫正系统。因此,此类"折中刑罚"可以取代传统观护和监禁之间的真空地带,比监禁多一些自主权,而比传统观护多一些控制。"亦即针对以往的社区处遇,表现出'从社区内处遇转移至社区内刑罚'的特征。"[1]

中华人民共和国社区矫正的不平凡探索之路

一、中华人民共和国成立以前的非监禁处遇制度的移植与实践

从历史发展的眼光来看,中国社区矫正的过去应该追溯到清末民初沈家本主持的法制改良及刑事立法,大清新刑律刑诉律监狱律均移植了域外缓刑、假释和监外执行制度,中华民国北洋政府和南京政府颁布的刑事法律又进一步继承与完善。

作为社区矫正适用基础的缓刑和假释制度,源于清末法律改良过程中的废除肉刑、引入剥夺自由的监禁刑及其针对监狱执行监禁刑的弊端而规定的当时在全球范围内尚属创新的缓予执行措施和变更执行制度。

为了收回领事裁判权和租界内的西方列强修建的执行监禁刑罚的新式监狱,同时也是为了清末政治体制改革和移植监禁刑罚及其犹豫执行和变更执行制度以标榜追求刑罚人道与文明的需要,1907年《大清刑律草案》废除了

---

[1] 张平吾编:《犯罪学与刑事政策》,正中书局2000年版,第348页。

笞、杖、徒、流、死的旧五刑，确立了死刑、无期徒刑、有期徒刑、拘留、罚金等新五刑，用时尚文明的监禁刑罚取代了以肉刑和死刑为主的落后且野蛮的刑罚结构，并相应地规定了监禁刑罚配套的犹豫执行的缓刑、假释制度和赦免制度。1910年由日本监狱学家小河滋次郎草拟完成的《大清监狱律草案》，又规定了特赦减刑和假释制度。尽管清末沈家本主持的修律及监狱改良规定了极先进的缓刑、假释和赦免制度，但终因1911年"武昌首义"而爆发的辛亥革命使延绵了两千多年的封建帝制被推翻而没有来得及正式实施。

中华民国时期刑事立法和司法实践正式纳入缓刑、假释、保外就医和赦免等非监禁替刑措施、变更执行和刑罚消灭制度。

（1）1912年中华民国北洋政府颁布了《中华民国暂行刑律》，规定了剥夺自由刑为徒刑和拘役两种刑罚方法。1912年又颁布了《假释管理规则》和《出狱人保护事业奖励规则》及相应的缓刑制度，1913年公布了《监狱规则》，使当时中国监狱刑缓予执行、假释和监狱管理及出狱人保护法律制度达到了国际前沿的立法水平。

（2）南京国民政府制定的刑法刑事诉讼法监狱行刑法进一步完善了缓刑、假释、保外就医和赦免制度。1928年颁布的《监狱规定》，增加了"保外就医"和"移送医院"。1929年司法部公布《假释管束规则》《假释者须知事项》《修正旧监狱呈请假释办法》。1930年公布《出狱人保护事务奖励规则》。1932年公布《出狱人保护会组织大纲》《监狱保外服役暂行办法》。1934年公布《徒刑人犯移垦暂停条例》《监狱外役规则》。1946年公布《监狱行刑法》《行刑累进处遇条例》。

以上可见，对剥夺自由的监禁刑或劳役刑的缓予执行、变更执行和赦免执行的缓刑、假释、保外就医和赦免制度等先进文明人道的立法工作，均在20世纪前50年的民国时期就得以完成，具有以下几个特点：

第一，法律之间体现着继承性。如北洋政府时期的监狱立法几乎都是抄袭的清末没有来得及实施的法律，南京国民政府的刑事立法尤其是1928年的《监狱规则》和1946年的《监狱行刑法》又几乎都是建立在北洋政府1913年出台的《监狱规则》之上。

第二，法律理念上的西化和内容上的移植。如缓刑、假释、累进处遇制度等都是从西方国家尤其是日本照搬过来的。

第三，刑罚及行刑目的很先进。如《监狱行刑法》第1条规定："徒刑、拘役之执行，以使受刑人改悔向上，适于社会生活。"

第四，法律规定与现实适用呈现出明显的两张皮，严重脱节。基于社会发展的程度和连绵不断的国内战争和抗日战争的破坏，许多好的刑事执行的理念、制度都没法兑现与落实。

（3）共产党领导的革命根据地对非监禁处遇制度的大胆移植和开拓性尝试。

早在土地革命时期，苏区就规定了假释制度。如1931年《赣北特区苏维埃暂行刑律》规定："判处有期徒刑的犯罪分子，执行刑期二分之一后，有后悔实据的，可以假释，但执行未满半年者，不在此限。"[1]

在抗日战争时期，陕甘宁、晋察冀等边区监所，遵照边区政府的规定，采取了犯人回村执行和保外服刑的办法。晋察冀边区规定，判处5年以下徒刑、改悔有据、群众不反对者，可以采取回村服刑的办法。回村执行和保外服刑，都必须是在群众已经发动，村机关已经改造的地区。此项制度后来被边区和根据地政府规范化、制度化，如1942年《陕甘宁高等法院监狱人犯保外复议暂行办法》、1943年《晋察冀边区行政委员会关于处理监押犯之决定》、1946年《自新人回村服役暂行办法》。[2]

在解放战争时期，回村执行和监外服刑就更加普遍和规范化。如1947年9月，东北解放区在吸取陕甘宁、晋察冀、晋冀鲁豫各边区政府有关监管法规方面经验的基础上，制定了《监外执行条例》。该条例规定，正在执行徒刑的罪犯，如果认为在监外执行对其改造收效更大者，经法院院长及首席检察官批准，可改为监外执行。监外执行犯人在褫夺公权期间，不能享受担任公职、行使选举权等政治权利。出监时的残余刑期为监外执行的刑期。[3]

二、中华人民共和国成立初期对罪犯非监禁处遇措施、非监禁刑罚及其监督管理制度的创制

（一）假释和暂予监外执行制度的由来

中华人民共和国成立以后，尽管我们废除了"六法全书"，但基于对敌斗争和改造罪犯的需要，有关监管罪犯和劳动改造的法律法规还是获得了充分的重视并率先作出了规定。1954年中央人民政府政务院颁布了中华人民共和国第一部针对监禁刑罚（拘役、有期徒刑、无期徒刑）和死刑缓刑二年执行

---

[1] 王顺安：《社区矫正研究》，山东人民出版社2008年版，第82页。

[2] 梁栋："陕甘宁边区回村执行制度对我国社区矫正的启示与借鉴"，载《东岳论丛》2021年第3期，第182~190页。

[3] 《中国监狱史》编写组编：《中国监狱史》，群众出版社1986年版，第370页。

的具有监狱法性质的《中华人民共和国劳动改造条例》（已失效，下同），该条例规定了假释和暂予监外执行保外就医制度。关于假释制度，该条例第61条将其作为释放制度的一种形式，第68条规定假释是犯人在服刑期间劳动改造表现好的刑事奖励措施。第70条明确规定，假释由省市人民法院批准决定。关于暂予监外执行保外就医制度，该条例第60条规定，犯人具有病势严重保外就医的（罪大恶极除外），年龄在55岁以上或身体残疾、刑期5年以下，已丧失对社会危害可能的，可以准许取保监外执行，但必须事先经过主管人民公安机关审核批准，并且通知犯人所在地人民公安机关加以监督。犯人在监外期间，算入刑期以内。

（二）缓刑制度的由来

在中华人民共和国成立初期，由于当时没有刑法对缓刑制度作全面的法律规定，但在人民政府及审判机关制定的关于缓刑制度的一些解释、规定，实际上成为适用缓刑的法律依据，所以缓刑制度早已存在。[1]1950年中央人民政府司法部《关于假释、缓刑、褫夺公民权等问题的解释》（已失效，下同）规定："缓刑一般适用于对社会危害性较小、处刑轻短的，且依据具体情况又暂不执行为宜的徒刑犯。"1952年公布的《中华人民共和国惩治贪污条例》（已失效，下同），首次在法律上规定了缓刑制度。该条例第5条规定："犯贪污罪而有下列情形之一者，得从轻或减轻处罚，或缓刑，或免刑予以行政处分……"1953年7月最高人民法院对华东分院关于缓刑等问题的请示意见的批复中指出，"缓刑"一般指的是适用于对社会危害性不大，处刑较轻，并因其他具体情况，以暂不执行为宜的被告，即于判决处刑同时宣告缓刑若干时期，受宣告缓刑的被告，不予关押。如果在缓刑期内不再犯罪，表现还好，就可以根本不执行了。1964年8月最高人民法院批复指出："对于判处有期徒刑缓刑的罪犯，在判决发生法律效力后，人民法院应将判决书送给当地公安机关，由公安机关负责进行监督或交所在单位、基层组织予以监督。罪犯在缓刑考验期间，如果没有再犯新罪，缓刑考验期满，原判的刑罚就不再执行。"[2]

（三）管制刑的创制

管制刑是我国特有的刑种，属于中华人民共和国的独创，但管制刑的萌芽可以追溯到新民主主义革命时期。如高铭暄教授主编的《刑法学原理》揭

---

[1] 王顺安：《社区矫正研究》，山东人民出版社2008年版，第83页。
[2] 张文学等编著：《中国缓刑制度理论与实务》，人民法院出版社1995年版，第21~22页。

示《修正淮海区审理司法案件暂行办法》第4章第18条即把"管束"规定为主刑之一,刑期1年以下,1日以上。对犯罪人不予关押,但应服公役。"管束"即管制的雏形。[1]中华人民共和国成立后,为了更好地维护人民政权和社会秩序,我国创造性地发明了不剥夺自由的"管制",以充分动员与发挥社区人民群众力量管理、教育违法犯罪人员。起初管制仅适用反革命分子和贪污分子,后来逐渐适用于其他刑事犯罪分子。1952年4月中央人民政府公布的《中华人民共和国惩治贪污条例》,是正式将管制规定为刑种而适用的法律规范。经过不断完善,管制统一由人民法院判决,由公安机关执行,由群众加以监督,在原单位劳动或工作,实行同工同酬。管制期满,执行机关应即向公众和有关群众宣布解除管制。

从以上可以看出,非监禁刑罚和非监禁性处遇和变更执行制度等,早在中华人民共和国成立初期就已经存在。但是与现代社区矫正的理念还存在着较大差异,充其量可以称为中国特色的"社会改造"或对苏联不剥夺自由的劳动改造制度的移植。其特点有如下几项:一是强调对敌我矛盾的处理,充分体现了走群众路线和群众专政的基本原则;二是执行场所在单位不在社区,国家与社会不分,根本不存在政治国家与市民社会的区别;三是"以俄为师",包括监禁刑罚的执行法律规范,不叫"监狱法",而称"劳改法";四是强调阶级斗争及人民民主专政的工具,注重劳动改造,重视思想教育,政治色彩浓厚。尽管如此,但是仍然摸索出了至今还在与时俱进值得学习与研究的浙江诸暨"枫桥经验",其良好的治安效果和极低的再犯率还时常令人羡慕。我国老一辈的劳改法学监狱法学专家邵名正教授认为:"国内不少学者认为,社区矫正制度发端于20世纪60、70年代的欧美国家,我国现今的社区矫正制度完全是从西方国家引进的。笔者对此观点不能认同。只要考察我国刑事政策及刑罚制度的发展历史就会发现,我国的社区矫正根植于我国20世纪50、60年代如火如荼地展开的社会监督改造的伟大实践,是我国已有法律实践在新的时代背景下借鉴西方国家社区矫正制度的某些积极因素发展变化而来,绝非照搬照抄西方国家的法律制度。"其进一步研究认为:"20世纪50、60年代,在欧美国家酝酿新一轮监狱改革,探索和扩大适用社区矫正刑的同时,新中国的政法机关在党和国家领导人的指示和部署下也在全国范围内开展了独具中国特色的社区矫正实践,即社会监督改造。""抛开社会监督改造制度囿于时代原因所具有政治色彩,不难发现它同现行社区矫正制度在

---

[1] 高铭暄主编:《刑法学原理》(第3卷),中国人民大学出版社1994年版,第113页。

本质上并无二致,即二者都是将危害性不大、不需要(再)关押于设施之中进行惩戒的犯罪分子就地在社会上实施监督和改造,都是发动并利用群众参与刑罚执行以实现对不需要关押改造的犯罪人进行的思想矫治。正因为如此,笔者倾向地认为,我国在20世纪50、60年代产生并广泛运用的社会监督改造,实质上就是具有浓厚本土色彩的社区矫正。"[1]

(四) 1979年中华人民共和国首部《中华人民共和国刑法》《中华人民共和国刑事诉讼法》对非监禁刑、监禁刑替刑措施和变更执行制度等社区矫正适用对象的法律规定

1979年《中华人民共和国刑法》(以下简称《刑法》)第三章"刑罚"将我国刑法规定为9个刑种,主刑为管制、拘役、有期徒刑、无期徒刑、死刑,附加刑为罚金、剥夺政治权利、没收财产,附加刑也可以独立适用。对于犯罪的外国人则规定可以独立适用或者附加适用驱逐出境。第四章"刑罚的具体运用"第五节规定了"缓刑",第七节规定了"假释"。1979年《中华人民共和国刑事诉讼法》(以下简称《刑事诉讼法》)专门规定了第四编"执行",对刑事执行程序作出了初步的规定,从而将中国共产党对部分犯罪人不剥夺自由而予以群众监督的宽大政策予以规范化法律化。

(1) 管制刑。刑法明确规定管制刑是我国独有的一种限制人身自由的非监禁刑罚方法。管制期限为3个月以上2年以下,数罪并罚时最高不超过3年。管制的刑期,从判决执行之日起计算;判决执行以前先行羁押的,羁押1日折抵刑期2日。根据1979年《刑法》第34条的规定,被判管制的罪犯,在执行期间必须遵守下列规定:一是遵守法律、法令,服从群众监督,积极参加集体劳动生产或者工作;二是向执行机关定期报告自己的活动情况;三是迁居或者外出必须报经执行机关批准。管制并不包含剥夺政治权利的内容。被判处管制的罪犯需要剥夺政治权利的,应当附加判处,同时执行。对反革命分子判处管制时,必须附加剥夺政治权利。凡是没有附加剥夺政治权利的,在管制期间仍然享有政治权利。对于被判处管制的罪犯,在劳动中应当同工同酬。根据1979年《刑法》第33条第2款的规定,管制由人民法院判决,由公安机关执法。"公安机关执行管制,应当根据人民法院的判决,向被判处管制的犯罪分子原单位或居住地的有关群众,宣布被管制分子的罪行、管制期限、是否剥夺政治权利和被管制分子在管制期间必须遵守的规定。对于被判处管制的犯罪分子,要定期组织群众评议。应当依法减刑的,由执行机关

---

[1] 邵名正:《邵名正文集:七十华诞纪念》,法律出版社2008年版,第259~260页。

报请人民法院审核裁定。对于在管制期间又犯罪的或发现了判决时没有发现的罪行的，由执行机关按刑事诉讼程序移送人民检察院处理。"[1]根据1979年《刑法》第35条的规定，对被判处管制的罪犯，管制期满，执行机关应及时向本人和有关的群众宣布解除管制。如果原来附加剥夺政治权利的，还应当同时宣布恢复政治权利。

（2）剥夺政治权利刑。我国刑法规定的剥夺政治权利应该属于资格刑、权利刑和名誉刑，但其执行常常与剥夺与限制自由刑罚的执行及各种刑罚制度的执行相伴随，在2011年《刑法修正案（八）》未对社区矫正适用范围作出明确规定之前，故常纳入社区矫正试点工作中讨论。剥夺政治权利是剥夺罪犯参加国家管理和政治活动权利的刑罚。根据1979年《刑法》第50条规定，剥夺政治权利的内容：一是选举权和被选举权；二是宪法规定公民享有的言论、出版、集会、结社、游行、示威等自由权利；三是担任国家机关职务的权利；四是担任企业、事业单位和人民团体领导职务的权利。剥夺政治权利作为附加刑，既可以附加适用，又可以独立适用。附加适用剥夺政治权利，是作为一种比较严厉的刑罚而适用于重罪。对于被判处死刑、无期徒刑的罪犯，应当剥夺政治权利终身。死刑缓期执行减为有期徒刑或者无期徒刑减为有期徒刑的，附加剥夺政治权利的期限应改为3年以上10年以下，独立适用剥夺政治权利，是作为一种不剥夺人身自由的轻刑而适用于较轻的犯罪。单独判处剥夺政治权利的或者主刑是拘役、有期徒刑附加剥夺政治权利的，期限为1年以上5年以下。判处管制附加剥夺政治权利的，剥夺政治权利的期限与管制的期限相等。没有被判处和附加剥夺政治权利刑罚的有期徒刑、拘役刑和管制刑的罪犯依法享有包括选举权在内的政治权利。剥夺政治权利由公安机关执行。执行期满，应当由执行机关通知本人，并向有关群众公开宣布恢复政治权利。罪犯在恢复了政治权利以后，就享有法律赋予公民的政治权利，但是，有的政治权利行使因其存在刑事前科而被受到限制。

（3）缓刑。根据我国刑法的规定，缓刑不是刑种，而是刑罚具体运用上的一种制度。宣告缓刑必须以判处刑罚为前提。缓刑不能脱离原判刑罚而独立存在。没有判处拘役、3年以下有期徒刑等短期监禁刑的，就不能宣告适用缓刑。域外缓刑种类很多，常态的是缓起诉、缓宣告和缓执行。1979年《刑法》仅规定了缓执行，具体是指人民法院对于被判处拘役、3年以下有期徒刑的罪犯，根据其犯罪情节和悔罪表现，认为暂不执行原判刑罚，确实不致

---

[1] 高铭暄主编：《中国刑法学》，中国人民大学出版社1989年版，第241页。

再危害社会的，规定一定的考验期，暂缓其刑罚的执行，在此期间若罪犯不再犯新罪，原判的刑罚就不再执行的一种刑罚制度。在总结了我国长期以来审判实践的经验，并从我国的国情出发，参考了国外的立法例，我国对缓刑的适用条件规定为：一是罪犯必须被判处拘役或3年以下有期徒刑的刑罚；二是根据罪犯的犯罪情节和悔罪表现，认为适用缓刑确实不致再危害社会；三是罪犯不是反革命和累犯。1979年《刑法》第70条规定，被宣告缓刑的罪犯，在缓刑考验期限内，由公安机关交所在单位或者基层组织予以考察。"所谓考察，是指被宣告缓刑的犯罪分子原工作、劳动单位或城市居民组织、乡村村民组织对他进行观察、教育，帮助他改过自新。考察的内容主要是看他在考验期内是否再犯新罪。"〔1〕全程参与了中华人民共和国刑法制定的人民教育家高铭暄教授介绍："关于缓刑考验期限内的考察问题，第22稿规定，'由居住地的公安机关、乡人民委员会或者原工作单位予以监管'，第33稿考虑到司法工作中的实际情况，改为'由公安机关交所在单位或者基层组织予以监督'（'监管'一词原是监督管理的意思，但易与对劳改犯的监管混同，故改为监督）。《刑法》第70条又把'监督'改为'考察'，语气更轻些，以便与假释犯的'监督'区别开来。这就是说，被宣告缓刑的犯罪分子，如果原来是在机关、团体、企业、事业单位工作的，宣告缓刑以后即由所在单位负责予以考察；如果是散居在农村的，即由乡政府或村民委员会负责予以考察；如果是散居在城市的，即由街道办事处或居民委员会负责予以考察。"〔2〕撤销缓刑的标准是罪犯在考验期内再犯新罪，没有再犯新罪，就不能撤销缓刑。若在缓刑考验期限内，发现被宣告缓刑的罪犯在缓刑宣告以前还有其他漏罪没有判决，根据1985年《中华人民共和国最高人民法院公报》第3号的规定，应当参照1979年《刑法》第70条和第65条的规定，对漏罪定罪判刑，再对前罪与漏罪实行数罪并罚，并决定执行的刑罚。如果必须判处实刑，则应撤销对前罪所宣告的缓刑，已经执行的缓刑考验期，不予折抵刑期；但是，判决执行以前先行羁押的日期应当予以折抵刑期；如果仍符合缓刑条件，仍可宣告缓刑，已经执行的缓刑考验期，应当计算在新决定的缓刑考验期以内。由此可见，我国刑法规定的缓刑特点是：判处拘役和3年以下有期徒刑的刑罚，同时宣告暂缓执行，但又在一定时期内保持执行原判刑罚的可能性。原判刑罚不予执行是以罪犯在缓刑考验期内没有再犯新罪为条件，如果再犯

---

〔1〕高铭暄主编：《中国刑法学》，中国人民大学出版社1989年版，第306页。

〔2〕高铭暄：《中华人民共和国刑法的孕育诞生和发展完善》，北京大学出版社2012年版，第67页。

新罪或存在漏罪，就撤销缓刑，把前罪和后罪或者漏罪所判处的刑罚，依照数罪并罚的原则，决定执行的刑罚，漏罪数罪并罚后，仍然存在继续缓刑的可能性。如此规定，是为了更好地贯彻惩办与宽大相结合和少捕少押少关的刑事政策，有利于罪犯的教育改造，促进社会的安定团结。"对符合法定条件的犯罪分子宣告缓刑，可以使其感受到国家对他的宽大，从而消除对抗的情绪，增强其改过自新的决心；又由于缓刑保持着执行刑罚的可能性，这对犯罪分子来说是一种精神约束，使他不得不多方检点，严格要求自己，以免重落法网。所以缓刑可以起到不执行刑罚而能够教育改造犯罪分子的作用，达到适用刑罚的目的。"[1]

（4）假释。从世界各国的情况来看，假释是较普遍适用的对监狱被判长期监禁刑罚的罪犯附条件的提前释放制度。我国刑法规定的假释，是对被判处有期徒刑、无期徒刑的罪犯，因其在执行一定刑期之后，确有悔改表现，不致再危害社会，而附条件地予以提前释放的一种刑罚制度。根据1979年《刑法》第73条的规定："被判处有期徒刑的犯罪分子，执行原判刑期二分之一以上，被判处无期徒刑的犯罪分子，实际执行十年以上，如果确有悔改表现，不致再危害社会，可以假释。如果有特殊情节，可以不受上述执行刑期的限制。"该条明确规定了假释的三个条件：一是假释只适用于被判处有期徒刑或无期徒刑的罪犯；二是只适用于已经执行一部分刑罚的罪犯；三是只适用于确有悔改表现，不致再危害社会的罪犯。假释是有条件地提前释放，和缓刑一样，需要有一定的考验期限，以便对假释罪犯继续进行监督改造，1979年《刑法》第74条第1款规定："有期徒刑的假释考验期限，为没有执行完毕的刑期；无期徒刑的假释考验期限，为十年。"被假释的罪犯，在假释考验期限内，由公安机关予以监督，如果没有再犯新罪，就认为原判刑罚已经执行完毕；如果再犯新罪，撤销假释，把前罪没有执行的刑罚和后罪所判处的刑罚，依照1979年《刑法》第64条的规定，决定执行刑罚。如果在假释考验期内发现他在假释前还有其他罪没有判决，尽管刑法未作规定，也应当撤销假释，因为罪犯在假释前隐瞒了其他罪行，表明其悔改表现并不真实，本来就不符合适用假释的条件。罪犯被假释后，原判有附加剥夺政治权利刑罚的，剥夺政治权利的刑期从假释之日起计算。假释与缓刑是现代监禁刑罚的替刑措施和补救手段，共同完成对监狱人口规模和负面效应的控制及修补，都是有条件的不执行原判刑罚；都有一定的考验期限；撤销假释和撤销缓刑

---

[1] 高铭暄主编：《中国刑法学》，中国人民大学出版社1989年版，第302页。

的条件都是罪犯在考验期限内再犯新罪。二者的不同点是：第一，适用的时间与阶段不同，缓刑是在判处刑罚的同时宣告的，主要是解决监狱的入口问题，避免短期监禁刑的负面作用，假释是在罪犯执行刑罚的过程中适用的，主要解决监狱的出口问题，避免长期监禁刑的负面作用；第二，适用对象不同，缓刑只适用于被判处拘役、3年以下有期徒刑的罪犯，假释适用于被判处有期徒刑、无期徒刑的罪犯；第三，适用根据不同，适用缓刑的根据是罪犯的犯罪情节和悔罪表现，适用假释的根据是罪犯在刑罚执行中确有悔改表现；第四，执行原判刑罚不同，缓刑是有条件地不执行原判决的全部刑期，假释必须执行一部分原判刑期，对有期徒刑罪犯来说，有条件不执行的刑期是尚未执行完毕的刑期。假释即附条件提前释放，是监狱释放的一种形式，与刑满释放既有联系又有区别，联系是对罪犯都要解除监禁，恢复人身自由，区别是二者的性质不同，假释并非"刑满"释放，而是为了激励罪犯并解决再社会化问题的附条件的"假释放"、真考验，刑满释放是原判刑罚已经执行完毕，无条件地释放。对假释考验期内的罪犯如何监督，当时的刑事法律都未作出规定，但刑法专家们认为："假释考验期间的监督与缓刑考验期间的考察应该有所不同。被宣告缓刑的罪犯是由公安机关交所在单位或基层组织予以考察，而被假释的罪犯则由公安机关直接进行监督，因为假释罪犯的罪行和被判的刑罚都比缓刑罪犯要重，所以对其考验的要求也更为严格。"〔1〕

（5）暂予监外执行。根据1979年《刑事诉讼法》第157条的规定，监外执行是指被判处无期徒刑、有期徒刑或拘役的罪犯，因患有严重疾病需要保外就医，或者因是怀孕或正在哺乳自己婴儿的妇女，准予暂予监外执行刑罚的一项刑罚变更执行制度。对于监外执行罪犯的执行，可以由公安机关委托罪犯原居住地的公安派出所执行。1979年12月28日公安部发布的《关于管制、拘役、缓刑、假释、监外执行、监视居住的具体执行办法的通知》规定："对于被宣告缓刑、假释、监外执行的罪犯和被监视居住的被告人，依法交付公安机关执行的，分别由公安派出所、公安特派员或者有关单位的保卫组织，依靠治安保护委员会具体执行监督考察。"〔2〕监外执行的条件消失以后，如果刑期未满，应即收监执行。暂予监外执行制度是惩办与宽大相结合的刑事政策中的"宽大"政策，极具中国监狱执行刑罚所一贯倡导的"把罪犯当人看"的教育感化挽救的理念。监外执行与在监执行是监狱监禁刑执行的两种

---

〔1〕高铭暄主编：《中国刑法学》，中国人民大学出版社1989年版，第316~317页。
〔2〕《监狱法及其配套规定》，中国法制出版社2004年版，第59页。

方式，只是执行的场所有所不同，二者都是刑罚的执行。

(五) 1994年首部《中华人民共和国监狱法》对暂予监外执行和假释的规定

(1) 暂予监外执行。《中华人民共和国监狱法》（以下简称《监狱法》）在第三章"刑罚的执行"专门设立了第三节"监外执行"，用了4条较详细地规定了刑事诉讼法仅用1条规定的暂予监外执行制度中所涉及的监狱刑罚执行过程中的保外就医和监外执行的内容。

具体而言，1994年《监狱法》第25条规定："对于被判处无期徒刑、有期徒刑在监内服刑的罪犯，符合刑事诉讼法规定的监外执行条件的，可以暂予监外执行。"该条规定的适用范围，突破了刑事诉讼法仅规定适用有期徒刑的限制，将监外执行的适用扩张到无期徒刑。

第26条主要规定人民检察院对暂予监外执行决定及批准机关的法律监督程序："暂予监外执行，由监狱提出书面意见，报省、自治区、直辖市监狱管理机关批准。批准机关应当将批准的暂予监外执行决定通知公安机关和原判人民法院，并抄送人民检察院。人民检察院认为对罪犯适用暂予监外执行不当的，应当自接到通知之日起一个月内将书面意见送交批准暂予监外执行的机关，批准暂予监外执行的机关接到人民检察院的书面意见后，应当立即对该决定进行重新核查。"

第27条和第28条规定的内容是暂予监外执行的执行机关（公安机关）与决定机关监狱的相互配合及应尽的职责：第一，暂予监外执行的罪犯，由居住地公安机关执行；第二，原关押监狱应当及时将罪犯在监内改造情况通报负责执行的公安机关；第三，罪犯在暂予监外执行期间死亡的，公安机关应当及时通知原关押监狱。此外，暂予监外执行的情形消失后，刑期未满的，负责执行的公安机关应当及时通知监狱收监执行。

(2) 假释。1994年《监狱法》在第三章"刑罚执行"中的第四节"减刑、假释"中，用了3条较详细地规定了假释的适用、执行和监督的程序。具体内容是：

假释的适用程序。1994年《监狱法》第32条规定："被判处无期徒刑、有期徒刑的罪犯，符合法律规定的假释条件的，由监狱根据考核结果向人民法院提出假释建议，人民法院应当自收到假释建议书之日起一个月内予以审核裁定；案情复杂或者情况特殊的，可以延长一个月。假释裁定的副本应当抄送人民检察院。"

假释的交付与执行程序。1994年《监狱法》第33条规定,人民法院裁定假释的,监狱应当按期假释并发给假释证明书。被假释的罪犯由公安机关予以监督。该条最大的亮点是突破了刑法对假释撤销仅限于新罪(漏罪)的规定,将违法等但尚未构成新罪的行为也纳入其中,其具体规定是:被假释的罪犯,在假释期间有违反法律、行政法规和国务院公安机关有关假释的监督管理规定的行为,尚未构成新的犯罪的,公安机关可以向人民法院提出撤销假释的建议,人民法院应当自收到撤销假释建议书之日起1个月予以审核裁定。人民法院裁定撤销假释的,由公安机关将罪犯送交监狱收监。

人民检察院对不当假释的监督。1994年《监狱法》第34条明确规定,对不符合法律规定的减刑、假释条件的罪犯,不得以任何理由将其减刑、假释。人民检察院认为人民法院减刑、假释的裁定不当,应当依照刑事诉讼法规定的期间提出抗诉,对于人民检察院抗诉的案件,人民法院应当重新审理。

(六) 1996年和1997年对《刑事诉讼法》《刑法》修改后有关社区矫正适用对象的新理念新规定

(1) 刑事诉讼法是保证刑法任务实现的程序法。1996年3月17日第八届全国人民代表大会第四次会议通过的《关于修改〈中华人民共和国刑事诉讼法〉的决定》,是对我国几十年来形成的刑事诉讼制度的重大改革,其亮点很多,如健全了刑事诉讼法的基本原则,明确规定了人民法院、人民检察院依照法律规定独立行使审判权、检察权;人民检察院依法对刑事诉讼实行法律监督;未经人民法院依法判决,对任何人都不得确定有罪;完善了辩护制度,补充规定了诉讼代理制度;进一步保障了诉讼参与人的诉讼权利,特别是加强了对被害人的法律保护;完善了强制措施;取消了免予起诉,完善了不起诉制度;改革了庭审方式,强化了合议庭的审判职权等,对刑事诉讼法"执行"一编的原条文共修改了8条,补充了3条,与管制刑、剥夺政治权利刑、缓刑、假释和暂予监外执行相关的内容如下:

进一步明确了公安机关对五类非监禁刑和非监禁措施的执行责任和主体地位。如第218条规定:"对于被判处管制、剥夺政治权利的罪犯,由公安机关执行。执行期满,应当由执行机关通知本人,并向有关群众公开宣布解除管制或者恢复政治权利。"又如第217条规定:"对于被判处徒刑缓刑的罪犯,由公安机关交所在单位或者基层组织予以考察。对于被假释的罪犯,在假释考验期限内,由公安机关予以监督。"再如第214条第5款规定:"对于暂予监外执行的罪犯,由居住地公安机关执行,执行机关应当对其严格管理监督,基层组织或者罪犯的原所在单位协助进行监督。"值得注意的是，从第217条第1款对缓刑考验期考察主体的法律规定来看，执行机关不是公安机关，而是缓刑犯的"所在单位或者基层组织"，即"对于被判处徒刑缓刑的罪犯，由公安机关交所在单位或者基层组织予以考察"。[1]

重点规定了监外执行制度。1979年《刑事诉讼法》对监外执行的内容规定得十分简单，只有一个条文，这显然不能适应执行中有关监外执行的诸多问题。1996年《刑事诉讼法》对此作了较大修改和补充。修改补充后的条文共有3条，即第214条至第216条，其修改补充的内容涉及以下四方面：一是监外执行的对象，取消了有关对无期徒刑也可以适用监外执行的规定。二是监外执行的条件，增加了三点内容：对于被判处有期徒刑、拘役，生活不能自理，适用暂予监外执行不致危害社会的罪犯，也可以暂予监外执行；对于罪犯确有严重疾病，必须保外就医的，由省级人民政府指定的医院开具证明文件，依照法律规定的程序审批；对发现被保外就医的罪犯不符合保外就医条件的或者严重违反有关保外就医的规定的，应当及时收监；对暂予监外执行的情形消失后，罪犯刑期未满的，应当及时收监，罪犯在暂予监外执行期间死亡的，应当及时通知监狱。三是对监外执行罪犯的监管，由原规定"可以由公安机关委托原居住地的公安派出所执行"，改为由居住地公安机关执行，严格管理监督，基层组织或者罪犯的原所在单位协助进行监管。

明确和强化了人民检察院对新罪漏罪、减刑、假释、监外执行和申诉的法律监督。如新增第223条就人民检察院对人民法院减刑、假释裁定进行法律监督的具体程序、步骤和要求作了规定。针对《监狱法》规定的人民检察院认为人民法院在减刑、假释裁定不当时，应当依照审判监督程序提出"抗诉"的问题进行了修改，因为人民法院依法作出的减刑、假释的裁定，只是一种司法决定，并不是因为纷争引起的"诉"问题，不存在抗诉。如果人民检察院认为减刑和假释的裁定不当，可以向人民法院提出书面纠正意见，由人民法院重新组织合议庭审理，不宜采用审判监督程序抗诉。又如在第215条对人民检察院具体实行监外执行的监督权力和工作程序等作出了较详细的规定，要求人民检察院认为暂予监外执行不当的，应当自接到通知之日1个月内将书面意见送交批准暂予监外执行的机关，批准暂予监外执行的机关接到人民检察院的书面意见后，应当立即对决定进行重新核查。再如第224条

---

[1] 周道鸾、张泗汉主编：《刑事诉讼法的修改与适用》，人民法院出版社1996年版，第373页。

将原第 164 条"人民检察院对刑事案件的判决、裁定的执行和监狱、看守所、劳动改造机关的活动是否合法实行监督"的规定,修改为"人民检察院对执行机关执行刑罚的活动是否合法实行监督",突出了人民检察院只对执行机关"执行刑罚活动是否合法"进行法律监督的基本职责,排除了执行刑罚以外的"其他活动"。

(2) 刑法是规定犯罪与刑罚的刑事实体法,是国家的基本法。1997 年 3 月 14 日第八届全国人民代表大会第五次会议通过了修订的《刑法》,对 1979 年制定的刑法作了重要的修改和补充。新修订的刑法亮点很多,尤其是确立了刑法的基本原则特别是罪刑法定原则,取消了法律类推制度。1997 年《刑法》对第三章"刑罚"和第四章"刑罚的具体运用"修改的核心内容如下:

管制刑的存废及修改。由于改革开放所带来的社会巨变,传统的单位和基层政权已经解体或转型,管制刑执行过程中存在着"不管不制"的诸多问题,实践中人民法院适用管制刑的也比较少,故有不少专家提出废除。但是,当代刑罚体系发展的趋势是以不剥夺自由的非监禁刑、财产刑、资格刑、名誉刑代替剥夺自由的监禁刑,管制刑是我国独创的且是唯一的限制自由刑即非监禁刑罚方法,其优点是主要的,不能废除,只能修改完善。立法机关采纳了保留管制刑并予以修改完善的观点,重点修改了以下几点:一是重视管制执行机构的建立,避免"不管不制"现象的发生,第 38 条第 2 款规定,"被判处管制的犯罪分子,由公安机关执行"。二是将 1997 年《刑法》第 34 条第 1 项规定的"遵守法律、法令、服从群众监督",修改为"遵守法律、行政法规、服从监督",删去了"积极参加劳动生产或者工作"。三是明确了被判处管制刑的罪犯"外出"请示的范围,将 1997 年《刑法》第 34 条第 3 项规定的"迁居或者外出必须报经执行机关批准",修改为"离开所居住的市、县或者迁居,应当报经执行机关批准"。四是增加了第 39 条第 2 项内容,即"未经执行机关批准,不得行使言论、出版、集会、结社、游行、示威自由的权利"。五是增加了第 39 条第 4 项内容,即管制刑罪犯必须"遵守执行机关关于会客的规定",主要是用来限制与那些对其有利影响的社会上不稳定人员。

剥夺政治权利刑的修改与补充。一是将 1979 年《刑法》第 50 条第 2 项规定的"宪法第四十五条规定的各种权利",修改为第 54 条第 2 项的"言论、出版、集会、结社、游行、示威自由的权利"。二是将 1979 年《刑法》第 50 条第 4 项规定的"担任企业、事业单位和人民团体领导职务的权利",修改为

第54条第4项的"担任国有公司、企业、事业单位和人民团体领导职务的权利"。四是增加了第58条第2款的内容,即"被剥夺政治权利的犯罪分子,在执行期间,应当遵守法律、行政法规和国务院公安部门有关监督管理的规定,服从监督;不得行使本法第五十四条规定的各项权利"。

缓刑的修改与补充。一是明确了公安机关是缓刑的考察执行机关,按原刑法规定的对缓刑犯的考察职能由公安机关交由罪犯所在单位或者基层组织行使,为"由公安机关考察,所在单位或者基层组织予以配合"。二是确立了缓刑期间应当遵守的事项,具体是遵守法律、行政法规,服从监督;按照考察机关的规定报告自己的活动情况;遵守考察机关关于会客的规定;离开所居住的市、县或者迁居,应当报经考察机关批准。三是完善了撤销缓刑的条件,刑法第77条明确规定了三个取消缓刑的情形,即新罪、漏罪和情节严重的违反法律、行政法规或者国务院公安部门有关缓刑的监督管理规定,这比1979年《刑法》仅明示的新罪撤销缓刑的规定就严格了许多。也正因为如此,全程参与了刑法修改的最高人民法院的领导与专家在编撰《刑法的修改与适用》一书时,给我国缓刑下了一个新定义:"缓刑不是一个独立的刑种,而是刑罚具体运用的一种制度。缓刑是对于被判处拘役、三年以下有期徒刑,确实不致再危害社会的犯罪分子,在一定考验期限内,履行法定事项,并且没有严重情节的,违反法律、行政法规或者国务院公安部门有关缓刑的监督管理规定的行为,又无(新罪)漏罪,缓刑考验期满原判刑罚(判处的附加刑除外)就不再执行的一项刑罚制度。"[1]

假释的修改与补充。1979年《刑法》对假释的规定仅有3条,1997年《刑法》新增3条,修改2条,对假释作了相对系统而完整的规定。一是修改了假释的条件,在《刑法》第81条第1款原适用假释的条件"如果认真遵守监规,接受教育改造"之后,增加了"确有悔改表现",以增强假释的实质条件的可操作性。二是在第81条第2款增加了不得假释的规定,即"对累犯以及因杀人、爆炸、抢劫、强奸、绑架等暴力性犯罪被判处十年以上有期徒刑、无期徒刑的犯罪分子,不得假释"。三是完善了特殊情节假释的程序,即第81条第1款规定"如果有特殊情况,经最高人民法院核准,可以不受上述执行刑期的限制",这一规定明确,如果"有特殊情况"的假释案件,必须"经最高人民法院核准",此项规定充分体现了原则性和灵活性相结合的精神,既防止了可能存在的滥用,又可以适应国防、外交、统战及经济建设的需要。

---

[1] 周道鸾、单长宗、张泗汉主编:《刑法的修改与适用》,人民法院出版社1997年版,第191页。

四是第 84 条对假释犯的监督考察内容作了多处修改，主要是取消了第 1 项"服从群众监督"中的"群众"两字，以扩大监督主体的范围；将第 3 项中的"暂时离开居住区域"修改为"离开所居住的市、县"作为第 4 项，使得监督的内容更符合实际情况，更便于对假释犯的监督；将第 2 项中"向监狱和公安机关定期报告自己的活动情况"中的"监狱和公安机关"修改为"监督机关"；增加了一项内容作第 3 项，即缓刑犯应"遵守监督机关关于会客的规定"。五是将撤销假释的情形由单一的"新罪"及内含着的漏罪，明示为新罪、漏罪和有违反法律、行政法规或者国务院公安部门有关假释的监督管理规定的行为，尚未构成新的犯罪。对于新增的第三种情况，与缓刑撤销的新理由一样，但没有"情节严重"的限定。此外，对非新罪漏罪而撤销假释的程序，应当由监督机关提出撤销假释的建议书，经中级以上人民法院依法审理、裁定将罪犯收监执行未执行完毕的刑罚。

三、世纪之交中国开展的改革与完善社区矫正制度的探索和试点工作

（一）北京和上海率先开展的扩大缓刑、假释和监狱开放性处遇制度开启了中国特色社区矫正现代化的大门

（1）北京"三个延伸"和扩大管制刑、缓刑、假释及其监督教育综合治理的尝试。早在 20 世纪末，针对监狱在押犯人口尤其是农民罪犯骤增、教育改造质量下降和回归社会安置就业困难并导致重新犯罪上升的现象及问题，北京市司法局和监狱局开始探索监狱工作的"三个延伸"，即向前延伸到公安检察审判工作各环节，尽可能地多判管制刑和缓刑，以减少监狱的人口规模；向外延伸到社会和社区，"请进来""走出去"广泛开展对罪犯的社会帮教活动；向后延伸到单位和家庭，扩大假释并做好刑释人员的接茬帮教工作。2000 年北京市高级人民法院在刑事审判工作座谈会上决定："对农民被告人适用刑罚，既要严格遵循罪刑相适应的原则，又要充分考虑农民犯罪主体的特殊性。要依靠当地党委做好相关部门的工作，依法适当多适用非监禁刑罚。要努力配合有关部门落实非监禁刑的监管措施。在监管措施落实上，可以探索多种有效的方式。"[1]为此还专门组织人员开展对缓刑、假释人员社会帮教监管情况的调查研究并撰写与提交了调查报告。北京远郊区县密云和房山法院牵头扩大管制、缓刑、假释和暂予监外执行的适用，并联合公、检、法三机关开展对罪犯社区矫正的实践探索，相应地出台了《成年缓刑人员守则》

---

[1] 郭建安、郑霞泽主编：《社区矫正通论》，法律出版社 2004 年版，第 51 页。

《未成年缓刑人员守则》《关于被判处缓刑、管制人员考察管理工作实施办法》。随后，北京市依据"兼顾地区差别、经济和社会发展差异及司法所建设状况"的原则，将东城区、房山区和密云区作为第一批社区矫正试点单位。2003年4月出台了《关于开展社区矫正试点工作的意见》。

（2）上海监狱开放性处遇和组织社会力量参与对罪犯的社区矫治。上海社区矫正起步于监狱系统探索的开放性处遇，如对未成年人犯批准离监试读或参加社会实践、扩大年迈体弱丧失自理能力的老人监外执行，尤其是2000年9月上海市女子监狱首创对罪犯试行半监禁刑或劳动释放式服刑方式的尝试。对于符合条件的罪犯，允许从周一至周五回社会参加劳动，周末回监狱服刑。这些措施自试行以来，效果较好，罪犯回到社会后均能自食其力、遵纪守法，不仅缓解了家庭和社会的矛盾、密切了亲戚邻里关系，也减少了监狱的经费开支。加入世界贸易组织（WTO）以后，为了更有利于社会的稳定和适应国际社会行刑社会化和社区矫正蓬勃发展的趋势，2002年8月中共上海市委和市委政法委决定在徐汇区斜土路、普陀区曹扬新村和闸北区宝山路三个街道开展针对在社区的缓刑、假释和暂予监外执行的非监禁处遇罪犯的社区矫治的试点工作，并大胆探索组织与发挥社会组织力量参与心理矫正和教育帮扶工作。[1]

（二）司法部预防犯罪研究所等科研院所专家教授积极主动地开展社区矫正理论研究，为国家决策和借鉴移植域外社区矫正的成功经验与做法献计献策并奠定了基础

2002年8月司法部专门组成以司法部预防犯罪研究所科研人员为骨干的社区矫正制度研究课题组，经过深入调查研究并及时地将《关于改革和完善我国社区矫正制度的研究报告》提交给中央政法委，该"报告对于改革和完善我国社区矫正制度的重大意义、实施方案等，进行了很有说服力的研究论证，提出了比较可行的政策建议，为启动我国社区矫正制度的改革和试点工作，提供了重要的理论铺垫"。[2]当时主管政法工作的中共中央政治局常委罗干同志批示道："社区矫正是一个方向，但从报告中可以看出，它涉及方方面面的问题，可以在法律许可的范围内，先进行一些试点。在试点中逐步会商有关部门解决有关的问题，包括修改立法的问题。"随后，当时司法部张福森

---

[1] 王顺安：《社区矫正研究》，山东人民出版社2008年版，第86页。

[2] 张福森部长为《社区矫正通论》一书作的序中所言，参见郭建安、郑霞泽主编：《社区矫正通论》，法律出版社2004年版，第1~2页。

部长分别与最高人民法院、最高人民检察院和公安部等有关部门领导协商，研究落实罗干同志有关精神，并在同年11月26日召开的全国司法厅局长会议上提出，"要积极稳妥地开展社区矫正的试点工作"。[1]

（三）2003年7月10日我国社区矫正试点工作正式启动

在中共中央政法委的统一部署下，最高人民法院、最高人民检察院、公安部、司法部在2003年7月10日联合发布了《关于开展社区矫正试点工作的通知》（以下简称"2003年'两高两部'《通知》"，已失效，下同），确定在北京、天津、上海、江苏、浙江和山东等省（市）基层工作比较好的社区开展社区矫正工作的试点，以便总结积累经验，不断扩大试点，逐步加以推广。

（1）2003年"两高两部"《通知》对我国社区矫正首次作出了官方定义，将我国的社区矫正定性为"行刑方式"和"非监禁刑罚执行活动"。社区矫正的具体定义及性质是：社区矫正是与监禁矫正相对的行刑方式，是指将符合社区矫正条件的罪犯置于社区内，由专门的国家机关在相关社会团体和民间组织以及社会志愿者的协助下，在判决、裁定或决定确定的期限内，矫正其犯罪心理和行为恶习，并促进其顺利回归社会的非监禁刑罚执行活动。同时又对一般意义上的社区矫正归纳为：社区矫正是积极利用各种社会资源、整合社会各方面力量，对罪行较轻、主观恶性较小、社会危害性不大的罪犯或者经过监管改造、确有悔改表现、不致再危害社会的罪犯在社区中进行有针对性管理、教育和改造的工作，是当今世界各国刑罚制度发展的趋势。

（2）2003年"两高两部"《通知》最大的改革举措就是在承认公安机关作为社区矫正执法主体的前提下，确立了司法行政机关是社区矫正试点工作的实际组织者、实施者和工作主体。由于公安机关长期以来肩负的维护国家安全和社会稳定的法定职能繁多、任务繁重，面对改革开放后严峻的治安形势和持续高压的"严打"斗争，已经无暇顾及对被判在社会上服刑的管制刑、剥夺政治权利刑和宣告缓刑、裁定假释、决定或批准暂予监外执行罪犯的监督管理，更谈不上有针对性地教育帮扶，导致再次违法犯罪率增长，社区安全和社会稳定都受到一定程度的影响，所以中央决策从2003年开始开展社区矫正试点工作时，就将牵头组织有关单位和社区基层组织开展社区矫正试点工作的重任交给了司法行政机关，从而实际上改变了刑事法律规定的公安机关负责对社会上"五种人"（管制犯、剥夺政治权利犯、缓刑犯、假释犯、暂

---

[1] 王顺安：《社区矫正研究》，山东人民出版社2008年版，第86页。

予监外执行犯）监督管理的主体地位，成了名义上的法定主体，但必须与法院和检察院一起，共同配合司法行政机关做好社区矫正试点工作。

在社区矫正试点工作中各部门具体的职能分工：一是司法行政机关要牵头组织有关单位和社区基层组织开展社区矫正试点工作，会同公安机关搞好对社区服刑人员的监督考察，组织协调对社区服刑人员的教育改造和帮助工作。二是街道、乡镇司法所要具体承担社区矫正的日常管理工作。三是监狱管理机关要求依法准确适用暂予监外执行措施，对符合假释条件的人员要及时报请人民法院裁定假释，并积极协助社区矫正组织的工作。四是公安机关要配合司法行政机关依法加强对社区服刑人员的监督考察，依法履行有关法律程序。对违反监督、考察规定的社区服刑人员，根据具体情况依法采取必要的措施；对重新犯罪的社区服刑人员，及时依法处理。五是人民法院要严格准确地适用刑事法律和刑事司法解释，依法充分使用非监禁刑刑罚措施和减刑、假释等鼓励罪犯改造、自新的刑罚执行措施。在判处非监禁刑、减刑、假释工作中，可以征求有关社区矫正组织的意见，并在宣判、宣告后，将判决书、裁定书抄送有关社区矫正组织。六是人民检察院要加强法律监督，完善刑罚执行监督程序，保证社区矫正工作依法、公正地进行。

(3) 2003年"两高两部"《通知》第一次规定了社区矫正"五大"适用对象和"三大"基本任务。

社区矫正"五大"适用对象：一是被判处管制的；二是被宣告缓刑的；三是被暂予监外执行的（有严重疾病需要保外就医的；怀孕或者正在哺乳自己婴儿的妇女；生活不能自理，适用暂予监外执行不致危害社会的）；四是被裁定假释的；五是被剥夺政治权利，并在社会上服刑的。

社区矫正"三大"基本任务：一是按照我国《刑法》《刑事诉讼法》等有关法律、法规和规章的规定，加强对社区服刑人员的管理和监督，确保刑罚的顺利实施；二是通过多种形式，加强对社区服刑人员的思想教育、法制教育、社会公德教育，矫正其不良心理和行为，使他们悔过自新，弃恶从善，成为守法公民；三是帮助社区服刑人员解决在就业、生活、法律、心理等方面遇到的困难和问题，以利于他们顺利适应社会生活。

(4) 2003年"两高两部"《通知》第一次阐明了开展社区矫正试点工作的三大方面的重要意义：一是有利于探索建设中国特色的社会主义刑罚制度，积极推进社会主义民主法治建设，充分体现我国社会主义制度的优越性和人类文明进步的要求，为建设社会主义政治文明、全面建设小康社会服务；二是有利于对那些不需要、不适宜监禁或者继续监禁的罪犯有针对性地实施社会化的矫正,充分利用社会各方力量,提高教育改造质量,最大限度地化消极因素为积极因素,维护社会稳定;三是有利于合理配置行刑资源,使监禁矫正与社区矫正两种行刑方式相辅相成,增强刑罚效能,降低行刑成本。

显然,2013年"两高两部"《通知》是我国刑罚制度改革史上的一份重要文献,"必将对我国刑罚制度的改革产生重大的影响"[1],事实上已经产生了重大的刑事司法改革的影响,并带来了中国特色的社区矫正法律制度的创建——世界上第一个主权国家由最高的立法机关制定并颁布实施的《中华人民共和国社区矫正法》。但是,该通知的一些核心提法及定性也带来了巨大的争议和立法的困惑,以及迄今不止的执法麻烦。这就是将我国的社区矫正的法律性质定位为"行刑方式""非监禁刑罚执行活动"是否能涵盖社区矫正的适用对象,相应地将缓刑人员在内的社区矫正对象称为"社区服刑人员"是否合适?由此带来的试点工作中较普遍采用的强制性机构性集中教育学习和每月8小时劳动和8小时学习是否存在违法违宪之嫌?以及采用了犯罪学意义上的极其宽泛的"非监禁刑"概念是否合适?此外,要求建立独立的具有与监狱一样的"刑罚执行机关"——社区矫正机构,更改"社区矫正对象"的称谓为"社区服刑人员",对服刑罪犯必须强调执行刑罚的本质属性惩罚性,为此要求增加强制性惩戒措施和装备,为保障社区安全和工作人员的生命健康,强烈要求用警和实行与监狱警察一样的司法行政警察身份等问题及呼声一直缠绕至今。

(四)2004年司法部发布的《司法行政机关社区矫正工作暂行办法》核心内容

为了规范司法行政机关实施社区矫正的工作,提高对社区服刑人员的教育改造质量,维护社会稳定,根据《刑法》《刑事诉讼法》《监狱法》和2003年"两高两部"《通知》的有关规定,结合司法行政工作实际,司法部以部门规章的形式专门制定了本系统开展社区矫正工作的《司法行政机关社区矫正工作暂行办法》(以下简称"2004年司法部《暂行办法》",已失效,下同),于2004年7月1日起施行。

(1)简化了社区矫正定义。2004年司法部《暂行办法》规定的社区矫正概念,是指将符合社区矫正条件的罪犯置于社区内,由专门的国家机关在相关社会团体和民间组织以及社会志愿者的协助下,矫正其犯罪心理和行为恶

---

[1] 郭建安、郑霞泽主编:《社区矫正通论》,法律出版社2004年版,第2页。

习,促进其顺利回归社会的非监禁刑罚执行活动。该定义突出了社区矫正的本质特征的社会性和矫正目标和任务,同时进一步肯定了我国社区矫正的性质,仍然是"非监禁刑罚执行活动"。但是,该定义与 2003 年"两高两部"《通知》一样,仍然存在循环定义的错误,将被定义项"社区矫正"用在定义项之中。同时将工作的重心与目标仅限于"矫正其犯罪心理和行为恶习",忽视了依法监督管理的核心,更何况犯罪心理和行为恶习很难矫正,目标难以实现。最后,"回归社会"一词用于假释人员身上没问题,但用在从未离开过社会的管制和缓刑人员身上则不妥。此外,专家学者们开始对社区矫正的法律性质展开了讨论,认为缓刑在我国不是刑种,也不是非监禁刑,更不能独立适用,其依附的是短期监禁刑即拘役刑和 3 年以下有期徒刑,其本质是附条件暂缓原判刑罚的执行,在考察期间存在两种法律后果:一是考察期满符合条件,原判刑罚不再执行;二是在考察期内又犯新罪和发现漏罪,以及严重违反监督管理法律规定,撤销缓刑,收监执行,因此不能称为"非监禁刑罚执行活动"。同理,假释的本质属性是"余刑"的缓刑,同样存在两种结果,只不过缓刑是全部刑罚暂缓执行,严格来讲,其从未被办理收监执行刑罚的入监手续,而假释人员已经入监服刑达到法定标准之后的附条件提前释放,仅只是部分剩余刑罚的暂缓执行,严格来讲属于累进处遇的监禁刑罚执行制度,其所附条件是过渡性的再社会化监督活动,重心在帮困扶助,消除其重新犯罪的因素,但不属于"余刑"的刑罚执行,只不过,根据我国《刑法》规定,剩余刑罚暂缓执行的常态结果即考察期满符合条件,则视为"其原判刑罚已经执行完毕",而这一结果可以勉强归入刑罚执行的范畴。

(2)设计了中国特色的司法行政机关社区矫正领导体制和工作机制。司法行政机关社区矫正的领导体制和工作机制是:司法行政机关开展社区矫正工作,遵循党委政府统一领导,司法行政机关具体实施,人民法院、人民检察院、公安机关密切配合,社会力量广泛参与的原则。依照有关规定和本办法,充分发挥社会各方面的作用,提高社区服刑人员的教育改造质量。

(3)进一步明确了司法行政机关社区矫正的任务。一是依照有关法律、法规和规章的有关规定,加强对社区服刑人员的管理和监督,确保刑罚的顺利实施;二是采取多种形式,对社区服刑人员进行思想教育、法制教育和道德教育,矫正其不良心理和行为,促使其成为守法公民。三是帮助社区服刑人员解决在就业、生活和心理等方面遇到的困难和问题,以利于其顺利适应社会生活。

(4) 确立了司法行政机关社区矫正的基本原则。一是分类管理、个性化教育；二是坚持日常管理与重点监督相结合；三是思想教育与个体情况相结合；四是日常考核与适时奖惩相结合。

(5) 设立了社区矫正工作领导小组办公室。根据2003年"两高两部"《通知》的要求，设计了县（市、区）以上社区矫正工作的协调机构，要求在省（自治区、直辖市）、市（地、州）和县（市、区）司法行政机关应当设立社区矫正工作领导小组办公室，作为同级社区矫正工作领导小组的办事机构，负责指导、监督有关法律、法规和规章的实施，协调相关部门解决社区矫正工作中的重大问题，检查、考核本地区社区矫正实施情况。

(6) 明确了司法行政机关的工作职责。除上述各项工作以外，还特别要求司法行政机关实施社区矫正应当建立例会、请示报告、培训、信息报送、统计以及内部监督等制度，保障社区矫正工作的规范运行。同时应当及时接收人民法院、公安机关和监狱发出的有关社区服刑人员的法律文书和材料。此外，司法行政机关还应当协调有关部门和单位，为社区服刑人员提供职业培训和就业指导，为符合条件的社区服刑人员提供最低生活保障，为社区服刑人员遇到的其他问题提供指导和帮助。

(7) 初步规定了司法行政机关与人民法院、公安机关、监狱和人民检察院的积极配合及相互衔接关系。一是司法行政机关应当在人民法院就管制、缓刑、暂予监外执行、假释、剥夺政治权利的判决、裁定或者决定听取司法行政机关的意见时，积极配合；二是司法行政机关应当与公安机关密切配合，对拒不服从管理教育、情节严重，或者有重新犯罪嫌疑的社区服刑人员，及时提请公安机关依法处理；三是要求司法行政机关依照有关法律、法规、规章和本办法的规定实施社区矫正，接受人民检察院的监督；四是要求司法行政机关下属的监狱对符合暂予监外执行条件的在押服刑人员，应当依照法律和有关规定准予暂予监外执行；对符合假释条件的在押服刑人员，应当依照法定程序，及时报请人民法院裁定；对司法所开展社区矫正工作，应当积极给予协助。这就是以"北京模式"为代表的派驻监狱人民警察配合司法所开展社区矫正工作的缘由之一。

(8) 明确细化了乡镇、街道司法所承担社区矫正日常工作的具体职责。为了落实2003年"两高两部"《通知》规定的"街道、乡镇司法所要具体承担社区矫正的日常管理工作"，2004年司法部《暂行办法》要求：一是贯彻落实国家有关非监禁刑罚执行的法律、法规、规章和政策；二是依照有关规定，对社区服刑人员实施管理，会同公安机关对社区服刑人员进行监督、考察；三是对社区服刑人员进行考核，根据考核结果实施奖惩；四是组织相关社会团体、民间组织和社区矫正工作志愿者，对社区服刑人员开展多种形式的教育，帮助社区服刑人员解决遇到的困难和问题；五是组织有劳动能力的社区服刑人员参加公益劳动；六是完成上级司法行政机关交办的其他有关工作。此外，司法所还应该针对不同类型的社区服刑人员采取不同的具体管理教育措施，针对个案制定有针对性的教育改造计划和措施，并根据矫正效果和需要，适时作出调整。

（9）较详细地规定了五类社区服刑人员在社区矫正期间应当遵守的义务，对社区服刑人员认罪悔罪、遵纪守法、学习劳动等方面表现情况予以考核，根据考核结果，对于表现良好的给予表扬奖励；对符合法定条件的，依照法定程序提请有关部门予以减刑。对违反法律、法规和社区矫正的有关规定，但尚未构成重新犯罪的，视情节轻重给予警告或者提请有关部门给予警告、记过、治安管理处罚、撤销缓刑、撤销假释或者收监执行。

（10）建构了社区矫正工作从对社区服刑人员接收（第三章"社区服刑人员的接收"）到终止（第五章"社区矫正终止"）的程序和流程，初步体现了社区矫正规范的组织建设、实体与程序的统一。

（五）2005年最高人民法院、最高人民检察院、公安部、司法部《关于扩大社区矫正试点范围的通知》的核心内容

为了进一步推动社区矫正试点工作的深入开展，2005年1月20日最高人民法院、最高人民检察院、公安部、司法部又联合发出《关于扩大社区矫正试点范围的通知》（以下简称"2005年'两高两部'《通知》"，已失效，下同），决定将河北、内蒙古、黑龙江、安徽、湖北、湖南、广东、广西、海南、四川、贵州、重庆等12个省（自治区、直辖市）列为第二批社区矫正试点地区。该通知对社区矫正工作又提出了一些新的理念与要求：

（1）第一次将社区矫正纳入社会管理、社会维稳和构建和谐社会的高度来认识与把握。将社区矫正工作定义为："将罪犯放在社区内，遵循社会管理规律，运用社会工作方法，整合社会资源和量，对罪犯进行教育与改造，使其尽快融入社会，从而降低重新犯罪率，促进社会长期稳定与和谐发展的一种非监禁刑罚执行活动"。

（2）明确了扩大社区矫正工作的重大意义。一是有利于巩固党的执政基础，加强党的执政能力建设；二是有利于加强"两所一庭"（派出所、司法所

和派出法庭）建设；三是有利于完善基层政权建设；四是贯彻落实我国对犯罪分子教育、感化、挽救和惩罚与改造相结合、教育和劳动相结合等刑事政策的具体体现。2005年底，中共中央正式确立了宽严相济的基本刑事政策，从而取代了1983年以来在实际工作中贯彻"严打"方针的基本刑事政策；五是积极推进司法体制改革的迫切需要。

（3）首次提出社区矫正试点工作是对完善中国特色的刑罚执行制度的有益探索，有利于公安、检察、法院、司法行政等部门更好地履行职责，发挥职能作用，形成权责明确、相互配合、相互制约、高效运行的司法体制，构建社会主义和谐社会。

（4）提出了扩大社区矫正工作的五大核心要义。一是要建立健全领导机构和工作机制；二是要加强法院、检察、公安、司法行政等各部门的协调配合；要突出抓好建章立制工作，使试点工作有章可循、规范、有序地运行；三是要加强社区矫正工作队伍建设，开展多种形式的业务培训，提高队伍素质；四要以教育矫正质量为核心，努力在社区矫正程序的严密性、准确性，矫正方法的实用性、科学性和有效性上下功夫；五是要充分运用社会力量和社会资源，发挥社区矫正的特点和优势，加强对社区服刑人员的教育矫正。

（5）开始注意纠正社区矫正定义中的循环定义的错误，第一次提帮助罪犯尽快"融入社会"，同时强调帮助社区服刑人员解决在就业、生活、法律、心理等方面遇到的困难和问题，以利于他们顺利适应社会生活、重新回归社会。

（六）2009年最高人民法院、最高人民检察院、公安部、司法部《关于在全国试行社区矫正工作的意见》的核心内容

2008年北京成功举办奥运会后，人们对北京奥运会举办地的朝阳区司法行政机关的社区矫正工作尤其是阳光中途之家在此期间的优异表现称赞有加。基于社区矫正试点工作取得了明显成效，达到了预期目标，为了更加深入地推动社区矫正事业的发展，经中央政法委批准，最高人民法院、最高人民检察院、公安部、司法部于2009年9月2日联合发布了《关于在全国试行社区矫正工作的意见》（以下简称"2009年'两高两部'《意见》"），决定从2009年起在全国试行社区矫正工作。

（1）对社区矫正又作出了定性与定义。从定性而言，2009年"两院两部"《意见》更进一步地肯定了社区矫正工作的"非监禁刑罚执行方式"的性质。从定义而言，即社区矫正"是指将符合法定条件的罪犯置于社区内，

由专门的国家机关在相关社会团体、民间组织和社会志愿者的协助下，在判决、裁定或决定确定的期限内，矫正其犯罪心理和行为恶习，促进其顺利回归社区的非监禁刑罚执行活动。"本定义与2003年"两高两部"《通知》的概念相比，除了开始的定性定位（社区矫正是与监禁矫正相对的行刑方式）和循环定义"社区矫正"（是指将符合社区矫正条件的罪犯置于社区内）被修改外，其他内容几乎没变。

（2）充分肯定了社区矫正试点工作以来所取得的成绩，尤其强调了社区矫正"在维护社会和谐稳定、降低刑罚执行成本等方面发挥了重要作用，在完善我国非监禁刑罚执行制度方面作出了有益探索，积累了丰富经验。"认为六年来的社区矫正试点工作所取得的成就，充分证明了中央关于开展社区矫正工作的决策是完全正确的；社区矫正符合现阶段中国经济社会发展的水平与要求，符合人民群众对社会和谐稳定的现实需要，是一项符合我国国情的非监禁刑罚执行制度。

（3）将全面试行社区矫正工作推进到维护社会和谐稳定、深化司法体制和工作机制改革、探索完善中国特色刑罚执行制度的高度来把握。强调在全国试行社区矫正工作，把那些不需要、不适宜监禁或者继续监禁的罪犯放到社区里，充分利用社会力量有针对性地对其实施矫正，促进其顺利回归和融入社会，对于贯彻落实宽严相济的刑事政策，探索完善中国特色刑罚执行制度，降低刑罚执行成本、提高刑罚执行效率，最大限度地增加和谐因素，最大限度地减少不和谐因素，维护社会和谐稳定，具有重要意义。

（4）首次提出了全面试行社区矫正工作的六大基本原则。一是坚持党对社区矫正工作的领导，认真贯彻中央关于司法体制和工作机制改革的决策部署，确保社区矫正工作的正确方向；二是坚持从我国国情出发，坚持社区矫正工作的非监禁刑罚执行性质，不断完善中国特色刑罚执行制度；三是坚持各有关部门分工负责、相互支持、协调配合，确保社区矫正工作有序开展；四是坚持专群结合，充分调动社会资源和有关方面的积极性，不断增强社区矫正工作的社会效果；五是坚持从实际出发，分类指导，确保社区矫正工作各项措施符合实际、取得实效；六是坚持与时俱进、改革创新，努力探索社区矫正工作方法，不断提高社区矫正工作水平。

（5）全面试行社区矫正工作的八项任务与要求。一是进一步加强对社区服刑人员的教育矫正；二是进一步加强对社区服刑人员的监督管理；三是进一步加强对社区服刑人员的帮困扶助；四是切实加强社区矫正经费保障；五是进一步加强社区矫正工作制度化、规范化、法制化建设；六是切实加强社区矫正工作机构和队伍建设；七是进一步健全社区矫正工作领导体制和工作机制；八是紧紧依靠党委、政府的领导，努力把社区矫正工作纳入当地经济社会发展总体规划，列入重要日程，建立社区矫正工作领导小组或联席会议制度，研究解决重大问题，切实加强组织领导。

（6）明确指出人民法院要依法充分适用非监禁刑罚和非监禁刑罚执行措施，对依法可能适用非监禁刑罚的被告人，在审理中可以委托司法行政机关进行审前社会调查，并将有关法律文书及时抄送司法行政机关。

（7）第一次提出了进一步加强社区矫正工作的制度化、规范化建设，积极推进社区矫正立法进程，探索建立中国特色非监禁刑罚执行制度。

（七）2011年《刑法修正案（八）》对管制刑、缓刑、假释的修改及其社区矫正的规定

1997年《刑法》大幅修改后，为了适应不断发展的形势，适应有效惩罚和预防犯罪的需要，立法机关对刑法进行了多次修改，2011年5月1日施行的《刑法修正案（八）》，是首次涉及刑法总则、内容最为丰富、意义最为重大的一部修正案，具体对管制刑、缓刑、假释的修改及社区矫正的规定等内容如下：

（1）删除了《刑法》原管制刑、缓刑、假释由公安机关执行、考察、监督的规定，对判处管制、宣告缓刑、裁定假释的罪犯，依法实行社区矫正。由于当时社区矫正工作正在全国各地试点，城乡和东西部地区进展还不够平衡，社区矫正组织在很多地方还没有建立起来等原因，故《刑法修正案（八）》没有明确由司法行政机关负责社区矫正。

（2）对管制刑的修改和增加的内容比较多。一是对判处管制刑的罪犯，在刑罚执行期间，除了要履行《刑法》第39条规定的义务以外，又增加了根据具体犯罪情况，同时禁止罪犯从事特定活动，进入特定区域、场所，接触特定的人的三方面法定义务，这就是禁止令；二是规定了对判处管制的罪犯，依法实行社区矫正，并明确地删除了原来的执行机关是公安机关的规定；三是对应新规定的禁止性义务，增加了对管制刑执行期间违反禁止令的管制犯给予治安管理处罚的规定。本条的修改，是我国刑罚制度改革的一项重大举措。

（3）进一步明确了缓刑的适用条件，并规定对不满18周岁的人、怀孕的妇女和已满75周岁的人，符合条件的，应当宣告缓刑。一是删除原刑法规定

的"根据犯罪分子的犯罪情节和悔罪表现,适用缓刑确实不致再危害社会的"这类模糊、不确定、不易把握的表述,将缓刑的适用条件明确、细化规定为:同时符合"(一)犯罪情节较轻;(二)有悔罪表现;(三)没有再犯罪的危险;(四)宣告缓刑对所居住社区没有重大不良影响"这四项必备条件,增强在司法实务中适用缓刑的可操作性;二是原刑法条文仅规定了"可以"宣告缓刑的情况,而修改后的条文增加了对其中不满18周岁的人、怀孕的妇女和已满75周岁的人,应当宣告缓刑的规定,体现了宽严相济的刑事政策;三是对宣告缓刑的罪犯,在缓刑考验期限内除了要履行《刑法》第75条规定的义务以外,又增加了根据具体犯罪情况而适用的禁止令,同时禁止罪犯从事特定活动,进入特定区域、场所,接触特定的人的三方面法定义务,"能够更有效地预防其再次犯罪,更有效地保护被害人、证人等相关人员,更有利于维护居住社区安定"。[1]

(4)对假释的适用提高了条件、限制了适用范围、更改了执行主体、增加了撤销假释的理由。一是提高了被判处无期徒刑的罪犯假释的最低实际执行期限,修改了假释的适用条件,将《刑法》第81条修改为:"被判处有期徒刑的犯罪分子,执行原判刑期二分之一以上,被判处无期徒刑的犯罪分子,实际执行十三年以上,如果认真遵守监规,接受教育改造,确有悔改表现,没有再犯罪的危险的,可以假释。如果有特殊情况,经最高人民法院核准,可以不受上述执行刑期的限制。""对犯罪分子决定假释时,应当考虑其假释后对所居住社区的影响。"二是修改了不得假释罪犯的主体范围,规定:"对累犯以及因故意杀人、强奸、抢劫、绑架、放火、爆炸、投放危险物质或者有组织的暴力性犯罪被判处十年以上有期徒刑、无期徒刑的犯罪分子,不得假释。"三是删改了假释由公安机关执行的内容,将《刑法》第85条修改为:"对假释的犯罪分子,在假释考验期限内,依法实行社区矫正,如果没有本法第八十六条规定的情形,假释考验期满,就认为原判刑罚已经执行完毕,并公开予以宣告。"四是修改了一项假释撤销的情形,《刑法》第86条第3款规定:"被假释的犯罪分子,在假释考验期限内,有违反法律、行政法规或者国务院有关部门关于假释的监督管理规定的行为,尚未构成新的犯罪的,应当依照法定程序撤销假释,收监执行未执行完毕的刑罚。"

(5)《刑法修正案(八)》规定对管制刑、缓刑、假释"依法实行社区

---

[1] 张军主编:《〈刑法修正案(八)〉条文及配套司法解释理解与适用》,人民法院出版社2011年版,第111页。

矫正"，是从刑事实体法上对社区矫正试点工作的肯定，从而使社区矫正政策上升到社区矫正法律，尽管是简单的一小步，但是从整个新中国非监禁刑罚、监禁刑替刑和处遇措施的社区矫正政策及实践而言，则是迈出了法治建设的一大步。

值得注意的是，《刑法修正案（八）》没有把剥夺政治权利这一广义的非监禁刑，规定为社区矫正的适用对象，其单独适用和主刑执行之后的附加刑适用的刑罚执行机关，仍然是公安机关。

（八）2011年最高人民法院、最高人民检察院、公安部、司法部《关于对判处管制、宣告缓刑的犯罪分子适用禁止令有关问题的规定（试行）》的创新规定

为正确适用《刑法修正案（八）》，确保管制和缓刑的执行效果，最高人民法院、最高人民检察院、公安部和司法部又于2011年4月28日联合发布了《关于对判处管制、宣告缓刑的犯罪分子适用禁止令有关问题的规定（试行）》（以下简称"2011年'两高两部'《禁止令规定（试行）》"），其核心要义如下：

（1）规定了禁止令的基本含义和性质。所谓禁止令，是指人民法院在对判处管制刑、宣告缓刑时，根据犯罪情况，认为从促进犯罪分子教育矫正、有效维护社会秩序的需要出发，确有必要禁止其在管制执行期间、缓刑考验期限内从事特定活动，进入特定区域、场所，接触特定人的，可以根据《刑法》第38条第2款、第72条第2款的规定，同时宣告适用的一项预防和保护措施。"禁止令不是惩罚和剥夺，而是预防和保护"，"判处禁止令，必须立足于预防、矫正和保护，而不是惩罚、控制或管制，更不能变相剥夺行为人应当享有的民主自由权利"。[1]

（2）禁止令的期限。既可以与管制执行、缓刑考验的期限相同，也可以短于管制执行、缓刑考验的期限，但判处管制的，禁止令的期限不得少于3个月，宣告缓刑的，禁止令的期限不得少于2个月。判处管制的罪犯在判决执行以前先行羁押以致管制执行的期限少于3个月的，禁止令的期限不受前款规定的最短期限限制。禁止令的执行期限，从管制、缓刑执行之日起计算。

（3）禁止令由司法行政机关指导管理的社区矫正机构负责执行。由于社区矫正制度刚刚建立，制度机制不甚健全，人力物力经验技能尚显缺乏，没

---

[1] 张军主编：《〈刑法修正案（八）〉条文及配套司法解释理解与适用》，人民法院出版社2011年版，第20页。

有足够的人力物力高质量地执行禁止令，同时人民法院也没有什么经验，对缓刑犯、管制刑犯该禁止什么，不该禁止什么，需要逐步摸索总结，因此适用禁止令一定要坚持谦抑性，把握好禁止令的个别性和可行性。

（4）违反禁止令的治安管理处罚和撤销缓刑收监执行。判处管制刑的罪犯违反禁止令，或者被宣告缓刑的罪犯违反禁止令尚不属情节严重的，由负责执行禁止令的社区矫正机构所在地的公安机关依照《中华人民共和国治安管理处罚法》第60条的规定处罚。被宣告缓刑的罪犯违反禁止令，情节严重的（具体是指三次以上违反禁止令的；因违反禁止令被治安管理处罚后，再次违反禁止令的；违反禁止令，发生较为严重危害后果的；其他情节严重的情形），应当撤销缓刑，执行原判刑罚。原作出缓刑裁判的人民法院应当自收到当地社区矫正机构提出的撤销缓刑建议书之日起1个月内依法作出裁定。人民法院撤销缓刑的裁定一经作出，立即生效。管制刑是纯粹的非监禁刑，即使再违反治安管理处罚，只要没有构成新罪，就不能收监执行。

（5）人民检察院对社区矫正机构执行禁止令的活动实行监督。发现有违反法律规定的情况，应当通知社区矫正机构纠正。

（九）司法部关于贯彻2011年"两院两部"《禁止令规定（试行）》做好禁止令执行工作的通知精神。

2011年5月23日司法部发布了《关于贯彻最高人民法院、最高人民检察院、公安部、司法部〈关于对判处管制、宣告缓刑的犯罪分子适用禁止令有关问题的规定（试行）〉做好禁止令执行工作的通知》，要求充分认识做好禁止令执行工作的重要意义、严格依法做好禁止令执行工作、加强对禁止令执行工作的组织领导。值得注意的提法与要求是：

（1）认为禁止令制度是我国刑罚制度的一个重要创新。

（2）司法行政机关在执行禁止令过程中，应当严格执行人民法院的判决，不得扩大禁止事项的范围，不得缩减或延长禁止令的执行期限。

（3）对人民法院、人民检察院等机关拟适用或者建议适用禁止令，委托司法行政机关进行调查评估的，受委托的司法行政机关应当根据委托机关的要求，就有关事项进行调查了解，形成书面材料，及时提交委托机关。

（4）要严格宣告程序，明确宣告被禁止的事项和期限以及违反禁止令的法律后果，提高管制和缓刑犯遵守禁止令的自觉性，增强相关人员落实监督措施的主动性。

（5）要切实加强监督管理，确保执行效果，为此应制定切实可行的执行方案，明确具体的监督管理措施，落实监督管理责任人，可以采用信息化科技手段，及时掌握被禁止令社区矫正对象的活动。

（6）对违反禁止令的，接到报告、举报或者发现问题的司法行政机关应当组织2名以上执法人员，及时进行调查核实，并形成相关证据材料。针对不同情况，由执行地县级司法行政机关给予警告，或提请同级公安机关给予治安管理处罚，或及时向原判人民法院提请撤销缓刑、执行原判刑罚，并附相关证据材料。

关于社区矫正写入刑法的重大意义，著名刑法学家高铭暄教授认为："此次刑法修正案（八）将社区矫正正式写入刑法，使得'社区矫正'一词第一次正式在刑法条文的规定中。这是对社区矫正在我国试行七年以来积极意义的重要肯定，也是对我国刑罚轻缓化、行刑社会化发展的进一步考验。""社区矫正此次写入刑法，无疑是我国在行刑社会化发展中的一次里程碑式的规定，是对联合国公约的积极回应，表明了我国负责任大国的态度。"[1]

（十）2012年修订《刑事诉讼法》的相关内容

为了配合2011年《刑法修正案（八）》的贯彻实施，2012年3月14日第十一届全国人民代表大会第五次会议通过了《关于修改〈中华人民共和国刑事诉讼法〉的决定》，据此修正并公布了《刑事诉讼法》（2012年），有关社区矫正的修改内容如下：

（1）进一步规定了暂予监外执行制度。一是明确规定了对无期徒刑可以适用暂予监外执行仅限于怀孕或者正在哺乳自己婴儿的妇女，如此规定也与监狱法的相关内容协调一致了。当然，如果无期徒刑在监狱服刑过程中减刑为有期徒刑后，如果符合法定条件，也是可以暂予监外执行的。二是进一步明确了由人民法院决定暂予监外执行的罪犯收监执行的情形及其程序，即发现不符合暂予监外执行条件的；严重违反有关暂予监外执行监督管理规定的；暂予监外执行的情形消失后，罪犯刑期未满的三种情况，由人民法院作出决定予以收监执行，将有关的法律文书送达公安机关、监狱或者其他执行机关。其他由监狱和看守所批准的暂予监外执行的收监执行仍按2012年《刑事诉讼法》规定办理。三是社区矫正机构在执行中发现被暂予监外执行的罪犯严重违反有关暂予监外执行规定的，比如再犯新罪、有打击报复等行为，以及其他严重违反有关监督管理规定的违法行为，应当通知执法机关及时收监。四是社区矫正机构在执行中发现罪犯被暂予监外的情形消失，如身体恢复健康、

---

[1] 高铭暄："社区矫正写入刑法的重大意义"，载《中国司法》2011年第3期，第24页。

婴儿哺乳期已满等，而且刑期未满的，应当及时收监。五是人民检察院或者执行暂予监外执行的社区矫正机构在执行中发现该罪犯不符合暂予监外执行条件的，应当向决定或者批准机关提出纠正意见，决定或者批准机关应当进行核查，对于确实不符合暂予监外执行条件的，应当及时将该罪犯收监执行。六是通过非法手段被暂予监外执行及暂予监外执行期间脱逃的时间，除依法追究刑事责任、及时收监执行外，其监外执行时间或者脱逃的期间，一律不计入刑期。七是如果罪犯在暂予监外执行期间死亡的（包括自然死亡和非正常死亡），负责执行暂予监外执行的社区矫正机构，应当及时通知原执行该罪犯刑罚的监狱或者看守所等执行机关。

（2）第一次明确规定对被判处管制、宣告缓刑、假释或者暂予监外执行的罪犯，依法实行社区矫正，由社区矫正机构负责执行。这是继2011年《刑法修正案（八）》刑事实体法规定对管制、缓刑、假释等三类对象依法实行社区矫正之外，从刑事程序法的角度对被判处管制、宣告缓刑、假释或者暂予监外执行等四类对象依法实行社区矫正的刑事基本法律的规定，同时还明确规定："依法实行社区矫正，由社区矫正机构负责执行。"由此，我国的社区矫正工作进入了依法工作的新阶段，为制定专门的社区矫正法奠定了上位法的立法基础。

（十一）2012年最高人民法院、最高人民检察院、公安部、司法部《社区矫正实施办法》的核心内容

根据中央批准的立法方案，2011年《刑法修正案（八）》和2012年《刑事诉讼法》对社区矫正适用范围、执行机关作出的原则性规定，基本完成了第一阶段的立法任务。又按照中央司法体制机制改革部署，2012年1月10日司法部会同最高人民法院、最高人民检察院、公安部联合发布了《社区矫正实施办法》（以下简称"2012年'两高两部'《实施办法》"，已失效，下同），是对第一阶段立法工作的具体化政策性可操作性规范，标志着社区矫正向规范化法治化迈出了重要的一步。2012年"两院两部"《实施规范》"体现了刑罚执行的严肃性，突出了刑罚惩罚犯罪、改造罪犯的基本功能；进一步明确了社区矫正的管理体制、执行机关、执法权限、执法责任等主要问题，规范了矫正措施和执行程序；明确了各部门的分工和配合制度，填补了我国非监禁刑罚执行制度的空白，畅通了与监禁执行的制度衔接。"[1]其提法和亮点如下：

---

[1] 司法部法制司、社区矫正管理局：《社区矫正实施办法解读》，法律出版社2012年版，第4页。

（1）2012年"两高两部"《实施办法》具有司法解释性质，它的出台标志着社区矫正法制化、规范化水平得到进一步提升，是适应经济社会发展新形势，加强和创新特殊人群管理的重要制度成果。

（2）将社区矫正直接定性为刑罚执行活动，始终鲜明地坚持刑罚执行的本质属性，突出了刑罚惩罚犯罪与改造罪犯的基本功能。

（3）贯彻了两大基本原则。一是专门机关与社会力量相结合的工作原则，既充分发挥司法行政机关、人民法院、人民检察院、公安机关等国家机关的职能作用，又积极动员社会工作者、志愿者、基层组织、家庭成员等社会力量积极参与。二是贯彻监督管理、教育矫正、帮困扶助三大任务相结合的原则，整合社区矫正资源，创新教育矫正方法，实现刑罚执行与特殊人群管理的有机结合。

（4）明确了司法行政机关从中央到基层的社区矫正工作职能。一是司法部负责指导管理全国的社区矫正工作，具体由2012年1月中央机构编制委员会办公室《关于设立司法部社区矫正管理局的批复》（中央编办复字［2012］4号）同意司法部设立的社区矫正管理局负责，其主要职责是：负责监督检查社区矫正法律法规和政策的执行工作；拟定全国社区矫正工作发展规划、管理制度和相关政策并组织实施；监督管理对社区矫正人员的刑罚执行、管理教育和帮扶工作；指导开展社区矫正社会工作和志愿服务。二是各省级、市级、县级司法行政机关负责履行对本行政区域内社区矫正工作的指导管理职责，相应地也应该成立社区矫正机构。三是县级司法行政机关社区矫正机构负责社区矫正监督管理和教育帮助的执行工作，主要包括：社区矫正适用前调查评估；法律文书和社区矫正人员的接收；建立社区矫正人员执行档案；社区矫正人员进入特定场所、外出、变更居住地的审批；行使奖惩权力，给予警告、提出治安管理处罚建议、提出撤销缓刑假释收监执行建议、提出减刑建议；对脱离监管的社区矫正人员组织追查；发放解除社区矫正证明书；根据需要，也可以开展集中教育、心理矫正、协调有关部门和单位为社区矫正人员提供帮扶等工作。四是司法所作为区县司法行政机关的派出机构，经县级司法行政机关授权，在一定范围内参与社区矫正执法活动，如派员参加社会调查评估等；司法所具体承担社区矫正日常工作。在社区矫正接收环节有四项职责：①根据县级司法行政机关的指派，接收社区矫正人员，并组织宣告；②确定社区矫正小组；③制定矫正方案；④建立社区矫正工作档案。在社区矫正实施过程中有9项职责：①要监督社区矫正人员定期报告；②采取实地调查、通讯联络、信息化核查等措施及时掌握社区矫正人员的活动情况；③重点时段、重大活动期间或者遇有特殊情况，可以根据需要要求社区矫正人员到办公场所报告、说明情况；④定期到社区矫正人员的家庭、所在单位、就读学校和居住的社区了解、核实社区矫正人员的思想动态和现实表现等情况；⑤发现社区矫正人员脱离监管的，及时向县级司法行政机关报告；⑥对社区矫正人员7日以内的外出进行审批；⑦组织日常教育学习活动和社区服务；⑧开展有针对性的个别教育和心理辅导；⑨对社区矫正人员进行考核并实施分类管理等。在期满解除矫正时有四项职责：①司法所要对社区矫正人员作出书面鉴定，提出安置帮教建议；②组织解除社区矫正宣告；③向社区矫正人员告知安置帮教有关规定；④安置帮教部门做好交接等。

（5）要求建立一支以司法行政机关执法工作者为核心、社会工作者为辅助、社会志愿者为补充的"三位一体"的社区矫正工作队伍，进一步健全完善社区矫正工作者和志愿者的聘用、管理、培训和考核、激励机制，提高社区矫正工作人员的业务能力。

（6）要求针对被判处管制、宣告缓刑、裁定假释、决定或批准暂予监外执行的四种不同社区矫正对象，采取分类管理、区别对待的矫正措施。对剥夺政治权利在社会服刑的人员，尽管刑法和刑事诉讼法没有纳入社区矫正的适用范围，继续由公安机关执行刑罚，但是2012年"两高两部"《实施办法》仍然要求司法行政机关配合公安机关，监督被剥夺政治权利的罪犯遵守《刑法》第54条的规定，并及时掌握有关信息。同时，也允许被剥夺政治权利的罪犯自愿参加司法行政机关组织的心理辅导、职业培训和就业指导等活动，"目的在于整合各种社会管理资源，形成监管合力，帮助这类人员尽快改造成为守法公民，也是立足当前，谋划长远，继续深化社区矫正试点工作的客观需要。"[1]

（7）特别重视依法建立社区矫正适用前司法行政机关受托开展调查评估制度。要求受委托的司法行政机关应当根据委托机关的要求，对被告人或者罪犯的居所情况、家庭和社会关系、一贯表现、犯罪行为的后果和影响、居住地村（居）民委员会和被害人意见、拟禁止的事项等进行调查了解，形成评估意见，及时提交委托机关。此项制度意义重大，不仅进一步强化了刑事审判的公正性，还使社区矫正工作实现了向前延伸，加强了矫正工作与审判工作的衔接，有利于提高社区矫正的风险预见性，有利于严把社区矫正的

---

[1] 司法部法制局、社区矫正管理局：《社区矫正实施办法解读》，法律出版社2012年版，第11页。

"入口关",有利于确定社区矫正人员的居住地,从源头上避免社区矫正人员脱管、漏管情况的发生,促使社区矫正人员更加自觉主动地服从监督管理,提高矫正质量,保障社区安全。

(8)广泛动员各种社会力量积极参与社区矫正工作,为社区矫正人员确定专门的矫正小组。建立帮教小组是中华人民共和国成立以来组织单位和群众参与对缓刑等人员开展考察帮扶工作的一贯做法,更是"枫桥经验"的典型做法。社区矫正试点工作以来,以矫正小组为依托,立足社区、依靠社区、动员各种社会力量,促进公众参与对社区矫正人员的监管教育帮助,是具有中国特色的社区矫正管理教育模式。2012年"两高两部"《实施办法》明确要求司法所应当为社区矫正人员确定专门的矫正小组。矫正小组由司法所工作人员担任组长,由有关部门、村(居)民委员会、社区矫正人员所在单位、就读学校工作人员、社区矫正人员的家庭成员或者监护人、保证人以及社会工作者和志愿者等有关人员组成。社区矫正人员为女性的,矫正小组应当有女性成员。司法所应当与矫正小组签订矫正责任书,根据小组成员所在单位和身份,明确各自的责任和义务,确保各项矫正措施落实。

(9)监督管理是社区矫正工作的重要基础,是落实判决、裁定和决定或批准等法律文书内容的载体与表现,是维护社区安全,是预防社区矫正人员重新违法犯罪的前提和保障。司法行政机关对社区矫正人员的监督管理主要内容:一是加强日常管理;二是对适用禁止令人员的监督;三是社区矫正人员外出、居住地变更的审批;四是检查考核;五是要创新监督管理方式,发挥基层组织、社区群众以及社区矫正人员家属在监督管理中的作用,推广应用手机定位等信息技术实施监管,提高监管工作的便捷性和实效性;六是要健全应急处置机制。

(10)教育矫正是社区矫正的核心任务。2012年"两高两部"《实施办法》第15条(教育学习)、第16条(社区服务)、第17条(个别教育和心理矫正)、第21条(考核及分类管理)共4条占整个规范性文件40条的1/10来专门规定了教育矫正的目的、内容、方法和考核。其中第15条规定了社区矫正人员每月参加教育学习时间不少于8小时,第16条规定了社区矫正人员每月参加社区服务不少于8小时。两个8小时的规定,动机目的都很好,但缺乏刑事法律的规定,实际工作中不仅使社区矫正的工作人员过于辛苦,而且还严重地影响到了社区矫正对象的正常生活与工作。

(11)明确规定了社区矫正人员脱离监管的,由县级司法行政机关组织追查。根据2012年"两高两部"《实施办法》的规定，司法行政机关要加强对社区矫正人员的监督管理，采取实地检查、通讯联络、信息化核查等措施及时掌握社区矫正人员的活动情况，避免脱管。发现社区矫正人员脱离监管的，县级司法行政机关应当及时组织追查。司法行政机关未能在1个月内查找到社区矫正人员下落的，对缓刑、假释、暂予监外执行的社区矫正人员应当按照2012年"两高两部"《实施办法》第25、26条的规定，向有关人民法院、公安机关、监狱管理局提出撤销缓刑、假释、收监执行的建议。监狱管理机关对暂予监外执行罪犯决定收监执行的，监狱应当立即赴羁押地将罪犯收监执行。公安机关对暂予监外执行罪犯决定收监执行的，由罪犯居住地看守所将罪犯收监执行。比较麻烦的是：人民法院裁定撤销缓刑、假释或者对暂予监外执行罪犯决定收监执行的，居住地县级司法行政机关应当及时将罪犯送交监狱或者看守所，公安机关予以协助。这就与刑事诉讼法规定的交付执行送交监所由公安机关执行的一贯精神相悖，更与司法行政机关缺乏警力装备、强制措施和安全保障设施相冲突，这也是司法行政机关强烈要求用警和警察化的理由之一。

此外，2012年"两高两部"《实施办法》的制定目的和具体内容来看，主要是为了配合2011年《刑法修正案（八）》和2012年《刑事诉讼法》的修改实施，以及进一步规范社区矫正工作、加强和创新特殊人群管理而通过深入调查论证和广泛征求意见后而制定的，没有给社区矫正下定义，更没有将其定性为"非监禁刑罚执行方式""刑罚执行活动"，反而将过去标签化的"社区服刑人员"改为"社区矫正人员"（因外延太大，引起争议很多），全文没有提及与采纳"严打"刑事政策和《监狱法》规定的惩罚与改造的基本原则及理念，而始终贯彻了"宽严相济"刑事政策和"教育、感化、挽救"的方针及对特殊人群管理服务的理念，仅在于2012年2月15日司法部《关于认真贯彻落实最高人民法院、最高人民检察院、公安部、司法部〈社区矫正实施办法〉进一步做好社区矫正工作的通知》中，才一再强调"社区矫正作为非监禁刑罚执行方式，是一项严肃的刑罚执行活动"，要"充分发挥非监禁刑罚功能，打击和惩罚犯罪，教育改造罪犯"等定性和理念。[1]

（十二）2014年最高人民法院、最高人民检察院、公安部、司法部《关于全面推进社区矫正工作的意见》的核心内容

2013年，党的十八届三中全会通过的《中共中央关于全面深化改革若干

---

[1] 司法部法制司、社区矫正管理局：《社区矫正实施办法解读》，法律出版社2012年版，第62页。

重大问题的决定》明确提出，要"健全社区矫正制度"。2014年4月21日，习近平总书记在听取司法部工作汇报时明确指出："社区矫正已在试点的基础上全面推开，新情况新问题会不断出现。要持续跟踪完善社区矫正制度，加快推进立法，理顺工作体制机制，加强矫正机构和队伍建设，切实提高社区矫正工作水平。"依此，全国人大法工委将社区矫正法列入立法规划。2014年8月27日，最高人民法院、最高人民检察院、公安部、司法部联合发布了《关于全面推进社区矫正工作的意见》（以下简称"2014年'两高两部'《意见》"），对全面推进社区矫正工作的重要性和必要性、指导思想和基本原则、主要任务和组织领导等作了最新的理念、规定及要求。

（1）社区矫正和全面推进社区矫正工作的新的定性与定位。社区矫正新的定性是一项重要的非监禁刑罚执行制度，是宽严相济刑事政策在刑罚执行方面的重要体现，充分体现了社会主义法治教育人、改造人的优越性。全面推进社区矫正工作的定位：一是维护社会和谐稳定，推进平安中国建设的迫切要求；二是完善刑罚执行制度，推进司法体制改革的必然要求；三是体现国家尊重和保障人权、贯彻宽严相济刑事政策的内在要求。

（2）全面推进社区矫正工作的基本原则。一是必须坚持党的领导，立足我国基本国情，探索建立完善中国特色社区矫正制度，不照抄照搬国外的制度模式和做法，坚持社区矫正工作正确方向。二是必须坚持从实际出发，与本地的经济社会发展水平相适应，充分考虑社会对社区矫正工作的认同感，充分考虑本地社区建设、社会资源、工作力量的承受力；三是必须坚持依法推进，严格按照刑法、刑事诉讼法的规定开展工作，严格遵守和执行法定条件和程序，充分体现刑罚执行的严肃性、统一性和权威性；四是必须坚持把教育改造社区服刑人员作为社区矫正工作的中心任务，切实做好社区服刑人员监管教育和帮困扶助，把社区服刑人员改造成为守法公民，预防和减少重新犯罪；五是必须坚持统筹协调，充分发挥各部门的职能作用，广泛动员社会力量参与社区矫正工作，为社区服刑人员顺利回归社会创造条件；六是必须坚持改革创新，用创新的思维和改革的办法解决工作中的困难和问题，不断实现新发展、取得新成绩。

（3）提出社区矫正的四项基本任务：一是严格执行刑罚；二是加强监督管理；三是教育矫正；四是社会适应性帮扶。将"严格执行刑罚"作为首要基本任务，是截至当时所有政策文件中第一次提出，但没有展开论述。上述基本原则中，还有将"教育改造"作为社区矫正工作中心任务的新提法。

（4）要切实加强监管管理。一是严格落实监管制度，防止社区服刑人员脱管、漏管和重新违法犯罪；二是严格检查考核，及时准确掌握社区服刑人员的改造情况，按规定实施分级处遇（这是第一次明确提出"处遇"制度），调动社区服刑人员的积极性；三是大力创新管理方式，充分发挥矫正小组的作用；四是充分利用现代科技手段，进一步推广手机定位、电子腕带等信息技术在监管中的应用（这是第一次正式提出与要求"智慧矫正"），提高监管的可靠性和有效性；五是强化应急处置，健全完善应急处置预案，确保突发事件防范有力、处置迅速（这也是第一次系统提出与要求"风险防控"）。

（5）要切实加强教育矫正。一是要认真组织开展思想道德、法制、时事政治等教育，帮助社区服刑人员提高道德修养，增强法治观念，自觉遵纪守法；二是要组织开展社区服务，培养社区服刑人员正确的劳动观念，增强社会责任感，帮助他们修复社会关系，更好地融入社会（充分体现了社区矫正损害修复理念）；三是大力创新教育方式方法，实行分类教育和个别教育，普遍开展心理健康教育，做好心理咨询和心理危机干预，不断增强教育矫正效果；四是建立健全教育矫正质量评估体系，分阶段对社区服刑人员进行评估，并及时调整完善矫正对策措施，增强教育矫正的针对性和实效性。

（6）要切实加强社会适应性帮扶工作。一是制定完善并认真落实帮扶政策；二是协调解决社区服刑人员就业、就学、最低生活保障、临时救助、社会保险等问题，为社区服刑人员安心改造并融入社会创造条件；三是广泛动员企事业单位、社会团体、志愿者等各方面力量，发挥社会帮扶的综合优势，努力形成社会合力，提高帮扶效果。

（7）大力加强社区矫正制度化建设。建议在2012年"两高两部"《实施办法》的基础上，进一步健全完善工作规定，使社区矫正工作制度覆盖到调查评估、交付接收、管理教育、考核奖惩、收监执行、解除矫正等各个环节，确保社区矫正工作按规章办事，依制度运行。

（8）深入推进社区矫正执法规范化建设。具体要求是健全执法机制、完善执法流程、加强执法检查，切实规范执法行为，维护社区服刑人员合法权益，努力在每一个执法环节，每一起执法案件办理上使人民群众、社区服刑人员及其家属感受到公平正义。

（9）大力加强社区矫正现代信息化建设。要求科学规划，统一规范，健全完善全国社区服刑人员数据库，建立社区矫正信息平台，与有关部门互联互通、资源共享，推动实施对社区服刑人员网上监管、网上教育、网上服务帮扶，不断提高社区矫正工作的信息化水平。

（10）积极推进社区矫正立法，努力从法律层面解决有关重大问题，为社区矫正工作长远发展提供法律保障。

值得强调指出的是，2014年"两高两部"《意见》，又将2012年"两高两部"《实施办法》规定的社区矫正对象的称谓，从"社区矫正人员"改回到"社区服刑人员"。

四、《中华人民共和国社区矫正法》的孕育与诞生

（一）2013年司法部《中华人民共和国社区矫正法（草案送审稿）》

自从2011年《刑法修正案（八）》规定了对管制刑、缓刑、假释"依法实行社区矫正"和2012年修订《刑事诉讼法》又明确规定了"对被判处管制、宣告缓刑、假释或者暂予监外执行的罪犯，依法实行社区矫正，由社区矫正机构负责执行"以后，创制社区矫正法的论证与草拟工作就已经开始了。2012年国务院立法工作计划就将社区矫正立法列入需要抓紧工作、适时提出的立法项目，交由司法部负责起草。2013年2月《中华人民共和国社区矫正法（草案送审稿）》（以下简称"2013年《草案送审稿》"）提请国务院审议。原国务院法制办会同有关单位成立了社区矫正立法工作协调小组及审查工作专班，多次召开协调会议，组织立法专题调研，召开专家论证会，集中研究、修改，并向社会公开征求意见。《草案送审稿》共有6章63条，第一章总则，第二章社区矫正机构，第三章刑罚执行，第四章监督管理，第五章教育帮扶，第六章附则。其核心内容如下：

（1）总体思路和立法原则。2013年《草案送审稿》总体思路是建立和完善中国特色社会主义社区矫正法律制度，构建监禁刑执行与非监禁刑执行统一协调的刑罚执行体系。主要遵循的基本原则：一是坚持社区矫正的本质属性即刑罚执行性质；二是坚持从国情出发，充分考虑社会心理、文化传统和社区建设、社会资源现实，使社区矫正法律制度与我国的经济社会发展水平相适应，与我国社会转型期惩罚和改造罪犯的实际需要相适应；三是坚持立足当前、着眼长远。

（2）体系结构注意借鉴、参考监狱法。认为监狱法与社区矫正法是刑罚执行制度的两个基本组成部分，应当互相协调、互相支撑。

（3）立法目的强调有效执行刑罚。2013年《草案送审稿》第1条规定："为了正确有效执行刑罚，对非监禁的罪犯实行社区矫正，预防和减少犯罪，

维护社会和谐稳定，根据宪法，制定本法。"

（4）适用范围突破了《刑法》《刑事诉讼法》的规定。规定对于被判处管制、宣告缓刑、假释、暂予监外执行的罪犯以及法律规定的其他罪犯，依照本法实行社区矫正。

（5）明确规定了社区矫正的任务和基本原则。根本任务是将社区矫正对象改造成为守法公民。基本原则是坚持惩罚犯罪与教育矫正相统一，专门机关与社会力量相结合，监督管理与教育帮扶相结合。

（6）重新将社区矫正对象的称谓从"社区矫正人员"改为"社区服刑人员"，并专条规定了社区服刑人员的义务和权利。根据第4条规定，"社区服刑人员应当遵守法律、行政法规和社区矫正有关规定，服从监督管理，参加社区矫正机构组织的教育学习活动。""社区服刑人员的人身权利、财产权利和其他未被依法剥夺或限制的权利不受侵犯。对于侵犯其权利的，社区服刑人员有权提出申诉、控告、检举。"

（7）规定社区矫正机构执行刑罚由人民警察负责，具体承担对违反有关监督管理规定的社区服刑人员实施制止、惩戒、收监等项工作。社区矫正机构根据需要配备其他执法人员，开展社区矫正工作。社会工作者、志愿者在社区矫正机构组织下，协助开展社区矫正工作。基层组织、社会团体、其他社会组织以及社区服刑人员所在单位、就读学校依法参与社区矫正工作。

（8）规定县级以上地方人民政府司法行政部门管理本行政区域的社区矫正工作，县级人民政府司法行政部门社区矫正机构负责执行社区矫正，司法所承担社区矫正日常工作。县级人民政府根据需要，建立社区矫正场所，保障社区矫正管理、教育和帮扶工作的开展。

（9）规定了根据需要在社区矫正场所进行集中管理，对社区服刑人员进行集中管理，由社区矫正机构提出建议，报县级人民政府司法行政部门批准。对社区服刑人员集中管理的时间不超过30日。

（10）规定了撤销缓刑、假释以及对暂予监外执行人员收监执行的机制，明确列举了4种应当撤销缓刑的情形（情节严重的违反禁止令、脱管1个月、3次警告仍不改正、治安管理处罚仍不改正），6项应当对暂予监外执行的社区服刑人员收监执行的情形（自伤自残欺骗、2次以上警告、擅自离开居住地经警告不改正、拒不报告行踪脱离监管、治安管理处罚仍不改正、暂予监外执行情形消失、保证人失去保证资格），并规定了相应的决定程序和执行方式。

(二) 2016年原国务院法制办公布《中华人民共和国社区矫正法（征求意见稿）》

2013年十二届全国人大常委会将《中华人民共和国社区矫正法》列入五年立法规划，同年11月党的十八届三中全会通过的《中共中央关于全面深化改革若干重大问题的决定》，也明确提出要"健全社区矫正制度"。2014年1月，江苏省第十二届人民代表大会常务委员会第八次会议通过了《江苏省社区矫正工作条例》，成为我国第一个省级立法机关通过的地方性社区矫正法律规范。紧接着国务院将《社区矫正法》再次列入立法工作计划。同年3月，司法部会同原国务院法制办、中央政法委牵头成立了由中央12个有关部门组成的社区矫正立法工作协调小组和社区矫正法草案审查工作专班，开展立法调研并对社区矫正立法涉及的重大问题进行了研究论证。2013年5月，司法部发布了《关于进一步加强社区矫正执法工作的通知》（已失效），要求社区矫正工作要依法矫正，加强对社区矫正人员的监督管理、规范执法行为、提高执法水平。

随着2014年4月21日中共中央总书记习近平有关加快推进社区矫正立法的重要讲话精神发表后，《中华人民共和国社区矫正法》的立法工作进入了快车道，同年底党的十八届四中全会通过的《中共中央关于全面推进依法治国若干重大问题的决定》，又再次明确提出要"制定社区矫正法"。2014年10月，最高人民法院、最高人民检察院、公安部、司法部、原国家卫生计生委联合发布《暂予监外执行规定》，要求对暂予监外执行工作严格依法规范进行。同年9月26日，司法部、中央综治办、教育部、民政部、财政部、人力资源和社会保障部联合发布了《关于组织社会力量参与社区矫正工作的意见》，对社会力量参与社区矫正在健全社区矫正制度、落实社区矫正任务等方面提出了具体要求。2015年，国务院将社区矫正立法作为重点领域立法的预备项目，全国人大常委会立法工作计划亦将社区矫正立法作为重点领域立法的预备项目。同年4月，中办、国办联合印发的《关于贯彻落实党的十八届四中全会决定进一步深化司法体制和社会体制改革的实施方案》又将社区矫正法作为重点领域立法。2016年国务院将社区矫正立法列为全面深化改革急需的立法项目，同年全国人大常委会将社区矫正法列入10月初次审议的法律案，由此拉开了社区矫正正式立法的帷幕。

2016年8月30日，最高人民法院、最高人民检察院、公安部、司法部联合发布了《关于进一步加强社区矫正工作衔接配合管理的意见》，专门就公、检、法、司及监狱看守所在社区矫正工作中衔接配合的问题作出了规范。随后上述"两高两部"又联合发布了《关于对因犯罪在大陆受审的台湾居民依法适用缓刑实行社区矫正有关问题的意见》。2016年12月原国务院法制办正式向社会公开《中华人民共和国社区矫正法（征求意见稿）》（以下简称"2016年《征求意见稿》"）及其说明，并公开向社会征求意见。2016年《征求意见稿》共5章36条，第一章总则，第二章实施社区矫正的程序，第三章监督管理，第四章教育帮扶，第五章附则。此稿公布后，几乎被理论与实务部门一致否定，但其理念与提法仍值得归纳几条：

（1）将司法部草拟的社区矫正法2013年《草案送审稿》中规定的社区矫正对象的称谓由"社区服刑人员"改回到2012年"两高两部"《实施办法》规定的"社区矫正人员"。

（2）立法目的强调了"帮助社区矫正人员顺利回归社会，预防和减少犯罪"。

（3）将社区矫正的任务更加简化为"监督管理、教育帮扶"2项最基本任务。

（4）基本原则删掉了"坚持惩罚犯罪与教育矫正相统一"，增加了"保障公众安全与维护社区矫正人员合法权益相结合的原则"。

（5）强调居民委员会、村民委员会应当依法协助社区矫正机构做好社区矫正工作。居民委员会、村民委员会协助社区矫正机构开展工作所需经费从社区矫正经费中列支。居民委员会、村民委员会可以引导志愿者和社会群众，采取多种形式对社区矫正人员进行教育，并利用社区资源对有特殊困难的社区矫正人员进行必要的帮扶。

（6）社区矫正在社区矫正人员的居住地执行。社区矫正决定机关根据需要可以委托社区矫正机构或者居民委员会、村民委员会等组织对罪犯的社会危害性和对社区的影响，进行调查评估。

（7）社区矫正机构应当为社区矫正人员确定矫正小组，协助社区矫正机构开展监督管理工作。矫正小组由社区矫正机构工作人员、居民委员会或者村民委员会工作人员、社区矫正人员的家庭成员或者监护人、保证人，所在单位或者就读学校人员以及社会工作者、志愿者等组成。社区矫正人员为女性的，矫正小组成员中应有女性成员。

（8）专条规定了对未成年社区矫正人员的监督管理要求：一是矫正宣告不公开进行，其矫正档案不对外公开；矫正小组应当有熟悉青少年成长特点的人员参加；监督管理应当与成年社区矫正人员分开进行；针对未成年社区矫正人员的年龄、心理特点和发育需要等特殊情况，采取有益于其发展的矫正措施。

（9）社区矫正机构可以公开择优购买社区矫正社会工作服务，为社区矫正人员在思想教育、心理矫治、职业技能等方面提供必要的帮扶。

（10）更改了一切有关用警的规定和刑罚执行及惩罚犯罪的提法，十分重视依法保护社区矫正人员和社区矫正机构工作人员的双边合法权益，着重体现了在社区并利用社区资源帮助社区矫正人员顺利回归社会的理念及其做法。

（三）2019年3月司法部起草的《中华人民共和国社区矫正法（草案）》正式进入立法程序进行"一审"

2017年国务院再次将社区矫正立法列入全面深化改革急需的立法项目。同年，全国人大常委会将社区矫正法列入2017年12月初次审议的法律案，但因社区矫正法的一些核心问题存在较大争议而未能列入初审。2018年3月国务院又将社区矫正法列入立法计划，并交由司法部重新起草。根据立法计划，全国人大常委会将于10月进行初次审议的社区矫正法因社区矫正的性质、机构设置和用警问题未获得共识又一次推迟。正当全国社区矫正界在数次社区矫正法未纳入初审环节而失望时，2019年的春天却带来了社区矫正立法将进入最后冲刺的喜讯。3月8日在十三届全国人大二次会议上，栗战书委员长指出：2019年全国人大常委会主要集中力量落实好党中央确定的重大立法事项，包括审议《中华人民共和国社区矫正法（草案）》等立法调研、起草，确保如期完成。2019年6月25日在第十三届全国人民代表大会常务委员会第十一次会议上，司法部部长对《中华人民共和国社区矫正法（草案）》（以下简称"2019年《社区矫正法（草案）》"）作了说明，7月5日，由中国人大网向社会公开征求意见。

2019年6月28日下午，第十三届全国人大常委会第十一次会议对《社区矫正法（草案）》进行了初次审议。会议普遍认为社区矫正立法落实了党的十八届三中、四中全会精神及部署，贯彻了宽严相济刑事政策，规范了社区矫正工作，有利于节约刑罚执行成本，预防和减少犯罪，对推进平安中国、法治中国建设，维护社会安全和谐稳定，提高社会治理体系和治理能力现代化水平，具有积极作用。人大常委会的评价是："草案总体指导思想明确，内容较为完备，具体规定基本可行，制定这部法律的时机、条件都已经成熟，希望能够吸收试点经验，抓紧修改完善，及时出台实施。"[1]

2019年《社区矫正法（草案）》共6章55条，第一章总则、第二章实施程序、第三章监督管理、第四章教育帮扶、第五章未成年人社区矫正特别规定、第六章附则，具有如下理念和特点：

（1）三点立法总体思路。一是注意处理好确立社区矫正基本法律制度与为今后发展创新留有余地的关系，草案对我国社区矫正机构设置、监督管理和教育帮扶的方式方面等仅作了原则性、基础性规定。二是注意处理好社区矫正法与刑事基本法律之间的关联，对于应当由《刑法》《刑事诉讼法》规定的内容，草案仅作出衔接性规定。三是坚持问题导向，注重解决社区矫正工作中的突出问题，草案对社会力量参与和有关机关在社区矫正中的衔接配合，尽可能予以细化。

（2）称谓的改变。主要改变了2016年《征求意见稿》对社区矫正对象的称谓，将"社区矫正人员"改为"社区矫正对象"，更符合人性化的矫正理念和矫正工作的原理，同时也避免了因"社区矫正人员"的外延太广泛，易于将社区矫正工作人员也纳入的弊端。

（3）目的的调整。将2016年《征求意见稿》第1条"为了规范社区矫正工作，正确执行刑罚，帮助社区矫正人员顺利回归社会，预防和减少犯罪，制定本法"改为"为了保障和规范社区矫正工作，正确执行刑罚，提高教育改造质量，促进社区矫正对象顺利融入社会，预防和减少犯罪，制定本法"。将有争议的立法目的和目标"帮助社区矫正人员顺利回归社会"改为"促进社区矫正对象顺利融入社会"，避免了对管制刑和缓刑因一直就在社会未进监狱看守所，而将其列为"回归社会"不妥的问题，至少减少了歧义。

（4）限定了适用范围。严格与《刑法》《刑事诉讼法》关于社区矫正适用范围规定保持一致，草案第2条规定，对被判处管制、宣告缓刑、假释或者暂予监外执行的罪犯实行的监督管理、教育帮扶等活动，适用本法。

（5）强调依法开展社区矫正工作并接受法律监督，以体现对社区矫正对象合法权益的保护。2016年《征求意见稿》第4条写的是："人民法院、人民检察院、公安机关和其他有关部门依照各自职责，分工负责、协调配合，共同做好社区矫正工作。" 2019《社区矫正法（草案）》（一次审议稿）改为："人民法院、人民检察院、公安机关和其他有关部门依照各自职责，分工

---

[1] 王爱立、姜爱东主编：《中华人民共和国社区矫正法释义》，中国民主法制出版社2020年版，第318页。

负责、互相配合、互相制约，依法开展社区矫正工作。人民检察院依法对社区矫正工作实行法律监督。"增加了"互相制约"，将"共同做好"改为"依法开展"，同时增加了人民检察院"依法"对社区矫正工作实行法律监督，充分显示了社区矫正法的立法工作贯彻了党的十八届四中全会提出的全面推进依法治国的精神要求和宪法规定的"依法治国"与"尊重和保障人权"的基本国策，在第3条社区矫正应当遵循的基本原则中，将"保障公众安全与维护社区矫正人员合法权益相结合的原则"改为"保障社会公共安全与维护社区矫正对象合法权益并重的原则"，也充分说明了这一点。

（6）明确了社区矫正机构和社区矫正工作人员。2019年《社区矫正法（草案）》第5条规定："社区矫正机构是刑事诉讼法规定的社区矫正的执行机关，由县级以上地方人民政府根据需要设置。社区矫正机构的设置和撤销，由县级以上地方人民政府司法行政部门提出意见，按照规定的权限和程序审批。""司法所根据社区矫正机构的委托，承担社区矫正相关工作。"为了维护高素质社区矫正工作队伍建设，该草案在第6条中又明确规定，社区矫正机构应当配备具有法律等专业知识的专门国家工作人员，履行监督管理等执法职责。社区矫正机构工作人员依法开展社区矫正活动，受法律保护。

（7）强调了社区矫正工作的社会性及系统工程的属性。如草案第9条规定："国家鼓励企业事业单位、社会组织等社会力量参与社区矫正工作。"又如第7条要求居民委员会、村民委员会和社区矫正对象的监护人、保证人、家庭成员，所在单位或者就读学校应当协助社区矫正机构做好社区矫正工作。为了解决司法行政机关和司法所与相关部门联合开展社区矫正工作及衔接问题，第4条第4款还专门规定了"乡镇以上地方人民政府可以设立社区矫正委员会，负责组织、协调、指导本行政区域内的社区矫正工作"。

（8）明确了实施社区矫正的工作程序。为了增强法律的可操作性，2019年《社区矫正法（草案）》专设了一章细化了社区矫正的程序性规则，特别是规范了社区矫正各部门相互衔接配合的内容：一是明确社区矫正居住地为社区矫正对象的执行地；二是明确了社区矫正前的调查评估程序；三是对有关法律文书送达，社区矫正对象报到、接收等程序作了细化规定；四是规定了社区矫正机构依法对社区矫正对象实施考核奖惩，以及对社区矫正对象提请减刑、撤销缓刑、撤销假释、收监执行等情形时的衔接配合程序；五是对解除社区矫正、社区矫正终止等程序作了相关规定。

（9）用专章分别规定了社区矫正的监督管理和教育帮扶措施。从2016年

《征求意见稿》开始，社区矫正的基本任务就不再提刑罚执行、监督管理、教育改造、帮困扶助等4项任务和监督管理、教育矫正、适应性帮困扶助等3项任务，而是突出监督管理和教育帮扶2项基本任务。关于监督管理，2019年《社区矫正法（草案）》第三章规定，社区矫正对象在社区矫正期间应当遵守国务院司法行政部门关于报告、会客、外出、迁居、保外就医等监督管理规定以及人民法院禁止令。社区矫正对象脱离监管的，社区矫正机构应当立即组织查找，公安机关等有关单位和人员应当予以配合协助。社区矫正机构发现社区矫正对象正在实施违反监督管理规定或者违反人民法院禁止令行为的，应当立即制止；制止无效的，应当立即通知公安机关到场处置。关于教育帮扶措施，2019年《社区矫正法（草案）》第四章规定，县级以上地方人民政府及其有关部门应当为教育帮扶社区矫正对象提供必要的场所和条件，组织动员社会力量参与教育帮扶工作。该条规定了不同的主体在教育帮扶社区矫正对象中的主要工作，为社会力量参与社区矫正工作提供法律依据。同时，还明确规定社区矫正对象可以按照国家有关规定申请社会救助、参加社会保险、获得法律援助，社区矫正机构应当给予必要的协助。

（10）关注未成年人社区矫正。为了加强对未成年社区矫正对象的权益保障，结合未成年人特点，促进其顺利融入和回归社会，《社区矫正法（草案）》专门设立了第五章"未成年人社区矫正特别规定"用4条的内容规范了有别于成年人的社区矫正制度，强调采取有针对性的矫正措施、矫正小组应当吸收熟悉未成年人成长特点的人员参加、未成年社区矫正对象的身份信息不能公开、应当对未成年人社区矫正情况予以保密、保障未成年社区矫正对象的受教育权。

(四) 2019年6月《中华人民共和国社区矫正法（草案）》（二次审议稿）的基本情况

2019年10月24日下午，第十三届全国人大常委会第十四次会议对《中华人民共和国社区矫正法（草案）》（二次审议稿）（以下简称"《社区矫正法（草案）》（二次审议稿）"）进行了分组审议。大家普遍认为，《社区矫正法（草案）》（二次审议稿）充分吸收了常委会审议意见和有关方面的意见，较好地回应了当前社区矫正实践中亟需解决的问题，在顶层设计上兼顾了全局性、前瞻性和可操作性，充分体现出我国司法理念和司法制度的进步，体现了党中央全面深化改革、全面依法治国的精神。全国人大常委会对《社区矫正法（草案）》（二次审议稿）的总体评价是："草案进一步完善了立法目的和社区矫正工作原则，突出人权保障，增加了'机构、人员和职责'和'法律责任'专章，对社区矫正队伍建设提出要求，细化了有关程序规定和未成年人社区矫正特别规定，体现了鼓励社会力量充分参与的精神。草案内容更加完善，结构更加合理，总体赞成，建议进一步修改后及时出台。"〔1〕会后，法制工作委员会在中国人大网全文公布草案，再次征求社会公众意见。

2019年11月12日上午，全国人大宪法和法律委员会、监察和司法委员会、常委会法制工作委员会联合召开座谈会，听取中央有关部门、部分全国人大代表和专家学者对《社区矫正法（草案）》（二次审议稿）的意见。与会人员普遍认为，"制定社区矫正法对规范社区矫正工作，完善刑事执行方式，推进国家治理体系和治理能力现代化具有重要意义。草案充分体现了十九届四中全会的精神，体现了我国司法理念和司法制度的进步，是多年来社区矫正实践的经验总结，兼顾了原则性与灵活性，总体上比较成熟，建议进一步修改后及时出台。"〔2〕

《社区矫正法（草案）》（二次审议稿）共9章63条，第一章总则、第二章机构、人员和职责、第三章决定和接收、第四章监督管理、第五章教育帮扶、第六章收监执行、第七章未成年人社区矫正特别规定、第八章法律责任、第九章附则。与《社区矫正法（草案）》即一审稿相比，增加了2章，即第六章"收监执行"和第八章"法律责任"，也多增加了8条规范。最核心的变动情况如下：

（1）理念的更新、提法的更改。严格遵守刑事法治惩罚犯罪与保障人权的理念，追求并平衡法治、人道、民主、文明、安全、公正和效率的价值，修正了社区矫正试点工作以来移植西方正在形成的社区矫正报应惩罚模式及其非监禁刑或社区矫正刑的犯罪学理念和提法，以及概念过于偏窄的非监禁刑罚执行方式、非监禁刑罚执行活动、非监禁刑罚执行制度、社区刑罚执行等不符合中国《刑法》《刑事诉讼法》所规定的罪刑法定原则及其刑罚种类、具体刑罚适用和执行制度的各种提法，将我国的社区矫正定性为更加宽泛的刑事执行方式和中国特色的刑事执行制度。

（2）进一步完善了立法目的，增加了"根据宪法，制定本法"。《社区矫

―――――――――
〔1〕王爱立、姜爱东主编：《中华人民共和国社区矫正法释义》，中国民主法制出版社2020年版，第342页。
〔2〕王爱立、姜爱东主编：《中华人民共和国社区矫正法释义》，中国民主法制出版社2020年版，第353页。

正法（草案）》（一次审议稿）第 1 条规定："为了保障和规范社区矫正工作，正确执行刑罚，提高教育改造质量，促进社区矫正对象顺利融入社会，预防和减少犯罪，制定本法。"《社区矫正法（草案）》（二次审议稿）第 1 条规定："为了规范和保障社区矫正工作，正确执行刑事判决、裁定和暂予监外执行决定，提高教育矫正质量，促进社区矫正对象顺利融入，预防和减少犯罪，根据宪法，制定本法。"为什么将一审稿中的"正确执行刑罚"删掉，改为"正确执行刑事判决、裁定和暂予监外执行决定"呢？根据主持社区矫正立法工作的全国人大法工委刑法室主任王爱立主编的《中华人民共和国社区矫正法解读》和王爱立与司法部社区矫正局局长姜爱东共同主编的《中华人民共和国社区矫正法释义》二书揭示的立法过程与争议得知："将社区矫正定位为'刑罚执行'，是一种比较有代表性的意见。在草案审议和征求各方面意见的过程中，有的代表还比较坚持。这类意见总的出发点，是认为'社区矫正是刑罚执行'。为此，在具体社区矫正工作中，更强调强化社区矫正对象的罪犯身份；加强和体现社区矫正的惩罚性；主张普遍适用强制性的教育改造措施，如社区劳动、电子手铐、集中学习、原则上不得外出等。同时，为保证上述措施的落实，防止社区矫正对象不配合，建议设置专门的社区矫正警察予以震慑。""对于上述意见，人大代表会同有关方面和专家学者反复进行认真研究。总的来看，大多数意见认为，社区矫正对象包括四类人，这四类人的法律地位、义务都有所不同，简单将社区矫正笼统定性为刑罚执行不准确，也缺乏法律依据。如社区矫正对象中，管制属于刑罚执行，但占比很小，而占绝大多数的缓刑，是刑罚的暂缓执行，符合条件的，原判刑罚就不再执行，二者的性质、制度设定的目的、理论基础都完全不同。讨论中，不少意见认为，将社区矫正定位为刑罚执行，未能正确理解刑罚理论的一些基本概念和制度，某种程度上反映了理论研究深度不够；用于指导实践，容易出现脱离'罪刑法定原则'的工作偏差，是'画地为牢''法外施刑'等错误做法的思想根源。""基于上述理由，在草案修改完善的过程中，根据全国人大常委会审议意见和部分全国人大代表、地方、部门、院校和社会公众提出的意见，作出了上述修改。"[1]

（3）明确了社区矫正工作的目标。我国刑法的目的就是预防犯罪，具体到刑事执行环节，追求的特殊预防教育刑目的。《社区矫正法（草案）》（一

---

[1] 王爱立主编：《中华人民共和国社区矫正法解读》，中国法制出版社 2020 年版，第 7~8 页；王爱立、姜爱东主编：《中华人民共和国社区矫正法释义》，中国民主法制出版社 2020 年版，第 17~18 页。

次审议稿）和《社区矫正法（草案）》（二次审议稿）在第1条中都规定了"预防和减少犯罪"的总目的，二次审议稿在第3条基本原则"社区矫正工作坚持监督管理与教育帮扶相结合，专门机关与社会力量相结合"之后，又补充规定了一个具体的社区矫正工作目标"消除社区矫正对象可能重新犯罪的因素，帮助其成为守法公民，促进社会和谐"。这与1994年《监狱法》第3条的规定"监狱对罪犯实行惩罚与改造相结合、教育与劳动相结合的原则，将罪犯改造成为新人"极其相似，只是"将罪犯改造成为新人"改成了"帮助其成为守法公民"，如何实现这个目标呢？这就需要"监督管理与教育帮扶相结合，专门机关与社会力量相结合，消除社区矫正对象可能重新犯罪的因素"。对于人"消除社区矫正对象可能重新犯罪的因素"的新提法，立法者作出的解释是："社区矫正工作应当围绕该目标展开。比如，有的社区矫正对象没有劳动能力和收入来源，就存在再实施侵财性犯罪的风险，对此，可以协助其根据国家有关规定申请社会救助，还可以通过开展劳动技能培训，帮助其获得就业岗位，让其具备基本的生存能力，预防其再犯罪。社区矫正对象若有酗酒、药物依赖或者实施家庭暴力犯罪的，则可以考虑通过心理疏导、戒瘾治疗、精神治疗等措施，帮助其戒酒、戒瘾，改变恶习，消除其可能重新犯罪的因素，恢复正常的工作和生活，成为守法公民。"[1]

（4）注意保障社会公共安全与维护社区矫正对象合法权益。在域外尤其是美国社区矫正的发展历史，由于忽略了对社区安全的防护，只是为了节省监狱刑罚执行的昂贵投入，不仅是将轻刑犯放在社区考察，而且将再犯风险极高的重刑犯也放回社区监管，什么人都敢放在社区矫正，搞得社区乌烟瘴气且治安环境恶劣，曾一度遭到社区居民的强烈抵制，因此保障社区安全成了社区矫正的基本原则和风险管理的核心内容。《社区矫正法（草案）》（一次审议稿）曾将"保障社会公共安全与维护社区矫正对象合法权益作为并重的原则"，但考虑到整部《社区矫正法（草案）》的内容已经十分强调和突出了社区安全和权益保障，同时担心此项原则的提法，会引起"社区矫正将罪犯放在社区会带来社会公共安全问题"的误解，更何况中国老百姓对罪犯的认识还大多停留在传统的杀人放火无恶不作的自然犯印象之中，对目前以醉驾入刑后的社会危险性极低类型的法定犯还认识不够，因此在审判机关委托矫前社会可行性调查时，常遭到社区基层组织和群众的拒绝，缓刑率还不够高，管制率极低，假释几乎是零。亟需正确的引导与宣传。为此，立法者

---

[1] 王爱立主编：《中华人民共和国社区矫正法解读》，中国法制出版社2020年版，第29页。

特别强调："四类社区矫正对象都是社区矫正决定机关认为没有再犯罪的危险，对所居住的社区没有重大不良影响，才决定适用社区矫正的，因此，严格依法开展社区矫正工作，不会引发公共安全问题。实际工作中，要注意做好宣传解释工作，争取社会各方面的支持和社区群众的理解，避免对社区矫正对象的符号化和标签化认识，避免社会公众对社会公共安全问题产生不必要的疑惑和担忧。"[1]

（5）增设了第二章"机构、人员和职责"。社区矫正机构和队伍建设始终是一个围绕着社区矫正工作发展的老大难问题，为此《社区矫正法（草案）》（二次审议稿）专设一章共9条予以法律支持与保障。本章的创新点亦是争议点：一是第8条第2款规定"人民法院、人民检察院、公安机关和其他有关部门依照各自职责，分工负责、互相配合、互相制约，做好社区矫正工作"。最难的是此项规定缺乏宪法依据，1982年《中华人民共和国宪法》第135条仅规定了"人民法院、人民检察院和公安机关办理刑事案件，应当分工负责，互相配合，互相制约，以保证准确有效地执行法律。"二是第9条规定"县级以上地方人民政府根据需要设在置社区矫正机构，作为社区矫正的执行机关"，是司法行政机关的内设机关，还是单独行使权力的对外法人组织？其性质是刑事执行机关，还是普通行政执法部门？三是第10条规定："社区矫正机构应当配备具有法律、心理或者社会学等专业知识的专门国家工作人员（以下称社区矫正机构工作人员），履行监督管理、教育帮扶等执法职责。"其身份是普通公务员，还是刑事执行官或者社区矫正官。四是第16条规定，"国家推进高素质的社区矫正工作队伍建设"，什么叫高素质的，是否有学历要求或者必须通过法律职业资格考试？

（6）增设了第六章"收监执行"。本章争议最大的是第48条的规定，"被提请撤销缓刑、假释的社区矫正对象可能逃跑或者发生社会危险性的，社区矫正机构可以在提出撤销缓刑、假释建议的同时，提请人民法院决定对其先行拘留。"此"拘留"为何种性质，其条件是什么？实体、程序和证据如何规定？如果是行政性治安拘留应由公安做比较合适，法院仅行使妨碍司法审判秩序较严重行为的司法拘留权。

（7）增设了第八章"法律责任"。本章是对监狱法体系的突破，也是带有刚性需求的刑事执行法性质的社区矫正法的必备，法律就是写满权和义务的规范，要求法律关系主体依法行使权利履行义务，若没有做到或不作为、

---

[1] 王爱立主编：《中华人民共和国社区矫正法解读》，中国法制出版社2020年版，第29页。

乱作为并造成了严重危害后果,当然要承担法律责任。因此本章的增设受到普遍的认可。但是,法律责任的规定不能仅限对社区矫正对象的违法和社区矫正工作人员的渎职,而应该对所有参加社区矫正工作的各部门、各单位、各人民团体社会组织和社会工作者、社会志愿者等都规定没有依法履行职责时的法律责任及应该担负的法律后果。此外,对专门从事社区矫正工作的社区矫正机构工作人员和其他国家工作人员也应该有容错机制,尽责就应该免责,不能因为社区矫正对象脱逃犯罪就一定追究无辜管理者的责任。

(五) 2019 年 12 月 28 日,第十三届全国人大常委会第十五次会议全票通过了《中华人民共和国社区矫正法》

2019 年 11 月 19 日,全国人民代表大会宪法和法律委员会根据常委会组成人员的审议意见和各方面意见,对草案进行了逐条审议。监察和司法委员会、中央政法委员会、最高人民法院、公安部、司法部的有关负责同志列席了会议。12 月 16 日全国人民代表大会宪法和法律委员会召开会议就修改后的《社区矫正法(草案)》再次进行审议并作出了《关于〈中华人民共和国社区矫正法(草案)〉审议结果的报告》,其结论是:"宪法和法律委员会认为,草案经过两次审议修改,已经比较成熟。"同时提出了 6 项(工作原则和目标、尊重和保障人权、工作体制和机构设置、社工应具备知识和队伍建设、电子定位的条件和程序、建议将"先行拘留"修改为"逮捕")修改意见。12 月 24 日上午全国人民代表大会宪法和法律委员会对《社区矫正法(草案)》三次审议稿进行了分组审议。针对常委会组成人员提出的审议意见,宪法和法律委员会当晚又召开会议,逐条研究了常委会组成人员的审议意见,对草案进行了审议。其结论是:"草案是可行的"。同时提出了 3 项(建议删除公、检、法、司"互相制约"的提法、建议人民团体参与社区矫正工作、建议增加年满 16 周岁的社区矫正对象有就业意愿的可以协调职业技能培训和就业指导帮助)修改建议。最后的草案建议稿按上述意见作了修改。2019 年 12 月 27 日全国人民代表大会宪法和法律委员会作出《关于〈中华人民共和国社区矫正法(草案三次审议稿)〉修改意见的报告》,其结论是:"宪法和法律委员会建议本次常委会会议审议通过。" 2019 年 12 月 28 日,十三届全国人民代表大会常务委员会第十五次会议全票通过了《中华人民共和国社区矫正法》(以下简称《社区矫正法》),国家主席习近平签署第四十号主席令公布,《社区矫正法》正式出台,自 2020 年 7 月 1 日起施行。

如果从 1949 年中华人民共和国刚成立时就已经存在的缓刑、假释、管制

社区矫正的探索与研究永远在路上（代序）

和回村执行制度算起，在社区对罪犯的监督管理和教育帮扶的工作经历了 90 余年的风风雨雨。如果从 2003 年"两高两院"《通知》作为节点算起，中国特色的社区矫正制度的艰辛探索已经走过了 16 年。如果从司法部 2011 年开展组织研究和起草《中华人民共和国社区矫正法》算起，也有至少 8 个年头。如果仅从 2013 年 2 月司法部将《社区矫正法（草案送审稿）》报送国务院算起，到 2019 年 12 月 28 日全票通过《社区矫正法》并正式颁布也有 6 个年头。对于此部通过之前争议很大甚至"难产"但结果又是如此完美的立法活动，主持社区矫正立法工作的全国人大常委会法工委刑法室王爱立主任十分感慨地说道："获得全票通过，常委会立法中只有少数法律有此殊荣。但作为亲历者，我们深知，这一结果并非意味着这部法律没有缺憾，须知立法往往是一个不断磨合和妥协，最终向次优解冲刺的过程。我们理解，全票更表达的是常委会组成人员向长期以来致力于社区矫正工作方方面面的人士辛勤努力的致意；是对社区矫正工作实践呼唤专门法律的急切期盼的回应；也是相关部门和决策者从深入推进全面依法治国大局出发，勇于寻求最大公约数的选择。归根结底，充分体现了立法者对社区矫正工作在法治轨道上继续健康发展的期望。"[1]

《社区矫正法》共 9 章 63 条，第一章总则、第二章机构、人员和职责、第三章决定和接收、第四章监督管理、第五章教育帮扶、第六章解除和终止、第七章未成年人社区矫正特别规定、第八章法律责任、第九章附则。与《社区矫正法（草案）》（二次审议稿）相比，在章名上将第六章"收监执行"改为"解除和终止"。在内容上有以下几方面的改动：

在第 1 条将社区矫正目的中的"正确执行刑事判决、裁定和暂予监外执行决定"，改为"保障刑事判决、刑事裁定和暂予监外执行决定的正确执行"。

在第 3 条原有的 2 项基本原则之后，增加了 1 项基本原则"采取分类管理、个别化矫正"。在原有的工作目标"消除社区矫正对象可能重新犯罪的因素，帮助其成为守法公民"之前，增加了"有针对性地"。

在第 4 条社区矫正对象的权利前增加了 1 款义务"社区矫正对象应当依法接受社区矫正，服从监督管理"。将原来的第 1 款权利"社区矫正工作应当依法进行，尊重和保障人权"放在了原来的第 2 款权利规定之前。

在第 8 条第 2 款"人民法院、人民检察院、公安机关和其他有关部门依

---

[1] 王爱立、姜爱东主编：《中华人民共和国社区矫正法释义》，中国民主法制出版社 2020 年版，第 1 页。

照各自职责,分工负责、互相配合、互相制约,依法做好社区矫正工作"中,删掉了"分工负责、互相配合、互相制约"。将第3款"乡镇以上地方人民政府根据需要设立社区矫正委员会,负责组织、协调、指导本行政区域内的社区矫正工作",改为"地方人民政府根据需要设立社区矫正委员会,负责统筹协调和指导本行政区域内的社区矫正工作"。

在第9条第1款将"县级以上地方人民政府根据需要设置社区矫正机构,作为社区矫正的执行机关",改为"县级以上人民政府根据需要设置社区矫正机构,负责社区矫正工作的具体实施"。

在第10条将"社区矫正机构应当配备具有法律、心理或者社会学等专业知识的专门国家工作人员(以下称社区矫正机构工作人员)"中的"、心理或者社会学"删掉。

在第11条将"社区矫正机构根据需要,组织具有相关专业知识的社会工作者,协助开展社区矫正工作",改为"社区矫正机构根据需要,组织具有法律、教育、心理、社会工作等专业知识或者实践经验的社会工作者开展社区矫正相关工作"。

在第16条"社区矫正机构应当加强对社区矫正工作人员的管理、监督和培训"之后,增加了"和职业保障"。

在第17条第1款将"社区矫正决定机关在作出判决、裁定、暂予监外执行决定时应当确定社区矫正的执行地",改为"社区矫正决定机关判处管制、宣告缓刑、裁定假释、决定或者批准暂予监外执行时应当确定社区矫正执行地"。

在第19条第1款将"社区矫正决定机关决定社区矫正,应当按照刑法、刑事诉讼法等法律规定的条件和程序进行",改为"社区矫正决定机关判处管制、宣告缓刑、裁定假释、决定或者批准暂予监外执行,应当按照刑法、刑事诉讼法等法律规定的条件和程序进行"。

在第20条将"社区矫正决定机关应当自判决、裁定或者决定生效之日起三日内通知执行地社区矫正机构"中的"三日"改为"五日"。

将第24条移到第34条并改为:"开展社区矫正工作,应当保障社区矫正对象的合法权益。社区矫正的措施和方法应当避免对社区矫正对象的正常工作和生活造成不必要的影响;非依法律规定,不得限制或者变相限制社区矫正对象的人身自由。社区矫正对象认为其合法权益受到侵害的,有权向人民检察院或者有关机关申诉、控告和检举。受理机关应当及时办理,并将办理结果告知申诉人、控告人和检举人。"

将第 27 条改为第 26 条，第 2 款"社区矫正机构实地查访"之后，增加了"等工作"。

将第 28 条改为第 27 条，第 1 款"对于需要经常性跨市、县活动的，可以根据情况，简化批准程序和方式；对于可能逃跑或者实施违反监督管理规定行为的，不予批准，并说明理由"。修改并删减为"对于因正常工作和生活需要经常性跨市、县活动的，可以根据情况，简化批准程序和方式"。

第 29 条变动的内容比较多：一是将第 1 款"社区矫正机构经过批准，可以采用电子定位手段"改为"经县级司法行政部门负责人批准，可以使用电子定位装置"；二是在第 1 款增加了"（三）拒不按照规定报告自己的活动情况，被给予警告的"和"（五）拟提请撤销缓刑、假释或者暂予监外执行收监执行的"2 项内容；三是增加了第 2 款"前款规定的使用电子定位装置的期限不得超过三个月。对于不需要继续使用的，应当及时解除；对于期限届满后，经评估仍有必要继续使用的，经过批准，期限可以延长，每次不得超过三个月"；四是对原第 2 款改为第 3 款文中的"电子定位手段"改为"电子定位装置"。

将第 38 条改为第 35 条，增加了第 2 款内容"有关人民团体应当依法协助社区矫正机构做好教育帮扶工作"。

将第 40 条改为第 37 条，删掉了"正常入学"。

将第 47 条改为第 46 条，将第 3 款中的"社区矫正机构应当向执行地或者原审人民法院提出撤销缓刑、假释建议"，改为"社区矫正机构应当向原审人民法院或者执行地人民法院提出撤销缓刑、假释建议"。

将第 48 条改为第 47 条，将"社区矫正机构可以在提出撤销缓刑、假释建议的同时，提请人民法院决定对其先行拘留"，改为"社区矫正机构可以在提出撤销缓刑、假释建议的同时，提请人民法院决定对其予以逮捕"。由"拘留"到"逮捕"，是一个严格依法立法的重大亮点。该条第 2 款就相应改为"人民法院应当在四十八小时内作出是否逮捕的决定。决定逮捕的，由公安机关执行。逮捕后的羁押期限不得超过三十日"。

将第 49 条改为第 48 条，本条变动较大：一是第 2 款由"人民法院拟撤销缓刑、假释的，应当听取社区矫正对象意见，社区矫正对象可以委托律师提供法律帮助，向人民法院提出意见"改为"人民法院拟撤销缓刑、假释的，应当听取社区矫正对象的申辩及其委托的律师的意见"；二是在第 3 款在"送交监狱或者看守所"之后加"执行",将"社区矫正对象被先行拘留的,拘留一日折抵刑期一日"改为"执行以前被逮捕的,羁押一日折抵刑期一日";三是将第4款"人民法院裁定不予撤销缓刑、假释,社区矫正对象被先行拘留的,公安机关应当立即将其释放"改为"人民法院裁定不予撤销缓刑、假释的,对被逮捕的社区矫正对象,公安机关应当立即予以释放"。

将第50条改为第49条,主要将第2款中的"十五日"改为"三十日"。

将第53条改为第52条,将"心理特点和发育需要等特殊情况"改为"心理特点、发育需要、成长经历、犯罪原因、家庭监护教育条件等情况"。

将第56条改为第55条,增加了第2款"年满十六周岁的社区矫正对象有就业意愿的,社区矫正机构可以协调有关部门和单位为其提供职业技能培训,给予就业指导和帮助"。

将第59条改为第58条,删掉了第2款"社区矫正对象为已满十八周岁的在校学生,可以参照未成年人社区矫正有关规定执行"。

将第60条改为第59条,删掉了"收监执行"。

增加了第62条:"人民检察院发现社区矫正工作违反法律规定的,应当依法提出纠正意见、检察建议。有关单位应当将采纳纠正意见、检察建议的情况书面回复人民检察院,没有采纳的应当说明理由。"

关于社区矫正立法的指导思想和原则,全国人大常委会法工委刑法室王爱立主任归纳总结为四点:

(1)坚持立足国情和实际,认真总结社区矫正工作实践经验,将可复制、可推广的行之有效做法上升为法律规定,以巩固改革成果,同时处理好确立社区矫正基本法律制度与为今后发展创新留有空间的关系。对于社区矫正最难立法解决的机构设置、监督管理和教育帮扶的方式方法等作了原则性、基础性规定,为实践发展留下了空间。

(2)坚持问题导向、目标导向,尊重社区矫正工作的规律,注重解决实践中存在的突出问题。本次立法重点解决了社会力量参与社区矫正工作、社区矫正机构通过公开择优购买社会服务、项目委托等帮扶问题。细化了社区矫正工作涉及公检法司等多个有关机关和部门时的衔接配合诸多方面的程序性问题,以增强可持续性。

(3)坚持科学立法、民主立法。关于此类的事例很多,最核心的是社区矫正的性质由最早的"非监禁刑罚执行方式""非监禁刑执行""刑罚执行"改变为未在法条中明示的"刑事执行",就是在立法工作中与有关部门充分沟通，调研中重视听取基层法院、检察院和司法行政机关工作人员、专家学者等各方面的意见，积极回应实践中的需要，充分吸收各方面的意见而更改的。"因大多数意见认为，社区矫正对象中占绝大多数的缓刑，是刑罚的暂缓执行，符合条件的，原判刑罚就不再执行，不能认为是刑罚执行，最后将一审稿的'正确执行刑罚'修改为'保障刑事判决、刑事裁定和暂予监外执行决定的正确执行'。"此外，电子定位装置的适用，法院对符合条件的被提请撤销缓刑、假释的社区矫正对象的逮捕措施等有关规定，"就是在广泛听取意见，充分考虑各方面因素的基础上作出的规定。"[1]

注意处理好社区矫正立法中与《刑法》《刑事诉讼法》《监狱法》《治安管理处罚法》等法律之间的关系，做好与这些法律的有机衔接。王爱立主任认为，"刑法、刑事诉讼法是刑事基本法律，对于社区矫正的范围、性质、适用条件，对于管制、缓刑、假释、暂予监外执行四类社区矫正对象应当遵守的规定，减刑、撤销缓刑、撤销假释的条件等内容，刑法、刑事诉讼法已有明确规定，社区矫正法仅作衔接性规定。对于违反监督管理规定的治安管理处罚问题，社区矫正法也仅作指引性规定。"[2]

关于社区矫正法颁布实施的重大意义，司法部社区矫正局姜爱东局长总结道，"社区矫正法的颁布实施为依法开展社区矫正工作提供了坚实的法治保障"，[3]具体意义有三大方面：

《社区矫正法》的颁布实施，对于进一步完善社区矫正制度、推进社区矫正工作高质量发展具有重要意义。社区矫正法的颁布实施，为进一步完善中国特色社区矫正制度，健全社区矫正领导体制和工作机制，加强高素质队伍建设，规范社区矫正工作程序，提高矫治能力和水平，提供了根本保障，标志着社区矫正工作迈出了跨越性的步伐。

《社区矫正法》的颁布实施，对于健全我国刑事执行制度、推动国家治理体系和治理能力现代化具有重要意义。社区矫正是创新社会治理的重要方面。《社区矫正法》全面总结、提炼了社区矫正多年来的实践经验，坚持科学的社会治理理念、以人民为中心的根本立场、联动融合的根本取向，贯彻了共建

---

[1] 王爱立、姜爱东主编：《中华人民共和国社区矫正法释义》，中国民主法制出版社2020年版，第368页。

[2] 王爱立、姜爱东主编：《中华人民共和国社区矫正法释义》，中国民主法制出版社2020年版，第368页。

[3] 王爱立、姜爱东主编：《中华人民共和国社区矫正法释义》，中国民主法制出版社2020年版，第378页。

共治共享社会治理制度的基本要求。

《社区矫正法》的颁布实施,对于深入贯彻落实全面依法治国基本方略、尊重和保障人权、树立公正司法理念具有重要意义。一是顺应了人民群众对社会安全、司法公正和权益保障的新期待;二是把坚持打击犯罪与加强人权法治保障相结合,既强调加强对社区矫正对象的依法监管教育,又鲜明提出尊重和保障人权,体现了国家治理的重要价值追求;三是要求社区矫正机构工作人员严格遵守宪法和法律,明确其执法权限和法律责任,坚持司法为民,坚决反对滥用权力,为严格规范公正文明执法提供了保障。

总之,《社区矫正法》的颁布实施是我国刑事法治建设的一个重要成就,进一步丰富完善了中国特色社会主义法治体系,为创制《中华人民共和国刑事执行法》奠定了坚实的基础,为推进国家治理体系和治理能力的现代化提供了坚实的制度保障。

五、2020年6月18日最高人民法院、最高人民检察院、公安部、司法部联合发布《中华人民共和国社区矫正法实施办法》

为做好社区矫正法的贯彻实施,进一步推进和规范社区矫正工作,司法部与最高人民法院、最高人民检察院、公安部积极进行沟通协调研究,广泛向社会征求意见,制定并出台了《中华人民共和国社区矫正法实施办法》(以下简称"'两高两部'《社区矫正法实施办法》"),该办法第59条规定:"本办法自2020年7月1日起施行。最高人民法院、最高人民检察院、公安部、司法部2012年1月10日印发的《社区矫正实施办法》(司发通〔2012〕12号)同时废止。"

(一)"两高两部"《社区矫正法实施办法》的法律定性与指导思想

(1)法律定性。从2012年的"两高两部"《实施办法》与2020年"两高两部"《社区矫正法实施办法》的制定主体、适用范围和法律效果来看,都属于规范性文件,只不过2012年"两高两部"《实施办法》是为了配合2011年《刑法修正案(八)》和2012年新修订《刑事诉讼法》中有关社区矫正的规定而出台的社区矫正试点阶段具体指导社区矫正工作的规范性文件,而2020年"两高两部"《社区矫正法实施办法》则是为了贯彻落实《社区矫正法》而专门指导人民法院、人民检察院、公安和司法行政四家如何依法开展社区矫正工作的更具可操作性的规范性文件。所谓规范性文件,是各级机关、团体、组织发布的各类文件中最主要的一类,因其内容具有约束和规范人们行为的性质,故名称为规范性文件。目前我国法律法规对于规范性文件的含义、制发主体、制发程序和权限以及审查机制等，尚无全面、统一的规定。但必须做到统一登记、统一编号、统一公布"三统一"。一般而言，规范性文件仅适用于制定主体职权范围内的工作并具有其行业内的普遍约束力，与法律和行政法规相比较而言，法律位阶要低许多，最多将其定位于准立法行为及政策性规范文件。因此，待"两高两部"《社区矫正法实施办法》适用一段时间并相对成熟后，建议最好通过立法机关制定与《社区矫正法》真正配套的对所有参与社区矫正法律关系的主体都有普遍约束力的行政法规——《中华人民共和国社区矫正法实施细则》。

（2）指导思想。根据官方统一的宣传口径规定：一是坚持以习近平新时代中国特色社会主义思想为指导；二是认真贯彻党中央全面推进依法治国和司法体制改革决策部署；四是认真贯彻落实党的十九届四中全会提出的加强系统治理、依法治理、综合治理、源头治理；五是坚持依法治国、依法执政、依法行政共同推进的要求；六是坚持和完善共建共治共享的社会治理制度；七是坚持和发展新时代枫桥经验，构建基层社会治理新格局，着力解决工作实践中的突出问题，为社区矫正工作提供有力的法治保障。

（二）制定"两高两部"《社区矫正法实施办法》的总体思路

正确处理与上位法的关系，体现《社区矫正法实施办法》与《社区矫正法》紧密衔接的定位和特点，对于《刑法》《刑事诉讼法》和《社区矫正法》以及相关法律法规已有规定的，《社区矫正法实施办法》就尽量避免重复，只进行衔接性规定。

坚持问题导向，对属于"两高两部"职权范围内、有权决定的内容进行全面修订，尽可能细化、解决执法实践中的问题，以适应社区矫正工作新形势、新要求。

坚持从实际出发，考虑到我国地域辽阔、各地社会经济发展情况不同，有些条款规定注意留有余地，避免绝对化，为各地制定具体规定和细则预留空间。

（三）"两高两部"《社区矫正法实施办法》的体系结构及核心内容

"两高两部"《社区矫正法实施办法》共59条，没有分章，但可以分成几个部分予以理解：第一部分是第1条至第2条、第52条和第56条第1款属于总则性规范，主要规定了目的依据、领导体制和工作机制、突发事件处置机制、社区矫正工作人员人身安全和职业尊严受法律保护；第二部分是第3条至第11条属于机构职责性及信息化建设规范，主要规定了纵向机构职责、横向机构协调、信息化建设;第三部分是第12条至第15条属于决定程序规范,主要规定了执行地的确定、调查评估、矫前教育;第四部分是第16条至第22条属于接收程序规范,主要规定了文书送达、入矫报到、登记接收、矫正档案、矫正小组、入矫宣告、分类管理、矫正方案;第五部分是第23条至第31条和第37条至第41条属于监督管理规范,主要规定的是查访方式、日常管理、安全防范、外出审批、变更执行地审批、电子定位装置适用、失联查找、禁止令执行、新旧违法被强制措施的通报;第六部分是第43条至第45条属于教育帮扶规范,主要规定了因人施教的原则、分类教育、集中教育、集体教育、购买服务、公益活动、临时救助、就业培训、社区保障、协助就学、法律援助;第七部分是第32条至第36条和第42条至第51条属于考核奖惩和收监执行规范,主要规定了考核奖惩的原则、表扬、减刑、训诫、警告、治安管理处罚、撤销缓刑、撤销假释、予以逮捕、追逃、收监执行;第八部分是第53条至第54条属于解除矫正规范,主要规定了解除矫正的情形、解矫手续、矫正宣告和安置帮教衔接等内容;第九部分是第55条未成年人社区矫正规范,主要是规定未成年人矫正方案的特别要求、信息保密、宣告不公开及宣告或者处罚时监护人到场;第十部分是第56条第2、3款至第57条法律责任规范,主要规定了追究不实举报等责任、对人民检察院的纠正整改意见不到位、不落实的责任追究。

(四)"两高两部"《社区矫正法实施办法》的亮点特点

(1)突出了党对社区矫正工作的领导地位和中国特色的社区矫正领导体制和工作机制。第2条明确规定:"社区矫正工作坚持党的绝对领导,实行党委政府统一领导、司法行政机关组织实施、相关部门密切配合、社会力量广泛参与、检察机关法律监督的领导体制和工作机制。"社区矫正试点工作以来所取得的巨大成就,的确得益于中国共产党的坚强领导和中国特色社会主义制度的强大支撑,如果没有党的领导尤其是区县及基层乡镇、街道党委和政府的大力支持和协助组织公检法等政法、财政、民政、教育、人社等部门力量,单靠司法行政机关和司法所的力量,要想在社区并依托社区力量做好每年进出100多万列管70余万的罪犯并有效监督管理和教育帮扶,将再犯率始终控制在0.2%以下,几乎是不可能的。今后依法社区矫正工作的开展,更需要党的坚强领导和政策支持。

(2)突出了对风险社会社区矫正工作的危险性防范和突发事件应急处置机制建设。为了保障社区安全,对缓刑、假释和暂予监外执行罪犯适用社区矫正的前提之一，就是没有犯罪的危险，为此矫前都必须要进行调查评估，否则绝对不能适用。但是人与社会环境都是在发展变化的，诱发犯罪的内外因素都会随时产生和演变，再犯罪的可能性尽管很低，但仍然有可能发生，这也就是我们要对管制、缓刑、假释和暂予监外执行的罪犯依法实施社区矫正，严格监督管理和教育帮扶制度的原因之所在。更何况，人有生老病死，天有不测风云，如非正常死亡，又如新冠疫情。因此，做好社区矫正的风险防控和突发事件应急预案非常必要。"两高两部"《社区矫正法实施办法》第52条规定："社区矫正机构应当建立突发事件处置机制，发现社区矫正对象非正常死亡、涉嫌实施犯罪、参与群体性事件的，应当立即与公安机关等有关部门协调联动、妥善处置，并将有关情况及时报告上一级社区矫正机构，同时通报执行地人民检察院。"

（3）突出了对社区矫正工作人员的权利保障，尽可能做到尽责免责。随着风险社会的来临，随着依法矫正及人民检察院对社区矫正执法工作检察力度的加大，社区矫正工作人员因为渎职被判刑的事例时有发生，在严格纪律、规范责任、惩治犯罪的同时，也应建立容错机制，对社区矫正工作人员予以保护。同时，在《社区矫正法》没有规定社区矫正工作人员警察身份和强制手段的情况下，更应该强调对"社区矫正工作人员的人身安全和职业尊严受法律保护"。除此之外，"两高两部"《社区矫正法实施办法》第56条还规定了"对任何干涉社区矫正工作人员执法的行为，社区矫正工作人员有权拒绝，并按照规定如实记录和报告。对于侵犯社区矫正工作人员权利的行为，社区矫正工作人员有权提出控告"，"社区矫正工作人员因依法履行职责遭受不实举报、诬告陷害、侮辱诽谤，致使名誉受到损害的，有关部门或者个人应当及时澄清事实，消除不良影响，并依法追究相关单位或者个人的责任"。"对社区矫正工作人员追究法律责任，应当根据其行为的危害程度、造成的后果，以及责任大小予以确定，实事求是，过罚相当。社区矫正工作人员依法履职的，不能仅因社区矫正对象再犯罪而追究其法律责任。"

（4）突出了对社区矫正对象和社区矫正决定和执行机关应尽义务的进一步强调及其规范。例如，"两高两部"《社区矫正法实施办法》第12条规定，对拟适用社区矫正的被告人或者罪犯，社区矫正决定机关应当核实社区矫正对象的居住地。反之，社区矫正对象也有如实提供其居住地、户籍等情况，并提供必要的证明材料的义务。又如第15条规定："社区矫正决定机关应当对社区矫正对象进行教育，书面告知其到执行地县级社区矫正机构报到的时间期限以及逾期报到或者未报到的后果,责令其按时报到。"再如第24条规定:"社区矫正对象应当按照有关规定和社区矫正机构的要求,定期报告遵纪守法、接受监督管理、参加教育学习、公益活动和社会活动等情况。发生居所变化、工作变动、家庭重大变故以及接触对其矫正可能产生不利影响人员等情况时,应当及时报告。被宣告禁止令的社区矫正对象应当定期报告遵守禁止令的情况。暂予监外执行的社区矫正对象应当每个月报告本人身体情况。保外就医的,应当到省级人民政府指定的医院检查,每三个月向执行地县级社区矫正机构、受委托的司法所提交病情复查情况。执行地县级社区矫正机构根据社区矫正对象的病情及保证人等情况,可以调整报告身体情况和提交复查情况的期限。延长一个月至三个月以下的,报上一级社区矫正机构批准;延长三个月以上的,层报省级社区矫正机构批准。批准延长的,执行地县级社区矫正机构应当及时通报同级人民检察院。社区矫正机构根据工作需要,可以协调对暂予监外执行的社区矫正对象进行病情诊断、妊娠检查或者生活不能自理的鉴别。"

(5)突出了对纵向社区矫正机关和机构的职责细化,明确了社区矫正委员会、司法行政机关、社区矫正机构和司法所之间的工作关系。根据"两高两部"《社区矫正法实施办法》第3条、第4条、第5条、第10条的规定:

社区矫正委员会负责统筹协调和指导本行政区域内的社区矫正工作。乡镇、街道以上地方人民政府根据需要设立社区矫正委员会,司法行政机关向社区矫正委员会报告社区矫正工作开展情况,提请社区矫正委员会协调解决社区矫正工作中的问题。

司法行政机关是社区矫正工作主管机关。具体履行指导管理社区矫正工作的以下职责:一是主管本行政区域内社区矫正工作;二是对本行政区域内设置和撤销社区矫正机构提出意见;三是拟定社区矫正工作发展规划和管理制度,监督检查社区矫正法律法规和政策的执行情况;四是推动社会力量参与社区矫正工作;五是指导支持社区矫正机构提高信息化水平;六是对在社区矫正工作中作出突出贡献的组织、个人,按照国家有关规定给予表彰、奖励;七是协调推进高素质社区矫正工作队伍建设;八是其他依法应当履行的职责。

社区矫正机构是县级以上地方人民政府根据需要设置的,负责社区矫正工作具体实施的执行机关。社区矫正日常工作由县级社区矫正机构具体承担;未设置县级社区矫正机构的,由上一级社区矫正机构具体承担。省、市两级社区矫正机构主要负责监督指导、跨区域执法的组织协调以及与同级社区矫正决定机关对接的案件办理工作。区县社区矫正机构依法履行以下职责：一是接受委托进行调查评估，提出评估意见；二是接收社区矫正对象，核对法律文书、核实身份、办理接收登记，建立档案；三是组织入矫和解矫宣告，办理入矫和解矫手续；四是建立矫正小组并组织小组开展工作，制定和落实矫正方案；五是对社区矫正对象进行监督管理，实施考核奖惩；审批会客、外出、变更执行地等事项；了解掌握社区矫正对象的活动情况和行为表现；组织查找失去联系的社区矫正对象，查找后依情形作出处理；六是提出治安管理处罚建议，提出减刑、撤销缓刑、撤销假释、收监执行等变更刑事执行建议，依法提请逮捕；七是对社区矫正对象进行教育帮扶，开展法治道德等教育，协调有关方面开展职业技能培训、就业指导，组织公益活动等事项；八是向有关机关通报社区矫正对象情况，送达法律文书；九是对社区矫正工作人员开展管理、监督、培训，落实职业保障；十是其他依法应当履行的职责。

司法所根据社区矫正机构的委托，承担社区矫正相关的工作。《社区矫正法》第9条第2款对司法所的职能定位仅规定了一句话："司法所根据社区矫正机构的委托，承担社区矫正相关工作。"这也是该法对社区矫正工作机构根据司法所的性质、功能及其社区矫正工作以来的成就与问题作出的重大调整，也是对2012"两高两部"《实施办法》第3条"县级司法机关行政机关社区矫正机构对社区矫正人员进行监督管理和教育帮助。司法所承担社区矫正日常工作"的追认与调整。但是如何委托和委托哪些内容没有规定。2020年"两高两部"《社区矫正法实施办法》也仅只是在第10条重复了《社区矫正法》的这一句话的规定，没有作出具体规范，这就为各省、自治区、直辖市的社区矫正法的实施细则的具体规定留下了空间。从目前的情况来看，各地的规定大体差不多。以2020年6月30日湖南省社区矫正管理局发布的《关于贯彻执行〈社区矫正法〉〈社区矫正法实施办法〉有关事项的通知》第2项"关于委托司法所开展相关工作"为例，根据工作需要，社区矫正机构可以委托司法所承担十方面的工作：一是承担调查评估有关工作；二是根据社区矫正机构指派接收社区矫正对象，建立工作档案；三是建立矫正小组、组织矫正小组开展工作，参与制定和落实矫正方案；四是开展社区矫正监督管理工作，落实走访考察、通信联络、信息化核查、定期报备、核查病情复查报告等措施，了解掌握社区矫正对象的活动情况和行为表现，并及时向社区矫正机构报告有关情况；五是协助查找失去联系的社区矫正对象，查找后依情形提出处理意见；六是对社区矫正对象会客、外出、进入特定场所、变更执行地等事项进行调查核实，提出意见；七是审批社区矫正对象7日以内外出；八是组织社区矫正对象开展教育学习和公益活动；九是根据社区矫正对象的现实表现，提出考核奖惩意见；十是其他委托事项。由此看来，与过去司法所的工作内容没有多大的区别，但过去工作应尽的职责，现在是受委托完成的任务，最后承担责任的应该是委托方。为了更好地体现委托与被委托的关系，湖南省社区矫正管理局的通知中，还明确规定了区县社区矫正机构委托司法所开展相关工作，应当综合考虑当地工作实际、人员力量、监管对象等因素，与受委托司法所加强协调沟通，进一步细化具体委托内容，明确委托方式、委托期限以及委托责任等，报县级司法行政机关批准后，由县级社区矫正机构与司法所签订委托书，同时抄送当地县级人民检察院。同时，还规定委托书一般以一年为一个委托周期，根据社区矫正机构和各司法所实际情况，可以委托不同工作内容或者事项。县级社区矫正机构对委托负主体责任，应当加强对受委托司法所的业务指导和督导检查。受委托司法所应当按照社区矫正工作相关规定，认真履行职责，存在执法过错或者失职渎职、玩忽职守等违法违规行为的，承担相关责任。

（6）突出了对横向人民法院、人民检察院、公安机关、监狱管理机关与社区矫正机构之间的职责分工和协调关系，明确了各方执法权限和法律责任，力图解决部门之间职责交叉、责任不清等问题。根据"两院两部"《社区矫正法实施办法》第5条至第8条的规定，各部门的基本职责与协调要求如下：

人民法院应依法履行的职责要求。一是拟判处管制、宣告缓刑、决定暂予监外执行的，可以委托社区矫正机构或者有关社会组织对被告人或者罪犯的社会危险性和对所居住社区的影响，进行调查评估，提出意见，供决定社区矫正时参考；二是执行机关报请假释的，审查执行机关移送的罪犯假释后对所居住社区影响的调查评估意见；三是核实并确定社区矫正执行地；四是对被告人或者罪犯依法判处管制、宣告缓刑、裁定假释、决定暂予监外执行；五是对社区矫正对象进行教育，及时通知并送达法律文书；六是对符合撤销缓刑、撤销假释或者暂予监外执行收监执行条件的社区矫正对象，作出判决、裁定和决定；七是对社区矫正机构提请逮捕的，及时作出是否逮捕的决定；八是根据社区矫正机构提出的减刑建议作出裁定；九是其他依法应当履行的职责。

人民检察院应依法履行的职责要求。一是对社区矫正决定机关（人民法院、含区的市级公安机关、各省、自治区和直辖市监狱管理局）、社区矫正机构或者有关社会组织的调查评估活动实行法律监督；二是对社区矫正决定机关判处管制、宣告缓刑、裁定假释、决定或者批准暂予监外执行活动实行法律监督；三是对社区矫正法律文书及社区矫正对象交付执行活动实行法律监督；四是对监督管理、教育帮扶社区矫正对象的活动实行法律监督；五是对变更刑事执行、解除矫正和终止矫正的活动实行法律监督；六是受理申诉、控告和举报，维护社区矫正对象的合法权益；七是按照刑事诉讼法的规定，在对社区矫正实行法律监督中发现司法工作人员相关职务犯罪，可以立案侦查直接受理的案件；八是其他依法应当履行的职责。

公安机关应当依法履行的职责要求。一是看守所留所服刑罪犯拟暂予监外执行的，可以委托开展调查评估。二是对看守所留所服刑罪犯拟暂予监外执行的，核实并确定社区矫正执行地；对符合暂予监外执行条件的，批准暂予监外执行；对符合收监执行条件的，作出收监执行的决定。三是对看守所留所服刑罪犯批准暂予监外执行的，进行教育，及时通知并送达法律文书；依法将社区矫正对象交付执行。四是对社区矫正对象予以治安管理处罚；到场处置经社区矫正机构制止无效，正在实施违反监督管理规定或者违反人民法院禁止令等违法行为的社区矫正对象；协助社区矫正机构处置突发事件。五是协助社区矫正机构查找失去联系的社区矫正对象；执行人民法院作出的逮捕决定；被裁定撤销缓刑、撤销假释和被决定收监执行的社区矫正对象逃跑的，予以追捕。六是对裁定撤销缓刑、撤销假释，或者对人民法院、公安机关决定暂予监外执行收监的社区矫正对象，送交看守所或监狱执行。七是执行限制社区矫正对象出境的措施；八是其他依法应当履行的职责。

监狱管理机关以及监狱应当依法履行的职责要求。一是对监狱关押罪犯拟提请假释的，应当委托进行调查评估；对监狱关押罪犯拟暂予监外执行的，可以委托进行调查评估。二是对监狱关押罪犯拟暂予监外执行的，依法核定并确定社区矫正执行地；对符合暂予监外执行条件的，监狱管理机关作出暂予监外执行决定。三是对监狱关押罪犯批准暂予监外执行的，进行教育，及时通知并送达法律文书；依法将社区矫正对象交付执行。四是监狱管理机关对暂予监外执行的罪犯决定收监执行的，原服刑或者接收其档案的监狱应当立即将罪犯收监执行。五是其他依法应当履行的职责。

（7）突出了对调查评估制度的进一步补充规范。调查评估源于英美国家，以降低社区矫正对象的危险系数和提高社区安全的防范能力。我国社区矫正工作试点以来，部分省（自治区、直辖市）人民法院对拟适用社区矫正的被告人也尝试着委托司法行政机关进行社区矫正前的调查评估。2010年8月28日，中央综委预防青少年违法犯罪工作领导小组、最高人民法院、最高人民检察院、公安部、司法部、共青团中央联合发布了《关于进一步建立和完善办理未成年人刑事案件配套工作体系的若干意见》，率先在办理未成年人刑事案件和适用社区矫正时，要求公检法司各机关应当综合考虑案件事实和社会调查报告的内容，并规定社会调查由未成年犯罪嫌疑人、被告人户籍所在地或居住地的司法行政机关社区矫正工作部门负责。2012年"两高两部"《实施办法》第4条第1款规定："人民法院、人民检察院、公安机关、监狱对拟适用社区矫正的被告人、罪犯，需要调查其对所居住社区影响的，可以委托县级司法行政机关进行调查评估。"《社区矫正法》第18条规定："社区矫正决定机关根据需要，可以委托社区矫正机构或者有关社会组织对被告人或者罪犯的社会危险性和对所居住社区的影响，进行调查评估，提出意见，供决定社区矫正时参考。居民委员会、村民委员会等组织应当提供必要的协助。"那么，如何开展矫前调查评估呢？2020年"两高两部"《社区矫正法实施办法》第13条和第14条作出了具体的规定：

社区矫正决定机关对拟适用社区矫正的被告人、罪犯，需要调查其社会危险性和对所居住社区影响的，可以委托拟确定为执行地的社区矫正机构或者有关社会组织进行调查评估。

社区矫正机构、有关社会组织接受委托后，应当对被告人或者罪犯的居所情况、家庭和社会关系、犯罪行为的后果和影响、居住地村（居）民委员会和被害人意见、拟禁止的事项、社会危险性、对所居住社区的影响等情况进行调查了解，形成调查评估意见，与相关材料一起提交委托机关。调查评估时，相关单位、部门、村（居）民委员会等组织、个人应当依法为调查评估提供必要的协助。

社区矫正机构、有关社会组织应当自收到调查评估委托函及所附材料之日起10个工作日内完成调查评估，提交评估意见。对于适用刑事案件速裁程序的，应当在5个工作日内完成调查评估，提交评估意见。需要延长调查评估时限的，社区矫正机构、有关社会组织应当与委托机关协商，并在协商确定的期限内完成调查评估。因被告人或者罪犯的姓名、居住地不真实、身份不明等原因，社区矫正机构、有关社会组织无法进行调查评估的，应当及时向委托机关说明情况。社区矫正决定机关对调查评估意见的采信情况，应当在相关法律文书中说明。

对调查评估意见以及调查中涉及的国家秘密、商业秘密、个人隐私等信息，应当保密，不得泄密。

目前争议比较大的是，人民检察院作为公诉和法律监督机关，并非法定的社区矫正决定机关，有没有资格和权力委托社区矫正机构和有关社会组织开展矫前调查评估。若单从《社区矫正法》来看，肯定不行。若从人民检察院的公诉职能和目前开展的认罪认罚从宽制度改革而言，理应可以。2019年12月2日最高人民检察院第十三届检察委员会第二十八次会议通过，自2019年12月30日起施行的《人民检察院刑事诉讼规则》第277条规定："犯罪嫌疑人认罪认罚，人民检察院拟提出适用缓刑或者判处管制的量刑建议，可以委托犯罪嫌疑人居住地的社区矫正机构进行调查评估，也可以自行调查评估。"2021年最高人民检察院出台的《人民检察院办理认罪认罚案件开展量刑建议工作的指导意见》第10条规定："人民检察院应当认真审查侦查机关移送的关于犯罪嫌疑人社会危险性和案件对所居住社区影响的调查评估意见。侦查机关未委托调查评估，人民检察院拟提出判处管制、缓刑量刑建议的，一般应当委托犯罪嫌疑人居住地的社区矫正机构或者有关组织进行调查评估，必要时，也可以自行调查评估。调查评估意见是人民检察院提出判处管制、缓刑量刑建议的重要参考。人民检察院提起公诉时，已收到调查评估材料的，应当一并移送人民法院，已经委托调查评估但尚未收到调查评估材料的，人民检察院经审查全案情况认为犯罪嫌疑人符合管制、缓刑适用条件的，可以提出判处管制、缓刑的量刑建议，同时将委托文书随案移送人民法院。"与此同时，2021年"两高三部"《关于规范量刑程序若干问题的意见》又明确规定："对于可能判处管制、缓刑的案件，侦查机关、人民检察院、人民法院可以委托社区矫正机构或者有关社会组织进行调查评估，提出意见，供判处管制、缓刑时参考。"

（8）突出了对"分类管理、个别化矫正"基本原则及其"有针对性地消除社区矫正对象可能重新犯罪的因素，帮助其成为守法公民"工作目标的重视及落实。由于《社区矫正法》调整的4类对象属于不同的性质，又在我国《刑法》和《刑事诉讼法》中规定了较详细的权利和义务，绝不能在社区矫正工作中混为一体，没有区别地予以监督管理和教育帮扶。过去在社区矫正试点工作中由于没有注意到这个问题，常常将占比最多的缓刑对象视为社区服刑人员,强调在刑意识,追求刑罚惩罚性,存在着违法甚至侵犯人权之嫌。2019年10月21日全国人民代表大会宪法和法律委员会在向全国人民代表大会常务委员会作出的《关于〈中华人民共和国社区矫正法(草案)〉修改情况的汇报》中指出:"草案第一条对社区矫正法的立法目的作了规定,有的常委会组成人员建议明确社区矫正的性质;有的代表、地方、部门、院校和社会公众提出,草案'正确执行刑罚'的表述不准确,社区矫正的对象有四类,其中主要是缓刑,根据刑法规定,缓刑是附条件的不执行刑罚,考验期满原判刑罚就不再执行。宪法和法律委员会经研究,建议采纳上述意见,将'正确执行刑罚'修改为'正确执行刑事判决、裁定和暂予监外执行决定'。"[1]同时,有的人大常委会委员、社会公众还提出,对社区矫正对象的监督管理和教育帮扶工作应当坚持问题导向,重点针对可能导致其重新犯罪的问题,按需矫正,提高针对性。宪法和法律委员会经研究,建议对草案作出以下修改补充:一是要求社区矫正机构应当根据社区矫正对象的犯罪原因、裁判内容等情况,制定有针对性的矫正方案,实现个别化矫正;二是要求对社区矫正对象的教育应当考虑其工作和生活安排,因人施教。[2]2019年12月23日全国人民代表大会宪法和法律委员会在向全国人民代表大会常务委员会提交的《关于〈中华人民共和国社区矫正法(草案)〉审议结果的报告》又指出:"有的常委会委员和专家学者提议,刑法和刑事诉讼法等法律对被判处管制、宣告缓刑、假释和暂予监外执行的四类社区矫正对象的义务分别作了明确规定,建议增加体现'分类管理、个别化矫正'的规定"。但是,如何做到"分类管理、个别化矫正"和"有针对性地消除社区矫正对象可能重新犯罪的因素,帮助其成为守法公民"呢?对于前者的问题,即对于如何"分类管理、个别化矫正","两高两部"《社区矫正法实施办法》第21条作出了较详细规定,社区矫正机构首先"应该根据社区矫正对象被判处管制、宣告缓刑、假释和暂予监外执行的不同裁判内容和犯罪类型、矫正阶段、再犯罪风险等情况,进行综合评估,划分不同类别,实施分类管理"。其次要求"社区矫正机构对不同类别的社区矫正对象,在矫正措施和方法上应当有所区别,有针对性地开展监督管理和教育帮扶工作"。这就明确地要求"分类管理"必须依法优先考虑针对四类不同性质的社区矫正对象予以分类,按照《刑法》《刑事诉讼法》规定的义务进行监管管理。目前社区矫正对象中占90%以上的都是缓

---

[1] 王爱立主编:《中华人民共和国社区矫正法解读》,中国法制出版社2020年版,第394页。
[2] 王爱立主编:《中华人民共和国社区矫正法解读》,中国法制出版社2020年版,第395页。

刑人员，因其性质是"附条件的刑罚暂缓执行"，执行的是所附条件的考察制度，要鼓励其珍惜机会自觉遵守所附条件的监督管理，尽可能地自律慎独、自我救赎和更新改造，就不能像过去一刀切地将包括缓刑人员在内的所有的四类社区矫正对象都理解为正在刑罚执行的罪犯，强调刑罚执行的本质属性即惩罚性的落实，突破《刑法》《刑事诉讼法》所规定的义务予以集中监督管理和教育帮扶，而应该依法根据四类对象"分类管理"，并在此基础上，根据"不同裁判内容和犯罪类型、矫正阶段、再犯罪风险等情况"，并"在矫正措施和方法上应该有所区别，有针对性地开展监督管理和教育帮扶工作"。对于后者，"两高两部"《社区矫正法实施办法》第22条作出了较详细的规定，即要求"执行地县级社区矫正机构、受委托的司法所要根据社区矫正对象的性别、年龄、心理特点、健康状况、犯罪原因、悔罪表现等具体情况，制定矫正方案，有针对性地清除社区矫正对象可能重新犯罪的因素，帮助其成为守法公民"。由于"消除社区矫正对象可能重新犯罪的因素"难度大、问题多，属于系统治理工程，要求家庭、社区、学校、单位和政府各部门齐抓共管才能达到真正的效果。因此，社区矫正机构、受委托的司法所及其工作人员，"只能根据社区矫正对象的性别、年龄、心理特点、健康状况、犯罪原因、悔罪表现等具体情况"，制定相对科学的矫正方案并时时根据矫正表现调整方案，有针对性地、有的放矢地消除社区矫正对象的致罪因素，防止其社区矫正期间内的再犯和解矫后的重新犯罪。为了防止对被害人、控告人、举报人等易诱发社区矫正对象打击报复性的犯罪行为发生，"两高两部"《社区矫正法实施办法》第25条，还专门规定"未经执行地县级社区矫正机构批准，社区矫正对象不得接触其犯罪案件中的被害人、控告人、举报人，不得接触同案犯等可能诱发其再犯罪的人"。从域外社区矫正的情况来看，社区矫正强调的恢复性司法及修复损害，其重要的是要求加害人与被害人的和解，损害修复尤其是伤害赔偿的对象是具体的自然人被害人，而不是抽象的社会与国家，因此被害人在社区矫正中扮演着非常重要的角色，从社区矫正的适用前、适用中到适用后，除性侵害女性被害人和未成年人外，一般都要全程参与甚至是具体的帮教。我国在社区矫正试点工作中，有些地方也进行过犯罪加害人与被害人的刑事和解与修复损害社区矫正工作的尝试。如此积极性参与性被害预防比消极性回避性犯罪预防要好许多。

（9）突出了对外出请销假及跟踪性监督管理制度的进一步规范。2012年"两高两部"《实施办法》第13条规定："社区矫正人员未经批准不得离开所

中国特色社区矫正基本制度问题研究

居住的市、县（旗）。社区矫正人员因就医、家庭重大变故等原因，确需离开所居住的市、县（旗），在七日以内的，应当报经司法所批准；超过七日的，应当由司法所签署意见后报经县级司法行政机关批准。返回居住地时，应当立即向司法所报告。社区矫正人员离开所居住市、县（旗）不得超过一个月。"《社区矫正法》第27条第1款规定："社区矫正对象离开所居住的市、县或者迁居，应当报经社区矫正机构批准。社区矫正机构对于有正当理由的，应当批准；对于因正常工作和生活需要经常性跨市、县活动的，可以根据情况、简化批准程序和方式。"由于社区矫正对象请假外出是日常社区矫正工作最常遇到的事情，同时现代市场经济的发展和社区矫正对象的就医、就学、就业和经营的民营企业生存发展的需要，外出请假问题日趋复杂。《社区矫正法》在此问题上仅用一款的文字对外出请假制度作了原则性规定，具体内容就是留给实施办法和各省（自治区、直辖市）根据社会发展和社区矫正对象生活生产情况进一步细化。因此，"两高两部"《社区矫正法实施办法》从第26条至第29条共4条作了较详细的规定：

外出请假批准机关及权限。社区矫正对象未经批准不得离开所居住市（是指直辖市的城市市区、设区的市的城市市区和县级市的辖区）、县。确有正当理由需要离开的，应当经执行地县级社区矫正机构或者受委托的司法所批准。申请外出时间在7日内的，经执行地县级社区矫正机构委托，可以由司法所批准，并报执行地县级社区矫正机构备案；超过7日的，由执行地县级社区矫正机构批准。执行地县级社区矫正机构每次批准外出的时间不超过30日。因特殊情况确需外出超过30日的，或者两个月内外出时间累计超过30日的，应报上一级社区矫正机构审批。上一级社区矫正机构批准社区矫正对象外出的，执行地县级社区矫正机构应当及时通报同级人民检察院。

外出请假能够获批的"正当理由"。社区矫正对象外出的正当理由是指就医、就学、参与诉讼、处理家庭或者工作重要事务等。

社区矫正对象申请外出请假的时间和形式要求。社区矫正对象确需离开所居住的市、县的；一般应当提前3日提交书面申请，并如实提供诊断证明、单位证明、入学证明、法律文书等材料。

外出期间的监督管理方式。在社区矫正对象外出期间，执行地县级社区矫正机构、受委托的司法所应当通过电话通讯、实时视频等方式实施监督管理。执行地县级社区矫正机构根据需要，可以协商外出目的地社区矫正机构协助监督管理，并要求社区矫正对象在到达和离开时向当地社区矫正机构报告，接受监督管理，并要求社区矫正对象在到达和离开时向当地社区矫正机构报告，接受监督管理。外出目的地社区矫正机构在社区矫正对象报告后，可以通过电话通讯、实地查访等方式协助监督管理。

外出期满的销假要求。社区矫正对象应在外出期限届满前返回居住地，并向执行地县级社区矫正机构或者司法所报告，办理手续。湖南省社区矫正管理局《关于贯彻执行〈社区矫正法〉〈社区矫正法实施办法〉有关事项的通知》规定："社区矫正对象应当在外出期限届满前返回执行地，并在24小时内前往外出审批机关办理销假手续。社区矫正对象销假时，应当如实提供其外出期间食宿、交通票据，以及与外出事项、地点相关的证明材料。外出审批机关应当审核社区矫正对象实际外出时间、地点、事项和相关证明材料。社区矫正机构发现社区矫正对象在外出期间违反相关规定的，应当依法依规予以处理。"因特殊原因无法按期返回的，应及时向社区矫正机构或者司法所报告情况。发现社区矫正对象违反外出管理规定的，社区矫正机构应当责令其立即返回，并视情节依法予以处理。

（10）突出了对考核奖惩制度的规定。现代刑事执行制度越来越强调以教育人为目的，帮助罪犯更早更快更好地再社会化并顺利地融入和回归社会，如此社区矫正就离不开日常的严格考核和及时的公正奖惩。2012年"两高两部"《实施办法》第21条至第28条共8条规定了考核奖惩制度。其中第21条规定的是根据考核结果，实施分类管理，给予不同处遇。第28条规定的是对符合法定减刑条件的依法提请减刑的奖励措施。第22条至第27条规定了对社区矫正对象的警告、治安管理处罚、撤销缓刑、撤销假释、暂予监外执行罪犯收监执行的惩戒措施。《社区矫正法》第28条第1款规定："社区矫正机构根据社区矫正对象的表现，依照有关规定对其实施考核奖惩。社区矫正对象认罪悔罪、遵守法律法规、服从监督管理、接受教育表现突出的，应当给予表扬。……"该条第2款规定："对社区矫正对象的考核结果，可以作为认定其是否确有悔改表现或者是否严重违反监督管理规定的依据。"如果确有悔改表现且具有重大立功情节的，第33条规定了"社区矫正对象符合刑法规定的减刑条件的，社区矫正机构应当向社区矫正执行地的中级以上人民法院提出减刑建议"的奖励措施。如果社区矫正对象违反法律法规或者监督管理规定的，应当视情节依法给予训诫、警告、提请公安机关予以治安管理处罚，或者依法提请撤销缓刑、撤销假释、对暂予监外执行的收监执行。2020年"两高两部"《社区矫正法实施办法》第32条对考核奖惩制度作了总体的程序规定和原则性要求，第 33 条和第 42 条对表扬和减刑等奖励制度作了进一步的规定，第 34 条至第 36 条规定了训诫、警告、治安处罚和使用电子定位装置的惩戒和预防性措施，第 46 条至第 51 条规定了撤销缓刑、撤销假释、逮捕、收监执行、追逃等刑事惩戒和刑事强制措施，为贯彻落实《社区矫正法》的考核奖惩制度的原则性规定作了更具操作性的细化和程序制度上的完善。

从第 32 条对日常监督管理工作的考核奖惩制度总体的规范与要求来看，以下几点十分重要：

考核奖惩制度的 20 字方针——内容全面、程序合理、易于操作、准确及时、公开公平。"内容全面、程序合理、易于操作"是对社区矫正机构根据法律法规、部门规章和其他规范性文件建立对社区矫正对象考核奖惩制度的基本标准，"准确及时、公开公平"是对社区矫正对象的考核结果与奖惩的基本要求，必须将考核奖惩结果采用书面方式通知其本人，定期公示，记入档案。

考核的机关是社区矫正机构和受委托的司法所。要求必须根据社区矫正对象的认罪悔罪、遵守有关规定、服从监督管理、接受教育等情况，定期对其考核。

奖惩的机关是执行地县级社区矫正机构。对于符合表扬条件、具备训诫、警告情形的社区矫正对象，经执行地县级社区矫正机构根据具体考核情况依法依规作出决定，给予其相应的奖励或者处罚，并要求决定是书面形式。

治安管理处罚由有权的公安机关行使。对于涉嫌违反治安管理行为的社区矫正对象，执行地县级社区矫正机构可以向同级公安机关提出建议，由公安机关依据《中华人民共和国治安管理处罚法》作出处罚决定。

对考核奖惩存在异议的救济方式。社区矫正对象对考核奖惩提出异议的，执行地县级社区矫正机构应当及时处理，并将处理结果告知社区矫正对象。社区矫正对象对处理结果仍有异议的，可以向人民检察院提出。

对监督管理工作考核奖惩的法律监督。社区矫正机构奖励或者处罚的书面决定应当抄送人民检察院，人民检察院有权对社区矫正监督管理和教育帮扶及其考核奖惩工作进行法律监督。

努力构建为世界所称道的中国特色社区矫正法学

百年以来，世界风云变幻，各国刑罚制度历经多次变革。社区矫正制度从萌芽诞生到发展成熟，再经由曲折反复直至当今的朝气蓬勃，已经成为体现刑罚社会化、人道化与现代化不可或缺的非监禁性刑事制裁与处遇制度。百年以来，中国饱经沧桑，历经磨难，虽然清末法治改革和民国时期已经开始在刑事法律中移植和引入社区矫正制度，但是，在主权沦丧和战乱频仍的政治与社会环境中，彰显先进理念的社区矫正制度难以真正生根发芽并发展壮大。中华人民共和国成立之后，在借鉴苏联制度、吸收我国旧法合理成分并总结根据地非监禁性处遇制度经验的基础上，我国最高立法机关、刑事司法、执行机关以及理论工作者齐心协力，长期摸索，逐渐构建了社区矫正的制度雏形和基本框架。自十一届三中全会以来，我国的改革开放事业波澜壮阔，社会环境和秩序总体稳定，人民生活水平不断提高，取得了令世界瞩目的伟大成就。特别是进入21世纪初，在法治和人权改革的宏观背景下，我国开始正式试点推行社区矫正，后经扩大试点、全面试点以及全面推行，在至今不到二十年的时间，成功创制了世界上第一部由主权国家制定并统一适用于全国范围的《社区矫正法》。这不仅标志着我国社区矫正制度进入法治化时代，而且在世界社区矫正法治历史上也具有划时代的创新意义。《社区矫正法》颁布以后，亟需社区矫正法学理论对我国社区矫正国别特色、实践经验、制度创新等基本问题进行系统性总结、归纳和梳理，构建中国特色的社区矫正理论框架与模式，同时，《社区矫正法》的正确理解、适用与执行乃至社区矫正制度的立法发展与完善都需要社区矫正法学理论的引领、指导与支持。因此，以我国《社区矫正法》为基本的规范根据，依托社区矫正制度实践与法治建设的伟大探索，通过对概念、体系和功能的综合性梳理、批判、砥砺与重构进而形成新的确信，构建彰显理论自信的中国特色社区矫正法学，是社区矫正理论研究的重要任务。

一、世界社区矫正制度成功经验以及我国社区矫正重要实践成果为构建社区矫正法学理论提供了丰富素材

（一）中外社区矫正制度的经验与成就为中国特色社区矫正理论研究奠定可靠的学术基础

近代以来，随着文艺复兴和启蒙运动的兴起与发展，刑事古典学派逐渐登上历史舞台并深刻影响了欧美国家的刑事立法、司法以及刑罚改革活动。在刑事古典学派思想的引导下，自中世纪以来形成的以死刑和肉刑为主导的刑罚体系以及主张以血腥和恐怖手段公开行刑从而实现威吓之目的的行刑模式，逐渐被以监禁刑为主导的刑罚体系以及以封闭和忏悔为主要内容的监禁式行刑模式所取代。然而，随着人类文明的进步，在监禁行刑模式运行过程

中，监狱固有的弊端和顽疾始终无法彻底解决和根治。如，监狱规模难以适应社会与犯罪人口的变化、监狱运行成本逐年攀升、监狱内罪犯的交叉感染甚至与再社会化目标相冲突的监狱人格不可避免的形成以及监狱对轻罪犯等特定群体矫正效果不佳等，都是影响和制约监狱效能发挥的根本性疑难问题。由此，刑罚与监狱改革运动悄然发生。针对监禁罪犯特别是长期监禁刑罪犯而言，监狱管理部门开始采用累进处遇提前附条件释放的假释制度，使之能够在回归社会前有一个过渡性的缓冲期；与此同时，对于正在监狱中服刑的罪犯，监狱机构不仅邀请专职社工、医务人员或宗教人士参与对监狱内罪犯的矫正教育帮扶，还尝试建立了一些探亲、学习释放和劳动释放等制度扩大罪犯与社会之间的联系与沟通。针对监禁罪犯中的短刑犯而言，尽量减少短刑犯的入监羁押率，并且通过不同刑事诉讼环节诸如保释、不起诉、附条件暂缓判决或附条件暂缓执行等程序性措施实现对罪犯的分流，尽可能降低羁押监禁率。正是在这种刑罚与监狱改革的制度背景下，以缓刑和假释为主要表现形式的社区矫正开始萌芽诞生并逐渐发展起来。

在第二次世界大战之后，英美国家特别强调对罪犯的帮助和复归社会任务，并且开始强调刑事程序中罪犯对被害人的补偿以及对社会关系的修复价值，以此为基础形成了更生复归思想和恢复性司法理念，对社区矫正制度多样性发展提供了重要的思想支撑，此外，在20世纪60年代，轰轰烈烈的民权运动、基于对犯罪问题进行系统反思的互动符号理论的兴起以及监狱行刑成本的激增，促使发达国家纷纷采用不同的形式，对社区矫正制度进行了较为系统的立法或司法确认，社区矫正的地位得以进一步巩固。近三十年以来，基于选择性剥夺犯罪能力和风险控制理论并注重强化对社区处遇对象的风险控制和适当惩戒的创新型社区矫正措施——中间处遇（中庸制裁措施）逐渐兴起并壮大。总之，世界范围内的社区矫正制度虽然因国情特色、政治制度以及法治文化传统的不同而多姿多彩，但是，各国对社区矫正的"非监禁性""社区性""复归社会""帮助罪犯"等核心要义却有着高度一致的认识。世界范围丰富多彩的社区矫正制度、规范与实践类型，为我国创制和构建社区矫正工作提供了诸多可供参考和借鉴的制度样本。

在近代中国，早在清末法治改革时期，清政府根据沈家本等法学家的建议，开始废除肉刑，引入剥夺自由的监禁刑及其针对监狱执行的弊病而规定当时在世界上尚属创新性的缓予执行和变更执行制度。此后，民国时期的刑事立法正式引入缓刑、假释、保外就医与赦免等非监禁替刑措施，变更执行和刑罚消灭制度。与此同时，中国共产党领导的人民政权在土地革命、抗日战争以及解放战争时期，都对非监禁处遇制度进行了大胆的探索和开拓性尝试，假释、回村执行和保外服刑等非监禁性处遇措施得到了一定程度的运用和发展。最为重要的是，在非监禁性处遇措施的创新性实践中，作为我国唯一非监禁性刑种的管制开始初步形成。中华人民共和国成立之后，《劳动改造条例》《惩治贪污条例》以及后来《刑法》《刑事诉讼法》《监狱法》对管制、缓刑、假释、暂予监外执行以及剥夺政治权利等制度进行了比较明确的规定，由此奠定了我国非监禁性刑罚、非监禁性处遇措施及其监督管理的制度雏形与框架。当然，如前所述，这一时期的非监禁性刑罚、处遇措施及其监督管理制度深受计划经济以及国家行政化治理方式的影响，与我国现代社区矫正理念与制度有着巨大差异，但是，两者在"轻罪、轻刑罚以及轻刑罚不予关押的社会化执行方式制度尝试"的本质意义上有着高度一致性。

进入21世纪初，我国自开展社区矫正试点工作以来，在社区矫正理论研究的推动下，国家结合社区矫正试点的基本经验，通过制定规范性文件的方式，初步确立了社区矫正制度框架体系。在社区矫正发展历程中具有典型性和重要意义的全国统一性规范性文件有：2003年"两高两部"《关于开展社区矫正试点工作的通知》，2004年司法部《司法行政机关社区矫正工作暂行办法》，2005年"两高两部"《关于扩大社区矫正试点范围的通知》，2009年"两高两部"《关于在全国试行社区矫正工作的意见》，2011年"两高两部"《关于对判处管制、宣告缓刑的犯罪分子适用禁止令有关问题的规定（试行）》，2011年司法部《关于贯彻最高人民法院、最高人民检察院、公安部、司法部〈关于对判处管制、宣告缓刑的犯罪分子适用禁止令有关问题的规定（试行）〉做好禁止令执行工作的通知》，2012年"两高两部"《社区矫正实施办法》，2014年"两高两部"《关于全面推行社区矫正工作的意见》，2016年司法部《关于进一步加强社区矫正工作衔接配合管理的意见》。此外，我国2011年《刑法修正案（八）》和2012年修订的《刑事诉讼法》对社区矫正制度也都做出了原则性规定。2019年国家出台《社区矫正法》并于2020年颁布《社区矫正法实施办法》。至此，我国社区矫正制度的法律框架体系基本形成。

(二) 我国社区矫正制度实践的特殊性决定了中国特色社区矫正理论必须重点关注社区矫正法学的规范性研究

简要回顾发达国家以及我国社区矫正制度的发展史，可以看到，发达国家社区矫正经验模式虽然能够为我国社区矫正制度的创制与发展提供经验和参考，但是，我国社区矫正制度从开始创制到法律框架体系的基本形成，在很大程度上是建立在对我国国情时空特色的深刻体悟和把握基础上的，是对我国传统非监禁刑罚、处遇措施以及监督改造管理制度的进一步扬弃和发展。我国社区矫正制度实践与立法发展的历程，就必然决定了我国社区矫正具有区别于发达国家社区矫正的明显的地方性特色。我国社区矫正制度发展的这一特点，在社区矫正理论研究过程中值得充分注意。

在我国社区矫正制度发展过程中，社区矫正的地方经验探索、全国性的制度与规则创制以及大规模的立法讨论与设计交互进行，同时，在这一过程中，社区矫正理论研究领域大量引入发达国家特别是英美国家各种各样的社区矫正学术观点，甚至还引介了不少关于社区矫正实践操作方面的量表、规程、细则和项目方案等等。中外社区矫正学术交流过程中的理念碰撞、知识体系的接受以及对我国社区矫正制度实践经验或困境的知识总结共存共生，相互交融，激荡碰撞，由此使得我国社区矫正理论研究呈现出"百花齐放，百家争鸣"的繁荣景象。总之，在我国社区矫正理论研究领域，大体上形成了社区矫正理论研究的三种路径和方向：一是关于社区矫正制度和理论的比较研究。这种理论路径和方向重点在于大量引介发达国家特别是英美、德日的社区矫正制度和理论，在此基础上，对我国社区矫正制度和理论的构建与选择提出若干的对策和建议。质言之，这种理论路径和方向基本上仍然遵循着"提出问题→分析问题→解决问题"的对策性研究思路，只不过是采用了比较研究的方法而已。二是关于我国本土社区矫正制度和适用规则的规范性研究。这种理论路径和方向重点在于对我国近年来所颁布的社区矫正规范性文件所涉及的基本制度、程序和规则等问题进行规范分析，甚至分析社区矫正具体制度的法律问题、利弊功效以及完善思路，从而为我国社区矫正制度的立法发展与实践运用提供可资借鉴的规范性和构建性理论。三是关于我国社区矫正制度适用的经验性研究。这种理论路径和方向重点在于采用了社会学或社会工作理论中的田野调查、访谈或社会统计等的究方法，对我国社区矫正特定地方实践经验、某些群体甚至某种个体适用社区矫正的过程进行观察和描述，以期通过社区矫正个案或群体性的研究发现和归纳我国社区矫正制度适用的问题与困境，为社区矫正制度发展提供实证性和经验性结论和建议。在上述三种路径和方向中，我国社区矫正理论工作者更多地运用了比较研究和规范研究方法，而较少的运用经验研究方法。客观而言，不同路径和方向的社区矫正研究虽然在研究领域和内容上大大拓宽了社区矫正的研究视野，丰富了社区矫正的研究体系，但是，无论是从学科的基本性质还是从国家发展需要来看，在继续支持社区矫正进行多学科、多维度和多元方法研究的同时，应当特别重视社区矫正规范研究，积极发挥社区矫正规范研究在我国社区矫正立法发展与实践运用过程中的积极功能。

在我国社区矫正制度适用的经验性研究领域，可以发现，绝大多数研究人员具有社会学或社会工作的专业背景，也就是说，对社区矫正适用进行的经验性研究从学科性质来看，应当属于社会学或社会工作专业而非法学专业，或者退一步讲，这些研究也仅仅属于法学与社会学或社会工作的交叉学科领域。虽然社会学或者社会工作对于如何描述、解释和预测社会具有重要的理论与实践意义，甚至在一些发达国家处于"显学"的地位，但是，社会学或社会工作始终存在着一些难以克服的弊端，从而制约甚至削弱了社会学或社会工作学科的准确性、科学性与实践性。[1]如，社会学或社会工作特别强调研究的价值中立性，但实际上研究者价值的绝对客观或中立是不可能的，研究主题、对象、内容以及结论必然或多或少的带有研究者的价值立场或者主观偏好；社会学或社会工作特别强调实证研究和数据统计对于研究结论的支撑意义，但实际上实证研究中的归纳和演绎方法以及数据样本的选择与统计的准确性总会或多或少的存在偏差，进而导致研究结论的准确性与可靠性降低；社会学或社会工作特别强调对我国当前特定法律制度或个案的事实性描述，甚至更在意对现有特定法律制度进行批判或者"解构"，从而形成"批判有余，构建不足"的严重问题；更有甚者，社会学或社会工作的某些研究，往往将理论前提或假设性判断始终局限于发达国家社会学的某些特定"原理"或"定论"，从而对我国具体法律制度问题的研究缺乏解释力和实践应用价值，而且，某些研究还有意无意地忽视了事实性描述与价值性评价之间的区别，要么为社会中一些隐性的非正义性规则或制度提供理论支持，要么得出与公众常识和常理相背离的结论，从而使得研究的学术与实践价值大打折扣。具体到社区矫正适用的经验性研究的现有成果而言，不少成果除了在一定程度上或多或少带有前文提到的社会学或社会工作研究方法的固有弊端之外，在功能意义上还存在着一些致命的问题。大部分研究局限于对社区矫正适用过程中的具体个案、微观制度或者操作技术等方面的事实性描述、解释乃至解构，很少关注对社区矫正基本制度及其程序进行整体性与宏观性描述与解释，更鲜有对社区矫正制度中国化的时空背景、制度机制、规则异化等问题

---

[1] 参见陈瑞华："法学研究方法的若干反思"，载《中外法学》2015年第1期，第22~28页。

进行理论归纳、总结社区矫正适用经验并提炼出有中国特色的法学理论,当然,基于所总结和提炼的中国特色法学理论进行社区矫正制度构建型研究则更是寥寥无几。

规范性研究,特别强调对特定领域的行为或事项进行广泛调查研究的基础上,提出具有普遍适用性的概念、规则和原则,从而为国家对特定领域的行为或事项进行规制提供制度对策和方案,并且,规范性研究需要对概念、规则和原则之间的逻辑关系、体系结构与责任后果进行系统解释与说明,从而为解决未来法律实践中所可能出现的疑难问题提供理论根据。由此可知,与规范性研究相比,社会学或社会工作的侧重点在于描述和解释社会现象,根本并不强调规范方法的特殊意义,更不强调规则、原则和制度的构建及其实践适用意义。因此,就法律问题而言,规范性研究方法远比社会学或社会工作研究方法更为恰当。虽然,针对规范性研究也有诸如"解释性和说理性不深刻"以及"过于强调学科界限而肢解法律体系与秩序之间的紧密联系"等批评意见,〔1〕但是,就我国当前所处的社会转型以及国家和社会治理大规模法治化的时代背景而言,在我国新的历史发展定位之下,面对诸多的新形态、新事物和新领域,追求良法善治自然应当是法学研究的第一要务。毕竟,良法是善治实现的前提条件,只有良法首先创制成功,善治才有可能在良法的指引下实现。另外,从现实情况来看,在大规模法治化的历史背景下,无论是从国家治理的基本任务还是从人民对自身权利保护的需求来讲,都在呼唤建立完整而有效的法律制度体系,这种需求和呼唤无疑有助于推进我国法治事业的进步,同时也为我国法学研究的进一步发展指明了方向。

严格来说,社区矫正理论是一个相对宽泛和广义的概念范畴,它不仅包括社区矫正法学理论,而且自然还应当包括社区矫正社会学理论、社区矫正史学理论、社区矫正行政管理学理论乃至社区矫正的哲学理论,等等。社区矫正法学理论仅仅是社区矫正理论中的一个分支与重要组成部分。只不过,正是由于规范性研究在我国当代具有特别重要与独特的价值,因此需要高度重视社区矫正法学理论的规范性研究。事实上,就当前我国社区矫正法学的规范性研究成果而言,不少文献在思维方式以及研究内容等方面存在着较为突出的问题,以致影响了社区矫正法学规范性研究的重要理论与实践价值的充分发挥。如,当前不少文献在对我国社区矫正法学进行规范性研究时,并

---

〔1〕 参见朱景文:"法学研究的社会学方法:应用、局限及其克服",载《法学研究》2011年第6期,第17~19页。

没有遵循规范研究的逻辑论证原理，根本没有意识到事实性研究和规范性研究之间的差异与适度分离，从而在理论逻辑起点、论证过程与最终结论等不同环节随意甚至交替使用事实性素材或规范性素材，最终导致研究的论证思路、逻辑结构与主要结论之间各说各话甚至前后矛盾。另外，不可否认的是，当前社区矫正的规范性研究领域的绝大部分文献集中在对我国社区矫正实践中相对具体的制度规范或者具体操作性技术规则进行讨论，缺乏对我国社区矫正基本制度立法构建与发展方向的整体性与宏观性思考，而且，在针对具体问题进行研究的过程中表现出来一个更令人担忧的问题，即对社区矫正所涉及的刑罚乃至犯罪等方面的基础理论关注不够。这样，社区矫正法学的规范性研究的宏观叙事、理论层次以及体系构建都会受到相应的影响与阻滞。

在当前社区矫正法学研究领域，比较研究是一种非常重要的研究路径和方向。我国近二十年来对欧美主要国家社区矫正立法规范、基本制度、适用规则、程序方法乃至发展脉络等都进行了相当全面的引进和介绍，这种比较研究无疑为我国社区矫正制度的创制、发展与完善提供了可资借鉴的素材和样本。然而，不可否认的是，在对社区矫正制度进行比较研究的过程中，一些文献对他国制度的历史起源、制度背景、文化传统以及与之相关联的制度设计等并没有彻底搞清楚，从而使得比较研究的标准未能统一、比较研究的内容有偏差甚至比较研究的结论不准确。另外，由于受到研究者自身的学术背景、知识路径以及价值立场等方方面面的影响，社区矫正比较研究所指涉的制度样本往往具有国别性，亦即仅针对特定国家的特定制度设计进行引介并将此作为我国社区矫正相关制度设计的模范样本，缺乏对所引介的制度样本与其他国家相关制度的完整性和综合性比较与讨论，从而可能使得比较研究的结论并不具有普遍性与准确性。如，有文献基于对英国社区矫正制度的引介，推崇英国社区刑罚制度在社区矫正制度体系中的价值和意义，力主我国在构建社区矫正制度体系时强化刑罚惩罚效应，增设社区服务刑甚至将缓刑刑罚适用制度刑种化，积极主张社区矫正执法队伍警察化。然而，英国之所以形成独特的以社区服务刑为代表的社区刑罚体系，与英国刑法规定的犯罪边界、刑罚结构、犯罪治理传统以及欧洲大陆刑罚制度理念有着极为密切的关系。英国社区刑罚制度并没有普遍适用性以及可复制性，即便在与之文化同源且同属英美法系的美国，绝大多数文献仍将社区矫正视为一种刑罚的执行方式与措施，而没有大力推崇英国泛刑罚化的社区刑罚制度。因此，我们特别需要注意社区矫正被比较对象的具体情况以及特殊性，特别是被比较对象与他国相关制度的异同，否则，单纯的引介具有特殊性的制度体系，必然会对我国社区矫正法学的理论研究甚至社区矫正制度创制与发展方向产生不良影响。更进一步言之，社区矫正比较研究的全面性与综合性越来越值得重视。这是因为，在当代中国社区矫正制度创制与发展，不可能再像过去那样仅仅大规模参考和借鉴某一国的制度体系即已足，而是充分的对世界上主要国家的相关制度进行完整的和体系性的比较研究，积极探寻一切有利于我国社区矫正制度创制和发展的世界不同国家的制度素材与模式样本，以海纳百川与兼收并蓄的气势吸收不同国家社区矫正制度体系的优秀成果与合理经验。

综上，世界各国社区矫正立法成果与经验以及我国社区矫正的实践历程，为中国特色社区矫正制度的创制以及社区矫正法学的构建提供了非常丰富的素材样本。基于当前社区矫正制度构建的现状以及国家发展的需要，在社区矫正理论研究过程应特别注重社区矫正法学的规范性研究，为社区矫正立法发展与制度适用提供科学、准确和可靠的理论根据与学术支持。

二、重点关注我国社区矫正基本制度的原理性和信条性研究

（一）基于法律信条学构建中国特色社区矫正法学的规范性研究体系

在现代汉语中，信条有两种意思：一是宗教信仰的条文或体系；二是可普遍相信的原则或主张。[1]在现代社会科学与法学领域中，信条具有两方面的含义：一是最基本的原理；二是经过梳理而形成的知识体系。因此，在法学领域中信条的第一种意义，即指法学理论中最不可动摇的部分。基于这一理解，当人们在同一种法律制度类型和理论模式的语境之下，讨论不同学术观点和理论主张的正义符合性与实践可能性的时候，说到底是由不同学者所选择或贯彻的不同信条价值和意义上的争论；当人们在比较法的意义上讨论世界不同地区的法律制度类型和理论模型的利弊得失与价值功能的时候，实际上就是在对不同的法律信条进行比较和评判，[2]也就是说，今天在法学中进行的讨论，在最根本的意义上，就是在争论哪一种信条更加具公平性和正义性。有关法律规定的含义以及在妥当性与优劣性上的争论，在最根本的意义上，也就成为"信条"之争！在法学领域中信条的第二种意义，即指对特定的法学理论进行梳理与总结而形成的具有清晰性、完整性和功能性的知识

---

［1］参见罗念生、水建馥编：《古希腊语汉语词典》，商务印书馆2004年版，第214页。

［2］参见马聪：《刑罚一般预防目的的信条学意义研究》，中国政法大学出版社2016年版，代自序第12页。

体系。为了形成信条性的法学知识体系，可以吸收和采纳事实的、心理的、社会工作的与社会学的知识，而且包括通过澄清特定的法学意义而明确法律规则的态度；可以在实践理性与道德哲学领域中寻找法的工具，进而为法官在司法实践中如何行为提供有效指示；可以为法律实践对法律形成统一的理解并进行统一的表述而搜集和准备材料；可以通过对法律材料的学习与掌握，发现法律的漏洞与冲突，从而能通过法政策的讨论预测特定规则在法上的后果，等等。根据对法律信条学的理解可知，法律信条学的研究思路包括并依赖但却不局限于实定法以及现有的实定法规则，而且可以充分运用历史学、社会学、心理学以及犯罪学等诸多不同领域的素材，总结和凝练这些相关素材的法学以及法治发展意义，为法律制度的发展、理论体系的构建以及学术交流和争议提供能够为绝大多数人所接受的基本对话平台、基本概念和基本思维方式，为法律制度的发展理清最基本的思路并指明方向。显然，法律信条学与法律解释学虽然都强调以现行实定法作为研究前提以及注重对法律规范的解释工作，但是，法律信条学并不像法律解释学那样，仅强调运用各种解释规则和技术实现对法律规范的合理阐释与说明，而是注重对法律中被人们广为接受的、作为理论研究和体系构建前提的最为基本的概念和原理进行研究和讨论。同时，法律信条学注重对法学知识的体系化及其进一步发展的工作，强调在刑事司法实践疑难问题面前发挥其特有的解决问题的功能。

就社区矫正法学而言，《社区矫正法》的出台为社区矫正法学的规范性研究提供了实定法前提和依据，而且在《社区矫正法》中的确规定了一些不同于以往社区矫正实践的新理念、新原则以及新制度，需要社区矫正法学理论充分运用各种解释规则与技术对其进行合理阐释与说明，但是，这种解释学的思路并不应当成为社区矫正法学的主要研究方向，相反，应当根据法律信条学的基本思路，构建中国特色社区矫正法学规范体系。首先，在社区矫正理论研究过程中，人们对社区矫正所涉及的若干基本概念、基本原则与基本原理，还远未达成一致意见。诸如对社区矫正、社区矫正的基本性质、社区矫正组织机构、社区矫正法律关系以及社区矫正任务等最为基础的概念，都还存在着不少争议。应当说，上述概念无疑是属于信条性的，就如同支撑社区矫正理论体系大厦的核心柱石，任何从事社区矫正理论研究的工作者都对此难以绕开或回避，同时这些基本概念也能够为社区矫正理论研究人员和实践工作者进行交流提供一个共同的思维方式、论证方式与语境平台，从而保证他们各自在处理工作时能够相互理解与认可。因此，对社区矫正领域相关的基本概念与核心原理进行研究，是中国特色社区矫正法学的首要任务。其次，在社区矫正理论研究过程中，特别是鉴于我国社区矫正理论研究的薄弱现状，对我国社区矫正理论的体系化工作则不可或缺。不可否认，社区矫正理论与制度领域中的具体概念、规则、基本原则乃至社区矫正法律整体秩序之间的关系并非孤立和分散的，而是以非常隐蔽的方式存在着一种内在联结和联结规律，这种联结和规律则属于法秩序的本质内容。法律信条学的重要任务，就是发现个别规范与整体规范之间、个别规范与法秩序主导原则之间的隐蔽性的脉络与联结意义，并将其以概括性和体系化的方式予以揭示和表现，从而将社区矫正法律规范之间的各种价值进行整合，消除规范之间的矛盾，从而使得社区矫正法律规范与整体法秩序达到和谐统一状态。同时，在探寻这种内在联结和联结规律的过程中，需要将以往所形成的相关理论观点与原理等知识，有条理的置于组织化的整体之中，而不仅仅是将各种理论和原理简单的并合在一起加以讨论，目的在于让人们能够清楚地认识到各个信条之间的内在联系。[1]如，就社区矫正的基本性质而言，不仅涉及到刑罚、缓刑、刑罚裁量、刑罚执行、刑事执行等诸多概念与制度，而且还涉及刑罚目的的分配、再社会化与融入社会理念、教育矫正方式、社区矫正机构警察化、社区矫正机构处罚权限边界乃至社区矫正基础理论的选择等重要问题，显然，只有充分运用和贯彻法律信条学的研究思路，才能真正发现与理解这些概念、规则和制度之间的内在联结和联结规律，从而实现社区矫正理论体系中各种概念、规则与制度之间的价值与功能最大化，巩固整体法秩序的统一。最后，在社区矫正理论研究过程中，法律信条学的研究思路注重对社区矫正进行最为基础的原理性研究，这种原理性研究当然包括对社区矫正法律规范的解释，但是，社区矫正的信条学研究更加注重基于信条学所构建的理论体系对社区矫正的立法发展与修改、适用与执行以及法律监督等领域发挥积极的指引、支持与检验作用。如，根据解释学的研究思路，社区矫正实定法规是学术研究最为根本的依据与逻辑前提，甚至在某种意义上被奉为圭臬并成为不可动摇的"教义"，只有这样，解释学所得出观点与结论的正确性与正义性法定根据才能够得以保持稳定与可靠。然而，正是解释学过度依赖甚至僵化教条的理解社区矫正实定法规，因此很容易丧失对现有社区矫正立法发展的指引、评价与发展推动功能。如，根据《社区矫正法》的现有规定，

---

[1] 参见［德］克劳斯·罗克辛：《德国刑法学总论（第1卷）：犯罪原理的基础构造》，王世洲译，法律出版社2005年版，第126~128页。

有些实践问题无论如何也不可能仅通过运用目的解释、体系解释等解释技巧或方法就可以得到妥善解决和处理，而只能留待日后《社区矫正法》的再次修改和完善时才有可能予以彻底解决。相反，以反思和批判现行实定法规范，为现行实定法规范的发展进行评价与重构的研究，完全可以容纳到法律信条学的基本范畴之中。特别是对于我国社区矫正的实践与立法现状而言，我国社区矫正在近二十年的实践历史中所形成的经验、教训与特色仍需要进行有深度的学术总结；《社区矫正法》基于贯彻理念引领、法律权限分工以及原则性立法的思维而仅对社区矫正若干基本制度进行了框架性规定，并没有对社区矫正具体制度的操作细则与程序规范进行全面而完整的规定；《社区矫正法》对社区矫正基本制度或规则的性质定位（如社区矫正制度的基本性质以及社区矫正机构的执法性质）由于立法技术留白而需要结合社区矫正立法在实践运用过程中所出现的各种新情况和新问题予以不断检验、评估甚至修正，同时，《社区矫正法》为了鼓励地方制度创新而采用了留有余地的立法思维以及较多使用允许型和鼓励型规范的做法，社区矫正具体制度的地方性尝试、深化提升与经验总结仍需进行。显然，在我国社区矫正整体制度立法创制刚刚完成并不断深入发展的历史时期，仅仅对社区矫正进行解释学的研究首先不能涵盖社区矫正法学规范性研究所可能涉及的基本领域与主题，而且难以满足我国社区矫正制度日渐发展壮大所产生的多样化的现实需求，更为关键的是，社区矫正解释学研究难以满足国家对社区矫正在提升国家治理效能方面积极意义的战略要求和理论期待。总之，基于法律信条学的学术思维方式以及研究路径构建中国特色社区矫正法学的规范研究体系，应当是我国社区矫正法学理论发展的正确方向。

（二）中国特色社区矫正法学信条性研究的核心问题与基本体系

基于法律信条学构建中国特色社区矫正法学规范体系，核心是对我国社区矫正立法与制度适用实践过程中最基本、最基础且任何学术研究都难以绕过的核心问题进行充分而深入的探讨，以期在社区矫正理论方面获得最为基本的概念性、体系性与功能性共识基础和结论。概言之，中国特色社区矫正法学信条性研究应当包括中国特色社区矫正制度创制与意义、社区矫正的性质与特色、社区矫正对象、社区矫正机构与人员、社区矫正基本任务、社区矫正基本程序、社区矫正法律责任、社区矫正的制度困境与发展方向以及社区矫正法学的构建与发展等九项核心主题。同时，有必要说明的是，中国特色社区矫正法学信条性研究本身并非仅侧重于运用多种解释方法或技巧对

《社区矫正法》法条进行解释与说明，而是广泛采用比较法学、历史学以及社会学在内的多种研究方法对我国社区矫正制度的基本问题进行综合性研究，而且，这种基于综合性方法展开的信条学研究并非仅根据《社区矫正法》的章节结构构建自身的理论体系，而是遵循特定的理论逻辑对研究主题和内容进行了一定程度的体系化，如，《社区矫正法》以专章的形式规定了"未成年人社区矫正特别规定"，但是，从信条学的角度而言，未成年人社区矫正属于特殊人群的社区矫正，基于体系完整性与统一性的考虑将其置于"分类监管与个别化矫正"的主题之下应当没有什么争议；同时，《社区矫正法》以专章的形式分别规定了"监督管理"与"教育矫正"两方面的内容，而这两方面的内容完全可以置于"社区矫正基本任务"的主题之下；另外，《社区矫正法》分别以不同章节的形式规定了社区矫正的"决定与接收"以及"解除与终止"程序，而这两方面的程序则完全可以置于"社区矫正基本程序"的主题之下；最后，《社区矫正法》对社区矫正对象的权利和义务、社区矫正对象的惩罚措施、社区矫正工作人员的违法渎职以及对社区矫正机构和工作人员的法律监督等规定分散于不同的章节，基于信条学体系性的要求以及社区矫正未来发展方向等方面的考虑，将这些内容分别进行整合从而形成"社区矫正对象""社区矫正法律责任"以及"社区矫正法律监督"等专门主题，能够充分彰显社区矫正法学信条性研究的体系化与构建性意义。具体而言，社区矫正法学信条性研究的"九大核心主题"分别为：

第一，关于中国特色社区矫正制度创制与意义问题。世界范围内的社区矫正概念是一种复杂而开放的"概念群"。我国当前法律正式采纳了社区矫正这一概念。社区矫正是法定执行机关及其人员在社区并依托社区资源和力量，对被判处管制、宣告缓刑、裁定假释、决定或批准暂予监外执行的罪犯，予以监督管理和教育帮扶，旨在有针对性地消除重新犯罪的因素，帮助其成为守法公民的非监禁性刑事执行制度。我国社区矫正是在法治与人权背景下，通过总结和梳理我国犯罪治理、刑罚改革与监狱管理的经验和教训而提出的关于轻犯罪、轻刑罚及其如何有效执行的尝试与创新，是推进国家治理体系与治理能力现代化与法治化的重要制度。《社区矫正法》的颁布，标志着我国社区矫正的目的开始由政策性目的向规范性目的转变。《社区矫正法》总结和确认了我国社区矫正实践的重要经验，对实践中所形成的框架性制度设计与规则进一步细化和完善，对一些有争议的根本性问题进行了明确回应，正式形成了社区矫正基本法律制度的框架体系。《社区矫正法》的颁布与实施是我国社区矫正法治化时代的开端，对我国社区矫正制度的规范化、刑事执行制度的完善乃至整个刑事法治体系的进步都具有重要推动意义。《社区矫正法》彰显了中国的制度特色与自信，为世界范围内的非监禁性刑事执行理论与实践提供了崭新的治理思路、方式与范本，为世界刑事法治的多样性发展贡献了独特的中国智慧。

第二，关于中国特色社区矫正的性质与特色问题。社区矫正的性质即社区矫正区别于其他事物的内在规定性和根本属性。关于社区矫正的性质，我国社区矫正理论界形成了"单一性质说"、"双重性质说"和"综合性质说"三种类型的学说。然而，无论哪种类型的学说都存在着概念不精确，混淆价值、规范和事实之间的界限以及忽略刑罚基础理论指导与缺乏体系化综合论证等问题。根据我国刑事法律的规定与分工、社区矫正历史与实践以及社区矫正立法精神等因素综合分析，可以确定，我国社区矫正的性质是一种非监禁性的刑事执行制度。将社区矫正的性质定位为非监禁性的刑事执行制度，不仅具有历史和规范方面的正当性，而且在概念界分、制度逻辑以及治理特色等方面具有重要的积极功能。我国社区矫正制度从试点开始就逐渐展现出区别于发达国家社区矫正制度的制度特色。我国社区矫正制度建立和发展集中体现了中国执政党和中国政府对刑事执行制度改革、发展和完善的坚定意志，是一种以国家主导的构建型制度模式为主要特征的非监禁性刑事执行制度尝试。基于此，我国社区矫正制度按照国家机关权责分工构建社区矫正组织领导和参与体系，正式确立分类分级和个别化矫正原则，积极运用信息化技术实现社区矫正工作的现代化。总之，社区矫正制度是在轻罪和轻刑以及轻刑执行方式领域贯彻宽严相济政策，推进国家治理体系与治理能力现代化与法治化的一项重大制度创新。

第三，关于中国特色社区矫正对象的问题。社区矫正对象即社区矫正制度指向什么人、对什么人适用。社区矫正理论和实践界对被矫正主体有"社区服刑人员"、"社区矫正人员"和"社区矫正对象"三种称谓。《社区矫正法》综合考虑社区矫正四类对象的法律性质和地位、人性化矫正理念以及矫正工作经验，将被矫正主体正式确定为"社区矫正对象"。社区矫正对象享有我国宪法和法律规定的基本权利，但却因其罪犯身份而使得特定权利部分内容和程度克减，最终表现为特定权利的不完整性和有限性。我国社区矫正立法和实践对社区矫正对象的权利保障，应当从立法规定的明确与细化、权利保障意识的提升与操作规则的进一步可操作化等方面进行制度建设和完善。

与此同时，社区矫正对象因为其罪犯身份而必须履行较普通公民更重的特定强制性义务。提高社区矫正对象强制性义务的明确性、针对性、有效性与可操作性，应当是社区矫正制度发展的重要方向。社区矫正对象范围的扩张，可以从刑事司法和刑事立法两个层面考虑。在刑事司法层面考虑社区矫正对象范围的扩张，强调短期效应，即尽最大可能充分利用各类政策性资源以及司法解释资源，动员法院提高管制和缓刑的适用率，动员监狱、看守所等刑事执行机关提高假释的适用率。在刑事立法层面考虑社区矫正对象范围的扩张，立足长远发展，即基于刑事一体化的思维，从我国刑法结构的立法改革和完善的角度讨论社区矫正对象范围和适用规模问题。总之，社区矫正对象范围的扩大，根本上取决于我国刑法重罪重刑结构的调整以及轻微犯罪体系的建立。

第四，关于中国特色社区矫正机构与人员问题。在我国社区矫正理论与实践中，社区矫正执法与管理主体最初为公安机关，经由以司法行政机关牵头作为工作主体、公安机关配合作为执法主体的"双主体"模式，最终确定为司法行政机关下设的社区矫正机构。《社区矫正法》规定由社区矫正机构负责社区矫正具体实施工作，可以委托司法所从事社区矫正相关工作。社区矫正机构的执法权力可以概括为四类：第一类是有限度的监督管理权，第二类是自主性的处罚权，第三类是需要公安协助的查找权，第四类是程序性的提请权。社区矫正工作人员是指从事社区矫正执行、监督管理和教育帮扶的所有人员，涵盖社区矫正机构工作人员和专职社会工作者两大类。《社区矫正法》基于对社区矫正四类对象法律性质和地位的准确判断，结合社区矫正实践工作的经验教训以及社区矫正制度的未来发展方向，并没有规定社区矫正机构配备警察的问题。在基层社区矫正实践中，专职社工在职业与待遇保障、组织载体与社会认可度等方面都存在一些障碍，因此必须大力推进专职社工在参与社区矫正过程中的组织培育、参与形式和激励机制等方面的制度建设。社会力量参与是社区矫正的重要特色之一，然而我国对社会力量参与社区矫正的法律保护不完整、不准确，缺乏可操作性，因此亟需推进包括志愿者在内的社会力量参与社区矫正的法律制度、政策与财政保障、社区组织载体与环境等方面的系统建设。

第五，关于中国特色社区矫正基本任务问题。监督管理与教育帮扶是社区矫正工作的基本任务。监督管理与教育帮扶深受不同的刑罚目的理念的制约，在共存共融的同时也可能产生一定的矛盾与冲突。对社区矫正的监督管理、教育帮扶任务及其所体现的刑罚目的理念的逻辑关系和主次顺序进行理论分析，形成符合社区矫正性质的工作次序和任务安排，并在这一框架内对各项基本任务的制度性要求和内容进行系统探讨，是社区矫正基本任务的重要课题。

社区矫正制度的正当性与合理性是社区矫正制度设计和实践必须首先要解决的基本理论问题。根据现代刑法理论，刑事法正当性与合理性问题的理论论证与说明，基本上是由隶属于规范体系范畴之内的刑罚目的信条及其理论加以完成的。在刑罚目的框架下讨论社区矫正制度的正当性与合理性是世界范围内比较通行和恰当的选择。相对于社区矫正制度刑罚目的分配模式中的"列举静态模式"和"层次动态模式"而言，"阶段动态模式"不仅追求概念使用与理论逻辑的精准性和清晰性，而且特别关注社区矫正制度运用不同阶段所形成的主体、适用对象以及工作要求等方面的差异性，可以作为构建社区矫正刑罚目的分配模式即社区矫正制度正当性与合理性论证的基本框架。

在社区矫正制度设计与立法阶段，应当将一般预防目的特别是积极一般预防目的作为主导性目的，同时，承认特殊预防目的对刑罚所设定的潜在社区矫正对象的重要意义，此外，报应虽然不能成为这一阶段的主导性目的，但是，对刑事判决、裁定或决定所贯彻的报应目的的确认，是社区矫正制度设计与立法的逻辑起点，而且社区矫正制度设计与立法也同样保留了在特定情况下对社区矫正对象继续或恢复贯彻报应目的的可能性。在社区矫正执行阶段，特殊预防目的因处于核心与主导地位而必须优先加以贯彻，其具体内容包括依法监督管理、教育矫正与帮困扶助。同时，在社区矫正执行阶段不能完全放弃对报应目的最终实现的追求和考虑，只不过此时报应目的处于相对次要的地位，此外，一般预防目的也是社区矫正执行阶段的附属目的，特别是对积极一般预防目的的追求在特定场合下是被允许的。

分类管理是我国社区矫正制度的基本原则。在社区矫正制度发展过程中，分类管理应当同时适用于监督管理和教育帮扶等所有领域，同时，根据不同类别的任务，确立不同的分类管理标准。对于监管任务可以基于人身危险性评估而实施风险防控管理；对于教育矫正任务可以按照犯罪年龄和罪刑特征对社区矫正对象进行分类并开展工作；对于帮扶任务可以按照生活和职业需求的分类标准开展工作。

我国社区矫正制度基本上确立了报告、会客、请假、迁居、核查走访、电子监控等常规性监督管理制度。在日常性监督管理制度中，提升监管制度的明确性和可执行性以及责任的准确性与及时性仍然是我国社区矫正制度发展的基本方向，同时，禁止令的明确性、可操作性和针对性也需要进一步提升。

我国社区矫正实践首先根据矫正对象年龄区分成年和未成年犯的教育矫正，强调未成年犯教育矫正的特殊性与权益保障。在成年社区矫正对象的分类教育矫正方面，则按照社区矫正的决定依据和犯罪的行为方式两个主要标准开展工作。在教育矫正内容方面，法治教育对于不知法而犯罪以及自认为有正当性且在一定程度上社会大众否定评价比较低的犯罪两种情形的意义更为突出。心理教育的价值和意义则主要体现在入矫的心理测试以及矫正环节的心理个案咨询等方面。《社区矫正法》没有将公益劳动作为教育矫正的标配措施予以统一规定，而仅仅规定了公益活动项目。社区矫正制度发展需要特别关注公益活动的法律依据、工作形式和工作量、公益服务教育和活动的程序及其法律后果。

对社区矫正对象的帮扶重在有针对性的消除社区矫正对象因生活或工作适应性问题而再次实施犯罪的可能性因素，帮助其成为合法公民。帮扶保护中最为重要的任务为就业指导和培训，同时，需要关注社区矫正对象最低生活保障、公共法律服务与援助、临时性和过渡性帮助以及家庭支持系统的重建与促进。

第六，关于中国特色社区矫正基本程序问题。社区矫正程序有广义与狭义之分。广义的社区矫正程序包括社区矫正决定的作出与执行两方面的程序，狭义的社区矫正程序仅指社区矫正执行程序。在社区矫正理论领域，社区矫正程序一般即指社区矫正执行程序。

《社区矫正法》对调查评估制度定性为参考意见并规定了具体内容，但是，提高调查评估制度的精确性和可操作性仍然应当是重要任务。《社区矫正法》明确规定了社区矫正执行地确定的原则，然而，随着社区矫正制度的发展，应当逐步建立罪犯在其犯罪所在社区执行社区矫正的制度；在推进居住地标准区域一体化的基础上，推进全国范围内居住地标准的趋同化。

社区矫正执行程序包括一般程序与衔接程序两部分内容。一般程序即对社区矫正对象有管辖权的社区矫正机构根据社区矫正决定机关的判决、裁定或决定对社区矫正对象的接收、监管、教育、帮扶以及解除或终止社区矫正的步骤和方法。在一般程序中，各种程序的操作细则、工作内容、法定期限与责任承担等都需要逐步细化，提升其精准性与可操作性。衔接程序关注社区矫正机构与人民法院、人民检察院、公安机关、监狱管理机关相互之间以及各系统内部不同部门或上下级之间发生的广泛和复杂的联系。解决衔接程序中沟通不畅和效率低下等问题，重在提升社区矫正机构与公安机关协调机制的规范化、明确化与可操作化程度，特别是细化和明确社区矫正机构提请治安管理处罚以及公安机关决定治安管理处罚的情节与标准。此外，加强社区矫正对象的监管和改造项目创新，切实提高教育矫正质量，降低提请治安管理处罚和撤销社区矫正的概率，应当是社区矫正衔接程序进一步发展的一种行之有效的创新性思路。

第七，关于中国特色社区矫正制度法律责任问题。社区矫正工作人员和社区矫正对象是社区矫正法律关系的基本主体。根据《社区矫正法》的规定，社区矫正工作人员享有监督管理与教育帮扶方面的特定职责和权力，社区矫正对象则需要履行特定的法定义务。职权和义务总是与责任相伴而生，当社区矫正法律关系主体不能正确履行职责或违反法定义务时，则需要承当相应的法律责任。我国社区矫正在实践过程中形成了以警告和治安管理处罚为主要形式的行政性责任与以收监执行为主要形式的司法性责任的区分框架，以此为基础，《社区矫正法》增加了训诫、特定情形下使用电子定位装置两种行政性惩罚方式，进一步明确社区矫正机构对于治安管理处罚和收监执行仅有提请权而没有决定权。

由于社区矫正对象法律责任在法律规定以及具体适用过程中存在着较为突出的问题，由此，按照是否修改《社区矫正法》具体制度为标准，社区矫正对象法律责任的制度完善可以分为近期和长远两种方案。近期方案重点在于细化训诫、警告、提请行政处罚以及收监执行的具体条件和标准；细化社区矫正机构与公安机关、监狱管理机关或人民法院等社区矫正决定机关的衔接程序；建立社区矫正行政性惩罚之间、行政性惩罚与司法性惩罚之间的累进启动机制；尝试建立社区矫正对象行政性惩罚的救济机制。长远方案重点在于有步骤地实现社区矫正监管与处罚决定权一体化；适当扩大社区矫正机构的行政性执法权限，探索和创设新型的惩罚形式和措施。

社区矫正工作人员在未正确履行法定职责时需要承当行政性法律责任或者刑事性法律责任。社区矫正工作人员中具有执法权的主体因具备国家工作人员身份，可以适用政务处分。作为党员的国家工作人员还需要承担党纪责任。社区矫正工作人员因监管不到位致使社区矫正对象再次实施犯罪最终承担刑事责任的案件不断增加。对此,应当逐步建立社区矫正机构人员执法追责与容错机制细则规范,强化尽职免责原则,同时,加强对社区矫正机构工作人员承担刑事责任的具体情形及所涉及的刑法理论的学术研究。

社区矫正法律监督是与社区矫正工作人员法律责任具有高度关联性的问题。在狭义上,社区矫正法律监督即检察机关对社区矫正工作的监督。针对我国社区矫正法律监督的问题与困境,应当制定和完善社区矫正检察监督的专门法律规范,强化社区矫正检察监督的统一性、规范性和可操作性;改进社区矫正检察监督的工作方式和监督手段;强化社区矫正检察监督的法律权威性和有效性。

第八,关于中国社区矫正制度的困境与发展方向问题。我国社区矫正制度虽然已经取得举世瞩目的成就,但其在整个刑罚执行制度体系中的适用规模与地位仍然较低。社区矫正适用对象存在着类型或比例失衡问题,即缓刑犯社区矫正对象数量远高于管制犯、假释犯与暂予监外执行犯社区矫正对象;在社区矫正适用对象内部,不同地区以及不同时间的适用比例也存在着较大差异,没有形成统一的指导原则和规范性标准;社区矫正的适用规模更是受到了社区矫正适用对象模糊不清状况的影响。针对我国社区矫正适用规模偏小的原因,社区矫正理论界形成了"重刑主义与严打""社区矫正立法与适用缺陷"以及"非监禁刑的立法技术缺陷"等观点。然而总体而言,从刑罚理念和传统观念讨论社区矫正对象适用范围、对社区矫正适用对象范围扩张就事论事或仅着眼于刑罚种类和体系的改革与创新,根本没有抓住问题的关键与实质。

我国当前刑法的边界即调控范围应当扩张还是限缩至今存在着较大争议和分歧。社会转型以及社会风险的增多,对刑法在社会治理过程中的角色以及刑法对法益保护的等级程度提出了更高要求,因此,面对刑法理论与实践的双重需要,必须对非犯罪化、刑法虚置、犯罪标签理论以及刑法谦抑思想进行清理和反思。非犯罪化并不是世界趋势,节约司法成本有利于改造罪犯的说法没有道理,有关刑法虚置的说法缺乏实践意义,犯罪标签理论存在难以解决的问题,而且仅承认犯罪标签的负面效果之观点也比较片面。源于日本的刑法谦抑主义仅是在特定的国家或社会历史条件下学者们基于自身的价值理念对刑法发展方向所做的一种价值判断和应然预期。无论是从我国历史还是刑事立法的现实来看,刑法谦抑主义与我国刑法发展趋势并不合拍。

当前刑法调控范围在保护的完整性程度、预防的有效性程度乃至基于此人们对刑法形成的忠诚程度等方面都存在较为突出的问题。因此,扩张我国当前的刑法调控范围已经是一种不以人的意志为转移的客观趋势，自然应当成为我国刑事立法的发展方向。通过刑事立法的修改，增加新罪名、修改犯罪构成条件、减少和取消犯罪的定量因素，将危害行为的刑法干涉前置化和早期化等方式，降低我国刑法的起刑点，建立符合法治一般标准的轻罪体系，是扩张我国犯罪边界比较理想与稳妥的方法。

社区矫正适用规模的扩大与刑罚结构改革和犯罪边界的调整形成了制度性关联，因此，从根本上扩大社区矫正的适用规模，应当在我国犯罪的轻重结构和轻罪体系的构建等角度寻找问题的突破口，实现我国犯罪比例、结构与刑罚种类、体系之间的真正的关联性和体系性思考，亦即，社区矫正适用规模的障碍根源于我国刑法的"重罪重刑"结构。以轻罪体系为基础，彻底解决社区矫正适用率的制度性障碍，大幅扩大社区矫正适用规模，是推动我国刑法实现精确化发展的规范保障；同时也是建立危害行为现代制裁体系的制度根据；更是实现国家治理能力现代化与法治化的制度基础。

第九，关于中国特色社区矫正法学的构建与发展问题。《社区矫正法》的颁布与实施，标志着我国进入社区矫正法治化时代。我国的社区矫正制度，是在世界范围内行刑社会化与恢复性司法理念的影响下，根据我国的具体国情以及刑事司法经验，同时借鉴发达国家的有益做法，经不断探索和大胆创新逐步建立起来的。《社区矫正法》的出台呼唤着中国特色社区矫正法学的诞生。构建中国特色社区矫正法学，是我国社区矫正法治建设与制度发展的需要，是社区矫正矫正实践工作以及高素质人才培养的需要，是社区矫正学术理论与学科建设的需要。作为世界上第一部由主权国家颁布并适用于全国范围的《社区矫正法》的正式出台，为中国特色社区矫正法学的创建提供了最大可能性。与此同时，我国社区矫正的理论与实践探索，特别是社区矫正立法过程中对疑难问题的深入研究，为中国特色社区矫正法学的创建提供了坚实的理论实践基础与学术智力支持。中国特色社区矫正法学是以《社区矫正法》为研究对象的理论知识体系，不仅要对具体条文进行规范化和体系化解释，而且还要研究社区矫正规范、制度以及实施效果等实践问题。换言之，中国特色社区矫正法学应当是一门研究非监禁性刑事执行法律规范及其实践规律的新型规范性学科，是与监狱法学相对应的刑事执行法学子学科。

三、构建中国特色社区矫正法学推进我国刑事法治理论与实践的整体进步

构建中国特色社区矫正法学，对于正确认识和运用《社区矫正法》并推

进社区矫正法治建设、维护我国刑事法秩序的统一与推进我国刑事法治的进步乃至为世界提供彰显中国智慧的国际公共法律产品都具有重要意义。

第一，为正确理解、适用与发展《社区矫正法》提供可靠的保证。《社区矫正法》的颁布与实施，标志我国社区矫正进入法治化时代。社区矫正的适用、执行与理论研究工作，都应当考虑《社区矫正法》的基本规定。与此同时，《社区矫正法》基于对社区矫正性质以及未来发展方向的综合判断，对社区矫正的理念性质、组织结构、工作方式、惩罚措施以及执法程序等重要制度都做出了一些不同于过去社区矫正实践的重大调整与改变。然而，在过去近二十年的社区矫正实践过程中，由于社区矫正基本理念以及制度实践的惯性等方方面面的影响，社区矫正机构及其工作人员在适用《社区矫正法》时，往往难以正确认识和理解本法所规定的新理念、新规定与新做法，甚至在一定程度上还有不理解或抵触的情绪，因此，如何确保《社区矫正法》能够为基层社区矫正实践机构及其工作人员所正确认识并理解，避免错误的运用《社区矫正法》，减少社区矫正实践工作的偏差甚至失误，是事关《社区矫正法》能否得以正确适用的关键，而这一关键问题的有效解决，必然有赖于社区矫正法学理论对《社区矫正法》做出客观、正确且具有说服力的诠释与说明。

引领并塑造社区矫正实践参与者以及公众形成对社区矫正工作的正确理念，是《社区矫正法》的一项重要任务。基于这种考虑，《社区矫正法》采用了原则性立法的方式仅对社区矫正基本制度做了较为抽象的规定，而没有事无巨细地对具体操作规范和制度细则进行细化和明确，因此，在《社区矫正法》实施之后，社区矫正实践仍然会面临大量的从未遇到过的新情况和新问题，由此，社区矫正具体操作规范和制度细则的精准化构建与完善，就应当成为社区矫正法治化时代社区矫正制度发展的重要任务。无疑，社区矫正法学的信条性研究基于对社区矫正立法目的和精神的准确把握，可以为社区矫正制度进一步发展和完善提供有价值和有针对性的学术建议与对策选择，从而为中国特色社区矫正的立法发展与制度完善提供重要的学术支持与理论支撑。

前文已述，社区矫正法学的信条性研究并非仅仅研究《社区矫正法》的某一个条文，而是将社区矫正法律规范所涉及的全部条文、知识系统化，从而形成社区矫正的体系性知识与理论，理解和掌握《社区矫正法》体系性的知识与理论体系，有助于我们更科学、准确和深刻的理解中国特色社区矫正的立法理念、基本概念与制度模式。以此为基础，社区矫正法学的信条性研究基于我国社区矫正制度进行原理性和基础性的综合研究，可以逐渐形成并为社区矫正立法者、执法者、参与者以及研究者提供各方共同认可的逻辑起点，促进我国社区矫正制度沿着更加人道化、法治化、现代化和精细化的方向发展，同时，社区矫正法学的信条性研究严格遵循法治理念，为我们全面展示了"依据《社区矫正法》，为了《社区矫正法》"的双向思维方式。"依据《社区矫正法》"即社区矫正的立法、适用与执行必须严格依照社区矫正法律的基本规定，不能突破刑事法律领域的各项基本原则，"为了《社区矫正法》"则强调社区矫正法学研究的目的必须是为了在《社区矫正法》中形成更好的条文，修改条文，解释条文乃至废除不理想的条文。这就意味着，根据"为了《社区矫正法》"的要求，对《社区矫正法》规定的基本制度、社区矫正实践中的地方模式以及具体的操作制度细则，完全可以依照信社区矫正法学信条性研究的基本要求进行学术反思、批判乃至重构。[1]正是在这种意义上可以认为，社区矫正法学的信条性研究除了为我们正确理解和适用《社区矫正法》提供理论支持之外，更重要的是能够为衡量和检视《社区矫正法》条文与制度优劣得失提供思想工具和学术标尺，从而为我国社区矫正制度进一步法治化与跨越式发展奠定坚实的学术基础。

第二，为刑事法学理论与实践的一体化发展提供重要的学术基础与理论思路。

社会不断发展，人民对法律保护的范围以及等级的需求也在逐步提高，由此，我国法律制度的整体保护力度与水平也在不断加强。在法律保护等级以及水平提高的过程中，各种法律制度开始对法的一体化与统一性需求也日渐增长，而法的一体化与统一性实现的基本途径，主要是通过法律信条学的构建与发展得以完成的。[2]社区矫正法学的信条性研究作为一种体系化的知识，运用其自身理性和逻辑的力量，在继承和创新的历史发展过程中，发挥着维护法治统一与稳定的作用。一方面，在社区矫正法学的支持下，《社区矫正法》能够更好地适用于不同的地方区域和千差万别的具体对象，从而不仅满足了解决社区矫正实践问题的需要，同时也尽可能地避免了因强调特殊性而引发的各行其是的问题，如，对于社区矫正对象是否能够适用电子定位装

---

[1] 参见王世洲：《世说刑语——你不能不知道的刑法知识》，江苏人民出版社、江苏凤凰美术出版社2021年版，第12~13页。

[2] 参见[德]克劳斯·罗克辛：《德国刑法学总论（第2卷）：犯罪行为的特别表现形式》，王世洲主译，法律出版社2013年版，主译者序第2~3页。

中国特色社区矫正基本制度问题研究

置以及如何适用的问题,正是由于社区矫正法学理论界的专家学者们基于法理不断进行深入的研讨与论证,积极奔走、呼吁社区矫正立法机关重点关注这一问题,最高立法机关最终采纳了有关的学术观点并得以形成比较人道、文明且符合法治原则的现有法律规定。另一方面,正是在社区矫正法学乃至刑事执行法学理论的影响和推动下,最高立法机关对散见于《刑法》《刑事诉讼法》《监狱法》《治安管理处罚法》等不同法律之中有关非监禁性刑事执行的具体规定进行了系统梳理,努力消除不同法律规范之间的矛盾与冲突,并最终在《社区矫正法》中实现了相关法律规范的有机衔接与统一,正式确立了《社区矫正法》的刑事执行法性质与地位,从而有利于我国刑事法治朝着实体、程序与执行三者一体化的方向发展。日后,随着我国社区矫正制度的不断成熟,尽快整合并统一《社区矫正法》《监狱法》《刑法》《刑事诉讼法》等相关法律规范,制定一部包含死刑、财产刑、资格刑和自由刑等一切刑罚、刑种、刑制、非刑罚方法和中国化的预防性保安保护处分等执法内容在内的刑事执行法,应当是我国刑事执行制度与理论发展的重要方向。[1]

由于历史和现实方面的某些原因,我国刑法学领域绝大部分文献对刑罚体系及其制度即刑罚论的研究一直尚未深入,而且,与刑罚论的研究主题与内容有着一定交叉和重合的刑事执行法学,同样一直是我国刑事法学理论研究中较为薄弱的环节,特别是近二十年来有关刑罚学以及刑事执行法学的研究水平和成果数量不但没有随着我国法治的进步以及法学的繁荣而不断提升和增加,反而呈现出日渐下降和萎缩的趋势。社区矫正法学将刑罚执行、量刑和消灭等制度以及监狱行刑与社区矫正衔接程序与机制作为自身的研究对象,而且涉及我国刑罚种类和体系的制度发展、刑罚目的和理念的逻辑安排等内容,因此,社区矫正法学在构建和发展本学科的知识体系的过程中,必然会带动监狱法学研究范围的扩展以及内容的深化,从而推动刑罚论与刑事执行法学的整体进步。而且,社区矫正法学基于社区矫正适用规模的考虑,会重点关注我国轻微犯罪的边界和起刑点的设定乃至行政处罚与犯罪的衔接机制等不同法律部门协调发展所必须的统一与合理的整体性制度设计问题,从而真正从危害行为治理源头上思考法律一体化与统一化的要求,有助于推动我国危害行为治理朝着更加法治化与规范化的方向发展。

再者,社区矫正作为轻刑的表现形式(刑种)或执行方式(刑事执行制度),在需要轻微犯罪体系与之相互配套的同时,从刑事诉讼的成本和效益角

---

〔1〕 参见王顺安:《社区矫正研究》,山东人民出版社2008年版,第275~277页。

度来看，也必须要求有符合轻罪轻刑要求的特殊刑事诉讼程序与之匹配，从而更加有效率的处理轻罪案件。我国当前刑事诉讼领域积极推动的"少捕慎诉慎押"政策以及近年来通过立法确立的刑事和解、简易程序、轻罪速裁乃至认罪认罚从宽制度，其实在一定程度上都是对实体法中轻罪轻刑制度的程序呼应。因此，加强对我国社区矫正制度问题的研究，可以有效推动我国刑事诉讼轻罪程序体系的健康发展，扩展我国刑事诉讼法学的研究领域。

另外，推进社会领域的改革，加强国家和社会管理事务的公众参与，由单一的政府权力管理向公众参与多元共治的治理理念转型，是我国国家和社会治理改革的重要方向。在社会多元共治的治理体系中，社会组织以及公众参与的作用尤其重要。社区矫正制度的推行，核心目的就是让特定类型的犯罪人重新复归社会，基层自治组织和公众都是社区矫正实施的重要参与和依靠力量。因此，社区矫正规模的扩大与繁荣，必然带来社会组织与公众力量的壮大，这与多元共治的治理理念高度吻合。同时，社区矫正的大规模推行，必然会推动我国逐步建立轻微犯罪体系。通过对大量轻微违法行为的犯罪化，以立法威慑方式实现源发性轻微犯罪的有效阻断，不仅可以有效降低初犯率，而且还能够以防微杜渐的方式，阻断重大恶性或暴力犯罪的发生概率，真正为贯彻社会治安综合治理和平安建设创造条件并奠定基础。虽然轻罪规模扩大会暂时提高我国犯罪率总量并大幅度增加公安执法、法院诉讼以及监狱执行的成本，但是，这种方案也可以有效推进前科消灭制度的创设、社区矫正项目的多样化、诉讼简易和速裁化等符合法治原则的制度在我国法治体系中建立，并真正确立以法院为中心的纠纷解决和司法裁判体系，为实现国家治理体系与治理能力现代化与法治化提供良好制度契机与理论根据。

第三，为世界提供具有中国智慧的国际公共法律产品开启良好开端并树立典范。

不可否认，近代以来的法律制度模式与国际公共法律产品基本上都是按照发达国家的法治理念与文化传统逐步发展而来，我国的法律制度建设虽然取得了举世瞩目的成就，但能够成为为世界所称道和赞许并具有普遍适用和借鉴意义的国际公共法律产品的制度创新模式仍不多见。特别在充分表现出浓厚的"地方性"特征的刑事法律制度领域，无论是我国刑法还是刑事诉讼法的制度体系与知识形态，都难以彻底摆脱两大法系主要国家的深刻影响，因此试图实现体系性与重构性的创新发展相对来说比较困难。相反，我国在刑事执行法学领域最有可能实现制度和理论的创新，乃至为世界提供彰显中国智慧的制度方案与理论模式。

首先，无论是从我国历史还是现实而言，我国已经累积了非常丰富的慎刑恤狱以及罪犯教育改造的历史和实践经验。我国古代虽然个别朝代也主张"重典治国"，推崇重刑威慑以及行刑恐怖的恫吓效果，但是，从整体上来看，我国早在三千多年前的西周就已经开展了关于轻罪、轻刑以及轻刑的不关押执行方式的实践探索，充分注重对罪犯基本权利的人道主义保障，关注罪犯的再社会化以及出狱后的基本生活条件；而且，在中华人民共和国成立以来，在党中央的正确领导下，我国监狱成功改造了清朝末代皇帝、日本战犯、国内战犯、各种反革命犯以及严重的刑事犯。通过劳动和教育，绝大多数罪犯认罪悔过，改变好逸恶劳的恶习，成为遵纪守法、自食其力的新人。对罪犯的成功改造，是我国刑事执行理论与实践工作领域的一项重要辉煌成就。特别是进入21世纪以来，我国有步骤分阶段地开展了社区矫正试点工作并逐步在全国推行，最终制定了《社区矫正法》。应当说，监狱改造为我国社区矫正制度的试点与创制提供了一定的制度和经验参照。虽然社区矫正与监狱改造工作在工作理念、场所、方法等方面存在较大差异，但我国社区矫正试点的制度尝试与创新，正是以比较非监禁性执行与监禁性执行异同为基点展开的，换句话说，我国社区矫正试点工作开展初期的制度探索，就是在总结和归纳监狱执行的特点与经验基础上，结合社区矫正的非监禁性场所环境特征，参照并适当修改了监狱矫正的基本模式而发展起来的。《社区矫正法》则坚持问题导向、目标导向，贯彻科学立法与民主立法的基本原则，充分考虑我国的国情与实际情况，在准确总结社区矫正实践工作中所形成的经验和做法的同时，基于对社区矫正以及刑事执行法学基本理论的深刻认识，对早期实践过程中一些违背刑事法治原则的理念和做法进行了适当纠正，并基于鼓励地方结合本地实际进行制度创新以及对一些重大争议问题搁置争议的考虑，适当采取了立法留白的原则性立法方式，饱含立法智慧与立法经验，对我国社区矫正制度未来健康发展充满期待。《社区矫正法》所凝练和确认的可复制性、可推广的行之有效的经验和做法，无疑对于世界领域的社区矫正理论与实践具有重要的参考与借鉴意义。

其次，《社区矫正法》是世界上第一部由主权国家颁布且适用于全国范围的统一的社区矫正法律，而且是由占世界五分之一人口并具有较为深厚的监禁执行历史传统的大国制定并实施的。《社区矫正法》的颁布，使得我国非监禁性刑事执行制度与理论迈上了一个历史性的新台阶，由此，我国以社区矫正为代表的非监禁性刑事执行制度与理论开始在世界刑事执行领域占有举足轻重的地位。而且，与世界上其他国家或地区的社区矫正法律法规相比，我国《社区矫正法》在立法理念、执法队伍、适用对象、工作机制、工作任务以及法律监督等方面都彰显了中国特色与中国经验。如，我国的社区矫正制度的创制与推行，首先表现为一种自上而下的国家意志主导型的制度构建行为，其次才表现为在得到中央批准、授权和允许后且在一定限度内由地方充分考虑自身情况和优势进行试点创新、制度尝试与经验总结的自发探索行为，亦即，我国社区矫正制度发展模式总体上呈现出以自上而下推行为主和以自下而上为辅相结合的互构性色彩。相反，发达国家特别是英美国家的社区矫正制度从产生到繁荣更明显地体现为一种自下而上的自发性探索与实践的模式，当社区矫正自发性探索与实践达到一定规模时，国家便因势利导以立法形式对其进行了正式肯定和确认而已。而且，发达国家社区矫正的发展与繁荣，与当地社区的自治传统、基督教信仰、社工利他助人与慈善福利观念有着极为密切的关系，而这些历史和传统方面的重要影响因素，则在我国几乎没有任何存在空间和生存土壤。再如，我国将社区矫正制度定性为非监禁性刑事执行制度，强调严格遵循罪刑法定等基本原则把社区矫正决定机关的判决、裁定与决定所确定的内容付诸执行，不仅否定了社区矫正理论中流行的"非监禁刑罚执行"学说，而且进一步否定了强化社区矫正惩罚程度、执法用警以及社区矫正措施刑种化等流行观点。应当说，上述学说和观点，归根到底还是深受以英国为代表的社区刑罚制度模式及其背后的泛刑罚主义思潮的影响，混淆了我国刑罚概念、刑种、量刑以及刑罚执行等基本概念之间的界限。将社区矫正制度的性质定位为刑事执行，表明国家正式从立法规范层面否定了英美的社区刑罚制度模式及其泛刑罚主义思潮，突出强调教育矫正、融入社会以及帮助罪犯成为合法公民的更生复归理念与思路，将接受社区矫正的罪犯称之具有中性色彩的"社区矫正对象"，尽量消除刑罚标签效果的负面影响，淡化超额的惩罚措施与形式，不支持社区矫正机构配备警察，充分发挥社会参与力量的积极作用，强调对社区矫正对象进行分类管理与个别化矫正，有针对性的消除其再犯因素。又如，我国社区矫正制度的创制与发展，执政党的集中统一领导起着至关重要的作用。在党的集中领导下，社区矫正决定、执行、辅助与参与等不同机关或组织才能较好地步调一致地开展社区矫正工作，特别是在一些涉及社区矫正的执法与衔接程序等重要问题上能够得以很好的协调与配合；同样，在党的集中统一领导下，充分发挥国家法律监督机关即检察院对刑事执行的监督职能，构建了具有中国法律监督特色的社区矫正外部监督机制，从制度设计上有效确保了社区矫正机制能够公平正义的运行。正因如此，我国社区矫正工作在组织领导和监督方面所形成的党的集中统一领导原则、社区矫正委员会制度以及外部法律监督机制，已经成为彰显我国社区矫正国情特色的重要创新举措。此外，《社区矫正法》深入贯彻法治理念，尊重既有不同法律部门的职权分工以及权限边界，注重不同法律部门规范之间的协调统一，以实体和程序双重制度和规则推进和确保全程依法开展工作，强调社区矫正不同主体之间的法定配合与衔接程序，强化社区矫正制度运行的内在与外在机理建设，凡此种种，无疑都是值得法治发展中国家参考和借鉴的。

王顺安　马聪
谨识于《社区矫正法》实施一周年之际

目 录

社区矫正的探索与研究永远在路上（代序） …… 001

绪 论 …… 001

  第一节 研究目的与意义 …… 001

  第二节 研究现状与综述 …… 005

    一、社区矫正的基础理论 …… 006

    二、社区矫正的法律性质与定位 …… 008

    三、社区矫正的适用范围与边界 …… 009

    四、社区矫正的执行主体与工作机构 …… 011

    五、社区矫正的危险控制与评估 …… 018

    六、社区矫正的基本任务 …… 018

    七、社区矫正对象的权利与义务 …… 022

    八、社区矫正的运行程序设计 …… 023

    九、特殊群体的社区矫正机制 …… 023

    十、社区矫正执行的法律监督 …… 024

    十一、社区矫正的立法原则、模式与评价 …… 025

    十二、社区矫正的历史及其经验 …… 027

  第三节 研究总结与评价 …… 028

    一、知识体系构成与形态的特色 …… 028

    二、现有研究的主要问题与困境 …… 029

  第四节 研究思路与方法 …… 034

第五节　研究创新之处 ……………………………………………… 038
　　本章小结 ……………………………………………………………… 039

第一章　中国特色社区矫正的创制与意义问题 …………………… 040
　第一节　社区矫正概念及本土化界定 …………………………………… 040
　　一、发达国家社区矫正的概念考察 …………………………………… 041
　　二、中国特色社区矫正的概念探索 …………………………………… 048
　　三、中国特色社区矫正的规范概念 …………………………………… 053
　第二节　中国特色社区矫正的创制背景 ………………………………… 068
　　一、法治与人权背景下的刑罚结构改革 ……………………………… 068
　　二、犯罪治理与罪犯改造经验教训总结 ……………………………… 070
　　三、现代化刑罚理念的国际影响与借鉴 ……………………………… 073
　　四、监狱管理改造压力纾解的重要任务 ……………………………… 076
　　五、治理体系与治理能力现代化的要求 ……………………………… 078
　第三节　中国特色社区矫正的创制目的 ………………………………… 080
　　一、前立法时代社区矫正的政策性目的 ……………………………… 081
　　二、法治化时代社区矫正的规范性目的 ……………………………… 084
　第四节　中国特色社区矫正的创制意义 ………………………………… 094
　　一、前立法时代社区矫正实践的贡献与意义 ………………………… 094
　　二、法治化时代社区矫正立法的贡献与意义 ………………………… 097
　　本章小结 …………………………………………………………… 101

第二章　中国社区矫正的性质与特色问题 ………………………… 103
　第一节　中国社区矫正性质问题研究述评 ……………………………… 103
　　一、"单一性质说"的观点及其评价 ………………………………… 104
　　二、"双重性质说"的观点及其评价 ………………………………… 113
　　三、"综合性质说"的观点及其评价 ………………………………… 116
　第二节　中国社区矫正性质的设定与展开 ……………………………… 117
　　一、社区矫正性质理论研究的主要问题 ……………………………… 118
　　二、社区矫正性质合理定位的历史展开 ……………………………… 122
　　三、社区矫正性质合理定位的规范展开 ……………………………… 134

四、社区矫正性质合理定位的功能展开 …………………………… 140
　第三节　中国社区矫正制度的地方性特色 ……………………………… 144
　　一、国家主导的构建型制度模式 ………………………………… 145
　　二、非监禁性刑事执行制度创新 ………………………………… 149
　　三、基于职权构建社区矫正组织 ………………………………… 152
　　四、信息技术助力社区矫正现代化 ……………………………… 157
　　五、正式引入分类分级处遇制度 ………………………………… 159
　本章小结 …………………………………………………………………… 160

第三章　中国特色社区矫正对象的基本问题 ………………………………… 162
　第一节　中国社区矫正对象的嬗变与现状 ……………………………… 162
　　一、社区矫正对象的用语变化及其确定 ………………………… 162
　　二、社区矫正对象基本类型的变化及其确定 …………………… 166
　第二节　当前中国社区矫正对象的权利与义务问题 …………………… 171
　　一、社区矫正对象权利与义务的基本特点 ……………………… 172
　　二、社区矫正对象的权利内容及其保障 ………………………… 173
　　三、社区矫正对象的义务内容及其实现 ………………………… 182
　第三节　中国社区矫正对象扩张的趋势问题 …………………………… 189
　　一、社区矫正对象扩张的必要性 ………………………………… 190
　　二、社区矫正对象扩张的刑事司法路径 ………………………… 192
　　三、社区矫正对象扩张的刑事立法路径 ………………………… 199
　本章小结 …………………………………………………………………… 203

第四章　中国特色社区矫正机构与人员问题 ………………………………… 204
　第一节　中国社区矫正机构的基本问题 ………………………………… 204
　　一、社区矫正机构的概念设定与厘清 …………………………… 204
　　二、我国社区矫正机构的性质与职能 …………………………… 207
　第二节　中国社区矫正工作人员的构成问题 …………………………… 209
　　一、社区矫正工作人员的范围及其争议 ………………………… 210
　　二、社区矫正机构工作人员及其权限问题 ……………………… 222
　　三、社区矫正机构社会工作者 …………………………………… 227

第三节　中国社区矫正社会参与力量的基本问题 ………………… 231
一、社会力量参与社区矫正的现实问题 ……………………… 232
二、社会力量参与社区矫正的发展方向 ……………………… 234
本章小结 …………………………………………………………… 237

第五章　中国特色社区矫正基本任务问题 ……………………… 238
第一节　社区矫正制度的刑罚目的分配逻辑与原则 …………… 239
一、问题缘起与概念设定 ……………………………………… 240
二、社区矫正制度设计与立法阶段的刑罚目的分配原则 …… 245
三、社区矫正制度执行阶段的刑罚目的分配原则 …………… 256
第二节　我国社区矫正制度监督管理原则与内容 ……………… 264
一、监管原则 …………………………………………………… 265
二、监管内容 …………………………………………………… 268
第三节　我国社区矫正制度教育矫正原则与方式 ……………… 279
一、教育矫正原则 ……………………………………………… 280
二、教育矫正内容和方式 ……………………………………… 283
第四节　我国社区矫正制度帮扶原则与方式 …………………… 289
一、帮扶原则 …………………………………………………… 289
二、帮扶方式 …………………………………………………… 290
本章小结 …………………………………………………………… 292

第六章　中国特色社区矫正基本程序问题 ……………………… 295
第一节　社区矫正调查评估制度的现状与趋势 ………………… 296
一、社区矫正调查评估制度的实践现状 ……………………… 296
二、社区矫正调查评估制度的发展趋势 ……………………… 301
第二节　社区矫正执行地的确定与选择 ………………………… 307
一、问题缘起与概念梳理 ……………………………………… 307
二、解决原则与方案 …………………………………………… 311
第三节　社区矫正执行的一般程序 ……………………………… 313
一、接收送达 …………………………………………………… 313

二、建档宣告 ……………………………………………………… 321
　　三、监管教育 ……………………………………………………… 323
　　四、期满解矫 ……………………………………………………… 325
　第四节　社区矫正的衔接程序 ………………………………………… 326
　　一、衔接程序的问题与困境 ……………………………………… 326
　　二、衔接程序的规范梳理与发展方向 …………………………… 329
　本章小结 ………………………………………………………………… 335

第七章　中国特色社区矫正制度法律责任问题 ……………………… 336
　第一节　社区矫正对象的法律责任类型与发展方向 ………………… 337
　　一、社区矫正对象的法律责任类型 ……………………………… 337
　　二、社区矫正对象法律责任的问题与发展方向 ………………… 347
　第二节　社区矫正机构工作人员的法律责任类型与发展方向 ……… 361
　　一、社区矫正机构工作人员的法律责任类型 …………………… 361
　　二、社区矫正机构工作人员法律责任的问题与发展方向 ……… 365
　第三节　社区矫正法律监督制度构建与发展方向 …………………… 370
　　一、社区矫正法律监督的现状与问题 …………………………… 371
　　二、社区矫正法律监督的发展方向 ……………………………… 376
　本章小结 ………………………………………………………………… 380

第八章　中国特色社区矫正的困境与趋向问题 ……………………… 382
　第一节　中国特色社区矫正困境形成之制度根源 …………………… 383
　　一、社区矫正适用规模的现状与问题梳理 ……………………… 383
　　二、我国犯罪边界的现状与问题梳理 …………………………… 389
　　三、问题的交汇点与解决之道 …………………………………… 391
　第二节　社区矫正适用规模的刑法障碍与困境 ……………………… 395
　　一、社区矫正适用规模障碍与困境成因之辨证 ………………… 395
　　二、作为社区矫正适用规模障碍与困境根源的罪刑结构 ……… 405
　第三节　我国犯罪边界问题的反思与调整 …………………………… 414
　　一、犯罪边界问题的理论与实践意义 …………………………… 414
　　二、犯罪边界限缩论的反思与批判 ……………………………… 415

三、犯罪边界扩张论的功能主义分析……424

第四节 基于轻罪体系扩大社区矫正适用规模及法治意义……433
一、推动刑法精确化的规范保障……433
二、建立危害行为现代制裁体系的制度根据……436
三、实现国家治理能力现代化的法治基础……439

本章小结……444

第九章 中国社区矫正法学的构建与发展问题……446

第一节 中国社区矫正法学诞生的时代背景……446
一、域外社区矫正诞生的理论与实践基础……447
二、我国社区矫正法治建设的探索历程……448

第二节 中国社区矫正法学的创建必要性……453
一、社区矫正法治建设与制度发展的客观需要……453
二、社区矫正实践工作以及高素质人才培养的客观需要……454
三、社区矫正学术理论与学科建设的客观需要……455

第三节 中国社区矫正法学的构建可行性……456
一、社区矫正法学构建的法律制度基础……457
二、社区矫正法学构建的学术智力基础……459

第四节 中国社区矫正法学的研究对象……461
一、社区矫正创制与发展的历程……461
二、社区矫正制度的立法模式……463
三、《社区矫正法》的特色模式与结构……464

第五节 中国社区矫正法学的体系与地位……482

本章小结……486

参考文献……487

索 引……504

后记（一）……522

后记（二）……531

Introduction 绪 论

第一节 研究目的与意义

我国社区矫正工作自 2003 年开始试点，后经扩大试点、全面试行到全面推行再到《社区矫正法》[1]与《社区矫正法实施办法》的出台，虽然不到二十年，但作为本是"舶来品"的社区矫正制度不仅在中国广袤的国土上生根发芽，而且已经结出了丰硕的果实。从社区矫正试点至今，地方经验探索、制度与规则建设、立法论证与设计交互进行，从而在整体上不断推动我国社区矫正制度朝着更高水平发展。与此同时，随着社区矫正的制度构建与发展，社区矫正理论研究也逐渐从单纯的引介发达国家社区矫正的基本知识，转向对中国社区矫正制度构建和实践发展问题的关注与讨论。

在社区矫正制度构建与实践发展过程中，一方面，从国家到地方有关社区矫正的各种层级的效力规范大量出台，同时，各地社区矫正机构根据自己的实际情况进行摸索，形成了许多具有地方性特色的社区矫正模式，这样，在很长一段时期内没有全国统一且层级较高的立法性文件对社区矫正实践予以规范，由此使得具有效力的上级规范与地方实践之间产生了某种程度的疏离、紧张甚至相互背离，以至于使得社区矫正规则的效力乃至地方实践的正当性与合法性根据都或多或少地打了一定折扣，而且，一些制度设计和措施在实践过程中背离了设计的初衷或原意，实践中的效果也存在"橘生南则为橘，橘生北则为枳"的水土不服现象。另一方面，在社区矫正理论研究领域，对社区矫正的概念、种类、体系定位及其核心价值等基础理论的比较研究尚有待深入，对我国社区矫正的目的设定、基本性质与适用对象等核心问题都

---

[1]《社区矫正法》，即《中华人民共和国社区矫正法》。为表述方便，本书中涉及我国法律文件直接使用简称，省去"中华人民共和国"字样，全书统一，后不赘述。

没有达成一致意见。绝大多数文献仅着眼于对我国社区矫正具体制度，诸如组织队伍、管理模式、监管与教育方法、奖惩方式及其机制、监督与救济、运行机制乃至立法思路等问题进行专门的深入研究，但对于我国社区矫正在近二十年来的制度发展过程中形成的中国特色、经验教训、制度演变、实践创新以及发展方向等基本问题的总结、提炼、归纳和反思等方面的具有综合性和体系性的基础研究却非常薄弱。

显而易见，《社区矫正法》与《社区矫正法实施办法》出台以后，社区矫正领域关于立法设计的大规模讨论将告一段落，基于法治安全的考虑，社区矫正立法的修改和变动自然在短期内也不会发生，这种立法出台所带来的相对稳定的环境，实际上为我们全面和深刻地总结、归纳和反思我国当前社区矫正理论及制度的相关经验及问题提供了良好的时机条件。而且，《社区矫正法》与《社区矫正法实施办法》的出台并不意味着我国社区矫正制度及其实践已经非常成熟和发达，而仅仅是对我国现阶段社区矫正实践的成熟经验和未来发展的初步总结和确认，也就是说，我国社区矫正的制度发展仍处于初期水平，"社区矫正制度的发展和完善，永远在路上"。[1] 为此，我们有必要在反思我国现有社区矫正理论的基础上，以我国《社区矫正法》为参照，对社区矫正制度发展过程最为基础的原理性问题即信条性问题进行深入和透彻的研究，从而真正推动我国社区矫正实践朝着符合国家治理体系和治理能力现代化与法治化需要的方向发展。

总之，对中国社区矫正推行近二十年来的实践及其立法所涉及的原理性和基础性的主要问题，如社区矫正的性质与特色、目的与任务、主体与对象、奖惩与责任、管理与程序等，进行信条学意义上的研究，主要有以下五方面的意义：

第一，为正确认识、理解和运用《社区矫正法》提供可靠的保障。根据实定法效力至上的原则，在《社区矫正法》施行以后，社区矫正实践必须以该法作为基本准则而展开。然而，不可否认的是，《社区矫正法》中一些基本理念和具体制度性规定和我国社区矫正实践部门的惯常思维和做法存在着明显的差异，因此，如何正确适用这些基本理念和具体制度性规定，就必须依赖于社区矫正基础理论研究的深入与细化，唯此，才能为正确地认识、理解和运用《社区矫正法》提供可靠保障。

---

[1] 王顺安："《社区矫正法》出台具有划时代意义"，载《民主与法制时报》2019年7月18日。

第二，为《社区矫正法》适用和执行过程中具体操作规则的确立提供理论支持和对策建议。客观而言，《社区矫正法》将比较成熟的实践经验以立法形式加以确认，但对一些有重大争议的问题仍然没有进行明确，很多条文规定从总体上看还是比较原则和抽象的，因此该法一个比较重要的意义就在于，实现对社区矫正实践参与者及公众的理念和价值的有效引领和塑造。然而，在社区矫正实践过程中，社区矫正工作涉及多个部门和多种程序，需要非常专业和细致地开展工作，而且一些从没遇到过的疑难或新型问题随时都可能会出现。因此，在《社区矫正法》适用的同时，必须有相应的具体操作规则和实施细则加以辅助。为此，"两高两部"按照《社区矫正法》的立法理念、原则与规定，颁布了《社区矫正法实施办法》。《社区矫正法实施办法》对社区矫正实践工作中不同部门和机构的权责、社区矫正执行程序、社区矫正监督管理中的奖惩规则与责任承担方式、教育矫正帮扶方式以及社区矫正法律监督等重要问题做了进一步的具体化规定，意在保障和强化《社区矫正法》的实践可操作性。然而，《社区矫正法实施办法》对一些长期困扰社区矫正实践工作的疑难性问题仍然尚未涉及，而且，《社区矫正法实施办法》的规范效力层级依旧较低，具体规定依旧较为原则，对纷繁复杂、情况各异的社区矫正实践的具体问题的解决所能发挥的作用仍然较为有限。基于此，对我国社区矫正制度的基本问题进行理论研究，有助于在准确把握社区矫正立法目的和精神的基础上，为社区矫正实践过程中的具体操作规则和实施细则的构建、运用和完善，提供有价值的学术建议和对策选择，从而为社区矫正制度的顺畅运行提供理论支持和帮助。

第三，为我国社区矫正制度的完善以及社区矫正理论的纵深发展，形成并提供为立法者、参与者以及研究者各方共同认可的逻辑起点和话语共识，促进我国社区矫正制度沿着更加人道化、法治化、现代化和精细化的方向发展，同时，力促社区矫正理论逐渐形成为各方共许的信条性概念和基础理论，从而为社区矫正理论的跨越式发展节约时间和资源、奠定学术基础、提供检验标准。

不可否认，在当前我国社区矫正理论和实践部门，人们对"社区矫正"这一基本概念的用语表述、内涵和外延的界定、根本性质、适用对象和现代价值等最为基本的问题的认识远未达成一致，这就导致了在面对诸多以此为基础而产生的具体问题时，人们争论不休。因此，对社区矫正理论中一些最为根本性的具有信条学意义的基础概念和基本问题（如社区矫正概念与性质、目的与任务、主体与对象、奖惩与责任、管理与程序、监督与救济等的理论背景和源流、知识体系与主要争议、现状与症结及其形成原因、发展思路与方向等基础性问题）进行深入和综合的学术研究，有助于社区矫正理论界和实践部门形成基本共识，推动社区矫正理论界和实践部门在既定共识基础上准确把握核心问题、瞄准正确方向、节约学术资源，实现社区矫正事业的跨越式发展。

第四，为我国刑事执行法学、刑法学乃至刑事程序法学理论与实践的发展提供学术基础和理论思路。应当承认，除了监狱法学之外，社区矫正法学将逐渐成为我国刑事执行法学的重要组成部分。也就是说，对社区矫正问题进行学术研究，实际上就等于是对刑事执行法学中的"部门法"理论进行研究，众所周知，由于历史和现实方面的种种原因，我国刑事执行法学一直是刑事法学理论研究中的弱项，研究成果相对较少、理论基础相对薄弱、研究队伍人员不足，社会影响力相对欠缺。因此，通过对社区矫正问题的研究，在推进自身理论体系发展的同时，带动监狱法学的研究深入，从而有助于推动刑事执行法学的整体进步。

同样，在刑法学领域，大部分刑法学文献将研究重点放在犯罪的成立条件及其犯罪形态领域，对于一些特定领域中具体问题的研究已相当成熟，相反，绝大部分文献对刑罚体系及其制度的研究尚未深入，这一现象从我国刑法学教科书的编排体例和篇幅中就可见一斑，即几乎所有的标准版刑法总论教科书中关于犯罪论的内容往往是刑罚论内容的两倍。社区矫正制度不仅涉及刑罚执行、量刑和消灭等刑罚论的基本内容，而且直接关系到我国刑罚种类和体系的制度发展、刑罚目的和理念的逻辑安排，更关系到我国轻微犯罪的边界和起刑点的设定乃至行政处罚和犯罪的衔接机制等不同法律部门协调发展所必需的统一与合理的整体性制度设计。另外，社区矫正作为轻刑的表现形式或执行方式，在需要轻微犯罪体系与之相互配套的同时，从刑事诉讼的成本和效益角度来看，也必须要求有符合轻罪轻刑体系的特殊刑事诉讼程序与之匹配，从而更加有效率地处理轻罪案件。我国当前刑事诉讼领域确立的刑事和解、简易程序、轻罪速裁乃至认罪认罚从宽制度，在一定程度上都是对实体法中轻罪轻刑制度的程序呼应。因此，加强对我国社区矫正制度问题的研究，可以有效地深化我国刑法学以及刑事程序法学的研究。

第五，为我国国家治理体系和治理能力的现代化与法治化提供良好的制度契机和理论根据。根据国家治理体系和治理能力现代化与法治化的基本精神，推进社会领域的改革，加强国家和社会管理事务的公众参与，由单一的政府权力管理向公众参与多元共治的治理理念转型，应当是我国国家和社会治理改革的重要方向。在社会多元共治的治理体系中，社会组织以及公众参与的作用尤其重要。社区矫正制度的推行，核心目的就是让特定类型的犯罪人重新复归社会，基层自治组织和公众都是社区矫正实施的重要参与和依靠力量。因此，社区矫正规模的扩大与繁荣，必然带来社会组织与公众力量的壮大，这与多元共治的治理理念高度吻合。同时，社区矫正的大规模推行，必然会推动我国逐步建立轻微犯罪体系，降低刑法现有起刑点，严密法网，使我国当前"重罪重刑"的刑法结构逐渐朝着"轻其所轻、重罪有度，轻重协调"的方向发展，这样，通过将轻微违法行为的犯罪化，以立法威慑方式实现对源发性轻微犯罪的有效阻断，不仅可以有效降低初犯率，实现刑法一般预防目的与社会治安及秩序的根本好转，而且还能够以防微杜渐的方式，阻断重大恶性或暴力犯罪的发生概率，真正为贯彻社会治安综合治理和平安建设创造条件、奠定基础。[1]此外，虽然轻罪规模扩大会暂时提高我国犯罪率总量并大幅度增加公安执法、法院诉讼以及监狱执行的成本，但是，这种方案也可以同时推进前科消灭制度的创设、社区矫正项目的多样化、诉讼简易和速裁化等符合法治原则的制度在我国法治体系中的建立，而且，轻罪轻刑和非监禁性执行制度的匹配，本来就有利于改变我国当前行政权力分享司法权力的现状，改变行政处罚中"不经法院审判而剥夺自由"的违反法治的传统做法，建立以人民法院为中心的纠纷解决和司法裁判体系，这同样也是法治原则的题中之意。

第二节 研究现状与综述

客观而言，社区矫正理论研究在我国起步较晚。就当前现有资料来看，早在20世纪80年代末至90年代初，有文献对美国的监禁与非监禁执行危机问题[2]以及美国社区矫正的一些核心问题[3]进行了引介和讨论；在20世纪90年代初期，有文献开始在引介社区矫正效果和价值的基础上，讨论在中国

---

[1] 参见王世洲：《世说刑语——你不能不知道的刑法知识》，江苏人民出版社、江苏凤凰美术出版社2021年版，第220~221页。
[2] [美]D.斯坦利·艾兹恩、杜格·A.蒂默："美国的监禁与非监禁化危机"，邬明安译，载《环球法律评论》1987年第4期，第54~59页。
[3] 晓雳："美国社区矫正制度"，载《犯罪与改造研究》1990年第3期，第51~54页。

建立专门的缓刑机构问题，[1]与之类似，有文献在当时的历史条件下介绍了我国劳动教养改造领域如何吸收发达国家社区矫正经验加强劳动改造的效果。[2]此后，有文献提出在社区建立专门针对违法犯罪青少年的矫正专门机构的构想，[3]也有些文献开始在行刑社会化的主题下对社区矫正问题进行相关的讨论。[4]可见，在20世纪90年代末之前，我国关于社区矫正理论研究的文献非常稀少，大多限于引介美国社区矫正的基本情况和经验，个别文献开始考虑在中国建立特定的社区矫正机构。

自2002年国家决定开展社区矫正试点到2003年社区矫正正式试点开始之后，关于社区矫正的学术论文、专著、课题、调研报告以及学位论文逐年递增。总体而言，在有关社区矫正的中文文献中，对社区矫正问题的研究主要集中于包括社区矫正的理论基础、利弊价值、法治化及其知识形态体系等在内的社区矫正基础理论、法律性质与定位、适用范围与边界、执行主体与工作机构、危险控制原则与评估、基本工作任务、社区服刑人员的权利和义务、社区矫正的运行程序设计、特殊群体的社区矫正机制、法律监督制度、中国社区矫正的立法原则、模式与评价以及社区矫正在国外的发展变迁与经验等诸多方面和领域。可见，我国社区矫正理论研究虽然起步较晚，但随着国家社区矫正试点的开展与推行，却在极短的时间内成为理论的热点和实践的重要焦点问题。

一、社区矫正的基础理论

关于社区矫正的基础理论研究，我国有关社区矫正的文献主要讨论了社区矫正的理论基础或根据，社区矫正的效用、利弊与价值，社区矫正法治化以及知识形态等问题。

关于社区矫正的理论基础，也有文献称之为社区矫正的根据或理论渊源。有文献认为社区矫正需要具备学理依据、现实根据和刑事政策根据；[5]有文

---

[1] 郭建安："我国亟需建立专门的缓刑机构"，载《青少年犯罪问题》1993年第2期，第40~41页。

[2] 曾卫东："借鉴国外以社区矫正为主的先进措施发展'三试'"，载《犯罪与改造研究》1993年第6期，第56页。

[3] 参见俞伟："社区少年矫正机构建设的构想"，载《青少年犯罪研究》1996年第4期，第16~18页。

[4] 参见冯卫国：《行刑社会化研究——开放社会中的刑罚趋向》，北京大学出版社2003年版，第1~10页。

[5] 参见周国强：《社区矫正制度研究》，中国检察出版社2006年版，第44~88页。

献则认为社区矫正的根据存在于刑罚人道主义、教育刑理论、行刑社会化与经济化理论以及深化的回归理论；[1]还有文献认为，社区矫正的产生需要刑罚目的理论基础、刑罚谦抑主义的刑事政策基础、刑罚经济性和效益性的经济选择基础以及人文主义的社会思想基础；[2]此外，有文献则认为在此基础上，应将标签理论和社会观念及其福利[3]列为社区矫正的理论根据。[4]

关于社区矫正的利弊和价值，有文献结合对监禁刑弊端的分析，指出社区矫正在刑罚执行方面的灵活性、人道性、社会性、经济性和有效性的价值；同时指出社区矫正可能存在缺乏公正性、安全性、威慑性、治本性以及在中国语境下的不平等性、不一致性、侵权性和制度不协调性等问题。以此为基础，该文献进一步阐述了社区矫正利弊产生的机理以及在当前应有的价值选择和立场问题。[5]也有文献仅从社区矫正的优势和积极价值方面，阐述了社区矫正的意义，如符合正义、公正、人道、宽容、个别化和经济化的价值。[6]

近来，随着社区矫正的全国推行和实践深入，有文献从法理高度系统地关注和论证了我国社区矫正制度发展的现代化、[7]法治化[8]与规范化[9]问题，指出社区矫正制度必须符合现代化的法治与正义原则，社区矫正的适用对象类型、执行机构设置、执行程序与规则、监管与奖惩考核、教育帮扶与回归社会机制以及法律监督制度等都需要逐步规范化和法治化。也有文献从知识社会学的角度，对社区矫正领域的理论文献进行分类、总结和分析，着重就社区矫正领域知识生产的现状、原因[10]以及生产路径[11]等问题进行了较为详细的梳理和论述。

---

[1] 参见史亚杰："社区矫正理论基础分析"，载《辽宁公安司法管理干部学院学报》2006年第4期，第116～117页。

[2] 参见王顺安：《社区矫正研究》，山东人民出版社2008年版，第123～133页。

[3] 参见张传伟：《我国社区矫正制度的趋向》，中国检察出版社2006年版，第23～33页。

[4] 参见刘志伟、何荣功、周国良编著：《社区矫正专题整理》，中国人民公安大学出版社2010年版，第7页。

[5] 参见王顺安：《社区矫正研究》，山东人民出版社2008年版，第237～257页。

[6] 参见崔会如：《社区矫正实现研究》，中国长安出版社2010年版，第15～29页；周国强：《社区矫正制度研究》，中国检察出版社2006年版，第94～112页。

[7] 参见连春亮："社区矫正现代化的价值目标与实现路径"，载《河南司法警官职业学院学报》2020年第3期，第22～27页。

[8] 参见贡太雷：《惩戒与人权——中国社区矫正制度的法治理论》，法律出版社2015年版，第11～17页。

[9] 参见吴宗宪：《中国社区矫正规范化研究》，北京师范大学出版社2021年版，第3～6页。

[10] 参见崔会如：《社区矫正实现研究》，中国长安出版社2010年版，第84～116页。

[11] 参见崔会如：《社区矫正前沿问题研究》，中国政法大学出版社2019年版，第158～182页。

二、社区矫正的法律性质与定位

关于社区矫正的法律性质或基本性质与定位问题,综合而言,基本形成了"单一性质说""双重性质说"和"综合性质说"三种类型的理论观点,其中每一类型的理论观点内部,具体观点的内涵和表述都有一定的差异,呈现出多样性的特点。

如,在"单一性质说"中,有保安处分措施说,[1]具有社区刑罚性质的社区制裁说,[2]罪犯处遇方式说,[3]刑罚执行活动说[4]等。在"单一性质说"中,之所以产生如此之大的争论,关键在于不同文献对于缓刑到底属于刑罚裁量制度还是刑罚执行制度存在根本性的对立和争论。

在"双重性质说"中,有刑罚执行和社会工作双重属性的观点,[5]有刑罚执行和社会福利双重属性的观点、[6]有刑罚执行和司法行政双重属性的观点,[7]等等。

在"多重性质说"中,有文献认为,社区矫正是刑种、量刑和行刑三种性质的综合体,[8]也有文献认为,社区矫正是一种综合性的[9]或具有相当开放性的[10]非监禁性处遇措施。

---

[1] 参见连春亮:"社区矫正概念的多维思考与选择",载《河南司法警官职业学院学报》2007年第2期,第5~10页。

[2] 参见程应需:"社区矫正的概念及其性质新论",载《郑州大学学报(哲学社会科学版)》2006年第4期,第36~40页;李正新:"我国社区矫正的性质反思:从刑罚到刑事政策",载《江西科技师范大学学报》2013年第5期,第60~66页。

[3] 参见冯卫国:《行刑社会化研究——开放社会中的刑罚趋向》,北京大学出版社2003年版,第181~182页。

[4] 参见高贞主编:《中国特色社区矫正制度研究》,法律出版社2018年版,第9~14页;吴宗宪主编:《社区矫正导论》(第2版),中国人民大学出版社2020年版,第5~6页;王平:"社区矫正对象的身份定性与汉语表达",载《中国司法》2020年第2期,第84~88页;刘强、武玉红:"社区矫正的性质为社区刑罚执行",载《青少年犯罪问题》2020年第6期,第33~40页;张雍锭:"我国缓刑犯社区矫正性质探讨",载《中国人民公安大学学报(社会科学版)》2021年第4期,第11~20页。

[5] 参见但未丽:《社区矫正:立论基础与制度构建》,中国人民公安大学出版社2008年版,第27~32页。

[6] 参见王顺安:"社区矫正的法律问题",载《政法论坛》2004年第3期,第105页。

[7] 高贞主编:《中国特色社区矫正制度研究》,法律出版社2018年版,第6页。

[8] 参见郭建安、郑霞泽主编:《社区矫正通论》,法律出版社2004年版,第68~69页。

[9] 参见韩玉胜主编:《刑事执行法学研究》,中国人民大学出版社2007年版,第346页;吴海峰:"论社区矫正的性质定位及改革",载《贵州警官职业学院学报》2013年第3期,第34页。

[10] 参见郑丽萍:"互构关系中社区矫正对象与性质定位研究",载《中国法学》2020年第1期,第164页。

三、社区矫正的适用范围与边界

社区矫正的适用范围与边界，即我国社区矫正适用应当包括哪些对象的问题。关于我国社区矫正可以对什么人适用的问题，即便在概念使用问题上，由于我国社区矫正规范性文件的相关规定并不一致，因此社区矫正理论和实践部门也都曾存在较大争论。在不同时期的不同的规范性文件中，有"社区服刑人员""社区矫正人员"和"社区矫正对象"等称谓。在社区矫正理论文献中，除了前述称谓之外，还有"社区矫正受刑人""社区矫正受矫人"等称谓。[1]

我国在社区矫正试点期间，曾经将社区矫正的对象限定为五类人：一是被判处管制的；二是被宣告缓刑的；三是被暂予监外执行的；四是被裁定假释的；五是被剥夺政治权利并在社会上服刑的。后来，剥夺政治权利并在社会上服刑的被排除出社区矫正对象范围。

在社区矫正试点期间，不少文献曾经对五种对象中的暂予监外执行、剥夺政治权利被纳入社区矫正范围的合理性问题进行过一定的争论，其中争论最大的是关于被剥夺政治权利的罪犯是否能适用社区矫正的问题。[2]具体而言，持否定意见的文献从思想基础、非自由刑的根本性质以及不需要社会力量参与等角度展开论证，[3]而持肯定意见的文献则认为，被剥夺政治权利的罪犯同样需要监管和帮扶，而监管和帮扶则是社区矫正的重要内容，而且，对被剥夺政治权利的罪犯实施社区矫正有良好效果，[4]另外，对被剥夺政治权利的罪犯适用社区矫正完全可以帮助其复归社会。[5]后来这种争论逐渐随着立法的发展而被淡化。然而，有文献开始提倡将罚金以及劳动教养等相关内容纳入社区矫正的范围。[6]

在社区矫正适用范围和边界问题中，关于是否扩大适用范围和边界，一

---

[1] 参见王顺安主编：《社区矫正法治研究》，中国政法大学出版社2021年版，第48页。

[2] 参见吴宗宪：《中国社区矫正规范化研究》，北京师范大学出版社2021年版，第56~72页。

[3] 参见刘志伟、何荣功、周国良编著：《社区矫正专题整理》，中国人民公安大学出版社2010年版，第13页。

[4] 刘强："论'剥权'人员应纳入社区矫正的范围"，载《河北法学》2013年第8期，第35~40页。

[5] 参见刘志伟等：《中国社区矫正立法专题研究》，中国人民公安大学出版社2017年版，第81~82页。

[6] 赵秉志等："关于我国社区矫正立法若干问题的建议"，载赵秉志主编：《刑事法治发展研究报告（2006—2007年卷）》，中国人民公安大学出版社2008年版，第184页。

直存在肯定说和否定说两种观点的对立,其中,支持肯定说的文献相对较多。

在肯定说中,有文献提出应当扩大社区矫正的适用对象,如在适当的情况下将社区矫正对象的范围扩大到其他轻刑犯、初犯、偶犯、胁从犯等。[1]也有文献通过对社区矫正进行最广义的概念设定,指出社区矫正的对象不仅可以涵盖四类罪犯,而且还可以包括未决犯、中间刑罚、社区服务刑罚、不起诉乃至未决犯、未成年人危害行为的社区性矫正措施等。[2]还有一些文献则认为社区矫正是"一种综合性的非监禁处遇措施",因此除了四类罪犯可以纳入社区矫正的范围之外,判处罚金的罪犯、戒毒对象、刑满释放后需安置的帮教人员、精神病、未成年人等有社会危险的人等,都可以纳入社区矫正的范围。[3]

在否定说中,有文献指出,根据罪刑法定原则,不能随意扩大当前社区矫正的范围和边界,同时,也不能因为当前社区矫正适用率低而刻意扩大社区矫正的适用范围。[4]也有文献指出,不能将社区矫正作为一个无所不包的概念,更不能将未决犯和已决犯不加区别地施加同样的社区矫正方案,而应当根据我国社区矫正当前的试点经验,逐步扩大社区矫正的适用范围。因此,要对扩大社区矫正的适用对象和边界持慎重态度。[5]当然,也有一些文献对被判处罚金刑[6]和拘役刑的罪犯、[7]附条件不起诉的未成年犯、[8]监外执行的罪犯是否适用社区矫正[9]存在着一些争议。

另外,有文献从社区矫正的发展历程进行分析,认为社区矫正的范围需

---

〔1〕万军、付凤鸣:"当前社区矫正工作存在的问题、原因及对策",载《湖北警官学院学报》2011年第2期,第86~88页。

〔2〕参见连春亮:"论社区矫正的研究对象",载《河南司法警官职业学院学报》2004年第2期,第61~65页。

〔3〕参见李根宝等:"对社区矫治工作的认识与思考",载《法治论丛》2003年第2期,第9~10页。

〔4〕李高峰:"社区矫正的司法适用探究——以社区矫正对象为视角",载《贵州警官职业学院学报》2012年第6期,第50~53页。

〔5〕参见崔会如:《社区矫正前沿问题研究》,中国政法大学出版社2019年版,第7页。

〔6〕参见刘志伟、何荣功、周国良编著:《社区矫正专题整理》,中国人民公安大学出版社2010年版,第13页。

〔7〕参见屈学武:"中国社区矫正制度设计及其践行思考",载《中国刑事法杂志》2013年第10期,第22页。

〔8〕参见郑丽萍:"互构关系中社区矫正对象与性质定位研究",载《中国法学》2020年第1期,第156~157页。

〔9〕刘志伟、何荣功、周国良编著:《社区矫正专题整理》,中国人民公安大学出版社2010年版,第12~13页。

要进一步扩大，而且，未来社区矫正的性质不应当仅仅被限定在刑罚的执行方式上。社区矫正性质的合理定位应当有助于带动和推动社区刑罚种类的产生，从而引导刑罚制度的整体性变革。[1]同时，有不少刑法学的文献，从社区矫正发展和扩张性适用的角度，对于社区矫正适用边界的具体范围，如管制、假释、暂予监外执行以及缓刑的刑法规定的不明确性、粗糙性和缺乏可操作性等问题进行了刑法学的规范分析，并就上述范围内具体对象的司法适用率较低的现状进行了分析，从而提出了提升刑法明确性、增强可操作性和部门协调合作的诸多建议和意见。由于这部分内容往往属于刑法学的研究范围，在此，不作为重点内容进行分析和探讨。

四、社区矫正的执行主体与工作机构

社区矫正执行主体与工作机构，也称之为社区矫正的组织管理机构模式，在这一领域中，诸多文献其实始终是在讨论一个核心问题，即社区矫正"由谁来做"。详言之，该问题则可以细化为两方面的具体问题：一是我国社区矫正的组织管理主体到底是谁，主体的组织构架及其内部结构该如何设置；二是我国社区矫正组织管理的人员，即执法主体的组成结构管理权限及其专业化问题。

首先，需要关注的是有关我国社区矫正组织管理的主体问题。在开展社区矫正试点之前，管制、缓刑、假释和暂予监外执行的管理执行权属于公安机关，然而，这一规定在社区矫正理论界产生了很多争议。不少文献认为，公安机关享有四类罪犯的管理执行权，不符合分工负责和权力制约的原则，难免会造成权力的滥用。其次，让公安机关承担社区矫正工作会导致其压力过大，不堪重负，从而导致社区矫正监管无序甚至脱管失控的状态。[2]最后，区分警察治安管理与刑事执行是《世界人权法》的重要原则。公安机关管理四类罪犯，给罪犯带来恐惧、抵触甚至怨恨情绪，从而可能影响到罪犯的矫正效果。[3]

2003 年由最高人民法院、最高人民检察院、公安部、司法部（以下简称"两高两部"）联合颁布的《关于开展社区矫正试点工作的通知》（已失效，

---

[1] 参见张绍彦："社区矫正在中国——基础分析、前景与困境"，载《环球法律评论》2006 年第 3 期，第 295~303 页。

[2] 参见刘志伟等：《中国社区矫正立法专题研究》，中国人民公安大学出版社 2017 年版，第 50~52 页。

[3] 杨兴培："刑事执行制度一体化的构想"，载《华东政法学院学报》2003 年第 4 期，第 57 页。

下同）事实上确定了以司法行政机关为主，会同公安机关为辅的组织管理体制，即司法行政机关要牵头组织有关单位和社区或农村基层组织开展社区矫正试点工作，会同公安机关搞好对社区服刑人员的监督考察，组织协调对社区服刑人员的教育改造和帮助工作；街道、乡镇司法所要具体承担社区矫正的日常管理工作；公安机关要配合司法行政机关对社区服刑人员的监督考察以及履行有关的法律程序。这一规定出台后，形成了以司法行政机关牵头作为工作主体、公安机关配合作为执法主体的"双主体"模式。这种模式从2003年社区矫正试点开始，一直延续到《社区矫正实施办法》（已失效，下同）的颁布。

整体而言，我国社区矫正理论研究领域的文献对"双主体"的模式评价不一。有文献对此持批评意见，指出这种模式存在"多头指挥、职责不清、界限不明、衔接不力、缺乏效率、推诿责任"等制度性弊端。[1]也有不少文献非常认可这一制度模式，甚至明确指出社区矫正只能由公安机关执行而不能交给司法机关。[2]也有文献明确指出我国社区矫正执法和处罚权限分离的思路是导致"双主体模式"存在的主要原因，并从整体上对社区矫正工作所涉及的多方主体依照职责进行了系统化安排，意在形成管理主体、工作主体、决定主体、监督主体和配合主体的整体配合体系。[3]此外，还有个别文献认为应当由人民法院来管理和执行社区矫正，但这种意见仅存在于网络和民间，并未形成强有力的社会影响。

《刑法修正案（八）》废除了公安机关作为管制执行、缓刑监管以及假释监督主体的规定，从而为司法行政机关独立接管社区矫正的组织和管理工作提供了法律依据与制度可能性。此后，随着国家对社区矫正认识的进一步加深，2012年《社区矫正实施办法》终于明确了司法行政机关"负责指导管理、组织实施社区矫正工作"。显然，我国逐渐认可了由司法行政机关独立组织和管理社区矫正工作的模式，并试图开始以此为基础构建一种新的管理模式。在此期间，绝大部分文献开始赞同和支持由司法行政机关组织和管理社

---

[1] 刘强："我国社区矫正试点中的管理体制弊大于利"，载《法学》2005年第9期，第31~39页。

[2] 刘东根："公安机关与社区矫正——兼论社区矫正执行机构的构建"，载《中国人民公安大学学报（社会科学版）》2006年第3期，第68~77页；史丹如："社区矫正执行的若干问题研究——以刑法修正案（八）为视角"，载《中国人民公安大学学报（社会科学版）》2011年第4期，第145~150页。

[3] 参见郭健："我国社区矫正机构论纲"，载《刑法论丛》2011年第4期，第99~129页；反对意见参见廖明："我国社区矫正机构的界定与设置——兼与郭健博士商榷"，载《刑法论丛》2012年第3期，第153~170页。

区矫正工作，进而以此为基础，开始探讨为了做好社区矫正组织与管理工作，司法行政机关该如何进行组织结构设计的问题。

对此问题，有文献较早就曾指出，在中央一级，可以将基层工作指导司改造为社区矫正司或社区矫正局，负责全国范围的社区矫正工作；在省、自治区、直辖市一级，可以在司法厅或局下面设立社区矫正局；在县或区一级，可以在司法局内设立社区矫正工作的科室，应当加强对县区级的管理机构的建设；在乡镇街道一级，应当充分发挥基层司法派出所的作用，让它们成为实际的工作机构。[1]

从我国的实践情况来看，在社区矫正试点期间，司法部先在基层司设置了社区矫正处，2010年5月又成立了社区矫正办公室，11月成立了社区矫正工作管理局，试点省市相应设立了社区矫正办公室或社区矫正处，市区县司法局设立了社区矫正处（科），实际管理工作由司法所承担。对这种实践管理模式，不少文献提出了改进和完善的建议：如有文献指出，司法部应当设立刑事执行总局，下设监狱管理局和社区刑罚执行局。[2]与此相对应，不少文献对基层社区矫正管理机构的设置问题发表观点，如有文献指出，在省、自治区、直辖市以及以下的市、区、县等司法局不必一律设置社区矫正科或处，以减少不必要的行政编制，提高工作效率。应当直接设置社区矫正工作站这样的实体机构，工作站直接承担对本辖区社区服刑人员的管理工作，代替乡镇司法所对社区矫正的管理，工作站直接对司法局和社区矫正管理机构负责。对于地区级市司法局是否设立社区矫正管理机构，应当根据工作需要及其效率原则酌情而定。[3]也有文献明确指出，司法所不适合作为社区矫正的执行机构，应当将县区级地方划分为不同的矫正区域，并建立相应的社区矫正派出机构，即社区矫正工作站。[4]鉴于我国司法行政系统没有系统管理行刑的经验，有文献指出，应当仿照监狱系统管理模式，整合社区矫正系统，与公安机关建立密切的联系，在省级同级司法行政系统内，建立专门的社区矫正

---

[1] 吴宗宪："关于社区矫正若干问题的思考"，载《中国司法》2004年第7期，第60~64页。

[2] 参见邵名正、于同治："论刑事执行法的创制"，载《犯罪与改造研究》2000年第10期，第20~27页。

[3] 刘强主编：《社区矫正组织管理模式比较研究》，中国法制出版社2010年版，第35~36页；刘强："完善我国社区矫正组织管理体制的探讨"，载《河南司法警官职业学院学报》2011年第1期，第26~29页。

[4] 但未丽：《社区矫正：立论基础与制度构建》，中国人民公安大学出版社2008年版，第287~296页；但未丽："社区矫正执行机构重设必要性及基本模式"，载《河南司法警官职业学院学报》2011年第1期，第34~37页。

管理系统,并配备专门人员、专门警用设备、专项经费,以保障特殊需要,并畅通跨辖区司法行政系统管理渠道;在县区级设立刑务执行部门,承担具体的法律事务。[1]

后来,有文献针对社区矫正的实践情况,提出建立县区级的社区矫正管理所或社区矫正中心,直接隶属于省、自治区或直辖市的社区矫正管理局管理,垂直领导,直接承担县区级的社区服刑人员的管理工作,负责社区矫正的刑罚执行工作,负责对社区服刑人员的管理、教育和监督。地级市则不设立社区矫正管理局。[2]也有文献指出,应当在地级市一级设社区矫正科,在司法局统一领导下负责辖区内的社区矫正执行工作,在街道或乡镇,需要配置专门人员负责社区矫正工作,直接负责服刑人员的监督、考察和教育服务工作。[3]

另外,有文献针对最基层的司法所的功能和意义问题提出看法,进而指出,社区矫正的执行主体应当上移到县司法局,在区县设立管理机构和专业化的矫正官队伍,统一编制,统一培训,可根据基层社区服刑人员对象的增减灵活派驻,工作职责是专业化地管理社区服刑人员,指导民间社区矫正工作。[4]

在《社区矫正法》出台以后,有文献认为《社区矫正法》对社区矫正机构的规定仍然较为模糊,并未明确社区矫正机构在法律规范意义上的执法性质、权限和地位;同时,《社区矫正法》并没有对社区矫正实践中已经存在的社区矫正中心的法律地位和社区矫正队建制模式等问题予以明确回应,鉴于此,不少文献继续对社区矫正机构的法律性质与类型、社区矫正机构(社区矫正管理局或科室)与司法所、社区矫正中心、社区矫正大(中)队等相关机构的关系以及社区矫正机构重新构建的基本设想等问题展开了新一轮的探讨,[5]在一定程度上使得我国关于社区矫正机构的理论研究内容更为丰富,

---

[1] 郝川、王利荣:"再谈社区矫正制度方案的调整——以《刑法修正案》(八)的公布实施为视角",载《社会科学战线》2011年第4期,第207~212页。

[2] 杨明、李静:"我国社区矫正的机构设置及队伍建设现状和构想",载《传承》2013年第5期,第136~139页。

[3] 王思睿、邢飞龙:"我国社区矫正制度的检视与反思——以中西比较为视角",载《濮阳职业技术学院学报》2013年第1期,第22~26页。

[4] 张荆:"北京社区矫正模式特色与问题点分析",载《中国人民公安大学学报(社会科学版)》2013年第3期,第8~16页。

[5] 参见刘强:"我国社区矫正机构设置探析",载《山东警察学院学报》2020年第1期,第76~87页;郑艳:"社区矫正中心的功能定位与运作模式研究",载《中国司法》2020年第3期,第30~36页;吴宗宪:"社区矫正立法的奠基之作和拾漏补缺思考",载《温州大学学报(社会科学版)》2020年第4期,第36~45页。

对我国社区矫正机构设置的未来发展方向具有一定参考价值。

接下来再看我国社区矫正的队伍,即执法主体的组成结构、权限与专业化问题。

关于社区矫正执法主体的组成,早期有文献就指出,社区矫正执法主体应当由国家工作人员和辅助人员两大类组成,其中,国家工作人员应当称之为"社区矫正官",辅助人员应当包括专职社工、合同制社区矫正工作者以及社区矫正志愿者。[1]也有文献提出类似观点,认为应当由专职社区矫正工作者、专业社工以及社会志愿者三类组成。[2]在此基础上,有文献进一步指出,应当将社区矫正官归属于社区矫正执行大队,矫正官由县区级司法行政部门的社区矫正管理机构在全县区范围内统一管理、调配和培训使用,使之不受司法所之间的管辖区域限制。[3]也有文献认为,社区矫正官应当归属于县级社区矫正工作站,可以在工作站内工作,也可以派驻乡镇街道、但不受乡镇、街道行政区划的限制。[4]

对于社区矫正机构及其工作人员的权限问题,现有文献研究相对较少,争议主要涉及监管过程中的监管与提请行政处罚及收监权力之间的权限明确性、可操作性和衔接配合机制等方面。

对于社区矫正工作人员的专业化问题,我国文献涉及比较多,普遍认识到了我国当前社区矫正工作人员存在主要的问题:如专职人员编制不足、专职不专、工作量大、社工人才流失以及整体的社区矫正工作缺乏激励和晋升机制、心理落差大、工作积极性不高等具体方面的问题,[5]除此之外,还存在着缺乏法律制度规范和执法依据、人员学历结构和综合素质偏低,缺乏专业素养与技能以及工作职责尚无法定明确性等一般性问题。另外,还有文献进而指出,由于我国国家权力过多和过深的介入社会生活,由国家一手包办的社区矫正制度从一开始就缺乏民间、社会参与的机会,民间和社会也缺乏这

---

[1] 吴宗宪:"社区矫正的问题与前景",载《法治论丛(上海政法学院学报)》2007年第1期,第5~9页;陈和华:"论我国社区矫正的制度建设",载《犯罪研究》2010年第1期,第39~47页。

[2] 曹扬文:"社区矫正制度本土化构建研究",载《中国司法》2007年第6期,第61~65页。

[3] 但未丽:《社区矫正:立论基础与制度构建》,中国人民公安大学出版社2008年版,第291~292页。

[4] 刘强主编:《社区矫正组织管理模式比较研究》,中国法制出版社2010年版,第35页。

[5] 王彦璋:"试论我国社区矫正制度的完善",载《中共乌鲁木齐市委党校学报》2011年第1期,第54~57页;高峰、禹得水:"社区矫正专业队伍建设研究——以S省L县社区矫正专业队伍为样本",载《山东警察学院学报》2013年第4期,第126~134页。

方面的积极性和热情。[1]因此,应当整体优化我国社区矫正的社会参与力量及参与模式。[2]同时,不少文献对如何提高社区矫正工作人员的专业化水平以及社区矫正工作人员的素质涵养标准和规范化等问题进行了比较细致的讨论,并提出了一定的建议和建言,同时,就社区矫正工作人员的奖励机制、考评标准以及准入选拔制度等,提出了一些有价值的建议。[3]

特别应注意的是,对于是否应当在社区矫正队伍中配备警察的问题,无论是社区矫正理论还是实践部门,在很长一段时间内争论都比较激烈。这一争论在某种程度上甚至影响到了我国社区矫正立法的进程。

较之社区矫正实践部门,社区矫正理论界对于社区矫正机构工作人员中是否应单独配备警察的问题,一直持谨慎态度。如,有文献指出,警察身份会改变社区矫正的特色,不利于社区矫正工作的开展。另外,社区矫正执行中需要警察的工作可以通过公安机关协助完成,而且需要警察出面的工作并不常见,更何况警察有义务完成。再者,警察入职资格要求相对较低,若从事专业性较强的社区矫正工作,可能无法胜任,影响社区矫正工作人员的素质和整体形象,而且,让警察直接负责社区矫正工作,并不利于改变国家形象。[4]也有文献明确指出,尽管监狱警察是由公安机关警察身份演变而来,但监狱警察与公安机关中的警察的职责不尽相同,如果从事社区矫正的是警察,其职能既不同于公安机关的治安警察,也不同于监狱警察,因性质要求又有可能出现新的警种——社区警察,这与社区矫正的原理和精神是相悖的。还有文献从国际人权标准的角度指出,由于"监督不能委之于警察",所以社区矫正工作不适合配备警察。[5]

---

[1] 李凤军:"论社区矫正制度存在的问题及完善措施",载《兰州学刊》2013年第8期,第215~217页。

[2] 参见田兴洪:《社区矫正中的社区参与模式研究》,法律出版社2017年版,第571~582页;费梅苹、邓泉洋:"中国特色社区矫正社会工作服务体系研究——基于'社区矫正法'的要求",载《社会工作》2020年第1期,第49~109页;熊贵彬:"社区矫正三大管理模式及社会工作介入效果分析——基于循证矫正视角",载《浙江工商大学学报》2020年第2期,第114~125页。

[3] 参见吴宗宪主编:《社区矫正导论》(第2版),中国人民大学出版社2020年版,第77~84页;江山河:"美国社区矫正官制度对中国的启示",载《青少年犯罪问题》2020年第5期,第40~49页;颜九红:"司法所社区矫正国家工作人员探讨",载《北京政法职业学院学报》2021年第1期,第68~74页。

[4] 陈威仪:"浅析社区矫正执法人员是否应具有警察身份",载《青年与社会》2013年第9期,第48~49页。

[5] 参见但未丽:《社区矫正:立论基础与制度构建》,中国人民公安大学出版社2008年版,第202页。

另外，有从事刑事诉讼研究的相关专家也指出，从我国社区矫正试点的经验来看，完全排除警察在社区矫正中的参与和监管职能是不现实的。然而，由公安机关承担社区矫正工作，实践效果可能十分有限。因此，在承认社区矫正中赋予警察相应的参与权的前提下，可以考虑将监狱教育矫正职能进行延伸，由监狱人民警察参与社区矫正机构工作，但是，警察机构常设化是不合适的。[1]

然而，在社区矫正实践部门，主张和支持社区矫正工作需配备警察的呼声却十分高涨。这种来自基层实践部门的呼声，也在很大程度上影响了社区矫正理论界，由此，近来社区矫正理论界有越来越多的文献开始倾向于支持社区矫正配备警察的观点。经梳理，这些观点主要包括：其一，有文献从社区矫正的刑罚执行性质和效果角度指出，社区矫正作为一种非监禁性的执行活动，应当有警察参与。[2]同时，由于我国重刑文化以及社会环境的影响，大多数群众认为只有警察监管罪犯，自身才能获得安全感。而且，社区矫正警察管理社区矫正对象，能使得社区矫正对象获得心理认同，反而有助于教育矫正的顺利进行。其二，有文献从执法权限的实际调研状况角度指出，社区矫正工作中有很多必须由警察介入和行使强制性执法权的环节，由警察介入十分有必要。[3]其三，有文献从法律规范的角度指出，社区矫正工作应当配备警察有法律根据。该文献主要是引用了1995年颁布的《人民警察法》第6条第11项的具体规定即"对被判处管制、拘役、剥夺政治权利的罪犯和监外执行的罪犯执行刑罚，对被宣告缓刑、假释的罪犯实行监督、考察"，并将其作为主要根据论证配备警察的正当性。[4]其四，有文献从社区矫正配备警察的实际效果角度指出，基于在社区矫正试点过程中警察对于社区矫正工作所发挥的积极效果考虑，应当为社区矫正工作配备警察。[5]其五，有文献专门针对社区矫正不需要配备警察的观点提出了反驳，主要理由为，对待罪犯

---

[1] 参见陈卫东："关于社区矫正立法的三点意见"，载《中国司法》2017年第9期，第23~25页。

[2] 参见郑艳："社区矫正机构配备人民警察的现实考察与理想愿景"，载《中国司法》2016年第10期，第73~75页；吴宗宪："社区矫正立法的奠基之作和拾漏补缺思考"，载《温州大学学报（社会科学版）》2020年第4期，第36~45页。

[3] 参见但未丽："社区矫正立法若干问题研究——以《社区矫正法（征求意见稿）》为分析对象"，载《首都师范大学学报（社会科学版）》2018年第2期，第61页。

[4] 高贞主编：《中国特色社区矫正制度研究》，法律出版社2018年版，第25页。

[5] 参见但未丽："社区矫正立法若干问题研究——以《社区矫正法（征求意见稿）》为分析对象"，载《首都师范大学学报（社会科学版）》2018年第2期，第60页。

中国特色社区矫正基本制度问题研究

需要国家强制力和警察配合，并不会损害国家形象，也不会影响社区矫正的工作，如美国、新加坡等国家也是警察管理社区矫正对象，这一先例是存在的。另外，"监督不可委之于警察"并不能为社区矫正不能配备警察提供直接而充分的论据，因为，这一说法不是说整个假释过程不能配备警察，更不是说其他的非监禁性的社区矫正对象完全不能让警察监管。[1]其六，有文献从犯罪学角度指出，有必要将社区矫正的刑罚执行工作与日常工作相分离，由警察直接负责刑罚执行工作，其他社区矫正工作者负责日常工作，这样既可以强化社区矫正的严肃性和权威性，又可以避免社区矫正对象强烈的抵触情绪。而且，由于其他社区矫正工作人员与社区矫正对象往往同在一个小区，在成为"熟人关系"之后，其他社区矫正工作人员直接承担刑罚执行的工作，可能存在熟人间难以秉公执法的尴尬。[2]

五、社区矫正的危险控制与评估

危险控制原则是社区矫正工作顺利进行的前提，有些文献着重对社区矫正工作中的危险管理的具体内容以及方法做了较为详细的阐述，[3]有些文献基于实践经验，对社区矫正对象的个案管理方法进行了研究。[4]危险控制原则应当是社区矫正最为重要的任务，它实际上与社区矫正调查评估制度紧密结合，为此，近来有文献对社区矫正对象在危险管理中的危险评估与危险控制等问题结合国外社区矫正发展的最新成果，做了相当完整和精细化的研究，并在此基础上提出了社区矫正的新模式；[5]也有文献将危险管控原则贯彻到社区矫正的整体性制度设计运行过程之中，从而实现社区矫正理论转型、创新社区矫正模式、构建风险评估二元机制、引入中间刑和非刑制裁制度和方案，等等。[6]

六、社区矫正的基本任务

社区矫正的基本任务，是指对社区矫正对象需要进行哪些工作从而使之

---

[1] 高贞主编：《中国特色社区矫正制度研究》，法律出版社2018年版，第25~26页。
[2] 廖斌、何显兵：《构建中国特色的社区矫正制度研究》，中国政法大学出版社2019年版，第215~216页。
[3] 参见赵新东主编：《社区矫正管理实务》，法律出版社2006年版，第146~150页。
[4] 参见吴宗宪："论社区矫正中的危险控制"，载《中国司法》2005年第1期，第74~78页。
[5] 参见翟中东：《社区性刑罚的崛起与社区矫正的新模式——国际的视角》，中国政法大学出版社2013年版，第194~235页。
[6] 参见李川：《基于风险管控的社区矫正制度研究》，东南大学出版社2017年版，第1~3页。

绪　论

复归社会的问题。实际上，如何使社区矫正对象真正地接受教育和矫正，顺利回归社会，是我国社区矫正的核心问题和基本任务。也就是说，社区矫正的基本任务，实际上是需要解决社区矫正"做什么"的问题。社区矫正基本任务始终是我国社区矫正研究的重中之重。

我国当前的社区矫正实践，确定了监督管理、教育矫正和帮扶保护等方面的基本内容。应当说，在近二十年有关社区矫正的学术研究过程中，绝大部分文献都是围绕着这些主题展开的。

首先看对社区矫正对象的监督管理问题。在监督管理的问题中，讨论最多的是评估调查问题。应当说，评估调查是在社区矫正整个实施过程中最为重要、最为关键和最为基础的一项工作，它对于社区矫正对象矫正效果的成败有着至关重要的作用。但是在我国由于社区矫正兴起时间比较短，调查评估工作成了制约社区矫正发展的一个瓶颈。关于社区矫正适用前的调查评估制度，在当前社区矫正界的具体称谓还存在诸多争议。不少文献为了突出强调"调查评估工作是在社区矫正适用前进行的"这一时间方面的特点，将调查评估表述为"审前评估"[1]"判前评估"[2]"裁（决）前评估"[3]等；也有不少文献为了突出调查评估工作的基本性质与主要内容，将调查评估表述为"社会调查"[4]"风险评估"[5]"人格调查"[6]等。而且，不同文献对调查评估的事实与法律性质、规范性和统一性、实际地位与适用范围、[7]委托主体与受托主体以及实践效果等问题都存在不同认识。[8]此外，有文献就当

---

[1] 参见任文启："完善我国社区矫正审前调查评估制度的思考——基于文本和现实的比较分析"，载《甘肃政法学院学报》2016年第2期，第128页。

[2] 参见张藤卿："关于社区矫正审前调查的实践与思考"，载《犯罪与改造研究》2011年第6期，第21~23页；陈庆："社区矫正判前调查评估制度探析"，载《中北大学学报（社会科学版）》2013年第2期，第18~19页。

[3] 参见蔡雅奇："论社区矫正中的裁决前调查制度"，载《铁道警官高等专科学校学报》2012年第2期，第88页；余俊："社区矫正裁前评估：现状、问题与完善"，载《贵州警官职业学院学报》2016年第2期，第69~70页。

[4] 参见司绍寒："《刑事诉讼法》视野下的社区矫正社会调查程序"，载《中国司法》2012年第10期，第82~88页。

[5] 参见于阳、刘晓梅："完善我国社区矫正风险评估体系的思考——基于再犯危险的分析"，载《江苏警官学院学报》2011年第2期，第119页。

[6] 参见刘立霞、路海霞、尹璐：《品格证据在刑事案件中的运用》，中国检察出版社2008年版，第105页。

[7] 刘志伟等：《中国社区矫正立法专题研究》，中国人民公安大学出版社2017年版，第139~140页。

[8] 参见高贞主编：《中国特色社区矫正制度研究》，法律出版社2018年版，第66~67页。

前我国社区矫正风险评估的地方性实践和创新进行了介绍，并对风险评估的侧重、流程、监督机制等问题进行了比较详细和具有可操作性的说明。[1]而且，有文献针对我国风险评估比较滞后、科学性不足的现状，整合和修订了社区矫正对象的再犯风险评估量表，[2]并就社区矫正的风险评估体系进行了重构。[3]

在社区矫正监督管理的具体问题方面，不少文献对监管的工作衔接、奖惩考核、信息化与规范化管理、电子监控以及执法检查等具体问题进行了详细而有益的探索与讨论。特别是电子监控的运用与社区矫正对象权利的关系、信息化管理与规范化管理的具体做法等，都是实践必须面对的监管科学化以及法治化问题，[4]有必要在立法中加以体现。而且，近来有文献已经注意到监督管理与刑法理论中的刑罚目的的关系问题，即开始讨论报应、特殊预防和一般预防与监督管理的联系与相互影响问题。[5]在此基础上该文献指出，在社区矫正执行过程中，刑罚的报应目的以及惩罚任务不能忽视，教育矫正是派生性任务，而适应性帮扶并不应当成为社区矫正的任务。当前应当进一步强化和完善我国社区矫正执行过程中的惩罚性制裁方法和措施。[6]与此同时，有文献开始关注我国社区矫正的正当化根据及其限度问题。该文献指出，社区矫正具有报应、特殊预防以及顺利回归社会的三重目的性，特殊预防是社区矫正正当化的前提条件，教育扶助矫正是社区矫正正当化的过程根据，应当合理平衡权利剥夺与权利保障的冲突，根据刑罚个别化和分类管理的基本原则，尽量减少权利限制措施，放宽社区矫正对象活动范围。[7]

其次看对社区矫正对象的教育矫正问题。近来的文献对教育矫正的方式和方法并没有形成一致意见。如有文献指出，教育矫治包括形势政策、法律

---

[1] 肖春竹："论影响社区矫正审前调查的因素及排解方法"，载《犯罪与改造研究》2013年第7期，第18~20页。

[2] 刘强、姜爱东主编：《社区矫正评论》（第3卷），中国人民公安大学出版社2013年版，第210页。

[3] 褚春红、陈强："构建'四段式'社区矫正风险评估体系"，载《人民调解》2013年第6期，第39~40页。

[4] 参见许庆永、单宝雄："我国社区矫正中电子监控的法律规制研究"，载齐延平主编：《人权研究》（第23卷），社会科学文献出版社2020年版，第504~579页。

[5] 参见刘强等：《社区矫正制度惩罚机制完善研究》，中国人民公安大学出版社2016年版，第1~3页。

[6] 参见刘强："论社区矫正工作的任务"，载《警学研究》2021年第1期，第107~120页。

[7] 参见冯文杰："社区矫正的正当化根据及其限度"，载《中国监狱学刊》2021年第5期，第136~144页。

和道德三方面的教育。[1]另外，文献对于教育矫正是采取集中教育还是一对一教育的模式，并没有形成一致意见，各地方的实践也因为各地的实际情况不一，并没有形成统一的标准。同时，值得注意的是，近来社区矫正理论中对循证矫正进行了高度关注。但是，文献对循证矫正的理念、原则、目标以及内容，并没有形成一致的意见。

最后看对社区矫正对象的帮扶保护问题。近来的文献较多地介绍了我国各地帮困扶助的典型经验，如宜兴模式、大丰模式、北京模式等。在此基础上，有不少文献对帮困扶助的内容和方法也展开了比较集中的讨论，在就业方面的主要意见和建议集中在以下方面：如通过有偿劳动，增加就业机会；利用社会力量弥补社区矫正对象的就业困难；建立专项资金，以进行及时帮扶；建立专门的安置企业以及企业接受社区矫正对象的奖励机制。在家庭帮扶方面，有文献提出应当将低保与家庭帮扶相互挂钩，也有文献提出中途之家的救助模式。[2]此外，有文献集中讨论了对特殊人群，如老年人罪犯、女性罪犯、[3]未成年人罪犯、患有艾滋病的罪犯、[4]在读学生罪犯、[5]农村籍罪犯、[6]台籍轻罪罪犯[7]以及假释类罪犯[8]等社区矫正群体的帮扶问题和对策。值得注意的是，在对帮扶保护问题的讨论过程中，有一些文献开始发现并试图探讨刑罚理念对我国帮困扶助的制约问题，也有文献开始关注民间力量和社会力量的薄弱对帮困扶助的影响问题。[9]在此基础上，有文献提出一系列的制度化建议，如成立社区矫正基地管理领导小组，集中发挥思想教

---

[1] 参见连春亮主编：《社区矫正学教程》，群众出版社2013年版，第220页。
[2] 张荆："北京社区矫正模式特色与问题点分析"，载《中国人民公安大学学报（社会科学版）》2013年第3期，第8~16页。
[3] 参见张磊、马寅翯、王超："女性社区矫正对象回归社会的困境与出路——以某区社会支持系统的构建为例"，载《犯罪与改造研究》2021年第10期，第52~58页。
[4] 参见韩斌："试论提高艾滋病社区矫正对象监管质量的路径选择"，载《中国司法》2020年第1期，第90~91页。
[5] 参见章群："在校生社区矫正对象的矫正方式探讨"，载《宜宾学院学报》2020年第9期，第9~19页。
[6] 参见但未丽："犯罪学视野中的农村社区矫正问题与出路——基于农村社区王镇的实证研究"，载《公安学研究》2020年第3期，第57~69页。
[7] 参见韩巧香："台籍犯罪人在大陆适用社区矫正的路径探析——以社会力量整合参与为视角"，载《闽南师范大学学报（哲学社会科学版）》2019年第4期，第53~58页。
[8] 参见金碧华："社区矫正假释人员回归社会的障碍分析及破解策略"，载《犯罪研究》2020年第3期，第20~32页。
[9] 参见王喆："协同治理：社会组织参与社区矫正的一种实现方式"，载《社会科学战线》2021年第1期，第266~270页。

育、技能培训、安置帮教一体的功能。[1]

此外，有不少文献以独立的章节和篇幅讨论社区矫正特殊群体的矫正方法政策与方案，如未成年犯的矫正政策与方案。应当说，对于特殊群体的矫正，应当是社区矫正分类矫正理论中的一个子项，完全可以整合在社区矫正措施与方案问题之中，从而提高理论体系的完整性和协调性。

七、社区矫正对象的权利与义务

我国社区矫正理论和实践部门至今对社区矫正对象的权利义务问题关注并不多，研究并不深入，成果相对较少。就权利类型体系而言，至今尚未形成一个比较完整和体系化的说法，对于具体权利的称谓也不尽一致。在我国社区矫正理论领域，对该问题基本上存在着三种表述方式：第一种为列举型表述，即有文献对社区矫正对象所可能享有的权利进行了具体的和详细的列举，从生命健康、人身自由、财产权利直至诉讼权利，等等；[2]第二种为概括型表述，即有文献对社区矫正对象享有的权利按照具体权利的特点进行了类型化处理，将具体权利分为三类：完全享有的权利如人身安全等、被剥夺或限制的权利如人身自由权等、特有权利如获得奖励权等；[3]第三种为"概括+兜底型"表述，即有文献对社区矫正对象应当享受的权利进行了概括和抽象，认为其包括基本权利、基于法定身份而未被限制或剥夺的实体权利与基于社区矫正执行而享受的程序权利三个方面，并在后面增加了"其他依法应当享有的权利"的概括性条款作为兜底和补充。[4]在此基础上，有文献在引介发达国家社区矫正对象权利保护的制度设计与实践经验的同时，重点对我国社区矫正对象的人身权、受教育权、劳动就业权与政治权利及其相关权利保护的立法现状、问题与困境以及对策建议等问题进行了较为全面和深入的探讨。[5]就义务类型体系而言，文献对于社区矫正对象义务的明确性、可

---

[1] 马时明、徐祖华："坚持发展'枫桥经验'全面推进社区矫正工作创新实践"，载《中国司法》2013年第7期，第55~59页；鲍宇科："社会治理现代化中社会力量参与社区矫正的机制研究"，载《中国监狱学刊》2020年第6期，第134~142页。

[2] 参见吴宗宪主编：《社区矫正导论》，中国人民大学出版社2011年版，第132~139页。

[3] 参见王平主编：《社区矫正制度研究》，中国政法大学出版社2014年版，第286~290页。

[4] 参见赵秉志主编：《社区矫正法（专家建议稿）》，中国法制出版社2013年版，第38~39页。

[5] 参见闫佳、冯建仓：《社区矫正对象权利保护研究》，法律出版社2019年版，第2~30页；肖艳秋："社区矫正对象就业权益的保障探析"，载《犯罪与改造研究》2021年第4期，第40~45页；徐祖华："社区矫正对象经常性跨市县活动相关规定执行问题初探"，载《犯罪与改造研究》2021年第5期，第44~48页。

操作性和规范性问题、禁止令的明确性和实践效果乃至公益劳动的合法性问题[1]等都存在较大的争议。

八、社区矫正的运行程序设计

社区矫正的程序，简单而言就是社区矫正该"如何做"的问题。在我国当前的社区矫正研究中，专门对社区矫正的步骤和程序即一般性程序问题进行专门探讨的文献相对较少，研究比较薄弱，各地实践部门也大多是通过地方性规范性文件对社区矫正的基本程序加以规定。同时，有不少文献对社区矫正机构与公安机关、检察院、法院以及监狱或看守所之间对于社区矫正对象的确定、接收、执法、监督和收监等过程中所涉及的衔接程序进行了专门研究。[2]近来，有文献在对社区矫正程序进行比较研究的基础上，对我国社区矫正的适用程序、调查程序、交付执行程序、执行程序以及社区矫正程序等与其他机关的衔接程序的基本问题进行了充分和深入研究，[3]从而有力推动了社区矫正程序研究的发展。

九、特殊群体的社区矫正机制

有不少文献基于犯罪学的基本观念，对社会中一些特殊群体，如未成年人、妇女[4]、老年人或特定的过失犯罪人等的社区矫正工作问题进行了经验性研究。其中，结合当前青少年犯罪的严峻社会形势，文献关注最多的是未成年犯的社区矫正问题。不少文献对未成年犯社区矫正的实施状况、主要缺陷以及发展方向[5]等问题进行了专门的讨论。[6]也有少数文献对基于特定犯罪类型，如酒驾犯罪人或基于特定类别的犯罪人，如假释犯等特定类型的

---

[1] 蔡雅奇："社区矫正公益劳动并非刑事义务"，载《检察日报》2013年2月18日；具有代表性的相反意见可参见刘志伟等：《中国社区矫正立法专题研究》，中国人民公安大学出版社2017年版，第113~115页；但未丽："中国增设社区服务刑之必要性及立法构想"，载《首都师范大学学报（社会科学版）》2009年第6期，第68~72页。

[2] 参见张东平：《监禁行刑与社区矫正的互动衔接研究》，中国法制出版社2017年版，第152~262页。

[3] 参见司绍寒：《社区矫正程序问题研究》，法律出版社2019年版，第1~12页。

[4] 参见骆群：《社区矫正专题研究》，中国法制出版社2018年版，第111~124页。

[5] 参见莫洪宪："和谐社会背景下的中国未成年人社区矫正制度之构建"，载《河南省政法管理干部学院学报》2007年第1期，第77~81页。

[6] 参见崔会如：《社区矫正前沿问题研究》，中国政法大学出版社2019年版，第118~138页。

犯罪人的社区矫正问题进行了实证研究，[1]但至今为止，此类研究仍然相对薄弱，影响力有限。然而，对特定类型罪犯的社区矫正问题进行经验研究，在《社区矫正法》生效一段时间后无疑可以为推动社区矫正理论与实践的进一步发展提供详实和可靠的重要参考数据和样本。

十、社区矫正执行的法律监督

对社区矫正工作人员的权责以及监督问题进行规范上的明确化和法定化，保障社区矫正工作人员依法履行职责，是社区矫正执行的重要制度性保障。因此，近来如何对社区矫正进行法律监督的问题逐渐受到社区矫正理论和实践部门的重视。

不少文献谈到了社区矫正监督的意义，如利于维护社区矫正工作人员的职务廉洁和避免腐败；维护司法公正与权威；维护社区矫正对象的基本权利；促进社区矫正工作的顺利进行等。有文献特别指出，因为我国当前基层司法所存在诸多问题，所以特别需要对其所从事的社区矫正工作进行监督。然而，有文献指出，对社区矫正工作人员的监督缺乏一定的依据。原因在于，社区矫正工作人员的主体不仅包括国家工作人员，而且还包括社会工作者、志愿者以及基层群众性自治组织等。检察院如果实施检察监督，只能对执法机关的执法活动的合法性进行监督，这些非执法主体在参与社区矫正中的活动时就不大可能受到检察监督的制约，也就很难保证检察机关对社区矫正的有效监督。[2]

有文献从检察监督的主体角度，对检察监督的问题进行了概括，进而指出，检察监督流于形式，没有法律依据，监督组织机构不健全，以书面监督为主，监督手段落后，工作协调机制比较缺乏。[3]在对检察监督问题进行分析的基础上，有文献提出了检察监督模式与制度设计方案，主要包括职责的

---

[1] 金碧华：《支持的"过程"：社区矫正假释对象的社会支持网络研究》，法律出版社2014年版，第1~15页；刘志伟等：《中国社区矫正立法专题研究》，中国人民公安大学出版社2017年版，第301~352页；韩巧香："台籍犯罪人在大陆适用社区矫正的路径探析——以社会力量整合参与为视角"，载《闽南师范大学学报（哲学社会科学版）》2019年第4期，第53~58页；但未丽："犯罪学视野中的农村社区矫正问题与出路——基于农村社区王镇的实证研究"，载《公安学研究》2020年第3期，第57~69页；金碧华："社区矫正假释人员回归社会的障碍分析及破解策略"，载《犯罪研究》2020年第3期，第20~32页。

[2] 本丽萍、李金杨："当前社区矫正检察监督存在的问题和完善建议"，载《法制博览》2013年第5期，第130~131、123页。

[3] 李春雷、张云霄、孙凯："关于我国社区矫正法律监督制度完善的研究"，载《中国检察官》2013年第7期，第35~37页；李训伟："社区矫正中的刑事执行监督问题研究"，载《中共山西省委党校学报》2020年第2期，第88~92页。

明确化、机构设定与工作协调的法定化以及监督内容的规范化等。[1]

十一、社区矫正的立法原则、模式与评价

随着我国社区矫正立法呼声的高涨，不少文献开始对我国社区矫正的立法问题进行了专门研究。早期有文献对我国社区矫正试点的原则进行了讨论；[2]后来，有文献指出社区矫正立法应坚持开放性和灵活性原则、[3]一体化和统筹原则、[4]渐进原则；[5]也有文献明确提出社区矫正立法应当遵循分类矫正原则、监管教育帮扶相结合原则、保障安全与鼓励改造相结合原则以及国家主导与社会参与相结合原则。[6]基于此，有文献进一步总结了我国社区矫正立法可能存在的"先上而下"和"先粗后细"两种模式，在对这两种模式进行优劣比较的基础上指出我国当下社区矫正立法必须注意服刑人员的认罪悔罪、危险评估与管理以及项目矫正等三大核心性问题。[7]

近年来，随着国家关于社区矫正立法的调研逐渐深入以及立法草案的出台及多次征求意见，有一些文献便专门以社区矫正立法作为专项课题，集中对社区矫正的立法原则、立法模式以及具体内容等问题进行专题性研究，形成了社区矫正立法问题的专家建议稿。[8]同时，随着社区矫正实践的深入发

---

[1] 参见凌高锦："中国社区矫正检察监督的实践、省思与完善"，载《北京政法职业学院学报》2020年第1期，第11~15页。

[2] 参见王珏："关于社区矫正试点工作的几点思考"，载《中国司法》2004年第1期，第52~54页；章恩友、刘恒志："开展中国特色社区矫正工作的思考"，载《中国监狱学刊》2005年第1期，第125~129页。

[3] 参见刘守芬、王琪、叶慧娟："社区矫正立法化研究"，载《吉林大学社会科学学报》2005年第2期，第25~33页。

[4] 参见冯卫国、储槐植："刑事一体化视野中的社区矫正"，载《吉林大学社会科学学报》2005年第2期，第20~24页。

[5] 参见翟中东：《中国社区矫正制度的建构与立法问题》，中国人民公安大学出版社2017年版，第270页。

[6] 参见张新民、刘远主编：《中国社区矫正制度与立法研究》，世界知识出版社2019年版，第48~55页。

[7] 参见刘志伟等：《中国社区矫正立法专题研究》，中国人民公安大学出版社2017年版，第7~13页；翟中东：《中国社区矫正制度的建构与立法问题》，中国人民公安大学出版社2017年版，第270~273页。

[8] 参见王平、何显兵、郝方昉：《理想主义的〈社区矫正法〉——学者建议稿及说明》，中国政法大学出版社2012年版，第1~11页；赵秉志主编：《社区矫正法（专家建议稿）》，中国法制出版社2013年版，第1~10页；刘志伟等：《中国社区矫正立法专题研究》，中国人民公安大学出版社2017年版，第1~6页；张新民、刘远主编：《中国社区矫正制度与立法研究》，世界知识出版社2019年版，第1~4页。

展，社区矫正推行的实践效果为国家和官方所肯定，国家将社区矫正的定位逐渐提升，至今已经将其定位为能够实现国家治理体系和治理能力现代化与法治化的中国特色制度，因此，伴随着对社区矫正立法问题的研究，一些文献开始就我国社区矫正的制度特色和发展构建问题进行专门研究，[1]也就是说，着重对我国社区矫正实践过程中所形成的具有国别性特色的重大问题，如中国社区矫正的性质特点、地域差异与特色、领导组织管理、社会力量参与、制度衔接、调查评估、执法规范化、分类分级管理、权利保障与救济、教育矫正方式、物质与经费保障、宣传推广与考核评估以及法律监督等问题，进行深入总结、分析和研究。[2]

除了对我国社区矫正立法的原则与模式进行探讨之外，有文献对我国社区矫正法律制定过程中的主要问题进行了系统梳理和总结，指出社区矫正的性质、社区矫正的组织安排、社区矫正执行人员的身份以及社区矫正制定的法律根据等问题属于"影响和制约我国社区矫正立法进程的四大核心问题"，以此为基础，该文献运用规范分析方法对我国社区矫正立法的基本立场和发展趋势问题进行了较为完整、态度鲜明的论证和说明。[3]此后，随着《社区矫正法》颁布并生效以及与之配套的《社区矫正法实施办法》的发布，不少文献对《社区矫正法》的立法理念与精神、立法特色与制度亮点以及法治意义等问题进行了系统性总结和梳理；[4]同时，有文献对《社区矫正法》生效之后的社区矫正工作主体职责与工作内容的变化与对比、面临机遇与风险应对以及《社区矫正法》实施效果和执法难点等现实性问题进行了较为全面和

---

[1] 参见高贞主编：《中国特色社区矫正制度研究》，法律出版社 2018 年版，第 1~3 页。

[2] 参见梅义征：《社区矫正制度的移植、嵌入与重构——中国特色社区矫正制度研究》，中国民主法制出版社 2015 年版，第 1~3 页；廖斌、何显兵：《构建中国特色的社区矫正制度研究》，中国政法大学出版社 2019 年版，第 1~3 页。

[3] 参见郭华："《社区矫正法》制定中的争议问题研究"，载《法学》2017 年第 7 期，第 102~111 页。

[4] 参见王顺安主编：《社区矫正法治研究》，中国政法大学出版社 2021 年版，序言第 1~13 页；周鹏："社区矫正的理性回归——兼评《中华人民共和国社区矫正法》"，载《犯罪与改造研究》2020 年第 1 期，第 63~68 页；吴宗宪："《社区矫正法》的重要价值"，载《中国司法》2020 年第 2 期，第 81~84 页；鲁兰："《社区矫正法》的精神意蕴与价值追求"，载《河南司法警官职业学院学报》2020 年第 2 期，第 34~39 页；吴宗宪："我国社区矫正立法的历史地位与立法特点"，载《法学研究》2020 年第 4 期，第 55~72 页；连春亮："《社区矫正法》出台的意义与特点"，载《犯罪与改造研究》2020 年第 4 期，第 19~24 页；严庆芳："《中华人民共和国社区矫正法》立法理念之嬗变"，载《中国监狱学刊》2020 年第 4 期，第 143~147 页。

深入的探讨和论证；[1]另外，有文献在肯定《社区矫正法》的价值和意义的同时，着重指出了该法存在的一些问题和不足，认为如矫正的性质、社区矫正机构执法与辅助机构的关系以及辅助机构的法律地位、社区矫正工作的经费保障制度、社区矫正工作人员的身份特别是社区矫正工作人员的警察编制、社区矫正机构权限内的独立处罚制度与强制措施以及社会力量参与社区矫正模式等都非常值得进一步深入研究，应扩大缓刑和假释的适用率，明确社区矫正的法律性质，加强社区矫正的组织保障，真正促进社区矫正机构的规范化、正规化与专业化，真正关注社区矫正立法之后的制度发展与创新空间。[2]

十二、社区矫正的历史及其经验

在我国社区矫正理论研究中，关于国外社区矫正基础理论、制度体系与实践操作等知识的引入和介绍，是有关社区矫正的一种重要知识来源。早期，有文献编译了世界主要国家的社区矫正法律法规以及具体的操作性规范；[3]后来，亦有文献基于我国社区矫正理论研究和实践过程中的一些基本争议问题以及亟待解决的实践问题，对发达国家比如美国的社区矫正历史发展变迁及其经验、[4]主要国家的社区矫正管理体制、[5]德国刑事执行制度及其社会

---

[1] 参见崔会如："《社区矫正法》实施背景下司法行政机关的机遇、挑战及应对"，载《天津法学》2020年第1期，第88~94页；连春亮："社区矫正的风险认知与管控体系构建"，载《宜宾学院学报》2020年第3期，第36~43页；邹屹峰："《社区矫正法》实施前后社区矫正工作对比分析"，载《中国司法》2020年第4期，第62~66页；张荆："《社区矫正法》的立法意义与执法难点"，载《犯罪研究》2020年第4期，第6~17页；王红星："社区矫正法实施后社区矫正工作风险防范问题探讨"，载《河南司法警官职业学院学报》2021年第1期，第29~32页、第33~39页；连春亮："社区工作面临的现实矛盾与破解路径"，载《天津法学》2021年第2期，第74~80页；连春亮："社区矫正工作新理念、新特征和新判断"，载《河南警察学院学报》2021年第3期；肖乾利、吕沐洋："《社区矫正法》实施效果考察"，载《宜宾学院学报》2021年第4期，第23~32页。

[2] 参见刘强："论社区矫正法律制度的发展创新空间"，载《犯罪研究》2020年第3期，第4~12页；吴宗宪："社区矫正立法的奠基之作和拾漏补缺思考"，载《温州大学学报（社会科学版）》2020年第4期，第36~45页；田兴洪、蒋晓宇："《中华人民共和国社区矫正法》立法评析及完善对策"，载《温州大学学报（社会科学版）》2020年第4期，第54~61页；司绍寒："试论《社区矫正法》的意义与不足"，载《犯罪与改造研究》2020年第6期，第37~44页。

[3] 参见刘强主编：《各国（地区）社区矫正法规选编及评价》，中国人民公安大学出版社2004年版，第1~2页。

[4] 参见刘强：《美国社区矫正演变史研究——以犯罪刑罚控制为视角》，法律出版社2009年版，第3~19页。

[5] 参见刘强主编：《社区矫正组织管理模式比较研究》，中国法制出版社2010年版，第1~12页；武玉红：《社区矫正管理模式研究》，中国法制出版社2011年版，第1~5页。

化处遇、[1]日本社会内处遇制度规定和实践做法等,[2]进行了比较全面、系统和深入的研究;期间,也有文献专门对各国社区矫正制度中的主要具体制度、做法和先进经验进行了全面和系统的比较研究,进而为我国社区矫正的发展方向提供建议和思路,[3]大大拓宽了我国社区矫正的研究视野并提高了我国社区矫正理论的整体研究水平。

第三节 研究总结与评价

结合前文叙述,我们可以对自社区矫正试点开展至今以来的社区矫正研究的知识体系构成和形态以及整体研究状况,做出如下总结和概括。

一、知识体系构成与形态的特色

就我国社区矫正知识体系构成和形态来说,主要有以下三方面的特点:

第一,就我国社区矫正研究的整体状况和水平而言,自我国社区矫正试点开展以来,在党和国家的政策认可、支持和引领之下,社区矫正理论研究已从当初两三年才有一篇研究文献的状况发展到当前有数千篇学术论文、上百本专著和学术著作以及为数不少的国家或省级研究项目的局面,在近二十年的时间里有了长足的发展,甚至形成了我国刑事执行法学和刑罚理论中的一个重要的"知识生产和增长点"。从社区矫正的研究主体来看,有许多不同专业和领域开始集中关注社区矫正问题,除了刑法学和刑事诉讼法学的相关学者之外,法理与法史学、社会学与社会工作、行政与公共管理学、政治学与马列主义、思想政治教育、社会保障、经济管理、人口学乃至档案学和统计学的相关学者,也都开始关注和讨论社区矫正问题。从社区矫正的研究主题来看,从社区矫正的概念、性质到社区矫正的法律监督、再到社区矫正的制度保障与宣传管理评估,可以说社区矫正的方方面面,不同研究主体都已有所涉及,也就是说,关于社区矫正研究的主题和内容,是相当丰富的。

第二,概括而言,我国社区矫正研究的知识体系来源大体上有三个路径方向:一是以引介发达国家特别是英美、德日的社区矫正理论和制度为基础,并以此为参照对我国社区矫正理论和制度的发展提出对策和建议的对策性研

---

[1] 参见司绍寒:《德国刑事执行法研究》,中国长安出版社2010年版,第215~254页。
[2] 参见张荆主编:《海峡两岸社区矫正制度建设研究》,法律出版社2016年版,第1~6页。
[3] 参见吴宗宪:《社区矫正比较研究》(上),中国人民大学出版社2011年版,第1~8页。

究；二是以我国在社区矫正试点开展以来颁布的关于社区矫正的各种规范性文件作为基本逻辑起点，主要对这些规范性文件中具体规定的法律问题、利弊缺陷以及改革方向等问题进行法律规范性和构建性研究；三是以我国社区矫正试点开展以来的某些社区矫正地方实践经验、某些群体适用社区矫正的过程或者某些社区矫正对象的个案观察作为研究的关键着力点，[1]对这些社区矫正具体工作或个案进行社会学意义上的实证和经验性研究。

第三，从我国社区矫正知识体系的构成和形态可以看出，当前我国社区矫正研究主要采用了比较研究和规范研究方法，部分文献则以实证和经验研究为主，但是，在我国社区矫正整个知识体系的构成中，实证和经验研究还是相对薄弱的。据有文献统计，在社区矫正试点开展以来所发表的关于社区矫正研究的近3500篇论文中，只有60余篇论文是针对我国社区矫正问题进行实证和经验研究的。[2]在以比较研究和规范研究为主的文献中，大多是以发达国家或我国社区矫正规范性文件作为基本参照或逻辑起点，对我国社区矫正的立法具体构建和司法适用的完善等问题提出若干修正方案和种种对策性建议，而对于我国社区矫正实践中产生的鲜活的事实或案例缺乏应有的理论总结，对于我国社区矫正实践的地方性差异、地方试点模式经验的示范性效应及其推广的某种文化或区域性障碍、复制可能性和真实性乃至社区矫正试点从整体上表现出来的"中国特色"等问题缺乏应有的关注和深入研究，以致社区矫正理论部门总是呼吁"实践不重视理论"，而实践部门则总是认为"搞的理论根本没法用"，也就是说，我国社区矫正理论与实践、社区矫正制度设计的决策性思路与地方实践中的基层呼声在某些重大问题上产生了一定的疏离和分歧，从而导致我国当前社区矫正的理论和实践不能很好地互相呼应与协调。

二、现有研究的主要问题与困境

当然，不可否认的是，当前我国的社区矫正研究也存在一些非常明显甚至影响到我国社区矫正制度发展方向的致命性问题，这些问题主要包括：

第一，当前对我国社区矫正制度发展的宏观性研究相对缺乏。随着我国社区矫正的实践深入，我国社区矫正理论研究大多集中于社区矫正适用范围、

---

[1] 李全彩、于海平：《社区矫正社会工作实务研究》，华东理工大学出版社2018年版，第1~14页。

[2] 参见崔会如：《社区矫正前沿问题研究》，中国政法大学出版社2019年版，第164页。

工作主体、工作程序、调查评估、监督管理方案与效果、法律监督、权利救济与保障等比较具体的问题领域，绝大多数研究属于中观研究。虽然，有文献一直坚持认为，对社区矫正制度进行具体性的中观层面的研究，稳扎稳打，一步一个脚印地逐渐将社区矫正的全部重要问题搞透彻，能够保证我国社区矫正制度发展的正确性和科学性，或者"自下而上"地进行社区矫正的地方性探索和经验总结能够为我国社区矫正制度发展提供良好的实践经验，并能彰显我国社区矫正的特色，但是，我国社区矫正制度自试点开始，就完全不是纯粹的"自下而上"的由民间力量推动的制度发展类型，而是在党和国家的同意和认可下由权力主导的构建型制度发展模式，所谓的地方试点和经验，也自然是在中央授权的权限范围内展开的，自然无法脱离中央权力的指导、影响和干预；而且，社区矫正在我国地方试点和推行近二十年，已经积累了一些基本经验和方法，正是在国家层面总结地方经验进行全面立法的大好时机，从而进一步发挥国家对社区矫正地方实践中部分不恰当做法的纠偏、首创有效方案的立法吸纳以及对社区矫正整体工作的方向性指引和规范作用；再者，学术研究应当与国家和社会发展的战略布局以及当前重要任务保持一致，应当结合国家当前面临的亟待解决的重大实践问题优先考虑学术研究的方向、策略和主题。因此，当前应当着重从宏观角度，对中国社区矫正制度整体性的经验总结和立法吸纳以及在试点实践过程中所形成的不同于发达国家社区矫正的"中国特色"问题进行综合性的研究，为社区矫正立法以及社区矫正立法之后的制度发展提供方向性建议和指引；与此同时，我国当前的社区矫正研究，大多将社区矫正定位为单一的法律制度构建范畴之内加以研究，很少将其置于国家治理体系和治理能力的现代化与法治化战略任务、基层与特殊社会群体治理、社会多元参与共治、刑事执行统一化与一体化等宏大背景之下进行分析，因此，扩展社区矫正研究视野，以国家和社会的进一步深化改革与治理现代化及法治化为背景，分析社区矫正制度的现实困境和改革方案，才能真正促进刑事实体制度、程序设计与刑事执行乃至法治建设的进一步发展。

第二，当前对我国社区矫正制度发展的基础性理论研究尚待深入。我国社区矫正的研究成果和知识生产总量虽然在不断攀升，但实际上对于社区矫正领域的一些最为基础的信条性问题，仍然缺乏深刻的研究阐述，如，对社区矫正的基本概念、性质，特别是中国社区矫正区别于发达国家社区矫正性质的特色等基础性理论问题缺乏深入的探讨。在社区矫正领域，为人们广泛关注的社区矫正立法与制度建设、社区矫正的具体操作与执行过程或方案的研究，其实，从学科属性来讲，都应当纳入广义上的刑事法特别是刑事执行法的研究领域。但令人遗憾的是，我国刑事法学界对于社区矫正的关注度仍然非常低，绝大部分理论工作者还是倾心于对犯罪论的研究，而对刑罚论、刑事执行方面的基础性理论问题兴趣匮乏。刑法理论、社区矫正研究以及刑罚学理论之间缺乏对接和互动，实际上对于社区矫正方面的很多基础性问题的合理解决，产生了一些不好的影响。比如，关于缓刑的性质到底属于刑罚裁量制度还是刑罚执行制度的争论，本身就是刑法学中的基本理论问题，如果对这个问题不能合理说明，就会从根本上影响到社区矫正适用对象的具体称谓以及范围、社区矫正机构设置以及警察是不是需要配备、社区矫正教育矫正与帮扶的逻辑关系及其顺序侧重、考核奖惩的方案设计以及社区矫正执法权限的限度等事关社区矫正制度设计全局的重大基本争论的解决乃至我国社区矫正制度发展的基本方向；再如，对于社区矫正适用规模及其比例结构问题的讨论，从根本上来讲仍必须结合我国刑法的刑罚目的、犯罪边界、刑罚结构、罪与刑的比例配置以及未来走向乃至刑罚裁量的价值选择等基础性理论问题进行思考，才能真正得出具有规范性、科学性和可预见性的可靠结论。

第三，当前对我国社区矫正制度发展的理论研究的质量和层次有待提升。虽然我国社区矫正的理论研究不断朝着纵深方向逐渐发展，而且受到国家高级别学术资助的项目也在逐年增多，但是实际上，我国社区矫正理论研究仍然存在创新不足、观点不透彻的问题。许多社区矫正理论研究文献内容比较空洞，数据陈旧，说服力和针对性不强，理论深度和厚度不够，诸多不同观点的确存在，但是，在不同观点之间的讨论互动、争鸣辩驳与发展完善，并不多见，以致多年后，不同文献的观点仍然在不同的场合各自顽强坚持或固守，变化不大。虽然学术期刊分级体系当前被诸多学者所诟病，但是，按现有学术期刊的普通和核心分级标准可以看到，在 2008 年之前，以社区矫正为主题发表在核心期刊上的论文非常少，在近十年中，虽然有所增长，但仍然在 100 篇左右。社区矫正理论研究成果发表层次较低，也从一个侧面说明了社区矫正研究当前的创新性不足的问题。

第四，当前对我国社区矫正制度发展的理论研究方法的运用仍需改进。除了前文提到的当前社区矫正理论研究的实证和经验方法欠缺之外，当下的研究还存在一些其他问题。

一是，我国当前关于社区矫正的研究，规范、事实与价值之间的区分问题并没有得到重视，甚至根本没有加以区分。换言之，文献往往没有注意到"应当怎么样"（应然或价值）和"法律规定怎么样"（规范）以及"实际情况怎么样"（事实）之间的界限问题。

前文已述，社会学或社工层面的研究，大多专注于事实性研究，即往往采用个案分析或者社会统计等研究方法研究社区矫正的具体监管措施、矫正方案以及帮扶实例，进而得出事实性的结论。法学层面的研究，要么从社区矫正地方性实践做法出发，总结和归纳出当前社区矫正的不足，进而为社区矫正立法或制度发展提供一些建议，即采用了从事实到价值的研究思路；要么从社区矫正的已有规范出发，采用规范分析的方法，对社区矫正立法或制度完善提供规范性建议，即体现了从规范到价值的研究思路；要么以对发达国家社区矫正制度、技术和规范的做法的引介为前提，进而提出我国社区矫正制度构建和发展的对策性建议或方案，即体现了运用比较方法达致价值的研究思路。然而，在这些研究中，特别是法学领域的研究，往往忽视事实性研究、规范性研究以及价值性研究之间的差异，要么使用事实性研究的结论攻击价值性研究的方案，要么使用规范性研究的观点否定事实性研究的意义和结论，要么将规范性研究和价值性研究的结论予以混淆，不一而足，从而使得研究的观点和结论往往出现话语平台不一致或各说各话的问题。

如，就社区矫正的性质问题而言，有些文献是以将来我国社区矫正性质"应当怎么样"（应然或价值）定位作为逻辑起点展开讨论，有些文献则是把我国当前国家层面的规范性文件中有关社区矫正的概念（规范）作为逻辑起点展开讨论的，由于两者逻辑起点本来就不同，因此在具体观点上产生分歧和矛盾是必然的。更令人担忧的是，一些支持某一方观点的文献，在进一步阐述支持理由或反对另一方的理由时，往往有意无意地忽略关于分歧和矛盾的深层原因，根本不注意不同观点的逻辑起点和具体语境平台的差异问题，因此使得相关问题的矛盾和分歧进一步扩大。

再如，针对社区矫正对象的范围问题，从规范（当前已有的关于社区矫正的统一性规范）为基点进行研究得出的结论，必然和从价值（社区矫正的未来走向）为基点进行研究得出的结论，存在着诸多不一致之处。因此，在对这一问题进行研究的过程中，要特别注意研究的逻辑起点、语境和基本立场，否则根本无助于深化和提升中国特色社区矫正制度的理论研究层次。

二是，我国当前关于社区矫正的研究，在概念设定的精准性方面存在较大问题，从而使得学术讨论和争鸣缺乏沟通和共许的前提性条件。社会科学特别是法学，由于其自身性质的原因，本身就应当是注重精确性的科学。精确性，首先要求概念必须准确，内涵和外延清晰。然而，令人遗憾的是，在社区矫正研究领域，对一些本来就属于非常基础的需要科学界定的专业性和信条性的概念，无论是学术文献和国家层面的规范性文件，都存在着语言学上的歧义或争论。如对"非监禁刑罚执行"这种概念的表述，由于汉语语词的多意性，不同的人完全可以根据不同的语言习惯，进行不同的断句和理解，对此，这一概念在"非监禁性刑罚的执行"以及"非监禁性的刑罚执行"两种意义上进行理解，在语义学上其实并没有什么问题，也都符合大众的表达习惯，然而，这两种理解在法学上的规范意义却完全不同，因为这两种不同概念至少影响到了社区矫正适用对象的范围和边界等重大问题。而对于这一概念的含义究竟为何的基础性问题，在国家层面的规范性文件出台以后，相关起草人士或专业人员并没有进行专门解释，以至于人们对此问题的争议和分歧越来越大。

另外，在不同的学术文献中，确实存在着对基本概念使用的不一致或模糊问题。比如，关于社区矫正的性质问题，重点在于如何理解"性质"这一概念，然而很多文献却并没有重视这一概念的现代汉语语义，而将"特征""特点""属性"等概念与之混用，由此产生了很多本不必要的争论。一般而言，性质就是一事物区别于其他事物而成为该事物内部所特有的规定特征，是一个事物的根本属性。这一根本属性使得该事物区别于其他事物，而且根本属性只能有一个，而"特点""特征""属性"等是根本属性的具体表现形态，可以有多种表现形式。在研究社区矫正的性质问题时，我们要讨论的就是社区矫正区别于监禁矫正等方式的根本属性问题，只有搞清楚了社区矫正的根本属性问题，我们才能真正懂得社区矫正究竟是什么。在当前的研究中，不少文献实际上将一些属于社区矫正的某种特点、特征或者某一项内容或措施或者监管和教育中的特定方法混淆为性质，这样，人们本来就对社区矫正尚未熟悉，再在这种片面的知识引导下，使社区矫正性质这一本来相对简单的问题变得异常复杂，甚至影响到了社区矫正制度的发展问题。

再者，不同文献在引进和借鉴发达国家社区矫正理论和实践中的具体概念和做法时，并没有对这些概念进行深入研究，更没有与我国的相对应的类似概念进行比较性研究，而是抱着"拿来主义"的态度，一看到国外的概念便如获至宝，匆忙之间便引入我国，从而使得相关研究更加复杂、混乱。

三是，我国当前关于社区矫正的研究，缺乏对我国国情的深刻体悟以及调查研究方法的运用。客观而言，当前关于社区矫正的研究，很多文献对于我国国情的时空特色及其与社区矫正的关系问题缺乏深刻理解和调查研究。

所谓时间特色，即我国社区矫正实践发展的历史性和阶段性；所谓空间特色，即我国社区矫正实践发展所依赖的国情与地域特征。众所周知，社区矫正这个概念，在我国刑事执行实践领域出现，也仅有二十年左右的时间，而且社区矫正的实践工作者们大多没有社区矫正的专业知识背景，对于社区矫正的设置理念、制度优势、思维方式以及工作方法等并没有完全深入地了解掌握和熟练应用，而且，在我国广大公众的社会心理意识形态中，惩罚性的报应观念，一直非常强烈。对于罪犯而言，不仅是大众甚至很多基层的刑事司法系统的工作人员也都坚持认为"罪犯坐牢是罪有应得的报应"，认为将罪犯放在社区是"对他们太好了"，会"让整个社区觉得不安全"。在惩罚性报应观盛行的国情之下，我们构建社区矫正制度，不能不考虑国家、社会和一般公众多方面的态度，不得不考虑对罪犯惩罚、教育以及帮助的相互协调问题，不得不考虑对罪犯权利义务以及社区矫正工作人员的权力义务的科学适度分配问题，甚至还不得不考虑社区矫正在不同地域如东部和中西部、沿海与内地，南方和北方等的差异性问题，而且，还要考虑国家的长远发展方向，考虑如何慢慢引导和改变大众和基层司法实践工作人员的固有思维。在这种复杂的情势下，中国特色社区矫正制度的建立和发展，绝对不可能仅仅将发达国家社区矫正的理念、成功经验以及具体操作规程原原本本移植过来，只能是在实践中有选择性地参考发达国家经验，不断总结和归纳不同地区社区矫正实践的经验和特色，从而在上下互动的基础上，推动社区矫正制度的发展和完善。

第四节　研究思路与方法

在本书中，我们拟对中国特色社区矫正制度构建和发展过程中最基础性的问题进行宏观角度的研究。

首先，本书将采用比较宏观的叙事方式，对社区矫正制度中最为基础的社区矫正创制背景与意义、社区矫正性质与特色、社区矫正对象及其权利义务、社区矫正组织机构及其人员、社区矫正基本任务、社区矫正程序及其法律监督以及社区矫正法学的构建与发展等问题进行综合性和体系性研究。当然，这并不排除对社区矫正中一些核心性的更为具体的重要制度进行深入和细致的分析。同时，有必要指出的是，近来有一些文献专门将社区矫正立法作为社区矫正制度研究中的一个子项主题加以研究，虽然，社区矫正制度发展并不会随着社区矫正立法而停顿，而且，社区矫正立法原则、模式和立法的评价等问题，确实属于立法中所必须讨论的宏观问题，从这一角度而言，两者确实有一定的差别，但实际上，社区矫正制度构建和发展所研究和讨论的问题，绝大部分都是在社区矫正立法中存在较大争议但必须解决的问题，因此，将社区矫正立法专门放在社区矫正制度框架下进行研究，本身在逻辑上就存在着不恰当之处。也就是说，相关学术文献中所争论的关于社区矫正制度构建和发展的问题，绝大部分是与社区矫正立法所要解决的问题相一致的，对此没有必要为了凸显主题新颖性而将研究内容做过多的拆分和区别。

其次，本书将特别坚持相对温和的"国家—权力"立场，重在强调我国社区矫正制度是一种构建型的发展模式。坚持相对温和的"国家—权力"立场有两方面的基本表现：

一是强调党和国家对社区矫正制度设计和推进方面的积极作用。应当承认，这一点是我国社区矫正制度设计和立法的重要特色。发达国家社区矫正的起源和发展的过程有着浓厚的自治性色彩。社区矫正的具体工作有大量的宗教、民间组织和社会力量以及志愿者广泛参与，在发展到一定阶段之后国家才通过立法方式吸收和确认了社区矫正制度，进而广泛承认和吸纳宗教、民间组织和社会以及志愿者的力量，共同完成社区矫正工作。而在我国当前，推动社区矫正制度设计和立法的力量主要源于国家，并且，由于历史传统、经济水平以及政治体制等多方面的原因，我国的民间组织、社会团体和志愿者参与社区矫正的积极性和力度并不高，社区也刚刚开始脱离行政单位或行政村落色彩而稍有发展，因此，我国社区矫正的主导力量自然是国家。在这种历史和现实条件下，我国所形成的社区矫正的措施、管理方式以及实施主体等一系列的制度构建，都自然会与发达国家的社区矫正有着重大差别，形成典型的中国特色。

二是强调国家在社区矫正制度构建和立法设计中的主导作用，围绕着国家权力行使这一最为基本的共识性思路推进我国社区矫正制度的发展。这一立场就要求我们首先要明确我国社区矫正制度最为基本的性质是一种国家正常行使权力的刑事执行制度。亦即，我国社区矫正制度发展中的重点问题，如怎样规定和设置社区矫正组织机构和人员、怎样规定社区矫正基本程序、怎样安排社区矫正基本任务等，都应当本着社区矫正是一种社会化和非监禁性的刑事执行制度而展开，因此，社区矫正是一种中国特色的刑事执行制度，是本书的逻辑起点和基本定位。

最后，本书将特别重视信条学的思维方式及其实践意义。所谓信条学的思维方式，并非像解释学那样严格依照和遵从现有法条对法如何适用进行理论说明，而是对所研究领域中最为基础、最为根本的问题进行原理性的研究。信条学特别强调基本概念和基础理论的广泛接受性、不可动摇性和不证自明性，意在对法中已经被人们广泛接受的、作为理论研究和体系构建前提的基本概念和原理进行研究和讨论。因此，信条学的研究思路，不仅当然地包括对现有法规范的解释和说明等工作，而且还包含着对实定法的修改与完善、司法适用乃至执行等诸多领域进行批判、指引、支持、构建与检验的任务。因此，对我国社区矫正制度研究采用信条学的思路，对社区矫正中最为基本的核心问题进行原理性研究，不仅需要对我国当下和历史上的关于社区矫正的规范进行分析、评价乃至重构，还要对实践做法的经验和效果进行评价、总结和归纳，同时在此基础上指明我国社区矫正制度设计与立法及其未来修改的正确发展方向。社区矫正信条学的研究思路，包括和依赖现有制度规则，但高于现有制度规则，它可以很好地为社区矫正制度发展、理论体系构建以及学术交流和争议提供能够为绝大多数人所接受的基本对话平台、基本概念和基本思维方式，为社区矫正制度发展理清最基本的思路并指明方向，这一点在我国当前社区矫正理论研究比较混乱且没有实质性进展的状况下，就变得尤为重要。

具体而言，本书主要采用以下专业研究方法：

第一，逻辑思辨方法。逻辑思辨方法，主要是对社区矫正制度设计和发展的基本立场、基本性质以及发展方向等重大问题进行抽象的思辨性研究，并对其中的制度规范进行介绍和客观性的描述，从而构建合理研究体系，正确总结和归纳我国社区矫正制度发展的基本经验、掌握社区矫正制度的基本规律，指明社区矫正发展的基本方向。

第二，实证和经验方法。由于本书重点强调我国社区矫正制度区别于发达国家社区矫正制度的基本特色，因此，本书非常关注实证研究方法。实证研究方法讲究将地方经验进一步升华、提升出问题和理论，再在此基础上归纳出结论。因此，本书在调研过程中，深入基层，对具有地方特色的北京、上海、杭州、徐州、苏州、嘉兴以及中部若干城市的社区矫正实际工作情况、

绪 论

形成的基本工作思路和经验以及实际存在的问题和困难进行专门的调查研究，从而获得第一手资料。在比较各地做法和经验的同时，试图寻找和归纳各地经验中的共性特征，并且，在厘清各地做法的问题和实际困难的情况下，归纳具有共性的问题和结论，进而考虑社区矫正示范地区的经验是否具有可复制性、如何推广以及推广中的地域文化性差异等问题，从而为全国性的立法及其修改提供可靠的经验性和实践性素材。

第三，文献分析方法。由于实证和经验研究方法掌握的一手资料比较有限，难免挂一漏万，所以，本书同时关注和搜集有关社区矫正制度设计与发展的经验性文献及其报道。通过文献或报道的分析和整理，获得一定的补充性知识和资料。同时，对于世界范围内的社区矫正的立法规范和制度设计方面的文献资料，也进行了收集整理和分析，从而比较客观和全面地掌握其知识背景、体系和内容。

第四，比较分析方法。应当说，在本书中比较分析方法是一项非常重要的方法，是贯彻研究始终的。本书将始终贯彻"中国的问题，世界的做法"的比较研究思路，在正确了解并比较发达国家社区矫正的实践经验和做法的前提下，展开对中国问题及成因的总结、比较及深度分析，并在此基础上对中国问题的基本立场和制度设计进行讨论。比较研究是非常重要的研究方法，只有在对发达国家社区矫正制度全面了解和分析的基础上，才能发现中国社区矫正的特殊与特色之处，才能真正提高社区矫正立法与制度发展的科学性和现代性。同时，比较研究有助于在对差异和共同点进行深入分析的基础上发掘发达国家社区矫正的本质性和共性的原则与信条，从而为跨区域的法文化交流提供一个相应的契机和范本。当然，由于本书重在强调我国社区矫正的中国特色，而非专门的制度性比较研究，因此，只有在一些涉及中外社区矫正制度的重大差异等问题方面，才着墨较多地介绍发达国家的做法和经验。

第五，价值分析方法。价值分析，是在占有、引介和分析实证性的、域外的以及国内的文献资料的基础上，对于一些基本问题的价值评价和判断。应当说，价值分析，是在运用前述分析方法的基础上所必须依据的一种方法，这就涉及立场和价值观念的问题。价值分析特别注重利弊分析和功能性的分析，因此，在对社区矫正制度设计的选择，特别是在面对如何处理纷繁复杂的国外制度经验的问题方面，会发挥非常积极的作用。

第五节　研究创新之处

本书力图实现研究思路和立意、研究体系和结构以及具体观点等方面的创新。

第一，前文已述，本书将在宏观视角下，把我国社区矫正制度置于国家治理体系和治理能力现代化与法治化、基层与特殊社会群体治理、社会多元参与共治、刑事执行统一化与一体化等重要的国家战略与宏大背景之中展开研究，并特别强调我国特有的历史文化传统、制度背景、公众社会心理结构、现有学术研究水平与资源的特殊性，强调社区矫正在中国实践中的国别特色和地方性经验。换言之，以中国特色作为我国社区矫正制度构建和发展的切入点和基本立场，本身就是一种思路和立意上的创新。

第二，本书本着信条学的思路，只对我国社区矫正实践与理论争议中最关键最核心的几个信条性问题进行体系性和原理性研究，而这几个信条性问题可以说是任何社区矫正研究领域的文献都不可绕过的问题，因此，将社区矫正研究中最核心和最基础的问题进行深入探讨，在宏观视角下对体系性和综合性研究的深度予以拓展，将核心问题彻底搞清楚，意在充分发挥信条学研究思路对社区矫正制度体系性和全局性研究的批判、指引、构建、评价、检验功能，而不是着眼于对某一具体制度的构建和完善及对策建议。从这一意义上讲，本书以信条学思路为基础，形成社区矫正研究的新体系和新结构，本身也是创新。

第三，本书在具体观点和结论方面多有创新。如对我国社区矫正创制的基础、目的与意义、社区矫正的刑事执行性质定位、社区矫正对象范围设定的法理原因以及对象扩张的近期与长远策略、社区矫正机构设定的行政执法权与处罚权分立模式及其改革方向、社区矫正任务之间的刑罚目的逻辑关系及其制度顺序安排、社区矫正衔接顺序的制度发展及其衔接程序的替代性方案、社区矫正法律责任的承担方式和法律监督的规范化、社区矫正适用规模制度障碍的成因及其刑法轻罪体系构建的改革方向，以及中国特色社区矫正制度发展的学术保障等问题，本书都提出了具有理论创新性并兼具实践可行性和操作性的一系列观点、结论与对策方案。

绪 论

本章小结

对我国社区矫正实践与立法的基本制度问题进行规范性和信条性的法学研究，可以为正确认识、理解和运用《社区矫正法》提供可靠保障；可以为《社区矫正法》适用和执行过程中具体操作规则的确立提供理论支持与对策建议；可以为社区矫正制度的完善以及社区矫正理论的纵深发展形成为理论与实践各方所共同认可的逻辑起点和话语共识；可以为刑事执行法学、刑法学乃至刑事程序法学理论与实践的发展提供学术基础与理论思路；可以为国家治理体系和治理能力现代化与法治化提供良好的制度契机与理论根据。我国社区矫正的研究文献，集中关注社区矫正的基础理论、法律性质与定位、适用范围与边界、执行主体与工作机构、危险控制原则与评估、基本工作任务、社区服刑人员的权利和义务、社区矫正的运行程序设计、特殊群体的社区矫正机制、法律监督制度、中国社区矫正的立法原则、模式与评价以及社区矫正域外发展变迁与经验等问题。总体而言，社区矫正研究已经逐渐成为我国刑事执行法学以及刑法学理论中的重要知识生产和增长点，这不仅表现为社区矫正理论研究的主题、内容和领域相当丰富，而且表现为我国社区矫正理论研究的知识来源与研究方法呈现出多样性的特征。然而，不可否认的是，在社区矫正研究领域，关于中国特色社区矫正制度的宏观性与基础性理论研究较为缺乏，整体研究水平和层次有待提升，且研究方法有待改进。鉴于此，本书将采用比较宏观的叙事方式，对中国特色社区矫正制度中最为基本的问题进行综合性和体系性的法学研究，特别强调我国社区矫正制度的构建性发展模式特色，关注国家在社区矫正制度构建中的主导作用，重视法信条学的思维方式及其意义，充分实现中国特色社区矫正制度研究在思路与立意、研究方法以及具体观点和结论等方面的创新。

第一章　中国特色社区矫正的创制与意义问题

我国的社区矫正制度，是贯彻宽严相济刑事政策，推进国家治理体系和治理能力现代化与法治化的一项重要制度创新。我国的社区矫正制度，是以我国国情和长期的刑事司法经验为基础，借鉴和吸收发达国家的成熟经验和有益做法，逐步发展起来的中国特色的非监禁性的刑事执行制度。自21世纪初至今，经过社区矫正理论与实践工作者的不懈努力与大胆探索，我国社区矫正工作已经取得了丰硕的成果，积累了宝贵的经验。为了总结和提炼社区矫正工作的实践经验，确认和推广可复制的行之有效的实践做法，并解决社区矫正实践中存在的突出问题，我国制定了《社区矫正法》。《社区矫正法》的颁布，标志着我国社区矫正工作进入了法治化的新时代。显然，在《社区矫正法》出台以后，有关社区矫正制度设计和立法修改的大规模讨论将暂时告一段落，但是，以《社区矫正法》为基础的社区矫正制度仍然会进一步发展和完善，同时，基于《社区矫正法》所建立的社区矫正法学理论也将进一步丰富和深化。因此，回顾我国社区矫正这一伟大制度创新的时代背景与历史进程，梳理社区矫正的基本概念，感悟社区矫正创制的初心与目的，归纳我国社区矫正创制与立法的历史贡献与现实意义，对于我国社区矫正的制度发展以及社区矫正法学理论的深化具有重要作用。

第一节　社区矫正概念及本土化界定

社区矫正起源于发达国家，自产生以来至今仅有一百多年的历史。当前，虽然世界上主要的发达国家非常广泛地运用社区矫正制度，但是，由于发达国家的社会历史、政治文化背景存在差异，不同国家对社区矫正的认识和理解仍然存在着较大的差异，因此，发达国家对社区矫正的概念尚没有一个统一的定义，从而使得社区矫正的概念呈现出一种"复杂而开放"

的状态。[1]将一个如此"复杂而开放"的概念与制度引入中国并进行本土化调适，无论是从制度的顶层设计抑或实践推行还是理论研究来说，我们面临的压力和任务都是相当艰巨的。可喜的是，在不足二十年的时间里，社区矫正的概念及其制度已经在我国完成了本土化，并取得了举世瞩目的成就，因此，我们有必要对发达国家的社区矫正概念进行梳理和分析，并以此为参照总结社区矫正概念本土化的依据、经验与特色。

一、发达国家社区矫正的概念考察

（一）社区矫正相关概念的辨析

就不同国家或地区关于社区矫正的立法规定与学术文献来看，除了使用"社区矫正"这一概念之外，不同国家或地区往往还使用一些与"社区矫正"较为类似的概念。如，在欧美一些国家、日本等国家或地区亦称之为"社区刑罚""社区制裁与措施""社会内处遇""社区处遇""更生保护""更生服务"等。[2]也就是说，"与社区矫正制度有关的概念并非唯一，而是一个概念群"。[3]总体而言，经过学术检索与梳理，我们发现，与"社区矫正"较为类似且使用率比较高的概念主要有社区刑罚（Community Sentence/Community Penalty/Community Punishment）、社区制裁（Community Sanction）、中间制裁（Intermediate Sanction）与非监禁刑（Non-custodial Penalty）等。为了真正深入理解"社区矫正"这一概念，我们有必要首先对这些相关概念进行简要的比较和分析。

社区刑罚即指由法庭对犯罪人判决的介于监禁与金钱刑罚之间且需要在社区执行的刑罚种类总称。[4]社区刑罚这一概念主要存在于英国与其他英联邦国家的法律规范[5]与学术文献之中。近来，此概念也逐渐为一些欧洲大陆国家所认可和接受。[6]

社区制裁即指根据相关法律的规定，通过对被告人或罪犯设定特定的条

---

[1] Leanne Fiftal Alarid, *Community-Based Corrections* 3~4 (12th ed., Cengage Learning 2018).
[2] 参见王爱立主编：《中华人民共和国社区矫正法解读》，中国法制出版社2020年版，第14页。
[3] Leanne Fiftal Alarid, *Community-Based Corrections* 3~4 (12th ed., Cengage Learning 2018).
[4] Anthony E. Bottoms, Loraine Gelsthorpe & Sue Rex (eds.), *Community Penalties: Change and Challenges* 1 (Willan Publishing 2001).
[5] Stanley Yeo, Neil Morgan & Chan Wing Cheong, *Criminal Law in Malaysia and Singapore* 61~66 (2th ed., LexisNexis 2012).
[6] Fergus Mcneill, *Community Sanctions and European Penology*, in Tom Daems, Dirk van Zyl Smit & Sonja Snacken (eds.), *European Penology* 171~187 (Hart Publishing 2013).

件或义务而限制其一定的人身自由，并交由特定的机关予以执行的制裁方式或措施。从这一概念的定义中可以看出，社区制裁包括两方面的内容：一是对罪犯在如社区等刑罚执行机关之外的场所执行监禁刑的方法或措施；二是对处于法院审理程序中或法院判处制裁之前的被告人所采取的特定约束性方法或措施。社区制裁最早出现在欧洲委员会（Council of Europe）部长理事会（Committee of Ministers）1992 年通过的《欧洲社区制裁与措施规则》（European Rules on Community Sanctions and Measures）之中，并且，该概念在欧洲大陆国家得到了比较广泛的应用。[1]

中间制裁一般是指处于缓刑即保护观察（Probation）与监禁刑之间的刑罚种类和方法，如罚金（Fine）、赔偿（Restitution）、日报告（Day Reporting）、强化监督（Intensive Supervised Probation/Intensive Supervision Program）、家庭监禁（House Arrest）等。[2]然而，不同文献对中间制裁的具体种类问题如是否应当包含矫正训练营（短期军事化禁闭管制）（Boot Camp）[3]和间歇监禁刑（Intermittent Confinement）[4]等也存在着不同看法。中间制裁这一概念主要存在于美国的法律规范和学术文献之中。

非监禁刑一般是指将犯罪人置于监狱之外的刑事惩罚和制裁的措施和方法的总称。这一概念重在强调刑事惩罚或制裁措施的"非监禁性"，而不太关注这些措施的执行过程，同时，由于这一概念强调"非监禁性"，便不再关注刑事惩罚或制裁措施的持续时间而将大量的中间制裁措施容纳进来。非监禁刑的概念，在国际刑罚学和社区矫正文献中的使用是比较普遍的。

通过对社区刑罚、社区制裁、中间制裁与非监禁刑等概念的简要概括和分析，我们可以得出以下结论：

第一，社区刑罚、社区制裁、中间制裁与非监禁刑等概念特别强调自身的"制裁种类"或"制裁方法"属性，进而较为关注运用这些制裁种类或方法在立法或司法方面的根据。

第二，社区刑罚、社区制裁、中间制裁与非监禁刑等概念都非常关注制裁种类或方法的场所问题，即均主张尽量不要对罪犯或被告人采取剥夺人身自由的监禁性刑罚方法，而应尽最大可能地适用具有开放性的社会化非监禁

---

[1] 参见郭建安、郑霞泽主编：《社区矫正通论》，法律出版社2004年版，第6页。

[2] Norman A. Carlson, Kären M. Hess and Christine M. H. Orthmann, *Corrections in the 21st Century: A Practical Approach* 151 (Wadsworth Publishing 1998).

[3] Joel Samaha, *Criminal Justice* 551~553 (7th ed., Wadsworth Publishing 1998).

[4] Edward J. Latessa & Brian Lovins, *Corrections in the Community* 41~46 (7th ed., Routledge 2019).

性制裁方式。

第三，社区刑罚、社区制裁、中间制裁与非监禁刑等概念所涵盖的具体制裁措施和方法形式多样，内容比较丰富，专业性比较强。

第四，社区刑罚、社区制裁、中间制裁与非监禁刑等概念对制裁措施适用对象的范围和边界，并没有形成统一意见。除了社区制裁的适用对象能够包含罪犯和未决犯之外，社区刑罚、中间制裁和非监禁刑都将适用对象限定为已决犯。

(二) 社区矫正概念的类型化梳理

"社区矫正"这一概念，是由英语"Community Correction"或者"Community-based Correction"翻译而来。前者可以翻译为"社区矫正""社区矫治"或者"社区处遇"，后者可以直译为"以社区为基础的矫正"。前者意为在社区进行的矫正，重在强调与监狱行刑不同的执行场所，注重与监狱监禁性相对应的非监禁性，即不剥夺自由而开展的行刑与矫正活动，后者意为在社区并利用社区开展的各项矫正活动，注重的不仅是非监禁性，而是更为强调依托社区充分利用社会资源参与对犯罪人的行刑、处遇及其教育帮扶活动。应该说，"Community Correction"和"Community-based Correction"这两种不同的概念表述，在矫正理念和价值追求方面，仍然存在着一些细微的差别。"Community Correction"以官方为主导方式开展矫正活动，消极被动的色彩和意味较为浓厚，而"Community-based Correction"以官方和民间相结合的方式甚至是以民间为主导的方式开展矫正活动，积极主动的色彩和意味相对明显。

以世界各国社区矫正及其法律法规所涉范围的广狭程度为标准，我们可以将社区矫正分为最狭义、狭义、广义和最广义四种类型的概念。

最狭义的社区矫正概念，即认为社区矫正是对社区刑罚的行刑与矫正活动。如，美国有文献指出，社区矫正是刑罚的一种或者是与社区刑罚有关的事项，具体包括社区服务、家庭监禁、复合刑罚（Split Sentence）和间歇监禁刑（Intermittent Confinement）等。[1]持此种观点的文献，往往将传统的缓刑（保护观察）和假释排除出"社区刑罚"的范围，即认为社区矫正对传统矫正体系的改革，仅限于法院定罪量刑并被判处非监禁刑罚，在社区并充分运用社区资源以增补、协助和支持传统犯罪矫正的功能。"由于缓刑和假释是监禁刑变通执行方法，是监禁刑的延伸，属于'传统项目'，而不是使犯罪人重

---

[1] 参见[美]大卫·E. 杜菲:《美国矫正政策与实践》，吴宗宪等译，中国人民公安大学出版社1992年版，第290~302页。

新回归和立足社会的革新措施，因而不属于社区矫正的范畴。"显然，"这一类型的定义将社区矫正限定为各种'社区刑罚'的执行活动，其'社区性'在于执行的刑罚本身就是开放式而非监禁性刑罚"。[1]事实上，最狭义的社区矫正概念是以"社区刑罚"这一概念为前提和根据产生的，社区刑罚属于刑罚种类或方法，那么，社区矫正自然就成为与社区刑罚的判决和执行有关的事项。根据英国2002年《刑事司法法》（The Criminal Justice Bill）有关社区刑罚及执行的规定，英国的社区矫正可以归入最狭义的社区矫正概念这一范畴。英国的社区矫正属于与社区刑罚有关的事项，只不过，英国的社区刑罚是由多个单独的社区矫正令组成，属于多元化的刑种，而非单一的刑种。法院对此多以命令的形式作出决定，以至于形成了多种形式的法院社区矫正令。[2]

狭义的社区矫正概念，即认为社区矫正是对罪犯的非监禁性行刑与矫正活动，其目的就是为了避免监狱行刑的弊端，提高教育改造质量，有利于矫正罪犯的心理和行为恶习，促使其顺利回归社会。狭义的社区矫正除包括了最狭义的"社区刑罚"执行外，还包括对"监狱行刑"的短期监禁刑罚的替刑措施和长期监禁刑罚的变更执行制度，即属于传统项目的缓刑和假释。总体而言，狭义的社区矫正概念的适用对象和矫正措施，比最狭义的社区矫正概念都有所扩大，但需要特别指出的是，狭义的社区矫正概念的适用对象仍然只限于经法院判处刑罚的已决犯。

广义的社区矫正概念，即认为社区矫正是在整个刑事诉讼过程中所存在的非监禁刑罚和非监禁处遇措施的总和。如，美国有文献指出，社区矫正是在看守所和监狱环境之外对犯罪人提供监督和服务的矫正工作。[3]从刑事诉讼各环节来看，包括侦查环节为避免看守所羁押的各种转处制度和非羁押保释措施、检察起诉环节的附条件缓起诉和附条件不起诉制度，在审判环节的羁押变更性非监禁取保候审制度、附条件缓判决和缓宣告制度，在执行环节的非监禁刑罚的执行、附条件原判刑罚的缓期执行、暂予监外执行和附条件提前释放的假释执行。具体的社区矫正对象，不仅包括已决犯，而且还包括属于未决犯的犯罪嫌疑人和被告人。在此意义上，美国一些文献往往经常借

---

[1] 王爱立主编：《中华人民共和国社区矫正法解读》，中国法制出版社2020年版，第8页。

[2] 参见陈俊生、郭华主编：《国（境）外社区矫正立法》，法律出版社2013年版，第3页。

[3] Robert M. Bohm & Keith N. Haley, *Introduction to Criminal Justice* 383（Glence/McGraw – Hill 1997）.

用犯罪学的术语，将社区矫正的对象概括性地称之为"犯罪人"。此外，《联合国非拘禁措施最低限度标准规则》（《东京规则》）也采用了广义的社区矫正概念，具体是指，在刑事司法执行工作的各个阶段适用于所有受到起诉、审判或执行判决的人，采用口头制裁、有条件撤销、身份处罚、经济处分和罚款、没收或征用令、对被害者追复原物或赔偿令、中止或推迟判决、缓刑和司法监督、社区服务令、送管教中心、软禁以及在判决后处置准假和中途管教所、工作或学习假、各种形式的假释、宽恕、赦免等方式，以求在罪犯的个人权利、受害者的权利，以及社会对于公共安全和预防犯罪的关注之间达到妥善的平衡。[1]

最广义的社区矫正概念，即认为社区矫正是一切在社区开展的针对犯罪人的非监禁预防性措施、各种形式的行刑矫正项目，以及监督管理和教育帮扶活动。其内容除包括广义的社区矫正之外，还包括犯罪前的针对未成年人虞犯、未达到刑事责任年龄的犯罪少年、社区吸毒、戒毒、戒酒与戒赌人员的社会帮教、刑满释放人员回归社区后的安置帮教、更生保护和预防再犯的各种措施与活动。如，美国1973年通过的《明尼苏达州社区矫正法》，是世界第一部地区性的社区矫正法，就将社区矫正的范围扩大到刑满释放人员。另外，日本的保护观察和更生保护制度就是采用最广义的社区矫正理念及其定义，不仅对成年犯罪人适用暂缓判决、暂缓执行、部分缓刑制度和酌定假释、法定假释及其保护观察，而且对刑满释放人员予以更生保护，甚至对未成年人"虞犯"和"非行"也给予保护观察或保护处分。如，日本1949年通过的《犯罪者预防更生法》明确将更生保护的对象扩及所谓实施了"非行"的人。[2]

通过对社区矫正概念的类型化梳理，我们可以做出以下总结和评论：其一，社区矫正的概念明显具有英美法系国家特别是美国法的色彩；其二，社区矫正的概念特别强调刑罚或制裁的执行内容、措施或方法；其三，社区矫正的概念注重犯罪人刑罚或制裁执行的人道化和社会化，在社区执行刑罚或制裁只是刑罚人道化和社会化的一种比较典型的方式；其四，社区矫正的概念至今也并没有就社区矫正适用对象的范围问题达成一致意见。

（三）社区矫正概念的比较分析

基于对社区矫正及其相关概念的比较与梳理，笔者认为，世界各国特别

---

[1] 王爱立主编：《中华人民共和国社区矫正法解读》，中国法制出版社2020年版，第14页。
[2] 参见王爱立、姜爱东主编：《中华人民共和国社区矫正法释义》，中国民主法制出版社2020年版，第28~30页。

是英美法系与大陆法系两大法系国家的社区矫正概念及其制度存在一定的差异，这是不可否认的事实，但是，在这种差异的背后我们同样可以发现社区矫正概念及其制度的一些共同之处。

英美法系国家的联邦制国家治理模式，有利于地方立法及体制创新。如前所述，在英国，社区矫正是一种刑罚方式和措施，是一种与剥夺自由刑及监狱矫正不同的在社区中开展的替刑措施。[1]在美国，社区矫正往往被界定为一种刑罚的社会化执行方式。在加拿大，社区矫正则不是独立的刑罚种类，而是非监禁措施缓刑和监禁刑的监外执行部分的执行方式，更是与监狱矫正方案相配合的一种矫正方式与制度。[2]大陆法系国家尽管在19世纪末20世纪初就普遍采用了缓刑与假释制度，但"社区矫正"的概念却未能在法律上体现出来，仅普遍在理论著述中被称为"社会内处遇"，其主要内容是缓刑、假释和监狱执行过程中的开放性处遇措施与方法，以及对刑满释放人员的监护与帮助。

两大法系国家"社区矫正"概念的主要区别在于：一是在大陆法系国家发展起来的缓刑不同于英美法系国家的"宣告犹豫"制度或称"缓宣告"，而是"执行的犹豫"或称"缓执行"，也就是既宣告其罪又宣告其刑而暂缓其刑的执行；二是在英美法系中，缓刑和假释必然附带考验，而在大陆法系的刑法中，缓刑、假释与考验则分开规定，且不必然附带考验。对被裁定为缓刑和假释的犯罪人的监督与帮助，由司法机关决定并由社区矫正机构执行，称为一项独立的社会内处遇措施。这种措施在德国被称为"行为监督"，在日本被称为"保护观察"；三是大陆法系国家的社会内处遇措施的适用对象比英美法系国家宽泛，不仅包括了对犯罪人的缓刑、假释的适用，而且包括了对刑满释放人员的继续管护与帮助，还包括了对实施了严重危害社会的犯罪行为但因刑事责任能力的缺乏而免除刑事责任追究的行为人的特别管束、医疗与救助；四是英美法系国家都普遍规定了社区服务刑，建立了缓刑和假释的执行机构及社区矫正官。大陆法系除法国外，大部分国家都欠缺专门的机构及专业化的工作人员。

然而，无论是在大陆法系还是英美法系，社区矫正的历史嬗变都离不开监狱制度的变革。社区矫正的萌芽和发展，都可以在以反思监狱为主题的刑事司法改革中找到源头。19世纪末以来，基于新古典学派重刑威慑主义的抬

---

[1] 王运生、严军兴：《英国刑事司法与替刑制度》，中国法制出版社1999年版，第108页。
[2] 王增铎等主编：《中加矫正制度比较研究》，法律出版社2001年版，第163页。

头，监狱人满为患成为许多国家共同面临的难题。监狱监禁，既消耗国家的司法资源，又影响囚犯的待遇，不利于人权保护。为此，如何减少监狱人口，扩大非监禁性刑罚和非监禁措施的适用，扩大社区服务或社区矫正的执行，是世界各国共同面临的任务。[1]在联合国的指引与促动下，特别是1955年日内瓦大会通过的《联合国囚犯待遇最低限度标准规则》（《纳尔逊·曼德拉规则》）等文件与规则，均明确倡导尽可能避免监禁，将监禁作为最后一种迫不得已的手段使用。[2]基于这种社会历史背景，社区矫正在18世纪后半叶英国关于反对监狱非人道化刑罚的监狱改革理论及实践中开始萌芽，在19世纪中期的美国具有保护观察性质的缓判决和英国的累进处遇制度的假释实践中真正诞生，在20世纪20年代美国刑罚社会化和个别化的思潮和实践中逐渐发展进入"青春"时代，在20世纪70年代英国实行的社区服务刑的实践中真正成熟，尽管在20世纪80年代因受美国"马丁森炸弹"[3]的冲击，社区矫正的发展一度呈现"萎缩"态势，但在进入21世纪之后，社区矫正的发展仍朝气蓬勃，势不可挡。[4]

结合前文论述可以看到，两大法系的社区矫正在制度形成的背景、面临的刑事司法改革任务以及发展趋势等方面的确有着一些共同之处。此外，从比较分析法学的角度来看，两大法系的社区矫正在基本目的、制度定位、执行方式和适用对象等方面，仍然可以找到一些准确的共同特点，从而形成社区矫正概念和制度功能主义比较的"最大公约数"。具体而言，就社区矫正的基本目的而言，两大法系的社区矫正制度都是主要围绕着对特定犯罪人的特殊预防而建立和发展起来的；就社区矫正的制度定位而言，虽然有些国家使用社区刑罚这一概念并将其定位为刑罚种类或方法，但是，法定化的刑罚种类或方法，必须要通过法院对特定罪犯适用而真正发挥其效果，即在法院对罪犯决定适用社区刑罚之后，终究要通过对罪犯执行社区刑罚而完成法院判决所确定的任务。这就意味着，即便是在将社区刑罚作为刑罚种类或方法的制度体系之中，也必然会存在如何执行社区刑罚的问题，那么，社区矫正和

---

[1] 参见杨宇冠、杨晓春编著：《联合国刑事司法准则》，中国人民公安大学出版社2003年版，第471~480页。

[2] 参见郭建安："社区矫正：改革与完善"，载陈兴良主编：《刑事法评论》（第14卷），中国政法大学出版社2004年版，第312页。

[3] Robert Martinson, "What Works? Questions and Answers about Prison Reform", 35 *Pub. Int.* 22 (1974).

[4] 参见王顺安：《社区矫正研究》，山东人民出版社2008年版，第2~3页。

社区刑罚在"刑事判决的执行"意义上便能够找到共同点；就社区矫正的执行方式而言，虽然不同国家的执行措施或方式各有千秋，但人们能够在"以社区为基础的社会化行刑"方面取得共识；就社区矫正的适用对象而言，虽然人们对社区矫正的概念有不少争议，但是，对法院已经宣告刑罚或制裁的特定已决犯适用社区矫正，人们基本上能够达成一致意见。因此，基于功能主义的比较分析，我们在形式各异的社区矫正及其相关概念中能够找到特定的"最大公约数"，这些"最大公约数"非常深刻地体现了不同国家社区矫正制度的内在共性与规律，对于我国社区矫正概念的设定以及制度设计无疑具有重要的参考和借鉴意义。

二、中国特色社区矫正的概念探索

作为"舶来品"的社区矫正概念在被引介到我国之后，无论是社区矫正理论界还是实践部门，对这一概念的认识都有一个逐渐深化的过程。并且，我国社区矫正理论研究人员和社区矫正实践工作者，从一开始就对如何界定社区矫正概念的问题存在着明显的认识差异和意见分歧。伴随着社区矫正的深入发展，我国社区矫正领域逐渐形成了社区矫正理论概念和实践概念的分野，同时，由于受到社区矫正地方实践与立法论证活动的双重影响，社区矫正的理论与实践概念相互借鉴、相互吸收，不断进行自我完善，为中国特色社区矫正概念的科学设定奠定了深厚的理论与实践基础。

（一）我国社区矫正概念的理论探索

客观而言，在20世纪80年代末我国刑事法学文献就已经对社区矫正的概念有所涉及。当时刑事法学文献中所涉及的社区矫正概念，首先是在讨论美国监禁刑与非监禁刑执行危机和美国社会化行刑的某些核心问题时出现的。此后，有文献专门就美国社区矫正的基本问题进行了研究和讨论，与此同时，有些文献则以美国社区矫正制度为参照，讨论我国当时历史条件下的劳动教养改造和违法犯罪青少年改造如何吸收和借鉴社区矫正经验增强改造效果的问题。直到21世纪初，有专门文献开始在行刑社会化的主题下研究社区矫正的相关问题。自2002年国家决定开展社区矫正试点到2003年社区矫正试点正式启动之后，我国刑事法学文献才集中关注社区矫正这一领域，开始大规模地研究社区矫正的相关问题，其中就包括社区矫正概念这样的基础性理论问题。由于受发达国家社区矫正概念研究的影响较深，我国文献在开始讨论社区矫正概念的选择和设定问题时，也出现了前文提到的类似争议。由此，在我国社区矫正理论中,关于社区矫正概念的设定与范围问题基本上也形成了"最狭义说""狭义说""广义说"和"最广义说"等不同观点。[1]

"最狭义说"认为我国社区矫正是非监禁刑执行或者"社区刑罚执行"。"狭义说"认为我国社区矫正是由社区矫正组织依法对管制犯、缓刑犯、假释犯和暂予监外执行犯等四类特定对象实施的非监禁性的行刑与矫正活动,目的在于矫正罪犯的心理和行为恶习,促使其顺利回归社会。[2]"广义说"认为我国社区矫正是在刑事立法、司法和执行过程中,对特定主体实施的社会化和非监禁性的执行措施与矫正活动。社区矫正的对象不仅可以涵盖管制犯、缓刑犯、假释犯和暂予监外执行犯等四类罪犯,而且还可以包括处于取保候审或监视居住状态中的未决犯、决定不起诉的行为人、判处罚金或剥夺政治权利的罪犯、定罪免刑的行为人以及未成年犯等。[3]"最广义说"认为我国社区矫正是由专门组织依托社区在社区中实施的各种制裁或措施的执行、矫正或者帮扶等活动。根据这一概念,能够适用社区矫正的对象范围非常广泛,除了"广义说"中的特定主体之外,刑满释放后需要安置帮教人员、强制隔离戒毒人员、[4]精神病人、违法未成年人、行政拘留人员乃至司法拘留人员等都可以纳入社区矫正的对象范围。[5]

此外,在我国开展社区矫正试点的初期,除了使用"社区矫正"这一概念之外,有些文献往往还使用"社区矫治"这一概念。[6]使用"社区矫治"这一概念的文献认为,"社区矫治"是指充分利用社会资源,积极运用各种方法、手段,整合专门机关和社区等各方力量,着力对社区范围内的假释、监(所)外执行、管制、剥夺政治权利、缓刑等罪犯进行有针对性的教育改造。[7]显然,"社区矫治"的概念基本可以归入社区矫正概念的"狭义说"范畴。

(二)我国社区矫正概念的实践探索

在我国社区矫正开始试点之后,为了规范社区矫正实践活动,国家和地

---

[1] 参见王顺安:《社区矫正研究》,山东人民出版社2008年版,第13~14页。
[2] 参见高贞主编:《中国特色社区矫正制度研究》,法律出版社2018年版,第9页。
[3] 参见连春亮:"论社区矫正的研究对象",载《河南司法警官职业学院学报》2004年第2期,第61~65页。
[4] 吴海峰:"论社区矫正的性质定位及改革",载《贵州警官职业学院学报》2013年第3期,第34页。
[5] 参见储洁印、袁泉:"社区矫正适用对象范围界定及其法律完善研究",载《学理论》2012年第2期,第38页。
[6] 参见吴玉华:"社区矫正工作初探",载《法学杂志》2003年第5期,第19~20页。
[7] 参见李根宝等:"对社区矫治工作的认识与思考",载《法治论丛》2003年第2期,第9页。

方层面都出台了一些规范性文件，尝试总结和概括社区矫正的基本概念。其中，下述五份规范性文件中有关社区矫正的概念表述对我国社区矫正制度发展与立法进程具有重大影响意义，有必要进一步梳理和讨论。

1.《关于开展社区矫治工作试点的意见》中的社区矫正概念

在我国社区矫正试点开展初期，上海市委政法委员会2002年8月发布了《关于开展社区矫治工作试点的意见》，这一文件，实际上是我国社区矫正创制的开端和先声。在《关于开展社区矫治工作试点的意见》中，明确使用了"社区矫治"的概念，正是因为这一文件的规定，才使得我国社区矫正理论界有不少文献采纳了"社区矫治"这一提法。前文已提到，社区矫治的概念基本上属于社区矫正概念的"狭义说"范畴。具体而言，社区矫治是在党委统一领导下由专门机关充分利用各种社会资源，积极运用各种方法、手段，整合专门机关和社区等各方力量，着力对社区范围内的假释、监（所）外执行、管制、剥夺政治权利、缓刑等罪犯进行有针对性的教育改造的活动。这一概念的价值在于：首先，提出并明确了社区矫正双主体模式，即将公安机关作为社区矫正工作的法律主体，由公安机关负责对社区矫正对象的刑罚执行，将司法行政机关作为社区矫正具体的工作主体；其次，明确了社区矫正对象的已决犯身份和具体的范围，将剥夺政治权利人员纳入了社区矫正的范围之中；再次，确定了社区矫正的核心任务是依托社区对罪犯进行教育改造；最后，确立了符合中国国情的社区矫正组织领导体系，即由市委市政法委主导，公检法司各部门以及社会力量共同参与的基本体系。应当说，《关于开展社区矫治工作试点的意见》关于社区矫正的概念规定，对我国社区矫正的试点以及发展完善起到了重要参考作用，而且，我国社区矫正理论中一些主要争议问题，如剥夺政治权利是否应当纳入社区矫正范围、社区矫正的任务以及性质、社区矫正的领导与组织模式乃至社区矫正工作双主体模式的恰当性问题，都与这一文件的规定有着千丝万缕的联系。

2.《关于开展社区矫正试点工作的通知》中的社区矫正概念

2003年，社区矫正开始在我国北京、上海、天津、江苏、浙江、山东6个省（直辖市）试点，将非监禁的五种人（管制犯、剥夺政治权利犯、暂予监外执行犯、缓刑犯、假释犯）的刑罚执行、刑事考察和刑事监督工作及其新增加的教育矫治和过渡性帮困工作交由司法行政机关负责，成为社区矫正的工作主体，公安机关仍然是社区矫正的法定主体。由此，"两高两部"于2003年7月10日联合发布了《关于开展社区矫正试点工作的通知》（已失效，下同）。这一文件将社区矫正定义为，"与监禁矫正相对的行刑方式，是指将符合社区矫正条件的罪犯置于社区内，由专门的国家机关在相关社会团体和民间组织以及社会志愿者的协助下，在判决、裁定或决定确定的期限内，矫正其犯罪心理和行为恶习，并促进其顺利回归社会的非监禁刑罚执行活动"。[1]这一概念强调社区矫正适用对象仅限于已决犯即罪犯，但是没有明确细化规定五种人及其具体的条件，仅用"符合社区矫正条件的罪犯"予以概括。具体什么是"符合社区矫正条件"，则在《关于开展社区矫正试点工作的通知》主文中予以详细规定。笔者认为主文中的规定非常详细准确，只可惜在概念中没有进一步抽象归纳，并由此还产生了定义中的循环逻辑错误，即用"社区矫正"的被定义项去界定概念，定义中不应该重复出现"社区矫正"。

3. 《司法行政机关社区矫正工作暂行办法》中的社区矫正概念

为了规范司法行政机关实施社区矫正工作，司法部于2004年5月9日第七次部长办公室通过并印发了《司法行政机关社区矫正工作暂行办法》（已失效，下同）。这一文件规定："社区矫正是指将符合社区矫正条件的罪犯置于社区内，由专门的国家机关在相关社会团体和民间组织以及社会志愿者的协助下，矫正其犯罪心理和行为恶习，促进其顺利回归社会的非监狱刑罚执行活动。"[2]客观而言，这一概念比较简约，第一次将社区矫正定性为"非监禁刑罚执行活动"，而且，此概念仍然重复了2003年《关于开展社区矫正试点工作的通知》中下定义忌讳的循环逻辑错误。

4. 《关于扩大社区矫正试点范围的通知》中的社区矫正概念

为了进一步推动社区矫正试点工作的深入开展，2005年"两高两部"研究决定将河北、内蒙古、黑龙江、安徽、湖北、湖南、广东、广西、海南、四川、贵州、重庆等12个省（区、市）列为第二批社区矫正试点地区，并于2005年1月20日又联合发布了《关于扩大社区矫正试点范围的通知》（已失效，下同）。这一文件规定："社区矫正工作是将罪犯放在社区内，遵循社会管理规律，运用社会工作方法，整合社会资源和力量对罪犯进行教育改造，使其尽快融入社会，从而降低重新犯罪率，促进社会长期稳定与和谐发展的一

---

[1] 司法部社区矫正管理局编：《社区矫正法律法规与工作制度汇编》，法律出版社2014年版，第49页。

[2] 司法部社区矫正管理局编：《社区矫正法律法规与工作制度汇编》，法律出版社2014年版，第51页。

种非监禁刑罚执行活动。"[1]这一概念克服了2003年和2004年两个文件中定义的循环逻辑错误,第一次将社区矫正提升到社会管理创新和构建和谐社会的高度予以定位,第一次将社区矫正概念从"社区矫正活动"改变为"社区矫正工作",第一次提出社区矫正工作目标是"使其尽快融入社会,从而降低重新犯罪率,促进社会长期稳定与社会和谐发展",第一次提出"社区矫正工作是对完善中国特色的刑罚执行制度的有益探索"。

5.《关于在全国试行社区矫正工作的意见》中的社区矫正概念

基于社区矫正试点工作取得明显成效,达到了预期目标,为了推动社区矫正工作深入发展,经中共中央政法委批准,"两高两部"决定从2009年起在全国试行社区矫正工作,并于2009年9月2日又联合发布了《关于在全国试行社区矫正工作的意见》(已失效,下同)。这一文件规定:"社区矫正是非监禁刑罚执行方式,是指将符合法定条件的罪犯置于社区内,由专门的国家机关在相关社会团体、民间组织和社会志愿者的协助下,在判决、裁定或决定确定的期限内,矫正其犯罪心理和行为恶习,促进其顺利回归社会的非监禁刑罚执行活动。"这一文件进一步明确了我国社区矫正的性质是"非监禁刑罚执行方式"。但该文件中出现的"非监禁刑罚执行活动""非监禁刑罚和非监禁刑罚执行措施"的表述,折射出了官方对"社区矫正"概念的定性与定位还不很确定。

通过对上述不同规范性文件关于社区矫正概念规定的梳理,我们可以看到:

第一,我国官方对社区矫正概念的认识不断深化。这种认识的深化,不仅表现为对社区矫正概念设定的形式和逻辑要求有了更为科学和精准的把握,而且还表现为对社区矫正概念的本质特征和核心内容有了更为明确和具体的理解。如,随着社区矫正的推行,规范性文件中修正了社区矫正概念中的循环逻辑错误;更加深刻认识到社区矫正执行与公安执法之间的本质差异从而最终确定司法行政机关为社区矫正工作管理与执行机构等。

第二,我国官方对社区矫正概念的探索过程足以说明,国家对社区矫正对象边界设定这种与刑罚有关的事项是非常谨慎的。社区矫正适用对象从一开始就被限定在已决犯的范围内,而并没有像很多社区矫正理论概念那样,将适用范围扩展至未决犯等群体。国家的慎重态度,充分体现了对罪刑法定

---

[1] 司法部社区矫正管理局编:《社区矫正法律法规与工作制度汇编》,法律出版社2014年版,第56页。

原则以及不同法律的性质和权限划分的尊重,这一态度,无疑对于我国的人权保障与法治进步具有积极意义。

第三,社区矫正的实践探索对于社区矫正的制度发展与立法进程有重要贡献。在社区矫正概念实践探索的基础上,我国社区矫正的基本任务、工作主体、工作任务、基本程序以及监督机制等内容和事项都逐步明确,社区矫正方方面面的工作制度和体系框架得以成型,从而为社区矫正制度的法治化奠定了坚实的基础。

三、中国特色社区矫正的规范概念

在社区矫正开始试点到全面推行的很长一段时间里,我国社区矫正工作都是在上述具有政策性和改革性的规范性文件指导下进行的。此后,《刑法修正案(八)》采纳了社区矫正概念,将社区矫正由政策性概念变为正式的法律概念。2012年第十一届全国人民代表大会第五次会议修正的《刑事诉讼法》进一步增加了"社区矫正机构"的概念,由法律确认了社区矫正工作的主体。然而,上述规定非常简单抽象,更多地体现了刑事基本法律的确认和引领意义,而对社区矫正具体工作的指导意义并不突出,因此,无论是社区矫正理论还是实践部门,仍然普遍认为社区矫正工作的法律依据不足。2019年《社区矫正法》出台,社区矫正工作终于迎来了"有法可依"的时代。虽然《社区矫正法》仍然没有对社区矫正的概念进行明确界定,但是,《社区矫正法》规定了我国社区矫正工作方方面面的内容和事项,我们可以根据该法规定对中国特色的社区矫正规范概念作出符合立法本意的概括和解读。

概念是对事物本质属性的揭示,是一个事物区别于其他事物的符号或者标志。根据现代下定义的教科书式的形式逻辑要求,概念由属加种差构成。属加种差定义法,是指定义项是由被定义概念的邻近的属和种差所组成的定义,即被定义者=种差+邻近的属。所谓"种差",就是指定义的内涵;所谓"邻近的属",就是指定义的外延。内涵是指一个概念所反映的事物的本质属性的总和,也就是概念的内在内容,即共性特征,主要起限定作用。同时,内涵是一种抽象的但绝对存在的感觉,是某个人对一个人或某件事的一种认知感觉。在我国社区矫正的概念探索过程中,社区矫正理论和实践部门对社区矫正外延即反映社区矫正工作的具体种类争议并不大,因为人们基本认可社区矫正是围绕着对罪犯的监管、教育和帮扶等工作展开的。人们争议最大的,其实是如何确定和表述社区矫正的内涵即根本属性。由于社区矫正的本质属性存在争议,社区矫正的规范概念就难以真正精准设定。因此,如欲科学和准确地设定中国特色社区矫正的规范概念,就必须依据形式逻辑的基本要求,深刻理解《社区矫正法》的立法意图与精神,根据刑事法学乃至法理学基本原理进行概括和提炼。

(一) 中国特色社区矫正规范概念的基本内涵

给概念下定义,就是对某些概念或术语,用简明的语言,对其本质属性作规定性的说明。换言之,给一个概念或术语下定义,就是用简短的语句扼要地指出"它是什么",使它同相邻的概念区别开来。社区矫正概念在中国的具体设定,从2003年开展社区矫正试点工作以来,除官方在政策性和改革性规范性文件确定的"行刑方式"("非监禁刑罚执行方式")、"非监禁刑罚执行活动"以外,非官方的定性更是五花八门,较为有代表性的包括单一性质说(保安处分措施、社区制裁、罪犯处遇制度、刑罚执行方式、刑事执行说)、双重性质说(刑罚执行与社会工作双重属性、刑罚执行与社会福利双重属性)以及综合性质说(刑种、量刑和行刑综合体、综合性或开放性的非监禁性处遇措施)等不同学说类型。[1]然而,上述学说在某些方面都或多或少地存在着一些严重问题,未能全面和科学地揭示我国社区矫正概念的本质性特征。笔者始终坚持认为,中国特色社区矫正的本质属性是一种刑事执行制度。

1. 《社区矫正法》调整管制、缓刑、假释与监外执行四类性质不同的刑事执行法律关系

由于历史的原因,我国《刑法》规定的管制是中国独创的非监禁刑罚种类或方法,尽管其理念及内容与英美法系的社区服务刑存在着巨大的差异,但仍然不能否定管制及其执行是中国特色社区矫正适用的唯一的非监禁刑罚及其活动,因此仍可以称之为中国特色的"社区刑罚"。缓刑由于刑法规定得太单一,不存在于类似英美国家带有中间刑罚性质的"震惊缓刑"或"休克缓刑",同时根据罪刑法定原则的规定,不能称之为社区刑罚或者根据上述论证得出的"非监禁行刑方式"。假释在我国刑法中的规定仍然很单一,仅仅是变更刑罚执行场所的累进处遇制度,而非英美法系国家的复合刑罚。退一步讲,即便认为假释是与缓刑不一样且在收监之后刑罚执行过程中的形成的处遇措施,但其本身也不是刑法典规定的刑罚,因此也不能称之为社区刑罚及其执行活动。然而,我们可以将假释称为由长期监禁刑和无期徒刑、死刑缓

---

[1] 关于社区矫正性质问题的研究述评,详见本书第二章。

期二年执行依法获得的非监禁处遇的刑罚变更执行制度。暂予监外执行纯属我国《刑事诉讼法》规定的非常人性化的刑罚变更执行场所制度，属于《刑事诉讼法》规定的严重疾病且濒临死亡或丧失自理能力的被判有期徒刑病犯、老年犯和怀孕或者处于哺乳期被判有期徒刑女犯才能享有的暂时在监外执行的制度，属于法定的行刑方式。域外类似的情况均被刑事法律规定为刑罚中止，可以纳入社区矫正的监管和救助，但不属于社区刑罚的执行活动。

基于上述认识，《社区矫正法》将原来"立法草案"第1条规定的"正确执行刑罚"，改为"保障刑事判决、刑事裁定和暂予监外执行决定的正确执行"，《社区矫正法》由原来单一的刑罚执行法律关系调整为包括了管制刑罚执行、缓刑替刑措施执行、假释刑罚变更制度处遇措施执行和暂予监外刑罚执行等综合法律关系。在立法过程的后期，还有全国人大常委会的委员们提出社区矫正立法应分别对被判处管制刑、宣告缓刑、裁定假释和决定或者批准暂予监外执行的罪犯分别规定禁止性的法律地位（权利和义务）和有针对性的监督管理和教育帮扶，但考虑到体系结构会因此变化过大，其实体和程序内容已由《刑法》《刑事诉讼法》作出了明确的规定，因此作为具有刑事执行法性质的《社区矫正法》仅在总则第3条中强调对四类社区矫正对象必须"分类管理、个别化矫正"，并将其作为社区矫正的一项基本原则被要求贯穿于立法和执法的全部内容与所有工作之中，绝对不允许混淆四类对象的性质并采用一刀切的做法予以监督管理和教育帮扶，更不允许对缓刑犯当作刑罚执行的对象予以惩罚，或者对管制刑犯视为非刑罚措施予以过分宽大而失去刑罚执行的惩罚属性。

2. 社区矫正并不限于是与监禁矫正相对应的行刑方式或非监禁刑罚执行活动

现代社区矫正理念与制度是针对监狱行刑与矫正的目的与手段不符及其弊端而生的替代和补救措施，是非监禁化、非刑罚化甚至是针对未成年人采用的非犯罪化的表现形式和处遇方法。缓刑的社区矫正是针对短期监禁刑的不足和短期监狱行刑的弊端而采用的替刑措施与制度，因其人道、文明、经济且能充分发挥社区力量参与对犯罪及犯罪人的治理，充分发挥恢复性司法的功能与作用，有利于被害人和被害社区的损害修复、犯罪人的改过自新与重新做人，所以缓刑贯穿于刑事诉讼的全过程且形式多样化，如公安机关侦查预审环节的缓处或转处、检察机关审查起诉环节的缓诉、审判机关定罪量刑时的缓判和定罪量刑后的缓执。"缓刑之父"约翰·奥古斯塔（J. Augustus）于

1841年在美国芝加哥首创的缓刑保释及保护观察工作，实际上是法院针对犯罪被告人的附条件的缓判决。我国刑法规定的缓刑制度是属于审判机关定罪量刑后针对已决犯即罪犯适用的附条件的缓执行，其性质不是对原判短期监禁刑即三年以下有期徒刑或拘役刑的执行或行刑方式或非监禁刑罚执行活动，而是所附条件以及在高于或等于原判刑期的考验期内的执行活动。假释的社区矫正是针对长期监禁刑的不足和监狱行刑与矫正给服刑罪犯带来的难以复归社会的监狱人格而采取的开放性的提前出狱的假释性质的累进处遇措施。由于假释是在监狱将罪犯收监执行之后而发生的刑罚变更执行制度及其活动且在美国等英美法系国家由以监狱方为主体的假释委员会作出假释决定，因此被视为长期监禁刑罚的开放性处遇措施，其监督管理在美国归监狱机关负责。因此，尽管社区矫正与监狱矫正在适用对象、执行场所、监管方法、法律后果上有所不同，但不能将二者相对应甚至相分离而成为两个完全独立的系统，而应该将社区矫正视为监狱矫正的替代与补足，从"一前"（缓刑）和"一后"（假释）来解决监狱的弊端和罪犯的拥挤等问题，同时也可以解决社区矫正缓刑或假释对象因漏罪、新罪和严重违反监督管理法律法规需要撤销缓刑或假释考察期收监执行等问题。我国独有的监禁刑罪犯暂予监外执行制度，除法院在监狱收监执行之前直接决定之外，在监狱刑罚执行过程中的保外就医和监外执行则由监狱管理机关负责决定释放和收监，这就进一步地加强了社区矫正与监狱矫正的紧密联系，使二者不能分割。

此外，根据我国《刑法》《刑事诉讼法》《监狱法》和《社区矫正法》的规定，社区矫正与监狱矫正具有如下联系与区别：第一，在法律依据上，都要依据《宪法》《刑法》和《刑事诉讼法》，但社区矫正主要是依据《社区矫正法》，监狱矫正主要是依据《监狱法》。第二，在适用对象上，二者都是适用已决犯即罪犯，但社区矫正则称之为"社区矫正对象"，包括管制刑、缓刑、暂予监外执行和假释四类罪犯，监狱矫正则称之为"罪犯"或"服刑人员"，包括被判处死刑缓期二年执行、无期徒刑和三个月以上的有期徒刑的罪犯。第三，在执行场所上，社区矫正在社区，监狱矫正在监狱。第四，在工作主体上，社区矫正由县级以上的社区矫正机构负责，可以委托乡镇（街道）负责日常管理工作，矫正小组具体落实帮教活动，工作人员包括社区矫正工作人员、政府购买服务的社区工作者和社区矫正志愿者；监狱矫正由省级监狱工作管理局负责，监狱具体负责日常管理和行刑改造工作，工作人员是监狱人民警察。第五，在监管方式上，社区矫正采取的是开放式非监禁性监督管理方式，监狱矫正采取的是封闭式监禁性狱政管理方式。第六，在矫正原则上，社区矫正工作坚持监督管理与教育帮扶相结合，专门机关与社会力量相结合，采取分类管理、个别化矫正；监狱矫正工作是对罪犯实行惩罚和改造相结合、教育和劳动相结合的原则。第七，在矫正目的上，二者都是为了预防与减少犯罪，但社区矫正强调提高教育矫正质量，促进社区矫正对象顺利融入社会，有针对性地消除社区矫正对象可能重新犯罪的因素，帮助其成为守法公民；监狱矫正则是将罪犯改造成为守法公民。第八，在矫正任务上，社区矫正是为了保障刑事判决、刑事裁定和暂予监外执行决定的正确执行，对社区矫正对象进行监督管理和教育帮扶；监狱矫正是为了正确执行刑法，惩罚和改造罪犯。第九，在法律后果上，社区矫正对象矫正期满后，占社区矫正对象总人数90%以上的缓刑犯在考验期满五年内再犯应当判处有期徒刑以上刑罚之罪的不能被认定为累犯；而监狱矫正刑满释放人员则构成累犯。

根据2019年11月19日最高人民法院审判委员会第1783次会议、2019年9月12日最高人民检察院第13届检察委员会第24次会议通过，自2020年1月20日起施行的《关于缓刑犯在考验期满后五年内再犯应当判处有期徒刑以上刑罚之罪应否认定为累犯问题的批复》规定："被判处有期徒刑宣告缓刑的犯罪分子，在缓刑考验期满后五年内再犯应当判处有期徒刑以上刑罚之罪的，因前罪判处的有期徒刑并未执行，不具备刑法第六十五条规定的'刑罚执行完毕'的要件，故不应认定为累犯，但可作为对新罪确定刑罚的酌定从重情节予以考虑。"也正是基于最高刑事司法机关的上述表述，笔者认为，缓刑不是刑罚执行，不能将其称为行刑方式或非监禁刑罚执行活动。相应而言，我国社区矫正不能定性为刑罚执行、行刑方式或非监禁刑罚执行活动，而我国的监狱矫正则是对被判处死刑缓期二年执行、无期徒刑和有期徒刑罪犯的执行活动，其性质是典型的中国特色的死刑执行方式和监禁刑罚执行活动，监狱矫正就是监狱行刑。

3. 中国特色社区矫正是一种非监禁性的刑事执行制度

在社区矫正的四类对象中，因只有管制刑是刑法明确规定的刑罚主刑，对管制犯实行的社区矫正理所当然地属于刑罚执行。此外，缓刑、假释和暂予监外执行都不是刑法规定的刑种，不能没有区分地一律将其认定为刑罚执行，尤其是缓刑执行的是原判刑罚的考验期及其考验条件和义务。《刑法》第76条明确规定，在缓刑考验期限内，没犯新罪、没发现漏罪且未严重违反监管法规要求的，"缓刑考验期满，原判的刑罚就不再执行"。由于对"原判的刑罚就不再执行"的理解存在分歧,如有文献认为,"原判刑罚不再执行"是指由于刑罚已经执行完毕,所以就不必再次执行刑罚。因此,缓刑制度本质上属于刑罚执行制度,缓刑的执行是刑罚执行的一种方式。[1]显然,这种观点是对短期监禁刑替刑制度之一的附条件暂缓原判刑罚执行的缓刑的错误理解。由于缓刑是伴随着原判三年以下有期徒刑或拘役刑而生的替刑制度,在整个缓刑考验期限内始终存在着因又犯新罪、发现漏罪或严重违反监管规定而被依法撤销缓刑收监执行的状态,所以刑法将其列入"量刑"一节,属于刑罚适用制度,而非刑罚执行制度,其执行的是附条件的考验期及其考验内容。因此不属于刑罚执行,也不能由此将其认定为刑罚执行方式,更不能将中国特有的死缓视为属于刑罚执行方式来类比世界范围内普遍适用的针对短期监禁刑的弊端而设计的属于替刑制度的非刑罚化、非监禁化的缓刑。同理,将包括缓刑在内的非刑罚措施统称为"非监禁刑罚执行活动"更不可取,一是缓刑连"行刑方式"都不属于,何谈"刑罚执行活动",更何况前面还有一个定语"非监禁",这就更容易造成误解与歧义。因为在"非监禁"和"刑罚执行活动"之间没有加入介词"性"或者"的",很容易理解为"非监禁刑罚"的执行活动,然而社区矫正的四种对象,除管制刑是非监禁刑罚以外,其他都不属于,其依托的主刑都是监禁刑。至于"非监禁的措施",如果从《联合国非拘禁措施最低限度标准规则》(《东京规则》)来看,是正确的、是最广义的社区矫正,且是社区矫正未来的发展方向。但是从我国目前社区矫正工作的适用对象及性质来看,属于狭义的社区矫正,若要定性,就必须使用与四种对象不同属性最接近且皆能包容四种不同属性的种差概念,基于此,笔者将其归纳为"刑事执行",更进一步而言就是非监禁性的刑事执行制度及其活动。诚然,我们也要实事求是地承认,基于社区矫正试点工作伊始时的学术研究现状、认识水平及社会治安形势的要求,能够认识到社区矫正的性质是"行刑方式""非监禁刑罚执行活动""非监禁的措施",已经是很不容易了。但是,在近二十年之后且已经颁布了《社区矫正法》的今天,仍然坚持中国目前法定的社区矫正性质是"行刑方式"和"非监禁刑罚执行制度",甚至固守"社区刑罚"的说法[2]则明显具有泛刑罚化倾向,不仅与

---

[1] 参见黄京平、陈鹏展:"缓刑执行说之论证——以'原判的刑罚就不再执行'为切入点",载《法学评论》2006年第4期,第34~39页。

[2] 参见刘强、武玉红:"社区矫正的性质为社区刑罚执行",载《青少年犯罪问题》2020年第6期,第33页。

社区矫正的世界发展趋势不一致，而且与宽严相济刑事政策乃至社会治理领域化消极因素为积极因素实现治理体系现代化与法治化的国家政策相悖离。

（二）中国特色社区矫正规范概念内涵的展开

前文已经明确指出，社区矫正是一种非监禁性的刑事执行制度。既然如此，如果我们对这一概念进行更为完整和全面的规范化解释，那我们则需要对这一具有中国特色的刑事执行制度的执行主体、依据、对象、场所、目标、任务和方法等展开进一步的分析和论证。

1. 社区矫正主体是法定执行机关及其工作人员

（1）社区矫正的法定执行机关。社区矫正是一项严肃的刑事执行制度，因此，必须由法定的国家机关及其工作人员依法履行职责和执行任务。《社区矫正法》第8条第1款规定："国务院司法行政部门主管全国的社区矫正工作。县级以上地方人民政府司法行政部门主管本行政区域内的社区矫正工作。"这就正式从法律层面规定了从中央司法部到省市县三级司法局是社区矫正工作的管理机关。第9条第1款规定："县级以上地方人民政府根据需要设置社区矫正机构，负责社区矫正工作的具体实施。……"这就将自社区矫正试点工作开展以来由乡镇、街道司法所负责社区矫正的具体执法主体，上提一级到区、县社区矫正机构。由于社区矫正是一项综合性很强的工作，且涉及面较广，单靠一个主管部门难以实现社区矫正的目标和任务，需要多个职能部门共同发挥作用。[1]

《社区矫正法》第8条第2款规定："人民法院、人民检察院、公安机关和其他有关部门依照各自职责，依法做好社区矫正工作。人民检察院依法对社区矫正工作实行法律监督。"该条第3款规定："地方人民政府根据需要设立社区矫正委员会，负责统筹协调和指导本行政区域内的社区矫正工作。"《社区矫正法》根据《刑法》《刑事诉讼法》的规定对社区矫正机构作出的具体规定，其性质涵盖了管制刑、假释与暂予监外执行的刑罚执行，属于典型的非监禁性刑罚执行机关；涵盖了缓刑的所附条件考察监督的替刑措施，属于非监禁非刑罚性刑事执行机关。同时因社区矫正的目的和任务所需，还肩负着监督管理和教育帮扶职能，属于对罪犯进行的特殊监管矫正机关。综上，社区矫正机构是一个综合性的刑事执行机关。

（2）社区矫正的法定工作人员。自2003年社区矫正工作试点开展以来，

---

[1] 参见王爱立主编：《中华人民共和国社区矫正法解读》，中国法制出版社2020年版，第50页。

对社区矫正对象的日常监督管理和教育帮扶工作主要由司法所承担,但现实工作中的大部分司法所只有1名至2名工作人员,除承担社区矫正工作以外,还要承担人民调解和综治、维稳等其他十余项职责,无法保证社区矫正工作深入细致开展。为此,北京抽调监狱、戒毒警察参与社区矫正工作,上海则主要采取购买本市新航社区服务总站的社工服务的办法。整体社区矫正工作人员队伍存在的问题是:司法行政机关的人员严重不足;社会工作者专业性不够、整体素质有待提高;社会力量参与程度较低,专业化的社会组织不足,志愿者发挥的作用有限,多数只是挂名或临时性的,难以在社区矫正中发挥作用;社区矫正警察的设置引起了很大争议。[1]为此,《社区矫正法》第10条规定:"社区矫正机构应当配备具有法律等专业知识的专门国家工作人员(以下简称社区矫正机构工作人员),履行监督管理、教育帮扶等执法职责。"社区矫正机构工作人员,是指具有法律等专业知识,在社区矫正机构中履行监督管理、教育帮扶等执法职责的专门国家机关工作人员。

2. 社区矫正的依据是宪法、法律和生效的刑事判决、刑事裁定和暂予监外执行决定或者批准文书

(1) 社区矫正的宪法依据。《社区矫正法》第1条规定,"根据宪法,制定本法"。宪法依据不仅是立法依据,更是执行依据。一切法律、行政法规和地方性法规都必须以宪法为依据,遵循宪法的基本原则,不得同宪法相抵触。尤其是在社区矫正监督管理过程中,除了法律法规明确规定和判决、裁定或决定文书确定的法定权力与义务以外,不得擅自增加社区矫正机构及其工作人员的权力和社区矫正对象的义务。

(2) 法律法规依据。首先,与社区矫正工作最密切的应该是《刑法》《刑事诉讼法》《监狱法》和《民法典》,但目前最主要、最重要、最直接的法律依据是《社区矫正法》;其次,是《治安管理处罚法》及其相关的《行政强制法》《行政处罚法》《行政复议法》和《行政诉讼法》;最后,是由最高人民法院和最高人民检察院作出的司法解释。司法部和公安部作出的部门规章是社区矫正工作最直接的法律依据,如2019年司法部《关于加快推进全国"智慧矫正"建设的实施意见》和2020年公安部《公安机关网上追逃工作规定》。

(3) 中央层面的规范性文件。从法理上讲,"两高两部"联合发布的文件究竟是何种性质仍然存在争议,且迄今为止《宪法》和《立法法》也并未

---

〔1〕 参见王爱立主编:《中华人民共和国社区矫正法解读》,中国法制出版社2020年版,第65页。

对此进行明确规定，[1]但是，联合发布的文件对公、检、法、司四机关都适用，效率高且效果好，因此"两高两部"联合发布的文件成了中国目前较为普遍采用的政策性和改革性规范性文件。尽管如此，文件必须符合宪法和法律法规精神，必须注意与上位法的关系；同时，要充分考虑文件的法律属性及其时效性，尤其是《社区矫正法》颁布之后，对以前的政策性和改革性规范性文件必须依法清理，通过"废改立"由政策性社区矫正时代转变为法治化社区矫正新时代。2019年《社区矫正法》颁行以后，"两高两部"对2012年《社区矫正实施办法》进行修改，于2020年6月18日对外发布《社区矫正法实施办法》。制定《社区矫正法实施办法》的总体思路是：一是正确处理与上位法的关系，体现《社区矫正法实施办法》与《社区矫正法》紧密衔接；二是坚持问题导向，对属于"两高两部"职权范围内、有权决定的内容进行全面修订，尽可能细化，解决执行实践中的问题，以适应社区矫正工作的新形势和新要求；三是坚持从实际出发，考虑到我国地域辽阔、各地社会经济发展情况不同，有些条款的规定注意留有余地，避免绝对化，为各地制定具体规定和细则预留空间。

（4）地方层面的规范化文件。从2003年社区矫正开展试点工作以来，一些地方根据本省、直辖市、自治区的实际情况，制定了地方性法规、规章和规范性文件。《社区矫正法》和《社区矫正法实施办法》出台后，全国各地均结合当地情况，对原来的地方性规范性文件予以修改与完善。从目前出台的地方性文件内容来看，福建省规定得比较符合法治规范的要求，同时增加了出境通报备案制度、边境控制措施等地方特色内容；河南省规定得最全面，共10章202条；湖北省规定的主体和内容争议最大，其中，《湖北省社区矫正对象分类管理办法》第6条、第8条关于社区矫正对象的"处遇"规定，与《社区矫正法》第3条和第24条"分类管理、个别化矫正"的规定相冲突，"分级从严处遇"没有法律依据，对开展教育和公益活动提出时长要求违背了立法精神，将劳动能力作为参加公益活动的前提条件并规定时长，混淆了公益劳动与社区服务的区别，等等。为此，有专家学者建议立法机关依法建立地方性法规和规范性文件的备案审查制度，落实违宪责任追究制度。[2]

---

[1] 参见吴宗宪："我国社区矫正法的历史地位与立法特点"，载《法学研究》2020年第4期，第57页。

[2] 更详细的情况，可参见王顺安主编：《社区矫正法治研究》，中国政法大学出版社2021年版，第46~47页。

3. 社区矫正对象是被判处管制刑、宣告缓刑、裁定假释、决定或者批准暂予监外执行的罪犯

在世界范围内，社区矫正对象涵盖从已决罪犯到未决刑事被告人，从刑事被告人到犯罪嫌疑人，从犯罪嫌疑人到刑满释放人员，从成年人犯罪行为到少年越轨行为或"虞犯"或"非行"行为，充分显示了社区矫正的魅力。基于我国目前社区建设和社区矫正机构及其工作人员的现状，为了保障社区群众的生命财产安全及其承受能力，现行《刑法》《刑事诉讼法》对社区矫正对象及其适用范围没有扩展，反而排除了不适合于社区矫正的被判处剥夺政治权利的罪犯，仅限于被判处管制刑、宣告缓刑、裁定假释、决定或者批准暂予监外执行等四类罪犯，全部是已决犯，不包括未决犯，更不包括刑满释放人员。在社区矫正立法过程中，不少专家学者和实务部门的同志建议扩大社区矫正的适用范围，如，"对因家庭暴力等不良行为受到过刑事、民事、行政处罚需要进行社区矫正的人，参照本法执行"；增加"法律规定的其他社区矫正对象"的规定，为根据需要适当扩大社区矫正范围留下空间；对不满16周岁不予刑事处罚的未成年人，可以有针对性地实施社区矫正。但立法机关没有采纳，仍然秉持现行《刑法》《刑事诉讼法》的规定。在立法过程中，不少学者建议将"罪犯""社区矫正对象"修改为"社区服刑人员"。[1]罪犯是已决犯，这已经是约定俗成的常识，1994年《监狱法》予以采纳。但是在监狱工作中，为了避免"罪犯"的符号性与烙印性的负面作用，更好地体现宽容性与人道性的正面作用，开始使用"监狱服刑人员"的称谓，起到了很好的感化效果和社会效果。但是，社区矫正四类对象中的缓刑犯属于已决犯，称为"罪犯"没问题，但称为"服刑人员"则为不妥，因为其原判刑罚（3年以下有期徒刑或拘役刑）还未收监执行，社区矫正执行的是其长于或等于原判刑期的考验期及其保护观察性质的所附条件，因此，不能称为"服刑人员"或"服刑人"。对此，笔者主张称之为"受矫人员"或"受矫人"。但是，立法机关都未采纳，最后斟酌再三，采用了"社区矫正对象"的称谓，[2]这一称谓符合矫正理论的要求，同时也为未来扩大社区矫正对象及其适用范围留下了空间，体现了立法者在技术处理上的高超智慧。

值得注意的是，在1990年12月联合国大会第45/110号决议通过的《联

---

〔1〕参见王爱立、姜爱东主编：《中华人民共和国社区矫正法释义》，中国民主法制出版社2020年版，第342~343页。

〔2〕参见王顺安主编：《社区矫正法治研究》，中国政法大学出版社2021年版，第48页。

合国非拘禁措施最低限度标准规则》(《东京规则》)中,规定了"罪犯"的概念包括但不限于已决犯的特殊称谓。这一规定的目的和内容是:"本《规则》的有关各项规定应在刑事司法执行工作的各个阶段适用于所有受到起诉、审判或执行判决的人,为了本《规则》的目的,这类人通称为'罪犯',不论其为嫌疑犯、被告或被判刑者。"〔1〕

4. 社区矫正的工作场所是"社区"

社区矫正就是要克服监狱行刑的弊端,将罪犯当人看,让偶犯、初犯、未成年犯、过失犯等有一个悔过自新、重新做人的机会,让长期关押于监狱的罪犯有机会提前离开监狱并在正常的社会生活环境中获得真正的再社会化,由监狱人变成社会人。这就需要社会能够提供宽容接纳、监督管理和教育帮扶的微观环境,这一微观环境就是罪犯曾经生活居住的社区。社会学理论认为,"社区"就是地域性的人类共同体,地域性的小社会,通常是由聚集在一定地域中的社会群体(家庭、民族)、社会组织(机关、团体)形成的一个在生活上互相关联的社会实体。现代社区有一整套相对完备的生活服务设施,如商业、服务业、文化教育娱乐等设施,更有公共服务部门提供医疗卫生、社会保障、风险防控、治安保卫、法律服务等产品,从而使社区拥有自己特定的文化、制度、生活方式甚至生产方式,令居民由此产生获得感、安全感和幸福感,并对社区有情感上、心理上的认同感,由此激发居民的社区共同体意识,使之关心社区成员的生老病死、幸福快乐和对违法犯罪人员的教育矫治及其更生保护。社区矫正是现代社会发展的产物,是社区建设和社会共建共治共享的自我管理的结晶。在我国由一元社会(政治国家)向二元社会(政治国家与市民社会)转型过程中,充分发挥社区的力量,扶持与培训社会团体和民间组织的矫正罪犯力量,通过政府购买服务鼓励社工参与社区矫正工作,有利于激发公民尤其是社区居民的主人翁精神和人类命运共同体意识及为社会服务与献身的潜能,更有利于促进与强化国家(社会和社区)治理体系及治理能力现代化与法治化。

2003年《关于开展社区矫正试点工作的通知》规定,"对罪行较轻、主观恶性较小、社会危害性不大的罪犯或者经过监管改造、确有悔改表现、不致再危害社会的罪犯在社区中进行有针对性管理、教育和改造的工作"。《社区矫正法》根据试点工作的经验和矫正教育罪犯的需要,明确规定"社区矫正执行地为社区矫正对象的居住地"(第17条第2款);"居民委员会、村民

---

〔1〕 陈俊生、郭华主编:《国(境)外社区矫正立法》,法律出版社2013年版,第50页。

委员会依法协助社区矫正机构做好社区矫正工作。社区矫正对象的监护人、家庭成员,所在单位或者就读学校应当协助社区矫正机构做好社区矫正工作"(第12条);"居民委员会、村民委员会和其他社会组织依法协助社区矫正机构开展工作所需的经费应当按照规定列入社区矫正机构本级政府预算"(第6条第2款)。将"社区"在刑事政策性与法律性文件中作出明确规定,这是第一次。改革开放以来,伴随着市场经济和现代化建设的不断发展,社会或者社区在各方面的功能和根据社会需要所能提供的资源即供给侧能力逐渐加强,国家或社会治理体系及治理能力现代化与法治化建设已列入国家中长期发展规划。因此,社区矫正逢时而生,尽管它还有些因社区建设不够成熟而略显"早产",但因时代所需、社会的拥护和司法行政部门的努力,社区矫正工作获得了令世人瞩目的成绩,倒逼了社区建设的进程。

5. 社区矫正的目的是有针对性地消除可能重新犯罪的因素,帮助社区矫正对象成为守法公民

2003年《关于开展社区矫正试点工作的通知》规定的社区矫正工作的直接目的,就是要"矫正其犯罪心理和行为恶习,并促进其顺利回归社会"。对于此项目的,"把重点放在对罪犯的心理和行为的矫治、提供服务,而忽视对罪犯应有的惩罚和强制性,造成在社区刑罚执行中存在着方向性的偏差"。同时,"矫正其犯罪心理和行为恶习"的表述过于强调犯罪人犯罪的个人因素,忽视了导致犯罪的社会因素,不能涵盖罪犯回归社会的主要需求。社区矫正对象除了假释人员出狱后回归社会有一个心理适应问题或者生活中因发生重大变故存在心理压力,需要心理辅导、矫正和疏导外,更多的是需要帮助他们解决生活中遇到的各种困难和问题,若不及时帮困扶助则会重蹈覆辙或者走向自杀绝路,如"三无"人员(即无家、无业、无房)的住宿生存、成家立业问题,以及社会歧视和不公正待遇问题,因此,有文献认为在社区矫正工作中应"全面考虑犯罪的社会因素和个人因素,对社区服刑人员提供一定的有针对性的矫正项目"。[1]

基于此,《社区矫正法》在第1条明确规定了社区矫正的目的是"提高教育矫正质量,促进社区矫正对象顺利融入社会,预防和减少犯罪"。同时,又在第3条规定了社区矫正工作的目标,"有针对性地消除社区矫正对象可能重新犯罪的因素,帮助其成为守法公民"。造成罪犯再犯罪和重新犯罪的原因很多,过去我们的研究重点是宏观的社会原因和个人的心理因素,因此强调社

---

[1] 参见刘强主编:《社区矫正制度研究》,法律出版社2007年版,第8~9页。

会改造与建设，注重对犯罪人的心理矫正。现代犯罪学研究表明，对人的行为起关键致罪作用的是微观的社区环境和个人生活条件，尤其是针对出狱人员而言，其生存与生活是第一位的。解决他们的吃穿住行和就业是最现实的工作，减少社会歧视和就业困难等，对于预防再犯和重新犯罪能够起到立竿见影的作用。因此，不少文献认为应当将"消除社区矫正对象可能重新犯罪的因素"列入社区矫正工作的目标。但是，导致重新犯罪的因素很多，治理犯罪需要全社会实行综合治理，单靠社区矫正机构及其工作人员的力量是绝对不可能达到此目标的，于是增加了"有针对性"的限定词。如何理解"有针对性地消除社区矫正对象可能重新犯罪的因素，帮助其成为守法公民"呢？立法机关的解释是："社区矫正工作应该围绕着社区矫正目标展开工作，比如有的社区矫正对象没有劳动能力和收入来源，就存在再实施侵财性犯罪的风险，对此，可以协助其根据国家有关规定申请社会救助或帮助其获得就业岗位等使其具备基本的生存能力，预防其再犯罪。社区矫正对象若有酗酒、药物依赖或者实施家庭暴力犯罪的，则可以考虑通过心理疏导、戒瘾治疗、精神治疗等措施，帮助其戒酒、戒瘾，改变恶习，消除其可能重新犯罪的因素，恢复正常的工作和生活，使其成为守法公民。"[1]

6. 社区矫正的任务是监督管理和教育帮扶并落实刑事判决、裁定或决定和批准文书的内容

"在社区矫正试点以前，我国在针对社区的刑事执行活动中并不包括对罪犯的矫正和教育改造，仅限于对罪犯的监督考察。"[2]在当时的社会背景下，公安机关将"五种人"（罪犯）作为特殊人口管理对象，除了节假日和重大活动需要严格监督管理以防重新犯罪扰乱社会治安等突发事件发生之外，平常就交给其工作单位和户籍所在地的群众性自治组织管理，因此，"五种人"（罪犯）非常易脱管、漏管甚至重新违法犯罪。为此，2003年《关于开展社区矫正试点工作的通知》对社区矫正定义后，紧接着提出社区矫正是"在社区中进行有针对性管理、教育和改造的工作"，同时在正文中又明确要求社区矫正承担"监督管理、教育矫正、帮困扶助"三项任务。

对于社区矫正的任务，作为本书作者之一的王顺安教授，曾概括性归纳为"行刑监督、教育改造、帮助救济"[3]或者"行刑与监管、教育与改造、

---

[1] 参见王爱立主编：《中华人民共和国社区矫正法解读》，中国法制出版社2020年版，第29页。
[2] 刘强主编：《社区矫正制度研究》，法律出版社2007年版，第6页。
[3] 王顺安：《社区矫正研究》，山东人民出版社2008年版，第19页。

帮助与服务"。[1]尽管十余年已经过去,但其观点与研究结论,至今仍具有现实意义。

《社区矫正法》第2条第2款规定了"对社区矫正对象的监督管理、教育帮扶等活动,适用本法",被立法者解释为社区矫正工作的两大任务。监督管理主要是五项工作:一是监督社区矫正对象遵守法律、行政法规;二是监督履行判决、裁定、暂予监外执行的决定等法律文书确定的义务;三是履行司法行政部门关于报告、会客、外出、迁居、保外就医等监督管理的规定;四是落实针对社区矫正对象的矫正方案;五是了解掌握社区矫正对象的活动情况和行为表现等。此五项工作属于执法行为,只能由法定的主体即社区矫正机构及其工作人员承担。教育帮扶主要有两项工作:一是教育矫正;二是过渡性帮困扶助。具体包括对社区矫正对象开展的系统教育、心理辅导、职业技能培训、就业指导,社会关系修复等教育帮扶活动。此类工作由五大方面的力量担当,即社区矫正机构,教育、人力资源社会保障等部门,有关人民团体,居民委员会、村民委员会,企业事业单位、社会组织、志愿者等社会力量。

除上述《社区矫正法》第2条明确规定的监督管理和教育帮扶两项任务外,社区矫正工作还有一个最大的任务就是《社区矫正法》第1条规定的"保障刑事判决、刑事裁定和暂予监外执行决定的正确执行",即对四类社区矫正对象的刑事执行工作,这才是整部《社区矫正法》规定的最核心任务及其内容,此项内在本质任务贯穿于整部法律,监督管理和教育帮扶是为其服务的外在形式任务。由于四类社区矫正对象的刑事执行内容不同,其性质和任务分别表现在:一是对被判处管制刑和决定批准暂予监外执行的罪犯予以刑罚执行,必须强调惩罚与改造的任务与要求;二是对被判处三年以下有期徒刑及其所附条件的非监禁性替刑措施的执行,必须防止采用刑罚执行的方式,突破刑事法律规定的底线,实行惩罚与改造,而是依法予以监督与考察;三是对于被判处长期监禁刑罚和死缓、无期徒刑因符合条件假释的罪犯予以法定的刑事处遇措施的执行,在严格监督管理的前提下,强调与重视过渡性或者适应性社会帮困扶助,以利于其更生康复,重返社会。

7.社区矫正的方法是在社区并依托社区资源和力量监督管理和教育帮扶

社区矫正是推进国家治理体系和治理能力现代化与法治化的重要制度,

---

[1] 王顺安:《社区矫正研究》,山东人民出版社2008年版,第166页。

是创新社会治理的重要方面，需要充分调动社会力量，帮助社区矫正对象顺利融入社会，成为守法公民。《社区矫正法》为此规定了诸多国家鼓励、支持企业事业单位、社会组织、志愿者等社会力量依法参与社区矫正工作的措施。该法第一次在刑事法律中创造性地规定了政府购买服务，鼓励发展一批专业化的社区矫正社会工作组织。同时，《社区矫正法》总结和吸收社区矫正试点工作以来全国各地充分依靠基层组织和社会力量开展社区矫正工作的经验，在第25条中规定了"社区矫正机构应当根据社区矫正对象的情况，为其确定矫正小组，负责落实相应的矫正方案"。根据需要，矫正小组可以由司法所、居民委员会、村民委员会的人员，社区矫正对象的监护人、家庭成员，所在单位或者就读学校的人员以及社会工作者、志愿者等组成。社区矫正对象为女性的，矫正小组中应有女性成员。为了保证社会力量参与社区矫正工作的积极性和可持续性，《社区矫正法》第6条规定："各级人民政府应当将社区矫正经费列入本级政府预算。居民委员会，村民委员会和其他社会组织依法协助社区矫正机构开展工作所需的经费应当按照规定列入社区矫正机构本级政府预算。"对此，立法机关有关人员认为："把矫正小组作为组织动员社会力量参与社区矫正工作的重要抓手，以矫正小组为依托，坚持专精结合，充分利用各种社会资源、动员各种社会力量积极参与到社区矫正工作中来，这既是中国特色社区矫正制度的显著特色，也是新形势下打造共建共治共享社会治理格局的客观需要。"[1]

总之，由于社区矫正的复杂性和对"社区矫正"概念认识的差异性，更是由于人们对中国社区矫正的性质尚未取得一致性的看法或者没有权威性的法律规定，有些文献曾一度建议暂时放弃对"社区矫正"概念的讨论。如有文献指出："对概念的适当讨论是必要的，但没有必要投入太多的时间和精力。在讨论时，需要基于我国和国外社区矫正的现实，明确一些共同遵循的前提条件，否则就失去了对概念进行讨论的实际意义。"[2]这一观点在一定程度上致使"社区矫正"概念在《社区矫正法》中缺席。笔者认为，在社区矫正试点工作的初期，搁置争议，集中精力探索并总结中国特色社区矫正制度的经验、共识和共性特征，期待未来通过国家立法对社区矫正定性、定位后，再对我国"社区矫正"概念进行科学设定，是正确的。但是，不争议不等于

---

[1] 王爱立、姜爱东主编：《中华人民共和国社区矫正法释义》，中国民主法制出版社2020年版，第385页。

[2] 参见刘强主编：《社区矫正制度研究》，法律出版社2007年版，第7页。

不研究，尤其是在《社区矫正法》颁行以后，我国社区矫正理论与实践部门对社区矫正试点工作近二十年来的成功经验和好的做法所取得的共识性特征，实际上已经蕴含着的"社区矫正"的基本概念。在此情况下，先从学术层面下一个明确的定义，通过不断的争鸣讨论和修改完善，以期未来《社区矫正法》修改时采用，则十分必要。鉴于此，我们可以对具有学术研究性质的中国特色"社区矫正"概念做如下界定：社区矫正是指法定执行机关及其工作人员在社区并依托社区资源和力量，对被判处管制刑、宣告缓刑、裁定假释、决定或批准暂予监外执行的罪犯，予以监督管理和教育帮扶，旨在有针对性地消除可能重新犯罪的因素，帮助其成为守法公民的一项非监禁性刑事执行制度。

第二节　中国特色社区矫正的创制背景

自 2003 年国家开展社区矫正试点工作以来，社区矫正的创制与推行便成为党和国家的一项重要任务。那么，我国在 21 世纪初到底为什么要创制与推行社区矫正制度，并将社区矫正作为司法体制改革的重要内容，甚至上升到实现社会和谐，事关国家治理体系和治理能力的现代化与法治化的高度呢？有关我国创制社区矫正制度的原因与背景问题，我国当前文献鲜有专门论述。[1] 但是，对这一问题进行符合历史与现实的客观性理论说明，不仅有助于深刻了解我国在社区矫正探索过程中所遇到的实践疑难问题以及如何发挥制度优势和聪明才智破解难题的方法技巧，而且有助于我们真正地体会社区矫正制度构建和发展过程中所形成的典型中国特色与模式样本，更有助于我们从历史性和发展性的眼光总结、归纳和提炼我国社区矫正制度的经验和成就，为进一步推动社区矫正工作法治化和现代化指明发展方向。

一、法治与人权背景下的刑罚结构改革

我国社区矫正试点工作始于 21 世纪初。回顾我国在 21 世纪初的社会历史背景便可以发现，由于国际和国内形势的深刻变化，我国进入了经济和社会的重要转型期。在国际形势方面，随着全球经济一体化的发展以及信息科学技术的广泛应用，我国于 2001 年加入了世界贸易组织（WTO），为了履行

---

〔1〕 参见梅义征：《社区矫正制度的移植、嵌入与重构——中国特色社区矫正制度研究》，中国民主法制出版社 2015 年版，第 37~40 页。

入世的承诺，我国开始了大规模的法律修改活动。在国内形势方面，21世纪初我国计划经济已经基本上退出了历史舞台，社会主义市场经济体制初步建立。事实上，加入世界贸易组织（WTO）与初步建立社会主义市场经济体制这两项重大任务的确立及其完成，对我国国家治理方式的影响是非常深远的。正是从这一时期起，我国国家治理的"人治"色彩不断淡化，法治则不断得以强调。1999年3月15日第九届全国人民代表大会第二次会议通过宪法修正案，将"中华人民共和国实行依法治国，建设社会主义法治国家"正式写进宪法。这一规定在我国近现代史上具有划时代的意义，标志着我国治国方式的重大转变。2004年3月14日第十届全国人民代表大会第二次会议通过宪法修正案，将"国家尊重和保障人权"正式写进宪法。由此，法治与人权开始成为我国国家治理和法律制度改革的重要标准和指导原则。

在国家大力提倡法治和人权的背景下，我国各个法律领域的改革也逐步开始。在刑罚领域，人们非常关注刑罚结构与适用偏重的问题。由于建立在"行政·刑事"二元模式基础上的危害行为三级制裁体系的长期存在，治安管理处罚以及如劳动教养、收容教育等长期性剥夺自由的行政性制裁措施成为较轻微危害行为的制裁方式和手段，因此，凡是纳入刑罚制裁范围的危害行为都是相对严重的危害行为。这就是说，在危害行为三级制裁体系框架下，立法者基于罪刑均衡以及重刑威慑等方面的考虑，使得刑法中所形成的犯罪与刑罚结构必然是重罪重刑结构。对此，有文献进行了准确的概括，指出即我国现行的刑法结构表现为"厉而不严"。"厉"主要表现在刑罚结构上，一方面轻刑种类的管制和罚金在刑罚体系中地位偏低、适用很少，另一方面重刑种类的死刑和无期徒刑在刑罚体系中的比重过大。另外，"厉"还表现为我国对预备行为的处罚普遍化。"不严"则主要表现为法网不严密，刑事责任追究不严格，如一些犯罪的构成要件不完善或者一些常见犯罪的起刑点过高。[1]

随着经济体制改革与社会转型，我国犯罪率自从20世纪80年代以来连年攀升。1983年开始了为期三年的"严打"，此后的十多年中各种专项"严打"不断，全国的犯罪规模不断扩大，严重犯罪的比例逐年提高，由此，死刑适用率大幅度攀升。高比例的死刑的存在必然提高了有期徒刑的幅度，因为刑罚内部需要进行总体的协调和攀比。这样，刑罚总量在总体上便处于较高水平。刑罚有极限但犯罪无极限。犯罪率的持续攀升，使得总量处于高位

---

[1] 参见储槐植：《刑事一体化》，法律出版社2004年版，第313~314页。

的刑罚体系结构继续上调的空间非常有限，刑罚已经接近上限。从法治与人权的角度而言，罪与刑的结构性偏重的态势不可能长时间维持下去，必然需要进行结构性改革。更何况，轻罪领域有关劳动教养或收容教育等长期性剥夺自由的行政性制裁措施没有经过司法程序就剥夺行为人自由的制度安排，在法治与人权原则和标准之下，也存在着一些明显的问题和缺陷。因此，我国刑罚结构与适用执行的整体性改革势在必行。

社区矫正制度试点正是在法治与人权的宏观背景影响下，作为刑罚结构改革的重要内容而不断推进的。国家的意图非常明确，即希望以社区矫正制度的创制和运用，改变我国刑罚结构和刑罚适用偏重的倾向，实现刑罚结构与适用的科学化与合理化。

二、犯罪治理与罪犯改造经验教训总结

自中华人民共和国成立以来，国家对包括犯罪在内的社会危害行为的治理，基本上形成了"行政·刑事"二元模式，即行为人实施的相对轻微的社会危害行为，只被评价为行政上的"违法"但并不属于"犯罪"，对此直接由行政机关进行行政性处罚和制裁；行为人实施的严重危害社会的行为，则首先被评价为"犯罪"，同时又属于"严重违法"，对此直接由司法机关进行刑事性制裁。我国这种"行政·刑事"二元治理模式进一步细化，即为前文提到的危害行为三级制裁体系。

我国危害行为三级制裁体系，是随着高度集中的计划经济体制的建立而逐渐发展起来的。由于行政权力本身具有计划性、高效性和灵敏性，因此在计划经济体制下，行政权力便自然而然地成为国家保障计划有效执行的首选手段。由此，对相对轻微的危害行为的惩罚和制裁，自然也就纳入国家行政机器体系中。毕竟，不经过漫长的司法程序而直接由行政手段惩罚和制裁轻微违法行为，无疑更加具有廉价性和效率性。同时，在计划经济时代，人们高度依附于国家计划和单位，这种高度依赖和固定化的生活工作模式，使得人们由于轻微违法而受到行政处分或制裁所需要承受的惩罚性痛苦与耻辱效果，可能不亚于甚至超过刑罚之苦。总之，在计划经济时代，"行政·刑事"二元治理模式在维护社会基本秩序的稳定以及经济社会快速发展方面起到了有效的保障作用，甚至可以说，在很长一段时期内，这一治理模式是被视为具有中国特色、效能性、经济性与正当性的做法。然而，随着社会主义市场经济体制的建立，人们对单位和国家的依赖性有所减轻，行政机关不断精简

和分化,其社会管控能力和纠纷解决能力大幅度下降,法院则成为市场经济体系中居中裁判的唯一机构。在这种情况下,行政机关便不能再过多地分享法院的司法性权力和裁判性职能,否则,会造成行政权力和司法权力衔接方面的模糊性和不精确性的问题,而这种模糊性和不精确性,首先意味着行政机关所享有的裁量权力过大,而裁量权力在没有明确的法治规则约束的情况下,往往会因为任意和专断而产生腐败问题;同时,行政机关在享有较大的权限时,国家必然会因强化行政权力的监督机制而不断增加监督机关的人员和队伍建设,而这种做法无论在成本、效率以及政治风险等方面都存在着明显的问题;再者,由于权力界限不明,在遇到具体案件时,行政机关和司法机关可能因为某些利益原因而争抢或推诿管辖权的情形是客观存在的,因为利益的争抢或推诿,无疑又会增加腐败的可能性。最后,行政权力与司法权力之间由于界限不明,对于当事人而言,自然是增加了依法维护自身权利的程序与实体成本,甚至最终迫使当事人放弃维权主张,从而导致法律的保护目的无法实现。

我国数十年的危害行为"行政·刑事"二元治理模式的实践,有成绩有经验同时也存在一些严重问题和深刻教训。特别是在法治与人权背景下,由行政机关分享司法裁判权力并可以剥夺公民自由的做法已经越来越不被法理与实践所认可。我国正是在总结危害行为治理模式的经验和教训的基础上,逐渐废除了长期性剥夺人身自由的行政性制裁措施,相应地,将刑法的边界和触角向前延伸,有计划和有步骤地将一些本属于应当予以劳动教养制裁的危害行为纳入犯罪之中,从而降低了起刑点,扩大了犯罪圈。降低起刑点并扩大犯罪圈,必然要有与之匹配的轻缓刑罚种类和体系,才能实现罪与刑的均衡。由于我国刑法中轻缓刑罚的种类相对较少,仅有管制一种,且因受历史文化传统的限制,改变传统五刑体系,短期内大规模增加新的轻刑种类不大现实,但是,我国存在缓刑等可以适用于轻罪的量刑制度,因此,允许对轻微犯罪判处缓刑并适用社区矫正这种刑事执行方式,正是国家面对轻罪增加趋势所采取的一种轻刑化应对方式。

自中华人民共和国成立以来,我国的罪犯改造事业取得了令世界瞩目的成就,积累了很多非常宝贵的经验,构建了中国特色的监狱改造和矫正制度。只不过,我国罪犯改造伟大成就中的绝大部分是以罪犯监狱关押为前提而获得的,在开放的社区或社会环境中教育和矫正罪犯,无论是从实践经验的总结还是从理论知识的积淀来看,我国都是比较欠缺的。虽然以监狱监禁为基础的罪犯改造经验，如分类管理、劳动改造、心理矫治、文化、思想、职业技术与法治教育等，也都可以尝试并应用于开放性环境中的罪犯改造，但是，开放性环境中的罪犯与监禁关押环境中的罪犯所处的环境有着根本性的差异，这种环境方面的根本性差异，决定了监禁环境下的改造经验并不能完全适用于开放环境中的罪犯，甚至有些做法或经验并不能对开放环境中的罪犯产生良好的教育矫正效果。在开放环境中有效教育改造罪犯，必须广泛吸收世界开放环境中罪犯改造的有益经验，不断在实践中摸索试错创新，形成独立于监禁改造的特色改造经验。

虽然我国监狱改造取得的成就十分伟大，但不可否认的是，我国监狱改造实践也面临着在发达国家监狱改造过程中所出现的某些监狱困境或悖论。如追求复归社会的终极目的与监狱人格和难以适应正常社会生活之间的悖论、惩罚措施和过程与改造的方法和过程之间的悖论、剥夺自由与倡导教育学习的悖论等，在一定程度上都说明监狱改造是存在一定缺陷的。除此之外，对判处短期自由刑的轻罪犯进行关押，如何避免罪犯之间的交叉感染与重新犯罪几乎是困扰世界各国监狱管理部门的疑难问题。

在很长一段时期内，我国虽然没有系统的社区矫正制度，但自从1979年《刑法》开始，我国刑事法律中都规定了管制、缓刑、假释以及暂予监外执行制度。在当时的历史条件下，上述制度的执行主体仍然是公安机关。我国《刑法》明确规定了服从监督、报告、会客等义务，但是，公安机关由于社会治安和犯罪侦查等工作任务过于繁重、警力有限，分身乏术，很难再对管制犯、缓刑犯、假释犯和暂予监外执行犯等特殊群体制定专门性的配套规则、组建队伍并分配人员进行专业化管理。对公安机关来说，对管制犯、缓刑犯、假释犯和暂予监外执行犯进行管理，充其量只能是自己的"副业"。由此，在社区矫正制度推行之前，我国对管制犯、缓刑犯、假释犯和暂予监外执行犯的监管效果实际上并不是非常理想，[1]除了监管不到位，发生了罪犯再次或多次犯罪事件之外，还出现了一些罪犯利用不正当手段获得假释或暂予监外执行机会的事件，以至于社会上流传着"缓刑等于无罪，假释等于释放""无钱无权莫保外"的说法。

总之，由于时代变迁与社会转型，在人民日益增长的加强自身权利保护程度的社会需要面前，我国轻罪的立法以及由轻罪数量扩大所引发的执法压力空前强大；同时，在法治水平与人权要求不断提高的背景下，监狱改造所

---

[1] 参见郭建安、郑霞泽主编：《社区矫正通论》，法律出版社2004年版，第45~46页。

面临的各种压力逐渐增加特别是作为监狱改造出口的假释犯、暂予监外执行犯在开放环境中的监督管理效果亟需提升，以及随轻罪立法与执法所带来的对轻罪犯特别是缓刑犯的教育矫正的刑事执行压力不断增大，社区矫正制度便作为一种与轻微犯罪治理、轻罪犯以及一些人身危险性显著降低的特殊罪犯教育矫正相关的新型制度出现了。

三、现代化刑罚理念的国际影响与借鉴

不可否认的是，我国社区矫正制度的创制在一定程度上受到了现代化刑罚观念与理论的影响。在 21 世纪初，我国刑法学界不少文献开始关注刑罚的现代化问题。在这一过程中，关于发达国家刑罚现代化的理论被源源不断的引介到我国。总体而言，有不少文献普遍认为我国刑罚的现代化应当逐渐改变以死刑、无期徒刑和中长期有期徒刑为中心的刑罚结构，朝着以自由刑和财产刑为中心的轻刑刑罚结构方向发展；在量刑过程中注重刑罚的个别化，实现量刑的科学化与合理化；在行刑过程中实现行刑社会化与人道化。在刑罚的现代化讨论中，刑罚轻缓化与人道化、教育刑、行刑社会化以及恢复性司法理论都被重点关注与研究，因此可以说，上述有关刑罚的现代化观念与理论为社区矫正的创制与推行奠定了一定的思想基础。

刑罚轻缓化与人道化理论，着眼于我国刑罚种类和体系的未来发展方向展开论证，认为死刑作为剥夺生命的最严厉刑种，是一种欠缺人道精神且不具有预防效果的刑罚方法，而且我国《刑法》关于死刑的规定过多，因此，实现刑罚轻缓化与人道化，首先要逐步废止死刑。同时，改变现有刑罚的结构，构建以自由刑和财产刑为中心的轻刑刑罚结构，必须缩小自由刑的刑罚幅度，实现刑罚幅度设置的合理化。另外，实现我国刑事制裁方式的多样化，是我国刑罚轻缓化和人道化的重要途径。刑事制裁方式多样化的重要路径之一，即应当对我国主刑的种类适当扩充，如将罚金刑纳入主刑范围，完善并扩大资格刑的种类，增设社区服务或社区劳动等新的刑罚方法。由此可见，与社区矫正有关的社区服务或社区劳动刑，作为刑罚轻缓化和人道化的重要实现途径和方式开始出现了。[1] 此后，有不少文献始终将社区服务或社区劳动刑作为一种刑种并沿着这种思路来讨论我国社区矫正制度的创制问题。

教育刑理论是发达国家重要的刑罚理论之一。教育刑理论与报应刑理论相对立，认为行为人犯罪往往并非自由意志选择的结果，而是社会或家庭环

---

[1] 参见何显兵：《社区刑罚研究》，群众出版社 2005 年版，第 81~85 页。

境使然的一种必然性结果。刑罚并不能像报应刑理论那样只关注报应和惩罚。刑罚的任务是教育和改善犯罪人。刑罚基于教育和改造罪犯,从而实现保卫社会的目的。因此,教育刑理论坚持认为应当根据行为人的社会危险程度适用相应的刑罚,使刑罚的轻重符合罪犯改造与保卫社会之需要,对罪犯进行个别化教育矫正,使其尽快复归社会。同时,根据罪犯是否可以被改造为标准,将罪犯分为偶犯、惯犯、可改造者与不可改造者等不同类别,针对不同情况适用不同的刑罚,对于具有人身危险性的人适用不定期刑,并根据罪犯改造的进展作为决定其刑罚实际执行期限的根据。"矫正可以矫正的罪犯,无法矫正的罪犯不使其为害"便成为教育刑理论的核心信条。教育刑理论虽然有否定刑罚的报应和一般预防目的甚至主张不定期刑等缺陷,但却承认了罪犯教育改造的可能性、提出了刑罚个别化思想并将社会危险性作为司法适用和刑事执行的重要标准,无疑具有重要意义。[1] 在20世纪上半叶,不少发达国家将教育刑理论作为刑事立法、司法与执行的主要指导思想,并以此为基础进行监狱行刑与矫正制度的创新实践。我国社区矫正制度从创制时开始,就是围绕着如何在社区等开放性环境中对罪犯进行教育矫正和帮助展开的,因此,教育刑理论为我国社区矫正制度的创制与发展提供了不可或缺的思想支持。

应当说,行刑社会化以及与之高度相关的重返社会政策在思想来源上与教育刑理论一脉相承,在一定意义上,行刑社会化理论进一步将教育刑理论精细化并付诸实施。行刑社会化理论着眼于监禁刑和监狱行刑的封闭性问题,认为在监狱执行刑罚,由于监狱本身的封闭性而不能充分利用社会资源使之参与到罪犯改造过程之中,同时,监狱的封闭环境本身就会产生监禁隔离与社会化的行刑悖论,它并不利于罪犯的社会化。因此,行刑社会化理论根据刑罚个别化的基本思想,将罪犯进行分类,从中挑选出那些犯罪比较轻微而不需要在监狱执行的轻罪犯、经过较长时间监禁改造后已经充分悔改不存在再犯可能的罪犯以及不值得且没有必要继续关押的罪犯,不再在监狱执行刑罚,而是放在社区等开放性环境中予以再社会化,从而使之早日回归社会。在回归社会目标的指引下,英美法系国家针对重新犯罪率不断提高的问题,进一步专门提出了"重返社会政策"(Reintegration/Reentry/Resettlement)。重返社会政策主要强调通过切实为监狱服刑人员提供多种多样的帮助,使其能够适应社会生活,融入社会,从而不再重新犯罪。[2] 重返社会政策与犯罪学

---

〔1〕 参见陈伟:《教育刑理论的实践回应与规范运行研究》,商务印书馆2020年版,第14~31页。
〔2〕 Frank Schmalleger &John O. Smykla, *Corrections in the 21st Century* 77~79 (McGraw-Hill 2007).

理论中的犯罪外部原因论有着较为密切的关系。犯罪外部原因论认为相对于罪犯个体的生理或心理缺陷而言，外部环境是影响行为人是否选择犯罪更为重要的因素。比如，对于行为人来说，没有工作机会、无法养活自己、无家可归往往是导致其实施犯罪行为最直接的原因，毕竟，工作、生活或居所是人生存最为基本的条件，如果连这些最基本的条件都无法获得，行为人就很有可能会铤而走险。而且，从犯罪治理的角度来看，外部原因比内部原因更具有可控性，即通过适当的干预和帮助便可将某些外部原因大幅减少甚至消除，从而消除行为人犯罪的诱发因素，预防其重新犯罪。毫无疑问，行刑社会化思想与重返社会政策相互支持、相互配合，特别强调在社区等开放性环境行刑过程中对罪犯进行职业和生活等方面的多种形式的实质性帮助，无疑对于我国社区矫正的创制产生了重要影响。

恢复性司法理念兴起的时间相对比较短。恢复性司法理念起源于20世纪末英美法系的恢复性司法运动（Restorative Justice）。在这场运动中，恢复性司法理念通过对传统刑事司法所形成的犯罪与刑罚基本共识的强烈批判而表明自己的立场与观点：只有国家公权力介入与处理与犯罪和犯罪人有关问题的传统做法，忽视了被害人参与及其协商，这种由国家代替被害人的单向性处置方法不可能使犯罪所造成的恶劣后果圆满消除；在犯罪发生之后，不仅被害人需要愈合创伤，接受情感抚慰并重获安全感，犯罪人本身也无疑会受到伤害，面临刑事制裁、道德谴责、丧失职业或工作机会等，犯罪人本身也需要从恐惧和被社区排除感中恢复过来；让犯罪人承担抽象性的刑事责任，简单地剥夺犯罪人的特定权利，无助于社会关系的修复。犯罪人必须要直接面对被害人，使自己看到并亲身感受当初是如何伤害被害人的，要对自己当初的错误行为作出解释，寻求与被害人和社区的沟通，并尽量通过一定的措施弥补这种损害。犯罪已经使得人群和社区关系受到了损害，造成了人群和社区的分裂，单纯的刑罚制裁只能扩大这种对立和分裂。犯罪人与被害人进行和解，从而恢复已经被损害的人群和社区关系，在此基础上共同融入这一社区。总之，恢复性司法理念认为犯罪不仅对国家和社会造成间接危害，更重要的是对被害人和社区造成直接损害，因此，犯罪与社区有着更为紧密的联系。刑罚的目的不仅仅在于惩罚报应，更在于损害修复。新型的恢复性司法不是犯罪人、被害人和社区"有害的公正"，而是对犯罪人实施的犯罪行为所造成的各种国家、社会、社区、家庭、自然关系和被害人的损害结果的最大化的修复、弥补和赔偿，追求的是一种"无害的正义"。[1]显而易见，注重犯罪人与被害人和解、社区关系的补偿与修复、将犯罪人视为需要融入社区进而成为被社区所接纳的成员而不是社区异类等观念，为我国社区矫正制度的创制提供了重要的思想参考。

四、监狱管理改造压力纾解的重要任务

从现实情况而言，社区矫正的创制与20世纪末到21世纪初我国监狱管理和改造的压力与成本的大幅增加有着比较直接的关系。自从20世纪90年代初开始，我国便进入了监狱改造和扩张的重要历史时期。进入21世纪之后，随着监狱管理体制的改革，监狱管理和改造的压力空前增大，加之在法治与人权思想的影响下，监狱服刑人员权利保障制度不断完善，监狱管理和改造的成本也不断提升。

在20世纪末到21世纪初近二十年的时间里，改革开放不断深化，经济和社会领域的改革不断向前推进，社会加速转型带来了社会秩序的失范，我国犯罪率不断升高。如，进入20世纪90年代，我国刑事发案率以每年10%左右的增幅不断攀升。1998年比1997年高23.1%，1999年比1998年再上升23.5%，2000年全国公安机关共立刑事案件363万起，比1999年上升61%。[2]随着犯罪率的逐年走高，我国监狱关押人数相应地也在不断增加。1996年，我国监狱关押人数突破140万人，1997年到2000年这四年一直保持在140万人左右；2001年开始突破150万人，2002年到2008年这七年始终保持在150万人左右；[3]2009年开始突破160万人。[4]另外，根据有限的资料统计，自1996年以后我国重新犯罪率逐渐呈增长态势，预计已经高于20世纪90年代初《中国改造罪犯的状况》白皮书所公布的6%至8%的数字。[5]显然，社会犯罪率攀升所导致的监狱关押人数增加以及重新犯罪率的上升，对于监狱管理和改造机构来说，不仅是一种巨大的社会压力和舆论压力，而且也成为一

---

[1] John Braithwaite, "Restorative Justice: Assessing Optimistic and Pessimistic Accounts", 25 J. Crime. & Just. 1~128（1999）; Randy E. Barnett, "Restitution: A New Paradigm of Criminal Justice", 77 Ethics 279~301（1977）.

[2] 参见武和平：《公安犯罪统计失真的现状原因、危害及对策》，载《山东警察学院学报》2001年第5期，第20页。

[3] 参见李豫黔：《中国刑事执行新论——监狱工作创新及变革》，法律出版社2017年版，第204页。

[4] 参见翟中东：《矫正的变迁》，中国人民公安大学出版社2013年版，第345页。

[5] 参见翟中东：《矫正的变迁》，中国人民公安大学出版社2013年版，第346页。

种强大的政治压力。

耐人寻味的是,与社区矫正制度的创制时间高度一致,我国监狱体制改革也始于2003年。在2003年之前,我国一直实行监狱、监狱企业和监狱社区三位一体的管理模式。显然,在计划经济体制下这种模式的执行效率和改造效果都无可置疑,但随着社会主义市场经济体制的建立与完善以及法治国家进程的加快,这一体制就越来越难以适应国家和社会发展的要求,具体表现为三方面:一是,监企合一的体制使得监狱职能发生严重错位。监狱所要实现的刑罚执行目的与企业所追求的经济效益目的纠葛不清而产生矛盾,从而影响到监狱刑罚执行职能的有效发挥。二是,监企合一的体制使得国家对监狱的财政投入严重不足,监狱经费不能足额到位。监狱迫不得已只能将监狱经费与生产收入直接挂钩,罪犯劳动生产成了维持监狱运转的重要手段,监狱的刑罚执行职能则被进一步削弱。三是,监企合一的体制使得监狱职能多元化,使得监狱在承担教育改造罪犯与监狱生产之外,还要承担办社会的职能,这无疑给监狱带来了沉重的负担。因此,2003年开始的监狱体制改革,核心内容即监狱经费实行全额保障,完善监狱经费保障与动态增长机制;实行监企分开,规范监狱与监狱企业的运行机制;建立监狱执法经费支出和监狱企业生产收入分开运行机制,规范监狱和监狱企业财务管理;实行监社分开,分离监狱办社会职能。[1]至2011年底,我国监狱体制改革基本完成。由此,我国监狱根据公正、廉洁、文明和高效的整体既定目标,围绕着突出和强化刑罚执行职能,提高罪犯教育改造质量,不断加强制度建设,从监狱的刑罚执行、狱政管理、教育改造、劳动改造、生活卫生到警察队伍管理等方方面面,实现了法治化和规范化运行。监狱各项工作的法治化和规范化要求,实质上是将监狱干警所从事的各项工作以制度形式固定下来,并提高了工作标准和要求,无形中增大了监狱工作的压力。

在法治与人权的背景下,加强对罪犯的人权保障作为我国监狱体制改革中的一项重要内容,日益受到国家的重视。在监狱体制改革开始之后,国家通过监狱工作的法治化、科学化、社会化建设,贯彻宽严相济刑事政策,逐渐建立起日渐严密的罪犯人权保障制度与监督机制,不仅注重包括受教育权在内的罪犯基本人权的保障,而且通过改善监狱布局,使罪犯住宿、生活、卫生医疗等具体权利保障得以有效实现。同时,全国监狱系统通过狱务公开、

---

[1] 参见李豫黔:《中国刑事执行新论——监狱工作创新及变革》,法律出版社2017年版,第35~38页。

专项整改等活动,不断提高监狱执法的文明程度和规范水平,更加有效地保障了罪犯的权利。上述举措,使得监狱管理工作的成本压力不断攀升。此外,监狱安防体系、惩教与管理体系、软硬件保障体系、信息化办公体系以及警力队伍专业化体系等方面的现代化建设,都无疑大大提高了监狱运行的经济成本。

总之,在监狱管理和改造本身的巨大压力和成本以及由此对国家和社会所带来的空前压力和成本面前,党和国家开始思考监狱体制改革问题,与此同时,在参考世界范围内能够有效纾解监狱执行压力、减少监狱关押人口与降低执行成本的社会化刑事执行方案的基础上,尝试并建立社区矫正这种新型的刑事执行制度就成为一种客观的和必然的选择。

五、治理体系与治理能力现代化的要求

我国社区矫正自从开始试点以来,一直受到党和国家的高度重视。早在2004年,中共中央发布的《中央司法体制改革领导小组关于司法体制和工作机制改革的初步意见》将社区矫正纳入司法体制改革的重要内容并对社区矫正试点工作进行了明确要求;2006年中共中央十六届六中全会通过的《中共中央关于构建社会主义和谐社会若干重大问题的决定》明确要求推进社区矫正工作;2008年中共中央转发的《中央政法委员会关于深化司法体制和工作机制改革若干问题的意见》对推进社区矫正立法作出了明确要求。从党和国家高级别文件的规定中便可以看到,我国社区矫正制度自从开始试点以来,就不仅仅是一项单纯的刑罚执行制度的改革工作,而是事关宽严相济刑事政策与社会治安综合治理政策的有效贯彻、实现社会治理创新与社会和谐乃至国家治理体系与治理能力现代化与法治化的重大战略决策。

我国宽严相济刑事政策是在2004年举行的全国政法工作会议上首次提出的。这次会议指出,正确运用宽严相济刑事政策,对严重危害社会治安的犯罪活动严厉打击,决不手软,同时要坚持惩办与宽大相结合,才能取得更好的法律与社会效果。由此可见,宽严相济刑事政策在提出之初,是与惩办与宽大相结合刑事政策并列提及的。2005年全国政法工作会议则进一步指出,宽严相济刑事政策是我国在维护社会治安的长期实践中形成的基本刑事政策,由此,宽严相济刑事政策首次作为独立的刑事政策出现了。宽严相济刑事政策特别强调运用从宽和从严两种治理手段,该宽则宽,该严则严,从宽济严,以严济宽,宽严适度,宽严合法,其目的是打击和孤立极少数,教育、感化和挽救大多数,最大限度地减少社会对立面,促进社会和谐稳定,维护国家长治久安。社区矫正的创制，无疑是在刑事执行领域落实宽严相济刑事政策的具体体现。从整体上看，在根据对罪犯的社会危害性与再犯危险性区别考察的基础上，将犯罪轻微不需要关押、不具备关押条件和再犯危险性大幅降低不再需要关押的罪犯不予关押，使之获得部分自由，并在监管过程中给予实质性的教育和帮助，实际上就是从宽手段的运用；与此同时，由于最初社区矫正对象五类人员（管制犯、缓刑犯、假释犯、暂予监外执行犯与剥夺政治权利犯）在公安派出所管理时期管理模式粗放且实际效果不理想，逐步交由司法行政机关予以适当严格和专门管理，落实法律规定的各项义务，防止漏管、脱管及其相应的违法犯罪行为再次发生，实际上就是从严手段的运用。从社区矫正的具体措施与方法来看，由于对管制犯、缓刑犯、假释犯与暂予监外执行犯适用社区矫正的法律依据、社会危害性与人身危险性和再犯危险性以及四类罪犯的教育矫正侧重点有着本质不同，因此，在社区矫正适用过程中本着分类矫正、个别化矫正的基本原则，制定了不同的教育矫正措施和方案，同时，根据社区矫正对象的日常行为与表现的好坏，制定了包含表扬、记过、警告、提请治安管理处罚、提请撤销缓刑或假释收监执行等内容的一系列呈阶梯状的监督管理措施和方案，显然，这些教育矫正原则、措施和方案，本身就是宽严相济刑事政策的具体表现。

社会治安综合治理是在党委、政府统一领导下，在充分发挥政法部门特别是公安机关骨干作用的同时，组织和依靠各部门、各单位和人民群众的力量，综合运用政治的、经济的、行政的、法律的、文化的、教育的等多种手段，通过加强打击、防范、教育、管理、建设、改造等方面的工作，实现从根本上预防和治理违法犯罪，化解不安定因素，维护社会治安持续稳定的一项系统工程。充分运用刑法手段治理犯罪，对处于社会转型时期的社会治安综合治理具有重要保障作用。犯罪治理能够为社会治安综合治理提供良好的秩序和环境保障，与此同时，社会治安综合治理也需要充分运用刑法之外的各种手段和方式，预防违法犯罪的发生。社区矫正制度通过对轻微犯罪治理、轻罪犯以及一些人身危险性显著降低的特殊罪犯进行监督管理和教育帮扶，核心目的就是使这些特殊人群能够真正融入社会，消除和减少其再次实施违法犯罪的致罪因素，实现社会秩序的稳定。因此，社区矫正制度的建立，无疑是社会治安综合治理的重要组成部分和制度创新。

作为宽严相济刑事政策与社会治安综合治理政策的重要内容，社区矫正制度采用现代化、社会化和人道化的刑事执行理念，对特定罪犯以社区为依托进行个别化的监督管理和教育帮扶,有针对性地消除社区矫正对象的再次犯罪因素,最大限度地使其能够尽早融入正常的社会生活,化消极因素为积极因素,从源头上控制和减少社会不和谐因素,对我国社会秩序的和谐与稳定具有重要意义。与此同时,根据国家治理体系与治理能力现代化与法治化的要求,提升国家治理效能,必须坚定制度自信,总结国家治理的实践成果与经验,充分发挥制度优势,加强系统治理、依法治理、综合治理、源头治理。系统治理,强调加强党委领导,发挥政府主导作用,鼓励和支持社会各方面参与;依法治理,强调加强法治保障,运用法治思维和法治方式化解社会矛盾;综合治理,强调强化道德约束,规范社会行为,调节利益关系,协调社会关系,解决社会问题;源头治理,强调标本兼治、重在治本,以网格化管理、社会化服务为方向,健全基层综合服务管理平台,及时反映和协调人民群众各方面、各层次的利益诉求。社区矫正制度的创制与推行,逐渐形成了党委政府统一领导、司法行政部门组织实施、相关部门协调配合、社会力量广泛参与的中国特色领导体制与工作机制;建立了以分类矫正、个别化矫正原则为基础的监督管理与教育帮扶工作措施与方法;贯彻了专门机关与群众路线相结合的原则,鼓励和引导社会力量积极参与社区矫正;肯定了我国社区矫正实践中充分利用现代科技和信息化手段开展工作的成功经验,并且,在近二十年的实践基础上,制定了适用于全国范围的《社区矫正法》,该法深刻体现了党和政府统一领导、部门通力合作、社会积极参与的新型治理理念与思路,为世界社区矫正制度的立法与适用提供了独具中国特色的范本模式,贡献了中国智慧,彰显了中国的制度自信。总之,社区矫正的创制与推行,符合系统治理、依法治理、综合治理和源头治理的基本思维方式,符合国家治理体系与治理能力现代化与法治化的基本要求,正是在此意义上讲,社区矫正制度是贯彻党的宽严相济刑事政策、推进国家治理体系与治理能力现代化的一项重要制度。

第三节 中国特色社区矫正的创制目的

目的,是指"想要达到的地点或境地;想要得到的结果"。[1]作为在世界范围内普遍存在的一种制度或措施,社区矫正本身没有什么目的,我们所

---

[1] 中国社会科学院语言研究所词典编辑室编:《现代汉语词典》(第7版),商务印书馆2016年版,第928页。

说的社区矫正目的，准确来说即国家创制和运用社区矫正制度所希望达到的效果。我国社区矫正制度的创制、发展与完善采取了由基层实践到立法确认的模式，因此，我国社区矫正创制的目的也必须基于社区矫正实践探索与立法确认两个不同历史阶段进行分析。在社区矫正实践探索阶段，由于没有明确的法律规范根据，社区矫正工作基本上是以政策性和规范性文件为依据展开的，因此，这一时期的社区矫正目的的观点与表述，受到规范性和政策性文件的影响更大，因此，我们可以称之为前立法时代社区矫正的政策性目的；在社区矫正制度较为成熟特别是《社区矫正法》正式生效之后，我国社区矫正制度创制和运用的目的由法律明确规定，因此，这一时期的社区矫正目的规范性更为明显，因此我们可以称之为法治化时代社区矫正的规范性目的。

一、前立法时代社区矫正的政策性目的

前文对我国社区矫正创制的历史背景问题进行了较为详细的梳理和总结。我国社区矫正是在当时特定的历史条件和社会背景下产生的，因此社区矫正的目的必然深受当时历史条件和社会背景的影响，为当时国家改革和发展的需要服务。因此，从宏观和间接的角度而言，我国社区矫正创制的目的基本上可以确定为：贯彻现代化刑罚观念与思想，进行刑罚结构和适用特别是重罪重刑结构的改革；在反思我国犯罪治理问题与总结监狱罪犯改造经验的基础上，尝试建立对轻微犯罪、轻罪犯以及特殊罪犯群体社会化刑事执行的制度；降低监狱运行成本，减少在押人数，纾解监狱机构日益增长的多重压力；贯彻宽严刑事政策，创新刑事执行体制等。从中观和直接的角度而言，根据前文叙述，在社区矫正创制之初曾出台的政策性和规范性文件起到了非常重要的作用。这些文件的内容表述，基本上蕴含了国家对社区矫正制度创制所期望的效果。

上海市的《关于开展社区矫治工作试点的意见》是我国社区矫正由理论探索和论证走向正式制度尝试的重要历史性文件，因此有必要对该文件中社区矫正目的的相关表述进行总结和梳理。在《关于开展社区矫治工作试点的意见》中，上海市政法委将社区矫正的目的概括为"根据承办与宽大相结合的政策，扩大利用社区的力量对罪犯进行矫正"，"有效提高教育改造质量，从而实现预防和减少犯罪的目标"。[1]结合该文件的全文来看，上海市社区矫正的实践尝试将社区矫正定位为社会化和开放性的刑罚执行，因此，社区矫

---

[1] 李根宝等："对社区矫治工作的认识与思考"，载《法治论丛》2003年第2期，第9页。

正创制的重要目的之一,自然是为了完成刑罚执行的工作任务;同时,社区矫正创制的目的,也包括通过对罪犯教育改造的实现特殊预防的任务。

2003年《关于开展社区矫正试点工作的通知》是我国社区矫正创制时期的第一份系统的全国性专门文件。这一文件对社区矫正创制与试点的目的问题进行了两方面的概括。一方面,从宏观和间接层面指出了社区矫正制度创制与试点的目的和任务,具体包括三项内容:一是为了建设社会主义政治文明和全面建设小康社会服务;二是对于特定罪犯利用社会力量进行有效的教育改造,维护社会稳定;三是增强刑罚效能,降低行刑成本。另一方面,从中观和直接层面对社区矫正工作的具体目的与任务进行了概括,具体也包括三项内容:一是加强对特定罪犯的监管,确保刑罚的正确实施;二是对特定罪犯的不良心理和行为恶习进行矫正、促使其悔过自新、弃恶从善,成为守法公民;三是帮助特定罪犯解决实际困难,使其顺利适应社会生活。概括而言,该文件在中观层面将社区矫正创制的目的概括为刑罚执行、教育矫正与帮扶以及回归社会。

《司法行政机关社区矫正工作暂行办法》从宏观和直接层面指出社区矫正的创制与试点目的在于提高教育矫正质量,维护社会稳定,同时,从中观和直接层面也将社区矫正的目的概括为刑罚执行、教育矫正与帮扶以及回归社会。

《关于扩大社区矫正试点范围的通知》从宏观和直接层面指出,社区矫正制度的扩大试点目的在于加强党的执政能力建设、落实我国刑事政策以及积极进行司法体制改革,同时,从中观和直接层面指出社区矫正的目的是对特定罪犯进行教育改造、使其尽快融入社会,从而降低重新犯罪率,促进社会长期稳定与和谐发展。具体包括通过分类管理和教育矫正其不良心理与行为,并对社区矫正对象进行各方面的帮扶。这一文件对于社区矫正中观和直接目的的表述,突出强调教育矫正的作用和意义,而对刑罚执行的问题涉及较少,值得注意。

《关于在全国试行社区矫正工作的意见》从宏观和间接层面指出,社区矫正制度的全国试行,目的在于贯彻落实宽严相济刑事政策,探索完善中国特色刑罚执行制度,降低刑罚执行成本,提高刑罚执行效率,最大限度地增加和谐因素,最大限度地减少不和谐因素,维护社会和谐稳定,同时,从中观和直接层面指出社区矫正的目的在于通过各种方式对罪犯进行教育,矫正罪犯的行为与心理恶习,根据特定罪犯的不同犯罪类型与风险等级加强对罪犯的监督管理，根据特定罪犯生活或工作的具体情况，加强对罪犯帮困扶助。值得注意的是，该文件除了坚持刑罚执行的观念之外，特别强调了教育矫正在社区矫正目的中的突出地位与分量。

《社区矫正实施办法》是社区矫正制度在我国全面推行之后一份具有较大影响力的文件。该文件将社区矫正推行的目的归纳为规范社区矫正工作、加强和创新社区矫正对象特殊人群的管理、将社区矫正人员改造为守法公民，并且，这一文件将社区矫正具体目的和任务定位为监督管理与教育帮助。

通过对我国社区矫正创制和发展具有重要影响意义的政策性和规范性文件的梳理，可以看到：

第一，在社区矫正创制初期的一段时间内，国家不同部门对社区矫正及其相关概念并不是非常清楚，以至于在不同的文件中使用了诸多不同的概念，如"社区矫治""社区服刑人员""社区矫正人员"等。由于连社区矫正及其相关概念都没有取得一致意见，那么对"社区矫正创制到底要干什么"问题的理解产生较大分歧就可想而知了。

第二，不同时期的各种文件基本上都是从宏观和中观或者直接和间接的不同层面对社区矫正创制的目的进行阐述的，其中，中观目的即社区矫正创制的直接目的，宏观目的即社区矫正创制的间接目的。显然，上述文件并没有意识到政策性与规范性目的的细致区分问题，同时，对于中观和宏观或者说直接和间接目的的具体内容的认识，也存在着较大分歧。

第三，不同时期的各种文件对于社区矫正创制的中观或直接目的到底是否包含刑罚执行，到底是侧重监督管理还是教育帮扶，以及到底是使用改造、矫正、帮困扶助还是帮扶等概念，一直犹豫不定、莫衷一是，而不同的概念反映着不同的学术立场与基本理念的深刻影响。这足以说明，至少在当时，我们对有关社区矫正创制的目的等基础理论问题仍然缺乏深入和透彻的研究和讨论。

第四，不同时期的各种文件虽然都承认教育改造或矫正的目的，但是，对于教育和矫正的内容、方式与侧重点存在较大争议。绝大多数文件特别强调对罪犯的个人行为与心理矫正，即重视罪犯实施犯罪的个人方面的因素，但却忽略了导致犯罪的社会环境方面的因素，因此有些文献提出应当全面考虑罪犯之所以犯罪的社会因素和个人因素，提高教育改造或矫正项目的针对性和有效性。此后，又有文献进一步提出教育改造或矫正项目不应过多和重点关注导致罪犯实施犯罪行为的宏观社会因素，而应当重点关注导致罪犯实施犯罪行为的微观社区环境和个人生存条件，特别是处于社会开放性环境中的罪犯的基本生活条件,切断微观社区环境和个人生存条件所导致的致罪因素,对于预防重新犯罪具有立竿见影的效果。由此可见,当时人们对教育改造或矫正的理解还是存在着一定差异的,这种差异实际上影响了社区矫正实践工作的具体内容侧重与方式。

第五,不同时期的各种文件虽然对社区矫正创制的中观或直接目的存在不少分歧,但这一时期人们普遍认为社区矫正的性质为刑罚执行工作,并由此进一步指出社区矫正是一种在开放性与非监禁性环境中进行的刑罚执行工作,因此社区矫正创制的重要目的之一就是为了执行刑罚。

总之,正是由于在社区矫正创制初期,国家在不同时期出台的对社区矫正基层实践工作具有规范指导与约束力的基本文件对于社区矫正创制的基本目的等问题的认识十分模糊,存在较大分歧,乃至不同时期的文件对于社区矫正具体工作的具体规定都不完全相同,这便使得社区矫正实践部门对社区矫正执法规范的认识与把握程度松紧不一,对监管奖惩与教育矫正的标准理解不同。执法标准不统一的现实状况不仅对社区矫正对象的监管、教育与帮扶过程甚至正常生活造成了一定的影响,而且使得不少地区社区矫正执法过程和效果产生了不规范与不平衡等问题。换言之,社区矫正指导性文件的模糊性状况在某种程度上已经深刻影响和制约了社区矫正基层实践的具体工作内容、执法重点、措施选择、人员配备甚至发展方向。

二、法治化时代社区矫正的规范性目的

《社区矫正法》的颁布,标志着我国社区矫正进入了"有法可依"的法治化时代。在《社区矫正法》生效以后,社区矫正制度创制和发展及其贯彻执行的目的问题,已经由法律明确规定,由此,社区矫正创制的目的,真正实现了由政策性目的向规范性目的的跨越。[1]《社区矫正法》对于社区矫正制度目的的相关规定,即社区矫正的立法目的,我们也可称之为社区矫正的立法宗旨。一般而言,立法目的,是一部法律的出发点与归宿点,是统率一部法律的灵魂。立法目的往往在法典的第1条就开宗明义地作出规定,以便让大家知道这个法是什么,其立法所追求的目标和依据是什么。每一段话、每一个词甚至每一个字都关系到整部法律的体系结构及内容的设计与调整,真

---

[1] 关于我国社区矫正实践探索时期的政策性目的向社区矫正法治化时代的规范目的的转变过程、原因以及重要意义,可参见王顺安主编:《社区矫正法治研究》,中国政法大学出版社2021年版,第3~23页。

正是牵一发而动全身，因此非常重要。

《社区矫正法》第1条明确规定了立法目的："为了推进和规范社区矫正工作，保障刑事判决、刑事裁定和暂予监外执行决定的正确执行，提高教育矫正质量，促进社区矫正对象顺利融入社会，预防和减少犯罪，根据宪法，制定本法。"显然，《社区矫正法》的立法目的有五层意思：一是为了推进和规范社区矫正工作；二是保障刑事判决、刑事裁定和暂予监外执行决定的正确执行；三是提高教育矫正质量；四是促进社区矫正对象顺利融入社会；五是预防和减少犯罪。对此，我们在下文分别进行分析和讨论。

（一）社区矫正规范性目的之展开

1. 推进和规范社区矫正工作

社区矫正发源于英美法系国家并于20世纪末盛行于世界各国。社区矫正的本质是为了克服监狱行刑的弊端，在社区并依托社区资源、整合社会各方面力量，对罪行较轻、主观恶性较小、社会危害性不大的罪犯或者经过监管改造、确有悔改表现、不致再危害社会的罪犯在社区中进行有针对性的监督管理、教育矫正和适应性帮扶的工作，是当今世界各国刑事执行、刑罚适用及变更执行制度的发展趋势。

为了适应我国政治、经济、社会及文化的发展要求，我国于2003年正式开展社区矫正试点工作，经过2005年的扩大试点、2009年的全面试行、2011年依据《刑法修正案（八）》和2012年依据修正的《刑事诉讼法》适用，我国社区矫正工作从无到有、从小到大，由试点试行的由点到面，直至在全国全面推进，循序渐进并适时调整，取得了举世瞩目的成就。截至2019年底，全国累计接收社区矫正对象478万人，累计解除411万人，全年列管120多万人。[1]目前在册的社区矫正对象约67万人，社区矫正的人均执行成本只有监狱的1/10，社区矫正对象的再犯率一直保持在0.2%的较低水平。

实践证明，社区矫正符合中国国情，有利于专门机关与群众路线相结合的刑事司法工作模式及基本原则的再升华，"社区矫正工作成为贯彻落实党的宽严相济刑事政策，实现惩罚与教育相结合的社会主义刑罚目的，实现国家长治久安的生动法治实践"。[2]对于取得的成绩和实践经验，当然要予以总结与肯定并用法律规范的形式予以推广。对于社区矫正实践中存在的问题以及

---

[1] 参见姜爱东："《社区矫正法》具有里程碑意义"，载《人民调解》2020年第2期，第11页。
[2] 王爱立、姜爱东主编：《中华人民共和国社区矫正法释义》，中国民主法制出版社2020年版，第365页。

偏离法治轨道的一些做法，当然要及时纠正与调整并通过立法的形式予以修改。所以《社区矫正法》的立法目的之一，就是规范与调整社区矫正试点工作以来的成绩与不足，回应社区矫正实践部门对社区矫正法治化的呼唤。同时，基于社区矫正良好的教育矫正效果，特别是社区矫正的推行弥补了监狱行刑的不足，节约了国家刑罚执行的成本，推进了平安中国与法治中国的建设，促进了司法文明的进步，维护了社会的和谐稳定，当然要通过立法的形式大力支持与推进，并通过立法引领与保障功能，进一步提高社区矫正的功能作用及效果。

2. 保障刑事判决、刑事裁定和暂予监外执行决定的正确执行

作为与《监狱法》相对应的非监禁性的刑事执行法律，必须要有《刑法》和《刑事诉讼法》规定的刑罚、非刑罚处罚方法和刑罚适用及刑罚变更等实体与程序方面的执行事项之规定。根据我国《刑法》《刑事诉讼法》和《监狱法》的规定，监狱负责执行3个月以上的有期徒刑、无期徒刑和死刑缓期二年执行，属于纯粹的监禁刑罚和中国特有的死刑缓期二年执行的国家刑罚执行机关之一。我国的社区矫正机构，根据《刑法》《刑事诉讼法》的规定，仅执行管制刑罚、缓刑、假释和暂予监外执行等制度。

长期以来，由于对刑罚执行和刑事执行的研究不够深入，加之传统的重刑威慑主义思想的影响，以及注重安全强调用警的惯性，于是社区矫正理论与实践部门均将此四类对象的刑事执行认定为刑罚执行，以至于《社区矫正法》的草案送审稿都是将社区矫正工作的性质及任务规定为"正确执行刑罚"，但是也有不少专家学者、政法机关人员、人大代表和政协委员坚持此四类对象的法律规定和根据不同，尤其我国《刑法》对缓刑的规定很明确，即将缓刑确定为一种刑罚适用即量刑制度和原判刑罚附条件不再执行制度。退一步讲，即便由于在缓刑期间的考察监督活动与原判刑罚及随时有可能收监执行密切相关，我们可以将其称之为广义的"刑罚执行方面的制度"，但也不能定性为"刑罚执行"。我国立法机关在审议和草案修改中会同有关方面和专家学者反复进行了认真研究。总的来看，大多数意见认为，社区矫正对象包括四类人，这四类人的法律地位、义务都有所不同，简单将社区矫正笼统定性为刑罚执行不准确，也缺乏法律依据。因此，《社区矫正法》将"草案"中的"正确执行刑罚"，依照《刑法》《刑事诉讼法》的规定做出客观表述，改为"保障判决、刑事裁定和暂予监外执行的正确执行"，并作为法定化和固定化的规范性任务在第2条中又重复规定，"对被判处管制、宣告缓刑、假释和

暂予监外执行的罪犯，依法实行社区矫正"。由此，《社区矫正法》从根本上彻底改变了社区矫正的立法目的或立法宗旨，从而使这一规定成为《社区矫正法》的最大亮点和最具特色的法治理念。

3. 提高教育矫正质量

19世纪末以来的实证派刑事教育刑理论在否定古典派刑事报应刑基础之上，将犯罪人视为是被社会病感染的病人，将监狱视为医治作为被感染病人之罪犯的医院，甚至是封闭性的"医院住院部"，力图在阻离社会不良影响的基础上，通过思想教育、宗教善导、生理心理矫治，以及劳动改造等方式，提高教育矫正质量，改变古典派单纯惩罚报应所追求的一般威慑性预防，力图通过教育矫正的特殊预防，将罪犯塑造成不再犯罪的守法公民，但事与愿违，新派理论与实践始终无法降低重新犯罪率，反而因矫正使行刑成本增大、容易侵犯人权且引起罪犯推卸个人责任，迁怒社会甚至攻击社会。为此，美英诸国在反思矫正理论的前提下，结合新兴的恢复性司法的"实质正义"理念，迎合监狱拥挤、成本高昂并渴望改革的要求，不断创新与扩大缓刑和假释制度及适用，并在英国正式以立法形式规定了对微罪、轻罪适用的替代短期监禁刑罚的社区服务刑，由此在一定程度上缓解了监禁自由刑和监狱的痼疾，降低了成本，提高了效率。

我国在开展社区矫正试点工作之前也同样存在着英美诸国这样的问题，同时由于过去对社会上刑事执行的"五类人员"（管制犯、剥夺政治权利犯、缓刑犯、假释犯、暂予监外执行犯）由公安机关管理，惯常的依托计划经济时代单位和基层组织监督的模式，因改革开放的冲击已完全失效与瘫痪，"五类人员"的考察监督流于形式，脱管漏管与再犯罪率严重。因此，在国际和国内形势不断发展变化的情况下，我国就特别需要改变管理体制，借鉴国外成熟的社区矫正模式提高改造质量。事实证明，中央的决策是正确的。为此，《社区矫正法》将"提高教育矫正质量"作为立法目的核心予以规范与要求。

4. 促进社区矫正对象顺利融入社会

"促进社区矫正对象顺利融入社会"是一个崭新的立法目的，充分反映了社区矫正再社会化的理念与理论。监狱行刑与教育改造为什么效果不好，就是因为回归社会的目的与封闭性"医疗"的手段相悖，监狱行刑不但不利于罪犯的再社会化，反而易造成监狱化、交叉感染和监狱人格。

为此，对于监狱服刑人员需要以科学人格调查作支撑予以合理性分类管理、个别（人）化教育并采用累进处遇措施，通过善刑折减的激励方式获得早日离开监狱，经由假释阶段的再社会化使监狱人变成社会人，通过社区矫正的监督考察和更生保护等措施的有机衔接，促进假释人员顺利完成由罪犯到公民的转变过程，最终重返社会。缓刑则是提前避免短期监狱监禁管理的弊病，在不影响其就业、就学和家庭生活的情况下，依法予以考察监督，有针对性地消除社区矫正对象可能重新犯罪的因素，帮助其更好地融入社会，成为守法公民。社区矫正就是这样"一前一后"帮助监狱行刑克服弊病和痼疾，并共同在一起取长补短，促进罪犯的改过自新，保障"提高教育矫正质量"的目的与宗旨的实现。此外，该项立法目的还引导出一个基本的概念"社区矫正对象"，承上启下地改变了"社区服刑人员"的旧有提法，充分反映了立法者的立法技术与智慧。

5. 预防和减少犯罪

刑罚的目的从一开始几乎就是追求预防效果，只是不同时期不同的理念导致的不同的刑罚目的具体追求不同，其效果迥异。古典学派认定的是报应刑，追求的是通过惩罚威慑所实现的一般预防、刑罚预防，显然治标不治本，手段单一且严厉，效果肯定不会太好。实证学派认定的是预防刑，先通过纯教育、矫正和改造的手段追求特殊预防的目的，手段尽管丰富但也失之偏颇，效果也有限。

20世纪末的新古典学派，根据循证方法，采用实用及折中主义，将古典派与实证派理论与实践的长处结合起来，追求报应公正和教育功利，监狱行刑强调报应与特殊预防，并兼顾一般预防，社区矫正强调积极的特殊预防，并兼顾报应与积极的一般预防，二者相互配合，形成有效的刑事执行系统，以获得最佳的预防和减少犯罪的效果。在我国，还通过综合治理系统工程，将刑事执行纳入更广泛的标本兼治、以防为主的预防犯罪体系，以求中国特色的预防犯罪制度的创制及实践转换。预防和减少犯罪是中国《刑法》《刑事诉讼法》和未来的刑事执行法始终如一的立法宗旨与目标任务，理应是社区矫正的最高追求与考核标准。

（二）社区矫正规范性目的之引申意义

1. 有利于推动社区矫正事业

社区矫正是人类迄今为止最人道、最文明、最经济的非监禁性刑事执行制度。与英美诸国近百年的历史发展相比较而言，我国社区矫正从真正引进到适用发展的历史进程则十分短暂，尤其是结合本土文化的中国特色的社区矫正还正在发展过程之中，因此亟待社区矫正立法的规范、指引与保障。此次颁布实施的《社区矫正法》，在明确的立法目的指引下，充分总结吸收了17年中社区矫正工作改革、发展、创新所取得的成果和积累的经验，进一步确立了社区矫正制度的法律地位和基本框架，对于推动社区矫正工作向法治化、制度化、规范化、科学化与现代化发展奠定了坚实的基础，同时也为社区矫正工作的创新尤其是充分发挥社会力量参与社区矫正工作的社会犯罪治理体系及治理能力创新，留下了广阔的空间与想象力。正如立法机关所指出的社区矫正立法工作的指导思想和原则之一，就是要"处理好确立社区矫正基本法律制度与为今后发展创新留有空间的关系。对于社区矫正的机构设置、监督管理和教育帮扶的方式和方法等作了原则性、基础性规定，为实践发展留下空间"。[1]我们完全有理由相信，在《社区矫正法》的五大目的的指引与导向下，中国特色社区矫正工作将持续高质量发展。

2. 有利于扩大社区矫正的未来适用范围

由于社区矫正的人性化管理和高性价比的矫正效果，有不少理论和实务部门的专家、人大代表和政协委员都不断提议，要扩大社区矫正的适用范围，建议"对不满16周岁不予刑事处罚的未成年人，可以有针对性地实施社区矫正"，至少要将无处安身的原《刑法》第17条第4款规定的监禁性少年收容教养和限制自由的工读教育（《刑法修正案（十一）》将"收容教养"改为"矫治教育"）纳入社区矫正，以弥补低龄化少年儿童犯罪后非刑罚处遇措施和保护处分执行制度的空缺。更多的专家学者建议将审前羁押及刑事诉讼过程中的转处措施如未成年人附条件不起诉即缓起诉纳入社区矫正。还有的专家学者建议"对因家庭暴力等不良行为受过刑事、民事、行政处罚需要进行社区矫正的人，参照本法执行"；增加"法律规定的其他社区矫正对象"之规定，为根据需要适当扩大社区矫正范围留下空间。[2]我国本次社区矫正的立法将社区矫正定性为刑事执行，就完全有可能回应将上述事项纳入社区矫正的期待，此次未纳入显然是为了抓重点，对已试点成熟的社区矫正项目予以规范化。待未来社区矫正体制、机制和社区矫正机构及其工作人员队伍等配齐到位并逐渐成熟之后，当然要充分考虑此方面的问题，这也是社区矫正立法的一项基本原则及高超的立法技术的具体体现。

---

[1] 王爱立、姜爱东主编：《中华人民共和国社区矫正法释义》，中国民主法制出版社2020年版，第368页。

[2] 王爱立、姜爱东主编：《中华人民共和国社区矫正法释义》，中国民主法制出版社2020年版，第343页。

3. 有利于调整社区矫正的法律关系

在社区矫正立法过程中，有文献提出社区矫正法就是调整国家与罪犯之间在刑罚执行过程中惩罚与被惩罚的各项法律关系的总和。显然，这一观点存在以偏概全的问题。因为现代刑罚的本质不仅仅是惩罚报应，还更应该体现为教育矫正，通过对可以矫正的罪犯尽可能地采取再社会化措施，帮助其顺利融入社会或重返社会。因此，除惩罚与被惩罚的关系外，社区矫正法还必须要充分调整更多参与者之间的矫正与被矫正关系。更何况，如果将我国社区矫正工作目前所针对的四类对象一律作刑罚执行处理则缺乏法律根据和法理支持。基于此，《社区矫正法》将草案中的立法目的之一"正确刑罚执行"，调整为"保障刑事判决、刑事裁定和暂予监外执行决定的正确执行"，并将"采取分类管理、个别化矫正"作为基本原则予以强调与保障，非常科学合理。为此，应当按照《社区矫正法》《刑法》《刑事诉讼法》《治安管理处罚法》和《监狱法》的规定，深入研究社区矫正四类对象的法律关系，在社区矫正实施细则中明确规定和确认，以便让四类对象准确地履行义务承担责任、享受权利积极接受矫正。只有如此，才能依宪保障人权，全面贯彻罪刑法定和罪责刑相适应的刑事法基本原则。

4. 有利于明确社区矫正的性质

社区矫正的性质一直是社区矫正立法的难点，《社区矫正法（草案送审稿）》明确在立法目的中规定的是"正确执行刑罚"，实际就是对社区矫正的定性。在2019年10月15日宪法和法律委员会再次审议《社区矫正法》时，会议作出的修改情况汇报中揭示："有的代表、地方、部门、院校和社会公众提出，草案'正确执行刑罚'的表述不准确，社区矫正的对象有四类，其中主要是缓刑，根据刑法规定，缓刑是附条件的不执行刑罚，考验期满原判刑罚就不再执行。宪法和法律委员会经研究，建议采纳上述意见，将'正确执行刑罚'修改为'正确执行刑事判决、裁定和暂予监外执行决定'。"[1]尽管《社区矫正法》没有明确规定社区矫正的性质，但至少不能将"刑罚执行"作为唯一的根本属性。又由于刑罚执行和非刑罚执行等刑事制裁及其处遇措施执行的上位概念是刑事执行，德国、俄罗斯、波兰和丹麦等国家都有包括社区矫正在内的刑事执行法典，那么将社区矫正的性质定位为刑事执行，也就理所当然。对这一定性，我国最高立法机关表达了充分的肯定和支持

---

〔1〕 王爱立、姜爱东主编：《中华人民共和国社区矫正法释义》，中国民主法制出版社2020年版，第338页。

意见。

5. 有利于确立社区被矫正人的称谓

由于历史原因，我国刑事法律对犯罪人的称谓很混乱，《刑法》和《刑事诉讼法》称之为"犯罪分子"，《监狱法》称之为"罪犯"，2004年司法部《监狱服刑人员行为规范》改称"监狱服刑人员"，2003年《关于开展社区矫正试点工作的通知》称为"罪犯"或"社区服刑人员"，2012年《社区矫正实施办法》称之为"社区矫正人员"，《社区矫正法（草案送审稿）》称之为"社区服刑人员"。从社区矫正立法的争议过程来看，认同社区服刑人员的较多，理由是这一称谓比"罪犯"用词文明，同时有利于体现罪犯的身份及其在服刑意识。但是，正如前文对社区矫正性质的分析所揭示的那样，目前缓刑犯占社区矫正对象总人数的90%左右，其原判刑罚是附条件暂缓执行，由于原判刑罚还没有执行，仅执行的是考验期内的所附条件，故不能将其称为"社区服刑人员"，更何况立法二审时社区矫正法的立法目的已经更改，因此立法机关斟酌再三，最后定为"社区矫正对象"，尽管这不是最好的选项，但也是最能为各方所接受的合理选择。当然，如果从教育刑和矫正刑的理论分析，同时考虑国际社会最常用的称谓，将社区矫正对象称之为"被矫正人"或者"矫正对象人"或者"受矫人"比较合适。但是，既然《社区矫正法》已经正式采纳了"社区矫正对象"的称谓，我们对此应当予以充分尊重，更何况，这一称谓无论是在立法技术还是在未来的立法修正方面都表现出了我国立法者高度的技巧和智慧。

6. 有利于定位社区矫正机构及其工作人员

在社区矫正立法过程中，推进司法行政工作中的监狱改造和社区矫正刑罚执行一体化及其社区矫正工作人员警察化的呼声很高，其动机是为了强化社区矫正的刑罚执行属性，体现刑罚的惩罚监管特征，增设监督管理考核奖惩的执法手段，以便更好地应对矫正风险与突发事件。既然中国特色的社区矫正机构是刑事执行机构，那么社区矫正机构及其工作人员就是刑事执行机关及刑事执行工作人员，因此没必要为建构与监狱刑罚执行机关及监狱人民警察一样的社区刑罚执行机构及社区人民警察的"梦想破碎"而纠结。世界上包括监狱刑罚执行机关和社区刑事执行机构在内的刑事执行机关一直朝着民营化与去警察化的方向发展，尤其教育矫正工作更注重专业人才的聘用和政府购买专业的矫正社工担当，以便在充分尊重罪犯人权的同时，完成越来越深入的人格调查评估和心理行为矫正及其社会化的各项教育习艺康复工作，以便罪犯重返社会计划能够早日实现。社区矫正机构不是类似于监狱专属的刑罚执行，但仍然具有对管制犯和暂予监外执行犯的刑罚执行属性，与监狱一起共同完成对假释对象的监狱行刑矫正的累进处遇工作，当然对这三类人员具有一定的刑罚惩罚权和处遇矫正权。至于缓刑执行尽管不属刑罚执行但仍然依附于原判刑罚，要在缓刑考验期限内完成所附条件的内容，如果又犯新罪、发现漏罪或严重违反监管秩序，随时可以依法撤销缓刑收监执行，因此始终存在原判刑罚执行的刑罚威慑与儆戒，其替刑措施的执行仍然带有刑事强制性，更何况我国《刑法修正案（八）》还规定了对部分危险程度较高的缓刑犯和管制刑犯适用预防性质的禁止令措施，故属于刑事执行中的非刑罚措施执行和事实上的保安处分措施执行，其责任与职权一点不输于监狱行刑，而且更加复杂。为此，社区矫正机构代表国家行使刑事执行权，不能在社区也不能在乡镇街道或司法所而只能集中在区县人民政府设置。同样，社区矫正工作人员不是警察，但可以依法通知警察完成各种治安管理和应急处置工作，使自己的刑事风险降低，专心从事法定的监督管理和教育帮扶工作，并应当赋予或者享有高于警察的入职资格要求及其职务薪酬。

7. 有利于配置社区矫正工作的资源

既然社区矫正是包括了刑罚执行、非刑罚替刑措施执行、刑罚变更执行和事实上的保安处分措施的执行的刑事执行，同时要完成"高墙电网"以外的监督管理和教育帮扶工作，最终要实现《社区矫正法》的立法目的，提高教育矫正质量，促进社区矫正对象顺利融入社会，那么就必须整合刑事司法资源，充分依托社区并组织社会力量参与社区矫正工作。为此，《社区矫正法》吸取了试点工作以来各地较为统一的做法，在地方人民政府即乡镇街道一级设立社区矫正委员会，负责统筹协调和指导本行政区域内的社区矫正工作。在社区矫正对象的居住地成立矫正小组，要求居民委员会、村民委员会依法协助社区矫正机构做好社区矫正工作。社区矫正对象的监护人、家庭成员以及所在单位或者就读学校应当协助社区矫正机构做好社区矫正工作。国家鼓励、支持企业事业单位、社会组织、志愿者等社会力量依法参与社区矫正工作。人民法院、人民检察院、公安机关和其他有关部门依照各自职责，依法做好社区矫正工作。由此建立起独具中国特色的由党委政府统一领导、司法行政部门组织实施、相关部门协调配合、社会力量广泛参与的社区矫正领导体制和工作机制。

8. 有利于校正社区矫正的手段

社区矫正与监狱改造的不同，不仅在于执行场所和能否充分利用社会资源，而且更在于让罪犯尽快回归社会的目的与手段的是否一致。目的决定手段，手段制约目的。即便教育改造的目的都一样，即促进罪犯重返社会，预防与减少犯罪，但监狱改造因封闭的监狱环境无法使其目的与手段相统一，反而容易造成监狱人格和难以重返社会的实际结果。社区矫正是在开放的社区环境，把罪犯当正常人看待，充分尊重与相信其改过自新的愿望，启发自我矫正与自我革新的潜能，发挥家庭、学校、单位和社区等社会帮教力量，购买专业社工的教育帮扶资源，采取更加人性化的监督管理和教育帮扶的方法，有利于罪犯再社会化并重返社会。但是，在社区矫正试点工作中，一些地方背离该原理，采用监狱管理的模式与方法，将社区矫正变成了机构性矫正，严重地违反了法律规定限制或者变相限制社区矫正对象的人身自由。因此，《社区矫正法》的立法宗旨及目标，一再强调"促进社区矫正对象顺利融入社会"，"有针对性地消除社区矫正对象可能重新犯罪的因素，帮助其成为守法公民"。为此，《社区矫正法》取消了"两个八小时"（每月八小时学习和八小时劳动）的强制规定，仅将其作为非强制色彩的恢复性矫正手段加以采用，同时鼓励和支持根据社区矫正对象的个人特长，组织其参加公益活动，修复社会关系，培养社会责任感。对于固定的电子定位装置，只能依法对违反监督管理的特定对象适用，且必须遵守审批程序和时间限制，社区矫正机构对通过电子定位装置获得的信息应当严格保密，有关信息只能用于社区矫正工作，不得用作其他用途。

9. 有利于更新社区矫正的理念

理念是社区矫正立法的指导思想，属于社区矫正立法的核心要素，是社区矫正工作的指南。《社区矫正法》的立法目的及其指引下制定的整部法律规范，蕴含着丰富的新理念、新思想和新要求。我们认为，在《社区矫正法》生效后，有以下十大理念值得充分学习与研讨：其一，不是为了惩罚报应而是为了预防；其二，不是为了限制自由而是为了自由；其三，不是为了群众专政而是为了民主；其四，不是为了监督管理而是为了法治；其五，不是为了约束控制而是为了安全；其六，不是为了思想改造而是为了矫正；其七，不是为了特殊管教而是为了感化；其八，不是为了帮困扶助而是为了人权；其九，不是为了损害修复而是为了正义；其十，不是为了赦免与宽容而是为了和谐。

10. 有利于界定社区矫正的概念

由于社区矫正的性质和社区矫正工作人员的身份等问题长期处于争议状态，又由于中国特色社区矫正制度的发展历史较短且处在与时俱进的创新过程中，所以《社区矫正法》在诸多问题上都是作的原则性规定和理念指引，包括社区矫正的性质和概念等，都没有作出明确详细的法律规定。然而，在立法机关看来，我国的社区矫正是逐步发展起来的具有中国特色的非监禁的刑事执行制度。这一表述已经明确地阐释了中国特色社区矫正的政策、实践和借鉴等方面的依据以及社区矫正的基本性质，但仍缺乏对社区矫正活动的主体、对象、内容、目标与手段方法及其规律等诸多方面内容的详细阐释。这显然是立法者期待着社区矫正发展成熟之后再作定论，同时也给理论与实践部门留下了概念设定的开放性空间。

第四节　中国特色社区矫正的创制意义

我国社区矫正的创制与发展，特别是《社区矫正法》的颁布与实施，不仅是我国犯罪治理与罪犯矫正法治建设中的大事，而且也是世界社区矫正法治历史上的新篇章。我国社区矫正创制与发展及其立法，向世界展示了独具中国特色的轻微犯罪、轻罪犯以及特殊罪犯群体治理的基本思路与制度安排，为世界社区矫正事业提供了中国特色的社区矫正范本模式，贡献了中国智慧。因此，有必要对我国社区矫正创制与发展以及《社区矫正法》颁布与实施的重大意义进行专门总结和概括。在此，笔者仍然以《社区矫正法》颁布为时间界限，将我国社区矫正的创制与发展历程划分为社区矫正前立法时代与社区矫正法治化时代两个不同阶段，并分别对这两个不同阶段的社区矫正制度实践的重大贡献与意义进行总结和归纳。

一、前立法时代社区矫正实践的贡献与意义

我国社区矫正的实践探索，自从 2003 年开始试点一直 2019 年年底《社区矫正法》出台足足有十七年时间。在近二十年的时间里，我国社区矫正工作在制度设计和实施效果方面都取得了令人瞩目的成就，这些成就主要包括以下五方面内容：

第一，我国官方正式确定了"社区矫正"的概念。前文已述，由于在世界范围内与社区矫正相类似和相关联的制度为数不少，与社区矫正类似的概

念自然也有数种，但是，不同的概念设定深刻反映了不同国家对社区矫正理念、性质以及社区矫正在刑事司法制度体系中的具体位置等问题存在着不同的认识，因此，我国到底如何定位社区矫正制度，便是社区矫正创制与适用必须解决的首要问题。对此，我国官方明确选择了"社区矫正"这一概念而并没有使用"社区刑罚""社区制裁""中间制裁""非监禁刑"等概念，这就充分说明，至少在现阶段我国官方的确没有将社区矫正作为一种刑罚种类或方法加以考虑，没有突破我国现有的五刑刑罚体系而增加社区性刑种的改革计划。在我国社区矫正理论与实践领域，虽然对社区矫正的性质到底是"刑罚执行"还是"刑事执行"存在较大分歧，但实际上，持不同观点的文献至少都承认我国现阶段的社区矫正是针对特定罪犯的惩罚与教育而建立的一种制度，这就是说，人们对我国社区矫正属于"刑事司法制度体系末端的执行领域的制度设计"这一前提存在共识。

第二，我国官方对社区矫正对象的范围形成了基本共识。由于各国历史文化传统与社会背景以及社区矫正的概念设定存在差异，许多国家虽然都存在社区矫正制度，但社区矫正制度适用的对象范围和边界存在着很大不同。有些国家的社区矫正制度不仅可以适用于已决犯，而且还能适用于未决犯甚至虽未违法但人身危险性较高的人。我国官方对社区矫正制度适用的对象范围与边界问题始终十分谨慎，非常明确地将其限定为特定已决犯。将社区矫正对象限定为已决犯，就更加充分证明了我国社区矫正制度属于执行领域的制度。只不过，官方对已决犯的种类即被剥夺政治权利的罪犯能否适用社区矫正曾有过一些争议而已。

第三，在社区矫正实践探索过程中，我国逐渐形成了具有中国特色且相对稳定的社区矫正组织领导体制、工作机制与衔接协调程序。在社区矫正创制初期，由于作为社区矫正法律根据的《刑法》《刑事诉讼法》等相关法律尚未修改，为了便于社区矫正试点工作的开展，我国逐渐形成了以司法行政机关牵头作为工作主体、公安机关配合作为执法主体的社区矫正工作"双主体"模式。后来，随着社区矫正制度的深入发展，我国才正式确定司法行政机关作为社区矫正的管理机构。同时，在社区矫正实践探索过程中，我国逐渐构建了党委政府统一领导、司法行政部门组织实施，公安机关、检察机关、审判机关、监狱等部门密切配合，社会力量广泛参与的社区矫正工作体系，其中，曾经尝试抽调警察参与社区矫正监管工作的做法。另外，由于社区矫正工作涉及的部门比较多，对涉及不同机构和部门的工作事项、程序以及衔接机制进行明确规定实有必要。对此,在社区矫正实践相对成熟以后,我国对社区矫正工作衔接配合与协调程序机制进行了规范化和制度化尝试,这无疑对社区矫正制度发展起到了重要的程序性支持和保障作用。

第四,我国社区矫正在创制和发展过程中,确定了监督管理、教育矫正与帮扶三方面的基本工作任务。在监督管理方面,尝试了分级管理、分类与个别化管理等多种方法,并采用了信息化核查、电子定位装置等现代信息技术加强监督管理;在教育矫正方面,形成了涵盖职业、生活、心理、知识、法治等多种教育内容和形式的教育矫正项目;在帮扶方面,主要是针对罪犯的日常生活、职业等方面的实际困难提供多种形式的实质性帮助。对遭遇困难的社区矫正对象给予实质性帮助,至少让其在吃穿住行或基本工作方面得到最低限度的保障,从而减少与之最有关联性的致罪因素,切实降低社区矫正对象的重新犯罪风险,这不仅是我国刑罚现代化与人道化的重要体现,更是我国社区矫正制度有效降低罪犯重新犯罪率的创新性宝贵经验。

第五,我国社区矫正在创制与发展过程中逐渐形成了社会力量多方参与的机制。如,在社区矫正具体工作中,建立包括司法所、社会工作者、志愿者、公安社区民警、居(村)民委员会、社区矫正对象所在单位、就读学校、家庭成员或监护人、保证人等共同组成的社区矫正小组,由社区矫正小组对社区矫正对象开展具体工作。再如,充分鼓励其他事业单位、公司、企业与社会组织参与到社区矫正工作中来,并就社会力量参与社区矫正工作制定了相应的规章制度、明确了参与途径与方式并建立了一些有效的激励机制等。在我国社区发展尚不充分的情况下,根据我国的具体情况,充分调动一切可以调动的力量参与社区矫正工作,本身就是一种中国特色和中国思路。

综上所述,社区矫正近二十年的实践探索,为我国社区矫正制度的概念与基本性质设定、社区矫正适用范围和边界、社区矫正组织领导体制、工作机制与衔接协调程序、社区矫正工作任务等基本制度设计和框架奠定了坚实的经验基础,为社区矫正制度化、规范化与法治化提供了良好的素材样本;同时,社区矫正实践探索中形成的一些尝试性做法虽已经取得了较好的实践效果,但由于与我国法治与人权理念存在着一些不相容之处,或者在取得较好的实践效果的同时也附带产生了一定的消极效果,从而国家逐渐将部分做法予以放弃或纠正,这本身就是国家对社区矫正的法治与人权保障意蕴认识逐渐深化的过程,而且,正是基层尝试性做法的大胆实践,才得以使得国家对社区矫正本质的认识与理解不断科学化、规范化与现代化。这些大胆的实践尝试即便效果不佳甚至失败，应当说也在另外一种意义上推动人们更加深入和正确地认识和理解社区矫正，避免了我国社区矫正实践再走更大弯路，为社区矫正法治化的正确发展方向提供参考和借鉴。另外，我国社区矫正实践有力地推动了我国社区矫正理论研究的进步，自从社区矫正试点开始，社区矫正就成为一个非常重要的学术热点与知识生产的增长点。我国社区矫正理论研究不再单纯的局限于地方试点经验的总结、提炼及其是否具有可复制性、社区矫正实践的问题与对策等狭窄的领域，而是不断扩大学术视野，将世界主要国家的社区矫正法律法规、制度设计、理论模式乃至具体操作流程细则等不断引介到国内，通过比较研究在世界范围内寻找可资参考和借鉴的有益经验和做法，并以此来对比、衡量与检视我国当时的社区矫正实践，为我国社区矫正法治化提供更有说服力的学术资源与理论观点。

二、法治化时代社区矫正立法的贡献与意义

2019年《社区矫正法》出台，是我国社区矫正实践法治化时代的开端。《社区矫正法》在总结和确认近二十年来社区矫正实践所取得的重要经验的基础上，对社区矫正实践中所形成的框架性制度设计与规则进一步细化和完善，并对一些有争议的根本性问题进行了明确回应，正式形成了我国社区矫正基本法律制度的框架体系。

首先，《社区矫正法》总结和确认了社区矫正实践的重要经验。如，正式明确了社区矫正对象范围限于四类已决犯；正式确认了社区矫正组织领导体制、工作机制与衔接协调基本程序以及社会多元主体参与制度；正式规定了社区矫正监督管理与教育帮扶的基本任务；正式采纳了运用现代信息技术进行监督管理和教育帮扶活动、提高社区矫正工作的信息化建设水平的具体做法等。

其次，《社区矫正法》对上述框架性制度设计与规则进一步细化和完善，形成了该法的主要条文。对此，可以概括为以下五方面内容：

第一，明确规定了依法实施社区矫正、坚持监督管理与教育帮扶相结合、专门机关与社会力量相结合以及分类管理、个别化矫正四项基本原则。这四项原则作为《社区矫正法》的原则，对社区矫正工作的方方面面都具有统率和指导意义。

第二，对社区矫正工作的基本任务的表述进一步规范和明确，将社区矫正实践探索时期的监督管理、教育矫正和适应性帮困扶助修改为"监督管理、

教育帮扶",并通过立法章节与条文的数量展示了监督管理与教育帮扶的关系与地位。应当说,由于该法用专门一章12条的篇幅对监督管理内容进行规定,而用一章9条的篇幅对教育帮扶进行了规定,显然可以看出立法者认为监督管理属于社区矫正工作最重要的任务。在教育帮扶方面,明确增加帮扶工作的新目的与内容,即有针对性地消除社区矫正对象重新犯罪的因素,帮助其成为守法公民。

第三,针对社区矫正管理领导体制,《社区矫正法》明确规定了社区矫正委员会的设置及其工作任务、县级以上社区矫正机构负责社区矫正工作具体实施、司法所根据社区矫正机构的委托承担社区矫正工作以及矫正小组落实社区矫正工作方案等内容。

第四,针对社会力量参与社区矫正工作,《社区矫正法》进一步明确了社会组织参与社区矫正的基本方式、种类与范围等内容。如,在参与方式方面,社区矫正机构可以通过政府购买服务或者项目委托等方式与社会组织共同进行对社区矫正对象的帮扶社会服务;在参与种类与范围方面,社会组织可以在社区矫正对象的教育、心理辅导、职业技能培训、社会关系改善等方面提供社会工作服务。值得注意的是,《社区矫正法》明确赋予了社会组织对被告人或罪犯的社会危险性和对居住社区的影响进行调查评估的权力,这一创新性规定更充分说明了社区矫正工作的社会力量多元参与特征。

第五,针对社区矫正制度的经费保障与来源、具体工作程序等问题,《社区矫正法》做了进一步细化。对于经费问题,明确了社区矫正经费,以及居(村)委员会或其他社会组织协助社区矫正工作所需经费必须列入政府财政预算。对于工作程序问题,细化了社区矫正的程序性规则,特别是各部门衔接配合的内容,明确了社区矫正的实施程序。《社区矫正法》按照工作流程,对社区矫正前期阶段、中期以及后期三个阶段的所有程序与衔接规则,总计用了30个条文进行规定,实现了各个程序和环节的无缝对接。

最后,相对于我国社区矫正实践探索时期的一些通行做法而言,《社区矫正法》从工作理念到工作制度都作出了重大调整,实现了我国社区矫正制度的重大立法创新,堪称《社区矫正法》的亮点与特色。具体而言,这种创新包括以下七方面内容:

第一,基本明确了社区矫正的性质与适用对象的具体称谓。根据《社区矫正法》的立法精神与具体规定可以看到,社区矫正的性质是一种非监禁性的刑事执行制度,而不再仅仅是刑罚执行制度。同时,针对社区矫正适用对象的具体称谓,《社区矫正法》不再采用社区服刑人员或社区矫正人员的概念,而是将四类罪犯称之为社区矫正对象。

第二,明确规定了社区矫正对象的法律地位、具体权利义务内容以及法律责任问题。值得注意的是,《社区矫正法》的法律责任包括执行主体与执行对象两方面,执行主体的法律责任主要涉及执行不作为、滥用职权或对社区矫正对象合法权利进行侵害等方面的责任;执行对象的法律责任主要涉及社区矫正对象不遵守监督管理规定而应当承担的惩罚性法律责任。由此看来,《社区矫正法》对社区矫正对象的基本权利保护以及侵害其权利的法律保障做了比较系统和完整的规定,突出和强化了罪犯的人权保障理念。正是在这种意义上可以说,《社区矫正法》是社区矫正对象的权利"宪章"性保障法。

第三,在社区矫正组织领导体制与工作机制方面,《社区矫正法》对一些重要问题进行了明确的立法回应。如,针对社区矫正工作需要配备警察的基层呼声,经立法者慎重考虑,《社区矫正法》并没有采纳这一建议,但同时明确规定了公安机关对社区矫正工作的配合或处置等方面的法定义务。此外,《社区矫正法》正式规定了居(村)委员会依法协助以及社区矫正对象的监护人、家庭成员、所在单位或就读学校应当协助社区矫正机构做好社区矫正工作等内容。

第四,基于罪犯生活和工作便利的原则,《社区矫正法》规定了社区矫正执行地为居住地,并针对居住地难以确定的情况,要求社区矫正决定机关根据有利于社区矫正对象接受矫正、更好地融入社会的原则,确定执行地;同时,针对社区矫正对象的合理的跨县区活动要求,《社区矫正法》适当放宽了审批标准,简化了批准程序和方式。

第五,《社区矫正法》严格限制了对社区矫正对象适用电子定位装置的条件、范围和期限,只有社区矫正对象存在严重违反禁止令或监督管理规定等五种情形时,社区矫正机构经县级司法行政部门负责人批准后才能对其适用电子定位装置,并且,适用电子定位装置的时间最长不得超过三个月,经评估后仍有必要使用的,经批准期限可以延长,每次不得超过三个月,从而,社区矫正对象普遍佩戴电子定位装置的实践做法不再被法律所认可。与此同时,《社区矫正法》取消了社区矫正实践探索中经常使用的"两个八小时"强制性劳动和教育活动,规定了社区矫正可以参加范围更加广泛、内容更为多样、性质更具修复意义的公益活动。另外,对于提请撤销缓刑、假释的社区矫正对象可能逃跑或者发生社会危险的,社区矫正机构可以在提出撤销缓刑、假释建议的同时，提请人民法院决定对其逮捕。

第六，针对未成年犯罪的特殊性，《社区矫正法》以专章的篇幅规定了对未成年人应当根据其年龄、心理特点、发育需要、成长经历、犯罪原因、家庭监护条件等情况，进行有针对性的矫正。对未成年人的社区矫正，应当与成年人分别进行。

第七，进一步明确了人民检察院对社区矫正的检察监督权力，并初步规定了检察监督的基本方式以及检察监督的程序与实体保障等。

《社区矫正法》的出台与实施，是我国社区矫正创制和发展的新阶段，对我国社区矫正法治化、刑事执行制度的完善乃至整个刑事法治体系的进步都具有重要意义。

首先，《社区矫正法》在总结实践经验、细化和完善实践中形成的制度设计与规则、回应争议与疑难问题的基础上，正式构建了我国社区矫正法律的基本体系与制度，开启了我国社区矫正工作的崭新阶段，标志着我国社区矫正法治时代的到来。[1]特别是，《社区矫正法》将社区矫正理论与实践部门普遍坚持的社区矫正本质属性为"刑罚执行说"的观点修正、发展和完善为"非监禁性的刑事执行说"，并以此为基础根据刑事法律的基本原则规范化和科学化地深刻理解和把握社区矫正四类对象在法律规范依据与矫正重点方面的根本性差异，否定了社区矫正机构配备警察的立法建议，调整了监督管理中电子定位装置的适用标准和社区矫正对象外出活动范围与审批程序、取消了"两个八小时"强制性劳动和教育活动，增加了社区矫正机构的提请逮捕权限等，这些措施无疑都充分体现了立法者对法治原则、罪刑法定原则与人权保障原则的严格遵循与精准贯彻。

其次，《社区矫正法》为完善我国刑事执行法律制度具有重要推动意义。从理论上讲，完整的刑事法律体系应当包括刑事实体法——《刑法》、刑事程序法——《刑事诉讼法》和刑事执行法等三种刑事法律。刑事执行法是全面调整刑事执行机关及其工作者与刑事被执行人之间刑事制裁（刑罚、非刑罚方法、替刑措施与预防性保安保护处分）执行与监管矫正关系的法律规范的总称。然而，自中华人民共和国成立以来，我国刑事执行法律体系始终处于一种分散状态。1994年我国制定了《监狱法》，这是我国第一部关于刑事执行方面的完整的专门性法律。然而，有些属于刑事执行法的内容仍规定在

---

〔1〕 参见连春亮："《社区矫正法》出台的意义与特点"，载《犯罪与改造研究》2020年第4期，第19页。

《刑事诉讼法》之中，有些则根本没有规定在国家法律之中，仅仅规定在一些部门规章等文件之中。我国至今没有完整的刑事执行法的现状，在很大程度上制约了我国刑事执行制度法治化的发展进程。现在，在将有关非监禁性刑罚执行的法律规范与制度进行体系化整合的基础上形成的《社区矫正法》，使我国第一次有了全面规范非监禁性刑事执行的完整的全国性法律，有利于推动与监禁性刑事执行相对应的非监禁的社区矫正制度的发展，构成完整的刑事执行法律体系，为我国以《监狱法》《社区矫正法》《刑事诉讼法》等相关法律规范的体系化整合为前提，尽快制定一部包括死刑、财产刑、资格刑等一切刑罚、刑种、刑制、非刑罚方法和中国化的预防性保安保护处分等执法内容在内的刑事执行法奠定坚实的基础。总之，未来制定彰显中国特色与制度自信的刑事执行法，应当是我国刑事法律制度发展和完善的基本方向，而《社区矫正法》的出台必然会推进和加速刑事执行法的立法进程。

再次，《社区矫正法》体现了全面依法治国的基本精神，对国家治理体系与治理能力现代化与法治化具有重要推进意义。全面依法治国是提高国家治理效能，实现国家治理体系与治理能力现代化的基本方式。《社区矫正法》的颁布与实施，改变了我国依据政策性和规范性文件开展社区矫正工作的局面，大大提升了我国刑事执行的现代化、人道化与法治化水平。《社区矫正法》的基本精神与具体规定，充分体现了党中央提出的系统治理、依法治理、综合治理和源头治理的基本要求，对我国国家治理体系和治理能力的现代化与法治化具有积极推进意义。

最后，《社区矫正法》为世界范围的刑事执行乃至刑事法治理论与实践贡献了中国智慧。《社区矫正法》是世界上第一部由主权国家颁布的适用于全国范围的统一的社区矫正法律，而且是由占世界五分之一人口并具有较为深厚的监禁执行历史传统的大国制定并实施的。与世界其他国家或地区的社区矫正法律法规相比，我国的《社区矫正法》在立法理念、执法队伍、适用对象、工作机制以及工作任务等诸多方面都彰显了中国特色和经验，为世界范围内的非监禁性刑事执行理论与实践提供了崭新的治理思路、方式与立法范本，从而为世界刑事法治的多样性发展贡献了独特的中国智慧。

本章小结

世界范围内的社区矫正概念是一种复杂而开放的"概念群"。我国当前法律正式采纳了社区矫正这一概念。社区矫正是法定执行机关及其人员在社区并依托社区资源和力量,对被判处管制、宣告缓刑、裁定假释、决定或批准暂予监外执行的罪犯,予以监督管理和教育帮扶,旨在有针对性地消除重新犯罪的因素,帮助其成为守法公民的非监禁性刑事执行制度。我国社区矫正是在法治与人权背景下,通过总结和梳理我国犯罪治理、刑罚改革与监狱管理的经验和教训而提出的关于轻犯罪、轻刑罚及其如何有效执行的尝试与创新,是推进国家治理体系与治理能力现代化与法治化的重要制度。《社区矫正法》的颁布,标志着我国社区矫正的目的开始由政策性目的向规范性目的转变。《社区矫正法》总结和确认了我国社区矫正实践的重要经验,对实践中所形成的框架性制度设计与规则进一步细化和完善,对一些有争议的根本性问题进行了明确回应,正式形成了社区矫正基本法律制度的框架体系。《社区矫正法》的颁布与实施是我国社区矫正法治化时代的开端,对我国社区矫正制度的规范化、刑事执行制度的完善乃至整个刑事法治体系的进步都具有重要推动意义。《社区矫正法》彰显了中国的制度特色与自信,为世界范围内的非监禁性刑事执行理论与实践提供了崭新的治理思路、方式与范本,为世界刑事法治的多样性发展贡献了独特的中国智慧。

第二章　中国社区矫正的性质与特色问题

所谓"性质",即"事物本身所具有的区别于其他事物的根本属性,是事物的本质,是一种事物区别于另一种事物的内在本质"。[1]社区矫正的性质是揭示社区矫正本质的概念,即社区矫正区别于监狱矫正等其他类似事物的根本属性和内在本质。社区矫正的性质问题是社区矫正理论和实践中最为基本的问题,它不仅关乎社区矫正制度的基本定位、直接影响到社区矫正组织机构及其人员的配置和性质,而且关系到社区矫正制度构建的场所建设、经费支持、工作保障问题,甚至还影响到社区矫正的监管质量、教育效果和帮扶的方式、内容以及三者关系的恰当选择和偏好。总之,对社区矫正性质的科学设定,是关系到社区矫正立法和制度发展的基础性理论问题,必须加以重视和深入研究。然而,在当前,虽然2019年《社区矫正法》已经出台,但社区矫正理论与实践的诸多问题仍然存在争论,而这些争论的产生和存在,归根到底就是社区矫正理论与实践部门对社区矫正基本性质的认识仍然存在严重偏差或分歧。因此,本章专门就我国社区矫正的基本性质和特色问题进行深入探讨。

第一节　中国社区矫正性质问题研究述评

自我国开展社区矫正试点至今,无论是社区矫正理论还是实践部门,对于我国社区矫正基本性质的认识始终存在较大的分歧和争议。虽然《社区矫正法》已经出台,但立法并没有对社区矫正性质予以明确规定和说明。因此可以预见的是,关于我国社区矫正性质的争议仍然会持续下去。

综合当前的诸多文献来看,笔者发现,关于社区矫正的性质问题基本形

---

[1] 参见中国社会科学院语言研究所词典编辑室编:《现代汉语词典》(第7版),商务印书馆2016年版,第1470页。

成了"单一性质说""双重性质说"和"综合性质说"三种类型的理论观点,而在每一类理论观点内部,不同文献在具体观点的用语选择和内容表述方面,也仍然存在一定的差异。为了真正解决这个基础性理论问题,有必要对当前社区矫正理论和实践部门的诸多观点进行客观而系统的梳理,在此基础上才有可能比较全面和系统的总结、归纳和探寻隐藏在争论背后的不同学术思路、立场以及法理基础,从而为社区矫正的性质设定问题提供相对科学和有价值的学术观点。

一、"单一性质说"的观点及其评价

"单一性质说"的观点相对简单,即认为社区矫正的性质必须是唯一的,因为所谓的性质即根本属性,而根本属性必然是唯一的。在"单一性质说"的学说类型中,比较有代表性的具体观点为:

第一种观点认为,社区矫正是一种保安处分措施。[1]有文献指出,社区矫正从价值、对象、逻辑性以及创设初衷等方面来讲,都不能再将其称为刑罚执行。因为社区矫正的价值在于矫正、教育和帮助罪犯,而不是惩罚;缓刑犯与假释犯作为社区矫正的主要对象,本身就是附条件地不执行刑罚而将其放在社会上监督考察;管制是一种保护管制措施,而不是刑罚执行,因此将社区矫正视为刑罚执行在逻辑性上存在两难;社区矫正创设初衷本身就是为了矫正、教育和帮助罪犯,促使其早日复归社会。同时,社区矫正也不是社会工作,因为社会工作追求的是社会福利,社区矫正如果定性为社会工作,则丧失了其刑法学上的意义,不利于罪犯的改过自新。总之,社区矫正是一种基于刑罚特殊预防目的和罪犯的人身危险性而对罪犯进行的教育保护和帮助措施,虽然我国刑法中没有保安处分的概念,但一些相关制度中却有保安处分的内容和影子,因此可以将社区矫正定性为保安处分。[2]

第二种观点认为,社区矫正的性质是社区制裁。社区矫正并非单纯的社区刑罚,它只是对其中一部分罪犯即矫正对象具有社区刑罚性质。[3]社区矫

---

〔1〕 参见程应需:"社区矫正的概念及其性质新论",载《郑州大学学报(哲学社会科学版)》2006年第4期,第36~40页;李正新:"我国社区矫正的性质反思:从刑罚到刑事政策",载《江西科技师范大学学报》2013年第5期,第60~66页。

〔2〕 参见程应需:"社区矫正的概念及其性质新论",载《郑州大学学报(哲学社会科学版)》2006年第4期,第36~40页;贾宇:《社区矫正导论》,知识产权出版社2010年版,第35页。

〔3〕 参见连春亮:"社区矫正概念的多维思考与选择",载《河南司法警官职业学院学报》2007年第2期,第5~10页。

正是一项独立的工作手段，其工作内容包括矫正对象刑罚的执行、监督管理、教育矫正、危机干预和社会救助等诸多方面。[1]

第三种观点认为，社区矫正是一种罪犯处遇制度。有文献指出，社区矫正是相对于传统的机构式或监禁式处遇而言的一种新兴的罪犯处遇方式，[2]这种处遇方式充分利用非监禁的刑罚或刑罚替代制度，使罪犯得以留在社区中接受教育和改造，以避免监禁刑可能带来的副作用。[3]与之类似，有文献则认为社区矫正是一种教育改造性质的制度[4]或者矫治帮扶性的制度[5]。同时，这一处遇方式还充分利用社区资源参与罪犯矫正。"教育改造说"和"矫治帮扶说"基本上都侧重于强调社区矫正中矫正措施的社会性、方法的多样性以及场所的开放性，因此这两种学说基本上与"罪犯处遇制度说"在内涵和表达方面是一致的。

第四种观点认为，社区矫正的性质是一种刑罚执行方式。早在我国社区矫正试点开始之初，有文献就指出，社区矫正是一种刑罚执行方式，而不是非监禁刑的执行方式。[6]我国刑法中规定的非监禁刑有管制和剥夺政治权利两种，对于这两种非监禁刑的执行适用社区矫正没有问题，但是，对于诸如被判处有期徒刑的这类罪犯，也完全可以适用社区矫正的执行方式，即当有期徒刑罪犯在符合一定的法定条件的情况下，可以适用缓刑、假释或监外执行，而这些都可以适用社区矫正的执行方式。[7]后来，随着我国社区矫正的深入开展，"刑罚执行方式说"的影响逐渐扩大。如，有文献指出，我国社区矫正的对象是特定的罪犯，社区矫正执行过程属于我国刑事司法程序中的执行环节，为了实现行刑目的，社区矫正采纳了多样的执行手段并广泛吸收社

---

[1] 基于此，该文献又进一步提出社区矫正的性质是契约化的社会控制和社会管理行为。具体观点可参见连春亮："社区矫正的属性及其契约化规制"，载《山东警察学院学报》2016年第2期，第106~113页。

[2] 参见冯卫国：《行刑社会化研究——开放社会中的刑罚趋向》，北京大学出版社2003年版，第181~182页。

[3] 参见李根宝等："对社区矫治工作的认识与思考"，载《法治论丛》2003年第2期，第9~10页。

[4] 参见康树华："社区矫正的历史、现状与重大理论价值"，载《法学杂志》2003年第5期，第21~23页。

[5] 王利荣："从司法预防视角谈社区矫正制度的发展思路"，载《法治论丛》2004年第2期，第3~7页。

[6] 参见刘强主编：《社区矫正制度研究》，法律出版社2007年版，第7页。

[7] 参见王琼等："行刑社会化（社区矫正）问题之探讨（上）"，载《中国司法》2004年第5期，第67页。

会力量的参与，因此，社区矫正可以定性为刑罚执行活动。[1]也有持相同观点的文献进一步指出，我国社区矫正是基于刑罚制度改革的需要而发展起来的，将社区矫正定位为刑罚执行方式，能够涵盖目前社区矫正所适用的种类和工作的主要内容，而且符合我国现实，并能够为社区矫正种类的扩展留有一定的空间，因此，我国社区矫正是一种与监禁执行相对应的刑罚执行方式，进一步讲，即社区矫正应当定位为一种非监禁性的刑罚执行方式。[2]

另外，值得注意的是，我国社区矫正试点开始时，2003年"两高两部"联合发布的《关于开展社区矫正试点工作的通知》明确将社区矫正定位为"与监禁矫正相对应的行刑方式"，是一种"非监禁刑罚执行方式"。此后，2004年司法部发布的《司法行政机关社区矫正工作暂行办法》、2005年"两高两部"发布的《关于扩大社区矫正试点范围的通知》、2009年发布的《关于在全国试行社区矫正工作的意见》等规范性文件一直坚持这种观点。当然，我们并没有找到当时的规范制定者关于规范制定和适用的具体解释和说明，也就无法真正了解"非监禁刑罚执行方式"的规范性原意，即无法确切了解当初规范制定者的意图。因为，从文意上看，"非监禁刑罚执行方式"完全可以有两种解释，[3]一是可以理解为非监禁性刑罚（管制与剥夺政治权利）的执行方式。[4]有文献正是反对将司法部的规范性文件的意见做如此理解，才提出"社区矫正不是非监禁刑而是刑罚的执行方式"的观点；[5]另一种则是可以理解为非监禁性的刑罚执行方式，[6]意在强调包括有期徒刑、无期徒刑、管制、拘役等所有刑罚在执行方式方面的非监禁性，若做此理解，则与前述文献所持"刑罚执行方式说"的观点基本一致。

显然，将社区矫正定性为保安处分，仅仅是看到我国社区矫正与保安处分在教育、矫正和感化改造行为人方面的表面一致性，但实际上对社区矫正和保安处分基本概念存在严重误解。一般而言，保安处分是对有人身危险性的人基于保护社会的安全之目的而采取的特定强制措施。在很多发达国家，

---

[1] 参见高贞主编：《中国特色社区矫正制度研究》，法律出版社2018年版，第9~14页。

[2] 参见刘志伟等：《中国社区矫正立法专题研究》，中国人民公安大学出版社2017年版，第18~21页。

[3] 参见赵国玲主编：《刑事执行法学》，北京大学出版社2014年版，第253页。

[4] 参见王琼等："行刑社会化（社区矫正）问题之探讨（上）"，载《中国司法》2004年第5期，第67页。

[5] 参见刘强："论社区矫正的社区刑罚执行性质"，载《社会科学战线》2015年第8期，第230页。

[6] 陈志海："社区矫正性质研究"，载《犯罪与改造研究》2014年第7期，第34页。

基于二元主义的立场，保安处分是与刑罚并列的一种制裁措施。保安处分的主要依据是人身危险性，仅有违法事实而没有人身危险性的人，不能适用保安处分，相反，没有违法事实但有人身危险性的人，则可以适用保安处分。在国外，保安处分的对象主要适用于无责任能力人，如精神病人、病理性醉酒、瘾癖性犯罪人、职业犯、流浪汉、未达刑事责任年龄的少年犯等。同时，保安处分并不是一种刑罚措施，往往是一种具有特殊预防性质的强制性隔离，如在精神病院、戒毒、戒酒、感化或习艺所进行。[1]但我国社区矫正自试点以来非常明确地强调社区矫正的适用对象为罪犯。这就是说，我国社区矫正的适用对象与保安处分的适用对象完全不同，因此，将我国社区矫正定位为保安处分明显存在理论和实践上的严重问题。

将社区矫正定性为社区制裁，的确看到了我国社区矫正与监禁矫正相比较而言自身所彰显的社会属性，而且这一观点在很大程度上拓展了我国当下社区矫正的内涵和外延，为社区矫正制度在将来扩大适用规模和范围预留了一定空间，从长远角度看，它对于我国社区矫正制度和体系的完善、发展提供了一定的框架性思路。然而，这一观点忽略了我国当下社区矫正所具有的重要的刑事执行性质，而且即便在认可社区制裁的提法的前提下，社区制裁到底是行政性的还是刑事性的措施和方法？要不要对此予以明确？该观点也语焉不详。另外，将社区矫正定性为制裁，确实在一定程度上不能涵盖社区矫正过程中的监督管理、教育矫正、危机干预、社会福利保障与救助等工作内容，而且，过于强调制裁，有可能导致在社区矫正工作中对强制手段甚至惩罚手段的过度依赖，淡化教育、矫正和帮扶的工作内容，[2]从而使得社会矫正制度背离其社会化行刑和重在改造的基本价值，使国家意在提倡和鼓励的社会多元共治意图落空。

将社区矫正定性为罪犯处遇，实际上比较准确地概括和把握了法治发达国家社区矫正的核心理念及其目标。罪犯处遇，通俗而言就是如何处理、对待和治疗罪犯的问题，罪犯处遇这一理念是随着刑事实证学派的产生而出现的，并随着刑罚个别化和行刑改革运动而不断发展，其核心内容是基于教育刑的观念，倡导对罪犯人格的教育和矫正，促使其重新复归社会。[3]的确，

---

[1] 参见［德］克劳斯·罗克辛：《德国刑法学　总论（第1卷）：犯罪原理的基础构造》，王世洲译，法律出版社2005年版，第51~53页。

[2] 参见刘志伟等：《中国社区矫正立法专题研究》，中国人民公安大学出版社2017年版，第16~17页。

[3] 参见陈伟：《教育刑理论的实践回应与规范运行研究》，商务印书馆2020年版，第40页。

社区矫正由于注重行刑的开放化和社会化，追求行刑的人道化措施，因此，它无疑是最能体现罪犯处遇的基本理念和主张的行刑措施。但是，关于罪犯处遇，特别是社会化处遇的概念、内容和边界，即便在发达国家的刑事执行理论中也存在着一定争议，尚未取得一致意见，以致不同国家的刑事司法实践对罪犯处遇的方式、方法以及适用对象的认识也不尽相同。[1]而且，根据现代刑罚目的的要求，罪犯复归社会仅仅是刑罚目的之一而非全部，在罪犯复归社会目标之外，国家还必须考虑社会公众的安全需求、报应心理以及一般预防效果。[2]因此，社区矫正制度的设计和执行也同样如此，除考虑罪犯复归社会的目标之外，还必须兼顾报应和一般预防目标。特别是，当前我国民众对罪犯的认识仍然存在偏差和歧视，惩罚性报应观念依旧牢固地存在于社区群众、法官乃至刑事执法人员的思维深处，在这种复杂的刑罚传统文化背景下，将社区矫正仅仅定性为罪犯处遇并不能很好地指导社区矫正实践工作，有点过于超前和理想化。

将社区矫正定性为非监禁刑的刑罚执行方式明显存在问题。在我国，自由刑中的有期徒刑、无期徒刑、拘役等都需要在一定的监禁场所执行，因此，实际上我国最标准和最严格意义上的非监禁刑就只有管制一种。即便是将非监禁刑做广义理解，把罚金、剥夺政治权利、驱逐出境、没收财产等附加刑也纳入非监禁刑，但无论如何也无法将关于刑罚的裁量和执行等概念涵盖进来。因为在最基本的意义上，非监禁刑这一概念是在刑种意义上加以使用的。在我国，社区矫正至今并没有像在英国那样被上升为一个独立的刑种，也没有被任何法律明确为"是与监禁刑相对应的非监禁刑"，更没有被确定为是非监禁刑的执行方式。只不过，我国当前社区矫正的工作内容含有对非监禁刑的执行内容而已。因此，将社区矫正定性为非监禁刑的刑罚执行方式，无疑混淆了社区矫正与刑种、量刑和执行制度之间的界限，大大缩小了社区矫正的适用对象、范围和条件，降低了社区矫正开展的现实价值和意义。

将社区矫正定位为刑罚执行方式，在很大程度上与国家推行社区矫正所颁布的各种规范性文件的观点保持基本一致，这一观点也得到了社区矫正理论和实践界大多数学者的支持。就当前我国《刑法》和《刑事诉讼法》中规定的社区矫正的四类对象而言，管制犯、假释犯和暂予监外执行犯的社区矫

---

[1] 参见王公义主编：《刑事执行法学》，法律出版社2013年版，第42~44页。
[2] 参见马聪：《刑罚一般预防目的的信条学意义研究》，中国政法大学出版社2016年版，第201~203页。

正无论从性质、过程、方法和目标来说，确实属于刑罚执行活动，这一点，在我国刑法学界以及刑事执行法学界都能够达成基本共识。[1]然而，将社区矫正定位为刑罚执行最大的疑问，来自对人们对缓刑性质的不同理解。

总体而言，在我国刑法和刑事执行法学界，人们对缓刑的性质问题存在着严重分歧，形成了不同观点：

第一种观点认为，缓刑是一种刑罚裁量即量刑制度。这种观点从刑罚裁量即量刑的概念出发，指出刑罚裁量是法院根据我国《刑法》的具体规定，在认定行为人的行为构成犯罪的基础上，对行为人决定是否判处刑罚、判处何种刑罚以及所判处的刑罚是否必须立即执行等问题的系列刑事审判活动。[2]缓刑本身就属于刑罚是否立即执行的问题，因此缓刑毫无疑问属于量刑制度。这种观点在近二十年来的刑法理论界非常有影响，几乎已经成了一种通说。

第二种观点认为，缓刑是一种刑罚执行即行刑制度。这种观点指出，缓刑是在刑罚裁量以后，解决对罪犯如何执行的问题，因此是一种行刑制度而非量刑制度。在此基础上，有文献进一步指出，我国刑事司法实践支持缓刑是刑罚执行制度的观点。如，2012年最高人民法院颁布的《关于办理减刑、假释案件具体应用法律若干问题的规定》（已失效，下同）第13条第2款规定："前款规定的罪犯在缓刑考验期内有重大立功表现的，可以参照刑法第七十八条的规定，予以减刑，同时应依法缩减其缓刑考验期。……"如果缓刑期间不是刑罚执行，又怎么能够减刑呢？我国减刑的前提，是刑罚执行期间改造的表现，如果没有刑罚执行，即使表现再好，也不存在减刑问题。[3]

第三种观点认为，缓刑不仅是一种量刑制度，也是一种执行制度。这种观点从不同层面考虑缓刑制度，明确指出从是否执行刑罚的意义而言，缓刑就属于一种量刑制度；从刑罚执行内容的意义而言，缓刑则是一种刑罚执行制度。[4]

第四种观点认为，缓刑是一种刑种。这种观点指出，缓刑是基于刑罚谦

---

[1] 参见韩玉胜主编：《刑事执行制度研究》，中国人民大学出版社2007年版，第396页；《刑法学》编写组编：《刑法学》（上册·总论），高等教育出版社2019年版，第369~375页。

[2] "缓刑裁量制度说"是刑法学界的一种主流学说。参见高铭暄主编：《刑法学原理》（第3卷），中国人民大学出版社1994年版，第603页；《刑法学》编写组编：《刑法学（上册·总论）》，高等教育出版社2019年版，第361页。

[3] 参见高贞主编：《中国特色社区矫正制度研究》，法律出版社2018年版，第11~12页。

[4] 参见张明楷：《刑法学》（上），法律出版社1997年版，第468页；王世洲：《现代刑法学（总论）》（第2版），北京大学出版社2018年版，第332页。

抑的要求，在寻求对监禁刑的替代措施过程中形成的一种独立的制裁措施，体现了对犯罪的理性反应。[1]

第五种观点认为，缓刑是对罪犯所适用刑罚的一种有条件赦免。这种观点指出，缓刑是在刑罚宣告以后，根据一定的条件对罪犯的刑罚不再执行，这一制度的效果从实质上而言与赦免一样，即表现为免除刑罚的执行。从本质上看，缓刑是一种赦免制度。[2]

第六种观点认为，缓刑是一种刑罚消灭制度。这种观点指出，缓刑从实质上来讲是一种对累犯的刑罚有条件不执行，但这种不执行和赦免在制度目的、法律性质、适用对象、适用主体以及适用后果诸多方面存在根本性差异，因此，缓刑不是赦免，而是一种独立的刑罚消灭制度。[3]

可以看出，正是由于人们对缓刑制度的性质及其在刑罚制度中体系性位置的理解存在严重分歧，才从根本上导致学者们对缓刑犯施加社区矫正的行为到底属于什么性质的问题，在历经数十年的学术讨论过程之后仍然众说纷纭。这一争论，甚至在某种程度上影响到了我国社区矫正的立法。在这场争论中，显然，很少有文献坚持"刑种说""有条件赦免说"和"刑罚消灭制度说"，争论的重点则主要集中在"刑罚裁量制度说"和"刑罚执行制度说"之间。坚持"刑罚裁量制度说"的文献，则自然难以接受社区矫正是刑罚执行活动的说法，而坚持"刑罚执行制度说"的文献，则自然会坚持社区矫正的刑罚执行性质。但有意思的是，刑法学界有不少坚持"刑罚裁量制度说"的文献，在社区矫正性质问题上也赞同"刑罚执行制度说"。[4]

总体而言，坚持"刑罚裁量制度说"文献的逻辑是，缓刑的实质是有条件地暂缓原判刑罚的执行，在特定条件下原判刑罚则不再执行，而这种"不再执行"是刑法明确规定并体现立法倾向性和鼓励性的后果之一，那么，缓刑在特定条件下"原判刑罚不再执行"时，刑罚都不再执行了，何来缓刑的执

---

[1] 参见段晖、周卫军："缓刑的刑罚谦抑性考察——兼缓刑的发展趋势探究"，载《当代法学》2001年第7期，第36~38页；翟中东："缓刑刑种化问题的思考"，载《天津法学》2021年第3期，第37~46页。

[2] 参见梁恒昌："缓刑制度之商榷"，载刁荣华主编：《现代法学论文精选》，汉苑出版商社1976年版，第131页。

[3] 参见左坚卫、肖栈光："缓刑法律性质新探"，载《云南大学学报（法学版）》2003年第1期，第34~38页。

[4] 参见刘志伟等：《中国社区矫正立法专题研究》，中国人民公安大学出版社2017年版，第18~19页；《刑法学》编写组编：《刑法学（上册·总论）》，高等教育出版社2019年版，第361页。

行？何来对缓刑犯适用社区矫正这样的刑罚执行活动？[1]

对此，坚持"刑罚执行制度说"的文献进行了系统回应，提出了一系列的理由，主要有：其一，我国刑法对于缓刑的适用对象已经在《刑法》中写得很清楚，即已经判处三年以下有期徒刑或拘役的罪犯。这就意味着，在缓刑适用之前，实际上刑法已经确定了对行为人判什么样的刑罚，这就不存在量什么刑的问题，它要解决的是已经裁量的刑罚是否需要立即执行的问题。其二，刑罚确定以后，是否立即执行当然是刑罚执行的问题，就如被判处死刑缓期二年执行一样，死刑缓期二年执行本身就是一种对死刑的暂缓执行，而我们不能认为死刑的缓期执行不是死刑的执行方式。其三，缓刑犯的社区矫正与假释的社区矫正性质一致，都是执行场所的变更，而不是刑罚本身的变更，更不是刑罚执行性质的变更。其四，缓刑中的"原判刑罚不再执行"，仅仅是说对罪犯原判刑罚不再在监狱等监禁场所执行，即缓刑的执行场所、方式不同而已，并不是缓刑的不执行，也不是刑罚的无条件不执行。这里的不再执行和假释中的"认为刑罚已经执行完毕"没有什么本质不同，不能仅仅以《刑法》规定的某个字眼的不同来判断其性质的不同。因此，缓刑的刑罚执行性质是客观的，是不能被否认的。[2]

客观而言，我们可以看到，社区矫正理论和实践界的争论基本上集中于如何理解缓刑考验期满"刑罚不再执行"、缓刑的"不再执行"和"已经执行完毕"是否在本质上一致等问题，而根据当前社区矫正界比较有影响力的观点，对缓刑的"不再执行"应当做实质性理解，即认为其和假释的"已经执行完毕一样"。但实际上，这种所谓的实质性解释根本站不住脚，如果缓刑"不再执行"的法律后果与假释的"已经执行完毕"的法律后果完全一致，那么刑法为何还区分缓刑和假释，将两者合一不就使得立法更简洁明确了吗？因此，将二者进行实质性解释做同样的理解，其实没有刑法理论和制度上的根据。

另外，"刑罚执行制度说"对缓刑的理解存在偏差。的确，我国《刑法》明确规定了缓刑的适用对象为被判处了三年以下有期徒刑或拘役的罪犯，但这种规范对法官适用《刑法》来说仅仅是一种说明性、指引性和约束性规范，仅仅是在告知法官能对罪犯适用缓刑的最大范围或最高边界。即便行为人属

---

[1] 参见屈学武："中国社区矫正制度设计及其践行思考"，载《中国刑事法杂志》2013 年第 10 期，第 21 页。

[2] 参见高贞主编：《中国特色社区矫正制度研究》，法律出版社 2018 年版，第 11~12 页。

于被判处三年以下有期徒刑或拘役的罪犯，到底是否对罪犯适用缓刑，还是需要法官在审判过程中具体斟酌加以确定。也就是说，对行为人的刑罚是否立即执行，这本身也是法官在审判过程中必须考虑的重要内容。一般在刑事审判实践中，对于可能判处三年以下有期徒刑或拘役的行为人，法官往往会在考虑具体刑期时就会同时斟酌能不能对该人适用缓刑，很难说法官是先考虑好具体刑期，然后再一次考虑能否适用缓刑的问题。因此，缓刑就其本意来说，属于刑罚裁量制度没有问题。

再者，死刑缓期二年执行和缓刑在制度设计的价值初衷和适用对象方面有着重大区别，以死刑缓期二年执行和缓刑类比进而得出缓刑属于刑罚执行制度的结论并不科学。死刑缓期二年执行是我国基于"保留但严格限制死刑"的刑事政策而产生的行之有效的限制死刑的基本方法。这一刑法制度本身就是根据"人的生命权具有最高价值"的法理而创设的，意在最大限度地保留罪犯的生命权，而且刑法明确地将死刑缓期二年执行规定为死刑制度的执行方式之一。相反，缓刑则是针对轻罪而言的，是国家为了贯彻刑罚人道化、轻刑化和社会化而设置的一项制度，它的立法初衷和目的根本涉及不到罪犯的生命权问题，而且，我国《刑法》中并没有明确规定缓刑就是被判处三年以下有期徒刑或拘役的犯罪人的执行方式，因此，根据死刑缓期二年执行属于死刑执行方式的论断根本无法推导出缓刑也同样属于有期徒刑执行方式的结论。

最后，以最高人民法院司法解释中"缓刑期间可以减刑"的说法为根据论证缓刑属于刑罚执行制度也并不恰当。其一，关于减刑的概念，在刑法学界历来有广义和狭义之分，广义的减刑是指凡受刑事处罚的人，在具备法定的减轻处罚情节时，由负责执行刑罚的机关提交申请，人民法院依法予以减轻原判刑罚的刑事司法活动，不仅包括狭义的减刑概念，而且涵盖了死刑缓期二年执行、罚金、缓刑及因主刑减刑后附加剥夺政治权利的减刑，而狭义的减刑才仅指依法被判处管制、拘役、有期徒刑、无期徒刑的四类罪犯在具有法定的减刑情节时，由负责执行刑罚的机关提出申请，人民法院依法予以减轻原判刑罚的刑事司法活动。[1]根据广义和狭义减刑概念区分的常识我们可以看到，最高人民法院所使用的"减刑"二字，显然是在广义上使用的。因为最高人民法院是着重强调在缓刑犯"出现重大立功情节时，减轻原判刑罚的刑期"，而根本并没有使用"减轻缓刑考验期"的说法，恰恰相反，最高

---

〔1〕参见《刑法学》编写组编：《刑法学》（上册·总论），高等教育出版社2019年版，第369页。

人民法院在"减刑"之后，用"同时"二字再次强调了缩减缓刑考验期的事项，这就足以说明，最高人民法院本身就将"缩减缓刑考验期"和"减刑"加以谨慎区别对待，并试图表明"缩短缓刑考验期"并非"缓刑的减刑"。其二，退一步讲，即便将最高人民法院的提法视为在狭义上使用减刑这一概念，也不能说明刑事立法者会同样地做如此理解，更不能以此为依据得出缓刑也是刑罚执行制度的结论。这是因为，虽然我国的刑事司法解释具有准立法的性质和规范性效力，但是在法理上，很难说最高人民法院的意见就是立法者的意见，这一点是毋庸置疑的。

有意思的是，在社区矫正理论和实践界针对"刑罚裁量制度说"和"刑罚执行制度说"反复纠结和辩论时，刑法学界却有文献已不再从缓刑的适用而是从缓刑最后的法律效果来分析，提出了"有条件赦免说"和"刑罚消灭说"。这两种学说虽然有一定差异，但恰恰是抓住了缓刑制度最具可能性的结果这一本质问题，即缓刑考验期满，被宣告缓刑的罪犯没有重新犯罪或没发现漏罪且没有违反监管规定和禁止令的，"原判刑罚不再执行"。从刑罚的实际法律后果来看，缓刑是一种附条件的刑罚消灭制度，也不是完全没有道理。这两种观点虽然可能没有得到社区矫正理论与实践部门的应有重视，但是确实提出了一个不容忽视的理论问题，即对缓刑性质的讨论可能在多种视角下存在多种正确结论的可能性。

由于"刑罚裁量制度说"和"刑罚执行制度说"之间的争论不断，特别一些持缓刑是"刑罚裁量制度"但认为社区矫正是"刑罚执行制度"的文献，也开始尝试解决自身理论的矛盾之处，试图通过解释的方式让自身的观点前后一致、自圆其说。其中，比较一致的做法是试图扩张"刑罚执行"的概念，使之可以容纳缓刑犯的社区矫正。如，有文献指出，缓刑犯虽暂时没有执行有期徒刑或拘役，但在缓刑考验期内接受社区矫正机关的监督和考察，这种监督和考察本身也应当属于刑罚执行的范围。[1]在此意义上，适当扩充刑罚执行的内涵和外延，即由于被判处某种刑罚但在符合法定条件的情形下，在暂缓执行原判刑罚期间，罪犯接受的监督和考察仍然是刑罚执行。

二、"双重性质说"的观点及其评价

"双重性质说"即认为我国社区矫正的性质并非单一的，而是两种属性并

---

[1] 参见廖斌、何显兵：《构建中国特色的社区矫正制度研究》，中国政法大学出版社2019年版，第31~32页。

存。在"双重性质说"的学说类型中,主要有三种具体观点:

第一种观点认为,社区矫正具有刑罚执行和社会工作的双重属性。有文献指出,社区矫正的任务,不仅仅是落实罪犯刑事义务的刑罚执行工作,更是一种对罪犯的心理以及行为习惯进行矫正的社会工作。社区矫正的属性是刑罚执行,原因在于有罪必罚、罚当其罪乃现代法治理念的应有之义,但从社区矫正的工作理念、工作主体、工作目标和工作方法来看,社区矫正又是以恢复罪犯社会功能,帮助罪犯社会化为目的的社会工作。[1]社区矫正的本质属性是刑罚执行,从属属性是社会工作。正是因为社区矫正中容纳社会工作的内容,所以才能避免刑罚执行中的刚性化不足、间断性不足以及社会关怀化的不足。[2]

第二种观点认为,社区矫正具有刑罚执行和社会福利的双重属性。[3]有文献明确指出,将社区矫正定位为刑罚执行方式的观点,实际上给社区矫正的制度发展带来了一些难题:社区矫正机构的主体模糊,参与机构的职责和分工尚未明确;社区矫正工作中的监管、教育和帮扶任务落实情况存在不平衡现象,重监管轻矫正的现象仍然突出;社区矫正工作人员的专业素质尚不能满足社区矫正艰难且繁重的工作任务,使得社区矫正工作水平处于较低层次。因此,在承认社区矫正的刑罚执行性质之外,有必要承认社区矫正的社会福利性质。原因在于:其一,承认社会福利性质,正是与社区矫正起源中所蕴含的现代刑法理念、刑罚制度、社会福利思想、福利政策保持一致,可以较好地维护罪犯权益和尊严,体现现代刑法制度与刑罚制裁的人道精神;其二,我国社区矫正试点以及规范性文件都体现了社区矫正的社会福利属性和政策导向;其三,社会工作虽然是社区矫正提供社会福利服务的主要专业内容之一,但将社会工作视为社会福利,实际上是将社会福利的概念进行了限缩,因此,应当承认社区矫正的社会福利性和社会保障性。[4]

第三种观点认为,社区矫正工作具有刑罚执行和司法行政双重属性,刑罚执行是其首要属性,同时社区矫正还具有司法行政活动的性质。[5]

---

[1] 参见但未丽:《社区矫正:立论基础与制度构建》,中国人民公安大学出版社2008年版,第27~32页。

[2] 参见张昱:"论社区矫正中刑罚执行和社会工作的统一性",载《社会工作》2004年第5期,第11~14页。

[3] 参见王顺安:"社区矫正的法律问题",载《政法论坛》2004年第3期,第105页。

[4] 参见史柏年:"刑罚执行与社会福利:社区矫正性质定位思辨",载《华东理工大学学报(社会科学版)》2009年第1期,第22~27页。

[5] 高贞主编:《中国特色社区矫正制度研究》,法律出版社2018年版,第6页。

就第一种观点而言，由于其承认社区矫正的刑罚执行性质，而关于"刑罚执行制度说"的问题已经在前文详细阐述，此处就不再重复，仅对社会工作的提法提出一些看法。的确，社区矫正确实有社会工作的内容和成分，两者存在交叉和融合，如需要依赖社区资源、需要社工参与、需要为社区矫正对象解决就业、生活、心理等方面的问题等。但因为社区矫正工作中的部分工作和成分具有社会工作性就将社会工作性作为社区矫正整体或根本的性质，在逻辑和实践上根本无法成立。一方面，性质是一事物区别于他事物的根本属性，一般具有唯一性，很难说一个事物有两个性质。社区矫正既是刑罚执行又是社会工作，这种双重性质的提法本身在逻辑上就不科学。另一方面，从概念上看，社会工作是指秉持利他主义价值观，以科学知识为基础，运用专业的方法，帮助有需要的困难群体，解决其生活困难，协助其个人及其社会环境更好地相互适应的职业活动，其中，社区工作是社会工作的重要工作方法之一，社会工作的核心理念是平等、尊重、接纳、助人。[1]但是，当前我国的社区矫正首先是由审判机关和其他机关对罪犯适用的，是对罪犯进行的具有强制性的矫正，罪犯根本不能拒绝，这样，社会矫正就缺乏社会工作的平等性，而且在社区矫正过程中，尊重、接纳和帮助是部分的甚至是受限制的，因为社区矫正过程中还有监督、管理、控制等多方面的综合性措施、制度和方法。也就是说，司法机关或其他机关依法宣布罪犯适用社区矫正，是社区矫正开展的前提和基础。这一前提和基础就意味着，社区矫正并非像社会工作那样是自愿利他展开工作的。换言之，我国当前的社区矫正制度设计，社会工作的内容是辅助性的，是以法院等司法机关的法律强制力为前提和根据展开的，因此，这一辅助性的特点，根本不能成为社区矫正的基本性质。

就第二种观点而言，其所存在的问题与第一种观点基本类似。不可否认，社区矫正确实含有社会服务性、福利性和社会保障性的要素。因为接受社区矫正的对象的确存在一些具体的困难，如经济生活方面的困难、情感心理方面的困难或者复归社会适应性方面的困难，那么，社区矫正工作人员面对矫正对象的这些困难，不仅要促使他们复归社会，而且还必须对他们进行人道性的帮助，那么这种服务性、福利性和社会保障性就必不可少。但是，这种服务、福利和社会保障必须建立在监管和教育矫正的基础上，不能本末倒置，

---

[1] 参见范明林、林德立编著：《社会工作实务：过程、方法和技巧》，社会科学文献出版社2018年版，第30页。

毕竟，社区矫正对象的法律地位是罪犯。因此，在社区矫正工作中，监管、矫正和福利三者的关系，需要随着社会历史的发展阶段而适当调整。但是，这种福利性不可能成为社区矫正的根本属性，否则就与一般性社会工作的界限模糊了，这本身对社区矫正实践工作和制度发展而言，也并非一种符合我国实际情况和长远发展状况的可靠思路和办法。

就第三种观点而言，其所存在的问题相对明显。这种观点对于我国刑罚执行和司法行政的具体概念并没有清晰界定。从学理上来讲，所谓司法行政是司法行政机关围绕着司法活动展开的各种保障、服务和管理活动。从广义上说，司法行政是指国家按照一定的程序对司法组织和司法活动进行的计划、组织、指挥、沟通等活动。在我国特有的语境下，司法行政一般是指国家专门机关对有关监狱管理、社区矫正、法制宣传、律师、公证、人民调解、法学教育与研究、依法治理以及行政法制等领域的行政事务实行国家管理的活动。显然，刑罚执行本身就属于司法行政的重要内容，因此，刑罚执行和司法行政明显不是同一种的概念，而是上位概念和下位概念的关系，因此两者根本无法并列成为社区矫正的基本属性。

三、"综合性质说"的观点及其评价

"综合性质说"认为我国社区矫正的性质不是唯一的，也不是双重的，而是多重的综合体。在"综合性质说"的学说类型中，主要有两种观点：

第一种观点认为，社区矫正是刑种、量刑和行刑三种性质的综合体。因为自从社区矫正试点开展以来，社区矫正虽然包含刑种，但不完全是刑种，而且还有量刑制度，如缓刑，还有暂予监外执行和假释等行刑制度，单纯的刑种、量刑和行刑制度都不能全面概括社区矫正的基本性质，因此，社区矫正的性质应当是刑种、量刑和行刑制度的整体结合，是一种综合性的但主要偏重行刑的措施、方法或制度。[1]

第二种观点认为，社区矫正是一种综合性的[2]或具有相当开放性的[3]非监禁性处遇措施。有文献指出，社区矫正将社区、社会力量等纳入罪犯的教育矫正活动中，与传统的刑罚执行活动并不完全一致。而且，我国至今也

---

[1] 参见郭建安、郑霞泽主编：《社区矫正通论》，法律出版社2004年版，第68~69页。

[2] 参见韩玉胜主编：《刑事执行法学研究》，中国人民大学出版社2007年版，第346页；吴海峰："论社区矫正的性质定位及改革"，载《贵州警官职业学院学报》2013年第3期，第34页。

[3] 参见郑丽萍："互构关系中社区矫正对象与性质定位研究"，载《中国法学》2020年第1期，第164页。

没有将社区矫正正式明确规定为刑种。将对管制类罪犯进行的社区矫正称之为刑罚执行没有问题，但对缓刑犯而言，缓刑是一种量刑制度，将其称为刑罚执行并不合适。因为缓刑的本质是附条件的不执行，法律规定为不执行，强行实行社区矫正有违背罪刑法定的嫌疑。因此，将社区矫正认定为一种综合性或开放性的非监禁性处遇方式，淡化其刑罚执行的性质，就可以拓展其功效从而避免上述问题，而且还可以为扩大社区矫正的适用范围预留空间。

就第一种观点而言，该观点实际上注意到了我国当前社区矫正的适用范围在性质上的多重性和不统一性，因此试图分门别类地厘清和叙述每一种适用对象的性质。其中，认为缓刑是一种刑罚裁量制度，假释是一种刑罚执行制度，这些观点基本上和通说一致，没有太多问题，但认为由于管制是一种刑种而将社区矫正定位为刑种确实不恰当。因为当前我国《刑法》以及相应的修正案并没有将社区矫正定性为刑种，而是采纳了"判处管制的需要依法社区矫正"的表述，这就说明，在刑事立法者眼中，管制和社区矫正的区别是客观存在的，两者不能混同。而且，前文已经提到，所谓的性质应当是唯一的，而不应当是多重的。因此，这一观点实际上并没有搞清楚性质和结构之间的区别，而将社区矫正的内在结构和对象问题当作了基本属性和性质问题。

就第二种观点而言，其考虑社区矫正制度的未来发展，在性质设定问题上试图为社区矫正适用对象的范围问题预留空间，这种研究思路值得肯定。然而，该观点将社区矫正性质定位为非监禁性处遇，确实也存在以偏概全的问题，关于"非监禁性处遇"提法的问题前文也已经提到，主要是"处遇"这一教育刑的概念不能涵盖国家对刑罚的报应和一般预防需求，此处亦不再对此具体问题赘述。

第二节 中国社区矫正性质的设定与展开

基于不同的学术立场、专业领域和知识背景，人们对社区矫正性质的认识与界定产生了诸多分歧。由于社区矫正的性质设定关涉我国社区矫正基本制度的构建以及发展方向等重大理论与实践问题，因此，我们对社区矫正性质问题的探讨，不能始终停留在"社区矫正性质是什么"或"不是什么"这一简单层面，而应当在深入了解人们对社区矫正性质问题产生分歧真正原因的基础上，结合我国具体刑罚制度的历史发展轨迹，对我国社区矫正性质的合理设定做出科学、精准且有价值的说明,同时,对我国社区矫正性质的自身特色进行准确的概括、总结与提炼。

一、社区矫正性质理论研究的主要问题

前文对社区矫正性质问题的相关学术观点进行了较为详细的梳理和总结,目的在于查找和分析当前关于社区矫正性质的学术研究中存在的问题,在此基础上,为进一步正确解决这些问题提供参考并指明方向。在对社区矫正性质的诸多研究中,实际上存在着以下问题:

第一,在研究过程中具体概念不精确,概念的界定与使用缺乏严谨性,学术讨论缺乏沟通的前提性条件。

我们可以看到,对于社区矫正性质的研究,需要科学和明确界定具体的专业性概念,但是很遗憾,对于一些基础性概念,无论是学术文献还是国家层面的规范性文件,都存在着语言学上的歧义或争论。如前面涉及的对"非监禁刑罚执行"这种概念的表述问题,由于汉语语词的多意性,不同的人完全可以根据不同的语言习惯,进行不同的断句和理解,对此,前述概念在"非监禁性刑罚的执行"以及"非监禁性的刑罚执行"两种意义上进行理解,在语义学上其实并没有什么问题,也都符合大众的表达习惯,然而,这两种理解在法学上的规范意义却完全不同,因为这两种不同的概念至少影响到了社区矫正适用对象的范围和边界等重大问题。而对于这一概念的含义"究竟为何"的基础性问题,在国家层面的规范性文件出台后,相关起草人士或专业人员并没有进行专门解释,以至于人们对此问题的争议和分歧越来越大。

另外,在不同的学术文献中,确实存在着基本概念使用的不一致或模糊问题。比如,关于社区矫正的性质问题,重点在于如何理解"性质"这一概念,然而很多文献却并没有重视这一概念的现代汉语语义,而将"特征""特点""属性"等概念与之混用,由此产生了很多本不必要的争论。一般而言,性质就是一事物区别于其他事物而成为该事物内部所特有的规定特征,是一个事物的根本属性。这一根本属性使得该事物区别于其他事物,而且根本属性只能有一个,而特点、特征、属性等是根本属性的具体表现形态,可以有多种表现形式。在研究社区矫正的性质问题时,我们要讨论的就是社区矫正区别于监禁矫正等方式的根本属性问题,只有搞清楚社区矫正的根本属性问题,我们才能真正懂得社区矫正究竟是什么。在当前的研究中,不少文献实际上将一些属于社区矫正的某种特点、特征或者某一项内容或措施或者监管

和教育中的特定方法混淆为性质，这样，人们本来就对社区矫正尚未熟悉，再在这种片面的知识引导下，使社区矫正性质这一本来相对简单的问题变得异常复杂，甚至影响到了社区矫正制度的发展。

再者，不同文献在引进和借鉴发达国家社区矫正理论和实践中的具体概念和做法时，并没有对这些概念进行深入研究，更没将其与我国的相对应的类似概念进行比较性研究，而是抱着"拿来主义"的态度，一看到国外的概念便如获至宝，匆忙之间便引入我国，从而使得相关研究更加复杂、混乱。如，在对社区矫正性质问题的研究中，有不少文献使用了国外社区矫正或刑罚学的概念，如行刑社会化、非监禁性处遇、社会化处遇、社区刑罚、社区服务刑等概念，这些概念在理论中本身就往往存在一定缺陷和问题，即我们鲜有文献将这些概念和制度的历史背景、使用环境、思想渊源、国别特征、存在问题以及实践观点和功能效用等问题进行耐心和深入的研究，在引介之后，无疑会使得这些外来概念和我国类似概念进一步混淆，增加大量无谓的争论。如，持社区矫正性质为"非监禁性处遇说"的观点，就是没有对"社会化处遇"的概念、内涵以及国别性差异进行深入研究，实际上，这一概念在不同的发达国家其内涵和外延也不尽相同，且持此观点的文献也没有将这一发达国家概念和我国"刑罚执行"的概念进行详细的比较分析，因此在我国社区矫正性质的设定问题上，失之过窄。

第二，在研究过程中混淆了价值、规范和事实之间的界限。换句话说，研究者并没有注意到"应当怎么样"（应然或价值）和"法律规定怎么样"（规范）以及"实际情况怎么样"（事实）之间的界限问题。

就社区矫正的性质问题而言，有些文献是以将来我国社区矫正性质"应当怎么样"（应然或价值）定位作为逻辑起点展开讨论的，有些文献则是把我国当前国家层面规范性文件中有关社区矫正的概念（规范）作为逻辑起点展开讨论的，由于两者逻辑起点本来就不同，因此在具体观点上产生分歧和矛盾是必然的。更令人担忧的是，一些支持某一方观点的文献，在进一步阐述支持理由或反对另一方的理由时，往往有意无意地忽略关于分歧和矛盾的根本原因，根本不注意不同观点的逻辑起点和具体语境平台的差异问题，因此使得相关问题的矛盾和分歧进一步扩大。

与之类似，有些文献从实证和经验分析的角度，对我国刑事司法实践中的社区矫正种类、适用规模等问题进行了分析，从而直接得出我国社区矫正"应当怎么样"的结论，在这一过程中，相关文献也有意无意地忽视了我国当前国家层面社区矫正的规范性文件的存在及其影响问题。实际上，国家制定的关于社区矫正的系列规范性指导文件，体现着国家对社区矫正的战略性思考和整体布局，甚至体现着国家对基层社区矫正的规范指引意义，不深入研究这些规范层面的文件及其法律意义，我们就不能够真正彻底了解社区矫正在中国的具体问题和国家的战略深意，这一点也应当是我们在关注社区矫正性质这样的基础性理论问题时应当特别注意的。

另外，关于社区矫正性质的研究，我们还存在着一种非常奇怪但却司空见惯的论证思路，即"国外是怎么样的，具体怎么操作的"，那么我们也就"应当按照国外的那么办"。仔细分析，这种以发达国家社区矫正规范和制度及其实践经验来直接论证我国社区矫正制度发展的方向乃至存在正当性的做法，其实无论在逻辑还是价值上都是存在严重问题的。笔者不否认在研究我国社区矫正问题时，对发达国家相关问题的理论和实践经验引介之后进行比较研究，甚至笔者认为，应当全面地、系统地对世界上主要国家关于该问题的全部规范、制度和做法做细致的国别性梳理和总结归纳，这样才能建立起关于该问题较为全面、深刻和成体系的认识，但这种全面、深刻和成体系的认识，并不能直接作为我国制度设计的理论根据，我国的具体制度设计该怎么办，还是应当首先准确把握我国的实际情况，并以此为基础适当吸收国外经验。比如，我国的社区矫正制度从开始试点就形成了"国家权力主导型的自上而下推进"为基本特征的构建型体制，而发达国家社区矫正从开始至今，更多地体现为"社会自治型的自下而上衍生"为基本特征的自组织型制度，鉴于此，发达国家的社区矫正名目种类繁多，而且大多与慈善、宗教有着密切的联系，但是，这些特点在我国推行社区矫正的过程中，若一味吸收和借鉴在客观上就存在严重障碍，因为我们并不具备这种社会环境和氛围。

第三，在社区矫正的相关研究过程中忽视了刑法学以及刑罚学基础理论的指导，因此导致所研究问题的层次相对较浅，缺乏成体系化的综合性深入论证。

关于对社区矫正性质问题的争论，集中体现在如何对缓刑的性质定位问题上。而关于缓刑的性质，的确在刑法学和刑事执行法学界是一个争议较大的问题。也就是说，对于社区矫正性质的争论，其背后还是对刑法基础理论的争议。对此，有文献从刑法理论的角度就曾明确指出，在缓刑考验期内，只要特定的条件得以满足，国家就不得启动国家刑罚权，有关机关只需要考察其在考验期内是否发生上述足以撤销缓刑的事由即可。然而，2011年颁行的《刑法修正案（八）》又对刑法中的暂缓执行规定作出了新规定，即"对宣告缓刑的犯罪分子，在缓刑考验期内，依法实行社区矫正"。这样一来，所谓暂缓执行就变成了立即执行，不同点仅仅在于：执行的方式不是监禁刑而是非监禁刑而已，可这还叫暂缓执行吗？[1]可见，这一基于刑法基础理论的诘问，不可谓不切中要害。

另外，对于社区矫正性质中所涉及的惩罚、监管与福利的关系，参加社区矫正强制性与人道性的关系，特别是惩罚和监管的关系是否意味着"监管即惩罚"及其背后所隐藏的关于刑罚目的的选择问题等，都涉及刑法基础理论的方方面面。而且，从刑法的角度而言，罪刑法定原则是理论研究和制度设计的最高准则，我们的观点和结论都不能违背罪刑法定原则，同时，罪刑法定原则也自然是检验具体观点是否具有合法性与恰当性的标准。在这种意义上，运用刑法中的实质解释方法，将缓刑的法律效果等同于假释的法律效果，实际上就已经违背了罪刑法定原则。因此，关于对社区矫正性质的讨论，我们也必须建立刑事一体化的思维方式，从《刑法》《刑事诉讼法》等多角度进行深入探讨和分析，否则，关于社区矫正性质的争论依旧会存在。

通过对社区矫正性质研究的现状和问题的分析，我们可以看到，正确解决社区矫正的性质问题，必须同时满足我国社区矫正制度设计在党中央及国家意志、立法趋势、实践特色乃至制度发展等诸多方面的基本需求：

第一方面，对于社区矫正性质这一概念应当有明确和清晰的认识，即社区矫正的性质就社区矫正区别于其他事物如监禁矫正、保安处分等的内在规定性和根本属性。社区矫正的性质是根本性问题，并不等同于社区矫正的具体特征、措施、方法或内容。只有对社区矫正性质这一概念予以精确设定，才能够为讨论"社区矫正的性质是什么"搭建科学理性的沟通平台和语境。

第二方面，对于我国社区矫正性质的定位，必须体现国家权力的主导性特征。客观而言，我国社区矫正自从开始试点以来，就始终是国家意志所主导的、不同部门和社会公众多方参与的构建型的制度尝试和实践，而这一点是与发达国家社区矫正的民间色彩和自治特征明显不一致之处，这也就自然构成了我国社区矫正最为显著的地方性特色。有些文献正是参考发达国家社区矫正的重要特色来审视和评价我国社区矫正的性质，从而坚持认为刑罚执行应属于具有极其严厉惩罚性的活动，而社区矫正的价值却在于以教育和帮

---

[1] 屈学武："中国社区矫正制度设计及其践行思考"，载《中国刑事法杂志》2013年第10期，第21页。

助为主要手段,矫正犯罪人的心理及其行为恶习,促使其回归社会,因此将我国社区矫正定性为社会工作、社会化处遇等,从而忽略了我国社区矫正最为重要的特色。

第三方面,我国社区矫正性质的科学表述,至少能有效涵摄和全面覆盖我国当前社区矫正所涉及管制、缓刑、假释和暂予监外执行四类刑罚制度的性质。前文已经提出,"刑罚执行制度说"从刑法法理上来看并不能有效涵摄缓刑制度的性质,虽然这一学说在社区矫正理论和实践界已几乎成为共识性的主流学说,但其仍然有待进一步发展和完善。因此,社区矫正性质的提法,不仅需要能够涵摄"刑罚执行制度说"的基本内核,还特别需要能够容纳充满争议的缓刑性质的学理观点,而且前后必须保持逻辑和法理上的协调一致。

第四方面,对我国社区矫正性质的定位,必须要为我国社区矫正制度的未来发展和规模扩张预留空间并提供理论支撑。从国家发展的基本趋势来看,随着我国经济和行政等领域各项改革的不断深入,社会领域的改革已经提上日程。[1]扩大社会中间阶层和组织,发挥社会在国家治理过程中的积极作用,构建新型的国家主导、社会参与的多元共治型治理方式,已经成为我国社会改革和社会建设的重要任务。[2]因此,在社区力量不断壮大的环境下,社区矫正工作领域必然会越来越受到重视。从刑事法治角度来看,伴随着刑罚轻刑化和人道化的世界性趋势以及我国重罪重刑的刑法结构改革,轻罪将不断增加,轻罪的出现需要轻刑体系与之匹配,而社区矫正则是一种文明和现代化的轻刑化措施,因此可以想见,随着社会发展,社区矫正适用对象边界、规模和工作内容必然也会不断增加。

二、社区矫正性质合理定位的历史展开

我国社区矫正的性质如何设定,从根本上说是由我国政治经济条件与历史文化传统所决定的。对于社区矫正性质设定的分析,必须采用历史的分析方法,从联系、比较和发展的角度分析社区矫正在我国的历史渊源、实践探索以及正式立法等不同阶段的特点与情况,才能在充分理解我国社区矫正历史渊源的基础上,把握其实质并揭示其未来的发展趋势。

(一)"刑事执行说"具有历史传统与制度渊源支持

从制度起源的角度而言,我国《刑法》《刑事诉讼法》所规定的缓刑、

---

[1] 参见郑永年:《重建中国社会》,东方出版社2016年版,序言第4~5页。
[2] 参见朱久伟、王安主编:《社会治理视野下的社区矫正》,法律出版社2012年版,第59~61页。

假释一直是比较传统和单一的替刑措施和累进处遇制度,而不是综合性刑罚种类或方法。客观而言,缓刑和假释在刑罚运行过程中的上述定位,本来就是近百年以来在我国刑法近代化与现代化过程中所形成和存留的历史文化与制度遗产。

就缓刑而言,在清末刑法改革过程中以沈家本为代表的改革派认为,"习染罪恶,不思湔濯,虽不乏人,然亦有出于一时之错误者,若遽投监狱,管理监督偶弛,往往互相谈论罪恶,是监狱乃研究犯罪之学校也","罪犯百人之中,累犯者居四五十人",但是采用缓刑制度的国家,对罪犯"不投之于监狱,但警告将来以试验之,其在试验期内犯罪者,常平均计算,百人中十五六人,二者相衡,利害得失,瞭如观火,则此制度为近世舆论所归固宜","此制之良,实隐契于刑期无刑之古训也";如果罪犯在缓刑考验期内没有再次犯罪,"注销犹豫宣告者,则前此宣告之刑即无效力,执行权亦全归消灭"。[1] 同时,在缓刑制度的立法设计方面,由于当时我国正处于集中学习日本法制的历史时期,刑事领域的很多制度设计深受日本刑法的影响,日本刑法中的"犹豫行刑"制度便成为清末缓刑制度建立最直接的参照样本。[2] 因此,1911 年颁布的《钦定大清刑律》第一次正式规定了缓刑制度,即符合特定条件并受四等以下有期徒刑或拘役之宣告者,"自审判确定之日期,得宣告缓刑五年以下,三年以上",并由"亲属或故旧"监督缓刑期限内之品行的暂缓执行制度。[3] 此后,在中华民国不同时期所颁布的刑法典中,基本上都沿袭和继承了《钦定大清刑律》中有关缓刑制度的具体规定。

自中华人民共和国成立以来,人民法院在司法实践中运用了缓刑制度,但由于当时没有刑法典,因此关于缓刑的规定主要体现在一些司法解释中。如,1950 年中央人民政府司法部发布的《关于假释、缓刑、剥夺公民权利等问题的解释》(已失效)规定:"缓刑一般适用于对社会危害性较小,处刑较短且依据具体情况又暂不执行为宜的行政犯。"这一司法解释对缓刑适用条件的规定虽然尚不具体,但毕竟为缓刑的适用提供了一个框架性标准。1952 年的《惩治贪污条例》(已失效)首次在法律上规定了缓刑,但未对缓刑的适用条件作出具体规定。此后的司法解释或批复则对缓刑的适用作了某些具体

---

[1] 赵秉志、陈志军编:《中国近代刑法立法文献汇编》,法律出版社 2016 年版,第 87 页。

[2] 参见赵秉志、陈志军编:《中国近代刑法立法文献汇编》,法律出版社 2016 年版,第 86~88 页。

[3] 参见赵秉志、陈志军编:《中国近代刑法立法文献汇编》,法律出版社 2016 年版,第 220 页。

规定。如，最高人民法院1953年7月在对华东分院关于缓刑等问题的请示意见的批复中指出："缓刑一般是适用于对社会危害性不大，处刑较短，并因其他具体情况，以暂不执行为宜的被告人，即于判决处刑同时宣告缓刑若干时期，受宣告缓刑的被告人，不予关押。如果在缓刑期内，不再犯罪，表现还好，就可以根本不执行了。"另外，有些司法解释还对缓刑考察和期满后的做法作了规定。如，1964年8月最高人民法院批复指出："罪犯在缓刑考验期间，如果没有再犯新罪，缓刑考验期满，原判的刑罚就不再执行。缓刑期满时，可由负责执行的单位向本人宣布，不必办理刑罚执行期满的手续。"

1979年我国第一部《刑法》明确规定了缓刑制度。这一立法规定比较全面完整，加快了我国缓刑制度的系统化和体系化的步伐。1997年《刑法》针对我国刑事司法实践中出现的与缓刑有关的新情况与新问题，对缓刑的适用条件作出了较大调整，从而拓宽了缓刑的适用范围。另外，在一般缓刑之外，1997年《刑法》还规定了战时缓刑制度，两者共同构成了我国缓刑制度的完整体系。另外，1997年《刑法》还废除了1979年《刑法》中有关政治犯不适用缓刑的规定，并将1979年《刑法》第75条中的"认为"二字删除，旨在要求法官在适用缓刑时能够公平、公正，减少缓刑适用的随意性。此后，最高司法机关在不同的司法解释中，对缓刑适用的具体问题都作出过比较明确的解释和说明。

就假释制度而言，我国现代刑法意义上的假释制度也首次出现于清末刑法改革时期，同样源于日本刑法中的"假释放"制度。沈家本曾指出："假出狱者，乃既经入狱之人，其在执行之中尚有悛改之状，姑以暂行出狱之法，以奖其改悔也。盖入人于狱，古时原欲以痛苦惩戒其人，近年惟以使人迁善为宗旨，故执行刑法之时，倘有人有改过迁善之实，即不妨暂令出狱，此其制之所由生也。"[1]在此基础上，1911年颁布的《钦定大清刑律》第一次正式规定了假释制度，即"受徒刑之执行而有悛悔实据者，无期徒刑逾十年后、有期徒刑逾二分之一后，由监狱官申达法部，得许假释出狱"。此外，该法还规定了撤销假释的数种条件和情形，明确了"未经撤销假释者，其出狱日数算入刑期之内"，"撤销假释者，其出狱日数不算入刑期之内"[2]的法律后果。与缓刑制度一样，此后在中华民国不同时期颁布的刑法典中，基本上都

---

[1] 赵秉志、陈志军编：《中国近代刑法立法文献汇编》，法律出版社2016年版，第88页。
[2] 赵秉志、陈志军编：《中国近代刑法立法文献汇编》，法律出版社2016年版，第220页。

沿袭和继承了《钦定大清刑律》中有关假释制度的具体规定。

在新民主主义革命时期，我国已经开始对假释的实施进行了深入探索，假释程序已经逐步完备。在抗日战争时期，假释制度得以真正实行。1942年，晋察冀边区行政委员会就曾作出"对确有悔改表现，且执行徒刑满原判刑期二分之一以上者，可请示本会提前释放"的决定。1944年2月14日，晋察冀边区行政委员会《司法工作应围绕大生产运动进行》的通知规定，对生产好的、积极的，不但可以得到物质、精神上的奖励，还可于请准后适当的予以缩短刑期或提前假释。1945年，陕甘宁边区第二届司法会议制定了单行的《陕甘宁边区假释条例》，使假释制度进一步制度化和法律化。[1]

自中华人民共和国成立以来，我国在继承历史刑法制度的基础上，将假释制度作为一种刑罚执行制度规定在一系列的单行法律法规中并在实践中不断运用和完善。如，中南区司法部于1950年在《对本区部分犯人减刑与假释报告的初步意见》（已失效）中规定："减刑、假释由监所提出意见上报原判法院，转由上级法院批准，监所无权决定减刑、假释；严格减刑标准，必须是改造确有成绩；判断改造成绩，要从犯人的思想、学习、劳动和生活诸方面考察，并且注意犯罪的性质与改造表现的真实性；一般刑事犯的减刑，无期徒刑须执行十年以上，有期徒刑须执行原判刑罚的二分之一以上。"这些意见已基本具备我国现行减刑和假释制度的基本内容。中央人民政府也对减刑、假释作了一些规定和解释。如1952年10月3日，中央公安部、司法部发布的《为各地监所转移后，明确法院、公安部门对监所的职责和工作关系的联合指示》（已失效）规定：犯人的假释及减刑，监所应依据法令规定，提出意见，报同级法院核转各该上级审核执行。1954年9月7日，政务院颁布实施《劳动改造条例》（已失效）。这是中华人民共和国成立以来第一部较为系统的监狱法规，标志着我国的减刑、假释制度正式建立。该条例第68条明确将减刑、假释作为一种刑罚执行制度进行了规定："犯人有下列情形之一的，可以根据不同表现，给予表扬、物质奖励、记功、减刑或者假释等奖励。……"对减刑或假释，必须报请主管人民公安机关审批，并且送当地省、市人民法院批准后，宣布执行。该条例对假释的对象、条件、后果均未规定，直到1962年12月4日公安部《劳动改造管教队工作细则（试行草案）》和1964年1月28日最高人民法院《关于提前释放和假释问题的复函》两份文件，才

---

[1] 参见张晋藩总主编：《中国法制通史》，法律出版社1999年版，第432~433页。

对假释的对象、条件与后果等问题作出了具体补充规定。[1]

　　此后，1979年《刑法》正式规定了假释制度。从1979年《刑法》《刑事诉讼法》颁布到1997年《刑法》、1996年《刑事诉讼法》生效期间的这段时期，最高司法机关在既有制度框架的基础上，进一步将假释制度的具体规定细致化与规范化。如，1989年最高人民法院印发的《全国法院减刑、假释工作座谈会纪要》（已失效）对法院调查核实假释的方式作了进一步规定。再如，这一时期有关检察机关对假释的监督权得到强化。1987年《人民检察院劳改检察工作细则（试行）》（已失效）及1995年最高人民检察院《关于执行〈监狱法〉有关问题的通知》，规定检察机关可对监狱的思想教育、劳动改造等实体矫正及出入监等程序矫正措施以及罪犯处遇进行监督。1994年《监狱法》对假释案件的审限作了规定。1997年《刑法》颁布之后，假释制度基本成熟。在1997年《刑法》颁布初期，除采用了推进狱务公开、聘请执法监督员等方式加强监狱矫正与假释工作的监督之外，最高司法机关和司法部也出台了一些进一步完善假释制度的规定。如司法部出台《监狱提请减刑假释工作程序规定》，规定了提请假释的报批层级及公开公示程序、设立假释评审委员会及通报接受检察机关监督的程序。如2001年最高人民检察院《关于监所检察工作若干问题的规定》、2007年最高人民检察院《关于减刑、假释法律监督工作的程序规定》及2008年最高人民检察院《人民检察院监狱检察办法》三个司法解释更加细化了检察监督程序。

　　总之，在一百多年前清末刑法改革与制度移植以及经中华人民共和国成立以后依照国情、民情、犯情的制度继承与发展的过程中，缓刑制度从创立之初至基本成型就没有被认为是刑罚种类。无论是从清末法制改革、抑或民国刑法实践还是中华人民共和国成立以来的最高人民法院的司法解释和各类答复，都非常明确地表明，缓刑是刑罚的附条件暂缓不执行制度，既不同于死缓又不同于假释，它就是给出路的一种宽恕性政策。同样，假释制度也不是刑种，仅仅是监禁刑罚在监狱刑罚执行过程中的一种变更执行措施，是体现着刑罚人道主义政策的累进处遇的最后一个环节。因此笔者认为，将缓刑定位为一种附条件暂缓不执行的"给出路"制度以及将假释定位为监狱刑罚执行过程中的变更执行措施，并非仅仅属于学理解释，而是基于我国文化背景和制度传统所作出的符合客观实际情况的科学判断。

---

〔1〕 参见孙琳："我国减刑假释制度的历史沿革"，载《重庆师范大学学报（哲学社会科学版）》2010年第5期，第118~119页。

管制刑和暂予监外执行更是中国的独创。毫无疑问，管制刑是我国独特的非监禁性刑罚，即刑种，对此几乎没人否认，但管制刑的适用率在刑事司法实践中一直比较低，人们也就关注得相对较少。暂予监外执行同样不是刑种，也不是非监禁刑罚，而更多的是一种人道主义医疗措施。从历史上的政策定位和1979年《刑法》《刑事诉讼法》的规定来看，立法机关都明确将管制和暂予监外执行定位为非监禁刑罚以及监禁刑罚的暂予监外执行。正是在这种意义上，早期提交给中央的关于社区矫正的调研报告以及社区矫正文献始终坚持认为，我国引入社区矫正制度并将五类罪犯纳入其中的创新性改革的制度性质是"刑种、量刑制度和刑罚执行制度"，是执行体现上述三种制度基本性质的判决、宣告、裁定和决定对五类罪犯所确定的义务等内容的活动，同时赋予了监督管理、教育改造和适应性帮困扶助的新内容，即社区矫正。[1]

的确，从历史角度来看，我国社区矫正对象的具体范围和执行主体及其任务职能，都经历了一个逐渐变化的过程。1979《刑法》、1997年《刑法》与1996年《刑事诉讼法》均明确规定，被判处管制刑和剥夺政治权利刑、被宣告缓刑、被裁定假释、被决定暂予监外执行的罪犯，一律由公安机关执行，其中管制刑和剥夺政治权利刑是刑罚执行，管制刑由公安机关"交由群众加以监督，在原单位劳动或工作，实行同工同酬，既可以少捕一些人，发挥群众监督改造的作用，又不致影响他们的家庭生活"。暂予监外执行也计入刑期，当然也是刑罚执行，这就要求公安机关严格管理监督，但也要求基层组织或罪犯的原所在单位协助进行监督。对于被判处有期徒刑适用缓刑的罪犯，则由公安机关交所在单位或者基层组织予以考察。至于被假释的罪犯，应由公安机关在余刑的假释考察期限内予以监督。因此，对这几类特殊群体的监管活动的确早已存在，一直由执法主体公安机关负责并组织罪犯所在单位、户籍地村（居）基层组织和人民群众监督管理，但从实践效果来看，旧有监管体制与模式在改革开放前没有问题，改革开放后则问题比较严重。这就需要从管理体制和工作机制上改革，借鉴发达国家的社区矫正理念与做法，推进中国特色社区矫正制度的创建。

根据社区矫正试点工作的全面发展和良好效果，同时为了配合《刑法修正案（八）》对社区矫正作出的刑事实体法意义上的规定，2012年修正的《刑事诉讼法》第258条规定："对被判处管制、宣告缓刑、假释或者暂予监

---

[1] 参见郭建安、郑霞泽主编：《社区矫正通论》，法律出版社2004年版，第68~70页。

外执行的罪犯,依法实行社区矫正,由社区矫正机构负责执行。"由此可见社区矫正的适用对象是在2011年《刑法修正案(八)》出台、2012年《刑事诉讼法》修正以后,才正式确定为四类罪犯。由于《刑法》《刑事诉讼法》规定了对四类对象适用社区矫正,执行机关的职责任务便由单纯的刑罚执行和考察、监督工作,扩大到教育矫正和适应性帮困扶助,以便更好地消除影响他们重新犯罪的不良因素,化消极因素为积极因素,最大限度地预防再犯。与此同时,在很长的一段时期内,公安机关并没有对四类对象展开教育矫正与帮扶工作,其理念还主要是通过打击违法犯罪行为维护社会秩序的稳定以及保护广大人民生命、健康、财产等权利不被犯罪行为侵害,因此公安机关早已担负的对特定人员的监管工作不能被简单地视为早期中国版的"社区矫正",它充其量不过是充分发挥了党和政法机关工作"专门机关与群众路线相结合"的一贯方针政策,实行的非监禁的"社区刑事执行"措施。总之,由于对待四类人员的理念、工作内容与方式存在根本性差异,因此可以确定,公安机关与司法行政机关对四类人员进行的监管执法工作存在着本质的差异。从历史渊源的角度,可以将我国社区矫正追溯到公安机关对四类对象进行的监管工作,但是,这一追溯仅仅具有历史文化背景意义而不具有说明两种法律制度具有同一性的意义,也就是说,当时公安机关对四类对象的监管工作,最多能够为当前的社区矫正提供历史背景、思想文化渊源与经验参考方面的学术支持。

　　经过近二十年的发展,我国社区矫正从无到有、从小到大、从理念变为现实、从政策变为法律,真的是"中国速度""中国奇迹""中国模式"。目前,归社区矫正机构负责的社区矫正对象有四类罪犯,其中缓刑罪犯始终处于绝对多数,官方公认占90%以上,然而缓刑在我国不是刑种,仅只是量刑和特殊的刑罚附条件的暂缓执行制度,根据罪刑法定基本原则,不能将缓刑认定为刑罚,缓刑执行也就不是刑罚执行,但毕竟缓刑是因罪与刑而生,缓刑仅是给出路、避免犯罪标签和监狱烙印,在非监禁的社区仍要接受社区矫正,服从监督管理,接受帮困扶助,如果严重违反社区矫正的监督管理,甚至胆敢触犯刑律犯新罪或者发现漏罪,依法撤销缓刑数罪并罚收监执行。在整个缓刑考验期限内,原判刑罚都是"头顶上悬挂着的利剑",实际上存在着刑罚的惩罚性威慑和现实化风险,这也就是缓刑的魅力所在,这也就是缓刑属于刑事执行而不是刑罚执行的缘故所在!同时,社区矫正因缓刑等是刑事执行而不是刑罚执行,充分显示了刑罚仁慈和宽恕的一面,更有利于社会尤其是社区组织和个人参与对罪犯的监督与帮教，否则会因刑罚执行的惩罚性、强硬性、不可替代性而将社会组织与个人拒之门外，仅仅只有社区刑罚执行，而不是充分利用社区力量参与刑事执行，那社区矫正的意义就会荡然无存。更何况为了社会治理体系和治理能力现代化建设，罪犯治理体系不能局限于监狱行刑，也不能仅局限于针对已决犯罪犯的社区矫正，而应该贯穿于刑事诉讼过程中所有需要替代羁押监禁措施如审前保释、转处保护、暂缓起诉、安置教育的执行，以及禁止令、职业禁止令等刑事措施的执行，所以，《社区矫正法》高瞻远瞩，权衡利弊，留置争议，确立了具有中国特色的社区矫正刑事执行制度的性质。

值得注意的是，我国社区矫正理论与实践部门至今仍有文献坚持认为，当前社区矫正的性质应当定位为刑罚执行。事实上，如果能将社区矫正四类对象都归类到刑罚执行或者社区刑罚执行，与监狱刑罚执行一体化当然是很好，这恐怕不仅是英美国家新古典学派理论主张及司法实务发展的结果，也是我国一些深受英美国家刑罚理论影响的专家学者所最希望看到的结果。在这种理论与制度背景下，毫无疑问的是，缓刑和假释不仅是替刑和处遇措施，而且是中间刑罚和复合刑罚，同时，社区服务和电子监控不仅是附随性处遇措施，而且本身就是一种刑罚方法即刑种。基于这样的刑罚理论与制度设计，便可以在刑罚体系与结构中，真真正正改变以剥夺自由为内容的监禁刑的主导性地位，建立以非监禁刑罚为主、监禁刑罚为辅的新型刑罚体系。在新型刑罚体系中，死刑即使不废除也仅仅具有威慑与象征性形象和意义。受刑罚体系与结构所制约的罪犯整体性行刑与处遇规模与结构，必然不再是以监狱承担的监禁刑罚为主，而是以社区承担的非监禁刑罚为主，从而能够让占全体罪犯总人数比例70%至80%的罪犯留在社区而不必进监狱，尽管其再犯或者重新犯罪率并不低。正是在这种意义上，发达国家的刑罚理论指出，监禁率的高低是与社会的健康程度、文化与文明程度密切相关的，降低监禁率，是社会健康和文明的重要表现。[1]

但是，中国当下虽然在经历深刻的社会转型，但这种转型总体上还是围绕着工业化和现代化进行的。中国的社会转型虽然兼有后现代化的某些特征，但从历史发展阶段来看，我国仍然没有完全进入后现代化社会。国家和社会

---

[1] 在中国政法大学犯罪与司法研究中心组织的"《监狱法》修改热点问题与建议高峰论坛"上，美国加州州立大学萨克拉门托分校刑事司法学院的任昕教授以及具有英美犯罪学和刑罚学研究背景的中国学者都表达了类似的观点。

的多元沟通治理、契约与诚信精神及其制度体系、公众参与志愿精神还没有培育成熟，相对独立于国家的社区、社会组织、宗教团体等都还不完善。因此，在我国当前的历史条件和社会背景下，通过对现有刑罚体系和结构进行改革大规模降低我国监禁率，不仅会对我国社会基本秩序以及人民日益提高的法律保护需求造成较大的冲击，而且还会对我国现有的犯罪与罪犯治理制度与机制带来过高的成本和压力，甚至还可能带来难以控制的政治和经济方面的风险和问题。因此，当前我国不可能脱离自身的历史条件与社会背景，对我国现有刑罚体系与结构以及刑事执行体制进行大规模改革而建立社区与监狱刑罚一体化执行的制度体系。

（二）"刑事执行说"引领社区矫正正确的发展方向

事实上，《社区矫正法》经历多年才出台，重要的原因之一就是社区矫正的性质从理论到实践都存在极大的争议。《社区矫正法》的出台，从立法理念和具体内容来看没有采纳部分学者以及实务部门的一些同志所主张的社区矫正应当定性为"刑罚执行活动""社区刑罚执行"的观点。以上观点的问题就在于"刑罚执行"学说理论，机械地将英国社区矫正的性质移植到我国现行刑事法律体系中来，在四类不同对象适用社区矫正的性质认定上，显然超出了罪刑法定基本原则的规定。在每一次社区矫正立法研讨会议上，缓刑问题总能成为争议焦点中的焦点。对此，我们有必要再次强调，根据我国《刑法》的相关条文，缓刑是一种量刑制度，是针对拘役、可能被判处三年以下有期徒刑的罪犯，考虑其在监狱服刑可能产生的弊端，而变更为非监禁开放式的附条件缓期执行。若在考察期限内，即社区矫正期间内未犯新罪、未发现漏罪以及未有严重违反监督管理规定的情况，期满则原判刑罚不再执行。在我国刑事法体系中，缓刑本质上是短期监禁刑的替刑制度。尤其值得注意的是，缓刑并非拘役和有期徒刑的替代刑，而仅仅只是替代性考察措施。从比较法的角度来看，它类似于日本等国家或地区的保护观察措施或更生保护制度。因此，不能将缓刑简单认定为刑罚执行或者社区刑罚执行，也不能简单称之为刑罚执行方式或非监禁刑罚执行制度。

当然，坚持社区矫正性质为刑罚执行的学者或同志，是考虑到我国基层司法行政机关尤其是司法所力量薄弱的现状，以及社区矫正对象再次犯罪的客观风险，希望能通过定性为刑罚执行来更好地促进工作。不少学者或同志认为如果社区矫正能够定性为社区刑罚或者刑罚执行活动，就必然要体现刑罚执行的天然属性，即惩罚性。这样社区矫正工作人员就可以理直气壮地提出增加社区矫正机构的惩戒手段，并理所当然地认为社区矫正要与监狱行刑一样，工作人员应当具有警察身份。但正是因为缓刑不是法定刑罚种类，而是一种考察期的保护观察措施，所以我们不能将其定性为刑罚或者刑罚执行。同理，包括缓刑犯在内的所有社区矫正对象绝不能称为"社区服刑人员"，我们的社区矫正工作人员更不能是社区矫正警察。在此有必要进一步说明的是，联合国对有关非监禁措施的工作人员身份要求非常明确，即建议工作人员最好不要由警察担任，原因在于要避免烙印和标签的负面作用，以及警察身份的出现影响社区矫正对象的就业、就学或成家等事项。此外，未成年人社区矫正以改造为主，基于保护原则及利益最大化至上的考虑，更忌惮警察角色的管理与教化。最为关键的是，为了适应市场经济的发展，解决新时期社会基本矛盾转变带来的新问题，落实十八届三中全会提出并由十九届四中全会具体描绘的国家治理体系及治理能力现代化的新要求，逐步形成共建共治共享社会治理格局，社区矫正才能获得健康成长乃至蓬勃发展的土壤和环境。

将社区矫正工作的性质由刑罚执行修正为刑事执行，十分清楚地表明国家立法对社区矫正工作的认识在不断深化。由刑罚执行到刑事执行，虽然仅一字之差，但却意义非凡。将社区矫正的性质定位为刑事执行，可以从法理上彻底正本清源。目前一些法学辞典将二字混淆、混用，由此使得社区矫正理论与实务部门经常误用这两个概念，这种误用对于社区矫正理论和实践而言是非常严重的问题。之所以会产生这样的问题，原因在于社区矫正的规范性法学研究不充分、存在循环逻辑的错误，从而导致基本概念的内涵和外延混乱。因此，我们要首先明确刑事执行与刑罚执行在内涵和外延方面存在差异，而且，较之刑罚执行，刑事执行的内涵与外延更大，不仅能覆盖狭义的刑罚种类的执行、广义的刑种和刑制执行，而且还能囊括具有保安处分和预防犯罪性质的禁止令执行、刑罚消灭制度中的特赦执行。

将社区矫正的性质定位为刑事执行，可以真正明确占 90% 以上的缓刑类社区矫正对象的执行内容。对缓刑犯的执行内容是法定条件的考察活动，属于保护观察的非刑措施，重在教育与帮扶。毕竟，缓刑犯在经历整个刑事诉讼过程中，在侦查、起诉与审判三个环节已经遭受到惩罚，[1]在执行阶段，判决书中所附条件的义务负担及其社区矫正就是进一步的权利限制与约束，因此，对缓刑犯而言，我们没有必要进一步突破《刑法》《刑事诉讼法》的

---

[1] Malcolm M. Feeley, *the Process is the Punishment: Handling Cases in a Lower Criminal Court* 4–16 (Russell Sage 1992).

底线规定，再对其施加与我国刑罚种类的性质、程度和分量相当的惩罚，这是在刑事执行领域贯彻罪刑法定原则和罪刑相适应原则的最根本的表现。当然，这一理念对于广大社区矫正工作人员来说，可能是最难以理解的地方。毕竟，社区矫正工作人员普遍认为，由于缓刑犯没有进过监狱真正体验过坐牢带来的刑罚之苦，所以相对于其他几类社区矫正对象更需要严格监管。正因如此，《社区矫正法》生效以后，基层社区矫正的工作理念和思路必须彻底革新。在社区矫正具体工作过程中，应当加强理论研究，强化释法说理，积极组织各种形式的理论与实践研讨会，交流和分享《社区矫正法》新理念对具体工作的影响及其应对的好办法，千方百计积极变革迎接挑战。另外，非常有必要指出的是，社区矫正刑事执行的定性，在某种意义上对于社区矫正工作人员来说是一种无形的职业保护。按照国家对社区矫正工作的定位，社区矫正是一个系统，是国家治理体系与治理能力现代化与法治化过程中的一个重要组成部分。在社区矫正系统中，社区矫正机构代替公安机关具体承担对四类人员的刑事执行工作，那么工作的直接法律根据必须是《社区矫正法》。社区矫正工作人员只有切实按照《社区矫正法》的基本精神与具体规定，明确岗位职责，然后站好岗、尽好责、不错位、不越位，该为必须为，不该为则绝不为。只有这样，才能真正做好社区矫正的本职工作。更重要的是，《社区矫正法》明确了不同机关的各项权力归属，实际上有助于把社区矫正工作人员从非本职工作、非法定事务甚至一些由于客观条件所限根本无法完成的工作事项中解脱出来，从而做好法定的社区矫正工作，若一旦出现问题，社区矫正工作人员便可以依据《社区矫正法》的规定清晰地厘清义务与责任界限。特别是，由于社区矫正工作涉及多个不同部门，当其他部门由于工作疏忽或麻痹大意甚至滥用职权而导致重大事故或违法犯罪情况发生时，社区矫正工作人员也完全可以依照法律正确划分和落实相关责任人的责任。

将社区矫正的性质定位为刑事执行，可以通过规范社区矫正工作措施依法加强对社区矫正对象的人权保障，防止突破罪刑法定基本原则的底线要求，对其施加超出法院所确定的限度或条件的人身自由的约束。在社区矫正实践探索阶段，部分地区出现了对社区矫正对象普遍适用电子手镯或电子脚环等电子定位装置，甚至"一戴到底"的做法，不顾社区矫正对象正常的生产、生活或学习情况，安排在工作日集中学习和社区服务，个别地方还因对社区矫正对象的矫正过量、干预过度和信息保密不严而导致社区矫正对象失业、失学、失恋，甚至精神失常自杀或者要求回归监狱服刑的情况。在《社区矫正法》出台后，这些现象则必须坚决依法予以纠正。

将社区矫正的性质定位为刑事执行，便于对适用社区矫正的四类对象依法分类管理和教育，根据不同性质的法律规定适用具体任务不同的刑事执行。由于管制刑和暂予监外执行是刑罚执行，当然要体现刑罚惩罚性，强调惩罚与改造相结合，以改造人为宗旨。假释是对被判处长期监禁刑罚的罪犯，变更执行场所的执行和附条件的提前释放，重点是更生保护，核心是再社会化，重新回归社会，关键是通过安置就业、监督管理和适应性帮困扶助以实现安居乐业，应着重采取风险管理和个别矫正方案。对于缓刑犯的社区矫正则不能采用刑罚执行的惩罚方式，而应该按照《社区矫正法》所规定与要求的基本原则开展工作，注重监督管理与教育帮扶相结合，专门机关与社会力量相结合，在符合法治精神和人权保障的前提下，有针对性地消除社区矫正对象可能重新犯罪的因素，帮助其自觉自愿地改造成为守法公民。

总之，《社区矫正法》出台，充分体现了立法的高站位、深境界，其规定的内容从理念、方针和原则到具体的机构设置、监督帮扶内容、权责利划分及法律责任，与以往的社区矫正工作的基本要求与做法有很大的不同。实现社区矫正的性质从非监禁刑罚执行制度到非监禁刑事执行制度转变，对提高矫正质量，有效预防重新犯罪，推动社会治理体系和治理能力现代化有深远的影响。

首先，将社区矫正定性为刑事执行，从长远上看，为将来把《刑法修正案（九）》规定的职业禁止令，《反家庭暴力法》规定的家暴夫妻离婚前冷静期的禁止同居，《反恐怖主义法》规定的安置教育措施、特赦等制度纳入社区矫正创造法理条件，为将来创制社区服务刑、电子装置和中间刑罚等复合性社区刑罚提供理论基础，为将来执行剥夺政治权利刑等资格刑，建立附条件缓起诉、不起诉、缓判决等司法转处机制提供制度空间。值得注意的是，最高人民检察院早已确定了"刑事执行检察"工作的内涵与外延，证明刑事执行早已突破和纠正了辞典中循环论证的错误。在检察机关的司法实践中，通过赋予该概念的应有属性并予以实践贯彻，使原有的弱势部门"监所检察"，得以变更为"刑事执行检察"。总之，在刑事执行理念与思路的引领下，通过相关制度整合实现上述程序与实体措施适用社区矫正的一体化，扩大社区矫正的适用范围和边界，应当是我国社区矫正制度发展的正确方向。

其次，坚持社区矫正的刑事执行性质，对于推进我国未来刑事执行法的立法进程具有重要的倒逼意义。在刑事执行性质的引领下，可以将《社区矫正法》与《监狱法》中对狱内刑罚执行的内容进行科学衔接，保障罪犯教育改造的连续性。在整个监狱刑罚执行和社区矫正执行工作衔接运作机制成熟后，可对刑罚执行的内容、刑罚执行权的配置、执行机构的设置、监督措施、执行程序等作出明确、全面和详尽的规定，为最终制定一部调整全部刑事执行活动的，在效力和内容上与《刑法》《刑事诉讼法》相互协调、相互衔接、地位相当的《刑事执行法》奠定基础。在可期待的将来，愿景中的《刑事执行法》应包括已有的《监狱法》《社区矫正法》和死刑、财产刑、名誉刑及非刑罚措施等一切生效刑事判决、裁定和决定等执法活动所产生的法律关系的总和。未来的《刑事执行法》，即《监狱法》和《社区矫正法》等法律的母法，其立法的机构不再是全国人大常委会，而是全国人民代表大会。最终形成的《刑事执行法》，就能与刑事实体法——《刑法》、刑事程序法——《刑事诉讼法》相并列，形成我国完整的刑事法律体系。

最后，《社区矫正法》将社区矫正定性为刑事执行性质，充分体现了国家最高立法机关广泛汲取专家、学者的意见，坚定不移地走民主立法、科学立法的道路。将社区矫正定性为刑事执行，凸显了这部《社区矫正法》的水准、站位与境界，这不仅仅是精湛的立法技巧和立法艺术的展示，更是坚持坚守并具体践行党的十八届四中全会作出的全面推进依法治国方略中强调的"科学立法"法治方针的具体体现！我们相信，由刑事实体法、刑事程序法、刑事执行法组成的完整刑事法律体系是一个法治国家必然追求的梦想！而且，这个梦想一定会早日实现！

三、社区矫正性质合理定位的规范展开

从规范法学的意义上讲，社区矫正的性质定位之所以存在争议，根本原因还是社区矫正理论与实践部门对我国刑事法律规范中的基本概念的理解存在较大分歧，进而基于这些存在分歧的概念对社区矫正的性质作出了解释学意义上的不同界定。因此，对社区矫正性质进行科学合理的定位，终究还是要从刑事法律规范中的一些基本概念界定问题展开讨论。

社区矫正的性质定位涉及的刑事法的核心概念包括刑罚、刑罚执行、刑事执行以及我国社区矫正制度所涵盖的管制、缓刑、假释、暂予监外执行等四个概念。之所以在社区矫正性质定位问题上讨论刑罚概念，目的在于从根本上澄清刑罚执行与刑事执行概念之间的区别。将缓刑制度视为刑罚制度，主张对缓刑的执行属于刑罚执行，进而将社区矫正性质定位为刑罚执行，是

社区矫正"刑罚执行说"的理论与逻辑前提。如，有文献明确指出："缓刑的执行虽然不是对拘役、有期徒刑三年以下刑罚的原本意义上的执行，但它完全符合刑罚的定义和三个基本特征，是一种变通的执行方式，因此对缓刑的执行无疑是刑罚执行。"[1]在此，刑罚到底该怎么界定，就成为必须讨论的问题。

事实上，在我国刑法学界，一直以来人们对刑罚的概念并不存在太大争议。绝大部分刑法学文献认为，刑罚是由国家审判机关对犯罪人所适用的限制或剥夺其某种权益的强制性制裁方法。[2]刑罚具有五方面的特征：一是由国家最高权力机关在刑法中制定；二是刑罚性质严厉；三是仅对犯罪人适用；四是由人民法院依法科处；五是由特定机关执行。从刑罚的概念便可以很清楚地看到，刑罚是一种剥夺犯罪人生命、自由、财产或名誉的强制性的制裁方法或措施。在此，刑罚的概念重在强调刑罚是一种方法、手段或措施，因此，在我国刑罚包括五种主刑和四种附加刑。按照这一逻辑，缓刑因为不属于刑罚方法、手段或措施，自然不属于刑罚而是一种在运用刑罚过程中形成的一种刑罚适用制度。主张社区矫正性质"刑罚执行说"的观点，正是对刑罚的概念理解出现了偏差才会坚持认为缓刑是刑罚而属于刑罚执行制度。持该观点的文献认为，刑罚是司法机关采用的一种限制和剥夺犯罪人某种权益的刑事裁决。正是该观点将刑罚界定为"刑事裁决"而不是强制性方法、手段或措施，将缓刑纳入了刑罚的概念之中，混淆了刑罚与缓刑之间的界限，因此才会得出社区矫正属于刑罚执行制度的不当结论。

在对刑罚概念进行科学说明的基础上，我们进一步分析刑罚执行与刑事执行两个概念之间的区别。在我国刑事法理论中，刑事执行与刑罚执行概念的界定与使用确实比较混乱，甚至存在着混用的现象。[3]严格来说，刑事执行虽然与刑罚执行紧密相连，但却因一字之差，两者的内涵和外延差别非常大。刑事执行的概念有广义和狭义之分。广义的刑事执行包括在整个刑事诉讼过程中所有的生效刑事判决、裁定及决定的执行，这不仅包括有罪并定罪

---

[1] 参见刘强、武玉红："社区矫正的性质为社区刑罚执行"，载《青少年犯罪问题》2020年第6期，第39页。

[2] 郭自力主编：《刑法学》（第6版），北京大学出版社2019年版，第132页；高铭暄主编：《刑法学》（第9版），北京大学出版社、高等教育出版社2019年版，第213页；《刑法学》编写组：《刑法学》（上册·总论），高等教育出版社2019年版，第293页；张明楷：《刑法学》（上）（第6版），法律出版社2021年版，第667页。

[3] 参见韩玉胜主编：《刑事执行法学研究》，中国人民大学出版社2007年版，第4页。

量刑的生效判决的执行,而且包括无罪判决、有罪宣告但免予刑罚处罚并作出非刑罚方法判决以及赦免决定的执行,甚至包括贯穿于整个刑事诉讼环节的不起诉、转处措施、保安处分、保护处分和损害修复、惩罚性赔偿等裁决的执行。在人民检察院刑事执行检察部门,"刑事执行"所涉及的工作职责范围甚至还要更宽泛些。狭义的刑事执行仅指刑事诉讼程序中涉及已决罪犯相关的各种刑事判决、裁定、决定乃至禁止令、法官令等生效法律文书的执行,以及在罪犯交付执行后的监督考察、教育矫正和适应性帮困扶助等活动。刑罚执行即国家有行刑权的专门机关对法院已经生效的刑事判决中所确定的刑罚付诸实施的活动,在我国即有权机关对五种主刑或四种附加刑的执行,因此,从最直接的意义上讲,刑罚执行即对刑种的执行。[1]根据刑罚执行概念的文义,不能将刑罚执行制度简称刑罚执行,即便刑罚执行的概念扩大,最多可以涵盖刑罚执行制度中的部分变更执行制度,而不可能涵盖刑罚执行过程中所有的变更执行制度,更不能包容禁止令、刑罚裁量制度或刑罚消灭制度。显然,刑事执行的内涵和外延大于刑罚执行,刑罚执行属于刑事执行的重要组成部分,同时,刑罚执行所不能涵盖的内容刑事执行也完全可以容纳。基于对刑事执行内涵与外延的法治分析,笔者认为,将社区矫正设定为非监禁刑罚执行制度(方式、活动)并认为其性质属于"刑罚执行"的观点,值得商榷。

在对刑事执行与刑罚执行的概念进行比较的基础上,现在结合我国《刑法》《刑事诉讼法》规定的法院对四类人员的判决、裁定和决定的内容进一步分析,就能够很好地说明具有中国特色的社区矫正制度为什么是刑事执行而不是刑罚执行,至少不能将我国目前的社区矫正的全部内容定性为"刑罚执行"和"非监禁刑罚执行活动"。

管制刑是典型的具有中国特色的非监禁性刑罚种类,但很难说我国的管制刑就是在发达国家非常流行的现代意义上的"社区刑罚"。毕竟,与社区刑罚相比,我国的管制刑尽管有其形但无其神,因为两者的理念与做法有本质的不同。管制刑是我国独创的一个刑种。早在抗日战争时期,晋察冀边区行政委员会就曾规定:"判处五年以下有期徒刑,悛悔有据,群众不反对,可以取保回村执行","回村执行的犯人,每月劳役不超过十日,主要从事公共建筑或为抗属及贫苦而缺乏劳力者代耕。监所应派出工作人员对他们进行考察了解,并定期召回集训教育,对表现好的,可给予减刑、假释、提前释放;

---

[1] 参见赵国玲主编:《刑事执行法学》,北京大学出版社2014年版,第2页。

对于表现坏者，要批评、惩罚、撤销回村执行、以至加刑"。在解放战争时期，管制主要适用于罪恶程度尚不需要逮捕的反革命特务、反动党团骨干分子、反动"会道门"头子、坚持反动立场的地主分子和蒋伪军政管理等分子。中华人民共和国成立后，1952年颁布的《惩治贪污条例》（已失效）明确规定：管制还可以适用于罪行较轻的贪污罪、行贿罪、介绍贿赂罪、非国家工作人员侵吞、盗窃、诈骗或套取国家财物罪。对于历史反革命分子适用管制的批准权，除法庭依法判决之外，县市以上公安机关可以决定。这就意味着，当时管制既是一种刑罚方法也是一种行政处分。1956年全国人民代表大会常务委员会《关于对反革命分子的管制一律由人民法院判决的决定》明确了管制刑的刑罚性质，管制从此不再属于行政处罚方法。1979年《刑法》以立法形式明确了管制刑的适用对象、范围、考察内容和执行机关，1997年《刑法》再一次以立法形式肯定了管制刑的独创性。至此，作为我国刑罚史上独创性的特色刑种，管制刑虽然在实践中几经性质变更且在理论上多次产生存废的争议，但终究还是保留下来了。从我国管制刑的发展史角度来看，我国管制刑由最初仅限于适用于反革命罪犯而逐渐扩大到可以适用于普通罪犯，其制度初衷是为了贯彻"首恶必办、胁从不问""坦白从宽、抗拒从严"的刑事政策，实现区别对待、罪刑相适应而采取的一种从轻从宽的强制性的惩罚方法。管制刑的执行内容和方法更多地体现了以限制罪犯人身自由方式实现较轻程度的惩罚，同时，要给予管制犯比较大的生产劳动与生活等方面的自由。这就意味着，管制刑没有将强制劳动或服务作为基本的惩罚手段，也没有把强制劳动或服务作为补偿和修复被损害的社区关系的必要条件，更没有把作为主要的刑罚目的加以考虑。发达国家的社区刑罚是一种带有惩罚性和补偿性的非监禁性刑罚方法，主要是通过剥夺罪犯劳动权利并要求其无偿为社区或被害人提供24小时到240小时甚至更高时数的社区劳动或服务，目的在于替代短期监禁刑的执行，避免监禁刑的弊端，以强制劳动作为基本的惩罚方式，矫正罪犯的不良心理与行为习惯；让罪犯通过积极、遵纪守法的劳动，补偿因犯罪对被害人或社会带来的损害，进而为罪犯提供劳动就业机会，修复社会关系，促使其重新融入社会。显然，管制与社区刑罚在刑罚目的、惩罚内容和执行方式等方面存在着本质性差别，因此，管制刑是一种独具中国特色非监禁性的轻刑刑种。

缓刑则是短期监禁刑（三年以下有期徒刑和拘役刑）的替刑措施，同时也是对轻微罪犯的一种"救济"制度，目的在于减少对轻刑犯进行监狱或看守所收押监禁带来的负面影响，从源头上控制与减少监狱收押罪犯人口数量与容积率，降低行刑成本，减少交叉感染。现代发达国家的缓刑种类很多，而且贯穿于刑事诉讼的全过程，包括缓起诉、缓判决、缓宣告和缓执行，20世纪80年代以来，为了避免社区矫正负面效应，维护社区的秩序与安全，尤其是为体现重重轻轻、以重为主的刑事政策，更好地体现刑罚的公正，美国等国家创制了以"震惊的缓刑"（或称"休克缓刑"）和"震惊的假释"为代表的"中间刑罚"，日本近年来也规定了"部分缓刑"，即缓刑犯也要入监经历一段时间的严厉的监禁性刑罚的惩罚，目的在于让罪犯珍惜因缓刑带来的获得自由的宝贵机会，此类措施应该属于混合型刑罚。我国《刑法》针对剥夺自由刑规定的一般缓刑，仅限于附条件的原判三年以下有期徒刑和拘役刑的缓执行，因此，我国一般缓刑的种类和方式其实是比较单一的。我国的缓刑在性质上根本不属于刑罚执行，因为我国《刑法》明确规定，只要在缓刑期间未犯新罪、未发现漏罪而且没有严重违反监督管理规定，"缓刑考验期满，原判的刑罚就不再执行"。所谓缓刑的执行内容是对高于原判刑期的缓刑考验期限内所附条件的遵守与实现，而所附的条件并不是刑罚种类的内容。因此，不能将缓刑的执行认定为刑罚执行，否则就等于对缓刑犯施加了两个刑罚，即法院判决的有期徒刑以及针对考验期所附条件的刑罚，这种思路不仅明显违背了刑法中的"一事不二罚"的基本原理，同时也存在着对逻辑学上的同一律的违反问题，而且，这在无形当中加重了缓刑犯的惩罚程度和分量，违背了缓刑制度设置的立法初衷。正因为如此，我国的缓刑执行一直强调的是在"考验期"内接受"考察机关"的监督和考察活动，现在加上了"依法实行社区矫正"。缓刑犯的社区矫正因其属于针对定罪量刑后的已决犯适用，在缓刑考验期限内罪犯具有违背所附条件的规定而收监执行原判刑罚的可能，因此是一个非常好的替刑措施（不是替刑中的刑罚种类替代）和激励缓刑人员珍惜机会，缓刑犯自觉自愿地接受教育改造的矫正措施的行为，其性质虽然不属于原判刑罚的执行，但仍然是带有一定强制性并时刻有可能因严重违规而入监受刑，因此我国缓刑的执行属于刑事执行。

假释的适用对象包括监狱服刑的长期徒刑犯、无期徒刑犯以及符合法定条件的因立功或减刑而成为无期徒刑犯或长期徒刑犯的原死缓犯。在我国，假释是为了克服长期监狱监禁所造成的监狱人格、监狱行刑目的与行刑手段相悖的矛盾，实现在真正的正常社会里重新社会化并由此巩固监狱改造成果的目的，根据狱内改造表现，经过社会危害性和人身危险性的科学评估，采用的附条件提前释放的制度。假释制度是对长期监禁刑、无期徒刑弊端的补救措施，是解决监狱拥挤和监狱人格等问题的"不二法门"。对假释犯附条件提前释放后在剩余刑期内的监督活动，虽然有一些文献认为不应该属于长期监禁刑罚的执行，而是累进处遇的刑罚执行场所的变更执行制度，是属于处遇措施和更生保护制度的执行活动，即属于广义上的刑事执行。然而在我国，绝大多数理论和实务部门的专家还是认为假释就是刑罚执行活动。因此，虽然当前人们对我国假释的具体性质存在争论，但是即便认为假释不属于刑罚执行，也无法否认假释的刑事执行性质。

暂予监外执行制度，是一种充分蕴含着人道主义精神的制度设计。作为变更执行场所的医疗康复以及基于人道主义的暂缓收监制度，暂予监外执行被《刑法》《刑事诉讼法》规定为一种刑罚执行制度。除法定特殊情况和例外，罪犯在暂予监外执行期间所经历的时间期限，被依法认定为服刑时间。对特定罪犯的这种宽容大度，在世界上并不多见。当然，在当前刑事司法实践中比较困惑的问题有三个：一是一些有权、有钱或者涉黑以及从事金融业的罪犯通过行贿获得暂予监外执行的机会，严重损害了刑事执行的公正性；二是一些女犯利用怀孕妊娠和处于哺乳期的机会不断循环获得暂予监外执行的机会；三是对于真正需要保外就医的暂予监外执行罪犯，社区矫正机构不敢轻易地启动调查评估制度并积极主动地开展接矫帮扶工作。对暂予监外执行的年迈体弱、丧失自理能力和病入膏肓的罪犯，社区矫正机构只能是象征性督导、服务和力所能及督促医疗卫生、社会福利救济部门落实政策，真正的帮困扶助往往因资金和职能所限而根本无力做到，更无法对患有严重传染病的罪犯近距离教育矫正。这样，社区矫正机构对假释犯当然也就谈不上严格监管和行刑惩罚，但是，放松监管假释犯又存在脱管、漏管甚至导致其再次犯罪的可能，因此，针对暂予监外执行犯如何真正协调好监管、教育和帮扶之间的关系，实现个别化矫正，是社区矫正工作面临的重要现实问题。针对第一个问题，2014年中共中央政法委出台的《关于严格规范减刑、假释、暂予监外执行切实防止司法腐败的意见》明确要求"从严惩处减刑、假释、暂予监外执行中的腐败行为"并严格限制上述类型罪犯的假释和暂予监外执行的适用；针对第二个问题，当前刑事司法部门已经充分关注，暂予监外执行的审批条件逐步严格。当前，只有第三个问题由于涉及法院、监狱或看守所以及社区矫正机构等多部门的协调配合以及不同单位的考核压力，在短期内难以有效解决。但无论如何，在《社区矫正法》生效以后，提高暂予监外执行的适用率应当成为扩大我国社区矫正适用规模的重要途径和基本发展方向。

综上所述，结合我国刑事执行领域的基本概念以及我国社区矫正中具体制度的规范属性，可以很清楚地看到，我们不能盲目地比照发达国家尤其是英国将社区矫正定性为非监禁刑罚的执行，甚至在违背罪刑法定原则的前提下，强制推行"社区矫正就是社区刑罚执行"，并由此强调社区矫正要注重与加强"惩罚"属性，强化社区矫正的惩罚性力度，机构要专门化，工作人员要警察化，整个工作模式要与监狱行刑相对应，建立司法行政部门的刑罚执行一体化。笔者认为，这一思路和做法实际上是建立在对我国刑罚基本概念和理论的误解和误用基础上的，严重背离了罪刑法定原则与罪刑相适应原则，与创建社区矫正制度、完善刑罚执行制度、化解社会矛盾以及构建和谐社会的出发点和初衷相悖，更与中共中央出台的一系列实现国家治理体系和治理能力现代化与法治化的发展理念不相符，我国的社区矫正必须立足中国国情，坚守法治底线，把握国家治理犯罪的刑事政策方向，创建中国特色的社区矫正制度，才能将生效的刑事判决、裁定、决定和禁止令、职业禁止令甚至特赦等执行问题统摄起来，建立起真正系统科学的一体化的刑事执行制度，并为我国创建《中华人民共和国刑事执行法》实现刑事执行的统一化与法治化奠定前提基础。

四、社区矫正性质合理定位的功能展开

经前文综合分析和讨论，笔者认为，我国社区矫正的性质应当定位为一种刑事执行活动。"刑事执行"与"刑罚执行"虽然仅一字之差，但其内涵、性质以及意蕴完全不同，对社区矫正性质的认识，由"刑罚执行"到"刑事执行"的转变体现着国家对刑罚运用以及执行实践认识的深化。[1]我们可以从价值和功能的角度，对社区矫正的刑事执行性质予以展开说明。[2]

第一，将社区矫正定位为刑事执行制度，可以很好地体现社区矫正适用对象的共同特征，同时也可以保留各种制度的性质独立性和特色。

在对社区矫正性质"刑事执行制度说"进行功能展开之前，我们仍有必要再次从刑法学的角度对一些基本概念予以明确，从而确定讨论的共同前提

---

[1] 参见王爱立主编：《中华人民共和国社区矫正法解读》，中国法制出版社2020年版，第4页。
[2] 参见王顺安："从刑罚执行到刑事执行——谈对社区矫正性质的认识"，载《河南司法警官职业学院学报》2020年第2期，第28~33页。

和基础。

一般认为，刑罚是由我国《刑法》所规定的由专门的国家机关对实施了犯罪行为的人适用的剥夺特定权益的制裁方法。[1]刑罚是对犯罪人的某种权益、荣誉、自由或生命的限制或剥夺，体现着国家和社会对犯罪人行为的最严厉的否定性评价。作为各种制裁措施中最严厉的制裁方法，刑罚的惩罚性以及随之而来的痛苦性是刑罚的根本属性。根据我国《刑法》中的罪刑法定原则，刑罚的种类、方式和内容必须是《刑法》明文规定，其他法律都无权创制刑罚。由此，刑罚就得以同行政拘留、保安处分、司法拘留、强制戒毒、安置帮教等约束性或惩罚性措施区分开来。这一点，是认识社区矫正性质的必备前提。

刑罚执行，一般从最狭义上说，可以认为是有行刑权的司法机关对法院已经生效的刑事判决所确定的刑罚付诸实施的活动，在我国即有权机关对五种主刑或四种附加刑的执行，当然，由于我国刑种的性质不同，我国刑罚执行的具体实施机关也不尽相同。因之，狭义的刑罚执行即对刑种的执行。[2]此外，从广义上来看，刑罚执行不仅包括对刑种的执行，而且也必然包括对属于刑罚执行制度具体内容的执行，如对罪犯予以减刑或假释。可以看到，刑罚执行的概念和内涵，无论是从广义和狭义来说，都是不能容纳禁止令、刑罚裁量或消灭制度的执行问题的。也正是基于对刑罚执行制度和裁量制度的不同理解，人们对社区矫正性质问题的争论才得以产生；也正是由此开始，有学者看到了问题的关键点，所以才提出扩张刑罚执行的概念和内涵，使之能容纳禁止令、量刑或消灭制度的执行的观点。

客观而言，扩张刑罚执行概念的做法，根本不如直接使用刑罚执行的上位概念"刑事执行"更为科学。因为扩张刑罚执行概念，除了在语义和理解上更容易造成分歧和争论、不符合大多数人已有的关于刑罚执行的基本观念之外，而且更重要的是混淆了刑罚执行和量刑等其他制度之间的区别，很有可能进一步加剧理论和实践的混乱。相反，直接使用"刑事执行"这一本来在理论和实践中就已存在的概念更容易让人接受。因为大部分人都明白"刑事"比"刑罚"的概念在内涵和外延方面都相对较宽的道理，而且"刑事执行"的内涵本来就可以涵盖刑罚执行，且还可以涵盖具有犯罪预防性质的禁止令的执行、刑罚消灭制度中的赦免的执行乃至能够容纳缓刑考验期中司法

---

[1] 参见《刑法学》编写组编：《刑法学（上册·总论）》，高等教育出版社2019年版，第293页。
[2] 参见赵国玲主编：《刑事执行法学》，北京大学出版社2014年版，第2页。

机关对罪犯的考察监督等内容。[1]因此，无论从语义抑或学理还是习惯上，用"刑事执行"替代"刑罚执行"都是顺理成章和水到渠成的。

总之，将社区矫正定位为刑事执行制度，可以维持管制的刑种性质、假释和暂予监外执行的刑罚执行和替代制度的性质，同时，针对缓刑犯的监督和考察的执行问题，我们一方面可以承认缓刑的刑罚裁量制度的基本性质，同时，在精确和清晰地对缓刑以及缓刑犯的监督考察执行两者予区分的基础上，将对缓刑犯的监督考察执行定位为刑事执行，无论在逻辑还是学理上都是比较合理的。

第二，将社区矫正定位为刑事执行制度，能很好地覆盖我国当前社区矫正的四类适用对象，而将一些相类似但实质并非罪犯的群体排除在外，从而最大限度地保护人权。

我国《刑法》和《刑事诉讼法》已经明确规定，社区矫正的适用对象是罪犯。在实定法效力至上的原则下，这一点没有也不应有什么疑问。那么，既然是罪犯，这就意味着，这些人已经被法院依法判处了特定刑罚，判决生效且依法需要承受特定刑罚处罚，只有这一类人群才有可能被适用社区矫正，这同时也说明，已经服刑结束需要安置帮教的人、有戒毒需要的人、被适用取保候审或监视居住等刑事强制措施的未决犯以及被免予起诉的未成年人都因为不符合罪犯的法律特征和地位而不能适用。因此，社区矫正性质的明确，实际上是将对罪犯的判决付诸实施和执行与对非犯罪人的管理、保障和辅助措施予以明确的、法定的界分，避免非受刑人接受刑事处罚，提高我国人权的保护水平。

另外，《社区矫正法》并没有对四类对象的社区矫正再次增加额外的刑事义务，比如，仅规定了有条件分类型地适用电子定位装置，纠正了在《社区矫正法》出台前基层实践中经常采用的"普遍佩戴"或"一戴到底"的做法，尽量避免干扰罪犯的正常生活，这实际上对于保护罪犯的正常生活和隐私有着重要意义，彰显了《社区矫正法》的人权保障色彩。

第三，将社区矫正定位为刑事执行制度，并没有淡化刑罚执行色彩，相反在承认刑罚执行的基础上，增添了行刑社会化、手段多元化的多元共治的沟通型国家治理理念色彩。

刑罚的本质是基于一定的惩罚而给犯罪人带来一定的痛苦。在刑事司法

---

[1] 参见韩玉胜主编：《刑事执行制度研究》，中国人民大学出版社2007年版，第1~2页。

实践过程中，法院对被告人宣判，这仅仅是对被告人被剥夺特定权益的一种法律宣告，而真正将宣告刑付诸实施，让刑罚之苦得以实现，必须通过刑罚执行的过程才能完成。无论是管制犯、抑或缓刑犯还是假释犯和暂予监外执行的罪犯，都需要限制其特定的行动自由或特定的权利，而不能像一般公民那样享有法律上的全部自由权利。客观而言，社区矫正所带来的惩罚性的痛苦，即便在程度上有所区别，罪犯都是有切身感受的。监狱中的罪犯所感受到的痛苦，是在与社会几乎完全封闭和隔绝的环境中通过彻底地剥夺特定期限的自由体现出来的，社区矫正罪犯所感受的痛苦只不过是在社区中通过限制其特定行动或权益而体现出来的。因此，社区矫正的惩罚性无论如何都是存在的。惩罚性痛苦的存在，是社区矫正教育和改造的前提和基础。只是，社区矫正产生和存在的价值之一，就是要避免监禁矫正所可能产生的不良的监狱化人格，尽可能地让罪犯改过迁善、复归社会，因此始终贯彻行刑社会化的基本理念。

在行刑社会化的基础上，社区矫正采纳了刑罚个别化的观念，针对四类不同类型的罪犯施加各有侧重的矫正教育措施。[1]对于管制犯而言，由于其没有体会过监狱之苦，因此对管制犯的社区矫正本身就需要首先侧重执行体现惩罚性和痛苦性的缓刑监督与考察内容，强调惩罚与融入社会相结合，在此基础上将教育和帮扶作为基本宗旨。对于缓刑犯而言，虽然缓刑犯在一定条件下可以附条件地不再执行原判决的监禁刑刑期，而且不执行原判刑罚为国家所期待，是为缓刑的常态结局，但缓刑犯中有很大一部分在审判前未被羁押，即与管制犯一样，是因为犯了罪却没有体会过监禁之苦，其人身危险性和再犯可能性确实可能存在，甚至在特定情形下还比较高，因此对大部分缓刑犯的社区矫正也应当强调惩罚性和痛苦性，这种惩罚性和痛苦性，就需要落实于对刑事判决所确定的缓刑犯的监督管理和考察活动中，通过监督管理考察与教育帮扶相结合，采用多种措施感化和教育，有针对性地降低其自身的再犯可能性，使之成为自觉守法的公民。假释犯和暂予监外执行犯，由于已经在一定时期内因监狱服刑而深刻体会到监禁之苦，其人身危险性和再犯可能性反而很可能已经比较低，这两类罪犯所面临的问题主要是如何重新适应社会生活，实现再社会化，特别是一些暂予监外执行罪犯，往往自身身体、精神或心理等方面已出现了严重的问题，进行正常和独立的社会化生活比较困难，因此对这两类罪犯的社区矫正更应侧重再社会化和适应性帮扶，

---

[1] 参见王爱立主编：《中华人民共和国社区矫正法解读》，中国法制出版社2020年版，第28页。

解决其生活困难,在这一基础上对其进行有侧重的监督和风险控制。

由于社区矫正基于行刑社会化的理念需要在社区中完成,而且基于刑罚个别化的理念采纳了分类管理的矫正方案,因而社区、公民、志愿者、社会力量参与社区矫正就成为社区矫正执行过程中一种不可避免的趋势。在一定程度上说,犯罪的产生并不完全是个人意志自由的表现,而是个人、家庭和社会多因素相互作用的结果,因此,教育矫正罪犯和预防犯罪本身就是需要个人和社会进行互动的过程,是一项综合性的社会系统工程。只有社会力量的广泛参与,才能真正通过调动和发挥社会力量的积极性,消除或减少社区矫正对象的再犯可能性,在节省国家刑罚资源的同时,提高教育矫正罪犯的效率和质量,进而在整个社区乃至全社会形成教育矫正罪犯和预防犯罪的有效参与互助制度,真正实现罪犯教育矫正和再犯预防的多方参与的社会共治体系。

第三节 中国社区矫正制度的地方性特色

客观而言,我国自开始社区矫正试点以来至《社区矫正法》出台,有关社区矫正的知识形态来源概括起来有三种渠道:一是大量引介发达国家社区矫正领域的具体制度和操作规程,不仅有美国、加拿大方向的,而且有德国、日本乃至东南亚方向的;二是从我国劳动改造以及监狱执行的理论和实践中总结和归纳中国社区矫正的基本现状、问题、困难和发展方向,进而成为一种独立的知识形态体系;三是在我国社区矫正制度性创设和发展过程中,不少基层实践工作者以及社区矫正理论研究人员总结、归纳各地社区矫正的现状、存在的疑难问题并在此基础上提炼地区性行之有效的矫正措施、方案、做法和经验,并据此讨论我国社区矫正制度发展的前景、趋势以及基层对社区矫正的需求和期盼。与这一知识形态体系相关,有一些社会学和社会工作研究人员也开始运用社会学或社会工作的专业方法、思维方式和操作规范对社区矫正的实效以及影响进行个案研究和经验研究,以期对我国社区矫正的实践过程和具体矫正方案的完善提供具有数据支撑的可靠性资源。[1]

总体来讲,单纯地引介外国的社区矫正知识形态,并不能真正解决我国社区矫正制度发展的现存问题,也并不能为我国社区矫正制度构建和发展指明正确可行的路径方向。因为任何一个国家的制度设计和具体运用,都离不

---

[1] 参见崔会如:《社区矫正实现研究》,中国长安出版社2010年版,第177~189页。

开本国的具体国情、政治经济发展水平、历史文化传统、大众社会心理等多种因素的综合影响,也就是说,任何一项制度,即便是在世界范围内人们都一致同意地使用了同一称谓的制度,但实际上,该制度却总是表现出一种地方性和多样性特征。[1]社区矫正制度也同样如此,即便在国外,社区矫正在不同国家的基本模式、具体类型、适用范围和具体程序等方面都存在不小差异。而且,发达国家社区矫正制度从起源到发展再到调整经历百余年的时间,且有着不同时代的经济、政治、文化和宗教等多方面制约和影响,因此,对于这些地方性的制度,我们不加深入研究就进行移植,往往会出现水土不服的问题。因此,我国社区矫正制度的发展,必须从我国国情出发,在试点和全面推行的过程中积极研究自身的具体问题、总结经验、凝练制度。与此同时,对发达国家社区矫正的理论与实践在深入研究的基础上进行比较分析,进而领悟发达国家社区矫正的先进理念,借鉴和参考其中行之有效的制度和方法以推进我国社区矫正制度的发展,才是一种科学和可靠的思路。

在社区矫正研究的本土化和国际化两种知识形态的相互影响下,我国终于迎来了《社区矫正法》的出台。《社区矫正法》的出台,是中国特色社区矫正制度发展的重要一步,标志着我国社区矫正制度也展现出了自身区别于发达国家社区矫正制度的"地方性特征",这种"地方性特征"是与我国对社区矫正基本性质的设定紧密联系的,因此值得进行专门讨论。

一、国家主导的构建型制度模式

综合而言,发达国家的社区矫正制度从其起源到兴盛的整个过程,其特有的国家社会结构以及自治传统发挥着基础性的作用。也就是说,发达国家的社区矫正制度从起源到兴盛的过程,并非基于国家意志特别是执政党或最高行政权力意志而产生的,而是基于自治传统在民间和社会力量不断参与社会和国家事务的过程中逐渐自下而上自发形成的,这一判断是真正理解我国社区矫正与发达国家社区矫正之间差异的一个最为根本的要点。

在发达国家社区矫正的文献中,我们发现,凡是谈到社区矫正制度的起源,必然会谈到美国19世纪的保护观察(缓刑)制度。[2]1841年,美国马萨诸塞州波士顿的鞋匠约翰·奥古斯塔因不忍看到罪犯出狱后生活得艰辛和

---

[1] [美]乔治·P. 弗莱彻:《刑法的基本概念》,蔡爱惠等译,王世洲主译与校对,中国政法大学出版社2004年版,第3页。

[2] Edward J. Latessa & Paula Simith, *Corrections in the Community* 43~44 (6th ed., Routledge 2015).

凄惨，便向波士顿违警法院提出愿意为酗酒犯承担法律责任，保证他们能改变恶习，如果不能实现诺言，他情愿自己承担经济上的损失。后来，法院同意了约翰·奥古斯塔的请求，最终将酗酒犯的判决推迟了三个星期，同时将酗酒犯交给约翰·奥古斯塔管理。期满后，酗酒犯确实有较大改变，因此，法院将监禁判决改为一般的罚款。约翰·奥古斯塔对刑事司法改革具有浓厚的兴趣，他用毕生精力以自己所生产经营的鞋业和一些社会资助，使得近5000名罪犯免于监禁，为现代的保护观察（缓刑）制度的建立和发展起到了非常重要的作用。[1]

由于保护观察在一定程度上弥补了短期监禁刑的弊端，它不仅被人们接受，而且还逐渐受到重视，从局部探索发展为全面效仿，最终立法机关对此也予以了肯定和确认，如1878年美国马萨诸塞州颁布了美国第一部《保护观察（缓刑）法》，后来受该法案影响，美国其他州也开始效仿保护观察制度。于是，美国在联邦层面接受了保护观察制度并于1925年颁布了《保护观察（缓刑）法》，保护观察制度的确立和推行，为社区矫正制度的发展奠定了基础。

我们从美国社区矫正制度的起源中可以看到，美国的社区矫正制度从最开始时就是由民间人士自发组织和尝试的，在被社会认可和接纳之后，受到民间组织和社会力量的推崇和效仿，进而影响进一步扩大，操作经验进一步丰富，在此基础上，州和联邦因为明确了社区矫正的制度优势，从而顺水推舟将这一民间已有的先进制度经验予以立法确认。在这一过程中，制度的创制和发展呈现出一种自下而上的基本模式，国家意志特别是行政权力意志并没有首先主动要求在特定区域或范围进行制度创建尝试，而是以一种包容心态等待、容纳民间制度创设的完善和发展，在特定条件成熟时，对民间的制度创设予以立法确认而已。

比较言之，我国社区矫正制度的创设和发展与美国社区矫正的起源截然相反。从我国社区矫正制度的提出并进行试点开始，社区矫正制度就是本着节约刑罚执行资源、改革我国现行的刑罚结构体系与执行制度等加快法治与人权建设进程目的而展开的，并且将这一改革视为社会综合治理以及国家社会治理体系改革的重要组成部分。基于此，我国于2002年在北京和上海等六省市以试点的形式对社区矫正工作进行了探索。2003年7月，"两高两部"

---

[1] 参见翟中东：《社区性刑罚的崛起与社区矫正的新模式——国际的视角》，中国政法大学出版社2013年版，第59~60页。

联合发布了《关于开展社区矫正试点工作的通知》，2004 年 5 月，司法部发布了《司法行政机关社区矫正工作暂行办法》，为社区矫正试点工作提供了制度和规范保证。2005 年 1 月，司法部又发出了《关于扩大社区矫正试点范围的通知》，将试点范围进一步扩大到除六省市外的河北、内蒙古等十二个省市。在初步试点取得了一定的成效之后，时隔四年，2009 年 9 月"两高两部"发布了《关于在全国试行社区矫正工作的意见》，规定从 2009 年起在全国范围内试行社区矫正。同时，为了使得全国试行社区矫正有法律规范依据，2012 年 1 月"两高两部"发布了《社区矫正实施办法》。为了配合社区矫正工作，2011 年《刑法修正案（八）》首次将社区矫正写入刑法典，2012 年修正的《刑事诉讼法》明确规定了对管制、缓刑、假释和暂予监外执行的罪犯，"依法实行社区矫正，由社区矫正机构负责执行"。七年后，2019 年 12 月我国正式颁布《社区矫正法》。

可以看到，在我国进行社区矫正试点之前，现代法学意义上的社区矫正仅仅是刑罚执行理论中的概念，在我国并没有任何正式的制度性尝试。充其量，我国管制刑的存在及其执行有非监禁性和社会化处遇的意味，但在很长一段历史时期内，管制刑的执行机关、适用程序都与当前的社区矫正相去甚远。在我国开展社区矫正试点以及全面推行社区矫正的过程中，执政党和国家意志，以及作为党和国家意志执行机关的最高司法行政机构的权力在制度设计方案、推行步骤以及具体程序设定等方面，无疑发挥着重要的策划、指导和保障作用。根据中国的国情和管理体制，试点和推进社区矫正工作其实是执政党的重大决策部署。早在 2004 年中共中央发布的《中央司法体制改革领导小组关于司法体制和工作机制改革的初步意见》就已经将社区矫正纳入司法体制改革的重要内容并对社区矫正试点工作进行了明确要求；2006 年中共中央十六届六中全会通过的《中共中央关于构建社会主义和谐社会若干重大问题的决定》明确要求推进社区矫正工作；2008 年《中央政法委员会关于深化司法体制和工作机制改革若干问题的意见》对推进社区矫正立法做出了明确要求；此后，2013 年中共中央十八届三中全会通过的《中共中央关于全面深化改革若干重大问题的决定》提出了"完善对违法犯罪行为的惩治和矫正法律，健全社区矫正法"；2014 年中共中央十八届四中全会通过的《中共中央关于全面推进依法治国若干重大问题的决定》明确要求"制定社区矫正法"。此后，社区矫正工作已经上升到事关国家治理体系和治理能力现代化与法治化的重要高度。这就充分说明，社区矫正制度在我国的建立、发展和全面推行,是中国执政党对刑事执行制度改革和发展的意志体现,因此,我国社区矫正制度的试点和推行,首先表现为一种自上而下的刑事执行制度创新。

《社区矫正法》就其立法表述所呈现的立法意图而言,该法站位高、立意深,实际上是对过去社区矫正实践中的经验教训的全面总结、反思甚至纠偏,总体上呈现出以相对概括和抽象的表述约束和引导地方社区矫正工作的未来发展方向的基本倾向和态度。

当然,我们强调社区矫正自上而下的特色,并不否认社区矫正地方性实践的作用和价值。可以看到,在开展社区矫正工作初期,党和国家先在六省市试点、后在十二省市扩大试点,本身就是在考虑地区、经济、文化和社会环境等差异性对于社区矫正制度设计的影响问题,意在充分了解和总结社区矫正的地方性实践经验。如,在社区矫正实践过程中,北京的社区矫正工作形成了鲜明的"政府主导模式",该模式的最大特征即特别强调社区矫正的监管和改造力度,以维护北京的秩序稳定,同时,在社区矫正工作中社会参与力量相对薄弱,相关工作人员并非由政府购买服务的工作人员,而是属于街道管理下的由政府财政支出的"雇员";与此不同的是,地处东南沿海的上海的社区矫正工作则形成了鲜明的"上海模式",该模式也是在政府的主导和指导下,一方面充分利用政府资源,另一方面利用政府购买社会服务的方式,充分整合社会资源,共同参与社区矫正,该模式的最大特征在于多元社会力量参与社区矫正。[1]"北京模式"和"上海模式"虽有不同,而且这种不同只是在社区矫正个别特征、具体操作方案以及社会力量参与程度上存在量的差异,但不可否认的是,这些地方性的实践经验的取得和总结以及它们之间的差异,都并非质的差异,它们都是在中央授权和许可的前提下获得合法性进而展开的;另外,试点的框架、适用范围、基本规程、法律责任和底线等问题,国家都已经作了原则性的规定,地方性做法和经验必须在上述框架下进行,从而体现国家权力意志对地方行为的约束。

总之,社区矫正在我国的试点和推行,总体而言是党和国家的意志体现,是自上而下性质的刑事执行制度改革创新,其间公民个人、民间社会组织和团体在社区矫正制度设计和推行方面的推动作用,较之发达国家而言,并没有那么突出和显著。

---

〔1〕 参见但未丽:"社区矫正的'北京模式'与'上海模式'比较分析",载《中国人民公安大学学报(社会科学版)》2011年第4期,第151~156页。

二、非监禁性刑事执行制度创新

前文已经提到,社区矫正在发达国家的概念、范围以及适用的实际现状也存在着较大的差异,具有国别性的特征。实际上,在发达国家社区矫正理论和实践中,人们对社区矫正的概念也存在较大分歧,对社区矫正的性质也有不同看法。综合而言,在社区性刑罚及其执行的整个理论和实践领域,世界范围内不同的国家使用的基本概念并不完全一致。具体来说,在北美洲和大洋洲的主要国家主要使用"社区矫正"(Community Corrections)这一概念,在英国和欧洲一些国家主要使用"社区刑罚"(Community Penalties, Community Punishment, Community Sanctions)这一概念,即便在以美国为代表的国家普遍使用了"社区矫正"这一概念,但人们对其内涵和外延的界定也并不完全一致。[1]概念方面的差异,充分说明这些国家对社区矫正与执行的性质、价值、适用对象和范围及其在刑事法律体系中的位置等问题存在着较大的分歧。

在英国和欧洲大陆等主要国家,长期以来,死刑、监禁、财产刑与资格刑是众所周知的刑罚种类。但是,20世纪60年代以来,社区性刑罚产生并逐步发展起来,逐渐成为能够与监禁刑、财产刑相提并论的刑罚措施。在此期间,社区性刑罚的种类不断多样化,而且为欧洲不少国家所接受和认可。以英国为例,2002年出台的《刑事司法法》(The Criminal Justice Bill)规定了十种社区性刑罚。在一定程度上,社区性刑罚的出现逐渐开始改变已经存在多年的以监禁刑为主导的刑罚结构体系,并由于开始注重刑罚的社会复归目的而对刑罚体系的目的和功能产生了一定的影响,甚至由于社区性刑罚种类自身的扩张性和开放性,有些国家已经将其作为适用量最大的刑罚方法。[2]可以看到,在英国和欧洲一些国家,社区性刑罚实际上被人们视为一种刑罚类型即刑种,从而主要是在刑事立法和司法领域进行讨论和研究。

在北美,以美国为例,不少文献往往将社区矫正界定为对罪犯在一定社区中进行制裁的措施、非监禁性的矫正项目等。可以看到,美国社区矫正界一般将社区矫正视为一种必须在社区中承受和完成的法院作出的刑事制裁措施,即属于刑事司法和执行方面的措施或方法。

---

[1] Fergus Mcneill, *Community Sanctions and European Penology*, in Tom Daems, Dirk van Zyl Smit & Sonja Snacken (eds.), *European Penology* 171~187 (Hart Publishing 2013).

[2] 参见翟中东:《社区性刑罚的崛起与社区矫正的新模式——国际的视角》,中国政法大学出版社2013年版,第59~60页。

综上，在不同的国家或地区，关于社区矫正及其执行的研究基本上有两个方向：第一个方向即从刑种的角度进行研究，着重研究社区性刑罚的方法、种类、类型以及在刑事司法中如何适用。也就是说，这一研究方向侧重于刑罚制度方面的立法性研究；第二个方向即从刑罚适用和执行的角度进行研究，着重研究适用社区性刑罚的罪犯在判决和执行过程中的具体方案、项目内容、矫正过程及其可行性、合法性等问题。也就是说，这一研究方向侧重于广义上的刑事执行制度方面的执法性研究。当然，至于两种研究方向之间具体的源流关系以及互动性影响，我们至今尚未进行深入的研究和梳理。

结合我国社区矫正试点和全国推行的过程而言，显然，不论是在理论还是实践方面，我国基本上都倾向于将当下的社区矫正定位为刑事执行而非立法领域的刑种方面的制度设计。

客观而言，由于封建传统的深刻影响，无论是我国的执政者、抑或司法官员还是普通民众，至今仍然更多地重视刑罚的惩罚和报应目的及其威慑效果。执政者对刑罚的认识，在很长的一段时期内更多的是强调刑罚对于打击和惩罚罪犯的一般威慑效果，特别是自改革开放以来，为了遏制严重危害社会治安犯罪分子的气焰，遏制经济犯罪日渐增长的态势，为改革开放创造一个良好和规范的社会环境，刑罚更多地发挥了其自身的一般威慑效果，由此历次"严打"得以展开。在此基础上，我国1997年《刑法》自颁布至今，从整体上仍然呈现出重罪重刑的结构态势，从而限制了管制、拘役乃至三年以下有期徒刑的适用范围和比例。[1]由于刑事立法的整体性约束和导向，刑事司法过程中确实出现了能重判则重判的现象，将监禁作为对付犯罪的首选方案，认为只有将罪犯关进监狱才是最能保障社会稳定和公众安全的办法。与此同时，在刑事执行中，往往强调惩罚而忽略改造和矫正的目的。

严惩罪犯和迷恋监禁的观念在我国广大民众中间也非常有市场，甚至根深蒂固。绝大多数公众将罪犯视为不可容忍甚至道德上存在严重问题的异类，对其存在强烈的社会排斥，在广大民众的思想意识中，"罪犯就意味着坐牢"，只有"把罪犯关起来，我们才是安全的，我们才最放心"，相反，将罪犯放在社会上"非常不保险"，就是"没有罪有应得"地"放纵罪犯"，甚至认为是司法机关"收了礼，罪犯走了关系的结果"。这种朴素的惩罚和报应心理，在客观上导致民众很难理解甚至排斥社区矫正这一人道、文明和公正的行刑理

---

[1] 参见马聪：《刑罚一般预防目的的信条学意义研究》，中国政法大学出版社2016年版，第265~268页。

念。然而，社区矫正正是依托社区进行，公众的认同程度决定着公众的支持和参与程度，决定着民间资源和社会力量对社区矫正的影响程度。显然，在我国公众传统刑罚观念依旧强烈且更新较慢的情况下，社区矫正在我国立即大规模推行的确缺乏一定的环境和土壤。

特别值得注意的是，我国是一个刑法文化非常发达的国家，在几千年的历史中，我们的祖先创造了在世界上占有重要地位的中华法系，而中华法系的文明，在很大程度上就是刑法的文明。有意思的是，我国刑法文化的特色和精髓在于犯罪和刑罚的具体制度的创新，如我国封建时代就已经形成了"名例"这样的类似刑法总则的雏形，很早就完成了奴隶制"五刑"到封建制"五刑"的转变，在律学意义上，对属于刑法总则意义上的具体概念、逻辑关系以及适用规则解释等都有了非常成熟的理论解说，但是很遗憾，我们发现，自奴隶社会开始我们就不关注或忽略刑罚执行方面的制度建设以及罪犯的基本权利问题，而将罪犯权利的保护归为封建执法者或士大夫的"仁心恤刑"的道德示范行为。这一点在封建时代的历朝法典以及刑法志中都记载得非常清楚。也就是说，自奴隶社会开始，我们就有意无意地认为国家更为关注关于犯罪和刑罚的刑法法典建设，但具体怎么执行方面的制度以及具体执行方面的制度对罪犯有什么影响，则不那么重要。而且，更有意思的是，我们看到，无论是古代的奴隶制刑种，还是封建制刑种，其实在历史上真正的变化仅仅是具体细节的更改，实际上"五刑"这一基本数字存续于整个中国历史，至今，我们的主刑仍是五种。这似乎意味着，从国家刑法制定者的角度来看，改革刑罚种类实现刑种多元化，似乎非常难以接受。[1]既然刑种多样化的制度改革可能影响到刑罚体系结构以及犯罪边界等诸多领域，而且改革过程中产生的各种社会、经济乃至政治风险不好把控，因此，从执行制度这种影响波及范围相对较小、制度单一、至今相对保守且不那么重要的刑事法治最"末端"开始，在监禁执行措施之外尝试构建非监禁性的执行制度，就自然成为一种相对稳妥和安全的选择，而且这种改革能切实降低监禁成本，有效节约司法资源，还能迎合国际上通行的行刑社会化的潮流和趋势，实为一举多得。

通过对我国和发达国家社区矫正的多方对比，可知我国国家和民众的传统和保守的惩罚和监禁观念依旧非常强烈，现行刑法重罪重刑的结构态势在

---

〔1〕 参见胡旭晟：《解释性的法史学——以中国传统法律文化的研究为侧重点》，中国政法大学出版社2005年版，第99~105页。

中国特色社区矫正基本制度问题研究

短期内很难被大幅度修改，整个社会的社区矫正环境基础相对薄弱以及刑种多样化改革的社会文化心理障碍始终存在，都使得我国不可能直接将社区矫正直接作为一种新型的刑种在刑法典中予以明确，而仅仅是采取谨慎而渐进的思路，先将社区矫正作为一项执行制度加以尝试和推进，以期逐渐改变公众的刑罚观念，至少先改变"犯罪即坐牢"的保守观念，树立"罪犯可以在社区接受矫正"的观念，在经历较长时间后，才有可能进行更为深入的改革。当前我国将社区矫正作为一种刑事执行制度领域的改革，其实是一项值得称道的制度创新，虽然在发达国家的理论和实践视野中，社区矫正作为刑事执行制度已经是"自然而然的事"。这是因为，即便我国能够依靠强大的国家意志和权力以自上而下的方式推进社区矫正的制度构建，但在一个国家的基层司法官员以及社会大众文化心理都普遍坚守"罪犯就应坐牢"信条的氛围中，国家开始尝试引导并修正其信念，使之知晓和认可"罪犯可以在社区接受矫正"这样的新理念，就已经是非常需要勇气、智慧和时间乃至代价的创新性改革了。因为，一个国家的文化传统和大众心理，是制约人的行为和思想最为根深蒂固的因素，也是最难以改变的，而传统和心理不改变，任何制度构建和改革都会流于形式，甚至功亏一篑。

三、基于职权构建社区矫正组织

由于不同发达国家的社会文化背景不同，因此在发达国家社区矫正的管理、执行和参与过程中所形成的具体管理体制也不尽相同。如，美国的社区矫正管理从整体上除了侧重罪犯重新回归社会的目的之外，同时兼顾公众安全，因此，联邦层面的非监禁刑执行，即联邦缓刑监督和释放监督是由隶属联邦法院系统的缓刑管理机构承担；联邦层面的监禁刑则由隶属美国司法部的联邦监狱局承担。同时，美国各州层面的刑罚执行并未明确区分监禁刑和非监禁刑的执行分立。英国的社区矫正管理是刑罚执行的重要组成部分，因此社区矫正的管理由国家缓刑局及地方分支机构、地方假释委员会和全国未成年人司法委员会共同承担，国家缓刑局及其地方分支机构承担主要任务。日本侧重对社区矫正对象的保护和救济，因此罪犯的更生和复归社会的保护由法务省主管，社区矫正则由更生保护局及其下辖机构负责。可以看出，虽然各国的社区矫正管理机构有所不同，但各国的管理机构都比较有针对性和统一性，职责划分明确清晰，而且这些机构从性质上看基本上都属于司法行政性质的国家权力机构。除此之外，发达国家的社区矫正除了必要的管理属于国家权力之外，绝大部分具体的执行工作都是靠社会组织和民间团体负责实施和完成的。

前文已经提到，发达国家特别是英美国家普遍信奉社会自治的历史文化传统。究其原因，一方面根源于取代罗马人成为欧洲新主人的日耳曼民族的原始民主传统；另一方面则得益于民间和社会组织的发达。在中世纪从城市自治发展起来的依赖于市场经济的政治实体与当时的政治国家保持着相对独立的状态，城市也有自己的城市法院。相对于王权，大量独占一方的封建贵族也具有一定的地方自治的特色。随着商品经济的发展以及市场经济的扩张，资产阶级革命的成功特别是宪法政治的确立和发展，使公共领域之外的私人空间逐步清晰并得到法律的确认。基层政治自治与行业协会等社团的管理自治得到发展，逐渐形成了相对于政治国家并独立于政治国家、以自愿自治为基本特征的市民社会甚至出现了所谓国家与市民社会的二元结构。这些自愿的自治性的民间团体和组织具有非官方性、非营利性、相对独立性和自愿性。由于上述特征的存在，大部分民间团体和社会组织自成一体，有相当的自主能力和内部规制能力，逐渐具有了管理公共事务的意愿和实力，而且这种能力有着政府部门所不具有的得天独厚的优势。因此，具有自愿性和自治性的民间团体和社会组织的广泛存在和深度参与，对发达国家的社区矫正制度的执行和实施产生了巨大的影响，奠定了坚实的组织基础。[1]笔者前文谈到的美国保护观察（缓刑）的起源同样可以印证这一现象，一个普通的鞋匠，本着社会工作的纯粹利他助人情怀和奉献精神，宁愿以承担赔偿为代价为酗酒犯向法院担保，并为罪犯提供改造机会，从而无偿地帮助酗酒犯，在某种意义上说，这本身就是一种社会慈善工作，可见民间组织、社会团体乃至市民个人，对社区矫正的参与热情与积极程度之深。

不可否认的是，发达国家社区矫正的社会力量积极参与同基督教文明及信念有非常重要的关系。基督教文明中的核心概念就是救赎和原罪，作为基督教的成员，人要相信自己是有罪的，需要赎罪，信教之人不仅要爱上帝、爱主，还要爱人。作为罪犯，本身就存在原罪，而且后天又有了本罪，因此罪犯比一般人更需要赎罪，更需要拯救。在这种意义上，很多基督教信徒以及宗教团体都将拯救罪犯的灵魂作为自身的使命，自觉地去帮助罪犯。此外，属于心理咨询、个案研究、社会工作等社会心理学和社会学的发达，也为社

---

[1] 参见储槐植：《刑事一体化与关系刑法论》，北京大学出版社1997年版，第409~410页。

区工作组织介入社区矫正执行提供了思想、制度和实践的动力和基础。[1]

我国在开展社区矫正试点以来,有关社区矫正的管理机构大体上经历了三次重要变化:最初,公安机关对社区矫正有管理权;后来,逐渐形成了社区矫正管理"双主体"的局面,即公安机关为执法主体,司法行政机关为工作主体;在2012年《社区矫正实施办法》出台以后,最终确定了以司法行政机关负责社区矫正管理和执行的基本原则。从公安机关到司法行政机关权限的移转,体现了我国对刑罚原理认识的不断深化。实际上,公安机关作为享有求刑权的机关,本身就不能再享有行刑的权力,而且,公安机关日常工作极其繁重,根本无暇胜任专业性极强的矫正工作。在试点期间,司法行政机关由于本身就没有参与刑事诉讼的侦查、起诉和审判活动,在整个刑事程序中是全新的角色,而各种法律又没有明确规定由什么机关管理社区矫正,因此,无论是从分权和制衡原则的角度来看,抑或从弥补法律漏洞的角度来看,还是从实际效果的角度来看,司法行政机关承担社区矫正的管理工作都是非常合适的。这一判断,逐渐受到国家以及社区矫正实践部门的认可,并在《社区矫正法》中也予以明确。

客观而言,从社区矫正开始试点至今,在社区矫正理论界讨论较多的是社区矫正的具体管理体制和机构如何设置的问题,然而,在社区矫正实践部门考虑最多的是"如何最大限度地争取最有利资源,与其他部门沟通和协调,将社区矫正具体的任务做成、做好",因此,从试点开展到推行的过程中,各地根据当地实际情况纷纷探索,在坚持司法行政机关的管理权限这一前提下,逐渐形成了一种颇具综合性和效率性并具有中国国情特色的领导和工作机制,其中最主要的特色是党委的统一和集中领导、相关职能部门协调配合以及群众路线下的群专结合的社会参与等。

党委集中统一领导是我国地方乃至整个国家特有的国情特色。在地方权力和行政体制中,司法行政部门在行政机关中始终是一个相对弱势的部门,其行政级别配置、管理权限、掌控资源与公安机关相比差之甚远,即便让司法行政机关牵头做事,它也很难"指挥"比它强势的行政主体。因此,在社区矫正实践过程中,司法行政部门逐渐充分发挥自身协调优势,将社区矫正工作的开展上升为"党委"工作的高度,这样就非常容易开展工作了。在地方上,一般是由司法行政部门策划和提议并由党委下的政法委出面主持,协

---

[1] 参见王志亮:《外国刑罚执行制度研究》,广西师范大学出版社2009年版,第408页。

调各方，因为政法委是党委下属部门，而且是司法机关中的领导和决策性部门，权力位阶高，容易有效集中各方力量，统一行动、提高效率。由党委集中领导、统筹社区矫正工作，不仅符合我国当前党委集中领导的发展趋势，而且其工作效率和工作质量会有大幅度提高。在党委集中统一领导统筹下，公安机关、检察机关、法院以及监狱等其他涉及社区矫正工作具体程序和步骤的部门都可以步调一致的行动，减少行政实体部门在权限和程序上的推诿和扯皮，明确权责推进工作，具有较好的实际效果。鉴于此，《社区矫正法》明确要求地方政府必须设立由党委集中统一领导的"社区矫正委员会"，以统筹、协调和指导本地的社区矫正工作。《社区矫正法》之所以如此规定，主要还是考虑社区矫正的性质是一项刑事执行工作，而刑事执行是兼具刑事和行政法律属性的规范性工作，根据党政权力界限的划分原则，这种规范性工作不适合始终在党内系统由党委直接具体负责，而应当在党委的统一政策领导下，由政府负责议事协调和具体工作。

在我国社区矫正的管理和实施问题上，我们的工作基础和环境面临的最大障碍就是社区环境薄弱，社会组织力量发展严重不足，而且，我们也没有像发达国家那样的基督教传统，心理咨询或社会工作也远远没有发展到发达国家那么高的程度。社区、利他情怀以及社会工作是开展社区矫正最为基本的社会文化环境，[1]不得不承认我们在这些方面还存在很大欠缺。

我国当下的社区矫正，并非根据自治和特定的文化枢纽自愿自发形成，而大多是以街道办事处、乡镇的行政辖区为地理界限，以相关国家机关为主导，在相关社会团体、民间组织、社会志愿者的协助参与下进行的，而这些社会团体、组织，往往是由特定的行政机构在改革过程中演变而来，而这些志愿者则往往是原体制内的退休人员；在城镇和农村，社区中最重要的民间组织应该是具有群众自治性质的居民委员会和村民委员会。不过，我国的民间组织，特别是具有自治性质的民间组织发展历史还很短，也很不成熟。党的十一届三中全会后，随着农村经济体制改革开始及家庭联产承包责任制的推行，导致人民公社从历史舞台上退出，造成了农村地区的权力真空和对自治的迫切需求，因此，1981年全国人大常委会通过了《村民委员会组织法（试行）》，把村民自治以法律的形式固定下来。1982年《宪法》在第111条中规定了"城市和农村按居民居住地区设立的居民委员会或者村民委员会是

---

[1] 参见朱久伟、王志亮主编：《刑罚执行视野下的社区矫正》，法律出版社2011年版，第131~132页。

基层群众性自治组织"，才在法律上认可了城市居民委员会和农村村民委员会的基层群众性自治组织的地位。而且，我国的非政府组织不够发达，近年来还有规模日渐缩小的趋势。随着城市化进程的加速，很多农村整体搬迁演变成社区，而社区的业主往往来自五湖四海，相互不熟悉、不来往的情况颇为常见，更遑谈共同的爱好、信仰问题，社区内居民关系呈现出一种相当松散的"原子化"状态，社区内聚力的缺乏使得社区组织对社区成员的控制能力非常低。在这种社会环境下，像发达国家社区矫正那样，单纯地依靠社会团体、民间组织、宗教人士以及心理或社工类专业人员深度介入社区矫正工作，其实是非常困难的。

因此，我国社区矫正的基层工作者充分发挥工作创新的能动性，在充分领会和正确把握国家政策发展走向的前提下，认真贯彻党的群众工作路线，探索出了一套符合我国当下国情但又能体现基层组织和社会力量广泛参与的社区矫正具体管理和操作机制，其中最为典型的就是社区矫正小组制度。一般而言，社区矫正小组的成员由司法所的主管工作人员、专职社工、志愿者、村干部、社区矫正对象的亲属、学校代表以及其他特定代表等组成，遵循个别化的原则，按照矫正方案，开展个案矫正工作；督促社区矫正对象遵纪守法，遵守社区矫正的日常监管规定；对社区矫正对象走访谈话，了解其思想、工作和生活情况，及时向社区矫正机构或司法所报告；参与对社区矫正对象的考核评议和教育活动；协助对社区矫正对象进行监督管理、教育帮扶以及开展其他工作，让社区的居民看到社区矫正对象逐渐发生的积极变化，从而确保其重新复归社会的目的早日实现。应当说，社区矫正小组制度是我国社区矫正基层运行机制的重要特色，因为我们没有像发达国家那样成规模和有影响力的社会组织，但我们有逐渐培育形成和壮大的各种社区雏形，即城市以居住生活小区为基础形成的社区以及农村以自然村落为基础形成的农村社区；没有专业执法人员，但我们有司法所工作人员、村两委党员干部、社区基层民警；没有社会上的志愿者，但我们有学生志愿者；在充满人情和伦理的基层社区，社区矫正对象亲属的介入和影响，对社区矫正对象的亲情感化与行为约束乃至对亲属本人守法意识的巩固，都有很重要的作用。让人惊讶的是，这些年来我们的很多基层制度创新往往是看似无意间形成的，但却和国家整体层面的政策趋势保持基本一致，如，就社会工作者队伍而言，国家近年来出台了《关于加强社会工作专业人才队伍建设的意见》和《社会工作专业人才队伍建设中长期规划（2011—2020年）》两个文件，已经开始推动社区工作纳入人才强国、脱贫攻坚、乡村振兴等国家战略决策；如，就社区建设和治理而言，国家近年来连续颁布了《关于深入推进农村社区建设试点工作的指导意见》《城乡社区服务体系建设规划（2016—2020年）》《关于加强和完善城乡社区治理的意见》等文件，充分说明国家已经注意到社会工作和社区在我国基层治理中的重要价值和作用。

四、信息技术助力社区矫正现代化

随着近年来我国信息化产业技术不断发展进步，特别是随着"互联网+"模式的社会化普及，我国社区矫正的具体制度建设和管理操作等方面的工作也搭上了信息化的东风，逐渐使得社区矫正的信息化成为我国社区矫正制度的重要特色。

总体而言，我国社区矫正信息化已经确立"一个标准、一个综合平台、一个数据库、一站式管理服务"的建设任务与方向。当前，我国社区矫正信息化建设正朝着这一方向积极努力。[1]

早在我国社区矫正全面推行之初，司法部社区矫正管理局就研发了全国社区服刑人员数据库，实现了全国社区矫正服刑人员基本信息的集中管理。近年来，该数据库不断朝着智能化、格式化以及创新化方向发展，减轻基层工作人员的工作量，实现多数据采集项目选择性自动生成，提高准确性，并结合社区矫正实践的新趋势和新情况，对采集表中的调查评估、出入境通行证、居住地变更、脱管、定位情况等需重点掌握的内容进行了修改、完善和补充。

此外，我国司法部已经开始着手建立社区矫正信息管理平台，其基本定位为适用于全国各级社区矫正机构及社区矫正中心，实现社区矫正基础数据集中汇总、信息报送及发布、业务数据集中监管、大数据分析应用、管理指挥等功能于一体的综合性管理平台。

另外，司法部制定并出台了《全国社区矫正管理信息系统技术规范》和《全国社区矫正人员定位系统技术规范》，明确了全国社区矫正信息化建设和应用的总体要求和基本框架，为各地研发社区矫正工作相关业务应用系统提供

---

[1] 参见高贞主编：《中国特色社区矫正制度研究》，法律出版社2018年版，第60页；司法部："社区矫正信息化建设情况及下一步工作安排"，载http://www.moj.gov.cn/Department/content/2017-04/21/607_5401.html，访问日期：2020年1月20日；劳泓："浙江数字化改革背景下深化'社区矫正'的探索与实践"，载《中国司法》2021年第6期，第26~30页。

了依据。[1]为健全和完善系统全面、统一规范、科学实用的社区矫正信息化标准，并结合社区矫正的实践情况不断修正，当前已经充实了部、省、市、县、乡五级社区矫正信息管理系统的定位监管、轨迹查询、重点监控、短信管理、通话管理等监管功能内容，增加了对社区矫正监管数据的巡查、分析研判功能，增加了对社区矫正中心的远程视频督查功能，等等。

当然，由于我国地区差异的存在，社区矫正信息化建设在各地发展也相当不平衡，部分地区信息化必要的硬件设施保障仍然不足，比如，有些地区的社区矫正中心对台式电脑、监控摄像头、专用摄像机、高速扫描仪、高清显示屏等监控视频设施，以及执法记录仪、二代身份证阅读器、指纹采集仪等执法设备的配备尚不到位；对建立完善电子定位装置的设备采购管理制度研究不够；再者，推动司法行政机关与人民法院、人民检察院、公安机关之间的互联互通还有大量的工作要做。

近年来，基层社区矫正部门对信息化建设的积极价值也大多持肯定态度，认为信息化建设最大的好处是通过网络和手机定位系统就可对社区矫正对象进行监管，从而司法工作人员可以"以空间换取有限时间从事其他工作，提高工作效率"，而且，信息化系统的越界识别功能"非常有用"，一旦社区矫正对象越界离开居住的区域，社区矫正工作人员就能第一时间知晓并采取措施，第一时间积极应对，"更重要的是对社区矫正对象心理上一种压力和威慑"；再者，信息化建设使得社区矫正考核以及日常管理工作更加透明公开，增加了社区矫正执法的公信力。

社区矫正信息化对于实时掌握社区矫正对象的动态信息、加强对社区矫正对象的安全管理、节约司法管理成本、提高社区矫正工作效率、满足社区矫正执法和指导管理需要具有重要意义。《社区矫正法》与时俱进，其中第5条、第26条、第29条等分别对社区矫正机构的信息化水平、信息化核查、电子定位装置等进行了专门规定，具有强烈的时代感以及对提升社区矫正工作信息化程度的引领意义。《社区矫正法》同时还充分重视现代科技被应用到社区矫正工作中时社区矫正对象的隐私等问题，并用专条规定了社区矫正信息化过程中对矫正对象隐私权的保护，这也成为《社区矫正法》在科技引领性方面不可或缺的内容。总之，社区矫正信息化，已经成了我国社区矫正制度的一项重要特色。

---

[1] 孙培梁：《社区矫正信息化》，清华大学出版社、华中科技大学出版社2013年版，第7~14页。

五、正式引入分类分级处遇制度

分类分级处遇是现代刑事执行法学上比较科学的处遇方法。分类分级处遇基于对犯罪人的人身危险性的评估报告等级，以刑罚个别化理念为指导，具体问题具体分析，针对不同的犯罪人实施不同程度的监管措施。

前文已经提到，我国社区矫正制度对管制犯、缓刑犯、假释犯和暂予监外执行犯的矫正方案和具体措施因犯罪人的性质和特点的差异而有所不同，这本身就是分类处遇制度的具体表现。未成年人心理和生理由于其不成熟的特殊性，导致其自身控制能力较差，容易受到外界的影响，做事较为冲动，对家庭、学校的管束很容易产生逆反心理，但与此同时，由于未成年人的人生观和价值观尚未定型，其自身的可塑造性较强，矫正成功的可能性比较高，因此，对于未成年人这类特殊群体的社区矫正要求则更高。在我国社区矫正试点以来，社区矫正实践部门从工作人员的特别要求以及监管教育手段等角度对未成年人社区矫正作出了两方面的规定：一是负责未成年人社区矫正的工作人员除了具备法定的基本素质外，还要有熟悉青少年成长特点的人员参加其社区矫正小组；二是在矫正工作中必须使用契合未成年人心理特点和身心发育特点且易被未成年人接受的方式，以与成年人的社区矫正相区别，在此基础上，《社区矫正法》以专章的方式对未成年罪犯的社区矫正问题作了特别规定，无疑，这应当是未成年人社区矫正立法领域中的第一次全新的制度尝试和创新。

所谓社区矫正分级处遇就是社区矫正机构根据社区矫正对象在入矫阶段的人身危险性评估结果，对社区矫正对象给予不同级别的处遇，并据此为社区矫正对象制定符合其人身危险性等级的包括监督管理措施在内的个性化矫正方案。就刑事执行而言，监禁矫正与社区矫正作为两种并列性的执行方式，本身就是一种分级处遇，那么，再在社区矫正之内进行进一步的宽管、普管和严管的分级，本身就是更为精确化的分级处遇。

分级处遇对一些人身危险性较低的如交通肇事罪、偶发性故意伤害罪以及情节较轻的职务犯罪，适用较宽松的监管手段，如可以减少或不参加社区公益活动、减少集中学习或强制报到或者增加允许外出的次数和机会等，对一些人身危险性较高的社区矫正对象，可以采用严管措施，比如，提高严管对象的报到、书面汇报、个别教育和社会公益活动的频率，并用走访和报到的方式加强对严管对象的联系等，这样不仅可以节约社区矫正资源，集中精力管教严管人员，而且还能够提高社区矫正工作人员的工作效率，降低其压力和负担；同时，分级处遇还可以增强社区矫正的威慑性和激励性，提高社区矫正对象的参与积极性；另外，明确分级处遇还可以为正确合理地对社区矫正对象实施个性监管提供参照标准，避免对社区矫正对象生活和工作的过分干预和干扰，而且同时为针对需要严管的社区矫正对象最大限度地施加监管手段划定最大的法定边界。

《社区矫正法》关于不可拆卸的电子定位装置使用的规定，就明确体现了分类分级处遇的理念。在我国社区矫正试点开展过程中某些地区的社区矫正机构强制要求社区矫正对象必须佩戴不可拆卸的电子定位装置，社区矫正对象将电子定位装置"一戴到底"，种种不当的执法措施对社区矫正对象的生活、工作造成较为严重的负面影响和干扰，这种不加区分一体对待的粗糙做法，本身就违背了分类分级处遇的基本理念，是需要纠正的。《社区矫正法》对五类特定的属于严管范畴的罪犯明确规定了电子定位装置及其使用期限，实际上就是精准监管、分级处遇的重要表现。

本章小结

社区矫正的性质即社区矫正区别于其他事物的内在规定性和根本属性。关于社区矫正的性质，我国社区矫正理论界形成了"单一性质说"、"双重性质说"和"综合性质说"三种类型的学说。然而，无论哪种类型的学说都存在着概念不精确，混淆价值、规范和事实之间的界限以及忽略刑罚基础理论指导与缺乏体系化综合论证等问题。根据我国刑事法律的规定与分工、社区矫正历史与实践以及社区矫正立法精神等因素综合分析，可以确定，我国社区矫正的性质是一种非监禁性的刑事执行制度。将社区矫正的性质定位为非监禁性的刑事执行制度，不仅具有历史和规范方面的正当性，而且在概念界分、制度逻辑以及治理特色等方面具有重要的积极功能。

我国社区矫正制度从试点开始就逐渐展现出区别于发达国家社区矫正制度的制度特色。我国社区矫正制度建立和发展集中体现了中国执政党和中国政府对刑事执行制度改革、发展和完善的坚定意志，是一种以国家主导的构建型制度模式为主要特征的非监禁性刑事执行制度尝试。基于此，我国社区矫正制度按照国家机关权责分工构建社区矫正组织领导和参与体系，正式确立分类分级和个别化矫正原则，积极运用信息化技术实现社区矫正工作的现代化。总之，社区矫正制度是在轻罪和轻刑以及轻刑执行方式领域贯彻宽严相济政策，推进国家治理体系与治理能力现代化与法治化的一项重大制度创新。

第三章　中国特色社区矫正对象的基本问题

社区矫正的对象问题，通俗而言，即社区矫正制度指向什么人、对什么人适用的问题。社区矫正对象是中国特色社区矫正制度建立、完善和发展过程中最为基本的信条性问题之一，它不仅直接关系着社区矫正制度中的被矫正主体一方的范围类型、权利义务设定与分配等问题，而且还关系着社区矫正制度的目标指向、适用规模等问题，更进一步言之，则关涉社区矫正制度的基本性质、特色以及法律定位等重大理论与实践问题。因此，对中国特色社区矫正制度进行基础性和信条性研究，就必须对社区矫正对象这一基本范畴进行理论与实践方面的深入探讨。

第一节　中国社区矫正对象的嬗变与现状

自我国开展社区矫正制度试点以来，关于国家适用社区矫正指向对象的具体规范称谓是什么，以及国家具体可以对什么样的人适用社区矫正等问题，在具有规范性效力的不同文件中前前后后并未取得一致意见，随着时间的推移而屡有变化，在笔者看来，社区矫正对象相关称谓以及具体类型的不一致，并不仅仅是因国家规范性文件的差异性而导致的简单的语词选择上的差别，其背后应该有一定的理论与实践方面的倾向，体现着国家在这一问题上的某种考虑。因此，笔者通过梳理社区矫正对象在我国二十年实践过程中的用语和类型方面的变化，尝试总结国家权力机关在社区矫正对象这一问题上的态度、立场以及可能性倾向，从而为中国特色社区矫正制度的未来发展提供具有参考性的理论建议。

一、社区矫正对象的用语变化及其确定

自我国开展社区矫正试点至《社区矫正法》及《社区矫正法实施办法》

出台，对于社区矫正适用对象与主体的称谓，主要有三种：一是"社区服刑人员"，这一称谓较早地出现在 2003 年"两高两部"发布的《关于开展社区矫正试点工作的通知》以及 2004 年司法部发布的《司法行政机关社区矫正工作暂行办法》这两份具有全国性法律效力的规范文件中，后来，在 2016 年"两高两部"发布的《关于进一步加强社区矫正工作衔接配合管理的意见》这一规范性文件中，同样也使用了该称谓；二是"社区矫正人员"，这一称谓主要存在于 2012 年由"两高两部"制定的《社区矫正实施办法》这一规范性文件中；三是"社区矫正对象"，这一称谓是在 2019 年 12 月 28 日经第十三届全国人大常委会第十五次会议表决通过的《社区矫正法》中出现的，《社区矫正法实施办法》则继续使用这一称谓。

由于我国社区矫正的理论研究受社区矫正实践以及国家规范性文件的影响非常大，因此在社区矫正适用对象具体称谓的理论研究方面，不同的学者也根据不同的价值立场和学术倾向形成了与社区矫正实践界相类似的不同理论观点，客观来讲，关于社区矫正适用对象的称谓的争论，虽然随着我国社区矫正立法的颁布而有所减少，但并没有也不可能在短时期内达成一致意见。

第一，从理论上来讲，关于"社区服刑人员"的提法之所以不妥，主要是由于这一概念和社区矫正所指向的四类具体对象的基本属性在刑事法学理论上存在着一定的冲突和矛盾。简而言之，社区服刑人员与社区矫正四类具体对象的基本性质存在逻辑上的不一致。

从我国刑法理论和具体条文来看，管制是指对一些社会危害性较小、犯罪情节较轻的犯罪分子不予关押，但限制其一定自由的刑罚方法。非常明确，管制是我国五种主刑中最轻的一种。那么，对于法院判处管制的犯罪分子而言，国家对其执行刑罚不是在监狱之内，而是在监狱之外的社区服刑，因此，管制执行的性质是一种非监禁性但剥夺一定自由的执行方式，对于管制罪犯而言，我们说他属于社区服刑人员，从理论和逻辑上没有太大问题。与之类似，假释是指对被判处有期徒刑、无期徒刑的犯罪分子，在执行一定刑期之后，因其遵守监规、接受教育改造，确有悔改表现而不致再危害社会的，附条件将其予以提前释放的制度。根据我国《刑法》的规定，假释考验期满，如果没有违反相应的规定或没有犯新罪，就视为"刑罚已经执行完毕"，也就是说，罪犯一旦被假释，即由监禁性的监狱执行场所转移到非监禁性的社区执行场所，假释犯所经历的并不是刑罚的停止执行，而是执行场所的变更，对于这种执行场所的变更，我们将假释犯理解为"社区服刑人员"也没什么大问题。同样,暂予监外执行更是如此,暂予监外执行本身就是对于被判处无期徒刑、有期徒刑或拘役的罪犯,由于身体原因或其他特殊的法定情形,决定不收监或收监以后改为暂时在监狱外执行的制度,这一制度本身就重在体现我国改造、教育和宽恕罪犯以及人道主义的刑事政策。非常明显,暂予监外执行也是执行场所的变更,我们也可以将暂予监外执行的罪犯称之为"社区服刑人员",似乎也无大碍。

然而,关键的问题在于缓刑制度。缓刑是指对判处一定刑罚的罪犯,在一定期限内附条件地不再执行原判刑罚的制度,如果罪犯在该期限内遵守了一定的条件,那么,到考验期满时,所判刑罚就不再执行。也就是说,对于缓刑犯而言,非常明确的是,自法院判决生效开始,刑罚已经暂缓执行。[1] 只不过是执行机关将缓刑犯在暂缓执行期间内安置在社区,并对其进行一定的考察,即缓刑考验期内的执行内容,实际上就仅限于对法院所判决的高于或等于原判刑罚期限的缓刑考验期内的诸多禁止性条件和要求的遵守和实现,执行机关的任务就是对缓刑犯遵守和实现这些禁止性条件的日常行为和活动进行考察和监管。这种缓刑考验期内的监管和执行过程,不可能再被理解为刑罚的执行,若做如此理解,就与刑法明文规定的"不再执行"相冲突,存在着明显违背罪刑法定原则之不当之处,而且,缓刑制度本身就是对社会危害性和人身危险性小的轻罪犯罪人设置和适用的一种制度,那么,如果将对缓刑犯的监管和考察过程也视为刑罚的执行,实际上等于是对缓刑犯施加了两个刑罚——法院判决的刑期以及考验期的刑罚,这种思路不仅明显违背了刑法中的"一事不二罚"的基本原理,同时也存在着对逻辑学上的同一律的违反问题,而且更重要的是在无形当中加重了对缓刑犯的惩罚程度和分量,违背了缓刑制度设置的立法初衷。在缓刑是否属于刑罚执行的问题上,我们似乎也不应当将《刑法》中规定的"刑罚不再执行"直接解释为"原来判处的监禁刑罚不再在监狱等监禁场所执行",[2] 因为这种解释容易与假释、暂予监外执行的本质特征相混淆,而且确有偷换概念、违背刑法学解释常识和明确性原理之嫌,不值得提倡。既然缓刑制度不应当被视为刑罚执行制度,那么,在社区中的缓刑犯,也就自然不是在社区中服刑,而仅仅是接受监管和考察,那么,将缓刑犯称之为"社区服刑人员"就存在法理和逻辑上的重大

---

〔1〕 参见《刑法学》编写组编:《刑法学(上册·总论)》,高等教育出版社2019年版,第361~363页。

〔2〕 参见高贞主编:《中国特色社区矫正制度研究》,法律出版社2018年版,第12页。

问题。

第二，将社区矫正的适用对象称之为"社区矫正人员"本身也存在着概念和内涵非常模糊和宽泛的问题，违背了刑法的明确性原则。因为根据社会一般人的理解，社区矫正人员就是指和社区矫正有关的人员，若此，社区矫正人员的范围就不仅仅限于社区矫正对什么人适用，而且自然也应当包括由国家什么机构、什么人来适用社区矫正这一制度的问题。从而，"社区矫正人员"这一称谓就无法区分社区矫正的工作主体和被施加主体，这一概念实际上非常不精确，根本不适合在立法或规范性文件中使用。[1]

第三，笔者认为，我国《社区矫正法》使用的"社区矫正对象"这一概念比较科学。一方面，社区矫正对象的称谓，比较直白易懂，社会一般公众在听到这个称谓的时候便能很快理解该称谓的确切意思，能够清楚地明白这个称谓是在讲国家对什么人进行社区矫正的问题。法律文本本身就应当通俗易懂，才能便于理解和遵守，因此，从这个意义上讲，这个直白和准确的称谓并非不科学，也不会引起混乱；另一方面，这一称谓并没有回避和模糊社区矫正的性质，因为通过国家和媒体的法治宣传一般人看到该部法律中的"矫正"一词大多能够与犯罪联系起来，而且法律也在具体条文中明确规定了社区矫正是针对四类罪犯适用的，因此与"社区服刑人员"这一概念相比，将社区矫正与罪犯联系起来并不困难，而且"社区服刑人员"这一概念在法理性质和逻辑内涵上并不能和社区矫正适用对象的范围相一致，毕竟，至少对缓刑犯的社区矫正并非对其执行刑罚，而是一种广义的刑事执行意义上的监管和考察。

另外，以保持社区矫正实践过程中法律术语稳定和连续性的说法也并不能成为否定"社区矫正对象"这一称谓的理由。前文已明确表明，"社区服刑人员"的概念并不能很好地与我国社区矫正适用对象在法理性质与逻辑内涵上保持一致，因此可以确定的是，之前社区矫正实践中使用的概念是存在问题的，对于这种有问题且不精确的概念，通过立法将其纠正，正是我国立法机关立法水平和技术提高的表现，也是对社区矫正理论和实践认识深化的必然结果，我们自然不能再对此抱残守缺而一味否定。而且，笔者了解到，在我国社区矫正实践中，关于是使用"社区服刑人员"还是"社区矫正对象"，在不同的省份也并没有完全取得一致意见，而是存在争议。有的省份，在国家层面的规范性文件中使用了"社区服刑人员"以后，还是认为这一概念并

---

[1] 参见赵秉志主编：《社区矫正法（专家建议稿）》，中国法制出版社2013年版，第17~19页。

不确切,仍然坚持使用"社区矫正对象"这一概念。另外,"社区矫正对象"这一称谓,淡化了监禁矫正中蕴含的被动和压制味道,价值比较中性,较为文明和人道,而且具有一定的弹性。在未来的社会发展中,这一概念完全可以将一些需要进行社区矫正的新型人员涵盖进来,如新的社区刑罚适用者、需要进行非监禁性教育矫正的未决犯等,因此可以说,这一概念比"社区服刑人员"的概念更具有包容性。

通过上述分析和讨论我们可以看到:

第一,社区矫正适用对象的具体称谓,不仅是一个重要的法律概念设定问题,而且关系社区矫正适用群体的范围以及法律概念的通俗性和明确性,因此是在社区矫正理论和实践中首先需要予以明确的基础性问题。

第二,我国社区矫正理论和实践界对于社区矫正适用对象的认识,也是经历了一个由粗糙到相对准确再到精确的变化过程。这个过程表明,我国立法机关在充分考虑社区矫正理论和实践经验的基础上,认识水平和立法技术在不断提高。

第三,我国社区矫正理论和实践界对于社区矫正适用对象认识的不一致从根本上说还是由于人们对社区矫正的基本性质和刑罚执行等基础理论的理解差异造成的。从这个意义上可以说,对于刑罚执行乃至刑事执行等刑罚制度方面的基础理论研究,对于社区矫正理论的深化以及实践的科学发展具有根本性的指导意义。

二、社区矫正对象基本类型的变化及其确定

前文对社区矫正适用对象的称谓问题进行了简要梳理,接下来便需要对社区矫正对象的具体类型进行考察,从而探索和归纳我国社区矫正在实践发展过程中出现的一些问题和规律性特征。

自从我国开始社区矫正试点以来,关于社区矫正对象基本类型的观点,总的来说可以从"国家出台的社区矫正规范"和"社区矫正未来发展方向"两个立论基点进行讨论。

一般而言,论者往往立足于我国社区矫正的试点经验和实践阐释社区矫正对象的类型,围绕着我国"两高两部"制定的各种规范性文件并以此为理论根据展开。在《社区矫正法》正式颁布之前,我国《刑法》和《刑事诉讼法》正式明确了社区矫正对象包括被判处管制的罪犯、被宣告缓刑的罪犯、被宣告假释的罪犯以及暂予监外执行的罪犯四类,然而,根据《关于开展社

区矫正试点工作的通知》和《司法行政机关社区矫正工作暂行办法》的规定，除了上述四类罪犯之外，被剥夺政治权利的罪犯也可以适用社区矫正，而且《司法行政机关社区矫正工作暂行办法》也规定，被剥夺政治权利的罪犯应由司法行政机关配合公安机关监督其遵守《刑法》第54条的规定，可以自愿参加司法行政机关组织的心理辅导、职业培训和就业指导活动。也就是说，法律位阶效力较低的规范性文件基本上都将被剥夺政治权利的罪犯纳入了社区矫正的范围，但尚未得到位阶效力高的《刑法》和《刑事诉讼法》的确认和回应，因此对于此类人员到底能否适用社区矫正，法律规范之间存在诸多矛盾。

正是由于规范之间的矛盾冲突，导致社区矫正理论和实务研究领域对被剥夺政治权利的罪犯能否适用社区矫正问题形成了截然对立的观点。

否定者认为：其一，剥夺政治权利是资格刑，资格刑的思想基础是防卫社会，而社区矫正是社会化行刑措施，以矫正复归为思想基础，两者思想基础不同。其二，被剥夺政治权利的罪犯并没有被限制人身自由，这种人身自由的存在使得社区矫正无法进行。其三，剥夺政治权利不需要社会力量参与，与社区矫正性质也存在差异。[1]

肯定者认为：被剥夺政治权利的罪犯虽然不需要矫正，但同样需要监管和帮扶，而监管和帮扶则是社区矫正的重要内容；而且，对被剥夺政治权利的罪犯实施社区矫正有良好效果；另外，对被剥夺政治权利的罪犯适用社区矫正完全可以帮助其复归社会。[2]

随着《社区矫正法》的颁布，国家以法律的形式明确确认了社区矫正的对象为前述四类人员，并没有再提及被剥夺政治权利的罪犯，因此，根据法律效力的基本原则，立法的效力高于其他规范，因此，从实践规范的根据层面来说，在社区矫正立法颁布后应当确认社区矫正对象仅限于四类罪犯，而被剥夺政治权利的罪犯能否后续纳入社区矫正的范围，则完全变成了一个带有立法论性质的理论问题。

以我国社区矫正未来发展方向为基点讨论社区矫正对象的范围，多数论者基于刑罚社会化和人道化的基本理念，对社区矫正的适用范围持扩张意见。

---

[1] 参见刘志伟、何荣功、周国良编著：《社区矫正专题整理》，中国人民公安大学出版社2010年版，第13页。

[2] 参见刘志伟等：《中国社区矫正立法专题研究》，中国人民公安大学出版社2017年版，第81~82页。

如，有文献对社区矫正进行了最广义的概念设定，认为社区矫正是一种社会化的刑事执行方式，社区矫正的对象不仅可以涵盖四类罪犯，而且可以包括未决犯、中间刑罚、社区服务刑罚、不起诉乃至未决犯、未成年人的危害行为的社区性矫正措施等。[1]还有一些文献则认为社区矫正是"一种综合性的非监禁处遇措施"，因此除了四类罪犯可以纳入社区矫正的范围之外，判处罚金的罪犯、戒毒对象、刑满释放后需安置帮教人员、精神病、未成年人等有社会危险的人等，也可以纳入社区矫正的范围。[2]另外，也有一些文献则认为不能将社区矫正作为一个无所不包的概念，更不能对未决犯和已决犯不加区别地施加同样的社区矫正方案，而应当根据我国社区矫正当前的试点经验，逐步扩大社区矫正的适用范围。当然，也有一些文献对被判处罚金刑[3]和拘役刑的罪犯、[4]附条件不起诉的未成年犯、[5]监外执行的罪犯是否适用社区矫正[6]也存在着一些争议。

笔者认为，基于两种不同的逻辑起点对社区矫正对象的范围进行探讨，实际上是规范论和价值论之间的分歧。虽然两者有分歧，但是两者结合在一起却能够很好地阐释社区矫正制度的当下状况和未来走向。因此可以说，在《社区矫正法》出台之后，根据实定法至上的基本原则，将社区矫正对象限定在四类罪犯的范围内，应当成为社区矫正理论与实践界的基本共识性的逻辑起点，以此为基础可以进而从理论和立法发展的角度讨论被剥夺政治权利的罪犯、判处罚金、拘役的罪犯等其他对象是否可以适用社区矫正的问题，从而为中国特色社区矫正制度的进一步发展提供理论和实践的基础。

前文已经提到，"社区矫正对象"这一称谓的使用，实际上已经为我国将来社区矫正适用对象范围的扩大预留了空间。在笔者看来，被剥夺政治权利的罪犯，实际上并不适合适用社区矫正。原因除了前述文献所涉及的理由之

---

[1] 参见连春亮：《论社区矫正的研究对象》，载《河南司法警官职业学院学报》2004年第2期，第61~65页。

[2] 参见张传伟：《我国社区矫正运行模式研究》，山东大学出版社2010年版，第150页。

[3] 参见刘志伟、何荣功、周国良编著：《社区矫正专题整理》，中国人民公安大学出版社2010年版，第13页。

[4] 参见屈学武：《中国社区矫正制度设计及其践行思考》，载《中国刑事法杂志》2013年第10期，第22页。

[5] 参见郑丽萍：《互构关系中社区矫正对象与性质定位研究》，载《中国法学》2020年第1期，第156~157页。

[6] 刘志伟、何荣功、周国良编著：《社区矫正专题整理》，中国人民公安大学出版社2010年版，第12~13页。

外，主要是因为剥夺政治权利的性质不涉及人身自由，对于这种罪犯再施加限制人身自由的社区矫正，实际上是加重了受刑人的刑罚负担及其实现的积极作为义务，[1]不仅于法无据且有违反罪刑法定原则之嫌。对被判处罚金刑的罪犯也不适用社区矫正，原因也在于此。

另外，笔者认为，社区矫正对象的范围确实不能无所不包地无限扩大，至少在短时期内不能无视已决犯和未决犯在刑事法律和程序上的差异而适用同样的社区矫正手段；在一个较长的时期内，社区矫正适用对象的扩大也应当仅限于已决犯领域，只有这样才能和我国国情相符。也就是说，在使用"社区矫正对象"这一称谓的前提下，后续的社区矫正制度实践可以考虑将与刑事制裁有关的被限制人身自由禁止性措施的适用者，纳入社区矫正对象的范围之中。如，《刑法修正案（九）》规定的职业禁止令、《道路交通安全法》中规定的酒驾吊销驾照、《反家庭暴力法》中规定的家暴夫妻离婚前冷静期的禁止同居、《反恐怖主义法》规定的安置教育措施以及特赦制度执行等，对此类禁止性措施的适用者，都可以在条件成熟时纳入社区矫正对象的范围。因为这些禁止性规定，基本都属于限制或半剥夺犯罪行为人的行为自由方面的预防性非刑罚措施，将其纳入社区矫正的范围之内，不仅不存在法理上的障碍，而且也更有利于相关犯罪的治理实效的大幅提升。[2]

在此基础上，可以预见的是，随着我国国家治理水平和治理能力的不断现代化，刑法在国家和社会治理过程中的作用和角色将更为积极和重要，刑法干预社会生活的领域和程度将日益扩大，我国刑法的犯罪圈特别是轻微犯罪的犯罪圈将进一步扩大，起刑点将不断降低。[3]如果承认这一前提，那么，随着轻微犯罪的大量增加，轻刑如何设计和运用就成了必须解决的首要问题。在这种趋势出现时，我们有可能通过对刑法中犯罪结构和刑罚结构的调整，在监禁刑之外，创设出更多的非监禁性刑罚制裁方式，比如，社区服务刑、处于监禁和非监禁之间的过渡性和中间性刑罚方式，也可以在充实和强化现有资格刑的内容和效果的同时，扩大资格刑的类型和范围，从而为社区矫正适用对象范围的进一步扩张奠定基础。与此同时，除了刑事实体法方面罪与刑的结构调整将会导致社区矫正适用对象扩张之外，轻罪轻刑配置模式的运

---

[1] 参见王爱立主编：《中华人民共和国社区矫正法解读》，中国法制出版社2020年版，第18页。
[2] 参见贾元：《预防性监禁制度研究》，中国社会科学出版社2021年版，第3~6页。
[3] 参见马聪：《刑罚一般预防目的的信条学意义研究》，中国政法大学出版社2016年版，自序第32~33页。

用也必然会导致刑事程序法的重要变革,因为轻罪轻刑的犯罪设定模式必须以较为注重效率的刑事诉讼制度作为程序支持,在这一过程中,无论是公安侦查、检察院的审查起诉还是一审审判阶段,都会有相应的耗时短、效率高且能够确保公平正义的刑事分流和转处程序的出现和运用,如不起诉、附条件暂缓起诉、缓判决等制度,那么,如果在这种法治状况较为发达和成熟的阶段,我们可以尝试将这些刑事程序制度与社区矫正相结合,从而进一步扩大社区矫正的适用范围。

前文对社区矫正对象的称谓以及具体范围进行了学术梳理和总结,对此我们可以做如下评论:

第一,社区矫正对象及其范围的学术讨论,深刻受制于社区矫正基础理论的现有研究水平与层次。当前我国之所以对社区矫正适用对象及其范围产生诸多理论和实践的争议,一个根本原因就是社区矫正基础理论研究比较薄弱。社区矫正在我国发展二十年来,社区矫正理论与实践界大多热衷于对社区矫正制度如何建构、社区矫正具体如何去做等实践性问题进行探讨,或者限于引介世界范围内不同国家的社区矫正制度的具体制度、实践做法和经验,鲜有对社区矫正的基本概念、基本性质特别是中国社区矫正实践区别于发达国家社区矫正的性质特色、我国社区矫正的根本属性等基础性理论问题进行深入探讨。

第二,社区矫正对象及其范围的学术讨论,需要特别注意规范、事实与价值之间的区分问题。在社区矫正研究领域,社会学或社工层面的研究,大多专注于事实性研究,即往往采用个案分析或者社会统计等研究方法研究社区矫正的具体监管措施、矫正方案以及帮扶实例,进而得出事实性的结论。法学层面的研究,要么从社区矫正地方性实践做法出发,总结和归纳出当前社区矫正的不足,进而给社区矫正立法或制度发展提供一些建议,即采用了从事实到价值的研究思路;要么从社区矫正的已有规范出发,采用规范分析的方法,对社区矫正立法或制度完善提供规范性建议,即体现了从规范到价值的研究思路。然而,在这些研究中,特别是法学领域的研究往往忽视事实性研究、规范性研究以及价值性研究的差异,从而使得研究的观点和结论往往出现话语平台不一致或各说各话的问题。前文已经提到,就如社区矫正对象的范围问题,只从规范(当前已有的关于社区矫正的统一性规范)为基点进行研究得出的结论,必然和从价值(社区矫正的未来走向)为基点进行研究得出的结论,存在诸多不一致之处。因此,在对这一问题进行研究的过程中，要特别注意研究的逻辑起点、语境和基本立场，否则根本无助于深化和提升中国特色社区矫正制度的理论研究层次。

第三，社区矫正对象及其范围的学术讨论，需要特别重视我国国情的时空特色。所谓时间特色，即我国社区矫正实践发展的历史性和阶段性；所谓空间特色，即我国社区矫正实践发展所依赖的国情与地域特征。众所周知，社区矫正这个概念，在我国刑事执行实践领域出现，也仅有二十年左右的时间，而且社区矫正的实践工作者们大多没有社区矫正的专业知识背景，对于社区矫正的设置理念、制度优势、思维方式以及工作方法等都并没有深入了解掌握和熟练应用，因此，关于社区矫正的适用对象及其范围的扩张问题，应当建立在较长时间的试点和实践的经验总结基础之上，有步骤地推开，逐步扩大，不可能说操之过急，一蹴而就。[1]

第二节 当前中国社区矫正对象的权利与义务问题

社区矫正对象的权利和义务问题，是社区矫正制度中较为基础和关键的理论问题，它不仅关系着社区矫正对象在教育矫正过程中的实际效果，而且关系到国家人权保障的整体水平和程度，是展示我国国家治理能力现代化与法治化水平的重要窗口和指标，同时，社区矫正对象的权利和义务设置的合理程度，与社区矫正工作人员的监管权力、职责和义务密切相关，两者实际上是"一体两面"，社区矫正对象的权利明确设定，就意味着社区矫正工作人员有责任和义务去实现至少是保障社区矫正对象的法定利益，同时，滥用职权、渎职或故意侵犯社区矫正对象权利的工作人员，必须承担相应的行政性或刑事性的法律责任。同时，社区矫正对象在矫正过程中必须遵守的特定义务，实际上即社区矫正工作人员所享有的监管和教育等方面的特定权力。因此，对于社区矫正对象的权利和义务这种基础性问题有必要详细探讨，而且，当前我国刑事执行研究领域对监狱服刑人员的权利和义务问题已经较为关注，但对于社区矫正对象的权利义务问题，研究得相对较少，重视程度也不够，而《社区矫正法》仅仅笼统规定了社区矫正对象在人身、财产和其他权利方面不受侵犯以及在特定场合不受歧视的权利，但并没有进行更为详细和体系性的说明，因此，在社区矫正理论研究领域，则更有必要对这一问题进行充

---

[1] 参见吴宗宪：《中国社区矫正规范化研究》，北京师范大学出版社2021年版，第52页。

分的基础性研究。[1]

一、社区矫正对象权利与义务的基本特点

同我国社区一般公民相比，社区矫正对象的权利和义务有着一定的特殊性，其根本原因就在于社区矫正对象的法律身份仍然是接受刑事处罚的受刑人，而不是一般公民。社区矫正对象属于中华人民共和国公民，因此，他们完全应当具有我国《宪法》以及其他部门法所确定的关于人身、财产、人格、政治和文化方面的各项权利，但是，正是由于社区矫正对象在社区中仍然具有罪犯的身份和地位，他们因实施了特定的犯罪，国家和社会就需要对他们进行惩罚和教育矫正，实现刑罚的报应和预防目的，他们被剥夺或限制了特定的权利和自由，被赋予了超过一般公民的义务边界的特定义务。

具体而言，社区矫正对象的权利和义务特殊性主要体现为以下方面：

第一，社区矫正对象的权利边界与实现方式有一定的特殊性。因为社区矫正对象在法律上的罪犯身份，他们不能像一般公民那样完整的行使公民权利，因此在权利的边界问题上存在着一定的不完整性，特别是如属于人身权利方面的人身自由受限，即不经过批准不能离开所居住的市、县等；再如法院可能对特定的社区矫正对象宣告特定的禁止令，即禁止其在社区矫正执行期间从事特定的活动，进入特定的领域、场所，接触特定的人。社区矫正对象虽然人在社区，有一定的人身自由，但其行为自由受到一定的限制，则可能影响到其工作或生活，同时，这种"罪犯"标签是公开无疑的，而犯罪标签的负面效果确实是存在的，这对其自我认知、社区归属、就业机会感的评价都有不良影响，因此，在我国社区矫正实践中，特别是在实现劳动权、就业权以及民主政治等权利的过程中，无论是实现程度还是实现方式方面，他们都面临较多的困难和问题，这是我国社区矫正制度长期发展所必须考虑的问题。

第二，社区矫正对象的义务具有一定的刑事惩罚性、专属性和强制性。社区矫正对象的义务是由刑事法律直接规定的，因此在一定程度上体现了刑事法律的惩罚特色，这种惩罚特色主要是通过对社区矫正对象的特定权利或自由的剥夺或限制加以体现的。而且，社区矫正对象的义务在实现过程中，是由法院或司法机关具体确定和实施的，这种具体义务的实施是为了完成对

---

[1] 参见闫佳、冯建仓：《社区矫正对象权利保护研究》，法律出版社2019年版，第9~11页。

社区矫正对象的矫正和教育，帮助其自身实现社会复归，因此也就具有了一定的专属性和个异性。另外，社区矫正对象义务的具体履行基本上都由一定的专门机构进行监管，如果不履行则会产生相应的更为不利的严重法律后果，如违反监管规定则可能被收监执行，这就充分体现了社区矫正对象义务的实现是靠国家强制力来保障的。

第三，社区矫正对象的权利和义务之间存在相互转化性、融合性和福利性。一般公民所享有的受教育权和劳动权都既是权利也是义务，同样，社区矫正对象的受教育权和劳动权也是如此，密不可分。另外，社区矫正对象的某些权利的实现也必须是以特定义务的履行作为前提条件的，即只有认真接受监督矫正，才可能享受到减刑的权利。同时，社区矫正对象享受劳动技能、就业帮扶以及社会保障帮助等方面的权利，本身体现了国家和社会将其视为需要被帮助的群体，彰显了国家和社会对特定群体的福利态度。

二、社区矫正对象的权利内容及其保障

关于社区矫正对象权利内容的具有法律效力的规定，散见于不同时期国家颁布的统一性的社区矫正规范之中。由于规定的权利内容比较简明扼要，而且分散在不同的法律规范文本之中，即便2019年出台的《社区矫正法》也没有系统地罗列社区矫正对象的权利类型，因此社区矫正理论和实践部门至今并没有对社区矫正对象的权利类型形成一个比较完整和体系化的说法，对于具体权利的称谓也不尽一致。由于立法和实践的相对粗疏和分散，关于社区矫正对象权利类型的问题，社区矫正理论工作者讨论比较多。在我国社区矫正理论领域，对该问题基本上存在着三种表述方式：

第一种为列举型表述，即有文献对社区矫正对象所可能享有的权利进行了具体的和详细的列举，从生命健康、人身自由、财产权利直至诉讼权利，等等。[1]

第二种为概括型表述，即有文献对社区矫正对象享有的权利按照具体权利的特点进行了类型化处理，将具体权利分为三类：完全享有的权利（如人身安全等）、被剥夺或限制的权利（如人身自由权等）、特有权利（如获得奖励权等）。[2]

第三种为"概括+兜底型"表述，即有文献对社区矫正对象应当享受的权

---

[1] 参见吴宗宪主编：《社区矫正导论》，中国人民大学出版社2011年版，第132~139页。
[2] 参见王平主编：《社区矫正制度研究》，中国政法大学出版社2014年版，第286~290页。

利进行了概括和抽象,认为其包括基本权利、基于法定身份而未被限制或剥夺的实体权利与基于社区矫正执行而享受的程序权利三个方面,并在后面增加了"其他依法应当享有的权利"的概括性条款作为兜底和补充。[1]

客观而言,第一种表述类型不符合立法和理论研究的简明扼要原则,详细列举虽然符合法的明确性原理,但却显得过于繁琐,而且,由于不同的社区矫正对象可能享有的权利并不完全相同,因此,详细列举则可能在逻辑和标准方面存在不统一的问题。

第二种表述类型中"被限制或剥夺的权利"的提法并不准确,因为被限制或剥夺的权利部分,实际上已经成为社区矫正对象必须服从和履行的义务,这种提法实际上导致了权利和义务界限的模糊,也不可取。

第三种表述类型相对比较科学,采用概括性和兜底性的方式可以简明扼要地对社区矫正对象的权利进行全面概括,同时不失法的明确性。兜底性规定可以适应社会变迁可能带来的权利观念和类型的变化,从而使得社区矫正对象的权利类型能够与时俱进。另外,作为一种理论概括,第三种表述类型相对体系化和类型化,体现出较为抽象和独特的理论风格,比较符合社区矫正基础理论发展的需要。

因此,笔者在对社区矫正对象权利内容的问题进行分析时,基本上也是沿着第三种表述类型的思维方式加以展开,只不过限于篇幅,笔者仅就与社区矫正对象利害关系最为密切、实践中问题最为突出的几项权利进行讨论。

(一)基本权利

基本权利,即我国宪法和其他法律所赋予公民的作为一个公民所应当享受的基本人权,社区矫正对象虽然在法律上是罪犯身份,但其作为中华人民共和国公民的资格没有被否定,作为社会一般的合法公民所能享有的基本权利的绝大部分内容,社区矫正对象也应当依法享有。在社区矫正实践中,对社区矫正对象而言比较重要的基本权利,主要涉及生命健康权和人格尊严权。

生命健康权即公民依照宪法和法律所享有的保持自身生命安全、身体组织器官完整性以及身体生理机能和心理状态健康的权利。生命健康权是公民其他基本权利得以存在的前提和基础,是最基本的人权。社区矫正对象因为犯罪危害性较轻,其生命健康权并没有被依法剥夺,因此应当得到和其他公民同等程度的保障,不能受到来自国家或公民的各种非法侵害。在社区矫正实践中,应当特别注意,不能因为社区矫正对象的特定罪犯身份,国家特定

---

[1] 参见赵秉志主编:《社区矫正法(专家建议稿)》,中国法制出版社2013年版,第38~39页。

机关和部门就轻视对他们的权利保障，而采取刑讯逼供、体罚虐待或软暴力型的虐待行为，其他公民也不能因为社区矫正对象的特定身份而对其产生歧视或敌对情绪，进而侵犯其生命健康权。

人格尊严权是指作为一个人所应当享有的基本的社会地位并应当受到他人和社会最基本的尊重的权利。人格尊严权的核心前提是承认对方是一个"人"，对社区矫正对象尤其如此。值得注意的是，人格尊严在法律上与一般人格权的内容比较接近，可以涵盖名誉、荣誉、肖像、姓名和隐私等多种权利内容，但是，除了前述这些权利载体和内容，单独的人格尊严也是法律所必须保护的一项基本权利。应当说，对于社区矫正对象而言，在人格尊严权的范围内，除了隐私权可能由于社区矫正执行在权利的行使范围或边界方面受到限制之外，其他属于人格尊严范畴的基本权利不能受到侵犯。如不能因为社区矫正对象的罪犯身份，社区保安或商场超市保安就怀疑其"手脚不干净"而将其带到办公室或其他偏僻无人之处进行搜身盘问。在我国传统观念中，人们一般认为罪犯"肯定是坏的""罪大恶极的"，往往会对罪犯产生各种各样的歧视，贴上负面标签，因此在社区矫正实践中，应当特别注重对社区矫正对象人格尊严的保护。

（二）有限性权利

对于社区矫正对象而言，所谓的有限性权利，即因社区矫正对象的犯罪及其罪犯身份而引起的基本权利部分内容和程度克减后所剩余的不完整和有限性的基本权利，主要涉及人身自由权、劳动权、隐私权以及言论自由权。

前文已经明确提到，在社区矫正过程中，社区矫正对象的行动自由受到一定的限制。这种对行动自由的限制，本是社区矫正有效执行的前提，但实际上，在社区矫正实践过程中却和社区矫正对象的劳动权产生了较为密切的联系，从而在一定程度上使得社区矫正对象的劳动权受到较高程度的限制和约束。但是，根据我国宪法和其他法律以及社区矫正法律法规的规定，社区矫正对象与其他普通公民一样，平等享有劳动权。但是，由于社区矫正对象的行动自由受限，加之各地在执行社区矫正过程中更加严格和细致地规定了社区矫正对象离开居住地的手续、条件和次数，甚至明确规定了不能因为经商进货而离开居住地；另外，虽然我国刑法中明确规定了前科报告免除的制度，但由于我国严惩犯罪的传统观念以及过去社会治理模式的制度惯性，如档案制度、身份制度、政治审查等制度仍在发挥作用与影响，有过犯罪经历的人员在平等择业方面会受到很多潜在限制。由此，社区矫正的实际执行情况就使得社区矫正对象劳动权的平等不受歧视的保护产生了一定问题,这值得在社区矫正制度发展过程中认真思考。

笔者认为,《社区矫正法》的颁布,仅仅是在宗旨和原则方面以法律的形式确认了社区矫正对象劳动权的平等保护问题,但是,这一确认仍然是粗线条的,加之在以往的罪犯管理过程中由于受执法部门繁杂分散、权责不明确等多方面的影响,因此,《社区矫正法》颁布之后,社区矫正理论和实践界仍应当继续深入研究这一问题,提出切实可行的对策。对此,可以考虑以下几个要点:

第一,梳理并明确过去在罪犯管理中所形成的固有规则和制度,为各地区能够更准确和更有效地执行《社区矫正法》提供法律基础和依据。如,在我国罪犯管理的过程中,以暂予监外执行的罪犯为例,1989年"两高两部"颁布的《关于依法加强对管制剥夺政治权利缓刑假释和暂予监外执行罪犯监督考察工作的通知》(已失效),明确规定了服刑人员经商受限制;1988年最高人民检察院、公安部和司法部联合发布的《关于不允许暂予监外执行的罪犯外出经商问题的通知》,特别规定暂予监外执行的罪犯不允许离开居住地经商,而生活确有困难和谋生需要的,只能经过执行机关批准且在不影响监督考察的情况下,在居住地自谋生计。与之类似,1999年原国家工商行政管理局发布的《企业法人法定代表人登记管理规定》(已失效)明确规定,监外执行服刑人员不能担任法定代表人。虽然在严格意义上讲这些旧规则在《社区矫正法》颁布后,特别是在我国市场经济高度发达的今天,其效力和实际影响应当自然消失,但在现实中,由于前述规则制定机关分属不同部门、部门之间缺乏有效协调和沟通,实际上这些规则至今还深深制约和影响着社区矫正对象的劳动权和经商权问题。鉴于此,我国社区矫正执行部门应当发挥立法和执法优势,全面彻底地梳理旧有层级较低的部门规章和规范,并在此基础上制定新的细则和意见,为基层社区矫正执法提供正确的规范性导向。

第二,在我国市场经济高度发展的商业社会环境中,对于因为经商谋生而限制人身自由的做法,实际上应当逐渐放松。一方面,在社区矫正执法过程中,应当在分类监管的基础上注重个性化监管,对于社区矫正对象的实际生活情况具体问题具体分析,对确以经商谋生的人员应当有特殊的监管方案。执法部门可以对确有经商需要的人员进行专门的风险评估,并且可以采纳分级管理的办法,将允许经商作为一种矫正和教育的激励措施,即开始入矫暂时不允许经商,减少外出,此后,若矫正对象在一定时期内积极完成特定的矫正任务,教育效果较好,则可以增加其因为经商而必要的外出次数等。另一方面,对于经商的社区矫正对象,或者因为经商而需要申请多次离开居住地的人员,可以对其适用更为严格的预防和监管手段,即如果外出多次可以增加电子信息核查次数,或者外出超过规定的具体时间则施加相对严厉的处罚措施等。正是基于上述考虑,《社区矫正法》第27条明确规定:"社区矫正对象离开所居住的市、县或者迁居,应当报经社区矫正机构批准。社区矫正机构对于有正当理由的,应当批准;对于因正常工作和生活需要经常性跨市、县活动的,可以根据情况,简化批准程序和方式。"根据这一规定,《社区矫正法实施办法》对"正当理由"进行了进一步细化和明确,明确规定了正当理由包括就医、就学、参与诉讼、处理家庭或者工作重要事务等。同时,对于社区矫正对象经常性跨市、县活动的,细化和明确了简化后的批准程序和方式,即由本人提出申请,写明理由、经常性去往市县名称、时间、频次等,同时提供相应证明,由执行地县级社区矫正机构批准,批准一次的有效期为六个月。另外,《社区矫正法实施办法》尝试建立外出目的地社区矫正协助监管制度,即"执行地社区矫正机构根据需要,可以协商外出目的地社区矫正机构协助监督管理,并要求社区矫正对象在到达和离开时向当地社区矫正机构报告,接受监督管理"。根据《社区矫正法》与《社区矫正法实施办法》的精神,长三角地区的社区矫正机构与检察机关通过建立工作合作协议,着重围绕公益活动、电子监管、外出请销假等事项,进一步统一和细化请销假标准,扩大社区矫正对象的活动范围,鼓励社区矫正对象就近参加司法所矫正活动,明确信息共享机制以及巡回检察制度,为社区矫正对象在合作区域内有序流动和便利监管提供便利条件,创新长三角地区社区矫正一体化发展模式。应当说,这种旨在保障社区矫正对象经营与劳动权的跨区域性社区矫正一体化发展的创新模式值得充分关注。

关于社区矫正对象的隐私权问题,社区矫正理论和实践部门存在较大争议。涉及社区矫正对象隐私权的事项,主要是对社区矫正对象的通信自由、住宅隐私以及身份方面的隐私事项是否可以公布、在什么范围和程度内公开以及如何公开的问题,其实质,就是执法机关如何平衡社区矫正对象隐私权与公众知情权的问题。

一般认为,对于社区矫正对象的通信自由和住宅隐私的保护,没有什么太大争议,但不少文献对于社区矫正对象的身份隐私事项问题,存在着较多的争议。如,有不少文献提出社区矫正对象由于参加矫正任务而被同事知悉所可能产生的负面评价效果、社区矫正对象与警察在社区内的公开接触、公益劳动时社区矫正对象身份是否公开以及公开所可能产生的不良效果等。[1]这些观点在社区矫正实践中就矫正效果而言确实值得注意,应当尽量避免因为社区矫正执法而对社区矫正对象再次产生或加重罪犯标签效果。但从法理上来看,对社区矫正对象的隐私权进行一定的限制,是社区矫正工作客观需要的。如,在对罪犯适用社区矫正时,有些轻罪必须征得被害人谅解或同意,这就意味着社区矫正对象的信息会向外披露;如果不向社区披露社区矫正对象的身份和其所犯罪行,则无法让社区有效参与对罪犯的矫正工作;社区矫正危险性评估也是《社区矫正法》所规定的重要工作程序,在矫正评估过程中,也不可避免地会向社区矫正对象的邻居或相关人员披露一些关于接受矫正对象的身份信息。

当然,前述信息的披露是社区矫正工作顺利开展所必要的,也就是说,对于社区矫正对象身份信息的披露,应当以矫正工作进行的必要为限度,超过这一限度则有可能侵犯社区矫正对象的隐私,这是不允许的。其实,这种披露的限度性,实际上是为参与矫正的社区矫正工作人员设定了保密义务,并为这种义务配置相应的法律责任奠定了法理基础。这种义务设定和责任施加的明确性和严肃性,实际上也是在为社区矫正对象隐私权的有效保护提供制度保障。

关于社区矫正对象言论自由权的问题,在社区矫正理论和实践部门均存在一定争议。一般而言,言论自由是指公民按照自己的意愿以特定形式表达一定的观点和听取他人意见的权利。对社区矫正对象而言,在实践中主要是社区矫正对象发表观点的自由权限问题,如能否接受采访等。有些地区的社区矫正执法机构就以规范性文件的方式明确限制了社区矫正对象接受采访的行为。对此,社区矫正理论界也有不同看法,有文献认为由于我国当前法律并没有对社区矫正对象接受采访的权利予以明确限制或禁止,而且从法理上来看,对罪犯权利的克减和剥夺必须由法律形式明确予以规定,因此,在我国没有法律明确规定的情况下,限制社区矫正对象接受采访的权利是不恰当的。[2]

---

〔1〕参见王翠竹、王世洲:"社区矫正在我国的现实处境及进路分析——《刑法修正案(八)》颁行后的思考",载《辽宁大学学报(哲学社会科学版)》2012年第6期,第22页;程晓溪:"社区服刑人员隐私权保护问题研究",载《江西广播电视大学学报》2015年第3期,第58页。

〔2〕参见葛炳瑶主编:《社区矫正导论》,浙江大学出版社2009年版,第86页。

实际上，个别地区社区矫正执法机关限制社区矫正对象接受采访的做法，主要还是受传统的严惩犯罪与维护稳定思维的影响或考虑本地区的政治与经济秩序某些方面的特殊敏感性而形成的。从法理上来讲，在我国当前没有任何法律明确规定社区矫正对象不能接受采访的情况下，明确限制或禁止矫正对象接受采访于法无据。当然，由于刑法也明确提出了关于社区矫正对象在矫正过程中对会客的限制性要求，实际上接受媒体采访，正常情况下也是以会客为前提的，那么，在涉及接受采访的事项上，社区矫正对象应当向社区矫正执法机关汇报并备案，同时社区矫正工作人员对于一般的不涉及政治或危害国家安全类的采访，应当以直接允许为原则，同时，应当再次向社区矫正对象告知和讲解言论自由的法律边界和超越边界的法律责任，至于社区矫正对象在接受采访时必须由工作人员在场监督或者特定情况下终止采访则完全没有必要。

（三）程序权利

对社区矫正对象而言，在接受社区矫正过程中会因为社区矫正对象执法而形成专属性的程序性权利，其中比较重要的是知情权和申诉等救济权。

知情权是社区矫正对象特有权利之一，主要指社区矫正对象从接受矫正开始，有权对与社区矫正相关的法律依据、法律文书内容、期限、期间的权利义务规定、违反规定的各种法律后果、社区矫正工作人员的基本情况以及社区矫正工作人员侵犯自身权利时如何正确有效救济的各种信息充分知悉。社区矫正对象的知情权是社区矫正有效开展的前提条件，只有社区矫正对象明确和详细地知道自己在社区矫正过程中需要做什么、怎么做、做了有什么后果等信息，其才能够在矫正过程中按照规则认真完成矫正任务，积极配合矫正机关的工作，从而真正复归社会。

救济权对于社区矫正对象来说也是非常重要的权利。在社区矫正实践过程中，对于社区矫正工作机构或人员侵犯矫正对象合法权利的行为，社区矫正对象有什么权利实现自我救济、向谁控告、申诉、检举，都没有明确的规定，《社区矫正法》则明确规定了救济的主体、办理程序、并明确规定了矫正机关或工作人员侵犯社区矫正对象合法权利的行政和刑事责任，应当说是一种立法进步。那么，在后续的社区矫正制度发展过程中，重点则是如何细化这种救济手段，并如何确保最大限度地降低这种侵犯行为发生的可能性。

前文对社区矫正对象的权利问题进行了较为详细的法理分析，以学理来反观我国社区矫正立法和实践过程中的权利保障问题，不得不说，我们当前的制度还不完善，执法也存在不到位之处。具体表现为：

第一，我国社区矫正法律规范中关于社区矫正对象权利保护的规定比较零散，并没有形成体系化的规范制度，也没有具体的执行配套措施，其操作性大打折扣，涉及社区矫正对象权利保障的具体工作程序、部门衔接以及配合等方面，存在着不能有效沟通与执行的问题。[1]特别是，作为对社区矫正具体工作有直接指导意义的《社区矫正法实施办法》，并没有对《社区矫正法》规定的社区矫正对象权利保护与救济条款做出更加明确和细致的解释和说明，因此社区矫正对象权利保护与救济条款的实践运用仍然缺乏可操作性。

第二，由于社区矫正执法人员、社区矫正对象以及社区公众的权利意识淡薄，歧视社区矫正对象、社区矫正对象自我矮化等守旧思想在短期内很难改变，需要逐步提升社区矫正对象的权利观念。

第三，当前社区矫正实践过程中的管理和矫正模式相对落后、组织和社会保障机制不足，也使得社区矫正对象的权利难以得到切实保障。在当前的社区矫正实践过程中，"重监管、轻权利"的思维仍然普遍存在，很多地方社区矫正机构认为只要社区矫正对象在矫正过程中"不出事、不闹事"就是合格的，而忽视不同社区矫正对象的差异性或特殊性，不愿意从社区矫正对象权利保障的角度真正开展分类管理、个别化矫正，区别对待，这就使得体现社区矫正福利性的社会化矫正措施难以有效开展，如，对老幼病残妇等特殊对象缺乏具有针对性的矫正方案。另外，真正意义上的个别化社会化矫正方案难以有效开展，更多地与社区矫正机构的队伍结构与激励、办公经费、人员素质、基础设施建设、社会参与的鼓励机制等方面有直接关系，这一现实状况实际上导致了社区矫正对象权利保障缺乏牢固的现实和物质基础。

对此，笔者认为，《社区矫正法》虽然对社区矫正对象的权利以及权利受到侵犯的救济问题进行了明确的立法规定和确认，对社区矫正对象的权利保护有着重要的立法支持作用。但立法规定和确认仅仅是社区矫正对象权利保护的起步，而不是完成或终结，在立法确认之后的具体制度构建过程中，无论是社区矫正理论界还是实务界都还有大量的工作要做，唯此，才能真正将社区矫正对象的权利保护问题落到实处。我们对这一任务应该有清醒的认识，而不能浅尝辄止，因为这项工作任重道远，不可能一蹴而就。

应当说，当下最重要的工作，除了在理论方面对社区矫正对象权利保护

---

〔1〕 参见司绍寒：《社区矫正程序问题研究》，法律出版社2019年版，第246~248页。

问题进行体系性和学理性研究之外,[1]在实践方面,应当沿着社区矫正立法的精神和意图,进一步探索和完善社区矫正对象权利保护的具体制度和操作规程,特别是对社区矫正对象被侵权时的救济时限、主体、程序、方式等问题进行规定,出台明确的操作细则。同时,对涉及检察机关的监督权限、介入方式及其监督程序问题,也应及时明确。

另外,本着多渠道救济的思路,对于涉及社区矫正对象日常违规惩处和司法惩处的申诉和救济问题,可以尝试在司法行政系统内部建立听证和辩解机制。如,社区矫正对象若对因实施违反监管矫正规定行为而被给予警告、公安治安管理处罚等惩处措施不服的,应当给予社区矫正对象辩解的机会,因为这些处分实际上与刑罚执行方式的变更即社区矫正能否顺利进行下去有直接的关系。

再者,在社区矫正实践工作中,无论是对社区矫正对象、抑或社区矫正的工作人员还是社会一般民众,都应当进行权利教育,确实提升社区矫正工作人员的权利保护和法治意识,改变其关于罪犯和执法的守旧、落后的观念,切实树立现代社区矫正的理念,使之在社区矫正工作的各个环节自觉维护社区矫正对象的权利,同时,不断提升社区和民众的权利意识,消除社会偏见和歧视。当然,这些工作属于潜移默化性的,当前尚未真正落到实处与很多制度的偏颇有很大关系。如,让社区矫正工作人员能够以权利意识为指导开展工作,则必须改变政府的考核思维,对于社区矫正工作人员施加的责任、评比、考核等要切合实际,切忌形式主义,真正建立激励和晋升机制;让社会一般公众改变对社区矫正对象的歧视,实际上需要以前科制度、政审制度、档案制度、身份制度等诸多社会或社区领域改革的推进为前提,只有制度推动,社会公众的观念才能真正快速扭转。

最后,切实提高国家对社区矫正工作的经费投入和物质保障,真正解决导致社区矫正管理和矫正模式单一落后、组织机构以及社会保障不到位等问题的关键性矛盾,是社区矫正制度良性发展的根本,而这种投入和保障问题,与国家的经济、政治和文明程度有着直接关系,也只能在发展中逐渐解决,不可能一步到位。同时,社区矫正保障体系的建立,还有赖于更为广义上的社会改革,即基层社区的真正形成、建立和发展,从而为社区矫正提供良好的载体和场所。

---

[1] 参见闫佳、冯建仓:《社区矫正对象权利保护研究》,法律出版社2019年版,第11~27页。

三、社区矫正对象的义务内容及其实现

社区矫正对象作为我国的公民，首先必须履行一般公民的义务。在此之外，社区矫正对象由于其罪犯的法定身份，必须承担多于一般公民的特定义务，而这种义务是具有刑事强制性的。自我国社区矫正试点以来，关于社区矫正对象的义务规定，大体上有日常报告义务、迁移报告义务、学习受教育义务、社区服务义务等数项。此外，还要遵守刑法对管制犯、缓刑犯和假释犯的规定义务以及特定的禁止令义务。但总体而言，无论是我国关于社区矫正对象具体义务的法律规定，还是刑法中关于符合社区矫正条件的管制犯、缓刑犯和假释犯的规定，内容均十分简单、粗糙，难以真正有针对性地对社区矫正对象发挥积极作用。如，对管制犯而言，刑法明确规定了"遵守法律、行政法规、服从监督"的义务，但实际上，守法是每个公民的义务，而不仅仅是管制犯需要履行的义务，因此，这一规定无法体现出对管制犯所科以的较一般公民更重的义务特点，[1]而且，该规定并没有再细化，针对性不强，没有考虑到管制犯的具体行为人类型，在司法实践中不利于法官个别化地确定管制犯的具体义务，同时，由于规定的针对性不强，在司法实践中其义务的惩罚性体验和再犯预防效果都不十分理想。

（一）禁止令的明确性与有效性需仍提升

对于管制犯和缓刑犯的具体义务而言，禁止令的明确性、针对性和有效性在社区矫正实践中确实存在较大的问题。

2011年"两高两部"发布的《关于对判处管制、宣告缓刑的犯罪分子适用禁止令有关问题的规定（试行）》明确规定，在特定时期内，禁止管制犯和缓刑犯从事特定的一项或几项活动，进入一类或几类区域、接触一类或几类人员。禁止令并非新的刑罚，并不能单独适用，而仅仅是一种辅助和配合刑罚发挥预防作用的强制性约束措施。无疑，禁止令的规范细化，在一定程度上为有效地实现对社区矫正对象的监管提供了前提和根据，充实了社区矫正执行的内容，但实际上，就刑事司法实践而言，禁止令却仍然存在一定的问题。

首先，禁止令用语表述的确存在不明确性。"接触""娱乐场所""经营活动""不良人员"等大众用语类的词汇，内涵和外延都比较宽泛，容易引起执法中的不确定性和任意性。"娱乐场所"到底怎么界定？社区矫正对象和朋

---

[1] 参见吴宗宪：《社区矫正比较研究》（上），中国人民大学出版社2011年版，第130~131页。

友去量贩式KTV唱歌，算不算进入"娱乐场所"？使用微信等通讯方式与其他人联系，算不算"接触他人"？对金融从业人员来说，不再实施纯粹的金融业务，而从事金融业务相关的衍生性或辅助性业务，如中介、咨询等，算不算"经营活动"？"不良人员"有什么标准，是以穿衣打扮还是以是否有过违法记录还是有过犯罪记录为标准进行判断？等等。其次，禁止令是对管制犯或缓刑犯的行为约束，本质上属于一种对行动自由的限制。那么，禁止令宣告就应当特别注意所宣告的禁止性事项与罪犯、犯罪行为之间的关联性程度，提高禁止令的针对性，但实际上，有些法院在适用禁止令时，往往不考虑禁止事项与罪犯和犯罪行为之间的关联性，从而使得禁止令的效果大打折扣。另外，有些法院适用禁止令时，忽视了禁止令的可执行性，如"禁止罪犯饮酒"的禁止令内容，实际上就很难真正执行，因为基于现实条件的限制，这一禁止令根本无法真正执行，执行这种禁止令不仅会为社区矫正执法人员增加负担，而且还会降低社区矫正对象对禁止令严肃性和权威性的认可程度。最后，关于违反禁止令具体义务的行为后果之规范设定，也应当进一步细化，增强可操作性，如可以将禁止令的遵守和违反情况与社区矫正的考核挂钩，将遵守禁止令作为一项考核的激励措施，同时，适当加重违反禁止令义务的惩戒力度，从而真正确保禁止令的执行效果。当然，在社区矫正实践中，有些地区采用手机定位、电子监控设备、电话查访、不定期走访等多种方式来确保禁止令的执行效果，但在《社区矫正法》出台之后，国家已经不允许让社区矫正对象从始至终佩戴电子定位装置，而是必须分类累进性地规范使用，那么，在这种法治背景下，如何提高禁止令的执行效果，则成为一个值得探讨的新问题。在笔者看来，禁止令的有效执行，根源还在于法官适用禁止令时能否对禁止令内容的关联程度和针对性准确把握。

（二）**公益劳动的法理问题及其替代**

对于缓刑犯和假释犯的具体义务而言，应当对公益劳动的问题予以特别注意。在社区矫正实践中，公益劳动意味着社区矫正对象必须在特定的时间、地点进行一定时长的无偿劳动，即公益劳动实质上就是执法机关为社区矫正对象设定了强制性的劳动义务，而劳动义务说到底也就是限制其行动自由的权利。对于公益劳动做法的引进，散见于我国社区矫正实践的规范性文件。如《司法行政机关社区矫正工作暂行办法》《关于在全国试行社区矫正工作的意见》都明确规定了社区矫正对象应当参加公益劳动，后来，《社区矫正实施办法》不仅再次确定了这一规定，而且还明确规定公益劳动每月不能少于八个小时。由于社区矫正实践中普遍将公益劳动作为一种具体的矫正措施加以运用,因此不少文献认为,应当在社区矫正立法中对此予以明确确认。如,有文献从我国刑罚执行和劳动矫正的历史渊源出发,认为"罪犯参加劳动是我国刑罚执行和罪犯教育改造长期经验的总结,社区服刑与监狱服刑仅仅是执行场所不同,因此,劳动改造的经验也应当适用于社区矫正对象。劳动矫正能够增强社区矫正对象的社会责任感,养成积极的生活习惯,同时向被害人和社会忏悔,弥补对被害人和社会造成的危害,更容易得到被害人和社会的谅解",鉴于此,应当将劳动矫正在社区矫正立法中予以立法确认。[1]

然而,也有一些文献对公益劳动的合法性与适当性问题表示质疑。如,有文献明确指出:其一,公益劳动的规定,主要散见于"两高两部"的一些指导社区矫正的司法性文件,规范效力的位阶较低。公益劳动就其实质而言,是对社区矫正对象人身自由的限制。根据我国《立法法》的基本原理,凡是涉及刑罚的事项,必须由法律加以规定。根据这一原理,在《社区矫正法》出台之前,公益劳动的合法性就存在问题了。[2]其二,即便在社区矫正立法出台之后,公益劳动也并不能成为一种强制性的刑事义务。公益劳动可以作为罪犯承担刑事责任、接受刑事处罚的载体,但这只能说明公益劳动是社区矫正人员接受教育矫正的一个有效的途径和方法,并不意味着公益劳动就是社区矫正对象必须承担的一项刑事强制义务。[3]

另外,有文献也指出,公益劳动在社区矫正实践中遇到一些难以解决的困境和问题:一是在社区服务中公益劳动的项目较为单一。在实践中公益劳动大多是卫生保洁,但实际上很多社区的保洁工作基本上都由物业公司承担了,如果社区矫正对象到社区进行公益劳动,往往需要通过社区矫正机构和街道、社区等多方协调和联系才能找到合适的时间和地点。最终这种公益劳动就会沦为形式,难以真正发挥矫正实效。二是组织社区矫正对象进行集体劳动,社区矫正工作人员往往有一定的担忧和顾虑。如在劳动过程中社区矫正对象受伤或发生其他意外怎么处理?受伤或意外的费用如何承担,社区矫正对象提出索赔如何处理?或者,大量的社区矫正对象聚集劳动,万一发生聚众性事件或者起哄闹事怎么处理?基层工作人员往往认为,这些情况一旦

---

[1] 参见刘志伟等:《中国社区矫正立法专题研究》,中国人民公安大学出版社2017年版,第113~115页。

[2] 参见但未丽:"中国增设社区服务刑之必要性及立法构想",载《首都师范大学学报(社会科学版)》2009年第6期,第68~72页。

[3] 蔡雅奇:"社区矫正公益劳动并非刑事义务",载《检察日报》2013年2月18日。

出现，无论怎么处理都是有风险的，都是没有根据的，"上面一旦追责，就很麻烦"。三是组织社区矫正对象进行集体公益劳动，社区群众的围观、议论和见证在很大程度上都会强化惩罚性的标签效果，这反而不利于社区矫正对象复归社会。[1]

再者，有文献指出，在个别地区由于社区矫正对象法律意识的普遍提高，或者因为监狱生活而对维权问题特别关注，一些社区矫正对象对社区矫正过程中的公益劳动明确认为"法律没有规定，公益劳动是一种法律之外的义务"，因此对公益劳动产生较强烈的拒绝和抵触行为，从而也会影响社区矫正的实际效果。[2]

对于公益劳动是否应当成为社区矫正的"标配"问题的争论，实质上还是与如何认识我国社区矫正的基本性质有着极其重要的关联。如果认为我国社区矫正的性质强调和侧重监管，则很容易认为"十分有必要将公益劳动作为刑事义务"，如果侧重教育和帮扶，则一般不会坚持"公益劳动是社区矫正制度的标配手段"之观点。

从社区矫正的性质上说，不可否认，对社区矫正对象的监管，意味着对社区矫正对象的人身自由进行了一定的限制，但这种限制主要还是法院根据《刑法》和《刑事诉讼法》的具体规定而作出的，因此，法院作出的判决和裁定本身已经为即将参与社区矫正的人员明确了具有强制性的具体刑事义务。社区矫正机构更多的是在上述判决和裁定范围内对社区矫正对象进行监管和教育改造。对于管制犯而言，我国《刑法》明确规定了"在劳动中同工同酬"，对于缓刑犯和假释犯，我国《刑法》也没有明确规定缓刑犯和假释犯的劳动义务，退一步讲，虽然社区矫正对象应当"遵守法律、行政法规、服从监督"，即便认为这一项义务包含行政法规中的劳动义务，但这种劳动义务并非公益性的，而应当视为同工同酬的有偿劳动；即便认为这一项义务中的"服从监督"可以包含服从社区矫正机构安排的监管性措施或活动，但这种措施或活动应当不包括公益性劳动。因此从立法的角度来讲，《社区矫正法》属于刑事执行的性质，本身就不适合在《刑法》和《刑事诉讼法》已经明确设定刑事义务的情况下，再一次将公益劳动设定为社区矫正对象必须履行的强

---

[1] 廖斌、何显兵：《构建中国特色的社区矫正制度研究》，中国政法大学出版社2019年版，第168～169页。

[2] 参见张来增："剥夺政治权利社区服刑人员矫正方法的研究"，载北京市司法局编：《社区矫正优秀理论研究成果汇编》，2005年，第145页。

制性刑事义务,否则,这就等于《刑法》和《刑事诉讼法》以及《社区矫正法》双重剥夺或限制了罪犯的人身自由权利,无形中加重本身属于社会危害性和人身危险性不大的罪犯的义务和负担,导致罪责不相适应。因此,公益劳动从法理上而言,并不适合作为社区矫正的必须性手段。且从一般公众的理解而言,所谓的公益劳动就是无偿性、非营利性的劳动,而且,既然是"做公益",那么对于行为人来说就不是义务,而是可以选择的。将参加公益劳动作为一种强制性义务,与一般人的理解也存在较大偏差。

基于这些考虑,虽然在社区矫正理论与实践界,公益劳动应当成为社区矫正"标配措施"的呼声一片,《社区矫正法》从刑事法理的高度考虑,并没有将公益劳动作为社区矫正的必须手段,而仅仅使用了"公益活动"的概念,〔1〕而且对于社区矫正机构组织公益活动,仅仅采用了"可以型"的允许性规范形式,而没有采用"应当型"的义务性规范形式。这是值得我们充分注意的。

应当说,《社区矫正法》的规定具有较高的科学性,非常有利于我国社区矫正制度在未来的良性发展。

第一,公益活动的概念较之公益劳动,无论是内涵还是外延都更加宽广,实际在一定程度上为基层社区矫正机关和工作人员"松绑",使其不再拘泥于形式单一的公益劳动而开展矫正工作,从而为社区矫正执法部门根据各地的具体情况,开展多种形式和具有地方特色的社区矫正公益活动提供了法律根据,非常有助于激发基层社区矫正机关和工作人员的工作积极性,开展制度创新活动。

第二,在我国一般公众甚至司法人员的心目中,对罪犯的"劳动改造"是惩罚的一部分,是必须具备的措施,这实际上仍然是守旧的惩罚性报应观的体现。但是,社区矫正制度的创制和适用,本身就是淡化惩罚性报应观的集中体现,重在强调对罪犯的感化和重新社会化,在这一任务的引导下,突出公益性活动对于社区矫正对象社会责任感塑造的积极价值,展示社区矫正对象弥补社会危害、恢复社会秩序的象征性意义。那么,在《社区矫正法》中规定"公益劳动"这一带有惩罚性报应观念的矫正措施,在一定程度上就背离了社区矫正的制度初衷,从而《社区矫正法》的价值引导和塑造功能就难以有效发挥出来了。

---

〔1〕 参见王爱立主编:《中华人民共和国社区矫正法解读》,中国法制出版社2020年版,第263~265页。

第三，强调多样性的公益性活动，其实在一定程度上对于社区矫正机构执法的规范性具有一定的保障作用。在过去的社区矫正司法实践中，由于公益劳动的工作时间、地点和方式难以在社区很好地调配，为了完成公益劳动的任务，社区矫正工作人员往往让社区矫正对象为社区矫正机构做勤杂工、炊事员等，甚至让社区矫正对象到和社区矫正机构存在某种关联的私营企业去从事特定工作和服务，使其成为为社区矫正机构增加收入的工具，上述做法在一些地区的确存在，甚至还比较普遍。《社区矫正法》强调公益性活动，而不再强调公益劳动，实际上就是在突出"活动"而非"劳动"的无偿性和公益性。也就是说，这种公益活动是无偿的，因为社区矫正对象需要用这种活动来弥补对社会造成的危害，但是，这种公益活动必须限定在公益的限度内，即必须以增进社会公共利益和福利为目的，在活动的方式、内容、过程和结果方面，都应当体现公共性，这种公益性的强调，实际上可以大大限制社区矫正机构以公益活动谋求部门利益或以权谋私的可能性，从而规范社区矫正的执法活动。

（三）暂予监外执行规范可操作性有待增强

对于暂予监外执行犯的具体义务而言，现有规范缺乏明确性是比较严重的问题。暂予监外执行犯在监狱外执行期间到底应当遵守哪些义务，实际上并没有明确的法律层面的具体规定。在实践中，人们一般以 1995 年公安部发布的《公安机关对被管制、剥夺政治权利、缓刑、假释、保外就医罪犯的监督管理规定》（已失效）作为执法参考。然而，随着社区矫正执行机关的整体调整，该文件对于暂予监外执行犯是否还具有法律效力，也是值得探讨的。因此，司法部或者社区矫正机关应当适时出台暂予监外执行犯需遵守的义务规范具体细则，才能真正规范基层社区矫正执法活动。

在实践中，保外就医一直就是饱受争议甚至影响到司法公正的难题。暂予监外执行对于罪犯来说，意味着执行场地发生变化，但这种"狱内""狱外"的环境却有天壤之别，暂予监外执行犯由于自身患病或生理因素而在监外服刑，且在监外服刑的期间与在监内服刑期间具有同等的法律效力，这无形当中就形成了罪刑不均衡、有罪不罚、重罪轻罚的事实现象，而且，还会给监内执行的罪犯以巨大的欲望，千方百计争取暂予监外执行的机会，从而引发大量的司法腐败问题。《社区矫正法》虽然没有对暂予监外执行犯的具体义务作出明确规定，但《社区矫正法实施办法》对此作了比较详细的规定。暂予监外执行犯除了正常的配合治疗和报告义务之外，还应当定期向社区矫正机构报告身体情况，提交病例复查情况，并且，社区矫正机关也应当和保外就医人员的定点治疗医院、保外批准或决定机关、监狱或看守所建立畅通的信息沟通和反馈机制，多方定期沟通联系、互通有无，及时通报罪犯的身体状况、疾病治疗和复查结果等信息。再者，对于无理由不提交复查情况的，严重者可以收监执行。最后，应当认为，对于暂予监外执行犯，也应当遵循矫正个别化的原则，使真正患有严重疾病需要保外就医的罪犯能够得到更好的医疗和照顾，体现刑罚的人道性。同时，执行机关也必须对保外就医进行严格的监督和管理，不能使罪犯始终处于"保而不医""永保病残"的实质性逃避制裁状态；对于保外就医罪犯在经过诊治后身体状况的评价，可以进行医学鉴定，而不能不进行医学鉴定或由罪犯自己提供医学鉴定，从而科学合理确定保外就医罪犯的疾病是否真正痊愈或保外就医的情形是否已经消除，进而最终正确地决定是否可以对其收监执行。

生活不能自理类的暂予监外执行犯在社区矫正过程中需要遵守什么样的具体义务，也缺乏明确规定。对生活不能自理类的罪犯予以暂予监外执行，目的在于让罪犯能在扶养义务人的照顾下更好地生活或医疗，从而体现刑罚的人道色彩，但这类罪犯的社会危害性或人身危险性也并不一定降低或减少多少，因此才有必要对其进行社区矫正，也就是说，对此类罪犯也同样应当规定相应的义务，如暂予监外执行期间不能自伤自残、协助社区矫正机构提供适合担保人以及不能与担保人串通制造虐待等虚假事实欺骗社区矫正机关等。

在当前的司法实践中，对生活不能自理的暂予监外执行犯的鉴别和确定之标准比较模糊和原则，而且监狱管理部门和公安机关在审批过程中较为封闭不透明。2016年最高人民法院发布了《关于印发〈罪犯生活不能自理鉴别标准〉的通知》，从饮食、大小便、穿衣洗漱和行动等四个方面详细规范了不能自理的鉴定标准，在一定程度上提高了暂予监外执行诊断和鉴定工作的科学化和规范化水平。另外，在司法实践中确实也存在着扶养义务人不愿意接收、不适合接收、不愿意担保等情况，从而导致罪犯无法享受暂予监外执行这一福利的客观事实的存在，甚至还出现了罪犯主动要求收监的现象，这些都在一定程度上说明暂予监外执行的工作应当进一步明确细化和规范。社区矫正理论和实践部门应当以《社区矫正法》的颁布为契机，对暂予监外执行进行深入的探讨，从而促进这一制度能够真正充分体现其本有的制度福利和特色。

暂予监外执行犯中还有一些比较特殊的群体，即孕妇和哺乳期妇女。实际上，对于此类罪犯的暂予监外执行，法律的本意并非考虑其社会危害性或人身危险性大小或程度，而仅仅是出于保护对胎儿或婴儿作为人的基本权利。实际上，有些孕妇或哺乳期的妇女，其所实施犯罪的社会危害性并不小，人身危险性并不低，甚至在实施严重犯罪之前，就已经咨询律师或学习法律，懂得了怀孕妇女或哺乳期妇女可以暂予监外执行的法律知识，从而将怀孕或哺乳作为逃避制裁的合法手段。因此，对于这类罪犯，应当本着矫正个别化的原则，严格评估和甄别她们的社会危害性和人身危险性，对不同的罪犯作出不同的要求，设定具体的差别性义务。值得注意的是，近年来国家已经发现暂予监外执行制度实践中有关罪犯甄别和适用标准等方面的一些问题，并开始通过运用规范手段进行调整和引导。为了全面贯彻刑罚个别化原则，充分发挥暂予监外执行的制度优势，更加有利于暂予监外执行实践工作的开展，《社区矫正法实施办法》明确规定，社区矫正机构根据工作需要，可以协调对暂予监外执行的社区矫正对象进行病情诊断、妊娠检查或者生活不能自理的鉴别。

然而，与其他社区矫正对象的义务规范相比，我国当前对暂予监外执行罪犯的社区矫正义务规定尚无明确的法律层面的规范依据，已有规范的制定主体、执行主体以及效力等还存在比较严重的问题；在实践中，这些义务规范缺乏明确性和可操作性，不仅为社区矫正效果的真正发挥带来了一定的困难，而且在一定程度上存在着诱发司法腐败的可能性，因此亟须出台相应的执行细则规范予以明确。《社区矫正法实施办法》虽然对暂予监外执行犯监管和矫正问题进行了一定的规定，但仍然不够完整和具体，因此需要进一步完善。同时，应加强对暂予监外执行特别是暂予监外执行特殊群体社区矫正的经验研究，探索和构建对特殊群体行之有效的差异化监管和矫正方案进而形成具有可复制性的制度规则。

第三节　中国社区矫正对象扩张的趋势问题

前文对我国社区矫正对象的法定称谓、范围、权利和义务及其实现保障等问题进行了较为深入的学理探讨，那么接下来需要讨论的是，我国社区矫正对象的范围是否科学，能否与国家和社会的发展需要保持一致，能否为我国基层社会治理体系现代化和法治化作出重要贡献？因为社区矫正对象的合

中国特色社区矫正基本制度问题研究

理设定，关系着社区矫正工作的规模、质量以及中国特色社区矫正制度发展的走向，对此我们不得不认真考虑。笔者认为，随着我国社会领域改革的深入以及基于国家治理体系和能力现代化与法治化的需要，社区矫正制度必然会在国家治理体系中发挥日益重要的作用，因此，社区矫正对象的范围必然会朝着扩大的趋势发展。同时，社区矫正对象范围的扩张，可以从司法实践和立法走向两个角度和路径加以展开。[1]

一、社区矫正对象扩张的必要性

（一）社区矫正对象扩张是刑罚发展规律的基本要求

不能否认的是，在世界范围内刑罚的发展史大体上呈现出由严酷野蛮到轻缓人道的基本特点，在这一基础上，国家对刑罚的实效和价值的期许即刑罚目的也在不断发生变化。在远古和奴隶时代，刑罚是以身体刑、生命刑和肉刑为中心，充斥着血亲复仇、等量报复和加害的意味；在封建时代，刑罚则以死刑和自由刑为中心的，强调刑罚的等价报应和一般威慑；近代以来，非监禁刑开始登上历史舞台并开始发挥重要作用，注重刑罚的积极一般预防和对罪犯的教育、改造和复归效果。也就是说，从总体上而言，刑罚的发展史就是从以身体刑、生命刑和肉刑为中心到以监禁刑为中心再到监禁和非监禁刑并存的发展过程，刑罚逐渐轻缓和人道是刑罚发展规律的重要表现。监禁刑以监狱为主要行刑机关，但实际上监狱的特性本身就是建立在违背人类本性的基础上的，重在惩罚和剥夺，从而使得囚犯的社会性人格受到削弱，甚至形成不利于再社会化的监狱型人格。监狱与再社会化及教育感化罪犯在一定程度上存在着内在的冲突，所以，非监禁刑就是在承认随着社会进步人们的刑罚耐受性逐渐降低的情况下，意在寻求从"狱外""不用监狱"的社区环境教育和改造罪犯，经过几十年的探索，人们发现这种非监禁性的教育改造罪犯的效果在一定程度上相对良好，参与教育矫正的罪犯再犯率很低。刑罚发展的客观性规律，是人类文明和人权发展的重要表现，也是一种不可抗拒的历史趋势，因此，从长远来讲，我国的刑罚发展也不会例外，死刑和长期监禁的比例也会逐渐降低，而短期监禁和非监禁刑的比例则会逐步提高。从这一根本性趋势的角度来看，我国社区矫正制度必然会进一步发展，从而社区矫正对象的范围和社区矫正的适用规模会大幅增加。

---

[1] 关于社区矫正对象扩张路径理论论证的其他视角，可参见吴宗宪：《中国社区矫正规范化研究》，北京师范大学出版社2021年版，第52~56页。

(二) 社区矫正对象扩张是解决我国刑事司法资源紧缺的客观需要

从我国当前的刑法结构而言，应当说我国刑法总体上呈现出重罪重刑的结构样态，具体表现为：

第一，虽然《刑法修正案（八）》与《刑法修正案（九）》废除了 22 个死刑罪名，但我国《刑法》仍然有 46 个死刑罪名，这些死刑罪名拉升了刑种和刑量整体的严厉程度，因此，死刑的数量和比例从整体上支持和强化着重罪重刑的结构特征。

第二，我国刑法在许多罪名上大量配置无期徒刑。在我国《刑法》中，除了规定有绝对死刑的罪行之外，凡是有死刑条款的罪名都同时规定了无期徒刑，此外，无期徒刑也以法定最高刑的形式广泛存在于没有规定死刑的罪名之中。具体来看，我国现行《刑法》中有约 80 个罪名中的重罪行为以及基本罪行都规定了无期徒刑，这些罪名主要集中在危害国家安全犯罪、军职犯罪以及危害公共安全犯罪之中，同时，在破坏社会主义市场经济秩序罪、侵犯财产罪以及贪污受贿犯罪中的有关财产和经济犯罪也规定了为数不少的无期徒刑。

第三，3 年以上有期徒刑法定刑幅度过大的有期徒刑大量配置和运用。自由刑是我国刑法最为常用的支柱性刑种。我国刑法中至少存在 17 种有期徒刑的刑罚幅度，其中，5 年以下有期徒刑、5 年以上有期徒刑、7 年以上有期徒刑、3 年以上 10 年以下有期徒刑在这 17 种刑罚幅度中占据了比较高的比例，而且我国单一犯罪的有期徒刑最低期限为 6 个月，最高可达 15 年。人们往往以 3 年为标准，将 3 年以上有期徒刑称为重刑。在 3 年至 15 年的重型刑罚期间内，大部分幅度规定过宽，其上下限基本上都超过了 5 年。以 5 年以上有期徒刑为例，该刑罚幅度对于某个犯罪行为而言，5 年至 15 年的刑罚量都是可以适用的。显然，这种适用的可能性就意味着，除非特殊的减轻处罚等原因，一般必然会排除 6 个月至 4 年的有期徒刑的适用。这种制度性规定，无形当中又限制了轻刑的运用，实际上进一步强化了我国刑法的"重罪重刑"特点。

第四，近来刑法修正的趋势在一定程度上会导致中长期刑或无期徒刑的大量制度性运用，从而实质上强化重罪重刑的特点。《刑法修正案（八）》改变了数罪并罚"最高不超过 20 年"的规定，规定了有期徒刑数罪并罚，总和刑期不满 35 年的，最高不超过 20 年；总和刑期超过 35 年以上的，最高不能超过 25 年。另外，现行刑法明确限制了对判处死刑缓期二年执行的罪犯的再次减刑，即规定2年缓刑期满，没有故意犯罪减为无期徒刑；确有重大立功表现的，减为25年有期徒刑，从而废除了原有的15年至20年的死刑缓期二年执行减刑后的刑罚幅度；而且，死刑缓期二年执行的累犯和8种暴力犯罪的死刑缓期二年执行的罪犯，其减刑可能会受到严格限制；还有，现行刑法设置了"对贪污、受贿行为，罪行极其严重，判处死刑缓期二年执行期满，依法减为无期徒刑后，不得减刑、假释的刑罚执行措施"，即终身监禁措施。这些制度的设置，无疑在进一步巩固和强化刑法重罪重刑的结构性特点。再者，在死刑立即执行案件核准权收回之后，判处死刑缓期二年执行的人数逐渐增多。[1]这就意味着，在严格限制死刑和减少死刑执行人数的政策指引下，死刑案件中判处死刑立即执行不予核准而被改判死刑缓期二年执行的人数可能会越来越多，这也会在无形中增加监禁的人数。

毫无疑问，我国重罪重刑的刑法结构样态本身就会导致监禁人口的增加，而且，在全国范围内开展的为期三年的扫黑除恶行动，严惩了一大批涉黑和涉恶的犯罪集团，而这些涉黑和涉恶的犯罪集团实施的犯罪种类较多，因此首要分子、骨干和积极参加者大多都属于长刑犯，这就导致在近期内监禁人口进一步增长。不得不承认，在一些经济发达、法治严明的地区，由于监狱中的罪犯数量增长过快而出现了监狱拥挤问题，而且，这种现象将会进一步蔓延。监狱拥挤必会严重耗费更多的刑事司法资源，产生较大的经济负担，还很可能影响到监狱中罪犯的生活居住环境、教育矫正质量、狱内越轨和暴力行为的数量、监狱工作人员的身心健康以及廉洁程度等方方面面。

根据社区矫正的实践，社区矫正可以有效地实现监禁人口的分流，缓解监狱拥挤的现状，而且还能节省刑事司法资源，较快地改善监狱罪犯的生活居住环境，提高狱内罪犯的矫正质量降低再犯率，减少狱内越轨和暴力行为的诱发因素，维护监狱秩序稳定和确保监狱工作人员身心健康，因此，从刑事司法资源的合理配置以及罪犯矫正的成本收益角度来看，扩大社区矫正的适用规模，扩张社区矫正对象的范围势在必行。

二、社区矫正对象扩张的刑事司法路径

从我国刑事司法的层面讨论社区矫正对象扩张的问题，是强调在较短的时期内，尽可能地保持我国刑事司法制度体系的稳健运行，尽最大可能充分利用我国各类政策性资源以及司法解释资源，动员法院提高管制和缓刑的适

---

[1] 参见屈学武主编：《刑法改革的进路》，中国政法大学出版社2012年版，第344页。

用率，并且尽量动员监狱、看守所等刑事执行机关优先选择假释，提高假释的适用率。

(一) 管制低适用率的成因及改革思路

关于管制刑的价值与功能、存废以及制度优劣等问题，刑法学理论已经有了较多探讨。鉴于本章主题，笔者不再对此类问题予以赘述。在此仅以我国刑法现有的管制规范作为基本依据，探讨我国基层法院对管制刑适用存在的问题，以及如何在不改变法律的情况下扩大管制刑的适用率。

基于管制刑的经验研究可知，从适用率而言，在我国近12年所有可查的生效判决中，判处管制的人数占比不足2%；从适用罪名而言，适用管制的罪名范围相对狭窄，大多仅限于盗窃、故意伤害、掩饰、隐瞒犯罪所得、犯罪收益、非法拘禁等罪名范围；从适用对象的主观方面而言，适用于故意犯罪的较多，过失犯罪的比较少；从适用主体而言，对一般主体适用较多，对诸如老年犯、未成年犯、怀孕妇女或限制性刑事责任能力人适用较少；从适用的地域性因素而言，东南沿海、经济较发达地区适用率较高，中西部地区、经济欠发达地区适用率很低，尤其值得注意的是，随着我国宽严相济刑事政策的推行，《刑法修正案（八）》《刑法修正案（九）》《刑法修正案（十）》和《刑法修正案（十一）》陆续出台，国家意图强调降低起刑点和行刑社会化逐步实现刑法结构现代化，但实际上，能够充分体现刑法现代化趋势的管制刑的适用率并没有大幅度的提升，基本维持不变。

客观而言，基层法院不愿意适用管制的倾向的确存在，而且较为严重。综合起来，有两方面的原因：

第一，我国刑法没有对管制刑的适用对象设定明确细化的规范性标准。一般认为，管制刑的适用对象就是犯罪行为性质轻、社会危害性不大而且人身危险性较小的犯罪人，同时刑法也笼统和概括地对拘役和缓刑的适用条件作了类似的规定，即对于社会危害性小或人身危险性小的犯罪人，可以适用拘役或缓刑。然而，刑法几经修改之后，对缓刑适用的具体条件和标准作了明确和细致的规定，并且对于不适用缓刑的对象也作了明确说明，这样，法官在对被告人选择刑罚时，因为管制的条件本身不好把握，所以法官往往会选择适用标准和条件更为准确和明晰的缓刑，毕竟，这两个怎么选择，都在法官合法的自由裁量权之内，"谁都不能说选择存在法律错误"，从而法官解决了依法办案的根据问题，同时，也可以为自己减少不必要的麻烦或失误，规避了判处被告人管制的某些责任或风险。

第二,基层法官适用管制等非监禁性刑罚,往往会受到来自社会的舆论和压力,从而影响到案件审判的社会性效果。不可否认,我国绝大多数民众心中仍然固守着惩罚性报应观念,认为"犯了罪,就得吃官司""吃官司就是关起来坐牢",往往认为对犯了罪的人不判实刑就是法官判案有问题,特别是被害人,往往要求法官严惩罪犯,也就是说,对法官怎么判案而言来自被害人和社会民众的舆论和压力是客观存在的,法官也必须适当考虑这种舆论和压力,否则就无法获得判决的良好社会效果。所以,在这种情况下,如果有拘役、有管制或缓刑,那么法官自然倾向于判处拘役实刑,但往往会将刑期适当缩短,这样"只要将人关一段时间,被害人或家属基本上就不闹了,社会矛盾就化解了"。加之有些法官本身对刑罚社会化处遇的理念也不甚熟悉,自己的思维也倾向于报应或惩办优先的话,那么自然更会倾向于选择拘役或短期有期徒刑。

对此,笔者认为,要在现有的规范和制度框架下提高管制的适用率,除了通过各种途径让法官真正学习、理解或接纳社区矫正等行刑社会化理念和制度之外,可以尝试在法院内部提高管制适用率的做法,在不违背国家法律规定的前提下,先制定统一的标准进行地区性尝试,如明确和细化适用管制的标准条件,如对于犯罪性质或情节较轻、危害不大、人身危险性较小且判处管制对所居住的社区没有重大不良影响的被告,可以适用管制。其中,对于未成年、老年、残疾、怀孕妇女、初犯、偶犯和过失犯等情节轻微、主观恶性不大的被告人,可以优先考虑适用管制刑。当然,为了与社区矫正工作协调一致,对于一些不适于社区矫正的,如居住存在问题或不具备帮教条件的被告人,则尽量不适用管制刑。

(二) 缓刑低适用率的成因及改革思路

关于缓刑的适用率问题,刑法学理论与实践部门观点并不一致。在刑事司法实践部门至今有人坚持认为,我国缓刑的适用范围相对较宽,适用率过高,在一定程度上削弱了对特定犯罪的打击力度,使刑罚的一般预防功能受到削弱。一方面,对于一些常见多发的侵犯人身或财产类的犯罪,即便法院量刑为三年以下有期徒刑,形式上符合缓刑条件,但由于这些犯罪历来是打击重点,社会危害性和影响较大,一般不应当判处缓刑。[1]另一方面,虽然我国社区矫正已经开展多年,但地区之间监管和矫正效果差异较大,不少地

---

[1] 毛海、李志虎:"当前我国缓刑制度适用中存在的问题与完善建议",载《人民检察》2009年第12期,第50~51页。

方社区矫正的监管并不到位，而且这些判处缓刑的人由于没有真正体验过监狱生活，并不能像假释犯或暂予监外执行犯那样能够深刻体验刑罚之苦，因此其再犯可能性相对较高，如果草率适用缓刑，那么其很可能认为刑法严厉性"不过如此"，甚至还会刺激或诱发其再次犯罪。法官为了慎重，应当尽量少适用缓刑。[1]

与之相反，刑法理论界有文献明确指出，在社区矫正大力推行的背景下，应当适当提高我国缓刑的适用率，因为缓刑犯的再犯罪率比假释犯低，而且我国当前已经有较为完备和具体的社区矫正法律规范能够确保缓刑犯教育矫正的实际效果。[2]因此，即便我国缓刑适用率近年来有所提高，但从社区矫正制度的立法初衷和缓刑适用的国别比较而言，我国仍然应当提高缓刑适用率。

的确，在我国司法实践中基层法院不愿适用缓刑，一方面是由于对法律规范的理解存在问题。如，不同地区的基层法官对犯罪情节、悔罪表现的理解往往存在差异，对再犯风险也难以预判，在缓刑和拘役存在交叉的情况下，基层法官往往选择标准明确的刑罚种类，能判处实刑就判处实刑，同时可以适当缩短实刑的刑期。另一方面，缓刑的适用与当地基层法院的内部管理制度、法官个人偏好、领导偏好和法院法治环境等非法律因素存在着密切关联。[3]如，有些地区的法官将缓刑与审前的羁押状态、强制措施情况、[4]退赃、罚金缴纳等相挂钩，只有缴纳罚金、退赃且前期处于取保候审状态的被告人才能适用缓刑，这无形中混淆和模糊了缓刑制度的适用标准，限制了缓刑的适用。甚至有些地区的法院考虑到羁押期限、内部案件的管理、报备和请示制度、缓刑风险评估的耗时烦琐以及内部审限期间等考核要求和自身职业风险等原因，"能不适用缓刑就不适用"。

对此，与管制适用扩大的改革思路类似，除了改变基层法官固有的惩罚性报应观、实刑偏好、对缓刑对象再犯的担忧之外，重要的是让法官敢于适用缓刑，改变法院内部的考核和管理要求，降低自身职业风险。另外，可以尝试将一些轻罪情形以列举方式明确优先适用缓刑，从而真正有效提高缓刑的适用率。如，对于过失犯中积极挽回损失或防止损失扩大的被告人；因家庭矛盾、邻里纠纷或经济纠纷或防卫过当、义愤等引起的故意伤害类犯罪的

---

[1] 汪海涛：《论缓刑适用率的高低》，载《商》2012年第20期，第109~110页。
[2] 张明楷：《应当提高缓刑的适用率》，载《人民法院报》2015年6月3日。
[3] 参见茅仲华：《刑罚代价论》，法律出版社2013年版，第264~267页。
[4] 参见杜雪晶：《轻罪刑事政策的中国图景》，中国法制出版社2013年版，第133~136页。

被告人；当事人已和解的且符合缓刑适用条件的被告人；对于确因被害人方漫天要价而无法和解，但被告人方愿意进行足额赔偿的，符合缓刑条件的被告人；非雇凶、涉黑涉恶的故意毁坏财物罪、破坏生产经营罪，及因索取合法债务及其他民间纠纷引发的非法拘禁罪、非法侵入住宅罪中符合条件的被告人；对于偶尔盗窃、抢夺、诈骗，数额不大，案发后能主动如实交代并积极退出赃款赃物的被告人；对因征地拆迁、企业改制、劳动纠纷、社会保障、环境污染、非法集资等引发的妨害公务、聚众扰乱社会秩序、聚众扰乱公共场所秩序、交通秩序等群体性案件，未同时实施打砸抢烧等其他犯罪行为的被告人；未成年人、符合缓刑条件的在校学生、60周岁以上的老年人、孕妇、哺乳期内的妇女〔1〕，等等。

总之，基层法院首先需要对提高缓刑适用率积极认同，并理解其先进和长远的社会治理和法治意义，树立在法律规定范围内优先适用缓刑的审判意识，在此基础上，可以进行地区性试点，通过地区性案例的不断累积，逐步总结适用缓刑的具体标准和犯罪类型，从而真正提高缓刑的适用率。

（三）假释低适用率的成因及改革思路

关于假释适用率的问题，我国刑事执行法学界普遍认为，当前假释适用率非常低，应当扩大假释适用率。据我国假释适用率经验研究方面文献的数据统计，我国近二十年的假释适用率基本上保持在2%以内，然而减刑适用率却能达到40%左右。〔2〕近年来假释适用率则进一步降低至1%左右，减刑适用率则降至20%左右。〔3〕我国司法实践中假释适用率如此之低，不仅使假释在教育改造罪犯方面的制度优势与功能在很大程度上难以发挥出来，而且也直接制约着我国社区矫正对象的范围和适用规模。

综合而言，我国假释低适用率的主要原因有以下三方面：

第一，刑法规范和制度方面的原因。有不少刑事执行实践部门的文献指出，我国刑法中关于累犯以及暴力型犯罪不得假释的具体规定，实际上是导致我国假释适用率极低的一个制度性"硬伤"。而且，减刑制度的适用对象相对宽松明确，但假释适用的条件则非常严格和抽象，甚至过于苛刻，程序过于烦琐。即便《刑法修正案（八）》本着提高假释适用条件明确性的意图，

---

〔1〕 参见张传伟：《我国社区矫正运行模式研究》，山东大学出版社2010年版，第149页。

〔2〕 参见王志祥：“我国减刑、假释制度改革路径前瞻”，载《法商研究》2009年第6期，第65~75页。

〔3〕 参见王俊："假释适用率低 司法部：加强对依法推进假释适用工作研究"，载《新京报》2020年6月3日。

将"假释后不致再危害社会的"调整为"没有再犯罪的危险",但是,在实践中"没有再犯罪危险"的认定仍然难以把握。最高人民法院《关于办理减刑、假释案件具体应用法律的规定》第22条规定,办理假释案件,认定"没有再犯罪的危险",除符合《刑法》第81条规定的情形以外,还应当根据犯罪的具体情节、原判刑罚情况,在刑罚执行中的一贯表现,罪犯的年龄、身体状况、性格特征,假释后生活来源以及监管条件等因素综合考虑。这一规定尽管为认定"没有再犯罪的危险"提供了一定的标准,但仍较为模糊,可操作性欠佳。在刑事司法实践部门工作任务日益繁重的情况下,司法工作人员自然会把职业风险小、操作简单明确容易的减刑作为首选制度加以适用。

第二,刑事执行实践部门的非官方场合的主要意见认为,近年来体现国家高层领导或主管部门的政治态度、政治意图、指导意见的政策性文件或口头表态并不是"鼓励和支持"扩大假释率的。由于受到媒体宣传的涉及职务犯罪违规减刑、假释以及保外就医引发的腐败案件影响,近些年国家对假释的适用实际上"有所收紧"。对此,在2014年中央政法委发布的《关于严格规范减刑、假释、暂予监外执行切实防止司法腐败的意见》就明确规定,对于职务犯假释比例不得明显高于其他罪犯比例,并提出,对"三类罪犯"确有悔改表现的认定应当考察其是否主动退赃退赔。2017年"两高两部"再次发文,要求进一步严格规范十八大以来交付执行的贪污贿赂罪犯假释工作,假释比例不得高于其他罪犯相应比例。这种刑事政策调整会直接导致假释适用数量下降。与之类似,2012年最高人民法院颁布的《关于办理减刑假释案件具体应用法律若干问题的规定》(已失效)首次明确将罪犯财产刑履行情况作为减刑假释适用的从宽或从严情形。2016年最高人民法院《关于办理减刑、假释案件具体应用法律的规定》规定,对于生效裁判中有财产性判项,罪犯确有履行能力而不履行或者不全部履行的,不予假释。我国刑法中财产性判项覆盖面相当广泛,这无疑在一定程度上限制了罪犯假释适用率的提高。

第三,与国家高层意见和态度一致,中共中央政法委针对减刑、假释和监外执行工作规定的"责任倒查制"使得基层执行部门适用假释非常慎重,能不用就不用。2014年中央政法委发布的《关于严格规范减刑、假释、暂予监外执行切实防止司法腐败的意见》明确规定,对减刑、假释、暂予监外执行各个环节的承办人、批准人等执法司法人员,实行"谁承办谁负责、谁主管谁负责、谁签字谁负责"制度,执法司法人员在职责范围内对执法办案质量终身负责。这种责任倒查制度在很大程度上影响了办案人员办理假释案件的积极性,尽管这种机制主要针对"执法司法人员因故意或者重大过失造成减刑、假释、暂予监外执行案件在认定事实或者适用法律上确有错误"的情形。原因在于,责任倒查制缺乏明确的标准和程序,可操作性也存在一定欠缺,倒查过程中的责任认定与划分以及倒查之后的责任承担也没有明确的细则性规定,执法司法人员往往会担心因假释罪犯出狱后重新犯罪而使得自己被追究责任,为避免不必要的麻烦便不敢轻易提请或者批准假释。

对此,在司法层面要提高假释适用率,大体上可以从以下三个方面着手:

第一,尝试罪犯再犯风险评估的机制建设。当前,美国等发达国家已经深入开展关于罪犯再犯风险评估的研究和实践,并总结了一些行之有效的经验和措施,我们可以在参考和借鉴国外先进评估手段和经验的基础上,尝试建立符合我国自身情况的再犯评估机制。如,建立出狱释放人员再犯风险评估机制,为拟假释罪犯"没有再犯罪危险"认定提供科学依据。可以建立和完善适合我国监狱和社区矫正对象的再犯风险预测量表,为矫正管理提供专业性指导,通过我国监狱、司法所、社区矫正机构乃至公安机关对再犯罪风险量表进行广泛验证,及时调整测验因子和变量,提高再犯罪风险预测能力。在我国法律尚未对"再犯罪的危险"给出明确解释及界定的实际情况下,尝试建立科学的再犯罪风险测评机制尤为重要。切实加强智慧监狱建设,积极融入"办案一体化"平台,通过数据信息技术从更广泛的角度了解和评估罪犯的再犯可能,并推进再犯罪风险评估机制和信息共建共享机制的建设。基层司法机关可以以党委或政法委牵头,先从区、县等局部进行试点,然后再进一步推进。

第二,以财产性判项与假释关联度的判定作为契机,建立良好的判定机制标准。如,在浙江省一些地区,监狱、社区矫正部门和法院经协调联动,原审法院已经开始作为罪犯财产性判项履行能力认定主体并发挥积极作用。当罪犯将财产性判项履行完毕时,法院为罪犯出具财产性判项履行完毕的证明文件并公函发送至罪犯服刑监狱。〔1〕另外,可以尝试拓宽罪犯财产性判项履行渠道。随着罪犯劳动报酬制度的进一步完善,可以建立罪犯劳动报酬支付制度,对于家庭困难、无履行能力但有劳动能力的罪犯,可在劳动报酬中留出一定份额用于履行财产性判项。对于财产性判项的财物收取,要改变只能交原审法院和负责办理减刑假释法院的情况,可由罪犯亲属户籍所在地法

---

〔1〕 参见杨剑锋、彭加恒、施建芳:"新形势下提高罪犯假释适用率的思考",载《犯罪与改造研究》2019年第1期,第36~41页。

院收转至原判法院,以便于罪犯亲属帮助罪犯履行财产性判项。再者,可以细化财产性判项与假释的关联标准。对于确有履行能力而不履行财产性判项的罪犯,应当不予假释;对于有部分履行能力并积极履行财产性判项的罪犯,可按履行财产性判项的比例,根据建立完善的全国统一的假释考验期标准予以假释;对于确无履行能力的罪犯,依法予以正常假释。当然,这种无履行能力的认定,需要监狱联合法院以及社区矫正机构,对罪犯的消费能力、家庭能力等情况进行综合考察后依法作出判断。

第三,正确理解和适用倒查责任制,尝试建立履职容错机制。鉴于基层执行机关往往基于自身职业风险规避和害怕承担责任而不愿意提请假释的现状,可以通过相应的容错机制的贯彻和运用,打消一线同志的顾虑,使其愿意发挥工作的积极性,敢于作为。对于罪犯重新犯罪不能不加区分地追究办案人员责任,若监狱机关或民警确实存在徇私枉法行为,必须严肃查处;若非监狱原因造成违法犯罪,则不应追究监狱机关或民警的责任,应建立科学、统一的责任倒查程序和标准,细化承担党政责任的方式、内容以及期限,从而真正做到有法可依、有法必依,避免责任追究的随意性。

三、社区矫正对象扩张的刑事立法路径

社区矫正对象扩张的刑事立法路径,即基于刑事一体化的思维,从刑法、刑事诉讼法和刑事执行法综合考虑社区矫正对象问题所存在的症结和制度原因,特别是从我国刑法结构的立法改革和完善的角度讨论社区矫正对象范围和适用规模问题。[1]从刑事一体化的视角在刑事立法角度讨论社区矫正对象扩张的可行性思路,应当着眼于我国刑事法治建设的长远战略,因此,这种思路也就不能像刑事司法路径那样,仅仅在司法权限内最大限度地运用政策资源和法律规范,而是必须基于我国刑事法治发展的基本方向进行宏观战略性思考。

关于当前社区矫正四类对象所涉及的刑法制度,在立法层面,除了将前述司法层面的操作性建议和地方经验予以进一步归纳和提炼,使之成为立法性或准立法性的司法解释规范而在全国统一适用之外,可以首先从刑罚制度设计的角度加以完善。如,可以将管制制度改造成社区服务刑,[2]并在特定轻罪中增加管制刑种,扩大管制在过失犯罪中的适用范围,细化管制的教育

---

[1] 参见冯卫国、储槐植:"刑事一体化视野中的社区矫正",载《吉林大学社会科学学报》2005年第2期,第20~24页。

[2] 参见周国强:《社区矫正制度研究》,中国检察出版社2006年版,第213页。

监管措施并增强其针对性与实效性,建立管制易科制度等;明确和细化缓刑制度适用条件,规范审前羁押制度和调查制度,明确法院与社区矫正机关的衔接机制等;适当放开假释制度中"不得假释"的条件与标准,增加法定假释的规定等。

除了在上述刑罚制度方面着手之外,笔者认为,社区矫正对象范围的扩大,根本上取决于我国刑法结构的调整以及轻罪或微罪制度的建立和完善。[1]这是涉及我国危害行为治理体系深刻变革的重大理论课题,也是我国国家和社会面临的治理方式现代化和法治化的重要任务和挑战,确实需要认真对待、科学论证。[2]

前文已经谈到,我国刑法结构仍然呈现出重罪重刑态势,这一态势与中华人民共和国成立以来所形成的以"行政·刑事"二元模式为基础的危害行为三级制裁体系有着直接的关系。

中华人民共和国成立以来,由于计划经济在我国社会生活中占有绝对的主导性地位,行政权力与措施成为社会治理的主要方法。由此,我国对于违法犯罪行为的制裁体系,逐渐形成了一种独具特色的以"行政·刑事"二元模式为基础的"三级制裁体系",这种"三级制裁体系"是由治安管理处罚、劳动教养、收容教育等长期性剥夺自由的行政性制裁措施以及刑罚三种制裁措施构成的。[3]从"三级制裁体系"的结构与顺序来看,刑罚作为最为严厉的惩罚措施而处于制裁体系的最末端。根据"三级制裁体系"的思路,国家自然将一些本属于轻微犯罪,可不给予刑事处罚的行为以及严重违反《治安管理处罚法》,适用治安管理处罚不足以有效惩罚的行为都纳入了劳动教养等制度之中,这样,自然会将更加严重的危害行为纳入刑法的调控范围。根据罪刑均衡的原则,更为严重的社会危害行为应当配置相对更重的刑罚,由此,我国刑法形成了"重罪重刑"结构就不言自明了。

虽然从2014年开始,党中央和国家最高权力机关有意识和有步骤地彻底废除了劳动教养制度和收容教育制度,但是,近来我国治安管理处罚制度的立法、发展和完善,同样也说明我国行政权力与刑事司法权力共同对危害行为制裁发挥作用的思路没有根本改变,社会危害行为制裁体系多元化的状态

---

[1] 参见马聪:"刑法一小步,社会治理一大步",载《检察日报》2019年11月9日。
[2] 对我国建立轻罪体系的否定意见,可参见冀洋:"我国轻罪化社会治理模式的立法反思与批评",载《东方法学》2021年第3期,第124~139页。
[3] 参见储槐植:《刑事一体化论要》,北京大学出版社2007年版,第118页。

依然存在，重罪重刑的态势不仅没有从根本上改变反而呈日渐加重的趋势。但是，重罪重刑结构导致法益保护不完整、不准确且强化了国民的刑罚耐受性，并降低了国民的是非对错观念，非常不利于我国刑法的现代化发展，更不利于充分发挥刑法在国家和社会治理过程中的积极功能。

应当说，改变我国刑法重罪重刑的结构特点，并使刑法能够符合社会风险化和国家治理现代化的基本要求，必须进一步扩张刑法的调控范围即犯罪边界，扩大轻微罪在刑法中的数量和比例，逐渐建立比较完整的轻罪体系。具体而言，包括以下几方面的内容：

第一，增加新的罪名。对于那些尚未被刑法保护但对于国家和个人具有重大意义的生活利益，不管这种利益是否在其他国家具有重要意义，都应被刑法加以保护。如，将一部分劳动教养所调控的法益类型纳入刑法之中，从而成为刑法的轻罪类型。另外，一些曾经废止但随着社会发展又重新泛滥的犯罪，也应当重新设定新罪名，加大法益的保护力度。

第二，修改犯罪构成条件。对于刑法已经加以保护、但却因行为类型较少而导致法益保护范围过窄的犯罪，可以通过修改犯罪构成条件的方法，加大对法益的保护程度。其中，对犯罪构成条件的修改，有增加行为类型和删除部分成立条件两种做法。就增加行为类型的做法而言，如可以在现有的盗窃、侵占等侵犯财产的犯罪中增加有关侵犯不动产和财产性利益的行为类型；也可以通过对犯罪主体相关规定进行修改，增加犯罪主体的入罪类型；也可以针对我国刑法中特定的犯罪，增加行为次数的规定，即"达到一定次数就成立本罪"。值得注意的是，在《刑法修正案（八）》以及《刑法修正案（九）》中，盗窃罪、敲诈勒索罪、寻衅滋事罪、抢夺罪等罪名的入罪门槛降低就是增设了"多次"作为犯罪成立条件。就删除部分成立条件而言，如，我国大多数的经济犯罪、财产犯罪和贪污犯罪都将特定目的的存在作为入罪条件，实际上这种主观性的态度和内容在司法实践中很难以认定，无形中增大了控方的证明责任和压力，在一定程度上还有可能放纵犯罪。如果删除部分犯罪中的特定目的条件，无疑可以简化犯罪成立条件，实质上是扩大了此类犯罪的刑法规制范围。

第三，逐步减少乃至取消定量因素的规定。前文已经指出，我国犯罪的概念是一种定性与定量共同发挥作用的产物。客观来说，就定量因素的界定而言，对于情节是否恶劣、结果是否严重、动机是否卑劣、数额是否较大或巨大等定量程度的认识和认定具有极大的模糊性和概括性，不仅缺乏可操作性，而且违反了罪刑法定中的明确性原则。至今为止，人们还尚未发现能够采纳的既明确又可有效限定"量之程度"的实践方法。因此世界范围内的刑事立法，大多都采取的是以"质"为单一向度的犯罪概念界定模式，很少采用定性与定量相结合的方式。因此，逐渐减少我国犯罪中，特别是涉及人身权利和财产权利犯罪中的定量规定，乃至在将来法治发展条件成熟时取消定量因素，无疑是扩大现有刑法调控范围的最为关键的办法。

第四，适当前置刑法法益的保护范围。1979年我国第一部《刑法》诞生，此后经多次修改直至1997年修订《刑法》出台，在这一段历史时期内由于我国的社会结构与工业化程度尚未呈现出风险社会的诸多特点，因此，我国现行刑法是以对实害和行为的控制作为基本任务的。但是，在近十年来，我国社会转型、工业化和信息化水平增速，我国刑法的确出现了法益保护滞后的状况。为了有效防范和化解各种新型社会风险，我国刑法的法益保护从总体上应当更加前置化和严格化。如，对于一些侵害重大法益的预备行为，可以根据危险控制的原则，在考虑社会安全的基础上，将其入罪化，同时，也可以将一些本属于犯罪未遂的行为予以单独规定使其成为独立的犯罪。如，将一些严重的危害行为可以设定为抽象危险犯。值得注意的是，近年来我国刑法实践也认识到新型危险对于公共安全和公共秩序的威胁，所以开始逐渐将法益保护的关口前移，危险驾驶罪、妨害安全驾驶罪、代替考试罪和高空抛物罪等轻罪的设立，以及食品药品、安全生产与环境污染等领域犯罪的成立条件的修改就足以说明，我国刑法已经开始注意到法益前置化在刑法治理中的积极意义。

应当说，建立轻罪体系自然会扩大刑法对社会生活的干涉范围，并意味着将会有更多的潜在人群可能受到刑事追究，从表面上看，这无疑是一种"从严"的政策倾向，同时，这种"从严"本身也是从重的手段，但是，从实质上看，这种"从严"并不是真正重刑意义上的"从重"，相反它却可以从整体上稀释和降低我国刑法的重刑程度，使之变得平缓。[1]同时，这种"从严"会对我国公民、社会和国家的法益保护提供更为充分的法律保障，为我国法治秩序的制度构建提供广阔的理论与实践空间，为我国国家治理能力的现代化提供有力的制度支持，是一种具有战略意义的长远性目标选择。[2]

---

［1］ 参见高长见：《轻罪制度研究》，中国政法大学出版社2012年版，第251页。

［2］ 参见周光权："论通过增设轻罪实现妥当的处罚——积极刑法立法观的再阐释"，载《比较法研究》2020年第6期，第40~53页。

轻罪体系的建立，必然要求与之对应的轻刑体系的建立，而社区矫正制度的引入与发展，恰恰为轻刑制度的建立和完善提供了制度上的契机与发展空间。因此，社区矫正就很自然地成为刑法发展与现代制裁体系建立的中间媒介和助推力量，无疑是一种贯彻和体现"从宽"原则的新型刑事执行制度，这种新型刑事执行制度辅之以轻罪制度的建设，必将对我国刑事法律制度整体结构的调整与发展产生积极的影响。正是从这一战略意义上讲，我国社区矫正制度的真正发展和完善，社区矫正对象范围的拓展以及适用规模的扩大，有赖于我国刑法结构的调整以及轻罪体系的建立。

本章小结

社区矫正对象即社区矫正制度指向什么人、对什么人适用。社区矫正理论和实践界对被矫正主体有"社区服刑人员"、"社区矫正人员"和"社区矫正对象"三种称谓。《社区矫正法》综合考虑社区矫正四类对象的法律性质和地位、人性化矫正理念以及矫正工作经验，将被矫正主体正式确定为"社区矫正对象"。

社区矫正对象享有我国宪法和法律规定的基本权利，但却因其罪犯身份而使得特定权利部分内容和程度克减，最终表现为特定权利的不完整性和有限性。我国社区矫正立法和实践对社区矫正对象的权利保障，应当从立法规定的明确与细化、权利保障意识的提升与实施细则的进一步可操作化等方面进行制度建设和完善。与此同时，社区矫正对象因为其罪犯身份而必须履行较普通公民更重的特定强制性义务。提高社区矫正对象强制性义务的明确性、针对性、有效性与可操作性，应当是社区矫正制度发展的重要方向。

社区矫正对象范围的扩张，可以从刑事司法和刑事立法两个层面加以考虑。在刑事司法层面考虑社区矫正对象范围的扩张，强调短期效应，即尽最大可能充分利用各类政策性资源以及司法解释资源，动员法院提高管制和缓刑的适用率，动员监狱、看守所等刑事执行机关提高假释的适用率。在刑事立法层面考虑社区矫正对象范围的扩张，立足长远发展，即基于刑事一体化的思维，从我国刑法结构的立法改革和完善的角度讨论社区矫正对象范围和适用规模问题。总之，社区矫正对象范围的扩大，根本上取决于我国刑法重罪重刑结构的调整以及轻微犯罪体系的建立。

第四章 中国特色社区矫正机构与人员问题

社区矫正的组织结构和人员构成问题是我国社区矫正制度发展的重要基础性问题。社区矫正制度的实践执行和具体落实都需要社区矫正机构和工作人员主导完成,而且社区矫正制度实践中的政策宣传、问题发现、经验总结以及矫正效果等方面的信息收集、传达反馈都需要以社区矫正机构和工作人员作为中介载体才能上通下达,因此,作为社区矫正具体工作的实践承担者,社区矫正的组织结构及人员的构建和安排,具有重要的理论和实践意义。随着社区矫正在全国推行,社区矫正对象逐渐增多,且社区矫正工作的定位已经上升到国家治理体系和治理能力现代化重要举措的高度,这些无疑都给社区矫正的组织结构和人员构成带来了新的挑战和发展机遇。因此,有必要对社区矫正机构的基本性质、人员构成以及参与力量等重大问题进行深入探讨。

第一节 中国社区矫正机构的基本问题

在我国社区矫正理论与实践领域,社区矫正机构的基本概念仍然有待精确化。应当说,我国社区矫正机构在刑事司法体制中从制度尝试直到最终确立,体现了国家对刑事司法规律特别是刑事执行认识不断深化的过程。因此,准确设定社区矫正机构的基本概念与职能权限,必须深刻理解我国社区矫正工作试点到全面推行所体现的国家意志、政策背景、历史过程以及机构的职能变迁。

一、社区矫正机构的概念设定与厘清

自我国社区矫正试点工作开展以来,人们对社区矫正机构这一概念的设定,往往基于不同的价值理念、学术立场和知识来源得出不同的结论。综合而言,大体上可以将社区矫正机构的概念设定问题分为两大类:一类是以社

区矫正工作的程序为标准进行分类,将社区矫正机构分为社区矫正决定机构、社区矫正管理机构和社区矫正监督机构,其中,社区矫正的决定、管理与监督机构,可以称之为广义的社区矫正机构,而社区矫正的管理机构则被称为狭义的社区矫正机构。[1]另一类是以社区矫正工作的具体参与程度为标准进行分类,将社区矫正机构分为社区矫正领导机构、社区矫正的承担机构、社区矫正的协助机构和社区矫正的参与机构,而社区矫正的承担机构则被称为狭义的社区矫正机构。[2]

在社区矫正实践过程中,无论是按照社区矫正工作程序还是按照社区矫正工作参与程度对社区矫正机构进行划分和设定,社区矫正理论和实践部门普遍认为判处管制、宣告缓刑和裁定假释的机关为人民法院,暂予监外执行的批准机关为人民法院、监狱管理机关和公安机关。社区矫正的法律监督机关是人民检察院。也就是说,人们对社区矫正的决定与监督机关的分歧和争议并不大。同样,人们对将体现执政党意志的社区矫正委员会作为社区矫正的统筹指导机构、公检法等其他司法机关作为协助机构以及基层组织和其他社会力量作为参与机构都没有什么太大争议。然而,社区矫正的具体管理主体在理论上的争议曾经非常激烈,实践部门的意见和态度也并不统一。[3]

社区矫正管理机关在我国刑事司法体制中最终确立,的确经历了一个比较长的过程,这一过程充分体现出我国对刑事司法规律的认识逐步走向深化。

我国 1996 年修正的《刑事诉讼法》和 1997 年修订的《刑法》将管制、缓刑、假释以及暂予监外执行的管理执行权赋予了公安机关,然而,这一规定在社区矫正理论界产生了很多争议。不少文献认为,刑事司法的侦查、起诉、审判和执行分别有不同的任务和目标,在四个阶段中行使职权的机关分工配合,本身体现了权力的分工和制衡原则。因为公安机关已经享有侦查权,再让其兼有执行权,是将不同阶段的刑事司法交由同一机关行使,不符合分工负责和权力制约的原则,难免会造成权力的滥用。另外,从公安机关担负的主要法定任务来看,其主要承担刑事侦查和社区治安任务,基层派出所也存在警力、财力、物力紧张的现状和问题,再让其承担社区矫正工作则会导致

---

[1] 参见刘志伟等:《中国社区矫正立法专题研究》,中国人民公安大学出版社 2017 年版,第 37~38 页。
[2] 参见《社区矫正法》第二章机构、人员和职责部分。
[3] 刘强:"论健全适应惩教需要的社区矫正执法机构",载金川主编:《社区矫正机构队伍建设与教育矫正研究:首届浙江台州社区矫正论坛论文集(2016)》,法律出版社 2017 年版,第 104~105 页。

其压力过大,甚至不堪重负,导致社区矫正监管无序甚至脱管失控的状态。[1] 最后,区分警察治安管理与刑事执行是世界人权法的重要原则。公安机关承担的是打击犯罪和维护社会稳定的职责,公安机关的工作理念与罪犯之间往往存在潜在矛盾冲突和情绪对立,虽然公安机关可以给罪犯监管带来有效的心理威慑从而确保监管秩序的良好,但却不可避免地会给罪犯带来恐惧、抵触甚至怨恨情绪,从而可能影响到罪犯的矫正效果。[2]

进入 21 世纪以后,随着社区矫正制度的试点工作被提上日程,国家也逐渐认识并开始反思公安机关作为刑事执行机关的种种问题,因此"两高两部"发布的《关于开展社区矫正试点工作的通知》对社区矫正执行机关作了重大调整,社区矫正的执行机关由以公安机关为主转变为以司法行政机关为主,从而在实践中形成了以司法行政机关牵头作为工作主体、公安机关配合作为执法主体的"双主体"模式。这一管理模式的出现,实际上是国家反思公安承担非监禁性刑罚执行工作的结果,同样也是我国实践中的政法领导体制以及部门之间权力分配博弈的无奈结果,毕竟在实践中公安机关无论是从党政权力的级别配置还是社会资源的掌控等方面来说,其强势程度都远高于司法行政机关,因此,没有公安机关执法权的参与,很多社区矫正工作都很难真正落到实处。另外,这一管理模式也是我国社区矫正试点的局部尝试,是在《刑事诉讼法》和《刑法》没有修改的情况下实施的一种制度改革的惯用做法。但是,执法主体与工作主体的区分是将统一的刑事执行工作一分为二,在刑事执行原理上是说不通的。因为社区矫正不仅仅涉及对社区矫正对象的惩罚监督即对社区矫正对象是否有行政违法行为、是否再犯罪、是否有再次收监的危险等因素的考察及处罚,更重要的是对社区矫正对象进行教育和帮助,使之可以重新复归社会,后者才是社区矫正的核心内容。而且,"双主体"模式并没有明确司法行政机关的执法地位,使得司法行政机关和公安机关在社区矫正执行的具体权限之间的界限比较模糊,容易产生推诿扯皮的现象,更何况"工作主体"的说法在合法性上也存在问题。

此后,随着国家对社区矫正认识的进一步加深,2012 年《社区矫正实施办法》终于明确了司法行政机关"负责指导管理、组织实施社区矫正工作",在此期间,全国范围内的社区矫正机构队伍建设取得了较大进展,至 2018 年

---

[1] 参见刘志伟等:《中国社区矫正立法专题研究》,中国人民公安大学出版社 2017 年版,第 50~52 页。

[2] 杨兴培:"刑事执行制度一体化的构想",载《华东政法学院学报》2003 年第 4 期,第 57 页。

初，全国各省、自治区和直辖市以及新疆生产建设兵团的司法厅（局）经批准都成立了社区矫正局（处），全国绝大部分的地级市、州司法局单独设立了社区矫正局（处、室），县级市、县、区等单位也已经单独成立了社区矫正局（科、股）。2019 年《社区矫正法》第 8 条第 1 款明确规定："国务院司法行政部门主管全国的社区矫正工作。县级以上地方人民政府司法行政部门主管本行政区域内的社区矫正工作。"至此，司法行政部门作为社区矫正管理机构的地位终于在法律中被正式确定下来。

二、我国社区矫正机构的性质与职能

虽然我国《刑法》《刑事诉讼法》明确规定了社区矫正机构的法律地位，但并没有就社区矫正机构的性质与职能问题进行过多的界定，在《社区矫正法》中可以看到，该法明确规定社区矫正机构负责"社区矫正工作的具体实施"。由此，该法进一步明确了社区矫正机构的统一性和独立性地位。

基于此，社区矫正机构的性质，从法律规定的含义可以看出，应被定位为刑事执行机构。从理论上来看，关于如何定位社区矫正机构的性质，其实是与我国社区矫正的性质问题紧密联系在一起的。前文已经对我国社区矫正性质问题做了详细的梳理和说明，此处不再赘述。正是因为笔者认为社区矫正的性质是刑事执行，因此，社区矫正机构的性质也应当是刑事执行机构。这种说法与《刑法》《刑事诉讼法》以及《社区矫正法》中的具体法律规定可以相互印证，在逻辑和理论上也前后一致，因此应当是比较准确的。

在明确社区矫正机构的性质之后，应进一步讨论社区矫正机构的具体职能。笔者认为，社区矫正机构的具体职能包括刑事执行职能、矫正职能和教育帮扶职能。

所谓刑事执行职能，即将人民法院的判决、裁定、决定或者监狱管理机关、公安机关批准文书所确认的，对被判处管制、宣告缓刑、裁定假释或暂予监外执行的罪犯所适用的刑罚措施的具体内容以及具体的监管考察内容付诸实施，刑事执行应当是社区矫正机构的首要职能。刑事执行职能具体包括对罪犯的人身危险性评估、入矫登记以及宣告、考核奖惩、限制离开居住地或迁居、执行禁止令、关于报告、会客、保外就医等事项的执行监管、具体日常活动情况及其表现的监管、阻止社区矫正对象违反禁止令的行为、对特定种类对象使用电子定位装置、查找脱管对象、训诫、警告违反治安管理处

罚的社区矫正对象、提请治安管理处罚和提请撤销社区矫正缓刑、假释、对监外执行的收监执行等。

矫正应当是社区矫正机构的重要职能。《社区矫正法》遵循刑罚个别化的理念，明确了分类和分级矫正的制度，并对社区矫正对象的矫正实施的组织以及制度保障做了明确规定。社区矫正质量的高低，决定着社区矫正工作的水平，因此矫正应当成为社区矫正工作的重要任务。

教育帮扶是社区矫正机构对社区矫正对象进行矫正时的一种感化性的方式。通过对社区矫正对象进行思想、心理、道德和法律意识多方面的教育，并对其进行职业培训、提供就业指导或直接提供就业岗位，解决社区矫正对象生活中的各种困难，使社区矫正对象感受鼓励和温暖，心灵得以感化，从而促使其早日回归社会，成为合法公民。为了教育帮扶目标的顺利完成，《社区矫正法》对教育帮扶的制度保障、资金保障以及机构保障等问题都做了较为详细的规定。

另外，在我国社区矫正实践中，自2012年《社区矫正实施办法》发布以来，司法所一直承担着社区矫正的日常工作。《社区矫正法》明确规定了司法所"根据司法行政机关委托，承担社区矫正相关工作"。这实际上就涉及司法所在社区矫正体系中的定位问题。可以看到，《社区矫正法》不再像《社区矫正实施办法》之规定使用承担"日常工作"的字样，而是使用了"相关工作"的表述，同时，增加了"司法所受社区矫正机构委托"的表述。这一立法用语的变化值得关注和深思。

客观而言，全国绝大多数司法所的工作任务都非常繁重，除了作为基层司法行政组织承担司法行政工作任务之外，还要完成街道或乡镇政府交办的工作任务，可以说，绝大部分司法所的工作任务都几乎在十项以上。繁重的任务使基层司法所难以真正将全部精力投入社区矫正工作中。[1]另外，我国当前司法所的管理体制在全国范围内并不统一，有的地方司法所工作人员编制属于司法行政机关，而在有的地区编制则属于乡镇政府，而且绝大部分司法所的编制非常紧张，每个所基本上都在三人以内，一人所还有不少，很多司法所的经费和财物甚至人员，都是乡镇或街道提供，而且人员的基本素质、学科背景参差不齐。[2]

---

〔1〕 参见张传伟："社区矫正'1 + X'运行模式"，载《法学论坛》2010年第1期，第146页。

〔2〕 参见武玉红："我国社区矫正队伍专业化建设探究"，载《北京联合大学学报（人文社会科学版）》2016年第3期，第10页。

然而，贴近社区却又是司法所的一个重大优势。司法所作为基层的组织机构，与社区工作息息相关、相互熟悉，很容易掌握社区矫正对象的背景、状态以及其他情况，更容易与社区矫正对象及其家属沟通，这些便利条件使得司法所在承担社区矫正工作过程中确实又有天然的优势和合理性。相反，县级的社区矫正机构往往在城区，自然和分散在不同乡镇或区域的社区矫正对象相距较远，如果直接开展日常工作则因为远离社区而相对不便，更何况有可能背离了社区矫正的基本宗旨，并且，当前司法所已经基本上接受并熟悉了社区矫正的基本工作机制，如果将社区矫正具体工作移植到新设机构，则又会产生较长的制度衔接和磨合期，实际上并不利于已经相对稳定的社区矫正工作的推行。

总之，我们应该清楚地认识到司法所在承担社区矫正工作方面的天然优势，继续让司法所承担社区矫正的具体工作，但同时也必须看到司法所在客观上和短期内的一些薄弱之处。事实上，在近年来的社区矫正实践中，一些地区确实将所有的社区矫正工作都压在司法所身上，产生了一定的负面效果。也许正是在这种意义上，《社区矫正法》有意调整和纠正实践中的一些片面做法，引导大家真正认识到社区矫正机构才是真正的刑事执行机关，从而对司法所承担的工作适当减压。也许因为上述原因，《社区矫正法》使用了"委托"的表述，似乎有减轻司法所在社区矫正工作过程中的压力和负担的味道。当然，"委托"从法律规范的角度，是什么性质的委托、委托的权限和范围以及委托的责任等问题，仍需出台进一步的实施细则加以明确。然而，《社区矫正法实施办法》仅重复了《社区矫正法》的提法，并没有对此进行更为详细和具体的规定。在这种情况下，"委托"的规范性概念及其具体规则如何适用便成为社区矫正理论界需要进一步研究和论证的重要问题。

第二节　中国社区矫正工作人员的构成问题

社区矫正工作人员是社区矫正制度的具体执行者，对于社区矫正工作质量有决定意义。社区矫正本身是一项专业性和社会性都非常强的新型刑事执行工作，因此，社区矫正工作人员的构成范围、比例、素质直接关系和影响到社区矫正工作的实施和发展，从长远来说，对社区矫正制度发展有着重要的决定性意义。因此，有必要从社区矫正理论的角度，对社区矫正工作人员的法律地位、具体类型、职责范围、任职资格以及素质培训等问题进行探讨，为社区矫正制度建立有力的组织保障提供一定的参考。

一、社区矫正工作人员的范围及其争议

我国自社区矫正试点以来,基本上将社区矫正工作人员称之为社区矫正工作者,并界定为从事社区矫正执行、监督管理和教育帮扶的所有人员。这就是说,凡是参与社区矫正具体工作的人员都是社区矫正工作人员,大体上涵盖社区矫正机构工作人员和专职社会工作者两大类。

在社区矫正工作人员范围的问题中,争议比较大的是社区矫正工作人员的法律地位,以及由此带来的一个中国特色问题,即我国社区矫正工作是不是必须配备警察。

(一) 社区矫正工作人员法律地位的争议及确定

社区矫正工作人员在社区矫正工作中的法律地位问题,其实在社区矫正试点启动之初就存在争议。有文献将社区矫正工作人员定位为执法者,[1]也有文献将社区矫正工作人员定位为社会工作者,更有文献认为社区矫正工作人员兼具执法者和社区工作者的双重属性。[2]针对这一问题产生争论的实质根源,仍在于人们对社区矫正性质问题的认识存在分歧。也就是说,社区矫正工作人员的法律地位取决于社区矫正的性质。前文已经指出,笔者认为社区矫正是一种中国特色的刑事执行制度,因此,在社区矫正工作人员必须具有刑事执行者的法律地位。当然,由于社区矫正工作是一项综合性的工作,目的在于促使罪犯早日复归社会,因此,社区矫正工作过程中对罪犯的教育帮扶也同样是一项重要任务,而且该任务必须依托社区和社会力量才能有效完成,这就决定了社区矫正工作必须有专业的社会工作人员和社会志愿者参与。因此我们可以说,对于社区矫正工作人员的法律地位,可依照社区矫正工作的具体分工类型的差异进行界定,即作为一项专业的国家刑事执行活动,则要求必须有具体特定执法权的国家工作人员即社区矫正机构工作人员参加,对这一部分工作人员来说,应当承认其执法者地位;同时,作为一项具有深度社会性的教育帮扶活动,则要求必须由特定领域的专业社会工作者参加,对这一部分工作人员来说,应当将其定位为社会化和专业化的专职社会服务人

---

[1] 参见刘强:"社区矫正的定位及社区矫正工作者的基本素质要求",载《法治论丛》2003年第2期,第5~8页。

[2] 廖斌、何显兵:《构建中国特色的社区矫正制度研究》,中国政法大学出版社2019年版,第215页。

员。[1]

社区矫正工作人员在从事社区矫正活动时，首先应当是刑事执行人员，其次才是社会工作者。由于我国社区矫正是在国家和社会巨大转型时期、社区基础相对薄弱的复杂环境中开始自上而下推行的，涉及刑事执行方面的专门工作，必须慎之又慎，因此由国家专门的机构和人员来管理是比较合适和恰当的。在这项工作中，专门的社区矫正机构工作人员应当是负责社区矫正工作的核心力量。而且，正是考虑到当前我国社区自治能力和基础相对薄弱的整体现状以及民间和社会团体或其他福利性公益组织尚不发达的现实情况，所以只能依靠国家的行政权力，依靠我国国家力量发挥自上而下的制度构建和资源调配优势，在推行社区矫正工作的同时，推进社区建设并壮大社会力量。在这一意义上，社区矫正机构工作人员自然就必须成为社区矫正的管理、组织、实施主体。整体而言，社区矫正机构工作人员应当主管和实施本辖区内社区矫正的综合事务：如负责刑事执行，组织、协调社区和社会力量参与社区矫正，联系、统筹和协调政府资源和社区资源开展教育矫正帮扶工作等。

（二）社区矫正工作配备警察的争议及评价

社区矫正机构工作人员应当具有一定的执法权限，具有国家工作人员的身份。但是，在社区矫正机构工作人员中是不是应该单独配备一定数量的社区矫正警察，对此还存在激烈争论。从某种意义上说，关于《社区矫正法》中是否增设警察的争论，在一定程度上影响并推迟了《社区矫正法》的出台时间，可见，社区矫正的理论和实践部门，对此争议曾是多么激烈。

在社区矫正理论界，不少文献对于社区矫正机构工作人员中是否单独配备警察的问题，一直持谨慎态度。如，有文献指出，警察身份会改变社区矫正的特色，不利于社区矫正工作的开展。另外，社区矫正执行中需要警察的工作可以通过公安机关协助完成，而且需要警察出面的工作并不常见，更何况警察有义务完成。再者，警察入职资格要求相对较低，若从事专业性较强的社区矫正工作，可能无法胜任，影响社区矫正工作人员的素质和整体形象。也有文献明确指出，尽管监狱警察是由公安机关警察身份演变而来，但监狱警察与公安机关警察职责不尽相同，如果从事社区矫正的是警察，其职能既不同于公安机关警察，也不同于监狱警察，因性质要求又有可能出现新的警种——社区警察，这与社区矫正的原理和精神是相悖的。还有文献从国际人

---

[1] 武玉红："我国社区矫正队伍专业化建设探究"，载《北京联合大学学报（人文社会科学版）》2016年第3期，第12页。

权标准的角度论证我国社区矫正并不应当配备警察。[1]该文献指出，我国加入的《联合国囚犯待遇最低限度标准规则》(《纳尔逊·曼德拉规则》)第87条规定："刑期完毕以前，宜采取必要步骤，确保囚犯逐渐恢复正常社会生活。按具体情形，可以在同一监狱或另一适当监所内制定出狱前的办法，亦可在某种监督下实行假释，来达到此项目的；但监督不可委之于警察，而应当与社会援助有效结合。"由于"监督不能委之于警察"，所以社区矫正工作不适合配备警察。

另外，有从事刑事诉讼研究的相关专家也指出，从我国社区矫正试点的经验来看，完全排除警察在社区矫正中的参与和监管职能是不现实的。然而，公安基层派出所由于自身承担的社会管控工作十分繁重，有限的警力已经捉襟见肘，如再赋予其行使社区矫正的权力，可能会增加基层派出所的办案负担，实践效果可能十分有限。在这种承认社区矫正中赋予警察相应的参与权的前提下，可以考虑将监狱教育矫正职能延伸，由监狱人民警察参与社区矫正机构工作，但是，警察机构常设化是不合适的。[2]

令人意外的是，近年来在社区矫正实践部门主张和支持社区矫正工作需配备警察的呼声却十分高涨。这种来自基层实践部门的呼声，也在很大程度上影响了社区矫正理论界，近年来社区矫正理论界有越来越多的文献开始倾向支持社区矫正配备警察的观点。经梳理，这些观点主要包括：

第一，有文献从社区矫正的刑罚执行性质和效果角度指出，社区矫正活动属于刑罚执行的性质，具有严肃性、惩罚性和强制性。从刑罚执行活动的统一性来看，监禁执行的罪犯，是由警察进行管理的，那么，社区矫正作为一种非监禁性的执行活动，也应当有警察参与。[3]同时，由于我国重刑文化以及社会环境的影响，大多数群众认为只有警察监管罪犯，自身才能获得安全感。而且，社区矫正警察管理社区矫正对象，能使得社区矫正对象获得心理认同，反而有助于教育矫正的顺利进行。

第二，有文献从执法权限的实际调研状况角度指出，社区矫正工作由警察介入十分必要。首先，入矫、解矫宣告环节以及开展集中教育时，需要警察在场并由警察宣布。这几个环节旨在帮助社区矫正对象提高身份认识，明

---

[1] 参见但未丽：《社区矫正：立论基础与制度构建》，中国人民公安大学出版社2008年版，第202页。

[2] 参见陈卫东："关于社区矫正立法的三点意见"，载《中国司法》2017年第9期，第23～25页。

[3] 参见郑艳："社区矫正机构配备人民警察的现实考察与理想愿景"，载《中国司法》2016年第10期，第73～75页。

确自己的行为规则与活动边界。虽然身份认识有贴上犯罪标签之虞,但也为帮助社区矫正对象服从监管、从而减少侵害社会的风险所必需。对于社区矫正对象而言,警察的权威性在他们心中根深蒂固,由普通公务员来宣布矫正开始和结束以及进行教育,部分社区矫正对象不但没有觉得更亲近,反而心存质疑和抵制。有警察在场,则教育矫正效果明显突出。其次,收监环节需要警察实施,并赋予取证权、抓捕权和短暂羁押权。在收监过程中,一是提起收监建议需要收集相关刑事证据;二是必要时需对建议收监对象及时实施抓捕;三是提起收监到收监决定作出期间,需要对收监对象进行先期羁押。上述每个环节都需要执行人员具有执法主体资格和执法权限。再次,执行法院禁止令、制止违反禁止令及制止犯罪环节,需要由警察及时采取强制措施。如果不是警察身份且不具有强制执法权,社区矫正机构工作人员即使发现社区矫正对象正在进行犯罪或者违反禁止令,也不过起报警作用,无法及时制止、取证并将其羁押。复次,法院决定暂予监外执行的情形,需要与社区矫正机构进行现场交接,该现场接收工作需要警察执行。虽然由于身体原因或怀孕哺乳等原因,罪犯的刑罚执行地点由监狱变更为社区,但法院的刑事判决应以庄重形式予以继续,以维护刑罚执行的严肃性。最后,社会调查评估环节也应由警察实施。社区矫正判决(决定)前社会调查的性质实际上属于刑事取证行为,如果以警察身份出现,不仅可以提升调查程序的严肃性、规范感、公信力和证据属性,也容易得到当事人、家属、社区居民和其他各方力量的协同配合,并能在一定程度上避免或减少受访人员因为提供相应信息或前往取证人员因调查结论而受到纠缠、威胁的情形,从而保证调查报告的真实性与客观性。[1]

第三,有文献从法律规范的角度指出,社区矫正工作应当配备警察有法律根据。该文献主要是引用1995年颁布的《人民警察法》第6条第11项的规定"对被判处管制、拘役、剥夺政治权利的罪犯和监外执行的罪犯执行刑罚,对被宣告缓刑、假释的罪犯实行监督、考察"作为理论根据。[2]

第四,有文献从社区矫正配备警察的实际效果角度指出,在社区矫正试点以来出现一个规律性的特征,即凡是有警察参与社区矫正工作的地区,对社区矫正对象的监管则相对容易,社区矫正对象的违法、脱管或漏管的概率

---

〔1〕 参见但未丽:"社区矫正立法若干问题研究——以《社区矫正法(征求意见稿)》为分析对象",载《首都师范大学学报(社会科学版)》2018年第2期,第61页。

〔2〕 高贞主编:《中国特色社区矫正制度研究》,法律出版社2018年版,第25页。

比较低，相反，凡是没有警察参与社区矫正工作的地区，对社区矫正对象的监管则比较困难，社区矫正对象的违法、脱管或漏管比例则比较高。基于社区矫正试点过程中警察对于社区矫正工作所发挥的积极效果考虑，应当为社区矫正工作配备警察。〔1〕

第五，有文献专门针对社区矫正不需要配备警察的观点提出了反驳，主要理由为，对待罪犯需要国家强制力和警察配合，并不会损害国家形象，也不会影响社区矫正的工作，其他国家如美国、新加坡也是警察管理社区矫正对象，这一先例是存在的。另外，"监督不可委之于警察"并不能为社区矫正不能配备警察提供直接而充分的论据，因为，此处仅仅是限定了对假释犯的监管不能使用警察，而不是说整个假释过程都不能配备警察，更不是说其他的非监禁性的社区矫正对象完全不能让警察监管。〔2〕

第六，有文献从犯罪学角度指出，有必要将社区矫正的刑罚执行工作与日常工作相分离，由警察直接负责刑罚执行工作，其他社区矫正工作者负责日常工作，这样可以强化社区矫正的严肃性和权威性，而且又可以避免社区矫正对象强烈的抵触情绪。另外，由于其他社区矫正工作人员与社区矫正对象往往同在一个小区，在成为"熟人关系"之后，其他社区矫正工作人员直接承担刑罚执行的工作，可能存在熟人间难以秉公执法的尴尬。〔3〕

客观而言，关于社区矫正工作是否必须配备警察问题的争论，归根到底还是与如何认定社区矫正的性质有着直接关联。如果侧重社区矫正的监管惩罚特性，那么一般则会同意配备警察的观点，如果侧重社区矫正的教育帮助的社会福利特性，那么一般则不会同意配备警察的观点。而且，在讨论我国社区矫正工作到底能不能配备警察时，除了需要正确把握社区矫正性质这个关键问题之外，还需要考虑我国社区矫正工作人员的具体工作环境等其他方面的内容。我们首先对赞成配备警察的说法进行简要分析。

就第一种观点而言，该观点之所以强调要配备警察，就是基于社区矫正惩罚性和监管严肃性而提出的。刑事执行统一化并不是能成为社区矫正配备警察的理由，也就是说，不能因为监禁矫正执行配备有警察，就能直接推导出非监禁性的社区矫正也需要配备警察。毕竟，监禁矫正和社区矫正的执行

---

〔1〕参见但未丽："社区矫正立法若干问题研究——以《社区矫正法（征求意见稿）》为分析对象"，载《首都师范大学学报（社会科学版）》2018年第2期，第60页。

〔2〕高贞主编：《中国特色社区矫正制度研究》，法律出版社2018年版，第25~26页。

〔3〕廖斌、何显兵：《构建中国特色的社区矫正制度研究》，中国政法大学出版社2019年版，第215~216页。

在执行理念、工作方式、罪犯犯罪轻重危害程度、人身危险性程度与再犯可能性大小等方面，有着诸多的区别。从我国推行社区矫正制度的立意和特色来看，该制度本身就在于强调对于犯罪轻微或者需要帮助等人身危险性相对较小、再犯可能性程度较低的罪犯的一种宽大性和人道性的处遇措施，如果一味强调惩罚性，那么反而就忽略和埋没了社区矫正的非监禁性刑事执行的现代化、人道化理念。说到底，我们还是应当充分认识和理解社区矫正的非监禁性的现代化执行理念以及早日复归社会的根本目的和任务。

就第二种观点而言，在社区矫正试点工作开展至今，社区矫正工作的管理权不断变化，历经多年讨论和摸索才确定由司法行政部门主管。然而，即便在最终确定由司法行政机关主管社区矫正工作之后，关于社区矫正机构的执法权限、与公安派出所及其他司法机关的协作关系的操作执行规则与机制等，仍然没有明确规定，《社区矫正法》仅仅规定了社区矫正机构工作人员在监管方面的有限执法权，《社区矫正法实施办法》根据法律规定，对社区矫正机构工作人员的有限执法权以及与其他部门的协调机制进行了更为具体的细化和分类，但是，这一细化和分类并不完整并不系统，且《社区矫正法实施办法》规范效力位阶较低，因此很难对全国不同地区情况各异的社区矫正具体工作产生有效指导作用。另外，就社区矫正是否配备警察这一问题来说，最高决策和领导层的意见和基层一线工作人员的意见的确是存在较大分歧的。这些似乎都可以说明，社区矫正制度在我国确立的过程，或多或少表现出其纠结和曲折的一面，其中原因是值得深思和耐人寻味的。就该观点所提出的问题来说，这些的确是社区矫正一线执法人员必须面对和亟须解决的现实性问题，社区矫正机构与公安基层派出所和其他司法机关的协作是否及时有效，直接影响到社区矫正的严肃性和权威性，更影响到矫正效果的好坏。笔者后续也将讨论社区矫正机构工作人员的执法权限问题，到时也会涉及对社区矫正机构执法权和警察配备是否必要的分析，此处不再详细展开。

就第三种观点而言，社区矫正需配备警察的法律根据并不充分。的确，1995年颁布的《人民警察法》第6条第11项明确规定："对被判处管制、拘役、剥夺政治权利的罪犯和监外执行的罪犯执行刑罚，对被宣告缓刑、假释的罪犯实行监督、考察。"但是，2012年颁布的《全国人民代表大会常务委员会关于修改〈中华人民共和国人民警察法〉的决定》已经将其修改为"对被判处拘役、剥夺政治权利的罪犯执行刑罚"，删除了对监外执行犯、缓刑犯和假释犯执行刑罚的规定。而且，2016年12月公安部向社会公开公布的《人民警察法（修订草案稿）》在"职权范围"的条款下也没有再强调"对被判处拘役、剥夺政治权利的罪犯执行刑罚"。这一现象背后所表现出的发展趋势足以说明，国家决策和领导层以及公安部门已经充分关注到人民警察的行政执法权与刑罚执行权的差异问题，似乎试图通过修改警察权限的办法，为后续如社区矫正等刑事执行相关法律的立法设计留有余地，做好衔接铺垫。在这种背景下，社区矫正的理论和实践工作者应当充分关注国家的整体政策与学术动向，在进行学术论证时应当及时关注现有法律法规的修改情况，而不能将已经失效的法律规范作为学术论证的理论根据。

就第四种观点而言，该观点所持论证思路和逻辑可能存在一定的问题。"配备警察能提高社区矫正质量"的说法，到底是不是一种规律性的经验、有多大样本的数据支持、能否在其他地区得到验证支持以及能否在全国范围内具有普适性意义，都存在一定的疑问。也就是说，从地方实践做法和经验的角度，直接推导出立法上应当规定配备警察的结论，既不严谨也不科学。

地方实践部门的结论，往往是以本地区有警察配备的社区矫正对象再犯率、脱管率等与其他地区没有警察配备的社区矫正对象再犯率、脱管率等进行大体比较并基于此作出结论，但往往并没有将本地区没有警察配备的社区矫正对象再犯率、脱管率和有警察配备的相关数据进行历时性比较，因此，这种比较的标准和真实性在统计学上存在一定问题。众所周知，在基层社区矫正部门参与社区矫正监管和教育工作的警察，大多是由当地政法委协调后由监狱、戒毒或原劳教干警以借调或抽调方式开展工作的，其编制、主管单位以及职级待遇均在原单位而不在社区矫正机构，这种抽调或借调的形式，很大程度上导致警察参与社区矫正工作的时间有一定的不稳定性、不连贯性，因为很多抽调或借调过来的干警经过一定时间如半年、一年或两年就要回原单位，原单位再派新干警到社区矫正机构，"继续支持和帮助兄弟单位工作"，在这种情况下，干警的工作理念、思维方式、工作思路和风格、工作热情以及借调目的都会影响到其参与社区矫正工作的积极性。这也就是说，即便在同一个地区，在不同的干警参与社区矫正过程的不同时间段中，警察的角色和作用也可能存在不小的差别。

就不同地区的数据比较而言，有些地区的社区矫正工作即便没有配备警察或配备警察数量较少，但其监管水平、脱管、漏管或再犯率都相对较低，甚至比配备警察地区的数据还要好。笔者发现，这种现象背后几乎有一个共同特点，即当地主抓和从事社区矫正工作的工作人员要么有公安或基层多部门多岗位的历练履历,要么是与政法委或市委等领导关系相对熟络而有一定资源,无论是哪种情况,这些主管干部在司法局体系内都有一定的经验、威望和发言权,在与公安派出所、民政等其他行政部门乃至政法委的协调工作和寻求支持的过程中,都能够产生一定的影响力,使得其他部门愿意积极配合自己的工作,争取到更多的资源,从而把一些疑难问题很快攻克。

总之,地方实践"警察有助于社区矫正"的结论,往往只能反映短期内的情况或者反映部分区域的情况,存在着不稳定性甚至不准确性的可能。也就是说,矫正质量、脱管率或再犯率的高低与警察参与社区矫正程度的高低并不一定呈正相关的关系,矫正质量、脱管率或再犯率的高低并非取决于是否有警察参与工作这一简单的论断,更不是取决于有没有明确的规范性文件明确规定了"要不要配备警察"。制约和影响社区矫正工作质量和水平的因素远非这么简单单一,它实际上是受制于诸多法律和现有制度之外的事实因素。[1]这些因素包括:当地社区矫正机构、司法局与当地派出所、公安机关两部门的关系;地方政法委领导对社区矫正工作有没有兴趣以及重视不重视;主管干部的经历、资历、威望以及调动协调资源能力;部门领导之间的私交;干部工作热情和风气;干部的升迁可能性;当地的司法政治生态等。显然,这些因素对于社区矫正工作质量的实际影响远比是否配备警察要大得多。

就第五种和第六种观点而言,这些表述还是对我国社区矫正性质的认识和理解有一定偏差。美国个别州在社区矫正工作中配备警察,仅仅是特定州的实践经验,必然是由其特殊的具体情况所决定的,遗憾的是我们对此仅仅只是简单知道了结论,但并没有将该州为什么配备警察的社会背景、环境和基本理由研究清楚,也并没有对该州的实践效果以及当地实践的反思性声音进行研究。美国个别州在社区矫正工作中配备警察,但同时也有很多州并没有配备警察,我们应当更多关注没有配备警察的州社区矫正的运行机制和经验。另外,俄罗斯和新加坡并非社区矫正发源地国家,也不是社区矫正理论和实践研究成果及其经验丰硕的国家,并且,俄罗斯和新加坡由于国情特色和体制特点往往被称为威权型国家,因此,当地社区矫正的特殊性和国别特色也相对比较浓厚,直接以此作为我国社区矫正需配备警察的理由和根据并不合适。

将社区矫正的刑罚执行工作与日常工作相分离的设想,虽然确实能够避免社区熟人之间执法可能存在的一些问题,但是,社区矫正非警察工作人员

---

〔1〕 参见李蓉:《社区矫正程序实证研究》,湘潭大学出版社2011年版,第156~157页。

也正是因为与矫正对象的熟人关系，才能够给社区矫正对象的教育矫正和帮扶带来更多的积极效果。如果为社区矫正配备警察，但不让其承担具体的社区矫正日常工作，那么，这些警察的身份、编制、工资待遇、职级等都会成为需要考虑的问题，而且，毕竟在社区矫正过程中违规、违法、收监等需要动用警察强制执法权的情形比较少，而日常工作则是重中之重，如果不让警察参与日常工作，那么警察的工作内容和工作付出就会与负责日常工作的工作人员的工作量不成比例，而这就可能会在同一单位内形成组织、薪酬、考评等评价体系上的诸多潜在矛盾或难题。

（三）社区矫正工作不必配备警察的进一步论证

综上，笔者认为，基于我国社区矫正制度设计的初衷和基本理念，在社区矫正工作人员中不配备警察，是比较合适的。除了在分析和反思前述支持配备警察的观点时所提到的理由之外，基于我国社区矫正实践的现状，有以下三点还需特别强调：

第一，我国社区矫正制度的立法目的和制度设计，基本上不再过分强调社区矫正的报应目的，而是将对一般人的积极预防和对特定罪犯的特殊预防即再次复归社会作为主导性目的。也正基于此，我国社区矫正制度的设计与执行，不会再突出强调制度的惩罚性。

客观上，社区矫正对象所犯的罪行大多是轻罪，按我国当前司法实践的做法，即便是判处缓刑的罪犯，往往在一审判决之前，也至少会羁押一段时间，这一羁押虽然不属于监禁执行，而是刑事强制措施，但从剥夺自由这一角度来看，审前羁押也是对行为人的一种惩罚。即便虽如假释和暂予监外执行的罪犯当初所犯之罪为重罪，但这些人在监狱的服刑时间已经比较长，充分体验过刑罚之苦，即刑罚报应目的已有一定的程度的实现。那么对于这些轻罪管制犯、缓刑犯或社会危害、人身危险性与再犯可能性都已经显著降低的假释犯和暂予监外执行犯，应当充分考虑到刑罚报应目的已经部分实现以及惩罚性已经施加的客观情况，着重考虑他们的复归社会和再犯预防的任务。基于此，在对四类罪犯实施社区矫正过程中，包含限制人身行动自由、职业自由等多方面内容的监管措施或禁止令已经充分体现了对四类罪犯的惩罚性，"监管程序和过程本身就意味着惩罚"，[1]因此，不能再对四类罪犯的自由和权利进行克减。从监管的严厉程度方面看，对社区矫正对象自然不必像对监

---

〔1〕 Malcolm M. Feeley, *the Process is the Punishment*: *Handling Cases in a Lower Criminal Court* 4~16 (Russell Sage 1992).

狱罪犯那样严格，因此，从惩罚性是否实现的角度而言，没有必要配备专门的警察对其强化惩罚性的监管。事实上，不少地方的实践经验表明，有警察参与的社区矫正工作，往往就会特别强调惩罚和监管，忽略矫正、教育和帮扶的工作内容。由于参与社区矫正工作的警察大多来自监狱、戒毒或劳教部门，而这些部门以封闭式监管作为主要的工作内容和方式，因此在这些部门工作的警察往往有一种直觉性的思维定式，即重惩罚、重监管、轻教育、轻帮扶，往往认为先"管住吓住要紧"，而且，由于这些警察往往并没有社区矫正相关专业背景，对社区矫正这种现代化的刑事执行理念和政策的理解也或多或少存在一定偏差，进而影响到社区矫正工作的质量。

第二，我们应当探寻并真正弄清楚基层一线社区矫正工作人员要求配备警察背后的影响因素和真实意愿。应当说，在当前社区矫正推行过程中，社区矫正机构的工作保障以及工作人员的薪酬待遇、激励机制和晋升通道等都存在着比较明显的问题与不足。在社区矫正工作的保障方面，由于东部沿海地区和中西部地区的经济差异，以及南北方之间的文化差异，关于社区矫正的编制、办公经费、地方政府支持程度等呈现出较大的差异性特点，大部分地区工作保障落实不到位，最主要的问题是办公经费和编制不足，甚至有些地区连电脑、监控、专用摄像机、高速扫描仪、执法记录仪、二代身份证阅读器、指纹采集仪、出行装备都配备不足，加之不少地区司法所的编制过少，司法所内工作人员工作任务过重，对社区矫正工作不能全身心投入。同时，由于社区矫正工作保障不足，社区矫正工作人员的薪金待遇、津贴、激励和晋升机制等都相对欠缺，很多基层工作人员都在付出远大于回报的状态下苦苦支撑，并且他们的薪金待遇等与其他强势部门的薪金待遇相比，又有比较大的差别，因此对这份工作的职业荣誉感和获得感并非十分强烈，反而形成了较为强烈的职业心理落差。有资料显示，近年来司法所从事社区矫正工作的各类人员，调离、离职或改行的比例非常高，从事社区矫正的工作人员流动性过高，充分反映着背后的薪金待遇和激励机制存在问题。[1]

另外，社区矫正因刑事执行活动的法律性质而属于国家工作人员范围，也受到检察机关的法律监督，因此社区矫正工作人员往往因为自身工作尚没有明确和规范的可操作性标准和细则，加之自身对这种新的刑事执行工作的业务理念与程序并没有充分掌握，导致其在遇到一些疑难问题时不知所措，或因为请示汇报而贻误时机出现工作失误，从而形成比较高的职业风险，甚

---

[1] 参见胡虎林主编：《社区矫正实务》，浙江大学出版社2007年版，第213~217页。

至有触犯刑律之虞。因此，法律监督的硬性规定要求，无形中对社区矫正工作人员形成了一种职业高压风险，这便使得社区矫正工作人员不敢大胆创新，但求无过，进而也在很大程度上影响和制约了社区矫正工作的质量和水平的提高。

在这种客观情况下，基层社区矫正工作人员无论是为了推进社区矫正制度发展并解决实践问题也好，还是为了提高自身薪酬待遇和职业前景也好，都需要迫切找到一个能够向最高决策和领导层反映与表达意见的通道。在这个意义上，社区矫正工作者便很直接地选择了警察身份的这一事关社区矫正工作核心的制度性问题。因为，警察工作的严肃性和权威性、掌握资源能力、工作效率、协调调度能力、工作保障力度、薪金待遇、津贴职级、社会地位在社区矫正工作人员眼中都远高于自己。

第三，我们应当搞清楚"社区矫正配备警察"的确切含义。从社区矫正实践来看，人们之所以提出这一观点，很大程度上是基于一些地区社区矫正机构吸收了部分警察参与和协助工作这一实践经验而得出的。客观而言，"配备警察"本身就可以在两种意义上进行理解。我们可以把"配备警察"理解为将部分其他部门警察交流或驻点到社区矫正部门辅助社区矫正工作，也完全可以将其理解为为社区矫正机构配备属于自身编制内的警察。〔1〕按照第一种意义理解，我们可以说，这一思路在立法制度设计方面的核心就不再是警察到底去不去社区矫正机构帮忙，而是如何以法定的形式固定社区矫正机构与公安机关基层派出所、监狱、戒毒所等其他司法机关的配合与协助工作机制，以及这种配合与协助机制的操作细则与法律责任的设计问题。按照第二种意义理解，说到底，那就意味着为社区矫正机构专门创设一个属于社区矫正机构管理的专门的警种。然而，在国家简政放权的行政体制改革的大背景下，在警察对于社区矫正质量的实践效果有待长期检验的情况下，国家决策和领导层不可能轻易投入巨大的行政、社会、人才、组织资源专门为社区矫正一项工作建立新的警察种类。对于党和国家的大局观和宏观战略思维，我们应当有清楚和深刻的认识和理解。

（四）《社区矫正法》的基本立场与破解思路

由于我国简政放权的行政体制改革不断深入，为社区矫正工作增设新的警种在短期并不具备现实性和可行性，因此，关于提高社区矫正工作人员执

---

〔1〕 关于我国警察参与社区矫正实践模式的详细总结，可参见郑艳："社区矫正机构配备人民警察的现实考察与理想愿景"，载《中国司法》2016年第10期，第72~74页。

法的严肃性和权威性的问题，就只能在社区矫正机构与相关司法机关工作协调配合的框架下进行讨论和分析。由此，社区矫正工作中的部分执法工作的有效完成问题在不能配备警察的条件下，就转化成如何为社区矫正机构和公安机关、监狱、戒毒等司法机构建立有效配合与协助机制的问题。这一思路，事实上在我国《社区矫正法》中也得到了印证。《社区矫正法》并没有明确社区矫正工作必须配备警察，[1] 而且为社区矫正机构工作者设定的执法权较为有限，如限于了解社区矫正活动情况、训诫、警告以及五类情形下的使用电子定位装置、社区矫正对象失联时的查找权等，而对于严重违反监管规定或治安管理处罚的、需要撤销缓刑或假释的、需要收监执行的情况，则必须由公安机关为主导作出行政处罚决定、执行逮捕等，同时由法院批准是否撤销缓刑或假释。笔者认为，《社区矫正法》的立法思路相对于基层社区矫正工作者配备警察的呼声而言，更加符合我国社区矫正制度的长远发展方向，具有高度的战略指导和引领意义。

第一，这一制度设计仍是充分考虑和准确把握了社区矫正制度的非监禁化、人道化和现代化的刑事执行理念，注重和强调社区矫正人员复归社会的执行目的，凸显立法对一般性的、守法的社区矫正对象的从宽政策，而且，还特别规定了社区矫正机构对于有较大社会危险性的缓刑犯或假释犯的提请逮捕权，明确规定要求法院在48小时内作出决定，这无疑是对于一些社会危险性大的社区矫正对象的一种制度性的、程序性的有力威慑，因为矫正对象一旦被逮捕，有很大可能会被撤销缓刑或假释而收监执行。这种以宽为主但又不失从严的立法目的和制度表述，在彰显刑法宽恕和宽仁的同时，也保持了刑法的刚性和威严，比较科学。

第二，这一制度设计准确把握了司法权力的性质，尊重司法权力既有分工的现状与特点，从法律和制度上明确分配了不同司法机关的法定任务，实现了司法资源的充分优化利用。如，对于治安管理处罚、执行逮捕和追逃职权，根据我国刑事司法体系的制度性安排一直是由公安机关行使，因此，对于社区矫正对象出现了违法、收监或逃跑情形，同样也由公安机关行使相应权力；对于法院拟撤销缓刑或假释，需要听取社区矫正对象本人及其委托律师的意见，保障社区矫正对象的辩护权利和程序权利，充分尊重律师辩护权并拓展了其范围，将撤销缓刑和假释、收监特别是逮捕的决定权赋予法院，非常符合"剥夺人身自由必须经过法庭审判"的人权法原理。总之，《社区矫

---

[1] 参见王爱立主编：《中华人民共和国社区矫正法解读》，中国法制出版社2020年版，第65页。

正法》的立法思路本身就是对司法权力体系职权分工的一种法律上的尊重和确认，合理分配司法权力资源和任务，从整体上看是非常符合我国法治发展方向的。

第三，《社区矫正法》仅仅是以概括性的方式对上述权限进行了原则上的分配和确认，而对社区矫正机构与相关司法机关的具体配合、协作与衔接机制等操作细则却留有余地，没有在立法中明确规定，从而更加彰显该法的指导、引领以及价值导向功能。在全国地区情况差异较大、实践经验和做法各有千秋的现状下，立法的价值和目的的确不是对各地的实际做法做整齐划一的明确规范和调整，而是应当优先考虑法律的价值导向和指引作用。基于上述考虑，"两高两部"在对《社区矫正实施办法》进行修订的基础上重新制定了《社区矫正法实施办法》，以规范和指导《社区矫正法》的具体适用与执行活动，同时，允许各省充分发挥自身积极性，根据自己省份的情况进行一定的调整和变通。《社区矫正法实施办法》与省级操作细则的关键和核心问题即关于社区矫正提请治安管理处罚、撤销缓刑和假释以及收监执行的提请、决定机关决定期限、程序、证据要求、拒绝作出决定的机构责任、配合衔接机制的制度和人员保障等。笔者认为，在《社区矫正法实施办法》出台后，各省可以充分发挥党委集中统一领导的优势，出台一些针对本地区行之有效的衔接和配合办法，从而保证社区矫正工作的顺畅进行。截至2021年7月，我国上海、江苏、浙江、安徽、河南、福建等十余省（市）已经制定或重新修订了省级社区矫正实施细则或执法规范，为本级行政区域内社区矫正具体工作的有效开展提供规范性的和可操作性的指导。另外，考虑到社区矫正基层工作的现状，在没有对社区矫正工作人员配备警察身份的现实情况下，应当考虑加大工作投入，提升社区矫正工作人员的工作保障和薪金待遇，引入激励措施，建立良好的晋升机制，提高基层工作人员的积极性和热情，这是在社区矫正制度发展过程中对基层工作人员来说具有实际意义的激励举措。

二、社区矫正机构工作人员及其权限问题

社区矫正机构工作人员即在我国社区矫正机构中具有国家工作人员的身份，承担社区矫正各项具体工作的国家工作人员。前文已经指出，我国当前并不适合在社区矫正机构中配备警察，因此，社区矫正机构工作人员应当是具有国家工作人员身份的人员。按照我国现有法律规定，具有国家工作人员身份，但未必具有公务员身份，那么，在我国社区矫正机构中，国家工作人

员的数量比例以及其中公务员、事业编制以及合同聘用编制的具体数量比例，应当由司法行政部门会同编制部门根据具体的工作需要确定。按照当前我国社区矫正实践的经验进行测算，以社区矫正对象数量与矫正的难易程度为标准，一般认为，我国社区矫正机构工作人员与社区矫正对象的比例大体维持在1∶30比较合适。

由于社区矫正是一项严肃和专业的刑事执行活动，涉及罪犯的自由和权利的限制或剥夺，必须于法有据，严格按照法定程序进行。因此，这项工作也必须由专门的国家机关和专门的工作人员负责实施。

我国社区矫正制度的推行由于具有典型的自上而下构建的特色，突出强调国家和行政力量在社区矫正中的积极作用，而且，由于我国社区矫正推行时间并不长，国内公众的传统刑罚观念以及固有刑法文化传统相对保守，最为重要的是作为社区矫正制度具体组织承载体的社区在我国建设和发展速度非常薄弱，基层中介性社会服务等公益组织也不发达。因此，在这种社会环境下，社区矫正工作的质量和水平就更加取决于社区矫正机构工作人员。

由于犯罪的原因千差万别，每个犯罪人的性格、爱好、倾向、家庭环境、文化程度也不尽相同，社区矫正工作的核心目的就是在对每个不同犯罪人的监督、管理过程中，通过对其进行生活、感情、工作乃至心理等诸多方面的教育、帮助、感化、治疗和保护，促使其改变固有的认知和行为模式，重塑健康的公民人格，最终早日复归社会。而且，社区矫正对象并非生活在封闭的监狱中，而是生活在开放的社区中，其面临的信息、诱惑、社会评价、工作生活环境、交友环境等远比监狱更为复杂，更何况与监禁矫正相比，我国的社区矫正工作刚刚起步，并非像监禁矫正那样有数十年的矫正经验可资利用，因此，社区矫正工作人员的任务和工作量其实是异常繁重复杂的，他们不仅要充当管理者的角色，要求社区矫正对象汇报思想和现状、发出各种规则或命令，监管其遵守规则的情况，而且还要充当服务者的角色，需要为其提供心理咨询、辅导、生活帮助、谋生和职业技能训练信息以及社区保障和福利资源，更要充当知心人的角色，倾听其困惑，纾解其敌对和怨恨情绪，降低其与社区周围居民的矛盾和对立，化解周围邻居因其犯罪而产生的不安感，帮助他营造良好的社区氛围以便其回归社会后能正常生活。也就是说，社区矫正工作的复杂性和困难程度非常高，需要更高的专业性和技术性。然而，在当前社矫正实践部门，社区矫正机构工作人员的专业性和技术性问题并没有得到充分重视，实践部门的很多工作人员都是从其他部门甚至单位转岗过来的,学历和专业分布参差不齐。因此,在后续的社区矫正机构工作人员的招录过程中,除了继续遵循国家工作人员入职考试的基本标准之外,应当倾向于建立专业化和技术性的评价体系,即优先考虑招录拥有教育、法律、心理、社会工作、社会学和管理学等专业和学历背景的工作人员,并尽量将入职门槛限定为本科学历以上。另外,即便没有上述专业背景,也应将有社区志愿者经历作为优先考虑的标准和条件。对于已经从事社区矫正工作的人员,应当积极进行专业性的培训和研讨,引导工作人员真正弄清社区矫正的现代化理念以及具体矫正技术。

前文已经提出,根据《社区矫正法》与《社区矫正法实施办法》,社区矫正机构工作人员监管社区矫正对象方面的执法权限相对有限,概括起来包括:①核查社区矫正对象的信息情况;②对社区矫正对象的外出批准权与变更执行地决定权;③对社区矫正对象违法或违规的训诫与警告权,以及对表现良好的社区矫正对象予以表扬的权力;④对特定社区矫正对象有期限地使用电子定位装置;⑤社区矫正对象失联时的查找权;⑥对判处禁止令的社区矫正对象执行禁止令;⑦制止社区矫正对象违法或违规行为;⑧提请公安机关予以治安管理处罚;⑨提请法院逮捕、撤销缓刑、假释或暂予监外执行;⑩提出对社区矫正对象减刑的建议权。可以看到,社区矫正机构的执法权力可以大体概括为三类:第一类是自主性的监管与处罚权,如核实、表扬、训诫、警告以及相对严厉的电子定位装置使用权;第二类是需要公安协助的查找权以及违法行为制止权;第三类是程序性的提请权,但最终法律后果需要其他司法机关作出决定。对于社区矫正机构的执法权,基层工作人员的疑问主要集中在查找权和提请权方面。

无论是按照2012年《社区矫正实施办法》的意见还是根据《社区矫正法》的规定,社区矫正机构仅仅具有字面意义上的有限查找权,《社区矫正法实施办法》则将查找方式进一步细化为"通信联络、信息化核查、实地查访等",但始终没有进一步赋予社区矫正机构在查找手段和范围方面更为实质性和有效性的权限,也就是说,失联社区矫正对象的手机定位、行踪轨迹、住宿与银行消费信息,只能由公安机关进行查找,社区矫正机构没有这些权限。虽然《社区矫正法》明确规定了公安机关应当协助,但如果公安机关真的由于警力等问题无法及时协助,具体怎么办?法律并没有明确规定。另外,如果社区矫正机构在其他场所发现了失联对象,能否采用人身强制手段将其控制并带回?按《社区矫正法》的规定,应当通知公安机关协助,那么,请求协助与公安出警之间往往存在一个时间差，如果在这一段时间内失联对象再次逃跑如何处理？《社区矫正法》仅概括性地规定了对查找到的失联的社区矫正对象"区别情形依法处理"，但问题是，区分哪些情形？到底依哪个法？这一规定确在操作和执行的可行性方面仍有待研究。对此，《社区矫正法实施办法》进一步规定，当查找到社区矫正对象之后，社区矫正机构应当根据其脱离监管的情形，给予相应处置。虽能查找到社区矫正对象下落但其拒绝接受监督管理的，社区矫正机构应当视情节依法提请公安机关予以治安管理处罚，或者依法提请撤销缓刑、撤销假释、对暂予监外执行的收监执行。这一规定虽然指明了社区矫正机构执法的法律与事实根据，但"相应处置"的规定仍然非常模糊，而且，"查找到社区矫正对象下落但其拒绝接收监督管理的"规定，是否会导致社区矫正机构的执法行为过于被动、效率过于低下而难以有效应对突发事件？总之，《社区矫正法实施办法》这一规定的实践可操作性与实施效果仍然需要进一步关注。

　　《社区矫正法》规定了对社区矫正对象违反监管规定或禁止令的，社区矫正机构有制止权，但同时也明确了如果制止无效需要公安机关协助到场处置。那么，社区矫正机关的制止是否仅限于口头制止？如果仅限于口头制止，是否有效？能否采用一定程度的强制措施，比如强制带离特定场所？如果不允许，社区矫正机构执法的权威性和严肃性何在？也就是说，关于制止的方式、限度和内容，需要国家明确对社区矫正机构授权，并且制定具有可操作性的细则规范。

　　关于社区矫正机构提请治安管理处罚的权力也存在一些问题。在社区矫正基层实践部门，由于公安机关和社区矫正机关的工作性质和着眼点并不一样，社区矫正机构由于对于社区矫正法律及其具体工作的理解程度较为准确深入，往往会认为违反监管规定的就需要进行治安管理处罚，但公安机关则很可能会认为"事情不大，不必处罚"，处罚之后还有可能被申请行政复议，"多一事不如少一事"，即如果社区矫正机构向公安机关提请治安管理处罚，但公安机关决定不予治安管理处罚，那么，社区矫正机构就只能对社区矫正对象予以训诫、警告，要么就是提请撤销缓刑、假释或暂予监外执行，在这两个选项中，应当说的确欠缺中间性的制裁措施。而且，如果一旦公安机关决定不予处罚，那么，就必然导致社区矫正机构行使提请撤销社区矫正的权力，因为只要启动提请程序，就可以对其使用电子定位装置，而只要社区矫正对象带上不可拆卸的电子定位装置，那么其逃跑或再次违规的风险就相对较小了。但是，社区矫正对象违反《治安管理处罚法》的行为也可能仅仅是轻微的，不足以用这种严厉的限制自由的方式，因此，在缺乏中间性和过渡性制裁方式的前提下，社区矫正机构的执法选择有可能造成执法违反比例性和适当性原则的问题，这是我们应当认真注意的一个问题。

社区矫正机构提请撤销社区矫正对象的社区矫正的事由和程序，由于涉及的具体司法机关更多，情形更复杂，无形中大大提高了社区矫正的执法复杂性和难度，使得《社区矫正法》具体规定的可操作性存在一定的问题。如，社区矫正机关提请撤销社区矫正，同时也向法院提请逮捕，但法院在48小时内没有作出逮捕决定，那么根据《社区矫正法》，法院应当在30天内对社区矫正机构提请撤销社区矫正的建议作出裁定，那么，这30天内社区矫正对象出现其他违规或犯罪行为的法律风险如何处理？《社区矫正法》并没有明确规定，《社区矫正法实施办法》也没有作出进一步的补充规定。

再如，随着我国基层人口流动性越来越大，实践中的确出现了较多缓刑判决法院和社区矫正执行的居住地不一致的现象。那么，如果社区矫正机构和原判法院不在同一个省市，原判法院在接到社区矫正机构提请撤销缓刑的建议时，原判法院基于种种原因不撤销怎么办？在原判法院不撤销的情况下，社区矫正机构如何救济？如果不能救济，那么社区矫正机构的执法严肃性和权威性如何保障？或者说，在不撤销缓刑判决时，社区矫正对象再次发生严重犯罪的话，那么社区矫正机构工作人员要不要承担玩忽职守的行政或刑事责任？退一步讲，即便社区矫正机构和原判法院在一个省市，这种机关单位之间的立场差异或矛盾仍然会导致原判法院不撤销原判决存在很大可能性，在这种情况下，又该如何处理？如何划分责任？这都是值得深入思考的根本性的问题。

再如，当社区矫正机构与暂予监外执行的执行地机构、原社区矫正决定机构不在同一省市，检察机关的法律监督就很容易落空，这也是一个非常现实的问题。

总之，关于社区矫正机构及其工作人员的权限问题，仍值得深入研究，虽然《社区矫正法》已经出台，但该法律仅为我们指明了社区矫正制度发展的原则和方向；虽然《社区矫正法实施办法》对如何适用《社区矫正法》做了进一步的规范性解释和说明，但由于受到规范位阶效力的限制，《社区矫正法实施办法》仍然没有对实践中存在的一些疑难问题如何处置做出明确的规范性操作指引。因此，社区矫正机构执法权限的问题，仍需进一步在实践中总结经验，从而切实解决问题。

三、社区矫正机构社会工作者

一般认为，社会工作是社会学的基本范畴。社会工作是一种帮助个人、群体、社区增强或恢复社会功能并创造有利于实现这一目标的条件的专业活动。社会工作者，简称"社工"，即遵循社会工作的价值观念和专业伦理，运用社会工作方法从事社会服务的人员。[1]社会工作者是以利他助人、服务作为工作基本宗旨的。社会工作者有很多类型，从事社区矫正的社工往往被称为司法社工。[2]在当前司法社工领域，其实也包括两类社工：一类是专职社工；另一类是志愿者社工。专职社工是国家和政府通过各种方式直接聘任的社工或组织和吸收社会工作服务机构的社工，志愿者社工则是在社区矫正机构统一指导下适度参与社区矫正社会工作的兼职社工。[3]在了解我国社工的基本概念后，需要对我国社工参与社区矫正的基本方式、现存问题以及发展方向等问题进行分析讨论。

（一）我国社工参与社区矫正的基本方式

根据我国司法部社区矫正局的统计数据，截至2018年我国已经有8万余名社工参与社区矫正工作。但实际上，对于我国社工参与社区矫正工作的实际数量，尚无完整的数据统计标准，缺乏统一口径。大体上来看，当前社工参与社区矫正的途径有以下五种方式：其一，司法行政部门直接面向社会招聘，被聘用者与司法局签订劳动合同；其二，司法行政部门向民间专业性社工组织购买服务。社区矫正机构与民间社工组织签订购买社工服务的合同，由民间社工组织向社区矫正机构派遣社工；其三，通过民政部门与民间社工组织签订社工合同，由民间社工组织向社区矫正机构派遣社工；其四，街道、乡镇等基层行政机关、县级司法行政机关联合委托劳务公司招聘社工；其五，政府直接出面培育和发展专业性民间社工组织，通过社区矫正机构与民间社工组织进行充分合作，再由社区矫正机构委托该民间社工组织从事相关的矫

---

[1] 参见范明林、林德立编：《社会工作实务：过程、方法和技巧》，社会科学文献出版社2018年版，第30页。

[2] 李岚林："司法社会工作在社区矫正中的功能定位及实现路径"，载金川主编：《社区矫正机构队伍建设与教育矫正研究：首届浙江台州社区矫正论坛论文集（2016）》，法律出版社2017年版，第239~242页。

[3] 参见哈洪颖、马良灿："社会力量参与社区矫正遭遇的实践困境与治理图景"，载《山东社会科学》2017年第6期，第103~107页。

正教育和帮扶工作。

可以看到，在我国，当前社工参与社区矫正工作的形式也不尽相同，从组织任用方式上来看，基本上以直接聘任和购买服务为两种典型的表现形式。不能否认的是，这种现状是与我国当前社工服务组织和专职社工的整体缺乏密切相关的。

（二）我国社工参与社区矫正的现存问题

就专职社工参与社区矫正工作的现状而言，主要存在以下三方面的问题：

第一，在基层社区矫正工作中，社工并非被视为一种专业力量，而往往是在社区矫正部门人手不够的情况下被"拿来用的"，而且，具体工作职责是什么各地实践做法也并不一致。有些地区的社工参与执法，有些地区的社工则充当执法辅助人员，填报报送表格，负责日常坐班接待、管理监控定位以及电话核实矫正对象情况等，有些地区的社工则完全是像"勤杂工"，不知道做的是什么事，甚至有的地区要求社工必须会开车，因为司法所人员去查访需要社工临时充当司机。在近十年中，社工的学历程度、专业背景等没有达到国家的基本要求，近三年来虽然略有改观，具有法学、心理学、教育学、管理学等专业背景的人员比例有了一定提高，但实际上具有社会工作专业学历的人员仍然很少，既有学历又有实践经验的中级或高级社工，则少之又少。针对这种情况，《社区矫正法》明确了专职社工专业力量的法律地位，即专门从事社区矫正相关工作的专业人员。

第二，专职社工的薪金待遇、福利保障、晋升机会以及工作激励机制相对缺乏，政策保障不到位。整体而言，我国从事社区矫正的专职司法社工，月收入仅相当于城镇居民的一半。近几年来东南沿海地区虽略有改善，但司法社工的整体收入水平仍然比较低。在这种情况下，大多数年轻的司法社工仅仅是将该工作视为一种基层工作经历和跳板，往往在工作的同时寻找其他机会，如准备公务员考试、法律职业资格考试，或者准备研究生考试，一旦有其他机会，会毫不犹豫地离职。这种工作状态必然影响到社区矫正工作的整体质量和水平。就国别性的比较而言，国外大多数国家的司法社工，整体收入水平大多维持在中产水平，而且有独立、规范和完整的职业准入、考核、晋升、保障和评价体系，因此，提高司法社工的收入待遇和职业获得感，应当是社区矫正制度建设的重要任务。

第三，我国专职社工的社会组织载体薄弱，社会认可度非常低，这在很大程度上成为制约我国专职社工在专业领域发挥作用的重要因素。比较而言，国外社区矫正的专业性教育、矫正和复归项目，基本上都由本国的专业性社工组织机构承担和完成，国外公益性的非政府组织和各种专业性社工机构比较发达，不仅能为社区矫正对象提供专业化的矫正服务，而且还能够吸收和培养社工人才，因此，国外很多社工并不隶属于政府机关，而是社工组织机构的从业人员。我国当前的社工组织力量相对薄弱，自然也就影响到社工存在和发展的范围和规模。在基层实践中，专门从事社区矫正的社会组织机构相对较少，专业性社工数量也自然偏低，很难为社区矫正对象提供专业化的矫正服务，也难以专业性的社工组织为依托独立承担社区矫正的具体项目。另外，我国当前无论是公民个人、社会还是国家，对于社会组织的认可度都比较低，绝大部分社会组织主体都是以谋求经济利益为核心建立的，往往没有心思真正投入公共事业中去，而专门从事公益性活动的社会机构，其存在和发展的空间相对狭小，往往只能靠政府或企业的资金补贴才能存活，因此，我国整体的社会氛围和环境在一定程度上也影响到社工组织机构与专职社工的发展。

（三）我国社工参与社区矫正的发展方向

鉴于上述问题，在专职社工参与社区矫正的制度建设方面，需要注意：

第一，充分领会和运用当前国家大力发展社工的基本政策，与民政等部门协调，建立一些专门从事社区矫正工作的社工服务组织，培养一批专门的司法社工人才。

应当说，从国家发展趋势来看，社会领域的改革逐渐会成为我国深化改革的重要内容。而社会领域改革的核心，就是培育、发展和壮大社会服务以及公益组织等社会力量，替代或承担原行政机关所承担的部分服务或管理职能，发挥社会力量在国家建设和发展以及公民权利保护方面的积极作用。2012年发布的《社会工作专业人才队伍建设中长期规划（2011—2020年）》明确提出，通过建立50个国家级民办社会工作机构孵化基地，到2020年，培育发展8万家民办社会工作服务机构；并且，到2020年，社会工作专业人才总量增加到145万人，其中中级社会工作专业人才达到20万人，高级社会工作人才达到3万人。社区矫正领域的社会组织和专业社工人才都是这一规划的重要组成部分，因此应当充分利用这一政策优势，集中力量培育和发展一些从事社区矫正工作的高质量专门社会组织，培养一批专业人才。在这一问题上，上海的做法值得学习和借鉴。2014年上海成立了上海新航社区服务总站，其性质就是一家经上海市民政局批准的、业务主管为上海市司法局的民办社会工作服务机构，专门从事社区矫正工作。另外，该机构还在上海市14个区县设立了社区服务工作站，并在所属街道设立了社工点，形成了市、区、街道的三级组织框架体系，在上海市社区矫正工作的专业化教育矫正、帮扶以及司法社工的培养方面发挥了重要作用。[1]

第二，应当进一步规范司法社工参与社区矫正的形式，尽可能多地采用政府购买社会服务的方式。应当说，在简政放权、转变政府职能的行政体制改革大背景下，减轻行政机关的负担和压力，推行政府购买社会服务的方式是符合中央的战略意图的。民政部和财政部2012年出台的《关于政府购买社会工作服务的指导意见》以及司法部等部门2014年联合出台的《关于组织社会力量参与社区矫正工作的意见》都非常明确地表达了对政府购买社会工作服务的支持态度。另外，在我国社区矫正基层实践过程中，尽量使用政府购买社会工作服务的方式，有着一定的客观现实性和积极意义。这主要是因为：其一，我国当前基层政权与社会组织之间的关系并没有厘清，在很多地区仍然比较混乱。[2]如果过早地在基层政权体系中引入社会工作体系，或者使社工组织和人员始终依附于基层政权，那么，基层政权部门和社会工作体系之间的界限特别是基层政权部门的行政管理权限清单以及制度安排都会受到很大影响，基层政权部门和社区工作合作则缺乏平等基础，最终还是会形成政府部门对社会工作组织和社工的实质性的领导与被领导、管理与被管理关系，社会工作成为基层政权部门工作"拿来用"的具体办事员，从而偏离社区矫正工作社工专业性的发展方向，对社区矫正的长远发展产生不利影响。其二，通过政府购买社工服务的方式，能够带动专门的社工机构和组织的工作积极性，在承担各类矫正项目的过程中壮大自身实力，培养有实践经验的社工，从而进一步提高专业化水平，另外，这种购买服务的方式能够与基层政权部门建立起一种既相对分离又相互影响的协作共赢的新型政社关系，提升基层政府的透明度和公开度。当然，在推行政府购买社工服务方式时，除了需构建定期发布服务需求、招投标程序以及合同监管和专家评审等专门的购买服务方面的制度规范与机制之外，也需要注意避免社工激励性不足、社团管理行政化、社会组织独立性不足等问题，而且还要特别预防和避免在购买服务

---

[1] 郑波："上海社会组织参与教育矫正工作的实践与探索"，载金川主编：《社区矫正机构队伍建设与教育矫正研究：首届浙江台州社区矫正论坛论文集（2016）》，法律出版社2017年版，第258~261页。

[2] 参见张旭光编著：《和谐社会背景下的社区矫正问题研究》，中国农业科学技术出版社2014年版，第242页。

过程中的利益勾兑和输送问题。

第三，建立和完善对社工组织与司法社工的激励机制。比如，切实加大对社区矫正工作的财政投入和政策支持，提高司法社工的工作待遇、福利保障，为司法社工提供较好的工作条件，提高司法社工的工作认同感和荣誉感。如在编制转变、晋升通道等方面可以相对灵活，优先考虑司法社工的工作年限和业绩，从而使其充分感受到工作的前景和希望。对社工组织的年审、税收等方面予以特定的政策优惠，从而提高社工组织参与社区矫正工作的积极性。

第四，切实组织好对司法社工的专业培训。很明显，社区矫正工作对司法社工的专业程度要求非常高，司法社工不仅需要精通社会工作的专业知识，而且需要熟悉法律、管理、教育以及心理学的多学科知识，因此，对司法社工的培训，需要定制有针对性的专门课程，而不能流于形式，最好是能够邀请司法社工方面的实务专家进行授课、经验分享和答疑解惑。针对我国社区矫正从业人员现状，特别是对于一些转岗从事社区矫正工作的人员，学习刑法、刑事诉讼法以及社区矫正法律法规的现代法治观念和相关知识，促使其摈弃旧有的刑罚观念，建立人道性的刑事执行理念尤为必要。

第三节 中国社区矫正社会参与力量的基本问题

前文已经指出，笔者认为，社区矫正工作者应当包括社区矫正机构工作人员和专职从事社区矫正的社会工作者两大类，毕竟社区矫正工作是一项专业性非常强的国家刑事执行活动，必须由具备较高专业性的人员专门实施。当然，在我国社区矫正试点和推行的实践过程中，有一些文献将社会志愿者也作为社区矫正工作人员进行讨论。然而，我国社区矫正并非像大多数发达国家那样是由社会公益组织和志愿者在助人和利他的理念主导下主动发起和完成的，而是由国家主导的具有严肃性和强制性的刑事执行工作，志愿者仅仅是凭借自愿和热情辅助性参与这一工作，并无法定义务和职责。即便是在现代发达国家，志愿者也大多依托或从属于特定的社工服务机构或公益组织，也并没有独立实施社区矫正的法律地位。因此，我国社会志愿者不应当被纳入专门的社区矫正工作人员范围，这也是比较符合我国当前基本国情的。正因如此，《社区矫正法》也似乎并没有将社会志愿者作为社区矫正工作人员的范畴，仅仅将其定位为社会参与力量的一种。亦即，志愿者在社区矫正过程中，只是居于补充地位。应当说,这一定位与国际通行的做法基本一致。

因此,社区矫正社会参与力量就可以界定为是与国家专门的社区矫正力量相对应的、为社区矫正工作提供支持、协助或配合的社会性人力、组织、设施、资金和技术等社会资源的总称。

从主体的角度来看,根据《社区矫正法》的规定,参与社区矫正的力量包括:居委会或村委会、社区矫正对象的监护人、家庭成员、所在单位或就读学校、社会公益组织或志愿者社工、志愿性的企事业单位等。

从参与内容与方式上来讲,社区是社区矫正对象接受社区矫正所必须依托的基本生活和活动场所,因此,居委会或村委会和社区矫正对象的联系就更为紧密和直接。居委会或村委会应主要配合社区矫正机构掌握社区矫正对象的思想动向、行动表现、交友以及活动情况,积极协助社区矫正机构反映社区矫正对象的情况,发动、引导社区内的社会组织、志愿者和社区居民正确认识并广泛参与社区矫正工作;社区矫正小组是我国社区矫正基层实践的制度创新,《社区矫正法》对此也予以明确的立法确认。社区矫正机构需要对每一名社区矫正对象配置社区矫正小组,小组成员除了社区矫正机构工作人员之外,还需要居委会或村委会人员、社区矫正对象的监护人、家庭成员、所在单位或就读学校的人员以及社会工作者、志愿者等,社区矫正对象是女性的,矫正小组必须有女性人员。企事业单位则可以通过捐赠物资、提供工作岗位、技能培训、专业服务等对社区矫正对象提供生活和工作中的帮助,也可以对社区矫正工作进行资助支持,拓宽社区矫正资金支持的渠道。

一、社会力量参与社区矫正的现实问题

近年来,随着社区矫正在全国的推行以及不少地方政府购买社会组织服务方式的出现和发展,社会组织得到了一定程度的发展,越来越多的社会组织开始参与到社区矫正工作之中。从总体上看,社会力量参与社区矫正的数量、规模、服务项目种类、人次以及力度在不断增加。然而,社会力量参与社区矫正,至今在制度、政策、规模和人力等方面,仍然存在着较大的问题。

第一,我国对社会力量参与社区矫正在法律上的权利、义务、责任风险、人身安全等,没有明确规定。社区矫正试点二十年来,社会力量参与社区矫正始终缺乏法律依据。值得注意的是,《社区矫正法》明确规定了居委会、村委会协助社区矫正的责任和义务,明确规定了社区矫正对象监护人、家庭成员、所在单位或就读学校应当协助社区矫正的义务,还明确设置了国家鼓励

企事业单位、社会组织以及志愿者依法参与社区矫正的条款。这些规定使得社会力量参与社区矫正终于有了法律上的依据，然而，《社区矫正法》是一部原则性的法律，其引领和导向意义大于操作指导意义，因此，后续还应当在相应的法律法规或操作细则中进一步明确社会力量参与社区矫正的具体方式、权利义务、激励和荣誉机制，法律责任以及免责事由等诸多更具有针对性和操作性的问题。在这一问题上，如居委会、村委会依法协助社区矫正，但具体依照什么法，是否有上位法根据，当前除《社区矫正法》之外，并没有其他的部门法条文对此予以明确规定，尚待后续立法跟进。再如，虽然2017年我国出台了《志愿者服务条例》，对志愿者和服务组织、服务活动、促进措施以及法律责任等作了规定，但该条例大多属于授权性和鼓励性条款，原则性强，与社区矫正志愿者从事社区矫正具体工作所要求的标准还有很大差距。也就是说，社会志愿者参与社区矫正的可操作性和可执行性的法律依据，尚待进一步跟进。

第二，社会力量参与社区矫正的法律和政策保障往往无法落实。总体上看，社会志愿者参与社区矫正的经费支持、专业性存在一定的不足，往往流于形式。社会捐助、资助和帮助社区矫正的渠道不明。如，在社区矫正实践中，社区矫正志愿者的人员身份结构比较单一，人员参与范围有限，大多为在校学生和退休人员。这两个群体都与社会生活实践存在一定距离，前者尚未完全介入社会生活，后者已从主流社会实践中退出。加之他们的矫正知识与技能较为欠缺，在参与社区矫正工作时的法律和政策保障也非常不充分，使得这两个群体在社区矫正实践中的参与较为被动，能力欠缺，甚至不知道如何向社区矫正对象提供矫治与帮扶服务，参与质量和绩效较差。[1]企事业单位由于对经济利益的注重或者专注于本单位的事务，难以有心思从事公益活动。对于一些想参与和支持社区矫正的企业，如有手工制造企业想为社区矫正对象提供一些工作岗位，但却遭到街道、派出所、劳动与社会保障等多部门的限制，甚至本单位的员工对接纳"所谓罪犯"作为同事，都持抵制态度。有些企事业单位积极捐赠，但有关的税收减免或政策优惠却迟迟无法落实，这往往导致有些单位在为社区矫正工作进行数次捐赠或提供若干工作岗位之后，由于一直得不到政府承诺的任何政策支持、回报或补偿，最终便不会再参与相关的社区矫正工作，从而在一定程度上挫伤了企事业单位的参与

---

[1] 武玉红："我国社区矫正队伍专业化建设探究"，载《北京联合大学学报（人文社会科学版）》2016年第3期，第15页。

积极性。

第三，我国当前基层治理能力的弱化已经成为影响社会力量参与社区矫正程度的重要的现实性因素。近年来，基层政权在很多地区出现了空壳化、空心化以及成员离散化的现象，具体表现为居委会或村委会治理人才断层、控制能力锐减、提供公共产品或服务的能力倒退等。[1] 社区矫正工作本身就需要将社区矫正对象置于文明、包容和相对现代化的社区中开展工作，但基层政权在制度、环境以及秩序方面的弱化或失序，轻则使得基层政权没有能力、财力或时间顾及社区矫正工作，重则有可能将社区矫正对象引入再犯罪的边缘。因此，基层政权治理能力弱化，实际上是影响社区矫正质量的一个比较严峻的问题。

二、社会力量参与社区矫正的发展方向

从理论上讲，社会力量参与社区矫正工作，主要有两方面的内容：

第一，协助社区矫正工作人员对社区矫正对象进行一定程度的监督、管理。社区矫正对象虽然人身自由受到一定的限制，但其大部分时间在原社区生活和工作，因此仅依靠社区矫正工作人员的力量进行监管是远远不够的。但是，居委会或村委会的工作人员，相对于司法所的社区矫正工作人员而言，与社区矫正对象的接触更加直接和紧密，正是在这个意义上，社区矫正小组才有更大的便利和优势接触和影响到社区矫正对象，因为"同一个社区至少都是熟人，各项工作都容易开展"，社区矫正对象对于熟人之间的谈话、要求、劝解，可能更容易听得进去。也就是说，社区矫正对象与社区邻居在一起，事实上不仅能够对社区矫正对象自身产生一种约束感和耻辱感，而且还能促使社区矫正对象自身形成一种改过自新的内疚感和使命感，因为"毕竟要在这里继续生活，不能让邻居小看我，不能给家人亲戚丢脸"，更何况还能够感受到邻居的善意和帮助，多种心理因素综合作用，在很大程度上能够加速社区矫正对象复归社会任务的完成。

第二，社会力量需要对社区矫正对象进行保护和关照。复归社会是社区矫正的本质目标和任务。社区矫正对象往往因实施犯罪进入刑事程序或受到刑事制裁之后会有社会适应性不足的问题，要么在工作、生活、心理或情感上出现一些困难需要帮助，在这些个性差异明显、人人具体需求不同的情况下，仅靠社区矫正工作人员自己的力量，的确难以满足每一名社区矫正对象

---

[1] 参见田兴洪：《社区矫正中的社区参与模式研究》，法律出版社2017年版，第304~321页。

的诸多需求，因此必须有社会参与力量介入。正是在这种意义上，正如基层社区矫正工作人员说的："我不能天天出去给他们找工作、办社保吧，这本身就是民政局或企业该干的。"

因此，从社区力量参与社区矫正的法理来看，扩大我国社区矫正对象与社会力量的联系，应当是我国社区矫正发展的一个重要方向。我们可以尝试在社会力量提供的矫正服务、教育项目的实施过程中增加对社区矫正对象项目完成情况的监督和考核，从而将监管的内容实质化、多样化，减轻社区矫正工作人员的压力，同时，还能够提高社区矫正对象适应社会的能力。

另外，基层治理弱化、社区矫正的社区载体薄弱的确是我国社区矫正推行面临的最大的制度和环境问题。也正因如此，我国社区矫正形成了以权力主导型的自上而下的构建型地方特色，但这并不意味着我国要始终保持这一特色。随着社区的发展与壮大，逐渐形成政府引领、社区主导并广泛参与的社区矫正局面，才是社区矫正制度理念的本质所在。这一点，我们从《社区矫正法》的立法意图和制度设计中可以看得很清楚。基于此，在当前的实践中，我们不能以社区不发达、基层治理弱化作为理由停滞社区矫正工作，相反，我们应当实现社区矫正与社区建设的双向互动，即以更高的立意和站位来审视这两项工作，因为，社区矫正与社区建设是事关我国国家基层治理能力和治理体系现代化的重要内容。社区矫正的推行过程，本身就可以促进社区建设，同时，社区的发展又有利于社区矫正质量的提高。社区矫正对象的引入，在一定程度上会使得社区居民进一步明确是非对错观念，形成比较一致的社区意识，巩固社区团结。与此同时，当社区居民的团结意识和是非对错观念形成，而且对社区事务充分关心的时候，社区矫正工作就非常容易开展了。就我国当前的基层治理现实状况来看，消除基层治理弱化的现象，不仅是居委会、村委会的事，更多的应当是基层党委的重要任务和责任。也就是说，强化基层治理，需要充分发挥党建引领的作用，[1]切实以人民利益为中心，做好基层党组织建设，突出发挥党的基层组织战斗堡垒的作用。[2]

再者，在社区矫正制度发展方面，我们的确应在法律上明确社会力量参与社区矫正的内容、方式、权利、义务、激励机制、法律责任以及免责条款

---

〔1〕 参见王平、何显兵、郝方昉：《理想主义的〈社区矫正法〉——学者建议稿及说明》，中国政法大学出版社 2012 年版，第 109~110 页。
〔2〕 参见鲁兰："中国特色社区矫正模式的探索——以浙江省嘉兴市司法局的实践为例"，载《河南司法警官职业学院学报》2019 年第 2 期，第 50~53 页。

等具体事项，形成明确的可操作性规范。其中特别重要的是，对于企事业单位主动提供工作岗位和无偿捐助的，应当形成明确的荣誉奖励制度以及物质上的激励制度，如社会公益评价优先权、企业融资贷款的便利权、减免税收、降低市场准入、降低产品宣传成本等，从而使企事业单位在参与社区矫正工作过程中能得到相应的补偿和回报，使它们在积极履行社会责任的同时，感受到来自官方体制的认同与肯定。只有这样，这些机构自愿承担的社会责任才具有可持续性。毕竟，当企事业单位在承担社区矫正辅助工作的社会责任，其一味付出和尽责却得不到回报与肯定时，他们必然会逐渐退出参与社区矫正工作，至少不会再积极主动地参与。另外，对于社会志愿者，国家应当采取相应的激励措施，建立良好的社会志愿者服务机制，承认社会志愿者在社区矫正中的重要价值，使该群体在志愿参与刑事执行过程中获得相应的物质或精神补偿，使他们充分意识到社区矫正工作的意义和价值，进而调动他们参与社区矫正的积极性和主动性。同时，应当从学生抓起，注重培养学生的志愿精神。积极鼓励学生参加一定时间的志愿活动，并将参加志愿活动的记录作为入职、升学的激励性条件。逐渐将志愿服务和参与公益活动纳入教育工作之中，从小培养学生的志愿精神和从事公益活动的习惯。

最后，政府需要加大社区矫正机构购买社会组织服务以及其他社会力量参与社区矫正的资金保障的投入。一方面，国家应当积极培育、扶持提供社区矫正专业服务的各类社会机构，为这些社会组织的成长壮大提供相应的政策优惠和激励支持，设立向社会组织购买社区矫正服务的专项财政资金，确保专项资金的充足性和持续性。另一方面，司法行政机关应当提升自身的服务意识和服务水平，积极主动地同社区矫正服务机构建立联系，尽可能为社会组织参与社区矫正实践厘清各种制度屏障，为这些组织的发展壮大创造良好的工作环境。在有充足的专项财政资金保障的前提下，司法行政机关应当积极购买各项社区矫正专业服务，并与社区矫正专业服务机构建立持续有效的良性互动机制，确保这些服务机构所提供的社区矫正服务真正具有专业性、长效性和持久性。国外社区矫正的实践经验证明，官方的社区矫正机构与社会组织的密切配合程度，在很大程度上决定了社区矫正质量的好坏。

总之，虽然我国社区矫正工作从开展试点到全面推行已有十余年，遗憾的是，至今社会力量都没有非常有成效地参与到社区矫正工作中。然而，充分发挥社会力量在社区矫正中的积极作用，促使政府与社会力量在社区矫正实践中实现良性互动、互利共赢、双管齐下与协商共治，是推进社区矫正工作常态化、法治化和社会化进程中必须克服和应对的重大问题。社区矫正机构与社会力量之间在平等对话、互利共赢的基础上进行协同合作，共同应对和参与社区矫正实践契合了社区矫正的发展规律。鉴于此，彻底改变传统的权力中心型的一元治理理念，树立国家与社会共治共享的多元治理理念；充分发挥基层党组织的领导核心与战斗堡垒作用，在提高基层治理水平和治理能力的过程中，与社区矫正工作相互促进，协调发展；以制度设计为核心明确社会力量参与社区矫正的内容、方式、权利、义务、激励机制、法律责任以及免责条款等事项，为社会力量参与社区矫正工作提供精准、操作性强的规范依据；切实加大政府对社会力量参与社区矫正资金保障的投入，厘清社区力量参与社区矫正的制度障碍，实现政府与社会组织的良性互动等，应当成为我国今后社区矫正制度发展过程中的重要任务。

本章小结

在我国社区矫正理论与实践中，社区矫正执法与管理主体最初为公安机关，经由以司法行政机关牵头作为工作主体、公安机关配合作为执法主体的"双主体"模式，最终确定为司法行政机关下设的社区矫正机构。《社区矫正法》规定由社区矫正机构负责社区矫正具体实施工作，可以委托司法所从事社区矫正相关工作。社区矫正机构的执法权力可以概括为四类：第一类是有限度的监督管理权，第二类是自主性的处罚权，第三类是需要公安协助的查找权，第四类是程序性的提请权。

社区矫正工作人员是指从事社区矫正执行、监督管理和教育帮扶的所有人员，涵盖社区矫正机构工作人员和专职社会工作者两大类。《社区矫正法》基于对社区矫正四类对象法律性质和地位的准确判断，结合社区矫正实践工作的经验教训以及社区矫正制度的未来发展方向，并没有规定社区矫正机构配备警察的问题。在基层社区矫正实践中，专职社工在职业与待遇保障、组织载体与社会认可度等方面都存在一些障碍，因此必须大力推进专职社工在参与社区矫正过程中的组织培育、参与形式和激励机制等方面的制度建设。

社会力量参与是社区矫正的重要特色之一，然而我国对社会力量参与社区矫正的法律保护不完整、不准确，缺乏可操作性，因此亟需推进包括志愿者在内的社会力量参与社区矫正的法律制度、政策与财政保障、社区组织载体与环境等方面的系统建设。

第五章 中国特色社区矫正基本任务问题

我国社区矫正实践工作从试点至今，基本上是围绕着对社区矫正对象的监管、教育和帮扶三项基本任务展开的。无论是试点时期的社区矫正指导规范抑或全面推行时期的实施意见还是2019年出台的《社区矫正法》，都将社区矫正的三项基本任务在各种有法律效力的规范中予以明确确认，可见这三项基本任务是社区矫正工作的核心。从刑事执行原理来讲，监管、教育、帮扶背后是以不同的刑罚目的作为理念支持的，而且，这三项任务及其背后的目的在能够共存共融的同时，在特定情况下还可能存在着一定的矛盾和冲突。因此，我国社区矫正在制度的顶层设计与具体实践过程中，由于不同地区社区矫正机构对三者的逻辑与主次关系的认识本身存在分歧，便导致了人们对三者及其背后的刑罚目的的最终选择和侧重也不尽相同，由此，基层社区矫正机构在摸索中形成了不同的具体做法和实践模式。如，有些地区侧重监管，忽视教育和帮扶；有的地区重在监管和帮扶，却忽视教育，不一而足。各地不同的实践模式使得各地的矫正质量、水平以及社会影响形成了较大差异。总体而言，有些地方的实践探索比较契合社区矫正制度的初衷和本意，有些地方的实践探索则在一定程度上偏离了社区矫正的基本性质和任务。地方社区矫正实践模式中的目的理念侧重和具体做法的差异，不仅影响着当地的社区矫正工作质量与前景，甚至在一定程度上影响了我国社区矫正整体制度的基本发展方向。因此，有必要对社区矫正的监管、教育、帮扶三项基本任务及其背后的刑罚目的理念的逻辑关系和主次顺序进行详细的学理分析，在此基础上形成比较符合我国社区矫正基本性质的工作次序和任务安排，并在这一框架内对各项基本任务的制度性要求和具体内容进行系统性梳理和探讨。

第五章　中国特色社区矫正基本任务问题

第一节　社区矫正制度的刑罚目的分配逻辑与原则

从法理上讲，关于社区矫正制度问题，人们首先要问的是，国家为什么要在全国范围内对社区矫正制度进行统一性的制度设计，为什么需要一部统一的《社区矫正法》？国家到底有什么权力（利）要求一个成年人必须与国家意志与社会主导性观念保持一致而对其施加旨在复归社会的教育矫正措施？显而易见，上述问题从根本上说涉及社区矫正制度的正当性与合理性问题。而对于这一基础性问题，不同时代的学者根据不同的知识背景与价值立场，往往从诸如国家统治与管理的权力（利）、国家打击和预防犯罪的任务与社会保护功能、公共意志的选择与博弈乃至公众社会心理欲望与诉求等不同的角度进行广泛而深入的探讨和解说。但是，根据现代刑事法学的信条性基础理论，包括刑事执行法在内的刑事法律的正当性与合理性问题的理论论证与说明，基本上是由隶属于规范体系范畴意义之内的刑罚目的这一基本信条及其理论加以完成的。[1]

虽然，社区矫正制度的基本任务、适用范围与对象以及运行机制与刑法存在明显区别，社区矫正制度的正当性与合理性问题的科学说明，并不能够与刑法的正当性与合理性问题完全等同，但是，作为刑事法律重要分支与组成部分并以非监禁性刑事执行任务的科学与有效完成为基本目标的社区矫正制度，是对国家运用刑法全面实现报应与预防犯罪的刑罚目的的制度性贯彻与重要保障，因此，社区矫正制度的正当性与合理性，自然也必须从刑罚目的的角度进行论证与说明。而且，社区矫正制度和刑法的立法在立法步骤和程序以及立法与司法（或执行）相互区分的思维方式等方面存在着明显的一致性，这样，从刑罚目的角度讨论社区矫正制度的正当性与合理性，不仅能够与刑法的正当性与合理性问题保持理论一致，而且能够丰富和发展刑罚目的与刑法正当化的现有理论体系，从而提高社区矫正与刑法相关的基础理论研究的整体水平。

---

[1] 参见马聪：《刑罚一般预防目的的信条学意义研究》，中国政法大学出版社 2016 年版，自序第 36~37 页。

一、问题缘起与概念设定

(一) 问题与框架

在社区矫正制度的正当性与合理性理论（目的理论）研究领域，中外文献对该问题的认识并没有取得一致意见。

例如，美国不少文献指出，社区矫正制度的目的即国家通过社区矫正的立法与执行所希望达到的社会效果。总体而言，社区矫正制度的目的包括监管与监督、培训与工作安置、惩罚与报应、教育帮助、集体赔偿、减轻监狱压力、社区服务、提供咨询以及保护公众等。[1]英国有文献则指出，社区矫正的目的包括：提供精确而有效的刑罚、降低重新犯罪率、改造犯罪人以及社区赔偿等。[2]德国有文献指出，社区矫正的目的在于提高刑罚的效果、重新实现犯罪人的社会化以及降低国家和社会在刑罚执行方面的巨额开支等。[3]法国有文献则指出，社区矫正的目的在于缓解监狱压力、促使犯罪人重返社会以及确保社会安全等。[4]

在我国，一些文献在讨论社区矫正的目的这一问题时，似乎并没有严格区分社区矫正的指导思想、原则、任务与目的等基础性概念；明确论及社区矫正目的的文献指出，社区矫正的目的在于改变、惩罚、控制以及管理犯罪人；亦有文献指出，我国社区矫正的目的包括预防犯罪、保护公众安全、帮助犯罪人重返社会以及减少行刑成本。有的司法实践机关则明确将社区矫正目的分为直接目的、间接目的与根本目的三个层次，并将直接目的概括为帮助犯罪人再社会化，回归社会；将间接目的概括为增强社区公民的法律意识与社会责任感；将根本目的概括为预防犯罪，维护社会稳定，维护国家长治久安。[5]同时，"两高两部"颁布的《关于开展社区矫正试点工作的通知》将社区矫正的目的分为直接目的与根本目的两个层次，其中，直接目的为"推进中国特色的刑罚执行制度改革"，根本目的为"提高对罪犯的教育改造质量，预防和减少重新犯罪，实现国家的长治久安"。我国《社区矫正法》将

---

[1] 吴宗宪：《社区矫正比较研究》（上），中国人民大学出版社2011年版，第23~29页。

[2] P. Whitehead and R. Statham, *the History of Probation: Politics, Power and Culture Change* 1876-2005 4~6 (Shaw & Sons 2013).

[3] 参见颜九红主编：《跨文化视域下的刑事法学——约阿西姆·赫尔曼八秩华诞纪念文集》，中国检察出版社2013年版，第262~264页。

[4] 王顺安：《社区矫正研究》，山东人民出版社2008年版，第162页。

[5] 参见北京市司法局编：《北京市社区矫正工作培训教材》，2004年，第33~34页。

社区矫正的目的表述为"为了推进和规范社区矫正工作,保证刑事判决、刑事裁定和暂予监外执行的正确执行,提高教育质量,促进社区矫正对象顺利融入社会,预防和减少犯罪"。从这一表述可以看出,《社区矫正法》基本上采纳了综合性和多层次目的的思路。

通过对社区矫正制度目的的学术梳理,我们可以看到:

第一,不同国家或地区的文献对社区矫正目的的概括和总结并不完全相同,但是,绝大多数文献中的绝大多数目的可以毫无争议地纳入报应、特殊预防与一般预防等刑罚目的范畴体系之中。因此,在刑罚目的的框架下讨论社区矫正的目的是恰当的,只不过,文献对上述目的的优先次序和逻辑关系仍然存在较大争议。

第二,在承认以刑罚目的为基本框架讨论社区矫正目的的逻辑前提下,不同文献对社区矫正目的的理论模式并没有达成一致意见。如有些文献则不区分社区矫正立法、适用及其执行的阶段性差异而仅仅采纳了以列举刑罚目的的种类为根本特征的静态模式;有文献则采纳了以刑罚目的层次划分为根本特征的层次模式。

第三,不同文献虽然在社区矫正制度目的的具体内容与理论模式设定问题上存在争议,但这些文献似乎都表明,社区矫正立法与运用的目的绝非单一,只有综合性的目的理论才能够满足理论与实践的需要,而在这种综合性的目的理论之中,以重新复归和社会化为基本内容的特殊预防与以确证规范有效性和保护公众安全为核心内容的一般预防是值得被特别重视的。

第四,在诸多论及社区矫正制度目的的文献中,似乎很少有文献注意到社区矫正目的的阶段性差异问题。必须承认,社区矫正的制度设计与立法构建阶段的目的与社区矫正制度执行阶段的目的由于主体、任务以及性质等多方面的差异而存在着较大的不同,这一点必须引起足够的重视。

综上可以看到,社区矫正制度的刑罚目的分配问题,不仅在理论上具有基础性和信条性意义,而且对于司法实践的正确定罪量刑与社区矫正的适用也具有重要的指导意义,因此,对于社区矫正制度刑罚目的的分配问题的讨论,是极具理论价值与实践意义的。

(二)概念界定

上文提到,多数文献对于社区矫正制度目的的表述并没有明确的使用刑罚目的理论中的报应、特殊预防与一般预防等通用概念,但从上述文献对于社区矫正制度目的的论述中可以看到,文献中的绝大部分提法都可以运用刑罚目的理论中的概念加以表述。只不过，在以刑罚目的作为框架讨论社区矫正制度目的时，首先有必要对刑罚目的及其内容的相关概念加以明确的界定与说明。

一般认为，刑罚目的是指国家在运用刑罚即制定、适用和执行刑罚的过程中所希望达到的对个人与社会的影响与效果。刑罚目的包括积极与消极两方面内容。刑罚目的的积极方面是指国家通过刑罚的运用在社会中鼓励和促进某种效果的发生，消极方面是指国家通过刑罚的运用在社会中阻止和抑制某种状态的发生。[1]根据现代刑事法学理论，刑罚目的的内容并不是单一的而是多方面的，即刑罚目的主要包括报应、特殊预防与一般预防三方面内容。

报应目的，即指通过使罪犯承担痛苦的方法，使行为人由于自己的行为而加于自身的罪责，在正义的方式下得到报复、弥补和赎罪。[2]在现代刑事法学理论中，报应目的的贯彻与实现，是在刑法规范的范围与限度之内加以展开的。《社区矫正法》中对特定的社区矫正对象规定的种种监督管理制度，本身就是刑罚报应目的的具体表现。

特殊预防目的，即国家通过对实施犯罪的人施加刑罚所希望达到的阻止其将来再次犯罪的效果。无论是在大陆还是英美刑法理论中一般都将特殊预防分为三种形式：其一，剥夺犯罪能力，即通过对行为人的监禁或剥夺财产来保护一般公众免受侵害；其二，特殊威慑，即通过对行为人适用刑罚来威慑其后来实施的犯罪行为；其三，教育改造，即通过对行为人的矫正与再社会化来防止其再次犯罪。[3]其中，剥夺犯罪能力与特殊威慑，属于特殊预防目的的消极方面，而教育改造和复归社会则属于特殊预防目的的积极方面。无疑，《社区矫正法》中"提高矫正质量，促进社区矫正对象顺利融入社会"的规定，就充分体现了刑罚特殊预防目的。[4]

一般预防目的，是指通过刑罚的威胁和刑罚的执行，公众应当掌握法律的禁止性规定并避免这些规定。这一目的之所以被称为一般预防，是因为该目的认为，刑罚不应当特别的作用于罪犯，而应当一般地作用于公众。一般

---

〔1〕 王世洲："现代刑罚目的理论与中国的选择"，载《法学研究》2003年第3期，第107~131页。

〔2〕 [德]克劳斯·罗克辛：《德国刑法学 总论（第1卷）：犯罪原理的基础构造》，王世洲译，法律出版社2005年版，第36页。

〔3〕 [德]克劳斯·罗克辛：《德国刑法学 总论（第1卷）：犯罪原理的基础构造》，王世洲译，法律出版社2005年版，第39页。

〔4〕 对此也有反对意见，参见李川："修复、矫治与分控：社区矫正机能三重性辩证及其展开"，载《中国法学》2015年第5期，第158~176页。

预防的内涵具有消极和积极两方面的内容：一般预防目的的消极方面即通过刑罚的威胁与执行威慑和遏制社会一般人实施类似的犯罪行为；一般预防目的的积极方面表现在"一般的维护和加强对法律秩序的存在能力和贯彻能力的忠诚"上，其三个具体方面为：受社会教育动机推动的学习效果，即通过刑事司法活动在人民中号召学会"法律的忠诚"；[1]公民通过看见法律得到贯彻执行而产生的忠诚效果；满足效果，即一般公众基于对违法行为的惩罚而使法律意识得到抚慰，以及他们与违法行为人的冲突被看作是已经得到了结而出现的效果。[2]《社区矫正法》提到的规范社区矫正工作、确保刑事判决、裁定和决定的正确执行，本身就包含着对法律规范和秩序的确证以及维护法律忠诚的积极一般预防目的。

(三) 讨论框架

前文已经提到，如果承认以报应、特殊预防和一般预防为基本内容的刑罚目的是讨论社区矫正制度目的分配的逻辑框架与基本前提，那么，在这一前提下存在着有关社区矫正制度刑罚目的的分配模式的两种理论方向：第一种即"列举静态模式"，这种模式不考虑社区矫正制度设计与制度执行的阶段性差异，仅仅对社区矫正目的进行列举，并按照特定的价值判断确定报应、特殊预防与一般预防的优先次序与逻辑位置。第二种即"层次动态模式"，这种模式包括将社区矫正制度的目的分为包括直接目的与根本目的的"双层次模式"以及将社区矫正制度目的分为包括直接目的、间接目的与根本目的的"三层次模式"。

客观而言，"列举静态模式"最大的缺点在于没有考虑到社区矫正制度的阶段性，即社区矫正在制度设计与立法构建阶段的刑罚目的分配原则与其在适用和执行阶段的分配原则并不应当相同。因为立法和适用及其执行的主体、性质、任务与指向对象存在明显的区别。

就"层次动态模式"而言，该模式显然或多或少地受到了刑罚目的理论中"刑罚目的层次论"的影响，应当说，"层次动态模式"已经注意到"列举静态模式"在思维方式、逻辑构造以及实践效果等方面的缺点，试图更加完整和科学地动态分析和整合社区矫正目的，具有一定的反思性与创新性。

---

[1] [德] 格吕恩特·雅科布斯：《行为 责任 刑法——机能性描述》，冯军译，中国政法大学出版社1997年版，第103页。

[2] Franklin E. Zimring and Gordon J. Hawkins, *Deterrence: The Legal Threat in Crime Control* 84~88 (Chicago 1973).

但是,"层次动态模式"除了没有考虑社区矫正阶段性的缺陷之外,更主要的弱点在于逻辑与内容的不准确性。

从逻辑方面来看,将"维护社会稳定、实现国家长治久安"作为社区矫正的根本目的过于宽泛、空洞,我国所有的法律与社会综合治理政策的根本目的都可以说成是为了实现国家的长治久安,将这种宽泛和空洞的政治性术语用于表述专业性非常强的社区矫正目的,并不合适。另外,有关直接目的和间接目的的说法,也存在明显的问题:一方面,直接目的和间接目的并非具有手段与目的的对应关系,亦即,直接目的中强调的使罪犯复归社会的目的并不是强化社区的法律意识与社会责任感的主要手段;另一方面,直接目的是针对社区矫正对象而言的,间接目的是针对社会一般公众而言的,这两个方面应当是一个层次上的并列性目的,不存在层次上的区别。

从内容方面来看,"双层次模式"将"推进刑罚执行制度的改革"作为社区矫正的直接目的并不合适。社区矫正制度的设计与运用,基本上是围绕如何惩罚改造犯罪人和预防犯罪而展开的,因此,将制度性改革作为社区矫正的目的并不科学,也并不准确。另外,即便是在"三层次模式"中,似乎使用"特殊预防与一般预防"的术语更加准确。因为,社区矫正的目的不仅包括教育改造,也应当包括特殊预防中的特殊威慑以及报应与惩罚的内容;对一般社会公众而言,社区矫正的目的不应仅被限定为强化法律意识这种积极一般预防的方面,而是首先应当涵盖消极一般预防目的中的一般威慑内容。应当说,使用刑法中的通用概念似乎更具专业性、科学性与准确性。

基于上述分析,笔者认为,有关社区矫正制度刑罚目的分配原则的讨论,应当将社区矫正分为制度设计和适用及其执行两个不同阶段,以社区矫正运行的阶段作为基本框架,在不同的阶段中分别讨论刑罚目的的逻辑结构与分配原则。从功能主义的角度来看,以阶段为框架的动态模式主要有以下三方面的优势:

第一,"阶段动态模式"可以非常完整地对社区矫正制度的刑罚目的分配问题进行理论解释与说明。事实上,"列举静态模式"有意无意地将社区矫正制度的刑罚目的分配问题限定在制度适用及其执行的阶段加以分析和考察,显然忽略了社区矫正的制度设计与立法构建阶段的目的分配问题,从而导致了社区矫正制度的刑罚目的分配问题的理论说明处于不完整的状态。

第二,"阶段动态模式"对社区矫正制度的刑罚目的分配问题的理论解释更加精确细致。精确性是刑事法律实践以及理论最为重要的思维方式要求,社区矫正立法的精确性首先应来源于社区矫正学术理论的精准性与细致性，因此，在涉及社区矫正运行正当性与合理性的重大基础性问题上，强调理论的精准性与细致性，无疑具有重要的价值。"阶段动态模式"优先考虑并特别强调社区矫正不同阶段的差异：社区矫正立法是立法者面向潜在的社区矫正对象、社区矫正机构与人员、社区矫正决定机构与人员以及社会一般公众而经由国家意志制定和认可具有普遍约束力的法律规范的过程；而社区矫正的具体执行则是由司法者和司法行政人员对具体的社区矫正对象而施加和配置的刑事执行方法和活动。在承认社区矫正阶段性差异的基础上，分阶段差别性地安排刑罚目的的分配原则与逻辑关系，从而使不同阶段的刑罚目的分配与安排都能够满足本阶段的基本目的与特殊要求，保证不同刑罚目的要素功能最大限度地发挥，同时将不同的刑罚目的要素的自身缺点限制在最小范围，能够确保理论的精准性与细致。

第三，"阶段动态模式"能够较好地发挥刑罚目的要素的实践性功能，从而使"阶段动态模式"的实践意义与功能得以彰显。具体而言，在制度设计与立法构建阶段强调以强化和巩固法律意识与情感、塑造法律忠诚为核心的积极的一般预防目的，可以更好地获得司法人员乃至社会公众对社区矫正立法的支持，从而强化该法的正当性与合理性；在具体适用及其执行阶段强调以犯罪人的重新社会化为核心内容的特殊预防目的，则可以明确和凸显社区矫正的中心工作任务，从而有利于社区矫正适用及其执行的顺利完成，与此同时，强调报应的惩罚性和最大边界性要求，并强调一般预防的最低限度性要求，则可以充分发挥两种目的所具有的边界和底线功能，而这种边界和底线功能对于限制司法人员的执法随意性以及减少腐败可能性具有重要的约束意义。

二、社区矫正制度设计与立法阶段的刑罚目的分配原则

社区矫正制度设计的刑罚目的分配问题，即在社区矫正立法阶段有关刑罚目的的分配原则与逻辑安排问题。社区矫正立法是社区矫正适用及其执行的起点和前提，在社区矫正整体性运用过程中发挥着基础性作用。鉴于社区矫正制度设计与立法的极端重要性，在立法阶段对于刑罚目的的分配和设定就必须非常审慎，否则可能导致社区矫正整体性运用过程在方向上产生偏差，最终难以真正有效实现宪法赋予的任务。

（一）社区矫正制度设计刑罚目的分配的客观根据

科学而精确的设定社区矫正制度设计阶段的刑罚目的，首先需要准确地

把握社区矫正制度设计与立法构建的性质与基本特点。从立法理论的角度来看，社区矫正制度设计与立法构建作为立法意义上的行为与过程，与其他法律的创制具有一定的共性，但是，《社区矫正法》作为一项专门的刑事执行法律，其具体的指向对象仍有一定的特殊性。

第一，社区矫正立法所指向的具体对象虽然也与其他法律一样面向全体公民，但指向重点却有所不同。社区矫正制度设计侧重指向社区矫正对象即根据现有法律规定被判处管制、宣告缓刑、裁定假释与决定暂予监外执行的犯罪人、社区矫正机构、人员、参与力量，在此基础上才指向一般公众。也就是说，社区矫正立法首先预设了一个前提，即社会上存在特定的被法院或其他司法机关所判决或裁定之后适合社区矫正的罪犯，这种预设并非凭空想象，而是通过适用我国《刑法》和《刑事诉讼法》得出的必然结论，是对刑事司法特定判决和裁定的一种预先确认。

第二，社区矫正立法具有准确性和概括性的特点。所谓准确性，即要求立法者在制定社区矫正法时对社区矫正的概念与性质、社区矫正对象、社区矫正主体的职责、社区矫正任务等诸多问题进行明确的规定；所谓概括性，即要求立法者在制定社区矫正法时对社区矫正的原则、方法和措施进行抽象性的表述，这是因为，社区矫正立法指向对象并不是具体和个体意义上的社区矫正对象，因此不可能对社区矫正的具体方法和策略作出面面俱到和极其细致的规定。

社区矫正立法所具有的基本的客观特征决定了在立法过程中，立法者的主观意志应当和这些特征保持一致，以期社区矫正立法的科学性和有效性得以最大程度的发挥。因此，在社区矫正立法过程中设定和分配适当的刑罚目的，也就必须与社区矫正立法的客观特征保持大体一致。由此一来，我们需要结合报应目的、特殊预防目的和一般预防目的的各自特点和效用进行客观分析，在此基础上选择与社区矫正立法基本特点相符合的刑罚目的要素作为社区矫正制度设计与立法的目的。

（二）确认报应的非主导性目的之地位

笔者认为社区矫正的制度设计与立法虽然对报应目的予以规范性确认，但报应并不能成为社区矫正制度设计和立法的主导性目的。

强调社区矫正制度设计与立法本身含有对报应目的的规范性确认之内容，原因在于社区矫正制度设计与立法的指向对象具有一定的特殊性。刑法是一种行为规范，同时也是一种裁判规范，基于此，刑法对于社会一般人和司法工作人员都有约束和规范作用，但《社区矫正法》却与刑法在指向对象方面存在一定差异。《社区矫正法》首先并非对社会一般人的行为规范，而是针对社区矫正对象的监管、教育、帮扶规范，而我国《社区矫正法》对矫正对象做了明确限定，即被法院判处管制或宣告缓刑的罪犯、裁定假释的罪犯以及决定暂予监外执行的罪犯。很明显，《社区矫正法》的指向对象首先为"罪犯"。既然如此，从客观角度来看，对这些罪犯进行矫正所依据的法院判决、裁定或决定，要么已经体现了报应目的，要么事实上已经在刑事执行过程中贯彻和实现了部分报应目的，而社区矫正的制度设计与立法就是在认可上述客观事实的情况下以此为逻辑起点而展开的。[1]鉴于上述理由，我们必须看到，社区矫正制度设计与立法是基于对报应目的的规范确认并以此为客观前提而展开的。

强调报应目的不能成为社区矫正制度设计与立法的主导性目的，主要原因在于：

第一，报应目的本身具有一定的消极性和僵化性，如果完全按照报应目的创制社区矫正法，必然会导致刑罚运用与执行过于僵化和机械，从而致使社区矫正立法从根本上丧失使罪犯重新社会化的功能。

报应目的存在的逻辑前提是必须先有犯罪出现，那么，按照报应目的设置的刑罚制度，就只能成为对已经发生的客观犯罪行为的消极性反应。这样，刑罚在此仅仅成为一种以"痛苦对付危害"的消极手段，而不是借以"痛苦对付危害"的方法实现塑造社会秩序的积极工具。然而，在刑法实践中，任何一个国家都希望刑罚能在对付犯罪的过程中发挥对人们行为模式、守法习惯乃至对法律忠诚的塑造功能。所以，刑事法律制度的创设如果不考虑其他社会目的，是不现实的，而报应目的恰恰忽略了对社会目的的考虑，由此便凸显了报应作为社区矫正立法主导性目的的不恰当性。

报应目的的贯彻与实现，意味着对均衡和对等的追求，刑罚的痛苦性程度必须与犯罪的危害性程度大体相等。如果完全将这种罪与刑的均衡性要求贯彻于刑事法律制度的立法过程中，就会完全成为一种僵化而没有任何灵活性的"罪刑阶梯"。然而，刑法实践中的犯罪具体类型是多种多样的，支配犯罪行为的动机、目的、具体原因乃至行为人的人格与表现等也存在差异，即便是危害性完全相同的犯罪，也需要在刑罚配置与执行制度方面留有不同的

---

[1] 参见王爱立主编：《中华人民共和国社区矫正法解读》，中国法制出版社2020年版，第24~26页。

区间幅度和替代变通措施，以更好地适应因犯罪人可谴责性的不同而引起的刑罚差异与执行区别。另外，在特别强调均衡和对等的报应目的支配下，刑法为犯罪人配置了与危害性相均衡的刑罚，并要求将这种刑罚完全加以执行。但这种忽视犯罪人经历、思想以及人格差异而将执行绝对化和单一化的做法，必然导致刑罚执行项目的缺乏，而这种执行项目的缺乏，会使得报应性刑罚的执行难以消除行为人实施犯罪的社会心理原因，从而可能形成再犯。这样，报应性的刑罚执行由于可能导致再犯而在实践中往往被人们认为是无效果的，所以这种执行也就根本不能成为与犯罪做斗争的有效手段。

第二，从报应目的的内涵来看，报应强调的行为人"罪行"与"刑罚"之间对等和公平。"罪行"强调的是行为人给国家、社会或被害人造成的危害性，而此处的"刑罚"则强调的是通过对犯罪人剥夺特定的权益而造成的痛苦性程度。因此，报应目的的要旨在于司法机关根据行为人的行为危害性施加和分配程度相当的刑罚种类与期限。然而，社区矫正制度的实际运用，其要旨是一种"非监禁性的刑事执行活动"，即在司法机关对犯罪人施加报应性刑罚之后的具体执行活动。因此，对报应目的的贯彻则主要是司法机关定罪量刑的任务，不应当成为刑事执行的主要任务。另外，从社区矫正的具体对象而言，被法院判处管制或缓刑的犯罪人，在一定程度上已经说明该行为人的危害性与人身危险性较小，这种判决本身已经体现并相对弱化了报应目的，因此在执行阶段则完全不需要过多强调报应目的，只需要将法院所确定的判决加以执行或实施即可，而执行或实施本身就是报应目的得以实现的过程；与之类似，假释与暂予监外执行人员，其在监狱服刑期间即已经通过剥夺自由与施加强制性劳动的方式在逐渐实现报应目的，因此社区矫正的运用和执行则是对监狱行刑的修正变更的方式，这种修正变更明显也是对报应目的内容的调整和弱化。因此，从社区矫正属于刑事执行制度的基本性质定位来看，报应也不应当成为社区矫正立法的主导性目的。〔1〕

承认社区矫正制度设计与立法的报应目的，与"报应实现的具体条件"的说法不存在冲突。一般认为，在刑法意义上，报应目的只有在具备"特定犯罪行为发生"和"具体罪犯人出现"这两个条件时才能得以真正地贯彻与实现，因此在刑法的制度设计与立法阶段，由于不存在具体犯罪和犯罪人这两

---

〔1〕 参见王爱立主编：《中华人民共和国社区矫正法解读》，中国法制出版社2020年版，第24~25页。

个条件，报应目的很难在刑事立法阶段加以全面贯彻。[1]然而，我国社区矫正制度设计与立法是在《刑法》已经存在并能准确适用的基础上进行的，是《刑法》具体适用和执行制度的进一步细致化和规则化，且指向对象首先是罪犯，那么，"特定犯罪行为发生"和"具体罪犯人出现"这两个客观条件就已经基本具备了。

（三）承认特殊预防目的之于社区矫正对象的重要意义

虽然在中外刑法理论对特殊预防目的的正当性、有效性和边界性问题有各种各样的批评，但是并没有完全否定特殊目的，而是普遍承认在报应和积极一般预防目的所设定的框架边界内特殊预防的积极价值，[2]同时，在刑事执行法学和刑罚学界，绝大多数文献也并没有全面否定特殊预防目的，甚至可以说，至今特殊预防目的仍然是刑罚执行和矫正实践得以存在和贯彻的正当性基础。[3]

承认社区矫正制度设计与立法的特殊预防目的，与"特殊预防目的实现的具体条件"说法也不存在冲突。与报应目的的实现类似，特殊预防目的的实现，同样需要以具体犯罪行为和特定犯罪人的存在作为客观前提条件。也正因为如此，刑法制度设计与立法阶段不可能将特殊预防目的作为主导性目的。[4]但社区矫正制度设计与立法主要是针对特定罪犯而展开的，而且是在法院已有判决、裁定或决定的客观基础上进行的，因此，在社区矫正制度设计与立法阶段已经具备特殊预防目的实现所需要的两个客观条件，这也是与社区矫正制度的刑事执行性质相一致的。

当然，需要说明的是，社区矫正制度设计与立法阶段所涉及的管制、缓刑、假释与暂予监外执行的四类罪犯群体，实际上与社区矫正适用及其执行阶段所必须面对的具体犯罪行为与特定行为人，还是有一定区别的。在社区矫正制度设计与立法阶段，这四类群体是立法者认为并预设的具有适用社区矫正可能性的特定类型化罪犯群体，是一个相对抽象的概念，但这一抽象概念却会因为对现有《刑法》和《刑事诉讼法》的具体适用而转变为具体性的、现实性的概念，总之，在社区矫正制度设计与立法阶段确立特殊预防目

---

[1] 参见马聪：《刑罚一般预防目的的信条学意义研究》，中国政法大学出版社2016年版，第138页。
[2] 参见陈伟：《教育刑理论的实践回应与规范运行研究》，商务印书馆2020年版，第48页。
[3] 参见赵国玲主编：《刑事执行法学》，北京大学出版社2014年版，第46页。
[4] 参见马聪：《刑罚一般预防目的的信条学意义研究》，中国政法大学出版社2016年版，第139~140页。

的,可以为将来对罪犯执行社区矫正时更好地实现特殊预防目的奠定基础、创造条件,并提供法律上的制度保障和合法性根据。

必须看到,社区矫正制度设计与立法所指向的对象,虽然首先指向特定类型的罪犯,但并非仅仅是罪犯,而且也包括社区矫正机构及其人员、社会力量、社会一般人等。无论是报应还是特殊预防目的,都根本不能适用于除特定罪犯之类的其他指向对象。这就说明,在社区矫正制度设计与立法阶段,报应和特殊预防并不能成为其主导性目的。

(四)确立一般目的的主导性目的之地位

既然报应和特殊预防都不适宜作为社区矫正制度设计与立法阶段的主导性目的,那么,在社区矫正制度设计与立法阶段对刑罚目的的选择和确立,就只能着眼于一般预防目的了。此时,一般预防目的能否恰当地成为社区矫正制度设计与立法主导性目的就成为一个必须予以讨论的关键性问题。

应当说,在中外刑法学文献中,都存在着对一般预防的批评或误解。概括起来,文献对于一般预防的批评,主要集中在两点:一是认为一般预防缺乏刑罚期间的界限,是造成"无节制"刑罚的主要原因;[1]二是认为国家通过惩罚犯罪人而实现对社会一般公众的威慑与预防,是将罪犯作为实现特定社会政策性目标的工具,侵犯了人的自由与尊严。[2]

实际上,这两种批评性观点都是仅将一般预防限定在刑事司法领域而得出的结论,然而若将一般预防的实现前置到刑罚的制度设计与立法阶段加以运用,则完全可以避免上述批评。因为,在立法阶段由于罪刑法定原则、法益侵害原则、罪刑均衡原则、罪责原则以及议会民主制原则的有效贯彻,立法已将其突破界限的可能性限制在最小范围;而且,在立法阶段尚没有产生具体的罪行与犯罪人,因此就不存在将罪犯工具化的可能性。另外,一般预防的概念,经过社会政治文化的长期锻造以及刑法实践的检验,特别是以对"法律的存在能力强化以及对法律的贯彻能力的忠诚"为核心内容的积极一般预防概念的引入,实现了科学化和现代化。积极的一般预防概念强调法律本身的道德信誉,强调公民对法律的信赖与忠诚,即对法律本身的正当性与合理性程度提出了要求,这就意味着,刑法本身是良法与善法,是积极一般预

---

[1] Cuyora Binder & Nicholas J. Smith, "Framed: Utilitarianism and Punishment of the Innocent", 32 *Rutgers L. J.* 115 (2000).

[2] 参见韦临、流鏖:"论报应、报应的制约与一般预防——兼论一般预防不应是刑罚目的",载《法律适用》1997年第5期,第20~22页。

防目的有效实现的基本前提。[1]因此,积极一般预防概念的提出,将大大降低人们对一般预防目的理论的质疑。

澄清对一般预防目的的误解,正确地看待一般预防目的概念的科学化与现代化,在一定程度上为社区矫正立法采纳一般预防目的奠定了理论基础。在此基础上,需要进一步讨论的是,一般预防目的是否与社区矫正制度设计和立法构建的逻辑特性存在契合以及将一般预防目的特别是积极一般预防目的作为社区矫正立法的主导性目的的功能和效用。

从理论上来看,一般预防目的与社区矫正立法在逻辑特性方面存在着较高的契合性,因此,将一般预防目的作为社区矫正立法的基本目的是非常科学和合理的。详言之,这种契合性表现为以下三方面:

第一,指向对象的契合性。一般预防目的即希望国家通过刑罚的设计、适用和执行,能够对全体公民产生远离犯罪、形成守法习惯以及塑造对法律忠诚的效果。毫无疑问,一般预防目的将对象指向全体公民。前文已经指出,社区矫正的制度设计与立法,虽然有对特定类型罪犯的侧重,但终究对全体公民发生效力。这样,一般预防目的在指向对象方面就能够与社区矫正立法的特点保持了内在契合性。这种指向对象的契合性,使一般预防目的的出发点"变得十分清楚,而且容易为公众所理解",[2]从而可以使这一目的获得强大的"道德吸引力"。[3]

第二,贯彻方式的契合性。在社区矫正的制度设计与立法构建阶段,对一般预防目的的贯彻实际上并不是通过对具体的人或具体的犯罪群体的惩罚或教育手段得以实现的,而是运用一种抽象性和扩散性的信号指引模式。社区矫正的制度设计与立法,是针对犯罪危害与人身危险性较小、罪责较轻或减弱的特定罪犯群体所确立的旨在通过帮助和教育而使其实现回归社会任务的各种人道化制度性措施,这表明国家并没有将特殊的罪犯群体与一般的犯罪群体等同视之,而是在承认和尊重其公民人格与尊严的前提下,针对其具体的情况和特点采取区别对待和刑罚个别化的处遇方法,并希望其通过旨在实现重新社会化的各种帮助和教育手段成为符合社会主导性价值观念的"正常人"。社区矫正制度的设计与立法,无疑是向轻罪罪犯及其亲属乃至社会一

---

[1] Tom R. Tyler, *Why People Obey the Law* 66~69 (Princeton 2006).

[2] [德]克劳斯·罗克辛:《德国刑法学 总论(第1卷):犯罪原理的基础构造》,王世洲译,法律出版社2005年版,第43页。

[3] [美]乔治·P.弗莱彻:《刑法的基本概念》,蔡爱惠等译,王世洲主译与校对,中国政法大学出版社2004年版,第37页。

般人发出了国家宽容和宽恕的信号,将这种信号传达给轻罪罪犯及其亲属乃至社会一般人,能够激发人们内心对法律的认可和信赖心理。因此,一般预防目的特别是积极一般预防目的可以自然而然地与社区矫正的制度设计与立法构建取得贯彻方式上的一致性。

此外,一般预防目的以尚未发生的犯罪为基点,希望能够通过刑罚的制定、适用与执行实现对犯罪的威慑,《社区矫正法》的制定也主要是希望通过特殊的刑事执行制度的设计与运用来威慑和遏制犯罪的发生,防患于未然。毕竟,社区矫正制度的设计和立法是以规范性确认了刑事判决、裁定或决定的报应和惩罚特性为前提的,这种确认实际上对于潜在的犯罪人或已经结束社区矫正而回归社会的人员具有一定的威慑力。所以,一般预防目的在贯彻过程中所体现的主动性和防患未然之特点也同社区矫正立法保持着一致。

第三,基本价值目标的契合性。从字面含义来看,一般预防目的就是希望达到预防和减少社会一般人犯罪的效果,与此相联系,社会初次犯罪率就成为衡量一般预防目的实现程度的重要指标。可以看出,一般预防目的以社会整体性的犯罪率减少作为自己的价值追求,社区矫正制度设计与立法显然也是为了完成宪法赋予的"打击犯罪,保护人民"的任务。特别是,通过对特定罪犯群体所适用的刑事执行制度的发展和完善,在具体运用中强化对此类罪犯的教育改造效果,提高其矫正水平,从而降低他们日后的再犯率。而此类罪犯在其出狱或解除社区矫正后就成为一般预防的对象,他们再犯罪率的降低,实际上就会转换为特定时期内社会整体初犯率的降低,即一般预防目的实现程度的提高。

将一般预防目的特别是积极一般预防目的作为社区矫正制度设计与立法构建的主导性目的,其积极意义在于:

第一,将一般预防目的设定为社区矫正立法的主导性目的,可以有效地避免报应和特殊预防作为社区矫正立法目的的一些弊端和问题,从而为社区矫正立法提供正当化与合理化根据。

第二,将一般预防目的设定为社区矫正立法的主导性目的,可以很好地说明这一制度在"所有的情况下都应当适用,而不仅仅是解释刑罚在部分情况下适用"。[1]应当说,作为一部国家法律,社区矫正的制度设计与立法构建不仅应当包括有关社区矫正对象的监管、帮扶、教育矫正制度,而且还应当包括社区矫正的组织机构设置及权限、工作与执行人员、社区矫正对象的权

---

〔1〕 Herbert L. Packer, *The Limits of The Criminal Sanction* 63 (Stanford 1968).

利义务、社区矫正工作程序以及法律责任与监督制度等。这就是说，报应，特别是报应中的惩罚性要求，仅仅能够与社区矫正的监管制度产生联系；而特殊预防中的重新社会化和复归社会要求，也仅仅能够与社区矫正制度中的帮扶、教育矫正制度与项目产生联系，这两种刑罚目的并不能在理论上为社区矫正整体制度的构建提供完整的正当化与合理化根据。相反，对于一般预防目的而言，该目的包括了针对潜在犯罪群体的一般威慑和针对广大公众的积极一般预防两方面的内容，这样，对于有潜在轻微犯罪危险的人可以适用社区矫正监管、约束乃至处罚制度的正当化与合理化的理论说明，可以由一般威慑加以承担，而其他制度设计的正当化与合理化的理论说明，则可以由积极一般预防目的加以承担。也就是说，在社区矫正制度设计与立法阶段，一般预防目的特别是积极一般预防目的，可以有效涵摄报应和特殊预防目的。[1]

第三，将一般预防目的设定为社区矫正制度设计与立法的主导性目的，可以有效提高社区矫正立法的科学性与准确性，推动社区矫正立法朝着法治化与理性化的方向发展。社区矫正立法针对社区矫正对象明确细致地规定诸如遵守法定义务、公益活动、禁止令等监督管理措施，通过立法的信息扩散与传播机制使具有社区矫正潜在可能性的轻罪行为人了解知悉，便能够对其产生一般威慑或者塑造忠诚的预防性效果，与此同时，在社区矫正立法中被明确细致规定的社区矫正工作人员职责与义务、组织机构与监督制度等，对于约束和防范社区矫正工作人员的相关违法犯罪行为，积极履行国家赋予的教育矫正罪犯的任务，也具有非常重要的意义。另外，积极一般预防目的强调塑造公民对法律的忠诚，这种对法律忠诚的塑造是以法律自身具有正义性、合理性以及大众的可接受性为前提的，因此，贯彻积极一般预防目的，就必须使社区矫正立法的各项制度切实反映公众意志和利益诉求，提高各项制度的公众认可与接受程度。一般预防目的的明确性要求以及检验标尺意义，可以增强社区矫正立法的透明性、可操作性以及运用的准确性，从而有助于社区矫正立法建立良好的道德权威与信誉。

从整体上来看，一般预防目的作为社区矫正制度设计与立法阶段中的主导性目的主要表现为以下三方面内容：

第一，《社区矫正法》对具有适用社区矫正潜在可能性的对象的一般预防效果。

---

[1] 参见韩友谊："积极的一般预防"，载《河北法学》2005年第2期，第42~44页。

从消极方面而言,《社区矫正法》规定了严格的监督管理措施、禁止令、公益活动、相对较重的守法义务以及撤销制度,这些约束和监管制度能够对潜在的社区矫正对象产生一定的心理威慑,使之明确社区矫正并不是刑罚的"不了了之"而是"严格的监管和教育手段","不能视同儿戏",从而使潜在的社区矫正对象感受到刑罚的严肃性和确定性而不敢轻易破坏《社区矫正法》的规定。

从积极方面而言,社区矫正的运用,在很大程度上可以促使潜在的社区矫正对象转变思想观念,从而帮助潜在的社区矫正对象实现向"合法性"道路的回归。社区矫正的非监禁性质及其矫正帮助项目,对即将失去自由的犯罪人或已经失去自由的罪犯而言,无疑是一项非常诱人的罪责减免、宽恕甚至是奖励机会。毕竟,每个人,即便是罪犯,也不希望失去最宝贵的人身自由。社区矫正立法明确向潜在的社区矫正对象昭示:即便在实施了犯罪的情况下,如果彻底悔罪,仍然能得到宽大处理,甚至能够得到工作、教育等各种帮扶。这种规定表明,此时《社区矫正法》并没有将潜在社区矫正对象仅作为刑罚的客体,而是将其置于具有可沟通性的主体地位,以宽容和人道的姿态与其协商罪责的减免条件。这种宽容和人道的感召力很可能促使潜在社区矫正对象深受感动,产生"我犯罪政府尚能如此对我,我为何还不守法"的自我责问和反省,进而使思想观念发生巨大转变,并自愿向"合法性之路"回归而不再破坏刑法规范。

当然,有人会认为这种感召力量是非常微弱的,或者是无法通过实践证明的。但是,虽然我们不能通过经验科学精准地证明其有多大效果,但我们也根本无法证明它没有任何效果。毕竟,在中国人几千年来形成的社会心理结构之中,自省、自责、恻隐、忏悔和感恩等心理态度始终占据极其重要的地位,并且,这种心理在国家或他人主动给予恩惠的前提下表现得更为强烈。虽然经验科学不能精确地证明,但是依国人的传统和一般经验判断,社区矫正制度所能起到的感召力量还是不容忽视的,而这种促使潜在的社区矫正对象向"合法性之路回归"的感召力量,用现代的话说,就是积极的一般预防效果。

第二,《社区矫正法》对社区公众的一般预防效果。客观来讲,在日常生活中潜在犯罪人和一般社会公众之间并没有绝对的界限,这种界分本来就是大致和模糊的。有些性格冲动或贪念较强的一般公众,在特定条件刺激下也会自然而然地滑入潜在犯罪人的行列。所以,在社区矫正制度设计与立法中关于监管和约束制度的规定，对于潜在矫正对象而言具有感召和回归守法的效果，对于社会一些民众而言，特别是对于法治意识和规范意识较为淡薄的民众而言也是具有较为积极的预防意义的。[1]

而且，社区矫正中的监管和约束规定，对于一些特别看重社会地位、声望或名誉的人来说，一般威慑效果是更加明显的。原因在于，当这些人知道自己如果实施犯罪将会被置于社区的监管之下时，他们往往会认为颜面尽失、名誉扫地，这种内心的自卑或羞耻感会对其犯罪心理产生强大的遏制作用。

对于一些已经形成守法习惯的人来说，一方面，看到轻微犯罪的社区矫正对象在社区继续接受监管和约束，这便会以非常直观的方式让社区群众感受到国家刑罚的确定性和严肃性，即"无论犯了重罪还是轻罪，国家的刑罚都是在认真严肃而确定地执行"，从而巩固已经形成的"避免违法"的认知；另一方面，看到社区矫正中的教育改造和帮扶项目以及国家对社区矫正对象罪责的减免，无疑更是在向大众展示国家的宽容和人道，更能彰显民众的主体意识和地位，促使人们对《社区矫正法》的认识、理解和认可程度更为深刻，在国家与《社区矫正法》设立的仁厚、宽容的制度感召和影响下，鼓励人们更加遵守法律，增加对刑法的信赖程度，从而实现更高层次的塑造法律忠诚的预防效果。

第三，《社区矫正法》对社区矫正工作人员以及由此对社区公众形成的一般预防效果。《社区矫正法》对于社区矫正机构与工作人员职责、权力和义务的明确规定，可以有效地确保社区矫正工作人员按照法律的规定正确履行职责，依法教育和帮扶社区矫正对象，避免社区矫正的决定与执行过程中出现的任意性以及腐败可能性。同时，《社区矫正法》对社区矫正工作职责以及监督机制的明确规定，便是向社区公众表明国家将对社区矫正对象的监管、教育和帮扶设定为一项法定义务与职责，体现了国家对矫正对象重新社会化任务的重视与规范程度。同时，也表明国家并非将社区矫正对象视为社会中的异类或病人，而是本着尊重人格与宽容的原则将其作为教育和帮扶对象，从而能够使社区公众直观地感受到国家对于"犯了错"的社区矫正对象的"商谈性"态度，借此提升社区公众对国家社区矫正工作的信赖与认可程度，进而巩固和强化社区公众的法律情感与守法意识。

---

[1] 参见马聪：《刑罚一般预防目的的信条学意义研究》，中国政法大学出版社2016年版，第198~201页；冯文杰："社区矫正的正当化根据及其限度"，载《中国监狱学刊》2021年第5期，第136~144页。

总之，基于社区矫正制度设计与立法所指向对象的特殊性，笔者认为，这一阶段应当在规范性的确认刑事司法判决、裁定或决定对社区矫正对象已分配和施加的报应目的之前提下，将一般预防目的特别是积极一般预防目的作为主导性目的，同时，要特别考虑特殊预防目的对于社区矫正对象的特殊意义。

三、社区矫正制度执行阶段的刑罚目的分配原则

前文对社区矫正制度设计与立法阶段的刑罚目的分配原则进行了讨论，那么，接下来则需要转入对社区矫正制度执行阶段刑罚目的分配原则问题的讨论。从广义上说，社区矫正的决定是社区矫正制度执行的前提，它本身也是一项决定社区矫正适用规模和范围的重要工作，本应当对社区矫正决定阶段的刑罚目的分配原则和模式问题进行深入讨论，但是，考虑到我国《社区矫正法》已经出台，该法对于如何决定社区矫正并未着墨太多仅一笔带过，而且社区矫正的决定从性质上来看更多属于刑事司法审判阶段的任务，[1]因此本书仅从刑事执行的角度对社区矫正制度执行的刑罚目的分配原则展开讨论。

在社区矫正制度执行阶段设定和分配刑罚目的，同样需要结合刑事执行的特点和刑罚诸目的之效用进行分析。很明显，社区矫正执行所面对的对象是已经实施了犯罪并需要在社区中进行教育矫正的罪犯，那么，一般预防目的就不可能成为执行的主要目的，这样，社区矫正执行的主要目的就只能在报应和特殊预防两种目的的范围内选择。前文已经指出，由于报应并不能为刑罚执行提供鼓励，而特殊预防则恰恰以实现犯罪人的重新社会化和预防再犯为根本追求，因此，特殊预防就自然而然地成为社区矫正执行的主导性目的。[2]

（一）特殊预防是社区矫正执行的核心目的

从我国现有有关社区矫正的法律规定来看，特殊预防目的在社区矫正的执行过程中必须被优先贯彻，其具体内容包括依法监督管理、教育矫正与帮困扶助。这三项基本内容应当都属于特殊预防的范畴，只不过，依法监管应当归入消极的特殊预防，而教育矫正与帮困扶助应当属于积极的特殊预防。从理论上讲，将特殊预防作为社区矫正执行的核心性主导目的，是以现代刑

---

[1] 关于刑事司法阶段刑罚目的的逻辑分配问题，参见马聪：《刑罚一般预防目的的信条学意义研究》，中国政法大学出版社2016年版，第191~192页。

[2] 参见司绍寒：《德国刑事执行法研究》，中国长安出版社2010年版，第12页。

罚理论基础作为支撑的。

第一，将特殊预防作为社区矫正执行的核心目标，体现了国家的义务与责任思想。从宏观角度讲，犯罪的发生并不仅仅是个人生理与心理的问题，而是一个社会性的问题，甚至国家对犯罪的发生也具有一定的责任。因此，当犯罪发生后，特别是对能够适用社区矫正这种社会化执行方式的罪犯来说，实际上是国家已经承认此类罪犯是社会生活的弱者、弱势群体，社区矫正实际上就是国家和社会对其犯罪行为的发生和损害承担责任的一种方式，即通过一种轻缓刑、替代刑乃至变通刑的刑罚执行方式，为社区矫正对象提供帮助、教育和矫正，从而履行国家的义务和责任。

第二，将特殊预防作为社区矫正执行的核心目标，体现了刑罚的人道思想。刑罚的人道思想意味着在刑罚的制定与适用过程中都应当尊重罪犯的人格，做到与人的本性相符合。刑罚的人道性，在于尊重罪犯的人格，不将罪犯仅仅视为实现刑罚目的的工具，以及由此形成了禁止适用残酷、不人道及蔑视人权的刑罚措施。社区矫正作为一种非监禁的刑事执行措施，避免了监禁刑罚执行对于罪犯的自由、自主性、物质和社会服务以及人格安全感的剥夺，同时将罪犯置于以宽容与尊重为主导的良性社区关系之中，在多种社区资源配合下体验真正的社会生活，从而促使罪犯在良性社会关系中重塑价值观念，找到生活目标和人生归宿。

第三，将特殊预防作为社区矫正执行的核心目标，体现了刑罚个别化思想。刑罚个别化思想要求针对不同的犯罪人适用不同的刑罚措施。的确，每个犯罪人实施犯罪的原因、性质、危害都不尽相同，而且每个人的个性、年龄、家庭情况、学历状况以及人生价值观都存在较大差异，只有针对不同的罪犯采取不同方式、不同强度和不同内容的矫正措施，才能达到改造目的。社区矫正的运用，就是基于罪犯的个体情况制定因人而异的矫正方案，并根据矫正过程中出现的新情况和新问题，不断调整社区矫正的强度和方案，从而有的放矢，达到矫正目的的最优化。

第四，将特殊预防作为社区矫正执行的核心目标，体现了行刑社会化的思想。虽然监狱矫正仍然在国家的矫正体系中占有举足轻重的位置，但不可否认的是，监狱矫正的确存在诸多问题。如，监禁使罪犯长期与社会隔绝，逐渐丧失正常的社会生活和交往能力；由于自由与权利被剥夺，罪犯必须被迫接受一种强制性的生活方式，导致罪犯与开放社会存在着信息与沟通障碍等。这样，监狱矫正以罪犯的"重新社会化"为最高目的而实施的种种措施，却无形中阻碍了罪犯的重新社会化。而且，随着社会治安形势的变化，不少地方监狱人满为患，罪犯之间的交叉感染等问题比较突出，国家也需要将罪犯的改造环境从监狱转移或扩大至社会，从而节约司法资源和成本，我国社区矫正正是在这一背景下孕育而生的。

现代刑事法学理论认为，特殊预防的消极方面，指国家通过对罪犯某种权益的剥夺或者限制，使其不敢或不能再次实施犯罪行为，即特殊威慑或剥夺犯罪能力。其中，特殊威慑主要是通过刑罚以及执行的严厉性和严肃性使矫正对象体验到刑罚之苦，从而产生心理震慑，即通过一种心理上的强制使其不敢再次实施犯罪。在社区矫正的执行过程中，社区矫正对象首先是作为"罪犯"出现在社区的，这种"罪犯"的身份体现了法律的严厉性、严肃性和惩罚性，它意味着社区矫正对象将在社区公众的视野中以"罪犯"的身份存在并从事一定的活动，由此社区矫正对象产生的被整个社会所排斥或歧视的痛苦，实际上是非常深切的。这样罪犯在亲自感受刑罚的痛苦之后，往往会恐惧再次承受类似的痛苦，从而刑罚之苦对其产生心理上的震慑，使其严格约束自己的行为，避免再次犯罪；同时，社区矫正对象在矫正期间违反矫正规定时，随之而来的便是相应的惩罚措施，轻则治安管理处罚，重则收监执行，这些惩罚性规定都可以对社区矫正对象产生心理威慑。剥夺犯罪能力则主要是指对罪犯特定权益、资格或自由予以剥夺或限制，从而使其丧失再次实施特定犯罪的能力而达到预防再犯的目的。社区矫正对象在社区矫正期间，必须遵守法律法规及其相应的监管规定，政治自由与权利、外出、迁居、日常活动等行动自由都受到一定的限制或剥夺，在特定情况下还要接受禁止令的约束甚至佩戴电子定位装置。通过对社区矫正对象特定权利或自由的剥夺与限制，使其丧失特定犯罪的再犯条件，从而达到特殊预防的目的。

结合我国现有的社区矫正法律法规与实践做法来看，我国社区矫正执行的特殊预防目的的消极方面，是通过对社区矫正对象的监督管理制度实现的。从监管程序上来讲，不同地区的社区矫正实践基本上形成了大体一致的监管程序，即接收、分类建档并制定矫正方案、管理与矫正以及解除矫正等四方面的程序。从监管方式上来讲，按照刑罚个别化的思想，不同地区基本都采纳了分类分级管理的方式。只不过，不同地区的分类标准并不一致，逐渐形成了入矫原因、人身危险性程度、犯罪类型特征以及罪犯年龄等分类标准交叉并存的状态。在具体实施过程中，分类分级管理具体细化为建立奖惩考核制度，即把社区矫正对象的矫正措施与方案内容（如监管基本制度、报到和汇报、公益活动、学习活动等）量化为具体的指标，并对具体指标进行打分测评，从而确定社区矫正对象的奖惩考核成绩。这种考核成绩在奖励方面基本上包含了表扬、物质奖励以及减刑等；在惩罚方面则涵盖了警告、训诫、治安管理处罚、佩戴电子定位装置、撤销缓刑或假释以及收监执行等。

特殊预防的积极方面，指国家通过对罪犯心理和行为的教育和矫正，使其从内心认识到自身实施犯罪行为的危害性和道德错误性，重塑其生活价值观念，重建符合社会正常人观念的生活方式，实现重新社会化的效果，从而使其发自内心地不愿再次实施犯罪。从程度上来讲，特殊预防的积极方面包括两个层次：较低层次即通过教育改造，使罪犯能够形成习惯性守法以及违法的道德禁忌，将其异常的生活方式重塑为较为正常的守法行为模式；较高层次即通过教育改造，使罪犯能够尊重与信赖法律，塑造对法律的忠诚情感，并建立较高程度的守法行为模式。

我国社区矫正的特殊预防目的的积极方面，主要是通过对社区矫正对象的教育和矫正实现的。应当明确的是，帮助也是我国社区矫正特殊预防积极方面的重要内容之一。这是因为，帮助社区矫正对象解决就业、生活、心理或者法律方面的困难，对其重新社会化可以起到重要的保障作用，而且，这种帮助会增加其对国家和政府的信任感，从而提高其对法律和司法机关的忠诚程度。

值得注意的是，从我国当前社区矫正的法律规范与实践做法来看，人们对社区矫正的监管与教育帮扶之间的关系并没有达成一致意见。在法规层面，"两高两部"于2003年发布的《关于开展社区矫正试点工作的通知》与2012年发布的《社区矫正实施办法》基本都是将监督管理作为社区矫正的第一项任务，将教育矫正和帮困扶助作为处于监管之后的任务，但是2009年发布的《关于在全国试行社区矫正工作的意见》则将教育矫正放在第一位，将监督管理和帮困扶助放在后续位置。《社区矫正法》也将"监督管理"放在"教育帮扶"之前。在实践部门，也有文献指出："现阶段出台的社区矫正制度体系从整体上说隐含着'南方重教育，北方重管理'的区域性刑罚执行传统。"[1]同时，在理论上也有文献认为社区矫正的监管性和惩罚性不足，[2]同时将帮

---

[1] 胡虎林主编：《社区矫正实务》，浙江大学出版社2007年版，第224页。
[2] 参见刘强、武玉红等：《社区矫正制度惩罚机制完善研究》，中国人民公安大学出版社2016年版，第1~4页；刘政："社区矫正的惩罚功能重塑与惩罚机制重构"，载《法学论坛》2019年第6期，第77~84页。

扶纳入社区矫正的任务忽视了刑罚执行方式的根本属性，不利于刑罚目的的实现。[1]

客观而言，需要首先明确的是，将帮扶排除出社区矫正的任务并不恰当。因为社区矫正对象在解除矫正之后，在生活、就业以及家庭等关系上往往已经处于极度弱势的位置，如果不妥善处理社区矫正对象的这些涉及生存的基本问题，很可能会导致社区矫正效果的前功尽弃，促使社区矫正对象再次走上犯罪道路，引发新的社会矛盾。而且，将帮扶作为特殊预防特别是特殊预防积极方面的重要内容，符合现代刑事法学理论的基本精神，对于塑造包括社区矫正对象在内的公民的法律信赖与忠诚情感具有重要价值。

就监管与教育矫正之间的关系而言，监管应当是一种前提性工作。依法有效的监管是教育矫正项目开展和完成的前提和保障。如果不对社区矫正对象实施有效的监管，就很难保证教育矫正的顺利展开；而且，具体的教育矫正项目也必须以监管作为依托，如果没有恰当的监管，社区矫正对象就会放任自流，架空教育矫正的实施，从而导致社区矫正的失败。当然，同时需要指出的是，实现社区矫正对象的再社会化即特殊预防目的，是社区矫正执行的核心目的，而监管则是一种必要的手段、方式和途径，根本上是为教育矫正服务的，因此，监管并不是社区矫正的终极价值追求。所以从这一意义上讲，监管的设置也必须考虑教育矫正的特点与有效性，不能脱离教育矫正而片面强调监管，否则只会背离社区矫正的宗旨。

(二) 报应的实现是社区矫正执行的次要目的

在承认特殊预防是我国社区矫正执行的主导性目的的同时，也必须看到，在一定意义上社区矫正的执行似乎也不能完全放弃对报应目的的考虑和追求。

第一，社区矫正执行阶段的特殊预防目的与报应目的有着千丝万缕的联系。一方面，社区矫正执行为社区矫正决定阶段所确立的报应目的的真正实现创造了条件。在社区矫正决定阶段对犯罪人做出剥夺特定期限自由或特定权益的判决、假释裁定或暂予监外执行决定的，本身仍然还要求特定部分的报应目的，只有在社区矫正执行阶段才能真正得以落实。另一方面，报应目的的确立也为特殊预防目的的贯彻提供了前提性基础。在刑事执行阶段，报应目的所确定的剥夺或限制罪犯自由或权益的惩罚措施开始真正执行，而这种报应性的剥夺或限制，使罪犯失去了再次侵犯社会公众的机会，从而在一

---

[1] 参见荣容、肖君拥主编：《社区矫正的理论与制度》，中国民主法制出版社2007年版，第150页。

定意义上保障和支持着消极特殊预防目的的贯彻；同时，这种报应性剥夺或限制也为罪犯的重新社会化提供了一定的期限和空间，从而为积极的特殊预防的实现创造了条件。[1]

第二，从我国社区矫正现有法律法规与实践情况来看，似乎也并没有明确放弃报应目的。在关于社区矫正任务的规定中明确有"监督管理"的说法，此处的"监督管理"就其内容来看也包括剥夺特定的权益或自由以及随之而来的特定痛苦，而这种剥夺和痛苦实际上与报应目的的基本内涵和实现方式并没有太大差异。[2]虽然在社区矫正执行阶段的报应程度和方式与监狱内的报应程度和方式相比，已经有所减轻。

第三，由于报应目的不能为刑罚提供鼓励而不能成为社区矫正执行的主导性目的，但是，毕竟报应目的的界限性功能还是存在的。这种界限性功能使得报应目的在社区矫正的执行阶段有了独立意义。一方面，这种界限为重新社会化实现提供了基本的期间性框架；另一方面，这种界限在一定程度上为社区矫正对象提供了自由的保障功能。在社区矫正执行过程中，对于社区矫正对象的权益和自由的剥夺或限制，仅限于法律规定的种类同时也不能超过刑罚所确定的范围，而刑罚所确定的范围，基本是报应目的的体现。也只有在这一报应目的的范围内，对社区矫正对象权利的剥夺和惩罚才具有正当性，这就可以有效避免社区矫正管理人员基于个人私利或其他非法定目的而在执行期间随意增加刑罚强度，或者任意延长执行期限，从而有效保障社区矫正对象在执行过程中不会受到有损人格和尊严或异常严厉的惩罚。只不过，假释犯和暂予监外执行犯的社区矫正执行，所体现的报应目的与管制犯和缓刑犯所体现的报应目的是有差别的。假释犯的假释裁定与暂予监外执行决定是在判决所确定的报应目的及其所体现的刑期的基础上，结合罪犯的狱内教育改造情况或者身体生理状况而作出的非监禁性执行决定，此时的报应目的则体现为罪犯的剩余刑期，其强度与性质也与狱内执行不相同。应该说，此时社区矫正执行的报应目的则是基于对原判决的报应目的的修正而产生的，而管制犯与缓刑犯在社区矫正执行中所贯彻的报应目的，则完全是基于判决中所确定的刑期和强度或判决所确定的监督考察期及其义务所产生的。

综上所述，在社区矫正执行阶段，特殊预防是值得优先加以考虑的主导

---

[1] 参见郑丽萍："我国社区矫正目的之厘清与探讨"，载《人民检察》2019年第15期，第59~62页。

[2] 张全仁、张鸥："监狱行刑的功能与目的"，载《中国法学》2000年第4期，第120页。

性目的；同时，报应目的为特殊预防目的之实现提供了前提和基础，并为特殊预防确立了期间界限。因此，客观而言，报应目的也是社区矫正执行所不能放弃的。但是，由于报应目的在社区矫正决定阶段就已被设定及贯彻，在刑事执行阶段仅仅是按照刑事司法判决裁定或决定所确定的报应目的加以进一步落实和实现，或者在修正的基础上加以贯彻和落实，而且这种贯彻和落实基本上不能超越社区矫正执行重新社会化这一核心任务，所以，在社区矫正执行阶段，报应目的也仅应处于相对次要的地位。

（三）一般预防是社区矫正执行的附属目的

在包括社区矫正在内的刑事执行阶段一般预防目的并不是特意加以追求的。在刑事执行阶段对一般预防特别是一般威慑目的的追求，只能依靠对罪犯施加更加严厉的刑罚或者依靠特别残忍和血腥的公开行刑手段才能实现。但这种手段由于严重侵犯人的基本自由和人格尊严而早已为历史所废弃。[1] 在现代社会，不得以加重罪犯痛苦的方式来执行刑罚已经成为国际上的通行做法。所以，在刑罚执行阶段，刑罚一般威慑目的的存在空间是非常狭小的。然而，在社区矫正执行阶段，对积极一般预防目的的追求在特定场合下的确是客观存在的。这种积极一般预防目的的实现所能产生的效果主要表现为以下四方面内容：

第一，社区矫正对象的成功重新社会化所产生的潜在一般预防效果。应该说，如果刑事执行机关成功对罪犯完成重新社会化，那么，矫正对象就可以在真正认识到犯罪的错误基础上真心悔改，彻底与犯罪意念和行为决裂，树立正确的是非对错标准和遵守法律的意识和习惯。在社区矫正对象解除矫正之后，他们经过重新社会化而成为一个可以进行正常社会生活的守法公民，这样，在特殊预防任务完成的同时，也意味着这名罪犯不再是潜在犯罪人而是守法公民，此时刑罚再次对其进行一般预防的目的基本就已经实现了。

第二，对被害人亲属法律意识和情感的抚慰和满足效果。虽然在刑罚适用阶段法院对行为人的定罪量刑已经在一定程度上满足了被害人亲属受到伤害的法律意识和情感，但是，这一过程仅仅是刑罚的宣告而并未真正执行，对于被害人亲属来说，往往在真正看到司法机关对罪犯执行刑罚之后，他们受伤的心理和情感才能真正得以平复，从而确信与罪犯的冲突和矛盾最终完

---

[1] 参见马聪：《刑罚一般预防目的的信条学意义研究》，中国政法大学出版社2016年版，第198页。

结。因此，依法公正执行刑事判决，才能彻底弥补被害人家属的心理创伤和情感，避免因看到刑罚不能得以有效执行而采取极端的报复手段，并使其认识到，司法机关是信守承诺而值得信赖的，法律确实可以为自己伸张正义和提供保护，从而借此塑造被害人亲属对法律的信赖与忠诚。

第三，对犯罪人亲属的说服和鼓励效果。刑罚的执行效果不仅需要面对被害人亲属的检验，同样也需要面临犯罪人及其亲属的检验。如果不能公正地执行刑罚，必然会引起犯罪人及其亲属的不满和抵触情绪，从而不利于罪犯的重新社会化，也不利于稳定犯罪人亲属的心理和情绪。只有刑罚得到公正执行，并且是在罪犯亲属能够知悉时，犯罪人亲属才可能因罪犯没有受到不公正待遇而恢复心理平衡，进而鼓励其产生对法律的尊重和信赖效果。特别是在社区矫正执行过程中，执行机关对社区矫正对象的教育矫正和帮困扶助，会在更大程度上解决罪犯及其亲属的实际困难，帮助其融入正常社会生活。这种教育和帮扶，更加容易促使社区矫正对象及其家属产生感恩之心，增加其对法律的信赖感。

第四，维护法治最低限度安全和平抑犯罪模仿的效果。社区矫正主要是针对轻罪罪犯和一些人身危险性减小或者因为身体或生理特殊情况不适合在监狱执行的罪犯而将其置于社区中加以执行，这一制度对于上述罪犯而言，毕竟其已经与监禁执行脱离关系而取得一定的自由，那么，社区矫正制度的执行还必须具有一定的严厉性和惩罚性，使其所承受的痛苦不能过轻，以至于在相当程度上轻到丧失刑罚的"痛苦性"本质，这就是说，刑罚的"痛苦性"本质必须比社会相对弱势群体的生活水平要更"痛苦"一些，否则，为了享受社区矫正相对较好的待遇水平，相对弱势群体就会选择犯罪，从而使刑罚丧失威慑效果。同时，在社区矫正执行过程中，对社区矫正对象的监督管理必须是依法而具有一定严厉性的方案措施，并且往往需要对罪犯进行再犯预测和风险评估，考虑社区矫正对象对社区的安全风险，否则社区公众就会产生"没坐牢就放出来""放出来就没事了"之类的看法，会因为对自身安全的担忧而对社区矫正对象产生猜疑或排斥的态度和行动，甚至会为了维护自身的安全而自发组织起来抵制社区矫正对象的正常矫正改造。这些态度和看法必然侵害公众的法律意识和情感，降低他们对法律的尊重和信赖程度，最终当大众看到"守法并没有什么好处，犯罪也没有什么实际惩罚"的不公状况时，其实质就是在某种意义上鼓励大众模仿此类犯罪。

第五，鼓励公众守法与法律忠诚的塑造效果。刑事执行机关在将合法和公正执行刑罚的信息传达给社区一般公众时，就能满足公众的正义直觉和追求公正的社会心理，巩固公众的守法意识和情感，确证法律秩序的效力，从而提高公众对刑事司法机关的信赖和尊重程度，鼓励实现法律忠诚。再者，刑事执行机关通过向公众公开展示对罪犯的教育和改造的人道性和积极性成果，在一定程度上能够加深公众对犯罪的道德禁忌，提高公众对执行机关的认可程度，促使公众和司法机关建立良好的理解和沟通机制，从而巩固公众的守法习惯。特别是在社区矫正这种以人道性为基石的制度执行中，国家充分认识并自觉承担对社会和矫正对象负责的义务和责任，并在矫正和教育之外，对罪犯的工作和生活困难进行帮扶，为其提供重新社会化的物质和工作保障，从而切实保证国家责任和义务的完成，这样，社区矫正机构通过对社区矫正过程与成果的展示与信息传递，就可以增强司法机关的道德信誉和法律权威，巩固公众的守法意识和法律忠诚。

通过上述分析可以看到，社区矫正的执行无论是从法律规定还是从实际要求来看，都是围绕着对罪犯进行重新社会化从而实现特殊预防目的而展开的；报应以及随之而来的惩罚性要求，是通过在特殊预防框架下的监管和改造得以实现的，因此，报应并不能成为社区矫正执行的主要目的，仅仅是次要目的，但是，报应却在社区矫正执行中具有独立的界限性意义；对一般预防目的特别是积极一般预防目的之追求也仅仅是在公正地实现对罪犯的特殊预防目的这一过程和范围内才得以取得合法性基础，所以，一般预防目的在刑事执行阶段仅仅能够成为附属性目的。显然，在社区矫正执行过程中，报应和一般预防基本都是以特殊预防为中心而存在和实现的，而且，报应、积极一般预防与特殊预防的实现与完成具有相当程度的紧密联系。也就是说，特殊预防的实现和完成，在很大程度上意味着报应和积极一般预防的任务基本完成了。这一点，是社区矫正执行目的与刑事审判和普通的监禁执行的刑罚目的的分配最为明显的差异。

第二节　我国社区矫正制度监督管理原则与内容

前文对社区矫正刑罚目的的分配逻辑与原则问题进行了详细讨论，应当说，社区矫正的监管、教育和帮扶等各项任务，都深受刑罚目的的影响和制约。因此，在对社区矫正立法与执行的刑罚目的逻辑与分配原则进行了框架性和基础性的理论安排之后，我们便可以按照不同阶段不同刑罚目的的次序和要求，准确和细致地安排各个阶段的社区矫正具体工作和任务，从而更加科学和有效地实现社区矫正的基本目标。我们首先讨论在社区矫正执法过程中，与报应目的、特殊预防目的密切相关的监督管理等相关问题。

一、监管原则

对社区矫正对象进行监督管理，目的在于确保社区矫正对象能够顺利完成社区矫正机构所确定的社区矫正具体方案从而早日复归社会。我国社区矫正自试点至今，一直在尝试贯彻基于刑罚个别化原理而形成的分类管理原则，并且已经取得了一定的成绩。如，在国家法律法规的制度设计层面，《社区矫正法》明确规定了分类管理的基本原则，过去的《社区矫正实施办法》以及现在的《社区矫正法实施办法》都已经有专门条款规定对社区矫正对象需要分类管理的内容。在地方法律法规的制度设计方面，有些地区以我国现有社区矫正法律法规为框架，在特定的单行制度规范中明确和细化了分类管理的具体要求，使得分类管理实践具有了更强的针对性和适应性；有的地区则针对特定类型的社区矫正对象群体，如需外出经商的社区矫正对象群体、职务犯社区矫正对象群体、妇女犯社区矫正对象群体等，专门制定了分类管理的细则规范。在我国当前社区矫正实践操作中，大多数地区基本上是根据对社区矫正对象人身危险性的评估，将社区矫正对象划分为相应的如宽管、普管和严管等基本风险等级，并以此为基础对其实施差异化的管理。[1]

（一）分类管理的现状与问题

在分类管理实践操作中，对社区矫正对象的人身危险性进行评估，究竟采纳什么样的标准和依据一直是一个困扰理论和实践的重大问题。我国大部分地区的社区矫正机构采用的是与高校或研究部门联合研发或从国外引进并予以修订的人身危险性评估相关量表，其中大部分量表将犯罪原因、犯罪类型、危害程度、悔罪表现、家庭或社会关系、资产情况、学历情况等作为变量用于对社区矫正对象进行人身危险性综合测评。另外，在实践中，我国不少地区往往根据一段时间内社区矫正对象的奖惩与考核结果记录对其人身危险性指数进行动态调整，从而形成了社区矫正对象分类管理的动态测评调整机制。

我国虽然对分类管理以及具体操作方法进行了一定的摸索，但客观而言，

---

[1] 参见高贞主编：《中国特色社区矫正制度研究》，法律出版社 2018 年版，第 94~97 页。

在社区矫正实践中仍然存在着不少问题和困难。具体来说包括：

第一，从观念执行来看，实践部门往往将分类管理原则应用于对社区矫正对象的监管方面，而忽视了在教育帮扶方面也需要适用这一原则。事实上，由于社区矫正对象的犯罪原因、犯罪类型和个体差异不同，教育帮扶任务也更需要基于个别化原则实施分类管理。但是，在社区矫正实践中对教育帮扶真正实施分类管理的尝试相对较少，也没有形成有特色性的经验。

第二，从制度规范来看，我国当前分类管理的制度规范与具体标准也存在着诸多不完善之处。我国当前分类管理制度虽然在国家层面的立法性文件以及其他规范中都有所提及，但适用范围有一定的局限性，相对简单且粗糙，缺乏可操作性。因此，这些立法规定的意义大多仅停留在确认和引导层面，尚未形成真正成系统且具有可操作性的具体制度规范。关于分类管理的具体标准，国家层面并没有相应的指导规范，我国几个不同的发达地区往往根据本地区的经济、政治和文化情况，尝试和探索制定了本区域内统一的人身危险性评估标准，但各地的标准也不尽一致，呈现出多样性的状态。在中西部地区对于分类管理的适用范围不仅也像发达地区那样限于监管方面，而且其分类管理的具体做法也存在着创新性不足和相对粗糙的问题。

第三，从实践效果来看，我国当前倾向于片面化的分类管理产生了一些不良效果，这一点特别需要注意。

所谓片面化，即在社区矫正实践中，社区矫正主管和执行机构将分类管理仅视为监管的重要内容，而在教育帮扶工作中则忽视分类问题，这一倾向的确产生了"重监管、轻帮扶"的片面效果，[1]即很可能导致对社区矫正对象的过分干预。一般而言，过度干预即指对社区矫正对象超出了矫正所必要的限度的监管。实际上，社区矫正对象在法律上的特征就是罪犯，这一法律身份本身就有一定的负面和标签性效果，特别是在我国的社区文化传统中，容易让社区其他人甚至社区矫正工作人员对其产生歧视或排斥心理。我们不应否认这种负面和标签性效果的积极意义，但是，在社区矫正实践中，这一负面和标签性效果必须控制在必要限度内，不能扩大。虽然社区矫正对象是罪犯，也往往比一般公众具有更高的人身危险性或再犯可能性，但是，社区矫正制度的核心主旨是通过非监禁性的社会化矫正，使之早日重新复归社会。这就要求社区矫正机构不能像监狱执行机构那样强调封闭式惩罚、改造和监

---

〔1〕参见章安邦："'监管中心主义'语境下的社区矫正权责失衡问题——以浙江省J县司法局社区矫正监管工作为例"，载《哈尔滨工业大学学报（社会科学版）》2017年第3期，第33页。

管，而是要重在为社区矫正对象提供一个良好的复归社会的环境。[1]

根据前文社区矫正的刑罚目的分配的原理性分析可知，在社区矫正执行阶段，报应和惩罚本身已经成了一种次要目的，同时，报应和惩罚的限度也仅限于法律以及社区矫正决定机关所确定的限度之内，而且，在社区矫正执行阶段，这种报应和惩罚的实现，本身就是对已有判决、裁定或决定中所确定的报应目的的执行或修正执行，是以监督管理制度中具体的限制社区矫正对象的特定自由和权利作为基本形式进行的，而这种监督管理，恰恰是特殊预防目的消极方面的内容，因此，社区矫正执行过程中的报应和惩罚，本身在一定程度上就依附于特殊预防这一目的而存在。这就说明，在分类管理中，过度重视监管中的分类管理，忽视教育帮扶方面的工作，本身就已经偏离特殊预防和复归社会这一社区矫正执行的基本目的。也正是基于这样的考虑，国家为了淡化社区矫正四类人员自身的"罪犯"这一法律身份可能产生的负面和标签化效果，在立法过程中有意避开了"社区服刑人员""社区矫正受刑人"等称谓，而使用了"社区矫正对象"这一中性化的术语，可见立法用意之深。因此，在后续的社区矫正实践与执行过程中，需要特别注意避免因为分类管理而导致的社区矫正工作片面化倾向及其不良后果，逐渐将主要工作放在教育矫正和帮扶方面。

（二）分类管理的发展方向

在对我国分类管理的现状与问题进行讨论之后，我们将着重讨论我国分类监管的发展方向问题。笔者认为，根据前文分析，社区矫正执行中的分类管理原则，不能仅适用于监管任务，也应当适用于教育帮扶任务，根据不同的任务确立不同的具体标准。对于监管任务而言，完全可以基于人身危险性评估而实施风险防控管理；对于教育矫正任务而言，应当以犯罪年龄和罪刑特征作为基本标准展开；对于帮扶任务而言，应当以生活和职业需求作为基本标准展开。

关于风险管理，我国在社区矫正实践过程中已经积累了一定的经验，其核心原则即处于不同风险防控等级的社区矫正对象所遵守的具体监管规定和要求，如报到、思想汇报、请假外出等，不完全一致。同时，风险防控等级的依据，基本上都是需要根据人身危险性评估量表而得出的。在风险防控管理这一领域，我国虽然已经有了一定的实践经验，但仍存在诸多不完善之处。

---

[1] 参见王顺安："论《社区矫正法》的五大立法目的与十大引申意义"，载《中国司法》2020年第5期，第66~72页。

从目前来看,在社区矫正实践过程中完全可以充分了解发达国家危险评估工具的最新动态和最优的实践方法,并结合我国社区矫正的实际情况,制定出符合我国社区矫正基本要求的风险评估工具,实现我国社区矫正风险评估工具的跨越性发展,从而创制和发展出既吸收国际经验又符合我国国情的特色评估体系。[1]

以美国社区矫正的风险控制机制为例,一般都会规定遵守法律法规、遵守与监督人的约定、接受家访、迁居报告、戒毒以及尿检、参加危险评估与矫正需要评估等普通的危险控制方法,同时,在具体的社区矫正执行过程中,往往设定面对面的接触、陪护接触、家访、报告、尿检以及电子监控等具体措施。从美国得克萨斯州的一份社区矫正判决来看,判决规定社区矫正对象必须遵守的义务和条件达17条之多,在具体的条目下还有进一步细化的说明。[2]从理论上讲,越是明确细致的法律条文规定,越具有预防和改造效果,而且还能够保证改造的公正性。另外,美国社区矫正实践强调普通的危险控制与具体的危险控制的结合,或者将社区矫正对象划分为不同的危险等级,根据不同等级分配不同的危险控制方案,从而使危险控制方案不仅呈现出系统化特点,还呈现出个别化的特点,极具可操作性。因此,在我国社区矫正实践中已有相关评估量表的基础上,参考、借鉴吸收发达国家评估量表的具体做法、经验及其背后的思维方式,切实提高我国评估量表的准确性和细致性,并逐渐形成体系化的规则制度,应当是我国当前风险评估工作的发展方向。

二、监管内容

我国社区矫正在实践过程中逐渐形成了一些常规的监管制度,具体包括:报告制度、会客制度、请假制度、迁居制度、核查走访制度、电子监控制度等。

(一)报告制度

报告制度即社区矫正对象必须在特定或不特定的日期向社区矫正机构报告自己的位置以及近期参加矫正的具体情况。报告的形式相对多样,如谈话、

---

[1] 孔一:"社区矫正人员再犯风险评估量表研究",载《犯罪与改造研究》2012年第7期,第19~23页。
[2] 参见翟中东:《社区性刑罚的崛起与社区矫正的新模式——国际的视角》,中国政法大学出版社2013年版,第107~109页。

书面、电话或邮件等。实际上，报告制度是限制社区矫正对象自由权利的最重要体现。因为社区矫正制度是一种非监禁性即没有剥夺罪犯自由的矫正方式，那么，报告制度就体现为一种重要的监管手段和惩罚措施，通过报告的形式确保社区矫正对象在监管范围之内而没有脱管。在我国社区矫正实践中，报告制度可以分为定期和不定期报告两类。定期报告，一般在社区矫正对象入矫开始时，社区矫正机关就会根据矫正对象的个人情况和执行阶段，确定固定的报告时间、方式以及地点等细节问题。对此，《社区矫正法实施办法》明确规定了社区矫正对象需要定期报告遵纪守法、接受监督管理、参加教育学习、公益活动和社会活动等情况。暂予监外执行的社区矫正对象则需要定期报告身体情况，保外就医的则需要定期检查身体，提交病情复查情况。被宣告禁止令的社区矫正对象需要定期报告遵守禁止令的情况。不定期报告主要是防止脱管需要，社区矫正机构不定期地了解矫正对象的动态。如，《社区矫正法实施办法》规定，社区矫正对象出现居所、工作、家庭重大变故以及接触对其矫正可能产生不利影响人员等情况时，需要及时报告社区矫正机构。

事实上，报告制度可以根据分类管理的基本原则被进一步细化，从而作为对社区矫正对象奖惩和调整风险控制等级的重要参考。对于报告制度遵守得好的社区矫正对象，其考核记录分数较高，可以将其作为一项激励机制，在后续工作中尝试适当延长报告的时间期限或减少报告次数。经过一定时间检验后，若社区矫正对象一直按规则遵守报告制度，则可以将这一奖励记录作为调低其风险评估等级的重要参考。相反，对于不太遵守报告制度的社区矫正对象，其考核记录分数较低，那么就可以将其作为一项惩罚措施，在后续工作中缩短报告期限、增加报告次数，并可以将这一惩罚性记录作为提高其风险评估等级的重要参考。[1]当然，这种细化的工作，需要有足够的社区矫正工作力量去参与和实施。

另外，在社区矫正实践中，根据《社区矫正实施办法》的规定，对暂予监外执行犯需要执行特殊事项报告制度。具体而言，即暂予监外执行犯每个月应当向司法所报告本人身体情况，每三个月向执行地县级社区矫正机构司法所提交病情复查情况。另外，司法所同时需要定期与其治疗医院沟通联系，及时掌握其身体状况及疾病治疗、复查情况等结果，并根据需要向批准、决定机关或者有关监狱、看守所反馈情况。这就是说，《社区矫正实施办法》从

---

[1] 参见廖斌、何显兵：《构建中国特色的社区矫正制度研究》，中国政法大学出版社2019年版，第230页。

被动监督和主动监督两方面,对暂予监外执行犯规定了特殊事项报告制度。这一制度的目的在于对保外就医等人员形成有效监管,防止保外就医人员脱管或沦为释放状态,避免保外就医人员对社区或他人造成新的危害,同时,这一制度也是为了社区矫正机构及时了解和掌握保外就医人员的身体状态,帮助其解决生活方面的困难。应当说,特殊事项报告制度基于分类管理和个别化原则,细化了监管规定,值得进一步探索和推广。只不过,在后续的社区矫正制度发展过程中,应特别注意特殊事项报告制度的方式问题。在当前不同地区的实践中,特殊事项报告制度到底是采用口头、电话还是当面方式,各地做法并不统一。笔者认为,鉴于保外就医人员本身患病这一特殊情况,对于确实有病或因治疗措施而行动不便的,可以允许电话汇报,而不必非得本人到司法所当面汇报,另外,保外就医人员的病情复查情况或病例,可以由其家属或监护人等交至司法所。同时,应当根据保外就医人员的具体情况合理确定汇报的频率和时限,这种做法相对而言更能贯彻分类管理和个别化原则,彰显监管的人性化,值得推荐。[1]《社区矫正法实施办法》基本上保留了《社区矫正实施办法》规定的特殊事项报告制度,并进一步规定了社区矫正机构调整报告身体情况、提交复查情况期限以及协调对暂予监外执行社区矫正对象情况鉴别的权力。详言之,社区矫正机构可以根据社区矫正对象的病情以及保证人的情况,调整社区矫正对象身体情况和提交复查情况的期限。延长1个月至3个月以下的,报上一级社区矫正机构批准;延长3个月以上的,逐级上报省级社区矫正机构批准。批准延长的,社区矫正机构需要及时将情况通报同级人民检察院。同时,社区矫正机构根据工作需要,可以协调暂予监外执行的社区矫正对象进行病情诊断、妊娠检查或者生活不能自理的鉴别。

(二) 会客制度

关于会客制度,在我国刑法以及社区矫正相关法律法规中都有粗略提及,但至今并没有细致和准确的具体规定,事实上会客制度本身也属于报告制度的重要组成部分。会客制度的目的就在于防止社区矫正对象与社会不良人员接触而受其思想或行为的不良影响,从而抵消社区矫正效果,或者是与被害人、控告人、举报人等与社区矫正对象有矛盾的人员或一些其他不良人员接触,因各种矛盾或相互影响产生新的不安全因素,从而影响到社区安全。当然,对于会客制度,由于当前法律规定的缺乏和不明确性问题,导致在现实

---

[1] 参见赵秉志主编:《社区矫正法(专家建议稿)》,中国法制出版社2013年版,第62页。

生活中对此形成了一些争议，如会客的具体内容是什么，是否仅限于与客人面对面交流？微信或 QQ 视频或语音聊天算不算会客？如果算，那如何禁止或管理这种语音或视频聊天，特别是其与"狱友"等人的接触？因为社区矫正工作人员不可能 24 小时对矫正对象全程监控，在这种情况下如何确保会客制度的实际价值？这些问题确实需要在新的社会背景下仔细考虑并加以研究。在基层社区矫正实践过程中，一般按照会客的目标对象进行划分，区别对待。如，就社区矫正对象的近亲属或邻居而言，社区矫正对象会见他们并没有什么限制，也无须汇报；当社区矫正对象会见外来人员特别是看守所或监狱的"狱友"等时，则必须向社区矫正机构报告并经过批准。其中比较有争议的就是社区矫正对象能否接受媒体采访的问题。对于这一问题，已在其他章节进行了较为详细的探讨，此处不再重复。值得注意的是，《社区矫正法实施办法》对会客制度做了进一步细化和明确，即社区矫正对象未经执行地县级社区矫正机构批准，不能接触其犯罪案件中的被害人、被告人、举报人、不得接触同案犯等可能诱发其再犯罪的人。

笔者认为，关于会客的规定，随着社区矫正制度的不断发展以及法律规范准确性要求的不断提高，立法机关应当就会客的概念做出明确限定并回应理论上的一些争议问题。

（三）请假制度

在我国社区矫正实践中，社区矫正对象如果需要短期离开所居住的县（市、区）应当向社区矫正机构或司法所提交书面申请，并经社区矫正机构或司法所批准同意后方可离开。社区矫正对象经批准外出后，需要按时返回居住地并向社区矫正机构报告。

请假制度的设立，本意就在于使社区矫正机构能够预知社区矫正对象的时间安排，及时掌握社区矫正对象的动向，为正常开展社区矫正工作和对矫正对象实施具体的教育矫正帮扶方案提供时间保证。在《社区矫正法实施办法》颁布之前，由于国家的法律法规层面并没有对请假制度作出具有可操作性的细致规定，因此各地社区矫正机构对请假的具体标准掌握的尺度也并不完全一致。

笔者认为，在决定社区矫正对象是否准假的问题上，应当着重考虑社区矫正对象近期的具体表现。对于一贯表现良好的矫正对象，自然应当优先准假；对于一些一直表现良好、但近期表现反常或不佳的对象，则需要个别化对待，即在弄清前后差异及其原因基础上，再结合其人身危险性和主观心态，对其请假的理由和必要性进行综合判断；对于社区矫正对象在社区矫正过程中表现较差或有抵制情绪的，人身危险性较大的，可以不予准假。

近来有些地方社区矫正机构在探索请假准假的担保人制度。这一创新性尝试，应当说在一定程度上对社区矫正对象的外出有了比较有力的道德和人情关系上的约束，但若社区矫正对象真的到期不归，保证人应当承担什么责任或是否有义务将被担保人劝回等，都存在一些问题，毕竟这种尝试没有太多的法律根据。而且，将担保人限定在什么范围之内，是直系近亲属，还是包括朋友在内等，这也导致保证人的尝试都缺乏一定的明确性和可操作性。当然，这种保证人制度值得进一步探讨。[1]

另外，在我国《社区矫正法》与《社区矫正法实施办法》实施之前的社区矫正实践中，社区矫正对象请假暂时离开居住地的期限最长为1个月，同时，实践部门一般将连续居住6个月以上的居所所在地认定为居住地。这就意味着，当社区矫正对象请假少于1个月时，按照已有规定申请请假没有任何法律问题，同时，如果离开原居住地6个月以上而到其他居所，那么就属于变更执行地，这种情况按照现有法律及程序也是允许的，但是，如果社区矫正对象请假期限为1个月以上6个月以下，那么社区矫正机构是否允许，则没有明确的法律规定，因此这就成为困扰社区矫正实践的一个问题。如果社区矫正机构一概不允许，则过于严厉苛刻，而且，在当前市场经济日益发达的情况下，社区矫正对象可能确实为了养家糊口或补偿被害人而需要离开居住地打工或经商，那么在这种情况下，如果一概不允许，则实际上不利于社区矫正工作的顺利进行，也不利于社区矫正对象的改造，有违重新复归社区这一根本目的。但若允许，如何在其外出期间保证社区矫正工作的监管和教育矫正顺利进行和完成，也成了实践中的一个难题。为此，有些地区的社区矫正机构规定，如果社区矫正对象确有特殊原因不能按时返回居住地的，应当及时向社区矫正机构报告，经社区矫正机构同意后可适当延长外出时间。然而，这种事后报告的实践做法也比较粗糙，"及时报告"需要采用什么形式，是书面、电话还是必须本人回原居住地书面申请？"社区矫正机构同意"的标准是什么？社区矫正对象人已经在外地，社区矫正机构不同意，能否强行要求社区矫正对象回原居住地？如果社区矫正对象不回原居住地，社区矫正机关是否有权利提请治安管理处罚或者要求公安协助强制带回？等等，这

---

[1] 参见廖斌、何显兵：《构建中国特色的社区矫正制度研究》，中国政法大学出版社2019年版，第230~231页。

些都是需要在实践中认真思考和总结经验的。如果允许社区矫正对象仅以口头或电话申请延长假期，那么实际上就使得社区矫正机构对社区矫正对象失去了监管和控制，给一些社区矫正对象留下以各种借口向社区矫正机构撒谎请假的空子，使社区矫正工作的开展变得困难。对此，笔者认为，即便是允许延长假期，社区矫正对象也应以返回原居住地并提出书面申请为宜。而且，在审查社区矫正对象较长期的请假理由时，应当更为仔细和慎重，多方面考虑综合判断。对于一些表现不佳的社区矫正对象，明确不能同意延期申请的，社区矫正机构应当有权力要求其返回原居住地接受矫正。对于确实由于养家糊口等打工或经商而需要外出请假 1 个月以上 6 个月以下的，应当完善原居住地与现暂住地社区矫正机构与司法所之间的协调机制，暂住地应协助原居住地社区矫正机构对社区矫正对象进行监管，并定期将情况反馈给原居住地社区矫正机构或司法所，从而便于原居住地社区矫正机构及时调整矫正方案，增强对请假对象的全面监管。

值得注意的是，《社区矫正法》也基本上对实践中请假制度予以确认，并明确规定，"对于因正常工作和生活需要经常性跨市、县活动的，可以根据情况，简化批准程序和方式"，充分体现了对社区矫正对象的人性关怀，为较长时限的请假制度的发展完善指明了方向。《社区矫正法实施办法》对请假制度所涉及的基本概念、请假批准期限与权限以及社区矫正对象外出期间的监管等问题都进一步作出了明确规定。就社区矫正对象请假制度所涉及的基本概念而言，《社区矫正法实施办法》将请假的正当理由明确细化为就医、就学、参与诉讼、处理家庭或工作重要事务等五项内容；对居住市或县这一概念，明确指出在设区的同一市内跨区活动的，不属于离开所居住的市、县，即居住市或县为直辖市的城市市区、设区的市的城市市区和县级市的市区。就社区矫正对象请假期限与权限而言，《社区矫正法实施办法》将请假期限分别细化为 7 日内、超过 7 日但在 30 日以内以及超过 30 日但在 6 个月以内等情况。社区矫正对象请假外出应当提前三日提交书面申请，并如实提供诊断证明、单位证明、入学证明、法律文书等材料。请假期限在 7 日以内的，经执行地县级社区矫正机构委托，可以由司法所批准，并报执行地县级社区矫正机构备案。请假期限超过 7 日但在 30 日以内的，由执行地县级社区矫正机构批准。因特殊情况请假外出超过 30 日的，或者两个月内外出时间累计超过 30 日的，应报上一级社区矫正机构审批。对于确因正常工作和生活需要经常性跨市、县活动的，应当由本人提出书面申请，写明理由、经常性去往市县名称、时间、频次等，同时提供相应证明，由执行地县级社区矫正机构批准，批准一次的有效期为6个月。社区矫正对象请假期满返回居住地，需要向执行地县级社区矫正机构或司法所报告，办理手续。因特殊原因无法按期返回的，需要报告情况。如果社区矫正对象违反外出管理规定，社区矫正机构应责令其返回，并视情节依法处理。就社区矫正对象外出期间的监管问题而言，《社区矫正法实施办法》要求执行地县级社区矫正机构和受委托的司法所运用电话通讯、实时视频等相对灵活和多样化的现代信息化监管方式进行监管。并且，执行地县级社区矫正机构可以根据需要与外出目的地社区矫正机构协商，经协商一致后外出目的地社区矫正可以对来自执行地的社区矫正对象采用电话通讯、实地查访等方式进行协助监管。对于请假期限为6个月以内的社区矫正对象，需要社区矫正对象通过电话、微信等方式向执行地社区矫正机构报告活动情况。

（四）变更执行地制度

在社区矫正实践中，除了6个月以下的短期请假之外，也的确出现了需要因为就业谋生、养家糊口或为履行赔偿义务赚钱打工而迁居到异地的情况，对此，在社区矫正实践中原则上也是准许的，在《社区矫正法》与《社区矫正实施办法》生效之前，其规范根据即《社区矫正实施办法》第14条。严格来讲，社区矫正对象迁居异地，实际上并不是向社区矫正机构申请户口或居住地变更，因为按照我国当前基层治理的法律法规，上述事项自然属于公安派出所管辖，社区矫正对象需要向社区矫正机构汇报并需要批准的这一事项，实质上属于社区矫正管辖权即执行地的变更。

在信息化普及之前，涉及执行地变更时，社区矫正对象很容易处于脱管状态，因为矫正档案的公函移送总是有一定的滞后性，而且不同地区之间的社区矫正管理档案的细致程度也存在一定的差异。但是，在信息时代，东南沿海发达地区已经普遍建立了以信息化为基础的省级网格化管理制度，从而不依赖于户籍就能够实现社区矫正的统一管理，实现了省内所有社区矫正对象信息、档案以及日常活动情况的实时更新与全省互联互通，这一制度和做法值得推广应用。

《社区矫正法实施办法》对社区矫正对象变更执行地的理由、批准、时限以及特殊情况或问题进行了明确规定。首先，《社区矫正法实施办法》将社区矫正对象变更执行地的理由细化为工作、居所变化等原因。其次，《社区矫正法实施办法》规定了社区矫正对象变更执行地的申请程序与批准主体，即社区矫正对象应当提前一个月向执行地县级社区矫正机构提出书面申请,并提供相应的证明材料,由受委托的司法所签署意见后报社区矫正机构审批。社区矫正机构在收到申请后,需书面征求新执行地县级社区矫正机构的意见。原社区矫正机构征求意见以及新执行地社区矫正机构核实情况、做出是否同意接受意见并书面回复的时限均为5日。执行地县级社区矫正机构根据回复意见做出最终决定。若执行地县级社区矫正机构最终不同意变更执行地的,应当在决定做出之日起5日内告知社区矫正对象。若执行地县级社区矫正机构对新执行地县级社区矫正机构的回复意见有异议,可以报上一级社区矫正机构协调解决。如果同意变更执行地的,原执行地县级社区矫正机构需要在决定作出之日起5日内,将相关文书移送新执行地县级社区矫正机构,并将相关文书抄送社区矫正决定机关和原执行地县级人民检察院、公安机关。同时,新执行地县级社区矫正机构收到相关文书之后,除5日内送达回执之外,还需将相关文书抄送所在地县级人民检察院、公安机关。最后,《社区矫正法实施办法》进一步明确了变更执行地过程中一些特殊问题的处理原则。在社区矫正对象变更执行地时,原社区矫正机构需对社区矫正对象进行教育,书面告知其到新执行地县级社区矫正机构报到的时间期限以及逾期报到或未报到的后果,责令其按时报到。如果社区矫正对象未按规定时间报到,新执行地县级社区矫正机构应当立即通知原执行地县级社区矫正机构,由原执行地县级社区矫正机构组织查找。若未及时办理交付接收,造成社区矫正对象脱管的,原执行地社区矫正机构会同新执行地社区矫正机构妥善处理。此外,《社区矫正法实施办法》对公安机关、监狱管理机关批准暂予监外执行的社区矫正对象变更执行地的程序、衔接以及时限等都做了较为明确和细致的规定,值得充分关注。

(五)核查走访制度

核查走访制度是社区矫正机构工作人员主动了解社区矫正对象活动情况和行为表现的制度。在社区矫正实践中,社区矫正机构工作人员常常定期或不定期地走访社区矫正对象的家庭、单位以及居委会、村委会,详细掌握社区矫正对象的矫正情况,其目的在于了解社区矫正对象是否脱管,同时也了解社区矫正对象的日常工作、生活和行为状况,以便于进一步调整矫正措施。

在地方社区矫正实践中,一般1个月定期走访一次。在一些特定的时间,如春节等重大节日、两会、国庆日、国家重大庆祝性活动或赛事期间,都需要走访。这种特定时期的走访,主要是为了维护稳定大局而进行的。毕竟在这些特定时间段，社区矫正对象容易有思想起伏，有一些社会不稳定人员也会趁机煽动或蛊惑社区矫正对象实施违法犯罪活动，因此，加强走访等监管措施是必要的。另外，在实践中，如果社区矫正对象受到处罚、出现重大思想波动或者出现其他生活变故等情形时，也需要走访。事实上，在我国的基层社区矫正工作中基本形成了一些"必访制度"，如新入矫人员必访、特殊情况（家庭变故、生活困难）必访、重点时段（重大活动或重大节假日）必访、常规按月必访。这些基层的实践经验对加强社区矫正对象的监管，切实掌握其日常活动和行为情况具有重要作用。

当前，随着信息化和网络技术的发达，人与人之间的联系方式越来越便捷，加之各地社区矫正对象逐年增多，一些地区便逐渐使用所谓通信或信息化核查方法与社区矫正对象联系，因此，《社区矫正法》将通信、信息化核查与实地走访并列为三种核查方法。

客观而言，即便通信或信息化核查方法已被大规模运用，但是实地走访这一办法仍然具有重要价值。毕竟有些情况只有在面对面交流的方式下才能真正了解清楚，而且亲自走访更能显示出社区矫正工作人员对于社区矫正对象的重视，有利于双方坦诚和有效的互动交流。另外，走访制度是我们社区矫正工作经验的重要总结，具有一定的普遍适用性和针对性，体现着我国社区矫正工作人员对社区矫正对象监管的主动性。从这种意义上说，走访与其他方式相比具有不可替代的作用。

（六）电子监控制度

近年来，对电子监控设备的应用随着信息网络技术的发展而在地方社区矫正实践中不断扩大。从实践情况来看，电子监控制度大体包括两类，一类是比较初级的特定手机GPS（全球定位系统），另一类是比较高级的不可拆卸电子手环。电子监控系统通过实时定位和历史轨迹查询的基本方法，能够实时掌握社区矫正对象的活动范围与行动轨迹，并对异常情况及时反应后立即报警。在电子监控制度运用过程中，主要存在以下问题：

第一，在很长一段时间的社区矫正实践过程中，电子监控制度的运用尚缺乏法律层面的依据。由于社区矫正对象是在社区中实施矫正，除了特定的自由权利被限制之外，大部分时间和社区普通人一样生活和工作，使用电子监控设备，这在一定程度上使得社区矫正对象的隐私权受到侵犯。虽然"两高两部"在《关于进一步加强社区矫正工作衔接配合管理的意见》中提倡使用电子监控，但是这一规范性文件并不是法律，其效力非常低下。地方社区矫正机构为了推广电子监控设备会出台一些地方性文件，但这些地方性文件往往表现为地方司法局的"通知"或"意见"，效力尚不及地方性法规或地方政府规章，因此，由于电子监控的运用缺乏法律层面的规范支持，其正当性与合法性也就大打折扣。

第二，在电子监控制度运用实践过程中，社区矫正机构往往对社区矫正对象一律使用电子监控，而不是依照分类管理的原则评估社区矫正对象的人身危险而区别对待。一律使用电子监控设备无疑违背了社区矫正制度的最根本的矫正目的。实际上，电子监控设备本身就是对一些人身危险性比较高的社区矫正对象而适用的，对于那些过失犯罪的缓刑犯或者保外就医的人员，在其人身危险性不高的情况下，根本没必要使用电子监控设备。

第三，电子监控运用的实际效果并不理想。在基层社区矫正实践中，关于如何为社区矫正对象配发 GPS 手机，不同地区所采用的操作方式也不一样。如有些地区的社区矫正机构让社区矫正对象出钱购买 GPS 手机。有些地方虽然 GPS 手机没有让社区矫正对象买单，但在使用过程中产生的手机使用服务费，则由社区矫正对象买单，这同样使得社区矫正对象产生抵触情绪，甚至有些社区矫正对象就直言"没钱""不要给我配，怎么监管是你政府的事"。客观而言，这些费用的确应由政府买单，但确实有些地区社区矫正保障经费不足，与地方的电信或移动手机服务商也未能达成一致，因此，这些经费缺口只能由社区矫正对象承担，但是，这种做法也确实让社区矫正机构执法的正当性和权威性受到一定程度的削弱。

另外，GPS 手机在使用过程中确实存在着"人机分离"的逃避监管可能，在这种情况下，社区矫正机构即便能发现，但也很难马上出面应对；电子手环的使用，虽然从理论上说拆卸电子手环会发出警报指令，也正是因为这种"不可拆卸"的理论预设，社区矫正工作人员往往会认为戴上电子手环就很容易而且比较稳妥地实现对社区矫正对象的监管，进而可能在无形当中对其放松了监管，而社区矫正对象可能恰恰利用了社区矫正机构工作人员的这种心理，通过技术手段将电子手环拆卸且使之不再发出报警指令，从而蒙蔽社区矫正工作人员，逃避监管。

再者，有些地区由于对社区矫正对象使用电子监控设备，过度干预了社区矫正对象的生活和隐私空间。有些社区矫正机构工作人员保密意识不足，在运用电子监控设备时不慎泄露了社区矫正对象的隐私，使得社区矫正对象的生活或工作受到很大程度的干扰，以至于不断变换工作或不断变换租房地址，甚至还出现了因社区矫正对象的隐私泄露而再也找不到工作的事例，更有甚者，有个别社区矫正对象对于电子监控设备使用所造成的麻烦不胜其扰，甚至故意违反监管规定主动犯错要求回到看守所或监狱服刑。

正是因为上述原因，《社区矫正法》明确规定了电子定位装置的使用范围和使用期限。《社区矫正法》规定，只能对五类对象使用电子监控设备，具体包括：违反禁止令的；无正当理由，未经批准离开所居住的市、县的；拒不按照规定报告自己的活动情况而被警告的；违反监督管理规定而被治安管理处罚的；拟提请撤销缓刑、假释或暂予监外执行收监执行的，等等。使用电子监控设备，每次不能超过3个月，到期必须解除，如果确有必要继续使用的，可以延长，但每次延长的期限不得超过3个月。为了进一步确保电子定位装置适用的慎重性和准确性，《社区矫正法实施办法》则进一步对电子定位装置的概念和种类作出了明确界定，即《社区矫正法》中的电子定位装置是指运用卫星等定位技术，能对社区矫正对象进行定位等监管，并具有防拆、防爆、防水等性能的专门的电子设备，如电子定位腕带等，但不包括手机等设备。我们可以看到，《社区矫正法》已经充分注意到电子监控设备使用在实践中的一些问题，因此在立法的层面对其使用范围和期限进行了明确限定，可以说，《社区矫正法》与《社区矫正法实施办法》正是在为社区矫正中存在的一些实践做法进行"纠偏"，这一立意无论从社区矫正执行的法理还是社区矫正的根本目的方面来看，都是非常人道化、现代化和科学化的，我们对此应当深刻理解和领悟，而不能仅仅从地方实践的便利性出发，一味抱怨甚至反对《社区矫正法》与《社区矫正法实施办法》的具体规定。

另外，对于一些被法院判处禁止令的社区矫正对象，在监管过程中，遵守禁止令也是一项法定义务。在实践中，禁止令的监管力度不强以及由此引发的法院不愿意适用禁止令的问题，特别突出。禁止令禁止社区矫正对象进入特定区域、场所或者接触特定的人，社区矫正机构以及社区矫正的其他参与者很难有如此多的时间和精力介入社区矫正对象的日常生活。而且在特定情况下，由于社区矫正对象的亲属等协助监管，也会由于亲属关系产生包庇行为。正是由于禁止令在实际执行方面的问题，法院必然担心因禁止令所产生的不良社会后果而选择谨慎适用。解决上述问题的关键，还是在于社区矫正机构切实提高禁止令的监管效果。事实上，通过多频率和不定期的报告、走访以及抽查等随机性监管措施的广泛运用，在很大程度上能够提高禁止令的实际效果，另外，在监管过程中，真正地发动社会力量积极参与对社区矫正对象的监督，在明确社会力量职责权限的同时，也可以考虑建立特定的监督奖励机制，实现社区矫正机构与社会力量的有效互动，从而提高监管效果。当然，从法律层面来看，提高禁止令的法律明确性以及可操作性，应当是今后禁止令研究的努力方向。[1]

第三节　我国社区矫正制度教育矫正原则与方式

前文已述，教育矫正属于特殊预防目的积极方面的重要内容，是我国社区矫正制度及其执行所追求的重要目标。对社区矫正对象实施教育矫正，核心目的在于让其复归社会，成为一个普通的守法公民。因此，在社区矫正制度中，教育矫正便成了一项重要的工作任务。教育矫正的水平、策略以及基本思路关系到社区矫正执行工作的质量、效果以及进展程度，也切实关系到社区矫正对象能否真正悔罪自新、改变错误行为习惯进而真正复归正常社会生活，更关系到社区矫正制度未来发展的基本立场和方向。

一般认为，社区矫正制度中的教育，是指根据矫正对象的犯罪类型、原因、恶习程度及其心理与行为特征，制定因人而异的个别化教育方案。概括而言，从教育的基本方案来看，大体上形成了因人而异的个性化和多样化的教育方案。从教育的具体内容来看，则涵盖思想政治教育、道德文化教育、形势政策教育、认罪服法教育、法律常识教育、职业技能和劳动技术教育、心理健康卫生教育等。从教育形式来看，有个别访谈、集体讲座、走访回访、亲属规劝、心理咨询、典型报告、劳动技术讲座等。从教育实践阶段来看，则基本上包括了入矫阶段、常规阶段和解除阶段的所有过程。社区矫正制度中的矫正，指根据某一具体的社区矫正对象的家庭背景、犯罪类型、个性特点、不良心理等个体情况，制定个体化的矫正方案，实施有针对性的行为与心理矫正与康复。其中，心理矫正包括心理健康教育、心理咨询与心理治疗；行为矫正在我国当前的社区矫正实践中主要是公益活动。

在教育矫正工作方面，我国社区矫正实践已经取得了一定的经验，具体表现为：

第一，非常重视教育矫正经验的总结、概括和提炼并将其提升为有章可循的制度规则。各地根据国家的社区矫正规范性文件，细化并充实教育矫正的规范和程序，形成了具有本地特色的经验和规则，而且各地在教育矫正目

---

[1] 李洪杰："刑事禁止令适用状况实证研究"，载《法商研究》2017年第4期，第140~143页。

标、方法、程序以及物质保障等方面表现出多样性的同时，摸索出若干具有一致性和规律性的制度标准并且向国家表达了类似的制度支持方面的诉求，这些都是值得我们充分注意的。

第二，在教育矫正的具体措施方面，比较注意对个别化原则的运用，集中教育、个别教育、分散教育穿插进行，以社区公益劳动为代表的社区公益服务呈现出了多样化趋势，注重心理疏导和教育，积极利用社会力量建立教育矫正的多元化社会平台，充分利用信息化手段展开教育矫正工作，尝试对教育矫正进行事前、事中和事后的评估预测等。

总之，经过十多年的社区矫正实践，人们对教育矫正工作的基本任务、内容、方式以及功能等问题，已经基本上形成了比较广泛的一致意见。然而，在近来的社区矫正地方实践中，人们对教育矫正制度与监管制度的关系及其实践侧重问题仍然存在较大争议，这一问题也自然涉及分类管理原则是否仅限于监管制度，能否将分类管理原则适用于教育矫正工作之中的学理性争论。基于此，笔者将对教育矫正制度的基本原则、内容以及发展方向等问题进行详细探讨。

一、教育矫正原则

行刑社会化与个别化是社区矫正制度的基本理念，由于罪犯的个人情况、犯罪成因、悔罪态度、家庭情感经历等都呈现出强烈的个体化特征和因素，因此，社区矫正的教育矫正过程原则上也应因人而异、因人施教，做到区别对待、分类教育，实现个性化矫正。

在我国社区矫正的地方实践和规范性文件中，可以看到，社区矫正机构其实一直提倡分类教育矫正的基本原则，并以年龄、社区矫正适用的根据、犯罪行为等因素作为基本标准尝试将分类教育进一步细化。[1]

我国教育矫正实践首先根据矫正对象年龄是否已满18周岁区分了成年犯和未成年犯的教育矫正。未成年人的特殊保护和教育是我国法律中的一项基本原则。总体而言，由于未成年人在心智方面的不成熟，性格往往冲动、多变，易受外界环境影响，同时，其接受新鲜事物较快，自身的可塑性也很强，也容易教育改造成功，因此基于未成年人的身体、心理以及生理结构等特征，区分未成年犯和成年犯的教育改造是我国一贯的政策。我国社区矫正实践始

---

〔1〕 参见张昱、费梅苹：《社区矫正实务过程分析》，华东理工大学出版社2005年版，第129~137页。

终注意这一问题，基本上都考虑到这些特殊因素对于教育矫正工作的影响，针对未成年社区矫正对象制定具有适应性的特殊保护政策和方案。《社区矫正法》也坚持了未成年特殊保护的原则，以专章的形式规定了对未成年社区矫正对象的监管、教育矫正和帮扶措施。《社区矫正法实施办法》根据《社区矫正法》的规定，进一步细化了未成年人接受个别化社区矫正的基本依据，即必须考虑的年龄、心理、发育、成长经历、犯罪原因、家庭监护教育条件等情况，并特别强调未成年社区矫正项目或措施必须适合未成年人的特点，必须有益于其身心健康发展、融入正常社会生活。

在成年人社区矫正对象的分类教育矫正方面，应当考虑的两个主要标准为社区矫正的决定依据和犯罪的行为方式。

所谓社区矫正的决定依据，即至少按照管制犯、缓刑犯、假释犯、暂予监外执行四类罪犯类型进行初步的大体分类。一般认为，管制犯和缓刑犯可以归为轻罪犯类型，从理论上讲，管制犯的犯罪危害程度应当轻于缓刑犯，因此在教育矫正方面，针对两者的具体教育矫正措施也应当有所区别。与此同时，假释犯和暂予监外执行犯，根据刑法规定已经在监狱服刑特定时间，充分感受到刑罚之苦，并在狱内已经接受了一定时期的教育改造，因此其人身危险性和再犯可能性相对于管制犯和缓刑犯而言往往比较小，且假释犯和暂予监外执行犯在经历一定时间的监狱生活之后，可能有更多的社会适应性障碍，因此，对于假释犯和暂予监外执行犯的教育矫正应当更加倾向于增强其社会适应性，比如，进行心理咨询、职业技能培训等，为其早日正常复归社会做好各种准备。相反，对于管制犯和缓刑犯，有些虽然在审前羁押，已经体验到失去自由之苦，但也有一部分没有羁押，或者由于内心知道自己的犯罪行为是轻罪而心怀侥幸，因此，在教育矫正工作中，对这两类罪犯特别是缓刑犯应当侧重消除其再犯可能性的心理和行为因素。

在对管制犯、缓刑犯与假释犯和暂予监外执行犯作为两个基本组进行大类区分的基础上，在管制犯和缓刑犯这一组的项下，也应当按一定的标准进一步予以区分。其中比较重要的因素就是法院是否判处被告人禁止令。在管制犯和缓刑犯中，凡是被判处禁止令的矫正对象，则需要与未被判处禁止令的矫正对象，在教育矫正方面适当区别。因为禁止从事特定活动、进入的特定区域或场所、接触的特定人实际上为了防止社区矫正对象再次实施与本次犯罪相类似的危害行为而规定的一定的预防性措施，这种预防性措施在一定程度上为社区矫正对象的教育矫正设定了更多的义务，提出了更高的要求，也需要社区矫正机构进行有针对性的管理。因此，将有禁止令要求的罪犯予以单独教育矫正，有助于禁止令具体内容的充分落实和有效执行。当然，在假释犯和暂予监外执行犯这一组的项下，也完全可以进一步进行分类教育矫正。虽然假释犯和暂予监外执行犯都因为有过监狱服刑的经历，在心理和行为方面有相似之处，但是毕竟暂予监外执行犯往往更多的是由于身体或疾病等原因可能导致其心理或性格上发生一些变化，有可能对教育矫正产生漠视、不适应或抵触情绪，或者因为身体或疾病发作需要专门治疗而影响到教育矫正的时间、方式以及参与程度，因此，对这一类社区矫正对象的教育矫正也特别需要关注其身体健康状况、心理状态、具体治疗和相应的医疗方式，在了解社区矫正对象参与教育矫正的心理意愿、客观条件及能力和方式的基础上有针对性地开展教育矫正工作。

　　按照社区矫正对象所犯罪行的行为方式进行分类，是在社区矫正四类罪犯法定分类项下的进一步分类。众所周知，行为是犯罪的核心问题。针对罪犯的行为方式进行分类，有助于了解罪犯的具体犯罪行为的前因后果以及罪质特征，进而有针对性地安排教育矫正项目。具体而言，可以按照不同地区的实际情况，大体上以犯罪类型为标准进一步分类，如可以按财产犯罪、职务犯罪、侵犯人身权利犯罪、交通肇事类犯罪、醉驾类危险驾驶罪等划分犯罪人类型；或者，以罪过形式为标准划分，将轻罪过失犯予以单独分类教育矫正，在避免交叉感染的同时，避免与其他故意犯一起教育矫正所带来的心理挫伤，从而提高教育矫正的效率。另外，在近来的社区矫正实践中，有些地区开始尝试依据犯罪行为是否存在被害人，将存在被害人的社区矫正对象与无被害人的社区矫正对象分类进行教育矫正，针对有被害人的社区矫正对象，基于恢复性司法的理念，引导、鼓励、督促社区矫正对象修复其行为所侵犯的社会关系特别是修复加害方与受害方的关系，如要求谅解、积极履行或继续履行赔偿义务等。[1]从理论上讲，这的确是一种教育矫正的正确方案，只不过，在不同地区的司法机关针对一些存在被害人的轻罪案件，往往将获得谅解或以谅解协议为基础达成自愿赔偿作为判处缓刑的必要条件，而没有达成谅解协议或自愿赔偿的，难以判处缓刑。亦即，在司法审判阶段就已经完成了谅解或赔偿工作，在社区矫正执行过程中就没有必要再进行此项工作。因此，问题的关键还是在于如何统一管制或缓刑等量刑标准，从而在扩大社

---

〔1〕 参见廖斌、何显兵：《构建中国特色的社区矫正制度研究》，中国政法大学出版社2019年版，第208~211页。

区矫正适用规模的基础上讨论谅解或社会关系再修复的问题。

二、教育矫正内容和方式

在教育矫正领域,不同文献往往根据不同的标准,对教育矫正内容和方式进行了不同的类型划分。如有文献根据社区矫正过程将教育矫正分为入矫教育、日常教育和解矫教育等不同的内容和方式;[1]有文献则根据教育矫正具体内容的性质差异将教育矫正分为法治教育、道德伦理教育、心理教育以及公益服务教育等内容。[2]笔者认为,上述两种分类只是分类标准不同,但内容多有交叉。为了突出教育矫正的基本内容和方式,笔者拟在第二种分类的基础上展开论述。

(一) 法治教育

社区矫正对象之所以被社区矫正,本身就是因为其犯罪行为触犯了我国的刑法。因此,对于社区矫正对象的教育改造,首要任务是增强其法治意识,对其进行法治教育。

在入矫之初,就应当首先对其进行法律法规和刑事政策方面的教育。一般经过法庭审判或监狱服刑,社区矫正对象已经对自己所犯的相关罪行和量刑情况有了一定的了解,因此在入矫之初应重在对其进行社区矫正的性质、目的、任务等方面的普法教育,并特别要对入矫所必须遵守的具体规定、违反的法律后果、报到汇报等监管事项进行详细讲解,让其明确自身仍然是罪犯的法律地位,与此同时,应当明确告知社区矫正对象在社区矫正期间的基本权利以及救济方式、渠道,从而消除其疑虑、恐惧或抵触情绪,强化其社区矫正有别于监禁矫正的观念意识,促使其早日形成规范意识以及复归社会的动力。

在日常教育过程中,应当对社区矫正对象普及法治知识。实际上,大多数社区矫正对象犯罪的一个非常重要的原因就是不了解法律的具体规定,特别是一些较新但普法宣传不是那么广泛、力度有限的犯罪规定,如虚开发票罪、开设赌场罪、危险驾驶罪等;有些社区矫正对象直到入矫之时,也没有明白自己的行为性质到底属于犯罪还是仅属于行政违法;有些社区矫正对象根本不懂得主犯、从犯或帮助犯的概念,往往基于自己的判断,无意中成为

---

[1] 刘志伟等:《中国社区矫正立法专题研究》,中国人民公安大学出版社2017年版,第219、222、258页。

[2] 参见连春亮主编:《社区矫正理论与实务》,中国检察出版社2010年版,第190~197页。

共同犯罪中的一员；有些社区矫正对象根据自身普通的道德正义观念，认为自己的行为根本就没有任何错误，特别是在被害方有一定过错的情况下，反而坚持认为自己的行为是正义的。笔者了解到一些社区矫正对象的法律意识相对淡薄，对现代法治规则的理解的确存在较大偏差。如，在遇到自己的妻子与他人通奸时，认为"对方是犯罪，自己有权利砍他"；在生活或工作遇到特定的不公正待遇时，不是寻找法律或正规途径解决，"认为报复或回击是合法的"；行为人借款给朋友后，在朋友多次拒绝还款时，行为人与借款人产生矛盾，行为人采用暴力的方式将借款人的轿车强行扣留并变卖，并理直气壮地认为"欠钱不还，这是他的报应"；当被害人由于某种道德瑕疵在社区或村里被一致否定时，"认为自己有权利替被害老乡出口气"。诸如此类，不一而足，而在现代法治社会，规则是第一位的，即便是杀人犯，我们普通公民也没有直接将其杀死的权利，在遇到一定的不公正对待时，我们需要在法律规则框架下解决问题，而不能以暴制暴，或者进行私力救济。此类现代法治理念与规则，在很多社区矫正对象的脑海中是极度缺乏的。

总之，社区矫正对象作为社会普通公众的一员，往往并不是按照刑法的具体规范来理解法律，而是按照其自身已有的核心道德信念理解和感受法律，这种根深蒂固的观念很难纠正。因此，在日常教育矫正过程中，应当首先对社区矫正对象进行较为宽泛的法治教育，如什么是法，法有什么功能，为什么守法，违法有什么危害等，使之初步建立法律常识意识以及对法律的敬畏感。此后，应当对社区矫正对象进行较为细致的法治教育，使之了解与日常生活比较密切的《治安管理处罚法》《劳动法》《民法典》等相关规定，同时培养其关于避免违法犯罪行为的底线意识，即了解常见多发犯罪的特殊规定，守住刑法底线，促使他们逐渐养成运用法治思维解决日常生活工作中的疑难困惑的习惯，并塑造刑法的底线意识，避免再次因不熟悉和了解法律而犯罪。

在解矫教育时期，应当在社区矫正对象逐渐形成底线思维和运用法治方法解决纠纷的观念的前提下，促使其再回头结合自己的犯罪情况反思自身犯罪行为的社会危害性，深刻认识自身行为的错误性，通过再次反省自己之前的错误强化已有的规范意识和对错观念，使其主动接受社会主导性价值观念和是非对错标准。

在社区矫正实践中，笔者认为，有两类社区矫正对象的法治教育需要特别注意：一类就是不知法而犯罪的情况，这类犯罪大多存在于法定犯领域，如破坏社会主义市场经济秩序罪或妨害社会管理秩序罪中的一些犯罪，对于实施了此类犯罪的社区矫正对象，往往觉得自己"没多大点事""冤枉""运气背"，在教育矫正过程中有一定的抵触或不满情绪，而且这类对象并不像杀人、伤害、盗窃犯等自然犯那样，比较容易产生羞耻心，因此，对此类对象，重在强化其规范意识和理念；另外一类就是自认为有正当性且在一定程度上社会大众否定性评价比较低的犯罪情况，如大义灭亲型伤害或杀人、防卫过当型伤害等。这类对象往往认为国法天理人情是一回事，"自己的好心和善行怎么还被判刑"，思想上往往想不通，行为上往往有抵触，对这类对象，在法治教育过程中应着重强调古代与现代法治的差异问题，突出讲解现代法治的程序理念，并且特别强调私力救济的限度观念，不能泛泛地讲法律知识点。

(二) 道德伦理教育

道德伦理是处理人与人关系的基本准则之一。不可否认，法律是道德的底线，而刑法则是法律中的底线，也就是说，刑法是最为基本的底线性道德，所以在法治教育中应强调刑法的底线道德作用。只有强调并贯彻了底线道德，我们才能获得普通道德伦理教育的基本前提和基础。之所以要进行道德伦理教育，就是因为人之所以为人，不能仅依据最底线的道德生存于社会之中，人都有更高层次的（诸如荣誉、声望、情操、荣辱、亲情等）精神需求，由于这些需求的指引，所以在最底线道德基础上形成了一系列的道德伦理规范。道德伦理教育能够促使社区矫正对象形成社会中所公认的道德禁忌，接纳为社会所支持的伦理规范，从而引导他们形成健康的人格，彻底消除反社会的不良倾向。我国自古重视道德伦理教育，因此，在社区矫正过程中，充分挖掘我国传统文化美德、近代革命先烈人物事迹等的榜样示范作用，将传统文化中的善文化、孝悌文化、忠诚文化、改过文化、奉献文化等融入教育矫正工作中，使之心灵受到震撼和洗礼，逐渐形成新的世界观、人生观和价值观。

当然，针对分类管理的基本理念，可以适当尝试基于犯罪类型的差异而对不同的社区矫正对象强调相应的职业伦理方面的教育。如对于危害食品安全方面的矫正对象，可以多讲一些食品安全方面的职业伦理规范；对于破坏环境类的矫正对象，可以多讲一些环境生态方面的职业伦理规范；对于破坏婚姻家庭秩序方面的矫正对象，可以多讲一点家庭伦理规范等。

(三) 心理教育

客观而言，社区矫正对象之所以走上犯罪道路，往往存在一定的人格缺陷或心理疾病，只不过轻重有别而已。而且，经过刑事程序的社区矫正对象，大多在情绪方面也或多或少存在焦虑、恐慌、封闭、抗拒和仇视他人等问题，因此需要专门的工作人员对其情绪和心理进行有效纾解。心理教育关系到社区矫正工作能否顺利完成，关系到社区矫正对象危险性评估的准确性，更关系到社区矫正对象能否顺利复归社会，因此，无论国内还是国外的社区矫正实践，都充分重视对社区矫正对象的心理教育问题。心理教育从短期目标来看，应消除社区矫正对象的各种不良心理因素，助其走出犯罪阴影，回归健康心理；从长期目标来看，则应增强其生活自信，提高其心理承受能力和调节能力，特别是形成看待社会现象和对待社会评价的正确方式，避免再次犯罪。

在我国社区矫正实践中，很多地区在社区矫正对象入矫时，都需要对其进行心理测试，如采用调查问卷法或者访谈法。[1]虽然这些心理测试结果可能与具体人的心理态度有些出入，但只要测试的方法得当，还是能够准确反映社区矫正对象的心理状态的。通过心理测试了解社区矫正对象的心理状况，并特别针对其社会适应性方面开展一定的工作，则可以提高心理教育的针对性和适应性。另外，在地方实践中，有些地区考虑到面对面式心理教育的不足，开展了电话或网络咨询，并对咨询内容严格保密。概括起来看，社区矫正对象的心理问题主要集中在以下几个方面：一是自暴自弃心理，"破罐子破摔"，"瞎混日子吧"；二是焦虑恐慌心理，不知所措；三是抑郁心理，这种抑郁可能来自经济或生活压力较大，或者来源于家庭或婚姻方面的问题；四是听之任之的消沉冷漠心理，对任何事情都没有兴趣；五是抵触或敌对心理，认为自己被不公对待，仇视他人。

对于社区矫正对象普遍存在的心理问题，应当根据个别化原则，运用心理学专业的知识，吸收专业人士对其进行心理咨询和教育矫正。如，对于自暴自弃或冷漠的矫正对象，则应侧重"暗示下的鼓励"，积极促使其参与到社区人际关系群体中，培养沟通能力和自信心；对于由于压力大而抑郁型的矫正对象，则应侧重通过帮扶，解决其生活或工作中的困难，促使其树立对生活和工作的信心；对于有抵触和排斥心理的矫正对象，则重在切断其不良亚文化的思想来源，强化其回归社会的决心和信心。[2]

（四）公益服务教育

在我国社区矫正实践过程中，社区矫正机构对社区矫正对象的教育矫正

---

〔1〕参见吴宗宪主编：《中国服刑人员心理矫治技术》，北京师范大学出版社2010年版，第58~69页。

〔2〕参见陈春安主编：《社区矫正专业方法应用指南》，法律出版社2012年版，第56~65页。

过程中一般都包含了公益服务教育内容，而且不少地区也以此为基础增加了让社区矫正对象定期参加公益劳动的矫正项目。应该说，公益服务教育及其特定的公益活动对教育矫正的顺利完成有着重要意义。由于社区矫正对象的犯罪行为对被害人、社区乃至社会造成了一定的危害，通过这种公益性的无偿劳动或服务（即便这种劳动或服务不能完全弥补被害人或社区的具体损失，但这种公益性活动重在让社区矫正对象从内心生出歉疚和悔过之意）向被害人、社区和社会表达歉意，使得被害人的心灵得到一定抚慰和满足的同时，在一定程度上恢复被侵害的社会秩序和关系。而且，公益服务教育以及公益活动有助于帮助社区矫正对象改变一些诸如好逸恶劳的不良生活习惯，树立劳动光荣、靠自己劳动养活自己的正确价值观，并增强其社会责任感和公德心，从价值观以及道德情感上帮助社区矫正对象纠正其原有的不良心理和行为习惯。

正是基于此，我国社区矫正在实践过程中，很多地区要求将公益劳动作为社区矫正对象必须完成的任务并规定了最低时限，以至于将"公益劳动作为教育矫正制度的标配措施纳入《社区矫正法》"的观点一度受到广泛支持。但是，我们在前面章节中已经明确指出，由于公益劳动项目单一，往往沦为形式，实际效果不佳；公益劳动的劳动风险社区矫正机构难以承担；容易产生负面的标签性后果以及缺乏明确的法定依据；以及公益劳动加重了社区矫正对象的义务负担有改变原判刑罚之嫌等问题，我国《社区矫正法》并没有将公益劳动作为教育矫正的标配措施统一规定，而是谨慎地使用了"公益活动"的概念，并运用了授权型即"可以型"规范的立法表述方法。《社区矫正法》以立法形式明确指出了教育矫正中公益活动的性质、范围以及未来的发展方向。《社区矫正法实施办法》进一步对社区矫正对象参加公益活动的原则和依据作出了规定：社区矫正执行机构根据"符合社会公共利益"的原则，可以根据"社区矫正对象的劳动能力、健康状况"等情况，组织社区矫正对象参加公益活动。对此，在社区矫正实践中，我们必须要充分领会《社区矫正法》的引领和导向作用，转变观念，不能再将公益劳动作为必需及强制性的矫正项目，同时，需要集思广益，积极开拓新的公益服务活动的形式。就公益服务教育方面的制度发展而言，主要有以下问题值得进一步思考：

第一，《社区矫正法》已经正式成为社区矫正机构组织公益活动的基本法律依据。这就意味着，在我国当前的刑事法律框架体系下，法院没有必要将公益服务写进判决书，检察院也没有必要专门为社区矫正对象开展公益服务的尝试。与此同时，按照《社区矫正法》的规定，凡是社区矫正对象，都可以接受公益服务教育，并参与公益服务活动。

第二，公益服务的形式和工作量问题。前文已经提到，社区矫正机构及其工作人员应当根据《社区矫正法》的基本精神，转变思想认识，不应当再将公益劳动作为唯一和必需的公益服务内容，而应当积极拓展公益服务的形式。如，社区公益劳动当然是可选项之一，除此之外，社会福利机构如养老院、孤儿院以及其他非营利性机构的公益性服务都可以纳入公益服务的范畴。在工作量方面，之前很多地区将公益劳动的工作量确定为每个月不少于八小时，但是，在《社区矫正法》出台之后，则需要拓宽认识，其他类型公益服务的时间如何规定、如何换算等问题，还需要进一步以细则方式明确。当然，按照《社区矫正法》的立法本意，公益活动不能够影响社区矫正对象的正常生活或工作，也不能让其从事高危工种或进行高强度作业。

第三，公益服务教育与活动的程序与法律后果。在公益服务方面，社区矫正机构实际上充当着协调和监管机构，也就是说，公益服务的具体开展需要社区矫正机构根据本地的实际情况与其他相关组织机构进行联系、协调和确定。应当承认，公益服务方面的教育，可以针对所有的社区矫正对象进行，增加各种类型的矫正对象的公益意识，但是，在具体的公益活动安排方面，的确应当注意矫正对象的年龄、性别、文化程度、身体状况、技术水平等多方面的因素，尽最大可能地做到个别化，要考虑到公益服务的针对性和特定性、个人特点以及矫正对象的个人意愿，合理地分配公益活动项目。对于一些年老、身体患有严重残疾或患有严重疾病丧失劳动能力的社区矫正对象，怀孕或哺乳期的妇女以及未成年人，在对其安排具体的公益服务项目时，应当特别需要注意区别对待，若没有合适项目，则可暂缓参加或不参加。在公益服务教育的开展过程中，社区矫正机构应当以书面形式将参加公益活动的原因、依据、形式、时间、地点、内容以及考核要求等细节明确规定，并下发给具体的社区矫正对象。社区矫正机构及其工作人员可以根据用工机构对社区矫正对象的工作量记录、具体表现、工作态度评价、矫正对象自我评价以及同事评价等综合因素，对矫正对象的公益服务质量进行评估打分，作为社区矫正日常教育奖惩以及调整人身危险性评估等级的重要参考标准。

在社区矫正实践过程中，有些地区还充分利用本地资源和优势，协调监狱、看守所等机构，通过让社区矫正对象特别是缓刑犯参观、体验监狱监禁生活，感受监禁刑罚之苦，从而使之与自身的社区矫正现状形成对比，有助于社区矫正对象珍惜现有的社区矫正机会，积极配合社区矫正机构的教育改造；也有些地区在分类管理的基础上，对于特定犯罪类型的社区矫正对象，通过集中教育的方式，采用类似素质拓展的措施，增强社区矫正对象的团队意识、沟通能力、组织协调能力以及对社会生活的自信心。这些具有一定特色和新意的教育矫正方式，都是在社区矫正实践过程中值得提倡的。

第四节　我国社区矫正制度帮扶原则与方式

社区矫正对象因为不同的原因实施了犯罪行为并背负了"罪犯"的身份，"罪犯"本身就是一种极具负面性的标签。正是因为犯罪行为的出现，使得社区矫正对象的家庭、生活、情感、工作、人际关系、社会评价等方方面面都受到了不同程度的影响，从而使得社区矫正对象后续的生活与就业状态千差万别，实际上，生活和就业直接关系到社区矫正对象再次适应社会的能力，对其而言是日后得以维持生存状态最为基本的事项，这些都事关社区矫正的效果。因此，对于社区矫正对象的帮扶保护，是社区矫正工作的另一项重要任务。

一、帮扶原则

一般而言，对社区矫正对象的帮扶，指对社区矫正对象解决就业、生活等方面的困难和问题，提高其适应社会的能力，帮助其更好地完成再社会化的任务，从根本上消除社区矫正对象因生活或工作适应性问题而再次实施犯罪的可能性，实现特殊预防的基本目的。抽样调查显示，社区矫正对象往往认为当自己解除矫正初回社区时，面临最大的问题依次是：心理与观念问题、技能培训和就业推荐、低保申请、家庭与人际关系等。[1]可以看到，帮扶保护事项，对于社区矫正对象来说，是多么重要。因此，社区矫正机构在提供帮扶保护方面，应主要集中在生活就业帮助以及低保申请等方面。具体而言，帮扶保护的主要问题是帮助社区矫正对象解决低保待遇，并且需要加强就业指导和培训，推荐工作等。这就意味着，社区矫正中帮扶保护的任务，基本是在个别化原则的基础上，着重将生活和就业需求作为基本标准和原则而展开的。

---

〔1〕 曾守锤："服务对象眼中的社区矫正社工及其服务——以上海为案例的调查研究"，载《华东理工大学学报（社会科学版）》2007年第1期，第26页。

二、帮扶方式

在我国社区矫正实践中,针对社区矫正的帮扶保护方式往往由于地方经济文化发展水平的差异而呈现出较强的地域性色彩,但大体上各地社区矫正机构都遵循分类管理和个别化原则,努力满足社区矫正对象的个性化需求,同时总结帮扶工作的基本经验,努力实现分类管理的规范性和实效性。

在帮扶保护中最为基本及重要的任务为就业指导和培训教育。社区矫正对象在一定程度上存在着再就业困难的问题。

一方面,有些社区矫正对象本身的文化水平较低、缺乏专业技能,或者在性格、沟通能力方面存在一定的欠缺,或者由于年龄、健康或身体条件方面的问题,丧失了获得合适工作的机会;另一方面,由于我国在计划经济时期所形成的档案管理制度、户籍制度、前科报告制度对现在仍有深刻影响,犯罪行为所产生的刑罚之外的社会负面否定性评价对犯罪人的生活和工作都有较大的影响,[1]因此,很多有一技之长的社区矫正对象在犯罪后,基本不大可能再回原单位工作,寻找新的工作又会因档案中有犯罪记录而往往被新单位拒之门外,即便能被破格录用,其升迁晋升机会也非常渺茫。因此,对于社区矫正对象进行帮扶,十分需要对其进行就业方面的帮助,如扩大与企事业单位的协调,多方寻找就业途径,进行新技能或新业务培训,开展面试技巧、劳动能力评估、与人力资源机构组织就业与劳动技能方面的辅导与课程培训等。

另外,对于就业帮扶而言,从长远来看还是有赖于我国前科制度、档案制度、户籍制度等涉及计划经济体制下的旧有社会管理体制的改革,逐渐引导人们改变对轻罪犯罪人的传统认识,淡化行政性管理制度对于就业和工作的影响,培养社会宽容和宽恕的良好氛围。

再者,近来关于就业帮扶问题出现了一些相对重要的现象,即在民营经济比较发达的省份和城市,由于中小型私人公司、企业和工厂较多,用工量比较大,同时社区矫正对象如果拥有本地户籍,基本上在社区矫正过程中需要就业帮扶的概率并不大,绝大多数可以很快找到比较适合的工作。[2]这一

---

[1] 参见骆群:《弱势的镜像:社区矫正对象社会排斥研究》,中国法制出版社2012年版,第123~127页。

[2] 参见浙江乔司监狱课题组:"社区矫正对象生存状况调查报告——以2010—2012年乔司监狱假释犯为样本",载《犯罪与改造研究》2014年第3期,第34~37页。

现象似乎也进一步证明,社区矫正中的就业帮扶,与我国经济发达水平、地域文化以及社会开放包容观念有着直接的关系,切实做好社区矫正中的就业帮扶,还需要社会各界的多方努力与协调。

在帮扶保护中需要关注社区矫正对象最低生活保障问题。由于社区矫正对象就业和工作往往存在一定困难,那么,在其就业和工作没有妥当解决之前,就需要特别关注他们的基本生活保障问题。其中,城镇籍社区矫正对象的落户、最低生活保障、住房、医疗和养老保险,农村籍社区矫正对象的落户、土地、低保待遇等,都需要社区矫正机构与公安、民政、财政、社会保障等诸多部门沟通协调,进而真正解决社区矫正对象的实际困难,使之在基本生活得以维持的情况下,安心参加社区矫正。[1]对于一些特别贫困的社区矫正对象,社区矫正机构必要时,可以协调民政部门进行专门或专项救助。

在帮扶保护中需要对特定社区矫正对象提供临时性和过渡性帮助。在社区矫正对象中,确实存在一些特定的假释或暂予监外执行的罪犯在入矫初期,由于种种原因没有生活来源、没有居住场所、无亲友可投靠,生活极其困难,或者由于疾病或特殊原因,亲友虽然健在但都拒绝接收扶养,对于此类特殊群体,有些地区的社区矫正机构建立起系列的临时救助机构如北京的"中途之家"[2]、浙江的"阳光驿站"等,对特定社区矫正对象提供过渡性的食宿安置或生活帮助,以解社区矫正对象生活之急。应当说,临时性和过渡性帮助的实践尝试,对于拓展社区矫正帮扶任务的形式并将这一工作推向深入具有重要作用。但是,在社区矫正实践中,也应当特别注意这一形式的存在目的与适用界限,避免将一些违反监管规定的社区矫正对象纳入其中而形成对社区矫正对象的变相禁闭或羁押,或者因吸纳了一些不符合临时帮扶条件的特定矫正对象而使之逃避社区矫正的各项监管。

在帮扶保护中应当注重对社区矫正对象家庭支持系统的重建与修写。中国人自古家庭观念浓厚,罪犯在犯罪之后,往往最能打动罪犯、引起其忏悔或内疚的话题与起因就是家庭,很多罪犯都是将"有朝一日能回家团聚"作为信念支撑自己的改造,因此,家庭对于罪犯来说无疑具有十分特殊的意义。一旦罪犯的家庭出现问题,在很大程度上会导致罪犯改造难度的增加,因此,

---

[1] 王虹、刘克志:"北京市丰台区社区服刑人员基本生存状况及对策分析",载刘强、姜爱东、朱久伟主编:《社区矫正理论与实务研究文集》,中国人民公安大学出版社2009年版,第358~360页。

[2] 参见熊贵彬、荣容:《社区矫正"北京模式"新发展研究——以朝阳区阳光中途之家为视角》,中国社会出版社2012年版,第115~119页。

对于社区矫正对象而言,社区矫正工作人员帮助其重建或修复其家庭系统,对于社区矫正对象矫正的顺利完成无疑具有重要作用。[1]

另外,近年来在帮扶保护工作中,有些地区开始尝试对社区矫正对象进行公共法律服务和援助[2]。社区矫正对象往往由于不知法而实施了犯罪,那么,在社区矫正过程中,他本身也可能因为婚姻家庭、劳动纠纷、民间借贷或合同纠纷、侵权纠纷等法律问题而需要帮助,但其本身的经济条件很可能使之无法承担相应的律师费用,那么,社区矫正机构运用司法行政系统自身的公共法律服务资源,为社区矫正对象提供义务和免费的公共法律服务和援助,使其避免因为不懂法或采用以暴制暴的私力救济或非法治方式处理问题而再次触犯刑法,通过为与社区矫正对象自身利益息息相关的具体事件提供帮助,让他们近距离感知和体会法律的公正性和亲和力,进而引导其以法律手段解决问题,塑造其对法律的尊重之情,感受法律的有效与权威,这本身也是法治教育的重要内容。

本章小结

监督管理与教育帮扶是社区矫正工作的基本任务。监督管理与教育帮扶深受不同的刑罚目的理念的制约,在共存共融的同时也可能产生一定的矛盾与冲突。对社区矫正的监督管理、教育帮扶任务及其所体现的刑罚目的理念的逻辑关系和主次顺序进行理论分析,形成符合社区矫正性质的工作次序和任务安排,并在这一框架内对各项基本任务的制度性要求和内容进行系统探讨,是社区矫正基本任务的重要课题。

社区矫正制度的正当性与合理性是社区矫正制度设计和实践必须首先要解决的基本理论问题。根据现代刑法理论,刑事法正当性与合理性问题的理论论证与说明,基本上是由隶属于规范体系范畴之内的刑罚目的信条及其理论加以完成的。在刑罚目的框架下讨论社区矫正制度的正当性与合理性是世界范围内比较通行和恰当的选择。相对于社区矫正制度刑罚目的的分配模式中的"列举静态模式"和"层次动态模式"而言,"阶段动态模式"不仅追求概念使用与理论逻辑的精准性和清晰性,而且特别关注社区矫正制度运用不

---

[1] 参见金碧华:《支持的"过程":社区矫正假释犯对象的社会支持网络研究》,法律出版社2014年版,第110~111页。

[2] 参见汤道刚:《社区矫正制度分析》,中国社会出版社2010年版,第153页。

同阶段所形成的主体、适用对象以及工作要求等方面的差异性，可以作为构建社区矫正刑罚目的分配模式即社区矫正制度正当性与合理性论证的基本框架。

在社区矫正制度设计与立法阶段，应当将一般预防目的特别是积极一般预防目的作为主导性目的，同时，承认特殊预防目的对刑罚所设定的潜在社区矫正对象的重要意义，此外，报应虽然不能成为这一阶段的主导性目的，但是，对刑事判决、裁定或决定所贯彻的报应目的的确认，是社区矫正制度设计与立法的逻辑起点，而且社区矫正制度设计与立法也同样保留了在特定情况下对社区矫正对象继续或恢复贯彻报应目的的可能性。在社区矫正执行阶段，特殊预防目的因处于核心与主导地位而必须优先加以贯彻，其具体内容包括依法监督管理、教育矫正与帮困扶助。同时，在社区矫正执行阶段不能完全放弃对报应目的的最终实现的追求和考虑，只不过此时报应目的处于相对次要的地位，此外，一般预防目的也是社区矫正执行阶段的附属目的，特别是对积极一般预防目的的追求在特定场合下是被允许的。

分类管理是我国社区矫正制度的基本原则。在社区矫正制度发展过程中，分类管理应当同时适用于监督管理和教育帮扶等所有领域，同时，根据不同类别的任务，确立不同的分类管理标准。对于监管任务可以基于人身危险性评估而实施风险防控管理；对于教育矫正任务可以按照犯罪年龄和罪刑特征对社区矫正对象进行分类并开展工作；对于帮扶任务可以按照生活和职业需求的分类标准开展工作。

我国社区矫正制度基本上确立了报告、会客、请假、迁居、核查走访、电子监控等常规性监督管理制度。在日常性监督管理制度中，提升监管制度的明确性和可执行性以及责任的准确性与及时性仍然是我国社区矫正制度发展的基本方向，同时，禁止令的明确性、可操作性和针对性也需要进一步提升。

我国社区矫正实践首先根据矫正对象年龄区分成年和未成年犯的教育矫正，强调未成年犯教育矫正的特殊性与权益保障。在成年社区矫正对象的分类教育矫正方面，则按照社区矫正的决定依据和犯罪的行为方式两个主要标准开展工作。在教育矫正内容方面，法治教育对于不知法而犯罪以及自认为有正当性且在一定程度上社会大众否定评价比较低的犯罪两种情形的意义更为突出。心理教育的价值和意义则主要体现在入矫的心理测试以及矫正环节的心理个案咨询等方面。《社区矫正法》没有将公益劳动作为教育矫正的标配措施予以统一规定，而仅仅规定了公益活动项目。社区矫正制度发展需要特别关注公益活动的法律依据、工作形式和工作量、公益服务教育和活动的程序及其法律后果。

对社区矫正对象的帮扶重在有针对性的消除社区矫正对象因生活或工作适应性问题而再次实施犯罪的可能性因素，帮助其成为合法公民。帮扶保护中最为重要的任务为就业指导和培训，同时，需要关注社区矫正对象最低生活保障、公共法律服务与援助、临时性和过渡性帮助以及家庭支持系统的重建与促进。

第六章 中国特色社区矫正基本程序问题

在社区矫正理论与实践中,社区矫正程序的含义有广义和狭义两种。从广义上说,社区矫正程序包括社区矫正决定的作出与社区矫正的执行两方面的内容,具体而言,社区矫正决定程序即法院、监狱以及其他依法具有主管权力的机关依照《刑法》和《刑事诉讼法》的相关规定,对罪犯作出管制、缓刑、假释或暂予监外执行的判决、裁定或决定的程序;社区矫正执行程序即社区矫正机构依照有权机关对特定罪犯作出的管制、缓刑、假释或暂予监外执行的判决、裁定或决定,对罪犯执行并完成社区矫正的程序。从狭义上说,社区矫正程序仅指社区矫正执行程序。[1]笔者将在广义上使用社区矫正程序这一概念。

客观而言,社区矫正决定程序是社区矫正执行程序的法定依据和事实基础。社区矫正程序对于社区矫正权力的规范运行以及社区矫正对象权利保障具有重要意义,也制约着社区矫正运行的效率和质量。虽然我国社区矫正自试点至今已有近二十年,但至今大部分研究还都集中在社区矫正的实体制度发展方面,对社区矫正程序的深入研究依然相对缺乏。而且,由于社区矫正的决定和执行涉及法院、监狱、看守所、社区矫正机构、居委会或村委会、社会公益组织等多个国家机关、组织或团体,需要多层面和多维度的广泛和深入沟通协调,因此,社区矫正在执行过程中需要与其他机关形成良好的程序衔接机制,否则社区矫正难以真正顺畅有效地完成。然而,当前社区矫正界对社区矫正运行过程中的程序衔接机制的研究也相对缺乏,由此导致无论在理论还是实践层面,社区矫正在实施过程中都面临着一种"程序性困境或难题"。为了促进社区矫正制度的程序化建设,保证社区矫正运行机制的顺畅

---

[1] 司绍寒:《社区矫正程序问题研究》,法律出版社2019年版,第47~48页。

高效,有必要对社区矫正过程中的重要程序性问题进行深入探讨。

第一节 社区矫正调查评估制度的现状与趋势

无论是社区矫正理论还是实践部门,人们对社区矫正调查评估制度的具体称谓、性质定位、实践价值以及具体程序等问题至今都未能达成一致意见。然而,社区矫正调查评估是社区矫正启动时在"入口关"中最重要的环节,直接关系到社区矫正对象能否真正接受教育矫正并顺利回归社会,进而影响着社区矫正工作能否如期完成乃至社区矫正工作的整体效果与质量问题。因此,有必要对社区矫正调查评估制度的现状、困境与发展方向等问题进行专门梳理与探讨。

一、社区矫正调查评估制度的实践现状

关于社区矫正适用前的调查评估制度,在当前社区矫正界的具体称谓可谓多种多样。不少文献为了突出强调"调查评估工作是在社区矫正适用前而进行"的这一时间方面的特点,将调查评估表述为"审前评估"[1]"判前评估"[2]"裁(决)前评估"[3]等;也有不少文献为了突出调查评估工作的基本性质与主要内容,将调查评估表述为"社会调查"[4]"风险评估"[5]"人格调查"[6]等。然而,这些提法虽然在表述上比较简练,但却未能全面揭示社区矫正调查评估制度的内涵与特性。"审前""判前""裁(决)前"等说法都忽视了社区矫正适用法定根据既包括判决、裁定,从而导致每一种概念

---

[1] 参见任文启:"完善我国社区矫正审前调查评估制度的思考——基于文本和现实的比较分析",载《甘肃政法学院学报》2016年第2期,第128页。

[2] 参见张藤卿:"关于社区矫正审前调查的实践与思考",载《犯罪与改造研究》2011年第6期,第21~23页;陈庆:"社区矫正判前调查评估制度探析",载《中北大学学报(社会科学版)》2013年第2期,第18~19页。

[3] 参见蔡雅奇:"论社区矫正中的裁决前调查制度",载《铁道警官高等专科学校学报》2012年第2期,第88页;余俊:"社区矫正裁前评估:现状、问题与完善",载《贵州警官职业学院学报》2016年第2期,第69~70页。

[4] 参见司绍寒:"《刑事诉讼法》视野下的社区矫正社会调查程序",载《中国司法》2012年第10期,第82~88页。

[5] 参见于阳、刘晓梅:"完善我国社区矫正风险评估体系的思考——基于再犯危险的分析",载《江苏警官学院学报》2011年第2期,第119页。

[6] 参见刘立霞、路海霞、尹璐:《品格证据在刑事案件中的运用》,中国检察出版社2008年版,第105页。

的提法都未能很好地涵盖其他类型的矫正法定根据，而且"审前"的提法也不准确。因为社区矫正的适用并不是法院在审判前启动的，而是在审判过程中涉及是否判处管制或宣告缓刑或者是否决定假释时才得以启动的。与此同时，将社区矫正调查评估称之为"社会调查""风险评估""人格调查"无意中会扩大或限缩了社区矫正调查评估的基本内容，不能明显体现社区矫正调查评估的基本性质和特色。为了更加准确地界定和表述社区矫正适用前的调查评估制度，在必要的时候不能为了简练而省略社区矫正这一前缀，因此，这一制度就直接称之为"社区矫正调查评估制度"即可。

社区矫正调查评估是社区矫正决定机关委托社区矫正机构或特定社会组织对拟适用社区矫正的被告人或罪犯等相关情况进行专门调查，并对其人身危险性、是否具备社区矫正监管条件以及对所居住社区的影响等进行评估，以供社区矫正决定机关在决定是否对其适用社区矫正时参考的制度。从我国社区矫正实践来看，社区矫正调查评估的委托方为法院、检察院、监狱、看守所，受托方为司法行政机关中的社区矫正机构，很多地区具体实施调查评估的机构为司法所，也有个别地区由其他社会组织进行。调查评估的适用范围为拟适用社区矫正的被告人、罪犯和人民法院拟对被告人适用禁止令的情形。在社区矫正实践中，调查评估一般是由委托方根据案件需要向县级司法行政机关发正式的委托调查函，县司法行政机关接受委托后，登记并指定居住地的乡镇（街道）司法所具体实施调查。司法所将形成的调查评估意见上报县级司法行政机关，县级司法行政机关形成最终的调查评估报告，函复委托方。

从历史渊源上看，我国的调查评估制度最初是从苏州等地的未成年人刑事案件特殊处理机制中发展起来的。后来，2001年最高人民法院发布的《关于审理未成年人刑事案件的若干规定》（已失效）明确规定了调查评估制度。2009年，"两高两部"在《关于在全国试行社区矫正工作的意见》中将调查评估制度扩大到了可能适用非监禁刑的被告人。2012年《社区矫正实施办法》明确详细规定了调查评估制度，同时，我国《刑事诉讼法》也将调查评估制度正式纳入未成年人案件。2016年"两高两部"《关于进一步加强社区矫正工作衔接配合管理的意见》进一步明确，调查评估意见作为委托机关依法适用或提请适用社区矫正的参考。与此同时，部分省市也专门出台了一些关于调查评估较为详细的地方规范性文件。2019年出台的《社区矫正法》第18条明确对调查评估的委托主体、受托主体、对象、调查评估内容以及协助单位等问题作了原则性规定：社区矫正决定机关根据需要，可以委托社区矫正机构或者有关社会组织对被告人或者罪犯的社会危险性和对所居住社区的影响，进行调查评估，提出意见，供决定社区矫正时参考。居民委员会、村民委员会等组织应当提供必要的协助。《社区矫正法实施办法》根据《社区矫正法》的规定，进一步对社区矫正调查评估的具体内容与事项、程序与时限、法律效果以及特殊情况等问题作出了明确规定。

从我国社区矫正调查评估的法律依据和实践情况来看，对于调查评估制度的现状，我们可以做以下总结和评论：

第一，调查评估制度的事实与法律性质至今仍存在一定争议。关于调查评估报告的事实属性，社区矫正理论界有文献指出，调查评估实质上是一种"社会调查"；也有文献指出，调查评估实质上仅仅是一种风险评估手段；还有文献则认为调查评估实质上是一种综合性的人格调查制度等。关于调查评估制度的法律性质，主要是涉及在刑事诉讼法意义上调查评估是否属于证据，进而是否需要当庭宣读或质证的问题。有些地区的实践部门认为，调查评估报告不是证据，而是一种量刑参考资料，不需要在庭审中质证。有些地区的实践部门认为，调查评估报告属于证据，至少是广义上的证据材料，应当在庭审中质证。也有些地区的实践部门认为，调查评估报告虽然不属于证据，仅仅是司法机关办案参考的重要材料，但对调查评估报告进行庭审质证，有利于促进审判公开透明和量刑公正。由于人们对调查评估制度的事实与法律性质认识存在较大差异，自然就使得社区矫正决定机关对于调查评估的态度存在分歧，由此导致这一制度在地方实践中显得有一定的随意性和不规范性。

第二，调查评估制度的法律依据在很长一段时间并不规范、统一。我们可以看到，调查评估的法律依据中有法律、司法解释、规范性文件，也有地方性立法规范、地方政府规章，不一而足。在国家层面的法律依据方面，这些作为法律依据的规范过于原则、抽象，缺乏可操作性。在地方层面的规范文件方面，各地的具体实施细则和操作规范也不尽一致。法律依据规范的不明确性问题已经比较严重地制约和影响了调查评估工作的统一性、规范性和实效性。也正因如此，《社区矫正法》对社区矫正调查评估制度作了较为明确和细致的规定，在一定程度上可以有效提升社区矫正调查评估的统一性和规范性，使该制度充分发挥其应有的作用。

第三，调查评估的实际地位、适用范围各地尺度不一。有些省份比较重视调查评估的实际价值，将调查报告作为法院量刑特别是适用社区矫正的重要参考；有些省份则并不是非常重视，如将调查评估报告作为庭审的证据材料予以宣读、质证和审查，从而再综合决定是否采纳调查报告的意见。有些地区认为对所有的社区矫正对象都必须进行调查评估，将调查评估作为适用社区矫正的必经程序；有些地区则认为只需对特定类型的罪犯进行调查评估即可，不必对所有的社区矫正对象全部进行调查评估；有些地区则明确规定对管制犯、缓刑犯以及假释犯进行调查评估，而对暂予监外执行则不适用；有些地区则只对未成年人适用社区矫正的情况进行调查评估等。事实上，调查评估的实际地位和适用范围的不统一性，往往与当地的整体法治环境和水平、司法行政机关的实际地位、协调沟通能力以及司法行政机关的工作量、经费保障等有着非常直接的关系。

第四，委托主体和受托主体存在一定争议。在社区矫正实践过程中，《社区矫正实施办法》曾规定委托主体为法院、检察院、公安机关和监狱，但是，根据刑事诉讼的通常程序，对被告人或者罪犯是否适用社区矫正具有决定意义的环节主要是法院审判与刑事执行阶段，检察院则因其承担公诉职能而很少实质性参与社区矫正能否适用的具体工作，因此，在我国社区矫正实践中，实际上法院、公安机关和监狱成了调查评估主要的委托主体，即法院在刑事审判阶段启动能否适用管制或缓刑的调查评估，公安机关（看守所）和监狱在刑事执行阶段启动对罪犯能否决定暂予监外执行或提请假释的调查评估。这样，公安机关、检察院在刑事侦查和审查起诉期间就不再是启动调查评估的委托主体。然而，"两高两部"发布的《关于进一步加强社区矫正工作衔接配合管理的意见》又明确将检察院纳入调查评估委托主体范围内，在调查评估对象中也增加了犯罪嫌疑人，但在实践中，公安和检察院几乎从来不主动行使此项权力，启动调查评估程序仍主要是由法院在刑事审判阶段启动。《社区矫正法》则再一次将检察院排除出启动调查评估委托主体的范围，从而在法律上明确了调查评估启动的委托主体。笔者认为公安、检察院在刑事侦查或审查起诉阶段是否需要作为调查评估的委托主体，从本质上看还是与如何认识社区矫正的性质这一基础理论问题有重要关系。如果将社区矫正定位为刑事执行制度，那么，公安侦查、检察院审查起诉都仅处于案件调查和取证阶段，尚未涉及定罪量刑的司法裁判，就更涉及不到如何执行的问题，因此，根据权力分立原则，公安和检察院并不掌握审判权，更不涉及执行权，而仅仅是对行为人是否构成犯罪进行调查，因此没有必要越俎代庖去考虑犯罪嫌疑人或被告人的刑事执行问题，否则就有"未经审判而先预设有罪"的嫌疑了。然而，近年来随着我国检察职能的延伸与法律监督制度改革，特别是认罪认罚从宽制度的全面推行，检察院作为社区矫正调查评估委托主体的地位又得以为法律法规所肯定和确认，如《人民检察院刑事诉讼规则》（2019年修订）《关于规范量刑程序若干问题的意见》（2020年）以及《人民检察院办理认罪认罚案件开展量刑建议工作的指导意见》（2021年）等规范性文件都明确肯定了检察院有资格和权力委托社区矫正机构和有关社会组织开展社区矫正调查评估。总之，这一趋势值得刑事执行理论研究高度重视。

在调查评估受托主体问题上，社区矫正界一直存在争议。一些文献认为，社区矫正调查评估的受托主体只能是社区矫正机构，不能是其他社会组织；[1] 另外一些文献则认为社区矫正机构或其他社会组织都可以接受委托进行调查评估。[2]《社区矫正法》则明确规定了社区矫正机构或其他社会组织可以接受委托进行调查评估。这样，在社区矫正实践中，除了由司法所承担具体的调查评估工作之外，一些特定的社会组织后续也很可能会承担具体的调查评估工作。虽然，调查评估工作由社区矫正机构和司法所承担比较合适，这一点也得到了《社区矫正法》的确认，但不少地区的司法所日常工作任务的确繁重、经费保障不足以及职责过多，这些客观方面的困难和因素在短期内很难迅速改观，因此由特定社会组织承担一定的调查评估工作可以分担司法所的一定工作量，同时，特定社会组织参与调查评估工作，也能够充分体现社区矫正社会化的特色，为将来的制度发展留有了一定余地，在一定程度上体现了立法的长远考虑。只不过，在《社区矫正法》出台之后我们可以明确知道，根据《社区矫正法》的规定，居委会或村委会不能单独作为调查评估的受托主体，而只能是协助主体。同时，依据《社区矫正法》第18条的表述，特定社会组织也不可能是居委会或村委会。

第五，社区矫正决定机关对于调查评估制度的选择权规定导致调查评估制度难以真正发挥其应有的实际效果。因为《社区矫正实施办法》使用的是"可以型"而不是"应当型"规范形式。这就意味着，根据《社区矫正实施办法》的规定，社区矫正决定机关对于是否委托社区矫正机构进行调查评估，具有一定的自由裁量权。社区矫正决定机关响应《社区矫正实施办法》的规范意图，委托社区矫正机构进行调查评估，没有违法之处，同样，社区矫正

---

[1] 刘志伟等：《中国社区矫正立法专题研究》，中国人民公安大学出版社2017年版，第139~140页。

[2] 参见高贞主编：《中国特色社区矫正制度研究》，法律出版社2018年版，第66~67页。

机关不委托社区矫正机构进行调查评估，也同样没有违法之处。《社区矫正法》继续保留了《社区矫正实施办法》的规定和做法。同时，2021年"两高三部"发布的《关于规范量刑程序若干问题的意见》则进一步明确指出，对于没有委托进行调查评估或者判决前没有收到调查评估报告的，人民法院经审理认为被告人符合管制、缓刑适用条件的，可以依法判处管制、宣告缓刑。客观而言，这种对调查评估在规范性文件层面可有可无的非强制性规定，不仅导致了调查评估制度在各地适用的随意性和不统一性，而且也削弱了其本应起到的积极效果，反而流于形式。

二、社区矫正调查评估制度的发展趋势

笔者认为，在2019年《社区矫正法》出台之后，社区矫正实践部门应当充分学习、理解和领悟立法的深意，尽快将思想认识以及实践做法与立法精神和规定进行详细的对比分析，对与立法精神和规定不一致的思想和做法及时调整，并充分思考在现有立法精神和规定的引领下，如何更有效地发挥调查评估制度的积极价值。

概言之，《社区矫正法》明确了调查报告的委托主体，实际上仍然将检察院排除在委托主体之外；明确了受托主体为双重主体，即社区矫正机构或特定社会组织，并规定了居委会或村委会作为协助主体的义务；明确了调查评估制度的基本内容，即对被告或罪犯的人身危险性以及对所居住社区的影响；当然，立法仍然使用了"可以"而非"应当"的具体规定，依旧赋予了社区矫正决定机关对于是否进行调查评估的选择权和裁量权；另外，立法已经将调查评估定性为参考意见，[1]因此，不能将调查评估材料作为证据。

在笔者看来，《社区矫正法》虽然比较明确和详细地规定了调查评估制度的基本内容，但是，进一步提高调查评估制度的精确性和可操作性仍然是我们努力的方向。

（一）受托主体资格与范围需进一步明确

在受托主体方面，除了要将社区矫正机构作为调查评估主体外，在其他社会组织承担调查评估工作时，应对社会组织的基本属性、服务领域范围以及职能等做大体框定，从而有助于基层社区矫正实践部门便于选择合适的机构。另外，对于此类机构的选择，应当积极推动司法行政部门建立调查评估机构的专门信息库，然后面向信息库内的机构组织采用招投标程序，或者采

---

[1] 王爱立主编：《中华人民共和国社区矫正法解读》，中国法制出版社2020年版，第108~109页。

用随机抽签的形式在库内遴选特定的专门调查评估机构,通过向其购买社会服务的途径鼓励其参与到调查评估工作当中。通过调查评估过程中第三方机构较为客观性、中立性和专业性的评估工作,从整体上推进调查评估工作朝着规范和公正的方向发展。

(二)调查评估的具体范围需进一步明确

应当结合我国当前的《刑法》《刑事诉讼法》等相关法律和司法解释规定,对调查评估的具体范围予以明确。应当说,从我国刑事法律的修改意图来看,最高立法机关实际上一直是有意在为社区矫正的制度构建提供相应的空间。《刑法修正案(八)》修改了缓刑和假释的适用条件,将原来作为缓刑和假释适用条件之一的"确实不致再危害社会"表述修改为人民法院认为其"没有再犯罪的危险"并且"对所居住社区没有重大不良影响",以及"没有再犯危险"并且"应当考虑其假释后对所居住社区的影响"。此后,最高人民法院《关于办理减刑、假释案件具体应用法律若干问题的规定》(已失效)和司法部《监狱提请减刑假释工作程序规定》都进一步明确,提请假释的,应当附有社区矫正机构(县级司法行政机关)关于罪犯假释后对所居住社区影响的调查评估报告。同时,还要求办理假释案件时,判断"没有再犯危险",除了符合《刑法》第81条规定的情形外,还应当根据罪犯的犯罪具体情节、原判刑罚的情况及在刑罚执行中的一贯表现,罪犯的年龄、身体状况、性格特征、假释后生活来源以及监管条件等因素综合考虑。从最高立法机关以及最高司法机关的意见来看,在适用假释时,必须进行社区矫正调查评估。然而,对于适用缓刑是否必须进行社区矫正调查评估的问题,《社区矫正法》与《社区矫正法实施办法》仍没有作出明确规定;同时,根据《关于规范量刑程序若干问题的意见》的规定可以认为,对于没有进行社区矫正调查评估的犯罪嫌疑人或被告人,也可以适用缓刑。这似乎意味着,社区矫正调查评估并非适用缓刑的必备环节。因此,这一问题仍然值得深入探讨。

对于拟适用社区矫正的未成年罪犯,根据我国《刑法》以及《刑事诉讼法》相关规定及其具体精神,似乎应当进行调查评估。我国《刑事诉讼法》第279条规定:"公安机关、人民检察院、人民法院办理未成年人刑事案件,根据情况可以对未成年犯罪嫌疑人、被告人的成长经历、犯罪原因、监护教育等情况进行调查。"在司法实践中,2012年最高人民法院发布的《关于适用〈中华人民共和国刑事诉讼法〉的解释》第483条也曾明确指出:"控辩双方提出对未成年被告人判处管制、宣告缓刑等量刑建议的,应当向法庭提供有关未成年被告人能够获得监护、帮教以及对所居住社区无重大不良影响的书面材料。"同时，该司法解释第 484 条也明确规定："对未成年被告人情况的调查报告，以及辩护人提交的有关未成年被告人情况的书面材料，法庭应当审查并听取控辩双方意见。上述报告和材料可以作为法庭教育和量刑的参考。" 2021 年最高人民法院发布的《关于适用〈中华人民共和国刑事诉讼法〉的解释》第 574 条、第 575 条对上述规定再次予以确认。显然，根据上述立法和司法解释的基本意见和精神，对于被决定适用社区矫正的未成年被告人，应当进行调查评估。但是，这些规定也非常清楚地表明，针对未成年被告人调查评估的提出主体是控辩双方，而根据《社区矫正法》的规定，无论作为控方的检察院还是作为辩方的辩护人，都不是调查评估制度的委托主体，而且，检察院对于未成年人犯罪预防有相应的法定职责并一向投入较大精力，有比较成熟的办案经验，自己就可以对未成年人的具体情况进行调查评估。在这种情况下，法院在审理案件过程中还有没有必要再委托社区矫正机构或其他社会组织对未成年被告人进行一次调查评估，是存在疑问的。另外，基于我国对未成年人特殊保护的刑事政策，对于一般能够适用社区矫正的轻罪未成年犯罪嫌疑人或被告人，往往会通过附条件不起诉等方式在审查起诉阶段就将其排除在审判程序之外，所以真正能够走到审判阶段而确定需要适用社区矫正的未成年被告人，相对较少。当然，从司法实践的角度来看，如何协调《刑事诉讼法》和《社区矫正法》的关系，更合理地安排未成年被告人的调查评估制度，还是值得进一步深入研究的。

对于判处管制刑、适用禁止令以及暂予监外执行的社区矫正对象，社区矫正决定机关是否对其进行调查评估，可以由决定机关根据具体案件的情况以及社区矫正对象的具体情况自主决定。

一般而言，判处管制刑的罪犯，大多集中在妨害社会管理秩序罪或妨害婚姻家庭罪等犯罪类型中，犯罪情节大多非常轻微，人身危险性也相对较小，而且被判处管制刑的数量在我国刑事司法实践中的占比一直非常低，因此，对于犯罪性质和情节最为轻微且比例非常低的管制犯再进行专门的调查评估意义不大。

根据我国刑法规定，法院可以对判处管制和宣告缓刑的罪犯同时适用禁止令。禁止令在我国刑法中本身就是法院基于特殊预防目的而对其施加的一种再犯预防措施，从性质上来看，它是与社区矫正并行的一种再犯预防措施，只不过在社区矫正过程中社区矫正机构要专门针对罪犯的禁止令情况进行特殊监管而已。调查评估制度本身就是为了评估能否对罪犯适用社区矫正而进行的，其中就已经包含了对罪犯人身危险性和再犯可能性的评估。如果法院对犯罪人适用禁止令还要进行调查评估的话，那么就意味着法官为了防止犯罪人再犯罪施加某种措施而需要对其首先进行包含人身危险性和再犯可能性的调查评估，这在逻辑上存在前后矛盾之处，因为既然法官想对犯罪人施加再犯预防措施，实际上就通过对案情的综合把握已经认定了犯罪人有这种再犯的危险性和可能性。毕竟，适用禁止令对于犯罪人来说是增加了特定的刑事惩罚性义务或负担，基于预防再犯而适当增加犯罪人的惩罚负担，法官自己便可以径直作出决定，这本身是法官自由裁量权范围内的事项，但适用社区矫正是在一定程度上减轻特定的惩罚性义务或负担，那么，法官考虑到适用社区矫正减轻犯罪人的惩罚性负担有可能存在不利于再犯预防的风险，要求对犯罪人进行调查评估，在更加准确地把握犯罪人危险程度的基础上，决定是否对犯罪人适用社区矫正，本身就可以使审判工作变得更加谨慎、准确、科学和规范，同时也是为了有效地实现再犯预防的目的。再者，适用禁止令再增加调查评估环节意味着在无形当中为法官的审判增加了特定程序，而这种程序并非基于《刑事诉讼法》或《刑法》而是基于刑事执行性质的法律增加的，不仅于法无据，而且还混淆了审判权与执行权的基本界限与先后次序。

对于暂予监外执行的适用而言，一般决定机关并不过多考虑罪犯的罪行性质、改造表现，而主要是基于罪犯的身体或生理上的特殊原因而变更执行场所。而且，暂予监外执行的罪犯在适用社区矫正前，大多生活在监狱或监狱指定医院或其他固定场所，如对其进行调查评估也缺乏特定的环境、背景以及人际关系等客观条件或依据。因此，对暂予监外执行的罪犯进行调查评估，实际意义不大。而且，我国法律明确规定，对于有社会危险的罪犯是不允许暂予监外执行的，对于罪犯是否有社会危险的判断，实际上监狱完全可以根据其在监情况作出比较可靠的判断。正是因为暂予监外执行的罪犯是由于身体或生理方面的原因而变更执行场所，因此没有必要再考虑被害人因素，毕竟监狱服刑已经部分实现了惩罚目的，已有的惩罚之苦足以抑制其对被害人再次实施犯罪。

（三）调查评估的内容程序规定需进一步明确

笔者认为，应以《社区矫正法》的出台为契机，进一步明确和限定社区矫正调查评估的内容和程序规则。《社区矫正法》明确规定，对于拟适用社区矫正的被告人或罪犯调查评估主要内容为社会危险性与对所居住社区的影响。

从理论上讲，社会危险性测量的具体标准和考量因素有多种，不同国家的评估量表也千差万别，但大体上都包括下列内容：[1]

被告或罪犯所实施犯罪的性质和危害等基本情况：包括罪名、刑期、危害程度、被害人情况等；

个人特点：包括生理状况、心理特征、性格类型、爱好特长、优点与缺点等具体情况；

犯罪前表现：包括工作或学习表现、业余生活、邻里关系、社会交往、违法违纪情况；

犯罪后的具体表现：包括对犯罪的认识态度、悔罪态度、退赃或附加刑的执行情况、和解或谅解情况、附带民事赔偿履行情况和履行能力等；

家庭背景：包括家庭成员数量、子女抚养与夫妻关系、经济收入来源、赡养老人数量等情况。

对所居住社区的影响主要考虑以下因素：对家庭的影响，包括家庭成员对被告人或罪犯犯罪后的具体态度、认识以及相处情况；对社区关系的影响，包括社区邻居等一般人对被告人或罪犯的态度和宽恕程度、社区居委会或村委会的态度和意见；被害人及其近亲属的态度和意见。调查评估内容整体上会受到工作人数、工作力度、具体工作量、重视程度与科学认知等多方面因素的影响。

为此，《社区矫正法实施办法》明确规定了社区矫正调查评估的内容。社区矫正机构、有关社区组织接受委托后，应当对被告人或者罪犯的居所情况、家庭和社会关系、犯罪行为的后果和影响、居住地村（居）民委员会和被害人意见、拟禁止的事项、社会危险性、对所居住社区的影响等情况进行调查评估。

调查评估的具体程序，在《社区矫正法》出台前的地方实践中，各地的具体做法并不一致。有些地方并未出台相应的规范性指导文件，因此调查评估程序相对简单，并没有形成格式化的公文样式。有些地区则对调查评估程序做了较为详细的规定，从而提高了调查评估实际工作的规范性、完整性和严肃性。[2]客观而言，在《社区矫正法》出台后，应当在全国范围内及时制定调查评估制度的较为细致的程序规范，从而推动调查评估工作的规范化。

---

[1] 参见吴宗宪主编：《社区矫正导论》，中国人民大学出版社2011年版，第184~185页。

[2] 参见朱久伟、李光勇主编：《上海市社区服刑人员个性化教育矫正的理论与实践》，法律出版社2012年版，第197~199页。

值得注意的是，《社区矫正法实施办法》对社区矫正调查评估程序和时限作出了原则性规定，并就需要延长调查评估时限、由于客观原因无法进行调查评估、社区矫正决定机关对调查评估意见的采信以及调查评估过程中的保密义务等特殊问题进行了明确规定。

概括而言，调查评估程序至少要包括以下内容：一是委托机关向司法行政机关或社会组织以公函形式发出的《调查评估委托函》以及具体案件材料，如起诉书副本、判决书、被告人的身份户籍信息以及日常表现材料、考核材料等。二是司法行政机关或社会组织收到委托函等相关材料后，信息属实时应当及时启动调查评估程序。从调查评估规范性角度来讲，最好制作调查笔录、让参与调查的相关人员填写调查评估表，并制作最终的调查评估意见。三是决定机构委托司法行政机关或社会组织的相关接收证明、送达回执等公文材料也应当齐备。

在调查评估实践过程中，有一个比较棘手的问题，即社区矫正机构提供了调查评估意见，法院不予采用时应如何处理。对于有些被告人或罪犯而言，社区矫正机构认为可以适用社区矫正，但法院却不予适用；而对于有些被告人或罪犯而言，社区矫正机构认为不能适用社区矫正，但法院却予以适用。社区矫正机构应当接收该被告人或罪犯，因为社区矫正机构接收被告或罪犯并执行社区矫正，本身属于刑事执行权的范畴，而是否决定适用社区矫正属于刑事审判权即司法权的范畴，也正是从这一意义上讲，《社区矫正法》在立法层面将社区矫正机构的调查报告定性为"意见参考"，因此，调查评估意见对于法官是否适用社区矫正没有强制约束性。应当说，对这一问题做此理解，是与《关于规范量刑程序若干问题的意见》的基本精神与具体规定一致的。

当然，社区矫正机构从正常工作以及风险规避角度出发，可以着重考虑在程序规则和具体证据两方面避免社区矫正工作出现问题。一方面，法官确实应当对调查评估报告作出审查判断，这是法官的权力，但是，如果法官不采纳调查评估报告，应当充分阐释理由，并告知司法行政机关；另一方面，社区矫正机构应当完整保留对该被告人或罪犯作出调查评估报告的所有案卷材料，并将含有法院不适用或决定适用社区矫正理由的文件列为附件，同时，按照正常工作程序对法院同意适用但社区矫正机构认为不应适用社区矫正的被告人或罪犯重点监管，从而有效避免工作风险。

总之，从理论和实践层面来看，在《社区矫正法》出台之后，虽然"两高两部"出台的《社区矫正法实施办法》根据立法规定对调查评估的具体内容和标准做了一定的细化，初步形成了具有可操作性的实施细则，但仍需结合调查评估实践中出现的各种疑难问题进一步总结经验教训，寻求有效对策，完善操作程序和规范。

第二节　社区矫正执行地的确定与选择

当特定罪犯依法进入社区矫正程序时，在何处对其执行社区矫正便成为一个首要且现实的问题。由于我国计划经济时代所形成的城乡二元体制、人口管理以及基层社区治理制度仍然对人们社会生活的方方面面发挥着较为深刻的影响，这样，对罪犯社区矫正执行地的确定与选择，就自然成为一个非常棘手的问题。为了进一步理顺社区矫正执行机制并充分发挥社区矫正执行程序的功能，有必要对社区矫正对象执行地的相关概念、现状与困难以及未来的发展趋势等重要问题进行探讨。

一、问题缘起与概念梳理

自我国社区矫正试点以来至今，对社区矫正对象在何处执行一直是困扰社区矫正基层实践工作的难题。客观而言，之所以社区矫正执行地问题成为困扰社区矫正机构的难题，首先是由于我国不同领域和不同时代的法律法规及规范性文件的概念使用和基本内涵不统一造成的。如，在刑事和民事立法领域，不同的法律法规和规范性文件对于住所地使用的称谓存在着明显差异，甚至即便在民事立法的同一立法领域，由于时代变迁，前后不同的法律法规对于住所地概念表述也不一致。立法表述的概念差异，无疑在很大程度上增加了基层社区矫正工作对于执行地的认识和辨别难度。

具体而言，我国《刑事诉讼法》第75条规定，监视居住应当在犯罪嫌疑人、被告人的住处执行；无固定住处的，可以在指定的居所执行。这里使用了"住处"和"居所"两个概念；我国《民法典》第25条规定："自然人以户籍登记或者其他有效身份登记记载的居所为住所；经常居所与住所不一致的，经常居所视为住所。"2020年颁布的《民法典》则完全采纳了《民法总则》的规定，因此，这里出现了户籍登记地、有效身份登记记载地、经常居所、住所等四个概念。

仔细辨别上述概念可以发现，《刑事诉讼法》中使用的是"住处"这一概念，这一概念强调犯罪嫌疑人或被告人实际固定居住的地方，其内涵比户籍所在地要宽，是一种强调事实性的概念表述。民法领域采用的是"住所"这一概念，而且对于住所的判断则需要根据户籍登记地与经常居住地相结合的方式进行确定，因此可以说是一种强调规范性的概念表述。

我国社区矫正实践基本认可了强调规范性的概念表述，如在《社区矫正实施办法》中采纳了居住地的称谓，但并没有明确提出如何认定居住地。在实践操作中，大部分地区往往也是大体上从户籍所在地与经常居住地两方面相结合来判断并确定社区矫正对象的居住地。

之所以社区矫正执行地问题成为困扰社区矫正机构的难题，从事实角度而言，主要是随着我国近几十年来市场经济的发展所引发的人口大规模流动所致。一方面，随着市场经济的发展，东西部以及南北经济发展水平和市场经济规模逐渐不同，有些省份出现了大规模的外出务工潮，外出务工本身就是离开自己的户籍所在地而到其他城市，逐渐形成了户籍所在地与经常居住地不一致的现象；另一方面，近二十年来，随着高校扩招，大量的学生通过高考走向社会，期间也伴随着入学户籍迁移的情况，从老家户籍地迁移到学校，在大学毕业后再将户籍迁移到本人所工作的城市或者迁回老家户籍地，如果在外地城市生活并购房，基本上会落户在新的城市，这些现实情况都进一步使得户籍所在地与经常居住地出现不一致的现象；再者，随着人们生活水平的提高，越来越多的人在不同的城市选择购置房产，或者在同一个城市不同区域购置不同房产，这样，不仅造成户籍所在地与经常居住地不一致，而且也会导致一个人同时有数个经常居住地的现象出现。

由于人口流动的增加，产生于计划经济时代将人们固定在特定区域的户籍制度在一定程度上已经阻碍了经济和社会的发展，加快实现户籍地与居住地分离的制度改革势在必行。事实上，我国户籍管理部门也注意到了这一问题，只是改革步伐相对较慢。前些年比较流行的暂住证制度，实际上就是试图突破户籍制度的限制而有效管理流动人口的尝试。暂住证制度对于社区矫正实践并没有太大的实际意义，因为暂住并非居住，因此流动人口犯罪，一般都要回到户籍所在地接受社区矫正。然而，很多流动人口已经多年不在户籍所在地生活，主要在犯罪所在地谋生，让其回户籍所在地接受社区矫正，实际上就使得社区矫正形同虚设。2013年《中共中央关于全面深化改革若干重大问题的决定》中明确表明要"加快户籍制度改革"。2015年《关于全面深化公安改革若干重大问题的框架意见》及相关改革方案中，正式宣布推进户籍制度改革，取消暂住证制度，全面实施居住证制度，建立健全与居住年限等条件相挂钩的基本公共服务提供机制。由此，居民在原户籍地之外的"暂住地"最终更名为"居住地"。应当说，在社区矫正实践过程中采纳居住地的提法，在一定程度上的确可以填补因人员流动导致的"人户分离"现象在法律规定上的空白，防止对社区矫正对象的脱管或漏管，减轻在户籍地之外务工生活的社区矫正对象的负担，节约一定的社会与司法资源，符合国家基层治理的发展方向。

然而，就居住地的实际确定问题而言，最现实和最困难的问题是不同的省市对于居住地标准的规定差异很大。如，2008年北京市颁布的《关于进一步规范社区服刑人员管辖和接收工作的规定》第3条规定：社区服刑人员有下列情形之一的住地（外出工作、上学、就医以及经批准请假外出后的暂住地除外），应当确定为其居住地，即：第一，本人有住房或者租赁、借住6个月以上的合法住所，当地公安派出所或居（村）委会出具书面证明证实本人住在此处的；第二，亲属有住房或者租赁6个月以上的合法住所，书面同意接纳服刑人员住在此处的，同时具有上述情形的，按第一种情形处理，不具有上述任何一种情形的，社区服刑人员的户籍地即为居住地。

2012年浙江省颁布的《浙江省社区矫正实施细则（试行）》第4条第1、2款规定，社区矫正人员一般适用居住地管辖原则。不能确定居住地的，在户籍地接受社区矫正。其中，居住地应当同时具备下列条件：第一，社区矫正人员应当具有其本人所有、承租或者他人、有关单位提供的且能够连续居住1年（含）以上的固定居所，社区矫正执行期少于1年的除外；第二，社区矫正人员有固定生活来源，或者有他人、有关单位为其提供的生活保障。确定居住地时，司法行政机关应当对人民法院、人民检察院、公安机关、监狱提供的材料，以及被告人、罪犯本人及其家庭成员或监护人、保证人出具的相关材料进行综合评判，向上述委托机构反馈意见。[1]

2012年江苏省颁布的《江苏省社区矫正工作流程》明确规定，本流程中所称的"居住地"应该同时具备下列条件：第一，社区服刑人员在居住地有固定住所并且能够连续居住6个月以上；第二，社区服刑人员在居住地有固定的生活来源。根据上述标准不能确定居住地的，社区服刑人员户籍所在地视为居住地。

再如，2014年四川省颁布的《四川省社区矫正实施细则（试行）》第31条和第32条明确规定，社区服刑人员在居住地执行社区矫正；不能确定居住

---

[1] 连春亮主编：《社区矫正工作规范》，群众出版社2013年版，第193页。

地的,在户籍地执行社区矫正。被告人、罪犯具有下列情形之一,且在当地有生活来源的,可以认定为居住地:第一,在当地购有(自有)房产,并能出具产权证或者其他具有法律效力的房产所有权、使用权证明的;第二,在当地租用房子,已连续居住6个月以上,并能出具与产权人签订继续租赁1年以上合同的;第三,在当地借用房子,已连续居住6个月以上,并能出具与产权人签订继续借用1年以上合同的;第四,在当地企、事业单位提供的居住场所已连续居住6个月以上,并且企、事业单位愿意为其提供可以继续居住1年以上担保的;第五,能够出具学校等行政事业单位为其提供的需要在当地就学6个月以上证明的;第六,近亲属或者监护人、保证人具有以上第一、二、三项情形的,愿意予以收留、接纳,履行协助监管义务,并为其提供可以居住1年以上担保的。以上连续居住时间以当地公安机关发放的《居住证》《暂住证》时间或者村(居)民委员会提供的证明材料为准。如果裁定的社区矫正期限不满1年,上述继续租赁、借用、居住的时间以及提供就学证明需要的时间可以为社区矫正期限。

可以看到,各省市对居住地的具体标准都普遍强调社区矫正对象要在犯罪地有居所,至于居所性质、居住时间的长短、有无生活保障问题以及有无保证人等则各有侧重。这就意味着,各省市的居住地标准存在差异的客观事实,在实践中很可能使得社区矫正决定机关与社区矫正执行机构对跨省跨市拟适用社区矫正的对象产生意见分歧,从而不利于社区矫正交付衔接时的配合,甚至还有可能造成推诿扯皮现象,造成社区矫正对象的脱管或漏管。[1] 另外,在司法实践中,法院往往根据公安、检察院移送时的居住地或社区矫正对象或其近亲属自报的居住地进行核实,甚少进行实地查验核实,当法院对社区矫正对象或其近亲属所提供的居住地有疑问时,更多的是直接将户籍所在地确定为居住地,让社区矫正对象回户籍所在地接受矫正。然而,在东部和沿海经济发达地区,外来人员往往是全家在某一个地方务工生活,那么,在让社区矫正对象回原籍进行社区矫正时,其他成员仍然在本地务工,势必造成夫妻和子女的分居,这本身就不利于社区矫正对象的教育和矫正;而且,如果社区矫正对象回原籍社区进行社区矫正,当地可能因缺乏帮教等社会力量而使得原籍社区矫正机构行使着矫正的大部分监管权力和职能,而社区矫

---

[1] 参见但未丽:"社区矫正立法若干问题研究——以《社区矫正法(征求意见稿)为分析对象》",载《首都师范大学学报(社会科学版)》2018年第2期,第61~62页;顾晓浪:"关于《中华人民共和国社区矫正法》第17条的案例解读",载《中国监狱学刊》2020年第4期,第148~150页。

正机构工作人员如果审查不细致或基于某种乡土性血缘裙带关系等原因滥用职权，便非常容易形成事实上的无序流动和脱管，影响到对社区矫正对象的监管效果，同时也可能给基层治理带来更多的问题。

二、解决原则与方案

《社区矫正法》以法律的形式，第一次正面回应了社区矫正对象执行地的确定和选择问题。《社区矫正法》第 17 条明确规定，社区矫正决定机关判处管制、宣告缓刑、裁定假释、决定或者批准暂予监外执行时应当确定社区矫正执行地。社区矫正执行地为社区矫正对象的居住地。社区矫正对象在多个地方居住的，可以确定经常居住地为执行地。社区矫正对象的居住地、经常居住地无法确定或者不适宜执行社区矫正的，社区矫正决定机关应当根据有利于社区矫正对象接受矫正、更好地融入社会的原则，确定执行地。基于此，《社区矫正法实施办法》明确规定，社区矫正对象的居住地是指其实际居住的县（市、区）。社区矫正对象的经常居住地是指其经常居住的，有固定住所、固定生活来源的县（市、区）。

这一规定，一方面明确确定了社区矫正执行地的居住地原则，如前所述，意在淡化户籍所在地的实质性影响；另一方面确立了居住地的替代或变通规则，即允许在特定情况下将经常居住地作为执行地；再者，在无法确定居住地和无法替代或变通时，立法确立了以利于复归社会为基本原则来综合确定社区矫正执行地的基本思路。从总体上看，《社区矫正法》是从立法的高度表达了对社区矫正执行地的基本态度倾向和原则，积极发挥对社区矫正实践操作的规范引领作用。当然，也必须看到，虽然居住地的提法被正式写入《社区矫正法》中，但只要居住地的认定存在着地方标准的差异，那么，跨省市的社区矫正执行地确认的障碍问题仍会依然存在。[1]对此，在现有的立法态度和倾向指引下，应当注意：

第一，决定机关在确定社区矫正执行地时，特别是有多个居住地或居住地不适合社区矫正时，应当征求社区矫正对象的意见。实际上，社区矫正对象本人内心对自己的工作、生活状况都有一定的期许和深度了解，只不过是他愿不愿意向社区矫正决定机关表露而已。也就是说，绝大部分社区矫正对

---

[1]《社区矫正法》与《社区矫正法实施办法》正式实施之后，一些省份将本省曾发布的社区矫正实施细则或其他规范性文件进行了修改和完善，然而，不同省份的细则或规范性文件对居住地标准的规定仍然存在着非常大的差异。

象对自己在哪里服刑和接受社区矫正,其内心是比较清楚的。有些罪犯不愿意在犯罪发生地接受社区矫正,可能该地区是他的一个"伤心地",心理上存在排斥;有些罪犯不愿意回原户籍所在地接受社区矫正,则可能主要是由于熟人社会的乡土人情因素对其产生的"羞耻感"作用所致。对于社区矫正对象内心的真实想法,社区矫正决定机关应当充分尊重,尽量激发社区矫正对象积极参与社区矫正的动力,减少社区矫正对象因为执行地而可能产生的抵触情绪,促进其早日回归社会。同时,社区矫正决定机关在适用社区矫正时,应当征求居住地社区矫正机构的意见,必要时委托其做相应的调查评估工作,从而提高执行地确定工作的准确性和规范性。

第二,逐步尝试建立罪犯在其所居住社区执行社区矫正的制度。事实上,我们当前所进行的社区矫正实践,在一定程度上是限制流动人口执行社区矫正的,而且,对于执行社区矫正的社区矫正对象,也是将其限定在特定社区内而不鼓励矫正对象流动的。在很多地区,针对流动人口犯轻罪的问题,很多法院并不敢轻易适用社区矫正,就是因为感觉社区矫正执行地难以确定。[1] 如果对流动人口宣告缓刑,但社区矫正跟不上的话,他若后续再犯罪,对法官的职业生涯可能都会有一定的影响。因此,流动人口犯轻罪,法官宁可判轻一点,也要判实刑。从法理上讲,这种从管理风险角度来区分能否对轻罪犯适用社区矫正的做法,在一定程度上的确违背了宪法中的平等原则,在很大程度上限制了社区矫正功能的充分发挥。在当前,以居住地为核心和主导的社区矫正执行地确立原则,实际上是一种"居住地的社区"矫正,而不是社区矫正对象"行为地社区"的矫正。从社区发展趋势的角度来看,罪犯在哪个社区犯了罪,或者在哪个社区犯过罪,就可以在该社区执行社区矫正。也正是从这层意义上讲,从"居住地社区的矫正"到"居住社区的矫正"的转变应当是社区矫正实践的基本发展方向。当然,这一转变需要以成熟的社区条件和功能作为保障。

第三,随着基层社会治理的现代化和法治化发展,可以尝试在全国范围内或部分省市之间统一居住地标准,即在尝试居住地标准区域一体化的基础上,推进全国范围内居住地标准的趋同化。2015年国务院颁布的《居住证暂行条例》第2条明确规定:"公民离开常住户口所在地,到其他城市居住半年以上,符合有合法稳定就业、合法稳定住所、连续就读条件之一的,可以依

---

〔1〕 参见但未丽:"社区矫正立法若干问题研究——以《社区矫正法(征求意见稿)》为分析对象",载《首都师范大学学报(社会科学版)》2018年第2期,第61~62页。

照本条例的规定申领居住证。"也就是说，凡是符合国家规定的居住证申领条件的，当地公安机关出具书面证明或本人持有居住证，就可以认定居住地。这一规定为居住地标准的统一化提供了相应的法律根据。当然，居住证标准统一化涉及社会保险和医疗、人力资源、街道社区以及公安派出所等多部门和多职能的协调对接，而这些部门和职能的协调对接，正是基层社会治理现代化改革所必须面对和解决的问题。从这一意义上而言，社区矫正执行地的确定和选择，与我国基层治理现代化和法治化有着极其密切的关系，只有与流动人口管理的相关基层治理制度及机制健全和顺畅了，社区矫正执行地的确定和选择问题才能不再被称为"老大难"问题。

第三节 社区矫正执行的一般程序

社区矫正执行的一般程序即对社区矫正对象有管辖权的社区矫正机构根据社区矫正决定机关的判决、裁定或决定对社区矫正对象的接收、监管、教育、帮扶以及解除或终止社区矫正的步骤和方法。由于监管、教育和帮扶的相关内容不仅是一般性程序问题，而且涉及与其他相关机构的协调和衔接等特殊程序问题，同时又涉及社区矫正对象惩罚奖励及相关实体权利的处分问题，因此，关于监管、教育和帮扶所涉及的程序性问题，就不在此处讨论而需要予以专门阐述。基于此，社区矫正执行的一般程序则大体上包括文书送达、报到、接收、宣告、终结、终止以及撤销等基本内容。

一、接收送达

社区矫正的接收程序，即被告人或罪犯经法院、监狱管理机关或公安机关作出有关判决、裁定或决定准予适用社区矫正后，由有管辖权的司法行政机关接收并开始执行社区矫正的步骤和程序。这一程序主要包括法律文书和社区矫正对象的交付接收两个方面的内容。社区矫正的接收程序，是真正开始实施社区矫正这一刑事执行工作的开端，也是风险比较高的一个关键节点。

（一）社区矫正接收程序的问题与困境

我国在社区矫正实践中，对于社区矫正对象的接收与告知程序已经有了基本的规定。《社区矫正实施办法》第 6 条第 1 款规定："社区矫正人员应当自人民法院判决、裁定生效之日或者离开监所之日起十日内到居住地县级司法行政机关报到。县级司法行政机关应当及时为其办理登记接收手续，并告知其三日内到指定的司法所接受社区矫正。……"对于暂予监外执行的社区矫正对象，《社区矫正实施办法》第6条第2款规定："……由交付执行的监狱、看守所将其押送至居住地，与县级司法行政机关办理交接手续。罪犯服刑地与居住地不在同一省、自治区、直辖市，需要回居住地暂予监外执行的，服刑地的省级监狱管理机关、公安机关监所管理部门应当书面通知罪犯居住地的同级监狱管理机关、公安机关监所管理部门，指定一所监狱、看守所接收罪犯档案，负责办理罪犯收监、释放等手续。人民法院决定暂予监外执行的，应当通知其居住地县级司法行政机关派员到庭办理交接手续。"2014年"两高两部"等发布的《暂予监外执行规定》，对人民法院决定暂予监外执行的人员交接问题作出了进一步规定：罪犯被羁押的，应当通知罪犯居住地社区矫正机构派员持暂予监外执行决定书及时与看守所办理交接手续，接受罪犯档案；罪犯被取保候审、监视居住的，由社区矫正机构与执行取保候审、监视居住的公安机关办理交接手续。《社区矫正实施办法》第5条规定："对于适用社区矫正的罪犯，人民法院、公安机关、监狱应当核实其居住地，在向其宣判时或者在其离开监所之前，书面告知其到居住地县级司法行政机关报到的时间期限以及逾期报到的后果，并通知居住地县级司法行政机关……""两高两部"发布的《关于进一步加强社区矫正工作衔接配合管理的意见》第5条第2款也明确规定："社区服刑人员前来报到时，居住地县级司法行政机关未收到法律文书或者法律文书不齐全，可以先记录在案，并通知人民法院、监狱或者看守所在5日以内送达或补齐法律文书。"

根据这些规范性文件的基本意见，可以看出，在《社区矫正法》出台前我国社区矫正实践中基本上存在着自行报到、押送交付和社区矫正机构主动接收三种接收社区矫正对象的方式，而且，对于社区矫正决定机关而言，在决定社区矫正时对拟适用社区矫正的罪犯存在书面告知和法律文书及时送达的义务。

然而，基于上述社区矫正对象接收方式、告知和送达义务开展的社区矫正实践，逐渐暴露了一些问题，主要包括：

第一，社区矫正对象自行报到，确实存在着较大脱管风险。一些社区矫正对象可能文化程度比较低，对于社区矫正的认识并不充分，或者本身就仍然心存侥幸，甚至主观上还有一些抗拒监管的情绪，加之有些地方社区矫正决定机关对社区矫正对象告知的有关报到期限和逾期后果等事项不详细，或者社区矫正对象文化水平达不到完全理解告知内容的程度，往往会产生一些逾期报到或根本不报到的现象。

第二，在暂予监外执行方面，监狱等决定机关和社区矫正机构接收之间存在权责不清和推诿扯皮现象。有些监狱本着降低自身单位风险的考虑，往往对一些患有绝症、不能自理、生活无着或者涉及邪教犯罪的罪犯急于准予适用社区矫正，在教育改造程度还不是非常成熟的条件下便办理保外就医；有些罪犯由于身体情况不佳病情紧急，在离开监所后便直接到特定医院进行治疗，从而导致无法按照司法解释的规定押送到社区矫正执行地，造成了一定的接收矛盾。

第三，主动接收的情况在某些地区的实践中流于形式。现在有相当一批罪犯犯罪地、判决地与其居住地不一致甚至跨越不同省市，由社区矫正机构主动上门接收理论上可行，但实际上由于社区矫正机构的装备、经费以及执法权限不足，居住地的社区矫正机构很难到罪犯犯罪和判决地的看守所或公安机关办理接收，即便社区矫正机构去接收，其最大的风险就是如果接收回来的路上出现罪犯逃跑或自伤、伤害他人等意外情况，不仅如何处理于法无据，而且社区矫正机构的执法人员对此也难以有效应对。因此，在实践中主动接收实际上就又演变成了在社区矫正文书交接后社区矫正对象自行报到的形式。

第四，社区矫正决定机关的告知义务履行不到位。虽然我国国家层面的规范性文件明确规定了社区矫正决定机关的书面告知义务，而且各省市的社区矫正实施细则或具体规范性文件，也大都明确和细化了这一规定，对此从规范上来讲，并不存在什么争议或分歧。但在具体的实践操作中，有些法院确实没有做到书面告知，也没有进行精准和详细的口头告知，甚至出现了法院和社区矫正对象对于"是否曾经告知过社区矫正事宜"的说法完全不一致但双方都没有足够的文字证据材料予以佐证的现象，甚至有些法院在判决时，并没有对拟适用社区矫正的罪犯进行较为通俗易懂和详细完整的社区矫正方面的教育，送达的社区矫正文书也并不完整，甚至社区矫正对象接受社区矫正的保证书等重要文件也缺失不全。另外，还有个别地区的法院不及时送达法律文书，经居住地社区矫正机构再三催促法院仍然以审判员工作调动为由不予送达，最终社区矫正机构无奈之下通过司法行政机关与判决地的司法行政机关协调，由判决地的司法行政机关与罪犯当时的辩护律师所在律师事务所进行沟通协调才得以取得相应的法院文书副本复印件。

第五，法律文书送达规定、方式、时效性和规范性存在一定问题。《社区矫正实施办法》规定,人民法院、公安机关、监狱应当在宣判或罪犯离开监所之前,通知居住地县级司法行政机关,并在判决、裁定生效后3日内送达法律文书,同时抄送居住地县级检察院和公安机关。社区矫正决定机关的工作人员往往认为,此处规定的3日送达和刑事诉讼法中普遍通行的10个工作日送达存在着很大差异,而且这一规定并非法律,其效力自然比法律要低,而且3日送达在实践中几乎不可能完成。社区矫正决定机关往往采用信函方式送达法律文书,但送达过程中收件地址经常存在一定问题,被退回概率很高,往往影响到送达的时效性,当面送达虽然最为稳妥,但是在跨省市的情况下却缺乏现实性;而且,有不少地区社区矫正决定机关并非按照法律规定的时限一对一送达,往往采用按月寄送或按批寄送的方式,也就是等相应的同类文书积攒到一定量时,统一邮寄送达,这自然也会导致送达的时效性难以保证。由罪犯自带至居住地的社区矫正机构,一方面存在不正式、不严肃的问题,毕竟社区矫正是国家的刑事执行活动,另一方面也存在一定的风险,如果罪犯不按期报到,那么这文书始终在罪犯个人手中,自然会影响对罪犯入矫的时间以及日常行为动态的掌握,有可能产生较大的脱管和漏管风险。再者,在法律文书送达时,的确容易出现文书不全的现象。在法律文书不全的情况下,有些地区的社区矫正机构便以影响到社区矫正对象的信息录入为由,直接将文书退回原决定机关,使得社区矫正工作就此拖延。在社区矫正基层实践中,法律文书不全往往是缺失检察院相关文书,比如起诉书、认罪认罚具结书等。也正是因为这些实际情况,《关于进一步加强社区矫正工作衔接配合管理的意见》规定了法律文书未到但社区矫正对象已来报到的特殊情况下的"预先登记"制度,试图协调不同机关法律文书送达方面的时间差。然而,虽然《关于进一步加强社区矫正工作衔接配合管理的意见》明确了这种特殊情况的处理方法,但正如上文所提到的特例那样,如果法院、监狱或看守所等以各种理由就是不补全或不送达法律文书,是否应当承担责任,承担什么样的责任?《关于进一步加强社区矫正工作衔接配合管理的意见》也考虑到这一现实问题,进而规定了在出现上述情况时,人民检察院应当依法提出纠正意见。但是,这里所指的检察院,是指何地的检察院?是指居住地的检察院还是原社区矫正决定地的检察院?若是居住地的检察院,那么它能否跨区甚至跨省市实质性地监督社区矫正决定机关呢?若是原社区矫正决定地的检察院,那么社区矫正机构是否需要在催收法律文书的同时将相应函件抄送社区矫正决定地的检察院呢?而且,社区矫正决定地的检察院是否会重视外地社区矫正机构送达的文书并迅速办理呢？诸如此类，都是在实践操作方面非常难以解决的具体细节问题。

（二）《社区矫正法》对接收程序的完善

正是由于社区矫正对象接收程序方面存在着较多的操作性困难和问题，《社区矫正法》对此进行了正式的立法回应，该法第 20 条规定："社区矫正决定机关应当自判决、裁定或者决定生效之日起五日内通知执行地社区矫正机构，并在十日内送达有关法律文书，同时抄送人民检察院和执行地公安机关。社区矫正决定地与执行地不在同一地方的，由执行地社区矫正机构将法律文书转送所在地的人民检察院、公安机关。"第 21 条规定："人民法院判处管制、宣告缓刑、裁定假释的社区矫正对象，应当自判决、裁定生效之日起十日内到执行地社区矫正机构报到。人民法院决定暂予监外执行的社区矫正对象，由看守所或者执行取保候审、监视居住的公安机关自收到决定之日起十日内将社区矫正对象移送社区矫正机构。监狱管理机关、公安机关批准暂予监外执行的社区矫正对象，由监狱或者看守所自收到批准决定之日起十日内将社区矫正对象移送社区矫正机构。"

可以看到，首先，《社区矫正法》修改了 3 日内送达的法律送达期限，并进一步细化了法律文书送达主体。同时，《社区矫正法实施办法》对这一规则做了进一步重申和明确。这一规则使社区矫正法律文书送达期限的规则与刑事诉讼法相关规则保持了一致，在一定程度上在朝着法秩序的统一性目标努力，值得肯定。而且，通过体系解释的方法我们可以看到，该法实际上细化并确定了法律文书的送达主体，即人民法院送达由其判处管制、宣告缓刑、裁定假释的社区矫正对象的相关法律文书；人民法院送达由其决定暂予监外执行的社区矫正对象的相关法律文书；监狱管理机关、公安机关送达由其批准暂予监外执行的社区矫正对象的相关法律文书。该法还特别规定了在跨省市的社区矫正情形下，由执行地的社区矫正机构将相应法律文书转送所在地的检察院和公安机关，这就为执行地的检察院和公安机关对社区矫正对象实施有效的监管、处罚以及对社区矫正机构的监督奠定了一定的事实基础。其次，《社区矫正法》修改了法院决定暂予监外执行时由社区矫正机构"主动接收"矫正对象的方式。这一修改，正是由于考虑到社区矫正机构在执法、经费、人员等方面的现实情况，将对拟适用社区矫正的罪犯的移送义务转移给羁押罪犯的看守所或执行取保候审或监视居住的公安机关。由公安机关亲自移送，一方面解决了社区矫正机构因执法权不完整以及物质经费保障方面的不足在主动接收方面所产生的实际困难，另一方面也有效防止了拟适用社区矫正的对象的脱逃以及各种可能的意外情况，毕竟公安机关具有相应有效的执法权限。《社区矫正法》充分考虑了不同机关的职责和任务，比较合理地分配了不同机关的权限，这一考虑是值得充分肯定的。《社区矫正法实施办法》对暂予监外执行社区矫正对象的交付问题作了更为详细的规定。其中，罪犯原服刑地与居住地不在同一省、自治区、直辖市，需要回居住地暂予监外执行的，原服刑地的省级以上监狱管理机关或者设区的市一级以上公安机关应当书面通知罪犯居住地的监狱管理机关、公安机关，由其指定一所监狱、看守所接受社区矫正对象档案，负责办理其收监、刑满释放等手续。对看守所服刑罪犯暂予监外执行，原服刑地与居住地在同一省、自治区、直辖市的，则可以不移交档案。

另外，《社区矫正法》在相应的条款中明确规定了社区矫正决定机构对拟适用社区矫正对象的告知义务。该法第19条第2款明确规定："社区矫正决定机关应当对社区矫正对象进行教育，告知其在社区矫正期间应当遵守的规定以及违反规定的法律后果，责令其按时报到。"

（三）社区矫正接收程序的发展方向

不可否认，《社区矫正法》是一部比较抽象的意在引领我国社区矫正发展方向的法律文件，对一些涉及具体实践操作方面的事项依然没有进行精确化的细致规定，由此，我们前文谈到的实践部门所面临的一些难题，即便在《社区矫正法》出台后仍然没有得到彻底解决，如我们前文提到的自动报到的风险、暂予监外执行犯决定与接收单位之间的风险博弈、法律文书依法定期限送达的制度保证以及违法责任承担的细化等。对此，"两高两部"有必要出台一些更为具体的实施细则，为社区矫正的实践提供具有针对性和可执行性的参考标准。基于此，关于社区矫正接收程序的细化和完善，笔者认为在一定时期内可以朝着以下几个方向努力：

第一，以《社区矫正法》的规定为基础，进一步细化法律文书的送达方式，规定不及时、不全面送达法律文书的相应法律责任，并建立法律文书送达的补全机制。

客观而言，在当前我国社区矫正实践中出现的脱管或漏管现象，在很大比例和程度上是由于法律文书送达问题导致的，这是一个非常严肃的事实问题。一旦法律文书没有送达或送达错误或反复处于退回和寄出途中，足以让社区矫正对象脱管或漏管，而且，在法律文书缺失的情况下，关于拟适用社区矫正对象的信息只能在司法行政机关与公检法等决定机关内部的统计数据信息中对比核查。实际上，我们也鲜有见到明知是社区矫正对象而拒绝纳入社区矫正形成漏管的事例。而法律文书送达混乱的一个很大的原因即法律赋予社区矫正决定机关法律文书送达义务时，未规定相应的法律责任，这就导致社区矫正决定机关的法律文书送达存在严重的随意性。特别是，当社区矫正机构通知社区矫正决定机关再次送达或补全法律文书时，还有一个现实问题，即不知道到底和决定机关的哪个部门进行对接，更不知道和决定机关的哪一位人员对接，而且在协调沟通过程中，决定机关的不同部门往往以公事公办的空话套话敷衍了事，或者相互推卸责任，这无疑都增加了社区矫正工作的难度。[1]

因此，对于法律文书的送达方式，应在社区矫正决定机构与社区矫正机构之间进行协调沟通，力争形成统一和规范的送达方式。如，本辖区的文书可以采取当面送达、签字或者机要文件交换模式，外地的文书则可采取挂号信函或机要寄送方式，不宜由社区矫正对象自带法律文书。另外，不同机构应当制定一致的文书清单，各个环节的法律文书类型要前后对照一致，从而最大限度地避免在办理移交手续时出现法律文书不全的问题。再者，应当规定责任到人，明确送达具体接收单位的部门名称及其具体人员，以便在出现问题时能够及时核对查找。最后，应当考虑到法律文书送达的地区性实际差异、交通、审理时限等问题，区分不同情况采用不同的寄送方式，必要时直接采用邮政快递等快捷方式。

此外，《社区矫正法》虽然规定了社区矫正决定机关依照法定时限送达法律文书的义务，但始终没有对其设定相应的责任或负担，即如果社区矫正决定机关故意或过失地违反送达义务，到底该怎么办？如果违反送达义务真的导致拟适用社区矫正的对象脱管、漏管甚至脱逃、再次犯罪，该如何承担责任？《社区矫正法》对这些具体问题如何处理依旧语焉不详。对此，似乎应当由公检法司的领导、主管和协调单位如政法委统一协调，将法律文书送达义务纳入社区矫正决定机关的绩效考核范围，凡是出现未及时送达、未全面送达社区矫正法律文书的，应当明确规定特定的惩罚措施，如扣除相应的绩效奖励等；对于因未及时送达、全面送达社区矫正法律文书导致社区矫正对象脱管、漏管甚至脱逃或重新犯罪的，根据情节和程度及其社会影响，予以行

---

[1] 司法部预防犯罪研究所课题组："社区矫正衔接机制建设研究报告"，载《中国司法》2016年第6期，第63~69页。

政处分以至于追究其相应的刑事责任。

再者，建立相对细化的法律文书补全机制。在当前社区矫正基层实践中社区矫正机构与社区矫正决定机关就法律文书补全事项存在的沟通不畅的问题，确实是一个看起来很小但却影响到社区矫正执法质量和效率的重要问题。社区矫正机构向社区矫正决定机关发出通知要求其补全法律文书，不仅具体的对接人往往难以落实，而且，就是以邮政快递的方式发送公文，对方也未必及时处理。因此，针对这种部门之间沟通协调不畅的问题，应当通过不同部门碰头会商并形成关于社区矫正机构联系对接决定部门的具体方式与程序方面的规范机制，落实各方的对接机构和责任人。如，法院可以由具体承办法官或案管中心作为具体的联系部门和具体责任人，因为案管办本身就包含了司法流程的管理和绩效考核等职责，所以社区矫正机构要求法院送达或补全法律文书时，直接和原审法院的法官和案管中心联系即可；看守所由于内设机构相对较少，一般除办公室外就是下设监区，因此由办公室作为与社区矫正机构联系对接的部门比较合适；监狱一般包括办公室、刑事执行科、狱政管理科以及具体的监区，刑事执行科一般负责刑罚的执行工作，因此可以将刑事执行科作为与社区矫正机构联系对接的具体部门。

第二，以《社区矫正法》为基础，进一步完善、规范和细化接收机制。前文已经提到，对于法律文书未送达但社区矫正对象已来报到的特殊情况下，我国实践中采用的"预先登记"制度应当继续坚持，从而更好地应对各种突发或特殊情况的出现。对此，《社区矫正法实施办法》予以再次确认："社区矫正对象前来报到时，执行地县级社区矫正机构未收到法律文书或法律文书不全，应当先记录在案，为其办理登记接收手续，并通知社区矫正决定机关在五日内送达或者补齐法律文书。"在接收机制中，有一个法律尚未涉及但确实存在的疑难问题，即社区矫正机构经查证社区矫正对象在本地确实没有真正的居住地时，到底该如何处理的问题。如果接收，那么接收后总不能将错就错地让其在本地接收社区矫正，毕竟他在本地没有居住地，那么又该依照什么程序解决这一问题？对此，笔者认为，为了防止脱管、漏管或其他意外情况发生，社区矫正机构应当先将其接收，并为社区矫正对象指定临时居住地，在有条件的地方可以将其指定居住于社区矫正中心，从而将其先置于监管之中，然后再会同社区矫正机构所在地的县级检察院与原社区矫正决定机关联系，变更社区矫正执行地或依法撤销社区矫正。具体程序可以大体上包括三方面：首先，由社区矫正机构附社区矫正对象本地无居住地的证明材料，提请原决定机关重新审查居住地，同时抄送社区矫正机构所在地的检察院，并由该所在地的检察院抄送原决定机关所在地的同级检察院。其次，原决定机关收到社区矫正机构的文书和材料后，应当重新审核居住地。实际上，在社区矫正实践中人们对重新审核居住地的性质到底是什么把握不清，重新审核是不是要从整体上推翻原判决、裁定或决定？如果推翻，是不是还要依据审判监督程序撤销原判决，只需而进行重新审理？这些问题都尚未有明确的法律规定。笔者认为，对于判处管制或缓刑的罪犯而言，居住地的错误不应当影响对罪犯定罪和量刑问题，如果罪犯没有撒谎或故意扰乱司法秩序，而是基于特定理由坚持认为某地是其居住地，那么，就没有必要启动审判监督程序撤销原判决，只需将居住地补正即可。当然，如果是罪犯故意撒谎或有意扰乱司法秩序，如果其行为严重到可以入罪的程度，则需要启动审判监督程序。对于监狱管理机关决定假释的罪犯而言，也同样如此，如果罪犯自身没有什么过错，则由监狱管理机关重新审核居住地后，交由新居住地社区矫正机构执行即可，如果罪犯故意撒谎或扰乱管理秩序，监狱则可提请法院撤销假释裁定，启动审判监督程序。对于被暂予监外执行的罪犯，则需要撤销原决定，重新审查居住地。若社区矫正决定机关审查居住地没有错误，应当依法及时将审查意见告知社区矫正机构。最后，社区矫正决定机关应当将审查意见及时告知社区矫正机构以及社区矫正决定机关所在地的同级检察院。

上文对社区矫正对象进入社区矫正执行程序的最初阶段——社区矫正机构接收送达程序的一些问题进行了讨论。上述讨论所涉及的仅为一般情形，而没有对社区矫正对象故意不报到而形成的脱管或漏管，脱管情形下的追查与惩罚以及社区矫正的撤销等特殊问题进行研究，因为这些问题实际上属于广义的社区矫正对象违反社区矫正法律法规的责任及其责任承担的问题，因此，对于此类问题笔者将在有关社区矫正对象法律责任的专门章节中详细讨论。

二、建档宣告

社区矫正机构接收社区矫正对象之后，需要对社区矫正对象组织正式的入矫宣告。按照我国当前社区矫正实践的做法，入矫宣告绝大部分是由各乡镇、街道的司法所具体承担。一般司法所会根据社区矫正对象的情况，建立专门的矫正小组，签订监管责任书、保证书，并由司法所工作人员主持，矫正小组成员及其他人员到场进行正式入矫宣告，由司法所工作人员向社区矫正对象宣读执行文书的主要内容、社区矫正的准确期限、应当遵守的规定、被禁止的事项、违反规定的法律后果、如自身权利被侵犯的救济途径等相关法律事项。在《社区矫正法》生效之后，《社区矫正法实施办法》对入矫宣告事项作出了明确规定：执行地县级社区矫正机构接收社区矫正对象之后，应当组织或者委托司法所组织入矫宣告。宣告内容包括有关法律文书的主要内容；社区矫正的期限；社区矫正对象应当遵循的规定、被剥夺的权利、被禁止的事项以及违法规定的法律后果；社区矫正对象依法享有的权利；矫正小组人员的组成以及职责等。入矫宣告由社区矫正机构或司法所工作人员主持，矫正小组成员与其他人员到场后按程序进行。宣告结束后，社区矫正对象应当在书面材料上签字确认已经了解所宣告内容。

在入矫宣告中，明确告知社区矫正对象的具体权利义务以及相应的法律责任非常重要。对于入矫宣告中的告知，事实上不能仅限于由社区矫正工作人员宣读一遍，应当由社区矫正工作人员考虑社区矫正对象对于法律的理解能力，在特定情况下应当由社区矫正工作人员将法律法规或禁止事项中的专业法律术语进行进一步解释，从而让社区矫正对象真正明确在社区矫正期限内什么能干、什么不能干、干了不能干的事会怎么样。我们看到，有些社区矫正对象根本连社区矫正是什么意思都不明白，司法所工作人员则创造性地直白的解释为"考虑到你犯罪轻、表现好，政府对你宽大，你不用在监狱坐牢了，社区矫正就是在家坐牢，固定时间来我们这里报到，我们管你"。"在家坐牢"其实就是一种通俗易懂而且大体上方向正确的说法，再如对"禁止令"和"收监"的解释为"不能去一些坏地方、不能见一些坏人、不能再干一些坏事""收监就是回去重新坐牢"。这些通俗说法，无疑对于增强执法的效果具有重要的积极作用。当然，我们也必须看到，在基层社区矫正执法过程中，确实存在着入矫宣告只是念一遍文字的现象，而且社区矫正工作人员极其不耐烦，不愿意为社区矫正对象解释具体法律规定，社区矫正对象不能真正理解法律法规，其实就又形成了一定的再犯罪或违反监管规定的风险。

关于入矫宣告中对于社区矫正对象基本权利义务的宣告，实质上属于社区矫正对象权利义务问题的内容，我们已经在专门的章节中进行了讨论，此处不再重复。但应当注意的是，无论《社区矫正法》还是基层社区矫正实践，都应当树立充分尊重社区矫正对象基本权利的观念，尊重权利是促使社区矫正对象复归社会的重要理念基础。也正是在这一意义上，笔者认为，社区矫正对象基本的人身自由、人格尊严和财产权利应当得到尊重和保护，社区矫正也仅仅是对社区矫正对象的行动自由、会客自由以及迁徙自由在一定程度上进行了限制而已,"不能将人身自由、人格尊严和财产权利赋予社区服刑人员"[1]的说法和立场是不符合我国宪法精神和社区矫正基本目的的。

在社区矫正实践中,当社区矫正机构正式接收社区矫正对象后,社区矫正机构需要为社区矫正对象建立专门的社区矫正执行档案。社区矫正执行档案基本包括适用社区矫正的法律根据文书、接收送达过程中的各种文书、监管审批考察文书、奖惩文书、收监执行文书、期满解矫文书等有关社区矫正执行的各项法律文书。同时,社区矫正机构应当建立工作档案,包括司法所和矫正小组进行社区矫正的工作记录、矫正对象接受社区矫正的各种文件材料,同时,应当存留社区矫正执行档案副本。[2]对于在社区矫正实践过程中形成的上述基本做法,无论是过去的《社区矫正实施办法》还是现在的《社区矫正法实施办法》均已经基本予以认可并采纳。

社区矫正执行档案是社区矫正工作的基本证据和历史记录,不仅对于社区矫正日常工作而言非常重要,而且对于社区矫正效果的反馈跟踪以及社区矫正工作的学术研究都具有重要的样本参考价值。从社区矫正执行档案特点而言,社区矫正执行档案首先应当具有规范性,即应当有统一的制式和具体的格式,由专人专项管理。其次,应当具有保密性,因为社区矫正是一项严肃的刑事执行活动,涉及社区矫正对象的个人信息、犯罪事实、家庭成员、社会关系以及特定的行动信息,这些信息都事关个人隐私,需要严格保密。最后,应当具有动态性。动态性源于社区矫正具有过程性,因此,从矫正开始到结束,档案资料会越来越多,也会越来越完整,呈现出动态特征。[3]

当前我国社区矫正执行档案在各地实践中存在着不统一和不规范的差异化现象,随着社区矫正制度的逐渐规范化以及电子信息技术的发展,社区矫正执行档案必将逐渐规范化和无纸化,从而会使得社区矫正工作的开展更加便捷顺畅。

三、监管教育

社区矫正对象在入矫宣告后,司法所工作人员与矫正小组其他成员及时

---

[1] 梅义征:《社区矫正制度的移植、嵌入与重构——中国特色社区矫正制度研究》,中国民主法制出版社2015年版,第185页。

[2] 参见张建明主编:《社区矫正实务》(第2版),中国政法大学出版社2013年版,第120~121页。

[3] 参见张瑞菊:"社区矫正档案管理研究",载《辽宁经济管理干部学院·辽宁经济职业技术学院学报》2015年第3期,第20~22页。

针对社区矫正对象的个人、犯罪以及家庭等情况进行综合考量，并定制具体的社区矫正方案，形成具有可执行性且有实际效果的监管、教育和帮扶措施。在日常监管教育中，社区矫正工作的具体内容和程序包括：①明确要求社区矫正对象定期向司法所报告遵纪守法、接受监管、参加教育学习、社区服务以及社会活动等基本情况；②要求社区矫正对象定期报到并进行登记管理，对不按时报到的人员要求限期报到并进行相关的处罚；③要求社区矫正对象每月进行思想汇报，参加特定的公益活动，个别地区还需要进行集中教育；④定期走访或通讯联络等信息化核查，有针对性地了解社区矫正对象的活动轨迹和日常行为情况，同时了解其家庭、所在单位、就读学校以及居住的社区或村的情况，从多方面掌握其思想动态和现实表现；⑤进行个别化的谈话教育，即根据社区矫正对象的心理状态、行为特点等，进行一对一的个别谈话教育；⑥针对个别违反监管规定的社区矫正对象，使用电子定位装置加强监管；⑦针对个别有心理问题或精神问题的社区矫正对象，联系专门的心理咨询人员或专家进行心理辅导和矫正；⑧针对贫苦或有特殊困难的社区矫正对象，要多方协调社会力量和机构，进行有效的帮扶。在日常监管教育过程中，司法所工作人员还必须根据矫正方案，登记并根据社区矫正对象进行接受监管、参加教育学习和公益活动的表现情况，定期对社区矫正对象进行考核，调整社区矫正对象的管理和风险等级，贯彻和执行分类管理制度。

应当说，在社区矫正实践过程中，各地对于监管、教育和帮扶的理解各有侧重，但大部分地区比较强调监管，相对忽视教育矫正，将社区矫正工作的目标定位为"看住管住，不出事，不闹事"这种比较低的层次，从而在很大程度上忽略了社区矫正的根本目的在于在尊重社区矫正对象基本权利的前提下帮助其复归社会正常生活，忽略了社区矫正工作在我国转变单一的社会治理方式、构建多元共治体系中的重要价值，也就更没有考虑到社区矫正在强化基层治理实现国家治理现代化与法治化方面的重大创新意义，最终使得社区矫正的中国特色以及特殊价值难以在实践工作中彰显。也正因如此，社区矫正立法在一定程度上就是在纠正社区矫正实践过程中的一些理念、思路及做法上的偏差，从而引导社区矫正工作朝着更加理性和现代化的方向发展。社区矫正立法的深远用意，值得我们深刻领悟和贯彻。在此基础上，《社区矫正法实施办法》进一步强调了监管教育的分类管理原则以及矫正方案的动态调整原则。首先，该办法明确规定了社区矫正对象分类管理的依据和标准。社区矫正机构应当根据裁判内容、犯罪类型、矫正阶段以及再犯风险等情况对社区矫正对象予以分类，实施分类管理，并将社区矫正对象的考核结果和奖惩情况作为分类管理的依据。同时，要特别考虑社区矫正对象的类型差异，针对不同类型的社区矫正对象采取个别化和有针对性的矫正措施和方法。其次，该办法细化了矫正方案的制定根据、内容与动态调整条件等操作性规则。矫正方案的制定，必须考虑社区矫正对象的性别、年龄、心理特点、健康状况、犯罪原因与悔罪表现等情况，同时，要符合《社区矫正法》中所特别地强调"有针对性地消除社区矫正对象可能重新犯罪的因素，帮助其成为守法公民"的目的和要求。矫正方案的内容包括社区矫正对象基本情况、对社区矫正对象综合评估结果、对社区矫正对象心理与其他情况分析、拟采取的监督管理与教育帮扶方法等。社区矫正机构应当根据分类管理的要求、实施效果以及社区矫正对象的表现等情况，及时调整矫正方案。

四、期满解矫

社区矫正对象期满前，司法所需要根据社区矫正对象在接受社区矫正期间的具体表现、考核结果、社区意见等情况作出书面鉴定，并对其安置帮教提出建议，由县级司法行政机关向其发放解除社区矫正证明书，司法所组织并对社区矫正对象进行社区矫正解除宣告。具体而言，司法所向社区矫正对象宣读鉴定意见；宣布期限届满，依法解除社区矫正；对判处管制的，宣布执行期满，解除管制；对依法宣告缓刑的，宣布缓刑考验期满，原判刑罚不再执行；对裁定假释的，宣布考验期满，原判刑罚执行完毕。暂予监外执行的社区矫正对象刑期届满的，由监狱、看守所依法为其办理刑满释放手续。《社区矫正法》将解除社区矫正的条件规定为矫正期满或赦免两类。《社区矫正法实施办法》进一步规定了社区矫正解除的具体条件、期限、程序等相关操作性规则。在《社区矫正法》生效后，《社区矫正法实施办法》原则上保留了《社区矫正实施办法》中关于社区矫正对象解除矫正和解除矫正宣告的相关规定。但值得注意的是，与《社区矫正实施办法》不同，《社区矫正法实施办法》对解除矫正和解除矫正宣告进行了适当区分，明确指出当社区矫正对象矫正期满时，社区矫正机构或受委托的司法所"可以组织解除矫正宣告"而不再是"应当组织解除社区矫正宣告"。这主要是因为，我国《刑法》在不同的条文中对管制犯期满、缓刑考验期满以及假释考验期满的公开宣告分别做出了规定，社区矫正解除时的公开宣告，应当区别情形并分别依照刑法有关规定进行。对于暂予监外执行期间刑期届满的，由于我国《刑事诉讼法》

并没有规定公开宣告程序，因此《社区矫正法》也就没有必要增加。由此，在《社区矫正法》没有统一规定社区矫正解除宣告制度的情况下，当社区矫正对象矫正期满是否需要组织解除宣告，便成为执行地社区矫正机构自由掌握和裁量的可选择性事项。

另外，《社区矫正法》还规定了社区矫正终止的程序，即社区矫正对象被裁定撤销缓刑、假释，被决定收监执行，或者社区矫正对象死亡的，社区矫正终止。这一规定无疑使得社区矫正程序更加完善、更加科学，提高了法律秩序的统一性和完整性。

第四节　社区矫正的衔接程序

由于社区矫正是多个国家机关围绕着对社区矫正对象的刑事执行活动展开的，因此社区矫正机构与法院、检察院、公安机关、监狱管理机关相互之间以及各系统内部不同单位或上下级之间便发生了广泛和复杂的联系，产生了需要沟通、协调、配合和制约的工作状态。社区矫正衔接程序的顺畅运行，是社区矫正工作正常开展的前提条件，也是推进刑事执行统一化的重要方面，因此，有必要对社区矫正的衔接程序进行专门的梳理和探讨。

一、衔接程序的问题与困境

在当前的社区矫正实践过程中，由社区矫正执行中的程序衔接问题所引发的工作不畅和疑难杂症，大体表现为以下几个方面：

第一，脱管或漏管人员的核实与追查以及治安管理处罚与决定的衔接机制不畅。

在《社区矫正法》及《社区矫正法实施办法》出台前的社区矫正实践中，《社区矫正实施办法》的确规定了社区矫正对象未按期报到或在矫正期间脱管的，应当由司法行政机关组织追查，与之对应，《关于进一步加强社区矫正工作衔接配合管理的意见》对于脱管进行了明确界定，但没有进一步明确指出脱管由谁来认定、以何种标准认定，也没有涉及司法行政机关追查的权限及技术手段的应用问题。在社区矫正实践工作中，由于司法行政机关工作人员相对短缺、技术手段落后以及经费保障等方面的客观原因，由司法行政机关查找脱管、漏管人员实际上难度较大，而且有些技术手段由于执法无据也不能被使用，只能借助公安派出所的警力和技术手段，在公安机关配合和协助下查找，公安机关却往往以没有发现犯罪线索或自己不是查找的责任主体而推诿拒绝，从而查找机制能否顺利启动便在很大程度上取决于司法行政机关与公安机关的日常关系。也就是在查找问题上，很多地区查找程序启动这一公事，却靠"私人交情"启动和推进。这种"公事私办"对法治秩序而言，并非一件好事。治安管理处罚的提请也是如此。《治安管理处罚法》第60条已经明确了对于社区矫正对象违反法律或监管规定予以处罚的根据，但实际上，即便是社区矫正机构向公安派出所提请治安管理处罚，派出所也可能基于治安管理处罚中的自由裁量权，调解结案或不处罚；而且，也确实存在着由于公安派出所直接忽略了社区矫正对象正在接受社区矫正的事实而直接施以治安管理处罚，根本不向司法行政机关通报的现象。

第二，社区矫正对象在社区矫正过程中需要减刑或撤销缓刑、假释和收监执行时，社区矫正机关的提请建议往往得不到重视。

在刑事司法实践中，法院审判部门往往坚持认为，判处缓刑或假释适用社区矫正，对于罪犯而言就已经很宽大了，在这么宽大的情况下还想进一步减刑，"罪犯要求太多了"，进而不愿意办理社区矫正对象的减刑案件。有关社区矫正机构提请撤销缓刑、假释或收监执行的建议，原社区矫正决定机关往往有意无意拖延，不能按规定的时间办结，从而使应受到惩处的社区矫正对象时常得不到及时处理；有些法院则对于社区矫正机构的建议直接拒绝，或者干脆"冷处理"，不支持也不驳回。与之类似，有些看守所、监狱也往往因为罪犯的身体或其他各种原因而不愿意配合收监。另外，在《社区矫正法》及《社区矫正法实施办法》出台前的司法实践中，收监手续也存在一些问题。《社区矫正实施办法》规定了撤销缓刑、假释或暂予监外执行收监的，由县级司法行政机关交监狱或看守所，公安机关予以协助。《关于进一步加强社区矫正工作衔接配合管理的意见》则没有对此进一步明确规定。这一规定实际上缺乏可操作性，司法行政机关采用什么措施送交、公安机关在什么程度和范围内予以协助、怎么协助都没有明确的操作细则，很容易导致协调不成而双方互相推诿最终使得收监无法完成。实际上，国家已经注意到这一问题，因此在修改后的《监狱法》第33条，2012年"两高一部"发布的《关于实施刑事诉讼法若干问题的规定》第九部分第35条，2014年《关于〈中华人民共和国刑事诉讼法〉第二百五十四条第五款、第二百五十七条第二款的解释》以及《关于进一步加强社区矫正工作衔接配合管理的意见》都开始规定由公安机关将撤销假释的罪犯送监和追捕在逃的社区矫正对象。然而，近年来的司法实践却出现了一些新问题,如有些公安机关选择性地执行司法解释,对自己不利的往往不愿参与,多方推诿,也导致司法行政机关与公安机关沟通起来非常不顺利;有些司法行政机关基于自身利益考虑,往往觉得"求爷爷告奶奶折腾一圈太麻烦""大不了尽量不收监而已",无形中放宽了收监标准。再者,收监法律文书送达的具体机构和责任不明确,前后不统一,往往导致法律文书种类不全,影响到收监的时效性。最后,在当前虽然《关于进一步加强社区矫正工作衔接配合管理的意见》将撤销缓刑、假释裁定书和对暂予监外执行罪犯收监执行决定书可以作为公安机关网上追逃的依据,但实际上一些地区的公安机关却往往认为这一规定效力很低,没有先例不想承担责任,仍然要求只有出具逮捕证才将社区矫正对象网上追逃,这无疑使得网上追逃难度加大。

第三,社区矫正机构与其他相关机构关于社区矫正对象的信息通报机制不统一,甚至互相不通报。如,有些公安派出所以不再负责社区矫正对象为由,不接收社区矫正对象的基本情况以及相应的法律文书,同时,社区矫正对象解除矫正后,公安机关也不将其纳入重点人口管理。又如,公安机关在决定对社区矫正对象采取限制人身自由的措施(如行政拘留、司法拘留、强制隔离戒毒或刑事强制措施)之后,往往不跟相应的社区矫正机构进行通报,从而导致社区矫正机构对监管对象的情况不能尽快掌握,查找也盲目无头绪,白白浪费资源、时间和精力。

综上,我们可以看到,在当前衔接程序的现状和问题方面,司法行政机关和公安机关的工作交汇点最多、协调概率最高,而且所需协调的大多涉及收监、查找追捕、治安管理处罚以及信息通报共享等属于重大应急性的事项,然而,也正是这一环节产生和存在的问题最多。

当前我国《社区矫正法》已经出台,对于这些问题的细致和深入了解和把握,不仅需要结合《社区矫正法》出台前颁布的依然有效的规范性文件如《关于进一步加强社区矫正工作衔接配合管理的意见》等进行考虑,而且必须以《社区矫正法》和替代《社区矫正实施办法》的《社区矫正法实施办法》的规定为基础进行综合研判,才能真正理解和领会《社区矫正法》与《社区矫正法实施办法》对于衔接程序的具体立场和态度,只有明确了《社区矫正法》与《社区矫正法实施办法》的立场和态度,才能以其为基础提出有关衔接程序发展的具体的方向性建议。因此,我们首先要结合《社区矫正法》与《社区矫正法实施办法》对不同机关的工作交汇点进行详细梳理。

二、衔接程序的规范梳理与发展方向

对于社区矫正的衔接程序，既可以将社区矫正机构与其他机关单位的关系作为基本标准进行系统梳理，也可以按照社区矫正工作运行机制进行系统梳理，笔者认为，由于按照机构标准进行梳理往往会出现机构和权力的交叉和重叠，完全按照运行机制进行梳理也会使得各个单位的权限程序显得过于分散。因此，在《社区矫正法》与《社区矫正法实施办法》已经出台的框架背景下，笔者拟以机构标准为主，在该框架下按照运行机制标准进一步细分梳理，从而完整和有序的展示社区矫正机构与其他机关的工作程序交汇点。

（一）衔接程序的规范梳理

社区矫正机构与人民法院在社区矫正工作中存在以下交汇点：第一，法院决定是否适用社区矫正时，需要委托社区矫正机构进行调查评估；第二，法院确定社区矫正对象的居住地，告知社区矫正对象应当遵守的规定以及违反规定的后果，并要求其向社区矫正机构按时报到；第三，法院将对社区矫正对象适用社区矫正的判决、裁定或决定等法律文书交付给社区矫正机构执行；第四，社区矫正机构认为社区矫正对象有不适合进行社区矫正的情形时，提请法院撤销社区矫正以及请求法院确认是否逮捕；第五，社区矫正对象符合减刑条件的，向法院提出减刑建议。

社区矫正机构与监狱管理机构在社区矫正工作中存在以下交汇点：第一，监狱提请人民法院裁定假释时，应当委托社区矫正机构开展调查评估，提请上级机关决定暂予监外执行时，可以委托社区矫正机构开展调查评估工作；第二，决定适用社区矫正时确定执行地，并通知执行地社区矫正机构，进行移送交付送达工作；第三，办理提请撤销社区矫正的案件；第四，收监执行时的交付接收工作。

社区矫正机构与公安机关在社区矫正工作中存在以下交汇点：第一，社区矫正对象违反监督管理规定或法院禁止令的，需要依法应予治安管理处罚的，社区矫正机构应当及时提请公安机关依法给予处罚；对于正在实施违反监督管理规定或法院禁止令等违法行为的，社区矫正机构制止无效时，应通知公安机关到场处置；第二，社区矫正对象被拘留、强制戒毒或采取刑事强制措施的，涉及公安机关时，公安机关应当及时通知社区矫正机构；第三，被提请撤销缓刑、假释的社区矫正对象可能逃跑或可能发生社会危险的，社区矫正机构提请法院对其予以逮捕时，若法院决定逮捕，公安机关应予以执行；第四，法院裁定撤销缓刑、假释的以及对人民法院、公安机关决定的暂予监外执行罪犯需要收监执行的，公安机关应当及时将社区矫正对象送交监狱或者看守所执行；第五，被裁定撤销缓刑、假释和被决定收监执行的社区矫正对象逃跑的，由公安机关追捕，社区矫正机构、有关单位和个人予以协助；第六，社区矫正对象变更执行地，变更后的社区矫正机构应当将法律文书转送所在地的检察院和公安机关；第七，社区矫正对象失去联系的，社区矫正机构应当立即组织查找，公安机关等有关单位和人员应当予以配合协助；第八，人民法院决定暂予监外执行的社区矫正对象，由看守所或执行取保候审、监视居住的公安机关将矫正对象移送到社区矫正机构，公安机关批准暂予监外执行的社区矫正对象由看守所移送社区矫正机构；第九，限制社区矫正对象出境的措施由公安机关执行。

社区矫正机构与检察院在社区矫正工作中存在以下交汇点：第一，检察院发现社区矫正工作违反法律规定的，应当依法提出纠正意见、检察建议；第二，对于社区矫正工作人员或其他国家工作人员不履行职责、体罚、虐待社区矫正对象或限制其人身自由的、泄露社区矫正工作秘密或信息、打击报复申诉、控告或者检举社区矫正对象的等违法违纪行为的法律监督；第三，社区矫正对象变更执行地，变更后的社区矫正机构应当将法律文书转送所在地的检察院和公安机关；第四，社区矫正对象符合减刑条件的，社区矫正机构需将减刑建议书抄送检察院；第五，社区矫正机构向原审法院或执行地法院提出撤销缓刑或假释建议的，应当将建议书抄送检察院；第六，暂予监外执行罪犯有法定收监情形的，社区矫正机构提出收监建议，需将建议书抄送检察院；第七，社区矫正对象死亡的，社区矫正机构应通知检察院。

前文笔者以《社区矫正法》和《社区矫正法实施办法》为框架基础，对于社区矫正机构与法院、监狱、公安机关和检察院等机关的工作交汇点进行了较为详细的规范梳理，并结合前文我们所谈到的当前实践工作衔接程序的问题与困境进行比较，可以作出如下总结和判断：

首先，社区矫正机构和法院之间，有关调查评估、确定居住地、告知与责令报到义务、送达交付等程序都属于社区矫正真正开始之前的具体程序，我们前文对此已经进行了比较详细的分析并提出了相应的对策，此处不再重复。那么，在社区矫正真正开始执行之后，社区矫正机构与法院工作发生交汇的只有两项：一是提请撤销社区矫正，并且在特定情况下提请逮捕是《社区矫正法》的新规定，二是提请减刑。《社区矫正法》规定社区矫正机构有权提请逮捕，实际上在一定程度上增加了社区矫正机构的执法权限，有利于对违反监管规定的社区矫正对象的威慑和控制。与此同时，从理论上讲，将收监这种性质上属于剥夺自由的最终决定权限更多地赋予法院，比较符合法理的基本要求，也比较符合国际人权法的基本原则。但是，社区矫正机构的撤销社区矫正和提请逮捕权限，仍然在很大程度上受制于法院，如果法院仍像以往一样，还是不愿意办理撤销社区矫正案件，或者对社区矫正对象不予逮捕，或者不愿意办理减刑案件，社区矫正机构又该如何处理？《社区矫正法》对此并没有予以明确，而这才是在社区矫正制度进一步发展过程中需要解决的真正问题。

其次，在社区矫正机构与监狱管理机构之间，有关调查评估、确定居住地、告知义务以及《社区矫正法》关于移送交付的新规则也已经讨论过。因此，在社区矫正执行过程中，撤销社区矫正以及收监执行接收这一交汇点的程序龃龉仍然是需要进一步解决的问题。同时，社区矫正与检察院之间，更多的是涉及检察院履行法律监督职能的问题，包括检察院对于社区矫正机构执法的监督以及检察院对于公安、法院等其他机关关于配合社区矫正机构执法的监督方面的内容。对于前者，笔者将在"社区矫正机构的法律责任"部分进行专门探讨，而对于后者，实际上是属于检察监督权限和范围的问题，这一问题更多地属于检察监督理论的研究对象，因此在社区矫正制度的研究中，囿于研究主题也不宜全面展开。

最后，笔者着重分析社区矫正机构与公安机关的相关衔接程序以及《社区矫正法》对衔接程序的立法改进与发展。客观而言，《社区矫正法》从整体上已经充分考虑到社区矫正机构在人员、经费、物质保障等方面的现实困难，因此仅确认了其部分执法权，并且以立法形式将涉及社区矫正机构需要追逃、移送等具有危险性和需要强制力的执法工作完全划给公安机关，使得公安机关在上述领域的工作量进一步增加，而仅在社区矫正对象失联的查找中处于配合地位。也正是因为这一考虑，我们可以认为，凡是需要动用类似警察权限的执法行为，《社区矫正法》都已经明确分配给公安机关，这也是立法没有采纳社区矫正配备警察这一呼声很高的立法建议的基本原因。应当说，这一立法规定，比较清楚地界定和明晰了公安应急处置与社区矫正机构执法之间的权限，实际上是为公安机关设定了更多的法定义务，同时，这样的权限安排，也比较符合社区矫正制度设立的"复归社会"的根本目的。另外，社区矫正机构与公安机关治安管理处罚提请与信息通知共享机制的问题在立法中没有进一步明确。

(二) 衔接程序的发展方向

在当前,关于社区矫正机构和公安机关权限进一步明晰的发展方向毫无疑问是正确的,而且以法律的形式为公安机关设定的义务,从规范的效力层级而言也比较高,能够督促公安机关尽职尽责的依法履行上述法定义务,同时能够使社区矫正机构从一些长期议而不决的执法纠结状态解脱出来,将工作重点更多地放在社区矫正对象的教育矫正和帮扶方面,从长远上看有助于社区矫正执法的严肃性和有效性。只不过,在近期内的确存在着由于公安机关办案任务繁重、警力紧张、对新法新规的认识和理解不到位等问题,从而导致公安机关不予治安管理处罚、不予积极配合查找以及不予积极抓捕等问题,可能仍然会存在。

对上述问题,笔者认为,在当前的现实背景下至少需要从以下三方面进行努力:

第一,充分重视衔接程序对于社区矫正工作的重大影响和意义,涉及社区矫正工作的不同部门,在国家层面尽快出台关于衔接和协调程序的具体操作细则和实施意见,特别是对于社区矫正机构提请治安管理处罚和撤销社区矫正的问题需要明确规定。待实施意见出台后,各省市可以由政法委牵头会同不同单位集中制定省内实施细则和指导意见。在衔接程序的讨论、起草和制定过程中,需要明确不同机关的具体义务和职责,特别是需要设定在相应的义务和职责已经明确规定的情况下,不履行规定的法律责任及其后果,以及相应的补救措施。如,在相关单位义务职责明确的情况下拒绝履行的,检察监督应当如何介入则需要进一步规定并落实。又如,明确脱管、漏管的具体标准,明确应当给予社区矫正对象治安管理处罚的具体情形和标准。再如,明确社区矫正机构提请撤销社区矫正的具体程序、标准和对象。特别是明确是否由执行社区矫正的社区矫正机构直接提请;如果原审判决是中院或高院作出的判决的情况下,那么,是否还是由执行社区矫正的县级机构提请?社区矫正机构提请撤销社区矫正,是否保留一定的执法裁量权?等等。对此,《社区矫正法实施办法》明确规定了社区矫正机构提出撤销缓刑建议、撤销假释建议和收监执行建议的具体条件、标准和程序。并且,《社区矫正法实施办法》针对社区矫正机构提请撤销缓刑或假释建议存在级别或地域障碍情形时如何处理的问题做出了相应的规定。对处于缓刑或假释考验期内的社区矫正对象,由执行地同级社区矫正机构提出撤销缓刑或假释的建议。对于暂予监外执行的社区矫正对象，在特定情形下则由执行地县级社区矫正机构提出收监执行建议。社区矫正机构一般向原审人民法院提出撤销缓刑或假释建议，但如果原审人民法院与执行地同级社区矫正机构不在同一省、自治区、直辖市的，可以向执行地人民法院提出建议，执行地人民法院作出裁定的，裁定书同时抄送原审人民法院。

第二，应当充分利用现代化信息技术，建立快捷和迅速的信息通报和协商制度。最高人民法院和司法部可以协商建立跨区的审判机关和居住地县级司法行政机关之间涉及社区矫正判决、裁定和决定的生效通报机制；对于监狱管理机关、公安机关决定暂予监外执行的，在监狱、公安看守所和居住地县级司法行政机关之间建立暂予监外执行生效前的通报和争议协商解决机制。另外，应当充分运用信息化的科技成果，建立全国统一、上下联动、多方互联互通的社区矫正信息管理和共享平台，这是解决社区矫正衔接程序诸多现实问题的最可行的技术手段。综合性的社区矫正信息管理与共享平台应当从社区矫正决定时开始就能够掌握新增社区矫正对象的基本信息，从而为接收和入矫做好准备；同时，在监管过程中，社区矫正机构可以及时提请变更刑事执行措施，相关部门可以审核监督；社区矫正对象出现违法和违反监管的情形，公安机关便可以直接进入系统进行处置，真正依靠现代信息技术实现信息共享、互联互通，多方协作。

第三，在讨论社区矫正衔接机制具体制度设计的同时，《社区矫正法》其实也表明了另一种制度发展思路，即加强在矫人员的监管和改造项目创新。

前文已经提到，《社区矫正法》实际上适当扩大了社区矫正机构的权限，如训诫、警告以及提请逮捕等。而且，最重要的是，对于特定五种类型的具有社会危险性的社区矫正对象，可以基于加强监管的目的而必须适用电子定位装置。至少，适用电子定位装置可以在一定程度上预防社区矫正对象逃跑现象的发生，从而减少启用衔接程序的可能。这似乎意味着，社区矫正机构可以在具体工作中创新工作内容，在强化监督管理的有效性、教育矫正和思想改造的有效性、帮扶感化的有效性等方面着手，尽最大可能地预防或消除社区矫正对象违反法律、违反监管规定或禁止令的可能性，进而减少社区矫正机构提请治安管理处罚或撤销社区矫正的可能性，从而减少与其他机关进行交涉的环节。[1]如，对于有人身危险性和再犯可能性比较高的身体、精神或瘾癖性的特殊社区矫正对象，可以有针对性地加强监管，如集中管理、强

---

〔1〕 参见高贞：《中国特色社区矫正制度研究》，法律出版社2018年版，第58~59页。

制治疗等。对于违反监管规定的社区矫正对象，可以安排进行集中学习、思想矫正和心理疏导，或由专门人员带领其参观监禁机构，晚上再安排回家，即通过适当限制白天行动的做法，充分发挥教育和矫正作用的同时，还能发挥一般威慑的效果，从而抑制和降低其人身危险性或再犯可能性。或者，可以充分发挥矫正小组的作用，在对其进行相对严格的监管之外，可以在特定情况下要求其在周末或晚上必须在家，由家人予以陪同，并告知其如有违反将影响社区矫正的考核。[1]对社区矫正对象适用诸如此类相对严厉的监管措施，应当说由于社区矫正对象事先有违反监管规定的错误在先，在社区矫正机构的正式预先告知义务已履行且监管措施没有达到剥夺或进一步限制其人身自由等权利的程度的情况下，是合法合理的，并无不当之处。

我国有些地区在社区矫正实践中尝试保证金制度，即将社区矫正对象遵守监管的情况与经济利益挂钩，约定在社区矫正顺利完成时，保证金全额退还；在严重违反监管规定或违反法律时，按约定扣除或没收相应保证金。保证金制度属于社区矫正机构和社区矫正对象在入矫之初基于双方合意而达成的一种契约，目的是早日完成社区矫正项目，应当说也无违背法理之处。当然，这一制度在我国尚属尝试阶段，在法律上没有明文允许也没有明确禁止。只不过，保证金制度的尝试必须有明确的收费范围、标准、程序、保管方式、退还程序等，并最大程度地做到按阶段公示以保证制度运行的透明化。

总之，应当认为，在不同国家机关的协调衔接程序和机制完善的同时，社区矫正机构充分发挥自身主观能动性，依靠自身工作创新，切实提高监管和教育矫正的效率和质量，降低社区矫正执法提请治安管理处罚和撤销社区矫正的概率，真正减少执法过程中各种衔接环节，是社区矫正机构依靠自身执法权限和能力就能完成的任务，而且这一思路也从根本上符合社区矫正教育改造和复归社会的根本目的，应当引起社区矫正机构的充分重视，毕竟，对于社区矫正对象予以治安管理处罚或撤销社区矫正并非社区矫正的初衷，相反，这种治安管理处罚或收监从本质上就意味着社区矫正教育和矫正项目的"彻底失败和无效"，[2]这一结果无疑是社区矫正机构及其工作人员不愿看到的。

---

〔1〕参见吴宗宪：《社区矫正比较研究》（下），中国人民大学出版社2011年版，第427、502页。
〔2〕Robert Martinson, "What Works? Questions and Answers about Prison Reform", 35 *Pub. Int.* 22 (1974).

第六章 中国特色社区矫正基本程序问题

本章小结

社区矫正程序有广义与狭义之分。广义的社区矫正程序包括社区矫正决定的作出与执行两方面的程序，狭义的社区矫正程序仅指社区矫正执行程序。在社区矫正理论领域，社区矫正程序一般即指社区矫正执行程序。

《社区矫正法》对调查评估制度定性为参考意见并规定了具体内容，但是，提高调查评估制度的精确性和可操作性仍然应当是重要任务。《社区矫正法》明确规定了社区矫正执行地确定的原则，然而，随着社区矫正制度的发展，应当逐步建立罪犯在其犯罪所在社区执行社区矫正的制度；在推进居住地标准区域一体化的基础上，推进全国范围内居住地标准的趋同化。

社区矫正执行程序包括一般程序与衔接程序两部分内容。一般程序即对社区矫正对象有管辖权的社区矫正机构根据社区矫正决定机关的判决、裁定或决定对社区矫正对象的接收、监管、教育、帮扶以及解除或终止社区矫正的步骤和方法。在一般程序中，各种程序的操作细则、工作内容、法定期限与责任承担等都需要逐步细化，提升其精准性与可操作性。衔接程序关注社区矫正机构与人民法院、人民检察院、公安机关、监狱管理机关相互之间以及各系统内部不同部门或上下级之间发生的广泛和复杂的联系。解决衔接程序中沟通不畅和效率低下等问题，重在提升社区矫正机构与公安机关协调机制的规范化、明确化与可操作化程度，特别是细化和明确社区矫正机构提请治安管理处罚以及公安机关决定治安管理处罚的情节与标准。此外，加强社区矫正对象的监管和改造项目创新，切实提高教育矫正质量，降低提请治安管理处罚和撤销社区矫正的概率，应当是社区矫正衔接程序进一步发展的一种行之有效的创新性思路。

第七章 中国特色社区矫正制度法律责任问题

社区矫正的制度构建，核心围绕着社区矫正机构及其人员如何对特定社区矫正对象进行监督管理和教育帮扶活动从而使之顺利复归社会而展开，因此，在社区矫正工作中，社区矫正机构及其人员和社区矫正对象成为社区矫正法律关系的基本主体。社区矫正对象参加社区矫正，接受社区矫正机构及其人员的监督管理和教育帮扶，在这一过程中能够产生不同的法律后果，最常见的后果即社区矫正对象按照社区矫正机构及其人员的要求顺利完成社区矫正，复归社会过正常人的生活；也有一些社区矫正对象由于表现突出，受到社区矫正机构的表扬或者不同程度直至减刑的司法奖励，从而以更加积极和自信的心态走向新生活；也有一些社区矫正对象则由于未能认真服从监管或实施了一定的违法行为，被社区矫正机构给予一定的训诫、警告，或被公安机关予以治安管理处罚，甚至有的还被撤销缓刑、假释或收监执行。同时，社区矫正机构及其工作人员在社区矫正工作中也需要依法进行，忠于职守，严守纪律，清正廉洁。如果社区矫正机构的工作人员在工作中故意或过失侵犯了社区矫正对象的基本权利，同样有可能承担相应的法律责任。权利、义务总是与责任相伴而生，对社区矫正法律关系的双方主体违反各自应履行和承担的义务或职责，设定相应的法律责任，是保证社区矫正制度机制良性运行的重要手段。[1]与此同时，社区矫正机构及其人员所承担的社区矫正工作，究其实质而言是一种严肃的国家刑事执行工作，是行使和运用国家权力的行为，而国家的权力行使和运用必须有相应的监督机制，从而确保国家权力在合法的轨道上运行，真正预防或减少社区矫正机构及其人员承担法律责任的概率，因此，对社区矫正机构及其人员的法律监督是与社区矫正法律责任制

---

〔1〕 参见王爱立主编：《中华人民共和国社区矫正法解读》，中国法制出版社2020年版，第94页。

度紧密相关的重要问题，也需要在本部分进行必要的阐述。

第一节　社区矫正对象的法律责任类型与发展方向

一般认为，所谓法律责任，即违法者由于违反特定的法律义务而必须承担的特定否定性和惩罚性的法律后果。法律责任按照性质来划分，包括行政法律责任、民事法律责任、经济法律责任与刑事法律责任等不同类型。社区矫正对象是自然人，其所实施的违反关于社区矫正监督管理规定或《治安管理处罚法》等行为，绝大部分属于需要承担行政法律责任的范畴。下面我们将围绕着社区矫正对象所违反的不同法律或法规中的义务类型，对社区矫正对象的具体法律责任类型进行梳理和探讨。

一、社区矫正对象的法律责任类型

（一）社区矫正对象法律责任的缘起与发展

我国自开展社区矫正试点以来，关于社区矫正对象违反监管规定或相关法律法规的具体法律责任，在很长一段时间内并没有国家层面的规范性意见，而是国家以默许的方式允许各地结合本地区的实际情况进行摸索并总结经验。直到2012年《社区矫正实施办法》发布后，关于社区矫正对象的法律责任，才基本上形成了行政性责任和司法性责任划分的基本框架。《社区矫正实施办法》规定，根据社区矫正对象违反监管规定和法律法规具体情形的不同，需要对其分别适用警告、治安管理处罚、收监执行三种基本类型的处罚，其中收监执行即撤销缓刑、撤销假释和对暂予监外执行的人员收监执行。根据《社区矫正实施办法》的规定，社区矫正对象违反监管规定或者违反人民法院禁止令的，应当予以治安管理处罚；如果情节轻微，则予以警告；如果受到司法行政机关三次警告仍不改正的，或者因违反监管规定受到治安管理处罚仍不改正的，可以撤销缓刑或假释；如果受到司法行政机关两次警告仍不改正的，或者因违反监管规定受到治安管理处罚，仍不改正的，可以收监执行。一般认为，警告和治安管理处罚为行政性处罚，收监执行为司法性惩罚。[1]

在《社区矫正实施办法》颁行之后，各地在开展社区矫正工作时基本上都采纳了该办法的具体规定，或者按照该办法的规定进一步细化了具体操作细则。也有些地区对《社区矫正实施办法》中的具体规定进行了微调，如

---

〔1〕参见张建明主编：《社区矫正实务》（第2版），中国政法大学出版社2013年版，第198页。

《浙江省社区矫正人员考核奖惩办法（试行）》就增加了"一年内违反社区矫正机构信息化核查规定三次以上的"规定，而且将"未按规定时间报到的"调整为"无正当理由未按规定时间报到或者接受社区矫正期间脱离监管，不满十五天的"。有的地区虽然没有完全使用《社区矫正实施办法》的文字表述，但也是按照该办法的基本精神和框架制定了细则性规定，比较有代表性的如《江苏省社区矫正对象考核奖惩办法（试行）》。也有些地区以《社区矫正实施办法》的具体规定为基础，对社区矫正对象在社区矫正过程中需要遵守的行为规范进一步地细化，比《社区矫正实施办法》的规定更加具体、涉及面也更为宽广，并且，尝试采纳计分管理的方法，即社区矫正对象如果存在违反规则的行为则要扣除相应的分数，最终按照社区矫正对象在考核周期内被扣除的分数的具体量作为是否对其进行警告惩罚的依据，这种做法比较有代表性的是广东省司法厅《关于社区矫正人员考核及分类管理的暂行规定》。

另外，在《社区矫正实施办法》颁行之后，有些地区认为该办法关于社区矫正对象的奖励和激励措施相对较少，无法体现正向和积极的鼓励性手段对于社区矫正对象的影响性作用，因此创设了"记功"的奖励制度；加之，此类创设记功制度的地区也往往认为该办法规定的惩罚措施无法区分轻重之别，难以明确体现比例和均衡原则，不能做到个案上的行为与惩罚相适应，因此，有部分地区在法律责任的承担方面创设了"记过"的制度。〔1〕一般认为，记过制度是指社区矫正机构依照一定的程序对符合相应条件的社区矫正对象予以登记过错的行政处罚形式。〔2〕如《江苏省社区矫正对象考核奖惩办法（试行）》是创设记过制度的典型代表性文件。该办法第12条第1款规定："矫正对象有下列情形之一，应当予以记过处分：（一）不请假私自外出的；（二）对抗管理教育，情节严重的；（三）违反社会公德，侵害他人合法权益、公共利益，造成严重后果的；（四）多次拒绝参加社区矫正活动，经教育不改正的；（五）保外就医人员故意延误治疗的；（六）其他严重违反社区矫正管理规定，造成较大影响的。"同时，"受过两次警告的应当给予记过"。客观而言，记过制度是我国部分地区社区矫正实践机构的一种创造性规定。

值得关注的是，2019年出台的《社区矫正法》对于社区矫正对象承担法律责任的方式问题，作出了与社区矫正地方实践十多年的惯常操作不一致的

---

〔1〕 参见高莹主编：《社区矫正工作手册》，法律出版社2011年版，第83~85页。

〔2〕 参见吴宗宪主编：《社区矫正导论》，中国人民大学出版社2011年版，第285页。

规定，该法第 23 条首先规定了社区矫正对象在社区矫正期间必须遵循遵纪守法、服从监管的义务。第 28 条则明确规定："……社区矫正对象违反法律法规或者监督管理规定的，应当视情节依法给予训诫、警告、提请公安机关予以治安管理处罚，或者依法提请撤销缓刑、撤销假释、对暂予监外执行的收监执行。"第 29 条进一步规定了对于五类特定社区矫正对象"经县级司法行政部门负责人批准，可以使用电子定位装置，加强监督管理"，这就意味着，对社区矫正对象适用电子定位装置也成了一种承担法律责任的方式。第 46 条第 3 款规定："……其他需要撤销缓刑、假释情形的，社区矫正机构应当向原审人民法院或者执行地人民法院提出撤销缓刑、假释建议，并将建议书抄送人民检察院。社区矫正机构提出撤销缓刑、假释建议时，应当说明理由，并提供有关证据材料。"第 47 条第 1 款规定："被提请撤销缓刑、假释的社区矫正对象可能逃跑或者可能发生社会危险的，社区矫正机构可以在提出撤销缓刑、假释建议的同时，提请人民法院决定对其予以逮捕。"第 49 条第 1 款规定："暂予监外执行的社区矫正对象具有刑事诉讼法规定的应当予以收监情形的，社区矫正机构应当向执行地或者原社区矫正决定机关提出收监执行建议，并将建议书抄送人民检察院。"第 59 条规定："社区矫正对象在社区矫正期间有违反监督管理规定行为的，由公安机关依照《中华人民共和国治安管理处罚法》的规定给予处罚；具有撤销缓刑、假释或者暂予监外执行收监情形的，应当依法作出处理。"第 60 条规定："社区矫正对象殴打、威胁、侮辱、骚扰、报复社区矫正机构工作人员和其他依法参与社区矫正工作的人员及其近亲属，构成犯罪的，依法追究刑事责任；尚不构成犯罪的，由公安机关依法给予治安管理处罚。"

在《社区矫正法》正式实施后，《社区矫正法实施办法》对训诫、警告、提请缓刑、假释建议以及逮捕的具体条件做了进一步的细化规定。《社区矫正法实施办法》第 34 条规定，社区矫正对象不按规定时间报到或接受社区矫正期间脱离监管，未超过十日的；违反关于报告、会客、外出、迁居等规定，情节轻微的；不按规定参加教育学习等活动，经教育仍不改正的；其他违反监督管理规定，情节轻微的，执行地县级社区矫正机构应当给予训诫。第 35 条规定，社区矫正对象违反人民法院禁止令，情节轻微的；不按规定时间报到或者接受社区矫正期间脱离监管，超过十日的；违反关于报告、会客、外出、迁居等规定，情节较重的；保外就医的社区矫正对象无正当理由不按时提交病情复查情况，经教育仍不改正的；受到社区矫正机构两次训诫，仍不改正的；其他违反监督管理规定，情节严重的，执行地社区矫正机构应当给予警告。第 46 条规定，社区矫正对象在缓刑考验期内，违反禁止令，情节严重的；无正当理由不按规定时间报到或者接受社区矫正期间脱离监管，超过一个月的；因违反监督管理规定受到治安管理处罚，仍不改正的；受到社区矫正机构两次警告，仍不改正的；其他违反有关法律、行政法规和监督管理规定，情节严重的，执行地同级社区矫正机构向法院提出撤销缓刑建议。第 47 条规定，社区矫正对象在假释考验期内，无正当理由不按规定时间报到或者接受社区矫正期间脱离监管，超过一个月的；受到社区矫正机构两次警告，仍不改正的；其他违反有关法律、行政法规和监督管理规定，尚未构成新的犯罪的，执行地同级社区矫正机构向法院提出撤销假释建议。第 48 条规定，被提请撤销缓刑、假释的社区矫正对象可能逃跑的；具有危害国家安全、公共安全、社会秩序或者他人人身安全现实危险的；可能对被害人、举报人、控告人或社区矫正机构工作人员等实施报复行为的；可能实施新的犯罪的，社区矫正机构在提出撤销缓刑、假释建议书的同时，提请法院对其予以逮捕。第 49 条规定，暂予监外执行的社区矫正对象不符合暂予监外执行条件的；未经社区矫正机构批准擅自离开居住的市、县，经警告拒不改正，或者拒不报告行踪，脱离监管的；因违反监督管理规定受到治安管理处罚，仍不改正的；受到社区矫正机构两次警告的；保外就医期间不按规定提交病情复查情况，经警告拒不改正的；暂予监外执行的情形消失后，刑期未满的；保证人丧失保证条件或因不履行义务被取消保证人资格，不能在规定期限内提出新的保证人的；其他违反有关法律、行政法规和监督管理规定，情节严重的，执行地县级社区矫正机构提出收监建议。

通过对《社区矫正法》涉及社区矫正对象法律责任承担的条款进行梳理，我们可以看到，与社区矫正实践做法相比，本法规定有以下变化和特点：

第一，在一定程度上改变了社区矫正实践中行政性惩罚类型。《社区矫正实施办法》中所规定的行政性惩罚类型仅有警告和治安管理处罚两大类，本法则增加了训诫、特定情形下使用电子定位装置两种处罚方式，并规范了治安管理处罚的表述程序，即以法律形式明确了社区矫正机构并非治安管理处罚的决定主体而仅仅是提请主体，决定主体仍然是公安机关。这就意味着，是否真正能够对社区矫正对象适用治安管理处罚，则仍取决于公安机关。

第二，对于社区矫正实践部门所创设的记过制度，本法并没有予以明确回应和认可。这一规定便在一定程度上使得社区矫正实践部门的记过制度实践,在《社区矫正法》生效之后会处于一种比较尴尬的去留两难的境地。

第三,《社区矫正法》针对社区矫正对象妨害社区矫正机构工作人员执法及其报复社区矫正工作人员及近亲属的行为,以相对抽象概括的方式重申了社区矫正对象的行政与刑事法律责任。这一规定,对于提高社区矫正执法的严肃性和权威性起到一定的积极作用。

第四,《社区矫正法》基本上保留了社区矫正对象需要收监执行的制度规定,而且,还增加了社区矫正机构对于有特定危险的社区矫正对象的提请逮捕权力。

第五,根据《社区矫正法》的基本规定,《社区矫正法实施办法》对训诫、警告、提请治安管理处罚以及依法提请撤销缓刑、假释或收监执行的具体标准进一步细化和明确,在一定程度上增强了社区矫正对象承担法律责任的可操作性。

(二)社区矫正对象法律责任的类型展开

根据《社区矫正法》的基本规定,我们可以将社区矫正对象法律责任的承担方式分为行政性惩罚、司法性惩罚和刑事性惩罚三大类。我们首先讨论行政性法律责任的承担方式。

1. 社区矫正对象行政性法律责任承担方式

(1) 训诫的规范含义与性质

训诫,从字面意思理解,即教导、劝诫。训诫在我国当前的法律体系之中,往往并不是在行政处罚领域内加以适用的,而是较多地存在于《民事诉讼法》和《刑法》之中。如,根据我国《民事诉讼法》的规定,训诫是一种较轻的强制措施,是指法院对于妨害民事诉讼行为情节较轻的人,予以批评、教育,并责令其改正,不得再犯。训诫的对象是违反法庭规则的人。在司法实践中,对违反法庭规则的人,法官可以对其直接采用训诫的强制措施并记录在案,由被训诫人签字或盖章。当事人对自己提出的主张逾期提交证据且拒不说明理由或者理由不成立的,法院根据不同情况可以不予采纳该证据,或者采纳该证据但予以训诫、罚款。在企业破产程序中,债务人的有关人员如果违反《企业破产法》规定,擅自离开住所地的,法院可以对其进行训诫、拘留、可以依法并处罚款。再如,根据我国《刑法》的规定,训诫作为一种非刑罚处理方法,是指法院对犯罪情节轻微不需要判处刑罚的人,以口头方式对其当庭公开谴责的教育方法。训诫适用于犯罪但情节轻微的行为人。训诫应当根据案件的具体情况,一方面严肃指出行为人的犯罪行为,分析其危害性，并责令其努力改正，今后不再重犯；另一方面也需要告知行为人行为尚属轻微，不予刑事处分。此外，在刑事诉讼过程中，对证人及其近亲属进行威胁、侮辱、殴打或者打击报复且情节轻微的，检察院可以对其予以批评教育、训诫，对于决定不起诉的案件，检察院可以根据案件的不同情况，对被不起诉人予以训诫或者责令具结悔过、赔礼道歉、赔偿损失。

客观而言，训诫在上述民事诉讼和刑法规范中，有一定的法定根据和适用范围，但在行政法领域，训诫已经较少被适用，并且，训诫并没有非常充足的法律根据。经检索，笔者发现在行政法领域，只有以下法律规范涉及训诫这一概念，一是2006年已经废止的《治安管理处罚条例》，该条例第9条规定，已满14岁不满18岁的人违反治安管理的，从轻处罚，不满14岁的人违反治安管理的，免予处罚，但是可以予以训诫，并责令其监护人严加管教。在该规定中，训诫是一种较轻的训导和教育方法，由于该条例已经失效，自然在当前的行政法意义上，其已经无讨论必要。在2005年施行的《信访条例》第47条中，也出现了"训诫"这一概念。该条是针对信访人责任的规定，即对违反该条例第18条和第20条规定的，有关国家机关工作人员应当对信访人进行劝阻、批评或教育。经劝阻、批评和教育无效的，由公安机关予以警告、训诫或制止。该规定非常清楚地表明训诫作为一种行政处罚方法，是专门由公安机关适用于违反信访规定的情形。2021年修正施行的《预防未成年人犯罪法》第41条、第61条分别规定，对有严重不良行为的未成年人，公安机关可以根据具体情况，采取训诫等矫治教育措施；公安机关、人民检察院、人民法院在办理案件过程中发现严重不良行为的未成年人的父母或者其他监护人不依法履行监护职责的，应当予以训诫，并可以责令其接受家庭教育指导。2020年修订的《保安服务管理条例》第45条第1款规定，保安员有限制他人人身自由、搜查他人身体或侮辱、殴打他人等违反法律或行政法规的行为的，由公安机关予以训诫。另外，《拘留所条例》《看守所条例》和《公安机关强制隔离戒毒所管理办法》分别规定了违反管理或监管规定或强制隔离戒毒规定的被拘留人、人犯或戒毒人员，应当予以训诫。而根据我们当前其他相关有效的行政法律法规特别是《治安管理处罚法》，行政处罚的种类仅分为四类：警告、罚款、行政拘留以及吊销公安机关发放的许可证或对外国人附加适用限期出境或驱逐出境。根据行政处罚法定化的原理，可以很清楚地看到，训诫并非普遍适用的行政处罚方法。

总之，以我国现行法律框架为基础，对训诫的相关法条进行梳理后可以看到，训诫在《刑事诉讼法》《民事诉讼法》《刑法》和行政法律规范中，其性质并不相同。至少，训诫在很大范围和程度上，并非一种行政处罚方法。但是，训诫在这些法律法规中的规定也体现出了一定的共同点，即训诫是对非常轻微的违反程序规则或实体规则行为的一种处理措施。

就《社区矫正法》而言，该法明确将训诫作为一种行政处罚措施，应当说是社区矫正行政领域的一项创设性规定。亦即，《社区矫正法》中的训诫是独立适用于社区矫正执法领域的一种行政处罚措施，[1]而根据我国《立法法》对行政处罚权限的规定，作为法律的《社区矫正法》是有创设训诫权限的，因此，训诫这一行政处罚具有法律上的正当性。另外，根据训诫在我国法律体系内的基本含义以及在《社区矫正法》中的基本位置，我们可以确定，训诫应当是针对社区矫正对象在违反相关法律法规和监管规定情节非常轻微的情况下而对其施加的。由于《社区矫正法》对训诫的规定比较简单抽象，为了在社区矫正实践中统一把握训诫的适用问题，《社区矫正法实施办法》专门规定了关于适用训诫这一行政处罚措施的相应的具体和明确的操作标准。《社区矫正法实施办法》明确规定，如果社区矫正对象存在不按规定时间报到或者接受社区矫正期间脱离监管，未超过十日；或者违反关于报告、会客、外出、迁居等规定，情节轻微；或者不按规定参加教育学习等活动，经教育仍不改正；或者有其他违反监督管理规定，情节轻微的情形，社区矫正机构应当给予训诫。

（2）警告的规范含义与性质

警告是社区矫正机构依照一定的程序对社区矫正对象因违反社区矫正相关法律法规以及具体的监督管理规定而对其作出的一种正式的谴责和告诫。[2]应当说，警告代表着社区矫正机构即国家对行为人违反相关法律法规以及具体监管规定的行为所做的正式的否定性评价。社区矫正机构的社区矫正工作，是国家的刑事执行活动，无疑是一种代表国家的正式执法活动，因此，警告

---

[1] 值得注意的是，我国社区矫正理论与实践部门对训诫究竟是否属于行政处罚意见不一。司法部有曾参与社区矫正立法论证的学者认为训诫是一种由社区矫正机构行使的行政处罚措施。然而，曾参与我国社区矫正立法起草的国家立法机关人员则普遍认为，训诫不属于行政法意义上的行政处罚，仅仅是社区矫正机构对轻微违反监管规定的社区矫正对象的一种处罚措施。但是，训诫究竟是什么性质的处罚措施，似乎仍然值得进一步深入探讨。支持训诫属于行政处罚措施的观点可参见司绍寒："试论《社区矫正法》的意义与不足"，载《犯罪与改造研究》2020年第6期，第40页。反对训诫属于行政处罚措施的观点可参见王爱立、姜爱东主编：《中华人民共和国社区矫正法释义》，中国民主法制出版社2020年版，第152页。

[2] 参见吴宗宪主编：《社区矫正导论》，中国人民大学出版社2011年版，第286页。

可以说是国家行政机关的正式意思表示,会对作为相对人一方的社区矫正对象产生不利影响,因此,根据行政处罚法定化的原理,警告这一处罚形式理应由法律予以规定,才能获得规范效力上的正当性。从相对方来讲,社区矫正对象被适用警告,意在对其形成心理压力,敦促其认识到自身行为的危害性和违法性,努力纠正违法行为并保证后续不再继续违法。

根据《社区矫正法》的规定,对于违反法律法规或监管规定的社区矫正对象,社区矫正机构可以向公安机关提请治安管理处罚。治安管理处罚是指扰乱公共秩序、妨害公共安全、侵犯人身权利、财产权利、妨害社会管理,具有一定的社会危害性但尚不构成刑事处罚的,由公安机关给予行政相对方的一种行政处罚措施。前文已经指出,我国当前的治安管理处罚种类分为四种,其中也包括警告。按照法律体系解释的原理,《社区矫正法》中的"警告"与《治安管理处罚法》中的"警告"应当在适用程度和适用主体方面存在明显区别。从基本性质上看,《社区矫正法》中的"警告"应当是一种比较轻微的行政处罚措施,而《治安管理处罚法》中的"警告"应当是一种相对较重的行政处罚措施;从适用主体上来看,《社区矫正法》中的"警告"应当由社区矫正机构和司法行政机关作出,而《治安管理处罚法》中的"警告"则应当由公安机关最终作出决定,社区矫正机构仅有权力提请。

(3) 电子定位装置的规范理解与适用

《社区矫正法》规定了社区矫正对象有五类特定情形时,可以适用电子定位装置的处罚。该法第29条规定,对于违反法院禁止令的;无正当理由未经批准离开所居住的市、县的;拒不按照规定报告自己的活动情况,被给予警告的;违反监督管理规定,被给予治安管理处罚的;以及拟提请撤销缓刑、假释或暂予监外执行收监执行的,社区矫正机构可以对其适用电子定位装置。笔者认为,从法律体系的比较和衡量角度来讲,这一规定实际上是以较轻的违反法律法规和监管规定而适用训诫或警告为参照设置的较训诫或警告更重的一种处罚措施。同时,这一规定也采纳了"可以型规范"的模式,赋予了社区矫正机构工作人员在决定社区矫正对象是否适用电子定位装置问题上的自由裁量权。从立法精神角度来讲,此处的电子定位装置,首先应当排除含定位的手机设备。因为单纯的手机定位应当属于本法规定的信息化核查的手段和方式,这就意味着,单纯的手机定位是允许在社区矫正整个过程中加以使用的。根据我国社区矫正的实践,一般认为,除了手机定位之外,通常意义上的电子定位还包括使用不可拆卸的专门电子定位装置(如电子腕带)。也就是说，此处的"电子定位装置"作为一种较重的处罚措施，应当限于含电子腕带在内的不可拆卸的专门电子定位装置。[1]这一理解，应当说是符合立法原意的。2019年12月28日《社区矫正法》表决通过后，全国人大常委会举行新闻发布会，司法部社区矫正管理局局长姜爱东就明确表示："《社区矫正法》将国家支持社区矫正机构提高信息化水平写入了总则，还就信息化核查、使用电子定位装置等作出了专门规定，为运用现代信息技术加强对社区矫正对象的监督管理和教育帮扶提供了法律依据。根据第29条的规定，对不服从管理的五类特定情形的社区矫正对象，可以按照规定的批准程序和期限，使用电子腕带这种不可拆卸的专门电子定位装置加强监督管理。"[2]正是基于上述理解，《社区矫正法实施办法》将电子定位装置进一步限定为"运用卫星等定位技术，能对社区矫正对象进行定位等监管，并具有防拆、防爆、防水等性能的专门的电子设备"，明确将定位手机等设备排除在外。应当说，特定情形下适用电子定位装置的法定化与规范化，有助于提高社区矫正执法中的监管质量，同时能够提高对社区矫正对象的约束和威慑水平，从而为其正常接受教育改造矫正提供良好的前提。

2. 社区矫正对象司法性法律责任承担方式

在对社区矫正对象的行政性法律责任承担方式进行探讨之后，我们亦开始转向其对司法性法律责任承担方式的探讨。

从法律体系的角度来看，收监执行表现为三种形式，即撤销缓刑、撤销假释或对暂予监外执行的人员收监执行。收监执行的法定条件，绝大部分规定在我国《刑法》和《刑事诉讼法》等相关法律规范和司法解释中。根据我国《刑法》规定，撤销缓刑的，主要有以下情形：一是在缓刑考验期内犯新罪或发现判决宣告以前还有其他罪没有判决的；二是在缓刑考验期内，违反法律、行政法规或者国务院有关部门关于缓刑的监督管理规定的；三是违反人民法院判决中的禁止令，情节严重的。撤销假释的，主要有以下情形：一是被假释的犯罪分子在假释考验期内犯新罪的；二是在假释考验期内，发现被假释的犯罪分子在判决宣告以前还有其他罪没有判决的；三是在假释考验期内，有违反法律、行政法规或国务院有关部门关于假释的监督管理规定的

---

〔1〕 参见王爱立主编：《中华人民共和国社区矫正法解读》，中国法制出版社2020年版，第180、187页。

〔2〕 "社区矫正法通过：以法正心、以德润心"，载 http://www.npc.gov.cn/npc/c30834/202001/b2f08579d5d14fbb98e70557fe2c0bb5.shtml，访问日期：2020年3月18日。

行为，尚未构成新的犯罪的。根据我国《刑事诉讼法》的规定，对暂予监外执行的罪犯，有以下三种情形应当及时收监：一是发现不符合暂予监外执行条件的；二是严重违反有关暂予监外执行监督管理规定的；三是暂予监外执行的情形消失后，罪犯刑期未满的。

在《社区矫正法》与《社区矫正法实施办法》出台之前，由于收监执行的标准在《刑法》和《刑事诉讼法》中仅有较为抽象的规定，国家也并没有出台相应的统一操作细则规范，基本上是允许各省市按照本地区的基本情况而酌情确定本地区收监执行的具体标准。在各地实践中，有部分地区按照《社区矫正实施办法》的规定来执行收监执行的标准；有部分地区则以《社区矫正实施办法》为基础进一步细化和解释了收监执行的标准；有部分地区则在《社区矫正实施办法》基础上小幅度增加或改动了部分收监执行的具体标准。然而，由于《社区矫正法》并没有明确规定收监执行的标准，《社区矫正法实施办法》仅就社区矫正工作人员提请撤销缓刑、假释或收监执行建议的具体情形和标准问题进行了细化规定，但这一细化规定对法院来说并没有强制约束力，法院是否裁定撤销缓刑、假释或对暂予监外执行罪犯收监执行，仍有一定的裁量空间。亦即，只要《刑法》和《刑事诉讼法》以及专门的刑事司法解释没有进一步明确法院决定收监执行的具体标准，如何执行《社区矫正法》《社区矫正法实施办法》与各地具体的收监执行细则之间的法律冲突与分歧，仍将是社区矫正制度发展过程中亟须解决的重要问题。

《社区矫正法》增加了社区矫正机构提请逮捕的权力，这就意味着，社区矫正对象拟被撤销缓刑、假释时存在逃跑可能或有社会危险性的，便需要被公安机关执行逮捕。《社区矫正法》由于没有采纳设立社区矫正警察这一立法建议，充分考虑到社区矫正机构在执法能力、经费、人员以及保障方面的客观情况，基于在现有条件下最大限度地提高社区矫正质量的目的，同时避免社区矫正机关在人员追捕、追逃方面的执法困境而综合考量，最终作出了上述规定。应当说，这一规定是在现有司法体制和客观条件下，充分考虑社区矫正机构、公安机关的权力和职责分配基础上的一种分工配合的最优方案。

3. 社区矫正对象刑事性法律责任承担方式

在总结社区矫正基层实践的基础上，我国《社区矫正法》比较明确地重申和强调了社区矫正对象对于侵犯社区矫正机构工作人员、参与人员及其近亲属的人身权利或财产权利的刑事责任问题。这一规定意在申明作为刑事执行活动的社区矫正的公务合法性不容侵犯，而且，社区矫正工作人员在执法过程中的各项合法权利以及近亲属的各项权利不受非法侵犯。客观而言，国家之所以在立法层面对此予以重申和确认，主要是在一些地区社区矫正实践的过程中，由于社会一般公众对社区矫正执法的性质和内容等相关法律规定和知识缺乏了解，同时，社区矫正机构执法力量薄弱短缺，往往导致社区矫正的执法过程欠缺严肃性和权威性，一些社区矫正对象对社区矫正的认识非常淡漠，从心底不重视，甚至出现了一些社区矫正对象在被宣布入矫时与社区矫正执法人员发生口角冲突而将执法人员打伤的恶劣事件。[1]正是由于社区矫正机构执法工作客观风险的存在，为了维护社区矫正机构执法工作正常开展以及社区矫正执法人员及其近亲属的各项合法权益，该法才再次重申和明确了社区矫正对象侵犯社区矫正机构工作人员及其近亲属权利的刑事责任问题。从刑法角度来讲，社区矫正对象侵犯社区矫正执法人员及其近亲属特定合法权利的行为若构成犯罪，则其所犯罪行大体集中在侵犯公民人身权利、民主权利罪和妨害社会管理秩序罪两大类罪之中。如侵犯公民人身权利、民主权利罪中的故意伤害罪、故意杀人罪、侮辱罪、诽谤罪、诬告陷害罪等；妨害社会管理秩序罪中的妨害公务罪等。[2]

二、社区矫正对象法律责任的问题与发展方向

前文对我国社区矫正对象可能承担的法律责任的具体类型问题进行了较为详细的梳理和探讨，可以看到，以《社区矫正法》为框架依据，社区矫正对象所可能承担的法律责任可以划分为行政性责任、司法性责任和刑事责任三种基本类型。客观而言，当前这种法律责任体系和类型仍然存在一些较为突出的问题，值得深入探讨。

（一）社区矫正对象法律责任的问题

第一，当前社区矫正对象法律责任的具体规定仍然缺乏明确性和可操作性。如，对社区矫正对象适用训诫、警告等行政性处罚的具体标准是什么需要进一步细化，特别是，在适用训诫和适用警告时，社区矫正对象所违反监管规定的性质或程度有什么样的差别，这是最需要进一步明确的。另外，社区矫正机构具体在什么情况下向公安机关提请治安管理处罚，提请的标准也

---

[1] 参见但未丽："社区矫正立法若干问题研究——以《社区矫正法（征求意见稿）》为分析对象"，载《首都师范大学学报（社会科学版）》2018年第2期，第61页。

[2] 参见王爱立、姜爱东主编：《中华人民共和国社区矫正法释义》，中国民主法制出版社2020年版，第288~292页。

需要进一步细化。前文已经提到,在对社区矫正对象适用收监执行时,各省市所掌握的标准存在较大的差异,因此,关于对社区矫正对象收监执行所应依据的标准问题,应当逐渐统一化和规范化,毕竟收监执行涉及社区矫正对象人身自由这一重大权利被剥夺的问题,而且也在一定程度上预示着社区矫正工作的失败和无效果,因此应当谨慎对待。值得肯定的是,《社区矫正法实施办法》已经对训诫、警告、社区矫正机构提请撤销缓刑、假释建议及其同时逮捕以及对暂予监外执行罪犯提请收监建议的具体条件和适用标准都进行了明确规定,从而有助于提升《社区矫正法》执法实践的可操作性和准确性。然而,社区矫正工作毕竟是一项牵涉不同国家机关和社会机构的极具系统性与复杂性的工作,即便社区矫正机构向法院提请撤销建议或者向法院、公安机关和监狱管理机关提请收监建议,法院、公安机关或监狱管理机关是否最终裁定撤销社区矫正对象的缓刑、假释或者决定收监执行,都仍然存在着较大的不确定性。也就是说,如何逐步实现不同地区的法院裁定撤销缓刑、假释或者法院、公安机关或监狱管理机关决定收监执行的依据和标准的统一性和规范性,充分确保社区矫正对象在承担法律责任时的实质公正,仍然是值得进一步深入探讨的重要问题。

　　第二,当前社区矫正对象法律责任具体规定的逻辑结构和体系有待明确。根据体系解释的原理,在社区矫正对象的行政性责任中,如承担训诫或警告责任时,其违反监管行为并不是性质上的差异,而仅仅是量上的区别。也就是说,训诫针对的是社区矫正对象轻微违反监管规定的行为,而警告则是比训诫略微严重的惩罚,因此,警告所针对的是社区矫正对象较轻的违反监管规定的行为,但这一行为应当比训诫所对应的违规行为在程度上略重。对此,人们一般没有疑义,但对于社区矫正对象承担的训诫、警告与接受治安管理处罚之间到底是一种什么关系需要进一步明确,特别是,社区矫正机构的警告和公安机关对社区矫正对象治安管理处罚的"警告"方式,到底有什么不同,必须加以区别。另外,对于行政性责任的承担与司法性责任的承担之间,二者的关系也存在同样的问题。在过去的社区矫正实践中,无论是《社区矫正实施办法》还是《社区矫正法实施办法》都规定了提请收监执行建议的八种具体情形,一方面,将收监执行的具体条件标准予以细化,进而与其他行政性惩罚的适用条件加以明确区别,另一方面,将行政性惩罚与司法性惩罚挂钩,即在一定条件下,如社区矫正对象受过特定次数的行政性惩罚,那么,这种行政性惩罚则可以引发司法性惩罚。然而,《社区矫正法》并没有对行政性惩罚和司法性惩罚的关系进行原则性规定。由于司法性惩罚涉及对社区矫正对象自由权利的再次剥夺，而行政性惩罚往往并不涉及对社区矫正对象自由权利的剥夺，那么，行政性惩罚在特定情况累进叠加升级为司法性惩罚的法理根据与法条根据何在？这一问题似乎应当由立法进一步明确。因为，对社区矫正对象的司法性惩罚，在社区矫正实践中属于剥夺基本权利的相对较重的处罚方式，该处罚方式的运用若无充分的法理和法条根据，其执法的严肃性和公正性则会受到致命影响。

第三，关于社区矫正对象承担行政性责任和司法性责任的衔接机制依然存在较为严重的问题。笔者在其他章节讨论社区矫正基本程序时，已经涉及社区矫正机构与公安机关、监狱管理机关、法院等其他机关的工作配合与衔接机制问题。因此，在这里我们仅就社区矫正对象应承担的行政性责任与司法性责任在适用衔接方面的问题做进一步的探讨。无论是在过去的社区矫正基层实践还是在《社区矫正法》的规定中，我们都会发现，社区矫正机构及其工作人员的执法权限相对较小，社区矫正机构自身能够决定的处罚措施就只有训诫和警告两种，而治安管理处罚或收监执行则必须提请公安机关或法院等机关决定。从法理上说，涉及提请类的权力行使，实质上就是涉及社区矫正机构与其他机关的协作关系和衔接机制，而所谓的协作关系和衔接机制，根源就在于我国的社区矫正执法在一定程度上继续遵循着过去社区矫正实践中所形成的监管与处罚决定权相分离的传统思路。[1]社区矫正监管与处罚决定权相分离的思路，一方面，在《社区矫正法》中反映得依然非常明显，而且《社区矫正法》也并没有本着完善和发展这一思路的意图对社区矫正机构提请治安管理处罚时公安机关应当予以治安管理处罚、可以予以治安管理处罚或者不予治安管理处罚的具体标准和条件等规则做原则性规定或提示，也没有对不同机关如何配合和衔接的具体程序和法律责任问题进行明确性规定；另一方面，从某种意义上而言，在过去的社区矫正实践中已经产生了一定的负面效果。虽然，有些文献认为社区矫正机构权限小，可以有效防止社区矫正执法过程中可能出现的职务犯罪和腐败问题，但从实质上来看，社区矫正机构执法权限小和司法行政机关在国家权力体系中的地位以及立法过程中的权力分配和博弈有着直接关系，同时也深刻受制于国家制度的历史和传统状况。我国司法行政机关历来是一个相对弱势的国家机关，正是这种弱势地位才使得社区矫正制度的发展过程显得如此举步维艰。在这一意义上，社区矫

---

[1] 参见郭健："我国社区矫正机构论纲"，载《刑法论丛》2011年第4期，第106页。

正机构执法权力限缩所具有的积极效果与社区矫正制度发展的长远战略相比较而言，倒是次要的。因为防止职务犯罪和腐败并不能仅靠权力限缩，而应基于权力合理分配前提下的有效制约进行制度建构，而且，事实上我国很多强势部门在推行制度或改革时，往往首先想到的是如何扩大自身权力并为开展工作扫清障碍。在我国国家制度体系中，司法行政机关相对弱势是一种制度性的客观现实状况，这一状况往往会导致基层社区矫正工作的混乱，不同主体之间的权限不明、衔接不力，加之社区矫正机构对于公安机关等强势部门缺乏应有的平等支配力和约束力，社区矫正工作的执行力度和工作效果大打折扣。坦白说，社区矫正监管和处罚决定相分离的思路在《社区矫正法》出台后，已经基本固定而且在短期内不大可能有根本性的调整，在这种情况下如不能及时深化完善发展这一思路，势必会进一步影响社区矫正的工作质量和效率。

第四，社区矫正对象承担法律责任的方式和种类仍然偏少，而且惩罚形式的整体结构并不均衡。前文已经提到，虽然社区矫正制度的根本目的在于帮助社区矫正对象顺利复归社会，应当将教育矫正和帮扶作为重要的工作内容。然而，对社区矫正对象有效的监管是进行教育矫正和帮扶的客观前提。而且，监管本身就有助于社区矫正对象改变不良习惯，形成守法习惯和道德禁忌。因此，在监管过程中，有必要对违反监管规定的社区矫正对象设定程度不同的处罚措施。实际上，训诫和警告作为行政处罚方式，本身的强制力并不充分，除了能够影响分类管理和分级处遇之外，也只有在累积到一定数量和程度的情况下，才有可能启动治安管理处罚或司法性处罚，由后者实现对社区矫正对象的强制性约束。从社区矫正实践程序来看，由于受到工作程序、时限条件等多种因素的影响，由行政性惩罚到司法性惩罚总有一个相对较长的期限，甚至还有可能在不同机构进行协调和衔接之后，司法性惩罚尚不能启动，这种惩罚程序滞后性和不确定性在一定程度上的确会降低监管的威慑性和有效性。因此，从长远角度来看，有必要尝试扩大惩罚的类型和形式。与此同时，当前《社区矫正法》以及以前社区矫正实践过程中所形成的惩罚方式的整体结构和体系，并非一个均衡性体系，而是在惩罚力度上呈现出两极化趋势，轻者过轻，重者过重，缺乏中间性和过渡性处罚措施。虽然我国当前的社区矫正惩罚措施已经逐渐呈现出轻重递增的阶梯状格局，但实际上，行政性惩罚与司法性惩罚之间，甚至行政性惩罚类型之间的轻重程度，仍存在着较大的差距。按照我国《社区矫正法》的规定，治安管理处罚最重也就是拘留 15 天，这就是说，行政性惩罚最重为拘留 15 天，然而，作为司法性惩罚的收监执行对于社区矫正对象而言，其严厉程度则远比行政拘留要重得多。在社区矫正实践中，确实有一些社区矫正对象屡次违反监管规定，但总是还不能达到收监执行的程度，如果社区矫正机构放任不管，则必然会严重削弱社区矫正机构的执法权威，促使其他社区矫正对象对违规行为进行效仿。根据惩罚法定化的原理，对此由于没有法律的明文规定，若将其收监执行不仅依据不足，而且还与社区矫正制度的根本目的相违背。

第五，社区矫正对象承担法律责任的救济制度尚待完善。前文已经提到，在当前社区矫正实践中，关于社区矫正对象的权利保护问题在很大程度上被忽视，过去的《社区矫正实施办法》也仅仅作了一些原则性的规定，并未进一步规定详细和有针对性的操作细则。《社区矫正法实施办法》对此也语焉不详。就治安管理处罚与撤销缓刑、假释或者暂予监外执行收监执行而言，这些行政性或司法性惩罚的救济方式、有效性、规范性和可操作性虽然也需要进一步完善，但至少《社区矫正法》已经注意到这一问题，并规定了一定的救济途径或方式，如允许律师介入撤销缓刑或假释程序。但是，对于属于社区矫正机构执法权限范围内的训诫或警告如何救济，至今仍然存在一定的争议，不同地区由于对社区矫正的理解存在差异从而对待该问题的具体做法也不尽相同。有些地区考虑到了救济程序的问题，但规定得过于简单，大体上即如果社区矫正对象对警告不服的，则可以向司法行政机关申诉或向检察院申诉。但是，复议或答复之间的关系如何处理，这些地方做法显然没有予以明确，而且实质上还限制了社区矫正对象的复议或申诉权限。从实际情况来看，训诫或警告虽然是轻微的行政处罚，但是根据社区矫正的分类管理、累进处遇以及风险评估的基本原理，若将来在行政性惩罚与司法性惩罚继续相关联的情况下，不明确规定救济程序则很可能会使社区矫正对象的人身自由权利受到一定程度的威胁。

(二) 社区矫正对象法律责任发展方向

前文对社区矫正对象法律责任的问题进行了梳理和总结，对这些问题，我们从理论角度出发，认为在《社区矫正法》与《社区矫正法实施办法》出台时间尚不长的社会背景下，如何进一步制定关于社区矫正对象法律责任完善的精准和具体操作细则规范与制度并不是当务之急，当前最亟需解决的问题应当是结合我国社区矫正实践的经验，根据《社区矫正法》立法的基本精神和目的，明确社区矫正对象法律责任制度发展和完善的基本方向。具体而言，我们可以将《社区矫正法》的规定作为基本参照，以是否修改《社区矫正法》的具体制度为标准，将社区矫正对象法律责任的制度发展与完善分为近期和长远两种方案。近期方案，即暂时不考虑修改《社区矫正法》所确定的现有体制和制度，在该法所设定的框架下考虑如何完善社区矫正对象的法律责任问题；长远方案，即优先考虑修改该法所确定的基本体制和制度，如大力改变社区矫正监管权和处罚决定权分离的基本体制。

1. 社区矫正对象法律责任制度发展的近期方案

近期方案重点在于尊重《社区矫正法》的现有立法成果和经验，更加注重该法在社区矫正实践模式以及具体做法方面的价值引领和规范导向作用。在近期方案中，我们需要特别考虑以下要点：

第一，制定并进一步完善《社区矫正法》实施细则，就训诫、警告、提请行政处罚以及收监执行的具体条件和标准作出细化和可操作性的系统性规定。〔1〕由于我国立法领域普遍遵循"成熟多少写多少""宜粗不宜细"的经验总结型立法思维方式，这使得我们的法律文本本身就不可能非常精确、细致和具有可操作性，必须同时辅之以实施细则才能具体适用。因此，《社区矫正法》的实施细则出台确有必要。在明确各种惩罚类型的具体条件和标准时，可以区分"应当型"和"可以型"的标准和条件，从而在增强社区矫正执法和监管威慑力的同时，能够有助于社区矫正机构工作人员保留一定的自由裁量权，从而便于针对不同个案的具体情况进行适当调整执法力度和方式。前文已经提到，虽然《社区矫正法实施办法》已经对训诫、警告、社区矫正机构提请撤销缓刑、假释建议及其同时逮捕以及对暂予监外执行罪犯提请收监建议的具体条件和适用标准都进行了明确规定，但《社区矫正法》与《社区矫正法实施办法》仍然没有对社区矫正对象违反监管规定或禁止令而提请适用行政性处罚的情形和条件予以明确，也没有明确社区矫正机构自身享有的警告权与提请适用行政性处罚中的警告之间的逻辑关系，更没有进一步明确最终裁定或决定司法性处罚的依据和标准。因此，实现社区矫正对象法律责任承担方式与标准的细致化与精准化，仍然是我国社区矫正制度发展的重要任务与努力方向。

第二，在明确对社区矫正对象适用各种惩罚的条件和标准时，应进一步细化社区矫正机构与公安机关、监狱管理机关或人民法院等社区矫正决定机

---

〔1〕参见顾晓浪："对《中华人民共和国社区矫正法》第28条的理解和建议"，载《中国监狱学刊》2021年第2期，第143~146页。

关的衔接程序，明确地确定社区矫正对象应当予以治安管理处罚或收监执行的基本情形以及决定机关拒绝予以治安管理处罚或收监执行时的责任、答复程序以及救济程序等，通过社区矫正机构与社区矫正决定机关之间的沟通和协调制定能为各方所接受的统一衔接程序性规范，是保障社区矫正工作顺畅进行的重要条件。

第三，根据社区矫正制度的根本目的以及刑罚个别化和分类管理的基本原则，应当考虑进一步完善社区矫正行政性处罚之间、行政性处罚与司法性处罚之间的累进启动机制，并且，十分有必要在立法层面对累进启动机制的法理正当性予以说明。如，社区矫正对象若经三次训诫或两次警告，后续再违反监管规定，则可以考虑提请公安机关行政处罚；若受三次行政拘留以外的行政处罚，或受两次行政拘留而再次违反监管规定的，可以提请收监执行等。累进启动机制的进一步完善，辅之以撤销缓刑、假释或收监执行具体标准的制定与执行，实际上是贯彻分类管理和风险调查评估原则的重要体现，有助于提高监管的严肃性和威慑性，从而有效遏制社区矫正对象再次实施违法行为的意念。值得注意的是，《社区矫正法实施办法》已经注意到训诫、警告等行政性处罚与提请撤销缓刑、假释或提请收监执行等司法性处罚之间的累进启动机制问题，明确规定了社区矫正对象如受到社区矫正机构两次训诫仍不改正的，则可以由社区矫正机构给予其警告；社区矫正对象如受到社区矫正机构两次警告仍不改正的，则可以由社区矫正机构提请撤销缓刑、假释或提请收监执行。然而，该办法并没有再进一步规定训诫、警告与提请治安管理处罚之间的累进启动机制，更没有规定社区矫正对象在受到公安机关治安管理处罚的情况下如何与司法性处罚进行累进启动的问题。事实上，社区矫正对象在社区矫正期间，完全有可能受到公安机关的一次或数次行政处罚，而且，这些行政处罚可能是因社区矫正机关提请而产生，也可能完全是由于社区矫正对象实施其他违法行为而产生的。那么，在上述情形下社区矫正机构能否向法院提请撤销缓刑、假释或者向法院、公安机关以及监狱管理机关提请收监执行，就成为理论和实践中的疑难问题。

第四，尝试建立社区矫正对象行政处罚的救济机制。社区矫正对象对行政性处罚不服而有异议的，可以进行复议或申诉，同时，应当对复议和申诉的具体程序、差异以及适用等问题进行详细和明确的规定，从而多渠道保证社区矫正对象救济机制的畅通。另外，在社区矫正机构内部，应建立便利于社区矫正对象的程序合理且操作性强的投诉机制并需有专人负责接受和处理社区矫正对象的复议或申诉请求,并就复议或申诉问题进行专门的调查、处理与答复,从而保证社区矫正对象能够有效和便捷地提出自己认为受到的不恰当的对待和处理的投诉请求,保证社区矫正机构公平和及时地处理投诉请求。另外,对于一些行政性处罚或司法性处罚的适用,可以引入听证程序,提高处罚的透明度和公正性。当然,引入听证程序则必须确保社区矫正对象能够到场,如果其已经涉嫌脱逃,听证程序也就没有什么意义了,另外则需要考虑到跨省社区矫正对象经济情况的现实问题,即听证成本社区矫正对象是否能够负担得起。

2. 社区矫正对象法律责任制度发展的长远方案

长远方案重点在于反思《社区矫正法》所规定的具体制度的存在问题,注重从制度发展和顶层设计修改的角度对社区矫正对象法律责任问题进行制度完善乃至重新构建。应当说,随着我国社区矫正实践的不断深入,社区等社会力量的不断发展以及多元治理体系的生成,关于社区矫正制度构架和设计方面的问题,终究要被提及并深入讨论。从长远方案来看,我们应当注意两点:

第一,调整社区矫正监管与处罚决定权分离的思维模式,有步骤地实现社区矫正监管与处罚决定权一体化。

应当说,社区矫正监管与处罚权相分离的思维和实践模式,是基于我国计划经济体制下传统的社会管理思维而产生的,在计划经济体制下,行政权力在社会管理过程中发挥着极其重要的作用,城乡二元体制、户籍制度、食物定额供给以及限制流动的诸多制度综合发挥作用,使得犯罪等严重违法行为在刑罚运用相对较少的情况下就能得到有效的控制,从而维持社会管理秩序的稳定,也就是说,在计划经济体制下,国家通过管控人们的日常行为,实际上就预防和阻止了相对严重的恶性犯罪的发生。在这一过程中,公安机关被国家赋予了较为充分的权力,并由此成为社会管理秩序的有力维护者。由于公安机关行使了社会管理过程中的大部分权力,自然也就包括对罪犯的改造、监督以及刑满释放后的帮教等重点人口管理等权力,这就充分说明,公安机关所行使的权力,并没有区分司法权和行政权。也正是在这一社会历史背景下,社区矫正在我国开始试点推行,社区矫正监管和处罚决定权相分离就因此成为一种必然。但是,随着市场经济的发展,公安机关的权力边界也进一步明晰,公安机关更多地承担社会公共安全、治安管理以及刑事犯罪调查等方面的权力,而不再涉及刑事执行的内容。作为刑事执行权力的社区矫正监管权自然要从公安机关剥离出来,我国社区矫正实践以及立法发展的过程也充分说明了这一趋势。对罪犯的监管属于刑事执行权力没有问题,那么对于罪犯不服从监管的惩戒和处罚权力,自然也应当属于刑事执行权力,就如监狱中的罪犯违反监规或实施违法行为,基本上还是由监狱管理机关予以惩戒和处罚,而且,这种惩戒和处罚权力从法理上来看,是有别于对一般的违反《治安管理处罚法》等行为的惩罚权的。毕竟,这种惩戒和处罚权是在刑事执行过程中发生的。因此,从长远来看,随着社区矫正制度的深入发展,针对社区矫正对象的绝大部分惩戒和处罚权力,也会逐渐从公安机关的权限范围中剥离出来,实现社区矫正监管和处罚决定权的一体化。这是因为,无论从社区矫正处罚的性质还是公安机关的工作侧重来说,这都将是一种客观和必然的发展趋势。前文已经提到,关于对社区矫正对象处罚权的发动,原因并非仅是社区矫正对象实施了违反社会治安的一般危害行为,而是在社区矫正过程中违反了监管规定,这足以证明该罪犯的教育矫正没有完全达到效果,其人身危险性或再犯可能性仍然较高,因此无论是针对违反监管行为的处罚还是日后的监管方式,都是要集中考虑如何消除罪犯的再犯可能性,但是对于社会上一般性违反《治安管理处罚法》的人而言,而其本身并没有罪犯这一身份,也很少存在需要考虑其人身危险性或再犯可能性的问题,正是基于此可以认为,对社区矫正对象的行政处罚和对一般人的治安管理处罚在性质上还是存在比较明显的差异的;而且,由两者性质差异所决定,公安机关的工作重在维护公共安全和秩序,而社区矫正的处罚也仍然是基于罪犯复归社会的目的展开的。因此,从两种机关的工作侧重点来看,对个体化的罪犯进行教育矫正和维护社会公共安全,还是有很大不同的,教育改造更需要多学科和专业性的技术、方法和规范。而且,随着社会的发展和进步,公安机关的日常工作日益繁重,将涉及对社区矫正对象的除拘留外的其他行政处罚决定权移交给社区矫正机构,实际上有助于减轻公安机关的工作负担和压力。再者,《社区矫正法》通过立法以法律的形式创设行政处罚方式,也是符合我国立法权限分配原理的。因此,社区矫正监管与处罚决定权的一体化,不仅符合立法权限的基本原理,而且也符合我国社会未来的发展趋势。

第二,在逐步实现社区矫正监管与处罚决定权一体化的前提下,应当积极通过立法或执行实践探索和创设新型的惩罚形式和措施,从而在社区矫正机构的权限范围内提高监管质量和水平。

前文已经提到,当前我国社区矫正对象承担法律责任的形式较为单一、结构体系不均衡,最突出的缺点是缺乏处于训诫、警告和收监执行之间的过渡性中间惩罚或制裁措施。首先来看社区矫正对象承担法律责任的形式多样化的问题。根据《社区矫正法》规定,社区矫正机构能自己决定的处罚措施仅有训诫和警告两种,实际上,针对社区矫正对象所适用的禁止令的要求以及行政处罚设定的原理而言,诸如罚款、没收违法所得、没收非法财物、特定情形下暂扣许可证或执照甚至吊销营业执照等,都可以尝试纳入社区矫正机构自身的行政处罚类型之中。另外,前文我们提到了保证金制度,其实也是可以尝试并发展的。[1]

接下来我们重点关注过渡性的中间制裁问题。社区矫正理论一般认为,中间制裁又称为中间刑罚,指惩罚程度介于缓刑、假释松散管理和监狱严格管理之间的制裁措施,目的在于解决传统监禁刑罚对服刑人员惩罚过于严厉,缓刑、假释等监外执行措施对服刑人员惩罚过轻而进行的制度设计。以中间制裁的场所为基本标准,可将中间制裁分为居住式中间制裁、非居住式中间制裁和经济制裁。[2]居住式中间制裁是指矫正对象必须在特定矫正机构中居住一定时间的刑罚制裁方式,例如矫正训练营(短期军事化禁闭管制)、中途之家、休克缓刑等;非居住式中间制裁是指受到制裁的犯罪人不必保持待在封闭式社区矫正机构中,可以待在自己家中,在社区内接受监督和执行刑罚,例如家庭监禁、日间报告制度;经济制裁是以犯罪人向社区、被害人等提供具有经济价值的服务和以直接支付金钱为主要特征的一类制裁形式。客观而言,国外中间制裁实践中的日间报告、家庭监禁、中途之家、特定时期的社区服务等制度对于丰富我国社区矫正对象的违法处罚措施,具有非常积极的借鉴意义。

日间报告是指社区服刑人员白天定期到指定地点(日间报告中心)进行报告并接受监督和治疗的社区矫正措施。日间报告中心对社区服刑人员实行严格的控制,要求犯罪人按照指定的频率到确定地点进行报告,密切关注和严格控制犯罪人的行为,从而满足公共安全的需要。日间报告制度出现于20世纪70年代的英国,美国于20世纪80年代中期开始引入这一制度。[3]不同地区的日间报告中心的运行差别比较明显,有的重视控制和监管,有的更具有治疗性,而大部分报告中心会提供很多的强制性活动。日间报告制度的措

---

〔1〕参见司绍寒:《社区矫正程序问题研究》,法律出版社2019年版,第184~187页。
〔2〕参见吴宗宪:《社区矫正比较研究》(下),中国人民大学出版社2011年版,第502页。
〔3〕吴宗宪:《社区矫正比较研究》(下),中国人民大学出版社2011年版,第547页。

施的期限从40天到9个月不等，包含的内容也比较广泛。一般来说，罪犯在日间报告中心需要接受由中心或者其他社区机构提供的治疗、尿液检测、随机的药物检测和呼吸实验、与自己的监管员会面等服务。与此同时，中心还提供一些课程，如情绪管理、生活技能、认知技能以及职业教育培训等。[1]结合我国当前的社区矫正实践，日间报告制度可以针对两类对象予以适用：一是未成年人、毒品犯等特殊群体中的社区矫正严管级对象；二是违反监管规定且情节较为严重以至于普通的监管措施不足以制止违规行为，但又不足以将其收监执行时，需要对其人身自由进行较高程度的限制、对其日常活动轨迹密切关注的社区矫正对象。

家庭监禁要求社区矫正对象在一定时间内监禁在住所中，除了参加正常的工作、学习、治疗、社区服务或者社区矫正机关批准的其他活动外，被实行家庭监禁的社区矫正对象不得离开住所。实际上，在国外社区矫正实践中，家庭监禁因罪犯违反监管规定的严重性程度不同，又进一步细化并区分为不同的层次。[2]如宵禁仅要求社区矫正对象晚上这一特定时间必须待在家中；家庭拘留则要求除了维系家庭责任、找工作或参加康复项目之外的时间必须待在家中；最严格的家庭监禁则要求除了参加法院批准的治疗项目以及就医治病时间外必须待在家中。与此同时，社区矫正对象的家庭成员或共同居住的其他人员应当配合社区矫正机关对社区矫正对象的监督。一般家庭监禁是和电子定位装置等一起搭配使用的。家庭监禁的适用对象可以限定为违反监督管理规定和有重新犯罪倾向的社区矫正对象。对此类社区矫正对象，可以对其施加不超过一个月的家庭监禁，必要时经社区矫正管理机关批准可以延长一个月。

中途之家是过渡性的社区矫正场所，可以分为两类：一类为从封闭式矫正机构中出来的犯罪人建立的中途之家，称之为外出中途之家。这类中途之家旨在为从监禁机构中释放的犯罪人以及其他相关人员完成过渡性转变、重新适应社会生活提供必要帮助或临时救助。另一类是入内中途之家。入内中途之家发挥着多种功能：一是作为一种中间制裁措施适用于那些需要比缓刑等社区矫正措施更严格的管理和控制，但是又不需要像投入监狱那样严厉到让其失去行动自由的犯罪人；二是作为一种处罚措施适用于缓刑和假释违规的矫正对象。从社区矫正对象处罚措施的角度来看，我们可以参考入内中途

---

[1] Gail A. Caputo, *Intermediate Sanctions in Corrections* 79~83（North Texas 2004）.
[2] James F. Quinn, *Corrections: A Concise Introduction* 99~101（2th ed., Waveland Press 2003）.

之家的做法，将其作为针对严格管控型社区矫正对象的监管措施，或者作为对严重违反监督管理规定的社区矫正对象的处罚措施。

特定情形下的社区服务，即罪犯按照法院发布的社区服务令，在一定期限内无偿向政府机构或非营利组织提供劳务的制裁方式。社区服务起源于20世纪60年代末的美国，英国在20世纪70年代初也随之启动。社区服务主要适用于被判处轻刑的行政犯或财产犯。社区服务主要是为公共机关或慈善非营利机构进行各类服务，如清理公路、保养和维修公共设施、整理草坪、美化环境、打扫卫生、油漆学校、种菜等公益服务，或者从事与他们的个人技能相适应的服务项目。[1]参与社区服务的人是被严密监控的，如果不参加社区服务或者不配合管理将会受到惩罚。社区服务可以根据罪行的严重性或者监管期间的守法程度而提升级别，因此成为一种被国外普遍认为的中间制裁措施。在我国，《社区矫正法》已经明确规定社区矫正机构可以组织社区矫正对象从事特定的社区服务活动，这一规定实际上已经为我国社区矫正机构未来创设和发展符合我国国情的社区服务类型奠定了法律基础。我们完全可以将社区服务与遵守监管情况挂钩，即认真遵守监管规定且积极参加社区服务的，可以给予一定的奖励，相反，违反监管规定的则可以增加其参加社区服务的时长，或者扩大其参加社区服务的种类，从而使社区服务成为一种兼具奖励或惩罚性的中间矫正措施。

当然，国外的中间制裁措施除了上述四种之外，还有诸如日罚金、休克缓刑、矫正训练营（短期军事化禁闭管制）等多种表现形式。[2]由于罚金在我国属于法院裁判的范畴，社区矫正机构无权作出罚金判决，因此这一制度在我国当下难有生存空间。休克缓刑、矫正训练营（短期军事化禁闭管制）等形式是将社区矫正对象集中到期家庭之外的特定区域进而严重限制甚至剥夺其人身自由，且时间较长，因此，在我国当前社区矫正刚开始起步的发展阶段，还不宜直接借鉴，因为在各项配套与监督制度不完善的情况下，这种隔离和监管方式往往会让所谓的教育矫正场所变成"准监狱"，改头换面地剥夺社区矫正对象的人身自由，这不仅会违背社区矫正制度的初衷，而且还会加大社区矫正工作的恣意性，产生较大面积的腐败以及严重侵犯人权的风险。

建立和发展中间制裁制度，在我国司法传统与行为习惯下，有一些理论

---

〔1〕参见武玉红：《社区矫正管理模式研究》，中国法制出版社2011年版，第244~251页。

〔2〕参见翟中东：《社区性刑罚的崛起与社区矫正的新模式——国际的视角》，中国政法大学出版社2013年版，第99~107页。

问题需要进一步进行解释和说明。我们可以看到,中间制裁对社区矫正对象人身自由的限制相对而言比较重,或者对其附加了从事社区服务的特定义务,人们主要担心,这种对社区矫正对象附加义务或加重限制人身自由的做法,是否有超越司法裁判权力之嫌?是否存在正当根据?会不会被社区矫正机构滥用?[1]

中间制裁措施从性质和程度上而言,仍然属于限制社区矫正对象特定时间内的人身自由,而并非像监禁那样彻底剥夺人身自由。社区矫正对象被决定机关适用社区矫正,本身就是基于其当时犯罪行为的社会危害性及人身危险性、再犯可能性做出的判断,而且社区矫正这一执行制度的具体适用本身就是决定机关要求社区矫正对象在遵守特定义务这一前提下才做出的一种"特别优待",也就是说,作为"特别优待"享有者的社区矫正对象在接受这一"优待"时,就已经和社区矫正决定机关和执行机关达成了遵守特定义务的"合意",而这种义务的核心就是服从监管义务,而监管义务的本身就包含限制人身自由的事项。当社区矫正对象出现违反监管规定的行为时,他已经故意在违反当初的"合意"进而在一定程度上不再珍视这种"优待",那么,当社区矫正对象违反"合意"在前,且人身危险性和再犯可能性风险提高时,社区矫正机构自然有权提高监管和惩罚级别。

另外,发展中间制裁措施,尽量避免直接收监执行,与国际人权法的基本主张是一致的。《联合国非拘禁措施最低限度标准规则》(《东京规则》)第14.3、14.4条规定:"非拘禁措施的失败不应自动导致拘禁措施的施加。更改或撤销非拘禁措施时,主管当局应力求确立另一项合适的非拘禁措施。只有当无其他合适的替代措施时,才能实施拘禁徒刑。"因此,中间制裁的正当性依据在法理上应当没有什么疑问。再者,至于中间制裁是否被社区矫正机构滥用的问题,应当在社区矫正制度良性发展和有效执行的前提下才具有讨论意义,如果社区矫正执行效果或制度发展不良,而且这种情况是由于社区矫正权限过小而导致的,那么,就根本没有讨论社区矫正机构是否滥用权力的必要,更何况,对于社区矫正机构是否滥用中间制裁措施的疑虑可以通过建立有效的社区矫正监督机制予以消除,因此,中间制裁措施并没有超出限制人身自由这一根本属性,而且具备正当性根据并具备避免滥用的制度途径。至于中间制裁到底是由法院还是由社区矫正机构来最终决定,则应当结合我

---

[1] 参见王利荣、欧阳文星:"中间制裁体系的本土化构建——写在《社区矫正法》进入审议之际",载赵秉志主编:《刑法论丛》(第61卷),法律出版社2020年版,第572页。

国社区矫正制度发展的具体环境而定。应当说，社区矫正制度进一步发展，赋予社区矫正机构更多的执法权限应当是一种必然趋势，因此，对于中间制裁措施的决定权，应当赋予社区矫正机构为宜。

总之，从国外社区矫正中间制裁创设的发展状况和经验来看，可以肯定的是，社区矫正执行的针对性和有效性在很大程度上取决于社区矫正制裁措施的多样性和精准性。因此，在我国社区矫正行政性惩罚与司法性惩罚之间缺乏惩罚梯度的制度结构下，考虑建立和发展中间制裁制度应当是我国社区矫正制度发展的长远目标。亦即，当社区矫正对象违规程度较为严重，但尚不需要适用撤销缓刑、假释等司法性处罚措施时，适用与违反监管程度相当的中间制裁措施；当穷尽中间制裁措施，社区矫正对象仍然不能改正时，应当撤销缓刑、假释或收监执行。简言之，在对社区矫正对象的处罚结构完善的基础上，形成由行政处罚措施到中间制裁措施具有惩罚梯度性的基本模式。这种模式不仅可以进一步丰富社区矫正的处罚类型，强化社区矫正的惩罚和矫正力度；同时，还能在社区矫正行政性惩罚与司法性惩罚之间建立"中间地带"，提升社区矫正制度的质量和精细化水平；另外，还能在一定程度上规避或减少社区矫正不同机关单位衔接机制的启动，避免社区矫正执法的被动与推诿，提高社区矫正执行的效率性。

最后，在行政性惩罚措施之外，司法性惩罚措施也可以考虑逐步多样化。其中对我国社区矫正实践有重要借鉴意义的是管制易科拘役和延长矫正期限两种制度。

根据我国社区矫正实践以及《社区矫正法》的规定，被判处管制刑的社区矫正对象如果违反监管规定最高只能适用行政性处罚，即行政拘留。问题在于，如果管制犯在管制执行期间数次严重违反监管规定或违反禁止令，对其适用行政拘留不足以满足其处罚需求，但管制犯却又没有实施新的犯罪，在这种情况下，如何对其适用司法性惩罚措施，就成为一个法律既没有规定操作又困难的问题。然而，司法实践中确实存在这种情况。对此，笔者认为，可以尝试建立管制易科拘役制度，将监禁刑罚和非监禁刑罚有效衔接，社区矫正对象在管制期间严重违规或者重新违法犯罪，可以将其剩余刑期按照管制2日折抵拘役1日进行折算，将新罪刑期与剩余管制刑期并罚。

此外，随着社区矫正制度的法治化与规范化，我们也可以尝试建立延长矫正期限的司法性惩罚措施。根据社区矫正制度的基本精神，有效避免监禁化和监狱人格形成是社区矫正的重要优势，因此在社区矫正执行过程中应当力求非监禁措施的多样化，尽量避免监禁措施的随意适用。社区矫正对象违反监管规定，或者重新犯罪但罪行轻微，可以考虑最大限度内尽量保证在社区服刑，延长矫正期限，给社区矫正对象一次纠正过错的机会。当然，这一尝试必须在我国各项法律制度运行顺畅和法治发展水平大幅提高的前提下展开，而且应当尽量谨慎地控制并缩小运用这一措施的对象范围。毕竟，社区矫正机构若以违反监管规定或人身危险性和再犯可能性较高为由，任意延长社区矫正对象的矫正期限，确有侵犯人权的危险，而且社区矫正机构仅因社区矫正对象违反监管规定而延长矫正期限，尚与我国社区矫正的制度性规定以及刑事司法审判与刑事执行权的分工制约状况存在一定不兼容之处，缺乏一定的理论和法律根据，因此对延长矫正期限的适用仅限定于社区矫正对象再犯轻罪的情形为宜。

第二节　社区矫正机构工作人员的法律责任类型与发展方向

社区矫正对象以及社区矫正机构是社区矫正法律关系的重要组成部分，社区矫正对象必须遵守社区矫正的监管规定，履行特定的义务，否则要承担特定形式的法律责任，与此同时，作为社区矫正执法者的社区矫正机构及其工作人员也必须履行相应的监管职责，这种监管职责是国家赋予社区矫正机构及其工作人员的法定权力，如果社区矫正机构工作人员消极履行职权，或者在行使职责和权力过程中存在贪污、受贿或其他违法犯罪行为，则也同样需要承担相应的特定法律责任。由于我们已经在其他章节讨论了社区矫正机构及其工作人员的职责与权力等问题，但没有涉及社区矫正机构工作人员消极、懈怠行使职权或滥用职权的后果问题，因此，在此需要进一步讨论社区矫正机构及其工作人员不正确行使权力所需要承担何种形式的法律责任问题。在社区矫正制度构建和发展过程中，对社区矫正机构及其工作人员的法律责任形式、现状与发展方向等问题进行详细梳理和讨论，有助于社区矫正制度的良性运行和健康发展。

一、社区矫正机构工作人员的法律责任类型

在我国社区矫正实践中，针对社区矫正对象的具体执行工作，绝大多数是由司法行政机关的基层派出机构司法所承担的，司法所大多按照副科级或股级行政级别进行设置，而从法律与实践的一般情况而言，承担社区矫正具

体工作的社区矫正小组中的主要负责人绝大部分是司法所的主管负责人,因此,从司法所的机构设置性质以及具体执法人员的级别来看,承担社区矫正实际工作的主体属于国家机关工作人员没有什么法律上的争议。只不过,由于我国基层司法所的发展建设相对滞后,人员编制不够,有一些司法所的负责人员仍属于事业编制,而根据我国法律的相关规定,事业编制的工作人员也属于国家工作人员。另外,实践中承担社区矫正具体工作的人员除了国家机关工作人员之外,往往还有一些通过政府聘用或通过政府购买服务的形式形成的专职司法社工,这些专职司法社工根据司法所交派的任务开展工作。由此,对属于国家机关工作人员的司法所的相关负责人员,承担法律责任的形式自然适用公务员的相关规定。具体而言,在行政性法律责任方面,可以适用行政处分措施;在党纪责任方面,可以适用纪律处分措施;在刑事责任方面,有可能涉及贪污贿赂与渎职类犯罪。对于一些尚属于事业编制的司法所工作人员,根据我国2018年出台的《监察法》以及2020年颁布的《公职人员政务处分法》可以适用政务处分,当然,随着我国监察体制的改革,对属于国家机关工作人员的公务员、事业单位的国家工作人员或者专职司法社工而言,由于将行政处分纳入政务处分范畴之中且国家将政务处分限定为凡是行使公权力从事管理工作的主体都能予以适用,因此统一适用政务处分的可能性会越来越大。

根据《监察法》和《公职人员政务处分法》,政务处分包括警告、记过、记大过、降级、撤职、开除等形式。这种处分决定是由各级监察机关针对所有行使公权力从事管理工作的公职人员适用的。具体而言,政务处分的对象包括行政机关工作人员;法律、法规授权或者受国家机关依法从事管理工作委托管理公共事务的组织中从事公务的人员;国有企业管理人员;公办的教育、科研、文化、医疗卫生、体育等单位中从事管理的人员;基层群众性自治组织中从事管理的人员和其他依法履行公职的人员。

根据《中国共产党纪律处分条例》《中国共产党党内监督条例》等党内法规,党纪处分的对象是违反党纪应当受到党纪责任追究的党组织和党员,也就是说,非党员的国家公职人员,不能使用党纪处分,而对具有党员身份的公职人员,因为既属于党纪处分对象,也属于政务处分对象,存在同时被给予党纪处分和政务处分的情形。从处罚方式而言,党纪处分措施包括警告、严重警告、撤销党内职务、留党察看、开除党籍五种方式。在基层司法行政机关,绝大多数工作人员属于党内人员,因此确实面临着双重处分的可能。

近年来，在各省市的社区矫正实践过程中，有些地区尝试制定本地区的社区矫正机构及其工作人员执法追责规范机制，细化了追责的基本内容和具体方式。如有些地区以地区级市政法委的名义下发社区矫正执法过错责任追究办法，明确了需要追责的具体情形和内容，主要包括：（1）不按规定委托调查评估或交接执行不到位或裁判（决定）错误导致社区服刑人员漏管或再犯罪的；（2）电子定位管理系统或社区矫正信息管理系统录入不按时、不正确、不规范的；（3）调查评估不认真或教育监管不到位或工作不作为而导致社区服刑人员脱管或再犯罪的；（4）经常出现电子定位异常情况或对异常情况不及时处理的；（5）不及时向电信公司发送《取消社区服刑人员手机定位功能通知单》而造成社区服刑人员因欠费停机而无法拆机的；（6）迟报、错报、虚报、瞒报、拒报工作情况或统计报表而影响上级汇总上报的；（7）违反社区矫正请批假制度，超权限、超范围、超时间为社区服刑人员批假的；（8）不健全或不规范或伪造、编造、篡改社区服刑人员档案，情节较重的；（9）对社区服刑人员提出反映的问题推诿、懈怠而不及时解答和处理，造成一定影响的；（10）检查督导或法律监督不到位而导致社区服刑人员漏管或脱管或再犯罪的；（11）对社区矫正出现的重大问题或案件上报不及时、应对处置不当而造成事态扩大化、影响很大的；（12）对社区服刑人员不及时依法给予治安管理处罚而导致脱管或再犯罪的；（13）不及时依法裁定撤销缓刑或假释或暂予监外执行而导致社区服刑人员在逃或下落不明或再犯罪的；（14）不及时依法依规报批追逃手续或者不进行上网追逃被决定收监执行的社区服刑人员而导致其再次作案犯罪的；（15）私自或捏造事实为社区服刑人员减刑或续保或收监执行的；（16）包庇、袒护违法违纪社区矫正工作人员而不查处的；（17）单位领导对社区矫正工作不重视、不上位、不支持导致执法过错的；（18）虽然社区矫正执法过错轻微，却屡教不改的；（19）执法意识淡薄、制度流于形式、任务应付了事，导致社区矫正执法效果和社区矫正质量不高的，等等。此外，追责办法还对追责的法定依据、追责原则、追责的具体承担主体及过错承担、从重或从轻追责的情形以及追责程序等问题进行了详细的规定，同时，明确并创新了追责形式，将责任承担形式扩展为：书面检查；诫勉谈话；通报批评；停职反省；离岗培训；调离执法岗位；取消执法资格；予以辞退；行政处分（警告、记过、记大过、降级、撤职、开除）；构成犯罪的，移交司法（监察）机关依法追究刑事责任。社区矫正实践过程中出现的这一趋势，值得我们高度重视。[1]

　　社区矫正机构工作人员可能涉及刑事责任的问题，主要是在履行职务期间可能涉嫌渎职犯罪、贪污贿赂犯罪以及其他一些需要特定身份的犯罪。具体而言，社区矫正机构工作人员怠于履行职责，对工作极端不负责任，造成公共财产、国家或人民利益遭受重大损失的，可能涉及玩忽职守罪；社区矫正机构工作人员意识到超越自己权限而履行职责，胡乱作为，可能构成滥用职权罪。社区矫正机构工作人员在履职过程中如果以各种名义将公款据为己有，则可能构成贪污罪，若在履职过程中收受社区矫正对象的各种财物或财产性利益，为社区矫正对象谋取不正当利益或进而徇私舞弊的，有可能构成受贿罪。另外，社区矫正机构工作人员若体罚、虐待社区矫正对象，或者违反法律规定限制或变相限制社区矫正对象人身自由的，由于这些行为严格来说与虐待被监管人罪在犯罪构成方面存在一定差异，即当前我国虐待被监管人罪的犯罪主体仅限于看守所、拘留所、监狱等监管机构的工作人员，根据罪刑法定原则，社区矫正机构工作人员很难纳入"监管机构工作人员"的范畴，因此，如果社区矫正机构工作人员实施了这些行为，也只能按照刑法普通法条的规定进行处理，如可以考虑非法拘禁罪、故意伤害罪乃至故意杀人罪等罪名。如果社区矫正机构工作人员对依法申诉、控告或检举的社区矫正对象进行打击报复的，可能构成报复陷害罪。如果社区矫正机构工作人员在执法过程中涉及泄露社区矫正工作秘密或其他保密信息的，则可能构成泄露国家秘密罪或侵犯公民个人信息罪。对此，《社区矫正法》第61条规定："社区矫正机构工作人员和其他国家工作人员有下列行为之一的，应当给予处分；构成犯罪的，依法追究刑事责任：（一）利用职务或者工作便利索取、收受贿赂的；（二）不履行法定职责的；（三）体罚、虐待社区矫正对象，或者违反法律规定限制或者变相限制社区矫正对象的人身自由的；（四）泄露社区矫正工作秘密或者其他依法应当保密的信息的；（五）对依法申诉、控告或者检举的社区矫正对象进行打击报复的；（六）有其他违纪违法行为的。"由此，社区矫正机构工作人员可能承担的刑事责任的范围已经为立法所明确确定。

---

〔1〕 参见王富忱、苏之彦、王雪静："社区矫正的'承德模式'——河北省承德市全面推进社区矫正规范化建设"，载《人民法治》2016年第12期，第114~116页。

二、社区矫正机构工作人员法律责任的问题与发展方向

(一) 社区矫正机构工作人员法律责任的主要问题

前文对社区矫正机构工作人员的法律责任类型进行了简要梳理，可以看到，社区矫正机构工作人员的法律责任形式可以分为政务处分、党纪处分或刑事责任三类。在社区矫正实践中，笔者发现自2012年社区矫正在全国推行以来，不少省市都出现了社区矫正机构工作人员被追究刑事责任的案例，据不完全统计，全国被追究刑事责任的社区矫正机构人员已不下百余人。[1]总体而言，在社区矫正基层实践中关于社区矫正机构工作人员承担包括刑事责任在内的法律责任的现状主要存在以下特点和问题：

第一，相比较而言，社区矫正机构工作人员承担政务或党纪处分的情形相对较少，承担刑事责任的案件相对较多。当然，社区矫正机构工作人员承担政务或党纪处分，往往并不公开，的确存在内部消化的问题，但通过司法行政机关内部或监察机关的简报或其他信息途径，笔者也很少看到对社区矫正工作人员政务或党纪处分的报道或个案，但关于社区矫正机构工作人员承担刑事责任的案件，笔者通过各种途径了解到，而且此类案件的推动力量主要来自同级检察院的法律监督。另外，在一些制定了社区矫正工作人员执法追责规范的地区，往往通过非刑事手段而进行内部追责处理的工作人员也存在一定比例，平均每年7人至8人不等，但是，在这类地区却鲜有社区矫正工作人员被追究刑事责任的个案。当然，这种内部追责处理的后果往往仍然达不到政务处分的程度，但却有效地促进了这些地区社区矫正执法行为的普遍规范化，在很大程度上降低了工作人员的刑事风险。这一点，值得我们充分注意。

第二，社区矫正机构工作人员受到刑事追究，就涉及的犯罪领域而言，大多属于玩忽职守、滥用职权、贪污和受贿等常见的职务犯罪；就犯罪发生的环节而言，大多发生在调查评估、报到接收、日常监管以及考核奖惩等工作规范化程序要求较高和存在潜在利益交易可能性的重要环节；就犯罪主体而言，往往主要涉及社区矫正机构的负责人、社区矫正中心的负责人、司法所所长或分管社区矫正工作的副所长，也有负责乡镇和街道社区矫正工作的

---

[1] 参见王力达："社区矫正工作者玩忽职守犯罪的特点与预防——基于97份生效判决的分析"，载《铁道警官学院学报》2020年第6期，第78页；但未丽："社区矫正执法人员玩忽职守罪认定偏差与匡正"，载《法律适用》2020年第22期，第23~32页。

乡镇级政法委书记及其下属、临时抽调到社区矫正工作岗位的乡镇政府工作人员，还有个别政府购买服务的专职社区矫正社工。

第三，社区矫正机构工作人员承担刑事责任特别是在玩忽职守罪领域呈现出公诉机关力主重判但法院往往轻判的现象。当然，必须指出的是，如果社区矫正机构工作人员因贪污受贿或涉及因为索贿而滥用职权的犯罪时，公诉机关和法院的态度并没有什么分歧，公诉机关量刑建议和法院的实际判决结果比较接近。但是，在涉及社区矫正机构工作人员因玩忽职守罪而被追究刑事责任时，公诉机关往往要求重判，而且在绝大多数案件中会将社区矫正机构工作人员先行羁押，但法院最后往往以"免予刑事处罚"或宣告缓刑结案。在我们掌握的近百个关于社区矫正机构工作人员玩忽职守罪的判决中，有近九成终审结果为"免予刑事处罚"，只有不到一成被判处缓刑，极其个别的被判处实刑，所判刑期也基本上在一年半以内。另外值得注意的是，在这些判决书中还有数个无罪判决，与此同时，对于法院的一审判决，公诉机关抗诉率也相对较高。

第四，社区矫正机构工作人员涉嫌玩忽职守罪的起因，绝大多数是由于社区矫正对象因监管不到位而再次实施了较为严重的犯罪，从而在本区域内造成了相对较大的不良社会影响或是其犯罪性质较为严重恶劣或对被害人造成较大的经济利益损失。在社区矫正对象再犯罪案件发生后，检察机关在行使法律监督职权过程中通过倒查社区矫正机构工作，从而启动对相关工作人员的刑事追究程序。这就意味着，社区矫正机构工作人员的履职和监管工作存在不规范或失职情形与社区矫正对象再次犯罪所造成的严重后果之间的因果关系判定就凸显为是否对社区矫正机构工作人员以玩忽职守罪定罪处罚的关键问题。然而，这一问题不仅在我国当前刑事司法实践部门诸如检察院和法院之间、不同地区的法院之间甚至同一法院的不同法官之间都存在争议，而且在刑法理论界也远未达成一致意见。

（二）社区矫正机构工作人员法律责任的发展方向

在对当前我国社区矫正机构工作人员承担法律责任的现状特别是承担刑事责任的主要特点和问题进行分析之后，我们需要思考的是，社区矫正是中国刑事执行的重要的制度创新，对社会多元共治以及国家治理体系现代化与法治化具有重要的推进意义，在如此重要的制度推行和执法实践过程中，我们应当亟须建立什么样的制度预防机制，从而最大可能地避免社区矫正机构工作人员被追究刑事责任。

第一,各地应结合本地实际情况,在充分调研的基础上制定符合本地实际情况的社区矫正机构工作人员执法追责实施细则,充分发挥追责细则对工作人员执法合法性和规范性的指导、约束和预防作用,以机构内部的有效约束和监督机制防微杜渐,有效规避执法的重大风险,避免社区矫正机构工作人员触犯刑法底线,应当是社区矫正机构乃至司法行政机关在执法过程中需要着重考虑的重大问题。在一些地区,有些司法行政机关由于考虑到自身在国家权力体系中的弱势地位,便让当地政法委出面与检察机关和法院等司法机关协调,然后以政法委的名义共同下发社区矫正执法追责的实施细则,尽最大可能提升实施细则的执行力和可操作性。实践表明,必须承认的是,社区矫正执法在司法行政部门中是一项崭新的实实在在的"业务",与本部门已有的其他工作职能而言,更加具有"含金量"、权力感和吸引力,正因如此,社区矫正执法确实有一些中间环节容易引起权力寻租和利益交换。为此,在社区矫正执法过程中明确社区矫正执法人员追责的具体情形实有必要。制定追责细则,重在为社区矫正机构工作人员日常执法行为"提提醒""打打预防针",提高执法人员的注意和谨慎义务,进而确保执法的公正和规范水平。追责细则注重日常执法小事的监督管理和违规预防,应当说这是一种有非常现实和积极意义的做法。因为只有社区矫正平时的执法工作做到细致认真而不犯小错,才不至于丧失警惕发生违反刑法的大错,从而达到防微杜渐的效果。同时,追责规则往往是内部处理规则,而且在实践中很多措施都并非严厉的处罚性规则,也就是说追责主要是针对较轻的违规行为进行的,这种处理结果在很多场合下并不会对社区矫正工作人员的晋升和实际工作造成重大影响,因此也不会导致他们的强烈抵触。可以看到,尝试通过追责细则来规范社区矫正执法工作的做法,在一定程度上确实能够避免社区矫正机构工作人员触犯玩忽职守罪等刑事罪名,起到了较好的预防效果。应该说,制定追责细则的办法,本身就是法治化监督思维方式的体现,值得推广。

第二,在建立有效的追责细则的同时,应当积极建立并推广具有可操作性的容错机制,从而免除基层社区矫正机构工作人员的最大后顾之忧,激励基层工作人员"真干事""敢干事",勇于创新。党中央在十九大报告中明确提出了"建立激励机制和容错纠错机制",2018年中共中央办公厅印发了《关于进一步激励广大干部新时代新担当新作为的意见》,这些文件出台为容错机制的建立提供了政策性和原则性根据。不可否认的是,当前基层社区矫正机构的工作人员确实面临着待遇过低、晋升渠道狭窄、工作任务过于繁重、考核压力过大等问题，但是，即便在这种情况下，很多基层工作人员仍然凭借初心与情怀无私奉献。事实上，社区矫正对于绝大多数基层工作人员来说，都是一种没有现成经验的先行先试的创新性工作，完全符合党中央提出的可以适用容错机制的工作领域。

对于社区矫正工作领域容错机制的建立，应当注意的是：

一是必须明确界定容错的界限，可以通过制定容错清单准确确定容错的范围。容错之"错"是指干部在改革创新、干事创业中由于主观上的过失导致工作不能达到预期甚至造成一定损失，其与违法违纪行为有着本质的区别。比如社区矫正机构工作人员通过创新教育矫正项目但没有达到预期的积极效果或者由于资源配备不全导致项目失败、社区矫正机构工作人员由于执法条件和资源的限制无法有效及时实现对社区矫正对象的信息核查监管等。

二是要注意作出容错决定主体的问题。在社区矫正工作领域，容错机制的主体应当涵盖政法委、司法行政、检察院、法院、组织、审计等部门，而且由于社区矫正工作专业性较强，因此需要考虑保留引入专业人士参与评判的制度空间；同时，积极推进容错机制的实施细则、工作程序、责任清单、考核评价等在内的制度体系建设，形成涵盖申请、核实、认定和报备全部流程的容错机制程序体系。

三是实现容错、纠错和防错的有效衔接。"纠错"是当偏差、失误初显时通过相应的方法避免错误扩大而造成更大的损失，但这并不意味着要终止探索、终止对干部追究责任。在纠错过程中，对于探索性失误、创新性失误、改革性失误要区别对待，通过监督纠错、整改纠错等多种方式精准纠错。在容错、纠错的基础上要形成经验从而建立起防错机制，这样才能最大限度地减少错误的可能性。在社区矫正工作中适用容错机制，有助于真正激发广大社区矫正机构工作人员的工作热情，从制度和规则上真正保护他们的合法利益以及积极性。

第三，应当切实加强对社区矫正机构工作人员承担刑事责任的具体情形及所涉及的刑法理论的学术研究。除了由于社区矫正机构工作自身原因而牵涉贪污、受贿或因索贿而滥用职权等犯罪类型之外，当前以玩忽职守罪追究社区矫正工作人员刑事责任的案件呈高发状态。因此，有必要对这一现象及其背后的问题进行深入的学术探讨。

从社区矫正实践来看，社区矫正机构工作人员的具体工作可以分为以下类型：第一类是一般行政性的程序类工作，如制定成立矫正小组、制定矫正方案、组织学习教育或公益活动、了解和掌握社区矫正对象的思想状态和现实表现、社区矫正对象各种报表的登记注册、签名存档等；第二类是专门的心理教育、矫正帮扶工作；第三类是对社区矫正对象的行为约束和监管工作。应该说，对于一般行政性的程序类工作，如果社区矫正机构工作人员在此类工作中存在疏漏或过错，常见的如表格不全、社区矫正对象未签字而由他人代签等，此类过错从性质和程度上来看属于一般过错，根本不应当被评价为玩忽职守罪中的"履行职责中的严重不负责、不履行职责或不正确履行职责"，如果社区矫正机构工作人员仅存在此类过错，那么社区矫正对象即便再次实施严重犯罪并造成较大的损失，也不应当让社区矫正机构工作人员承担刑事责任。因为社区矫正机构工作人员的这种过错和违规，并没有提高并实现"社区矫正对象再犯罪并造成重大损失"这一风险，而这一风险是由社区矫正对象性质更为严重的犯罪行为所直接造成的，因此排除对社区矫正对象的归责，另外，有些具体的行政性工作，在我国社区矫正基层实践中确实存在着实现障碍。如定期到社区矫正对象的家庭、学校或社区走访，有些地区为了避免暴露社区矫正对象使之受到歧视，明确不允许一线工作人员过多地定期走访。对于专门的心理教育、矫正帮扶类的工作，如果社区矫正机构工作人员存在过错，也应当排除归责。应当说这种工作过程中并没有创设风险，因为社区矫正机构工作人员所进行的是善意行为，目的本身就是降低社区矫正对象的人身危险性和再犯可能性，这一善行即便有些过失，也不可能在刑法上创设危险。就行为约束和监管工作而言，它恰恰是社区矫正基层实践中出问题最多的工作类型。我们看到绝大部分刑事案例也主要是发生在这一工作领域。由于社区矫正机构工作人员疏于监管、如不认真做调查评估、不认真监管核查罪犯动向、应当提请治安管理处罚而不提请、应当提请收监执行而不收监等，导致社区矫正对象人身危险性或再犯可能性没有降低反而进一步滋长，严重脱管并再次严重犯罪，造成巨大损失。应当说，在这种情况下，社区矫正机构工作人员不履职行为确实是创设并提高了刑法上的风险，应当适当承担责任。我们看到，各地法院也基本上是按照这一方向进行裁判的，而且大多对社区矫正机构工作人员免予刑事处罚，从而保住其基本工作和待遇而不至于承担被双开的严厉后果。[1]

总之，笔者认为，对于社区矫正机构工作人员存在过错而导致社区矫正

---

〔1〕 参见周倩："社区矫正人员重新犯罪就必须追究工作人员的刑责？"载《民主与法制》2018年第38期，第58~59页。

对象再次犯罪并造成严重后果是否追究刑事责任的问题，司法机关应当谨慎入罪，首先要把因为客观上的技术条件等方面的因素而发生的社区矫正事故，排除出对社区矫正机构工作人员归责的范围；绝对不能仅仅因为社区矫正工作存在过错导致社区矫正对象再犯罪并造成严重后果就追究其刑事责任，而应当将追究责任的范围限定在社区矫正机构工作人员的行为约束和监管工作存在严重失误的情形内，并且还要对社区矫正机构工作人员的"玩忽职守行为"与社区矫正对象的"再犯罪所导致的严重后果"之间的具体因果关系结合社区矫正机构工作人员不履职的具体情况、社区矫正再犯的犯罪类型、再犯的主观心态及其脱管状态等要素进行事实性判断，在此基础上着重对是否创设和实现了刑法性风险问题进行规范性判断，[1]从而进一步限制对社区矫正机构工作人员入罪的可能，切实充分有效的保护社区矫正机构工作人员的合法利益。值得注意的是，《社区矫正法实施办法》根据《社区矫正法》的精神进一步规定了社区矫正工作人员的人身安全和职业尊严受法律保护，并重申了社区矫正工作人员在自身权利受到侵犯时的控告权、执法行为受干涉时的拒绝权利、如实记录和报告义务以及因履职名誉受损时要求恢复名誉和追究责任等相关权利。特别是，《社区矫正法实施办法》明确指出，对于社区矫正工作人员追究法律责任，"应当根据其行为的危害程度、造成的后果、以及责任大小予以确定，实事求是，过罚相当"，在社区矫正工作人员依法履职的情况下，绝不能"仅因社区矫正对象再犯罪而追究其法律责任"。总体而言，《社区矫正法实施办法》的上述态度与规定，是值得充分肯定的。

第三节 社区矫正法律监督制度构建与发展方向

对社区矫正机构及其社区矫正执行工作进行监督是确保社区矫正机构依法正确履行职责的重要制度保障。根据我国《宪法》的规定以及现有的国家机构职权的分工，人民检察院是专门的法律监督机构，负责对社区矫正机构及其执行工作的法律监督。显然，对社区矫正机构及其执行工作的监督，是一种极具中国特色的外部法律监督制度。在社区矫正实践工作中，社区矫正的法律监督仍然存在一些亟待解决的问题，法律监督的制度规则与机制也需要进一步完善，因此有必要对此进行专门探讨。

---

[1] 参见［德］克劳斯·罗克辛：《德国刑法学 总论（第1卷）：犯罪原理的基础构造》，王世洲译，法律出版社2005年版，第134页。

一、社区矫正法律监督的现状与问题

(一) 社区矫正法律监督的现状

从法理意义上讲，法律监督有广义与狭义之分。广义的法律监督即指国家机关、有关组织和人民群众对法律实施活动的合法性与正当性所进行的监察和督促，以监督主体有无权力为标准，广义的法律监督包括国家监督与社会群众监督两大类。国家机关监督包括人大监督、行政监督、检察监督和司法监督；社会监督包括社会组织监督、舆论监督和群众监督。狭义上的法律监督是指国家专门机关对法律实施活动的合法性与正当性所进行的监察和督促，根据我国《宪法》的相关规定，人民检察院是我国专门的法律监督机关，因此狭义上的法律监督专指检察院的法律监督。[1]

狭义上的社区矫正法律监督，顾名思义，即检察机关对社区矫正机构所进行的社区矫正执法活动的合法性与正当性进行的专门监察和督促。从我国当前社区矫正实践来看，社区矫正法律监督较之检察院对其他机关的法律监督而言比较复杂，呈现出一定的独特性，主要表现为：

第一，社区矫正法律监督所涉及的被监督对象相对较多，检察机关并非仅对社区矫正机构进行监督就可以完成监督职责。由于社区矫正执法工作从开始到结束涉及不同国家机关的协调、配合和衔接，因此存在多个不同的阶段，而在不同的阶段执法主体也存在一定差异。这些阶段包括：首先是交付阶段，所涉及的被监督对象包括对判处管制、宣告缓刑、裁定假释以及决定暂予监外执行的审判机关人民法院；需要向社区矫正机构交付执行暂予监外执行犯、缓刑犯或假释犯的监狱、看守所；接收上述社区矫正对象的社区矫正机构。其次是执行和执行变更阶段，涉及的被监督对象包括正在执法的社区矫正机构和司法所、提请治安管理处罚、减刑或提请撤销缓刑、假释或暂予监外执行的社区矫正机构，裁定撤销缓刑、假释的审判机关，负责收监执行的监狱、看守所等。最后是执行完成阶段涉及被监督的机关有宣布解矫的社区矫正机构。

第二，社区矫正法律监督的不完整性。由于社区矫正法律监督涉及不同的国家机关和部门，而且社区矫正对象分布于不同社区相对分散，往往还有一定的流动性，加之我国社区矫正在全国推行时间并不长，关于检察机关如何全面实现对社区矫正机构监督的研究和实践以及相应的法律规则还有待深

---

[1] 参见赵秉志主编：《社区矫正法（专家建议稿）》，中国法制出版社2013年版，第112~113页。

入和完善,因此,当前实际上社区矫正法律监督存在不完整性的特征,而这种不完整性最终导致检察机关监督的效果并不十分理想。

正是由于社区矫正已经在我国深入开展,并且我国当前社区矫正法律监督的效果并不理想,对社区矫正的专门法律监督则更有现实性和必要性。其一,加强和完善社区矫正法律监督,有助于提高社区矫正执法的规范性、严肃性和权威性。由于社区矫正执法是一项涉及国家刑事执行权动用的专业性执行活动,而凡是涉及国家权力动用之处,如果没有监督和约束,就容易产生腐败。[1]加之我国社区矫正执法在全国推行的时间并不长,一些地区的具体工作存在敷衍潦草、形式主义、缺乏严肃性或专业性等诸多不规范之处,因此从权力的分工制约角度来看,对社区矫正机构进行专门的法律监督具有客观现实需要。其二,加强和完善社区矫正法律监督,是检察院全面履行法律监督职能,维护社区矫正对象合法权益的重要工作体现。由于社区矫正与监狱行刑一样,性质上都属于国家刑事执行权力的运用,因此总是或多或少地会和执行的对象即罪犯产生一定利益或立场上的冲突或矛盾。然而,尊重和维护罪犯的基本人权,又是宪法和法律的重要要求,因此,为了避免社区矫正执法过程中权力被异化或滥用,督促社区矫正机构正确履行职责,保障社区矫正对象在接受矫正过程中享有辩护、申诉、控告、检举揭发等基本权利,检察机关的专门法律监督是非常必要的。

我国自社区矫正试点工作开展以来,由于在很长一段时间内没有明确的法律规定,因此,社区矫正的专门法律监督机关基本上是依据《宪法》《人民检察院组织法》和《刑事诉讼法》的基本规定,参照刑罚执行监督的具体法律规定和实施细则在摸索中确定的。我国《宪法》明确规定了"人民检察院是国家的法律监督机关",同时,《人民检察院组织法》和《刑事诉讼法》也明确细化了人民检察院的法律监督职责,即人民检察院对刑事案件的判决、裁定执行和监狱、看守所的活动的合法性进行监督。在《关于开展社区矫正试点工作的通知》和《社区矫正实施办法》出台之后,经过不断摸索和完善,我国基本上形成了以检察机关作为专门的社区矫正法律监督机关的组织结构和制度体系。

针对监督对象而言,检察机关对社区矫正的法律监督,从执法的交付开始、到日常监管或变更执行再到解除矫正,所涉及的全部司法和执法活动主体,都应当纳入检察机关监督的范围,具体包括审判机关、监狱、看守所、

---

[1] 参见刘强主编:《社区矫正制度研究》,法律出版社2007年版,第492~493页。

社区矫正机构及其司法所。

针对监督内容而言，根据《刑事诉讼法》以及最高人民检察院《关于在社区矫正试点工作中加强法律监督的通知》和《人民检察院监外执行检察办法》的具体规定，在社区矫正执法过程中检察监督主要包括：一是交付执行阶段的法律监督。即对法院判决、裁定或决定罪犯社区矫正的法律文书送达情况以及对监狱、看守所罪犯交付执行活动的监督，重在防止交付和执行程序的脱节，产生社区矫正对象的漏管问题。二是教育矫正监管阶段的法律监督。即对决定适用社区矫正的罪犯的监管和对教育矫正活动是否合法进行监督，包括监管和教育矫正是否依法进行，是否存在脱管现象，矫正对象的合法权益是否得到保障，等等。三是变更执行阶段的法律监督。即对社区矫正决定机关作出的对社区矫正对象撤销缓刑、假释或收监执行以及减刑的刑事变更决定活动的合法性进行监督。四是解除矫正阶段的法律监督。即对罪犯执行社区矫正期满或考验期满，不再执行社区矫正的情形进行监督。

针对监督方式而言，纠正违法是我国法律规定的检察院行使法律监督权的基本方式。我国《刑事诉讼法》第276条规定："人民检察院对执行机关执行刑罚的活动是否合法实行监督。如果发现有违法的情况，应当通知执行机关纠正。"在这一规定的基础上，检察机关尝试建立了一些更为具体化的监督方式。如，2005年最高人民检察院办公厅印发了《关于加强和规范监外执行检察工作的意见》，进一步明确了对监外执行工作要采用日常检察和定期检察相结合的工作制度，并要求各县市检察院每年至少开展两次监外执行专项检察。此后，2008年最高人民检察院又发布了《人民检察院监外执行检察办法》，提出了定期检察与不定期检察、全面检察与重点检察以及会同其他部门联合检察的工作方式。后来，2009年中央综治办、"两高两部"联合发布《关于加强和规范监外执行工作的意见》，除了对定期检察和不定期检察相结合的工作方式予以确认之外，明确提出了纠正违法情况的具体方式，即发出纠正违法通知书、检察建议书或者提出口头纠正意见，并明确对纠正意见、检察建议有异议的，实行复议和复核的程序。简言之，在当前，我国社区矫正检察监督基本上是依照检察院监外执行的具体操作细则而展开的，即主要是采用定期检察和不定期检察以及会同有关部门进行社区矫正执法专项检察，同时采纳了监外执行工作中实行的纠正违法通知书、检察建议书或口头纠正意见等监督方式以及对纠正意见、检察建议有异议的复议和复核程序，将监督的实体内容和程序予以统一，确保法律监督的公正性、有效性和可执行性。

检察机关作为我国社区矫正法律监督的专门法律机关,《社区矫正法》的第 62 条进一步予以了法律确认,并进一步延续了纠正意见或检察建议的监督方式并规定"有关单位应当将采纳纠正意见、检察建议的情况书面回复人民检察院,没有采纳的应当说明理由"。

(二) 社区矫正法律监督的主要问题

前文通过梳理社区矫正法律监督的制度依据和运行现状,可以看到,当前的社区矫正法律监督仍然存在着一些较为明显和突出的问题,主要表现为:

第一,社区矫正法律监督的制度规范缺位、监督方式缺乏且效力不足。前文已经提到,检察机关当前对社区矫正开展的法律监督工作,基本上是参照监外执行检察监督的相关实施细则进行的,而社区矫正执法工作需要监督之处,远比监外执行检察监督的工作要多,任务更重。因此,对于社区矫正执法工作的监督检察,检察机关仍缺乏明确、全面、细化的规范依据。同时,当前检察机关对社区矫正执法的监督手段基本上限于违法意见纠正以及检察建议书两种方式,但在实践中,我们经常遇到的情况是,检察机关向有关单位提出口头纠正意见或发出正式的《纠正违法通知书》之后,被监督机关对此"视而不见"。在实践中,如果检察机关遇到这种情况,基本上只能采取向上一级检察院汇报的方法,由上一级检察机关向与自己同级的被监督机关的上级机关提出,建议其督促下级机关予以纠正。这一做法,实际上也并没有较强的约束力和执行力,因为当上一级机关督促下一级机关纠正违法得不到下一级机关的认可,或者以各种理由拒绝时,检察院对此就没有强制力和约束力。这就是说,检察院的口头纠正违法意见或《纠正违法通知书》在实践中往往缺乏权威性和公信力,起不到其应有的监督效果。与之类似,对于《检察建议书》而言,这种监督方式的执行权威性和约束力也存在类似问题。在实践中,确实有一些被监督机关对于《检察建议书》视而不见、置之不理,此时检察机关只能"跟进监督"或"提请上级人民检察院监督",而很多基层检察院刑事执行检察部门的人员配置本身就不足,在出现类似被监督机关置之不理的情况时,也往往没有精力继续跟进,更不愿意为这种并非重大的事项而提请上级检察院监督,从而事实上就不了了之。虽然《社区矫正法》明确规定了纠正违法的意见和检察建议书两种监督方式,并且要求被监督机关必须将是否采纳纠正违法的意见或检察建议书的情况回复检察机关,如果不采纳需要说明理由,但是,《社区矫正法》的这一规定,仍然没有进一步明确被监督机关不回复的法律责任,以及虽然回复但拒绝且拒绝的理由存在问题时，检察机关如何进一步实现监督的问题。

第二，社区矫正法律监督的实践运行往往流于形式，监督效果有一定的折扣。由于当前社区矫正检察监督并没有明确、系统和完整的规范性指导文件，基层检察院对社区矫正检察监督也并未十分重视，具体表现为三方面：一是部分基层检察院对社区矫正机构工作人员的法律监督不重视，履职不到位。如对于脱管、漏管等情形疏于监督，或者事后不愿意纠正，或对社区矫正对象的减刑、奖励或处罚的监管根本不过问，以致社区矫正对象得到司法奖励的条件过于宽松，影响到社区矫正执法的权威性，对于一些社区矫正机构工作人员玩忽职守和贪污索贿行为无暇监督，对于社区矫正对象发生严重再犯的情况不深入调查社区矫正工作是否存在疏忽或渎职行为，怠于行使法律监督权。二是基层检察院对社区矫正机构的法律监督职责并没有制度化和常态化。如日常检察次数不够、不定期检察几乎没有，对于司法所等机构的监督检察往往不能全覆盖而大多采用抽查的方式，检察过程过度形式化，只看汇报记录等纸质材料，难以了解社区矫正对象的真实想法，等等。三是部分检察院对社区矫正监督职责认识不清，甚至缺乏应有的责任意识。有的越俎代庖，直接参与到社区矫正的教育矫正过程中，有的认为"法律监督就是只处理个别社区矫正机构工作人员而已"，有的则对社区矫正这种新生事物并不了解，仍然对罪犯在社区中进行矫正难以理解，对于社区矫正工作性质以及意义本身就存在认识上的偏见，因此对社区矫正法律监督的偏见就更加严重了。

第三，部分基层检察院缺乏行使社区矫正法律监督权的物质、人员以及制度保障等基本条件，这是导致基层社区矫正法律监督难以落到实处的重要因素。我们发现，实际上在我国检察史上很长一段时间里，驻看守所或监狱检察室一直不是检察系统内的强势部门。当前，虽然最高人民检察院已经在将监所检察厅改名为刑事执行检察厅的基础上通过进一步的机构改革设立专门的机构负责有关刑事执行等工作，但是，地方不少基层检察院仍然没有设立相应的部门，有的即便设立了，也是"一块牌子、一个人"，有些甚至还是由公诉、侦查监督或民行检察部门的检察人员来兼任这项工作，从而导致这些检察人员根本没有足够的时间和精力再在本职工作之外真正深入开展社区矫正法律监督工作，只能是进行一些形式或表面上的应付工作。这种实际情况，在一定程度上使得社区矫正法律监督近乎处于无人监管的状态。在近来的检察体制改革背景下，一些地区也确实出现了刑事执行检察部门的检察官被并入诉讼监督部门的情况,使得专门从事社区矫正法律监督的员额检察人员比例极少。由于人员和编制少,检察机关内部往往对这一部门的物质和经费投入也相对较低。如有些基层检察院刑事执行检察部门只有一个或两个人,实际上也确实难以承担定期全面检察社区矫正机构、法院和司法行政机关的工作重任,也有些地方虽然人数不少,但大多也是准备退休的老同志,让其驱车在全县、市范围内承担如此繁重的工作,也不太现实,而且很多基层检察院公诉或综合业务占用公车较多,在刑事执行检察方面尚没有专门随时可供调派的公车使用。另外,前面也提到,一些检察人员对《社区矫正法》以及近年的新规定并不熟悉,甚至根本不理解,这也在一定程度上制约着社区矫正法律监督的水平和实际效果。

二、社区矫正法律监督的发展方向

对社区矫正工作进行检察监督,是作为法律监督机关的检察院的重要法定职能,也是近年来检察职能延伸的重要体现和发展方向。2021年6月,中共中央印发的《关于加强新时代检察机关法律监督工作的意见》明确指出:"完善刑事执行和监管执法监督。健全对监狱、看守所等监管场所派驻检察与巡回检察相结合的工作机制,加强对社区矫正和财产刑执行的监督,促进严格依法监管,增强罪犯改造成效。加强对刑罚交付执行、强制医疗执行的监督,维护司法权威。完善对刑罚变更执行的同步监督机制,有效防止和纠正违法减刑、假释、暂予监外执行。加强与监管场所信息联网建设,强化对超期羁押、在押人员非正常死亡案件的监督。"对社区矫正工作进行法律监督,对于社区矫正执法的公正性和规范性、社区矫正对象合法权利的保障以及社区矫正工作的顺利进行都有重要意义。因此,社区矫正法律监督应当朝着法治化、规范化、制度化的方向发展。

笔者认为,切实加强社区矫正的法律监督,应当首先制定和完善社区矫正检察监督的相关法律规范。值得注意的是,《社区矫正法》已经将检察机关对社区矫正工作的监督职能法定化,并规定了检察监督的方式及其相应的法律后果。这一规定无疑为检察机关行使对社区矫正机构以及相关司法机关的检察监督权提供了法定依据。但是,《社区矫正法》的规定相对抽象,因此最高人民检察院有必要结合具体检察监督工作,与司法部、公安部以及最高人民法院联合制定可操作性更强和更加具有针对性的社区矫正法律监督实施细则或意见,明确社区矫正法律监督的具体职责、工作机制、程序、违法的边界及其责任、对纠正违法的时限、规则和标准以及对纠正违法不服的处理救济机制等,从而建立统一规范的社区矫正工作领域的法律监督制度。

切实加强社区矫正的法律监督,应当完善基层检察机关的保障条件。一方面,应当看到,最高人民检察院曾将监所检察厅改名为刑事执行检察厅,在此基础上的机构改革仍然设置专门机构负责这一项工作,因此,在基层检察院设置专门的负责刑事执行检察等业务的部门,应当是机构改革的重要内容,也就是说,只有让专门的机构负责社区矫正的法律监督工作,才能明确工作主体、权力和义务以及责任。另外,对于已经设立刑事执行检察部门的地方检察院,应当有专门的人员负责社区矫正法律监督,或者设置专门的社区矫正法律监督部门。有些发达地区的基层检察院开始向社区矫正机构派驻检察官,这实际上是社区矫正检察监督一个很好的开端。[1]另一方面,对于基层检察机关从事社区矫正法律监督的编制、人员、经费以及工作保障等,也应当予以明确满足。[2]根据我国法律监督的基本原理,对于社区矫正检察监督,必须由检察人员履行职责,因此,在社区矫正检察监督部门,至少要有恰当的编制和人员,才能将这一职责切实履行。在地方实践中,社区矫正检察监督做得好的地方,基本至少配备两名检察人员,就现在而言,至少有一名员额检察官负责此项职责,而且,本部门大多是年轻人,通过了法律职业资格考试,学历也是本科或研究生。另外,考虑到社区矫正检察监督工作需要深入到不同司法所,检察机关应配备基本经费和装备保障。再者,随着信息化技术的发展,实现社区矫正法律监督的信息化以及与社区矫正机构实现社区矫正网络的互联互通,应当成为社区矫正工作中一项重要任务。最后,对于社区矫正法律监督的检察人员,可以通过适当的激励和考评机制、定期轮岗制度等形式,鼓励检察人员积极参与这项新工作,与此同时明确责任追究机制。总之,就当前社区矫正检察监督的现状而言,只有首先在基层检察机关内部设置专门的机构和人员,才能真正把这项监督工作落到实处。

切实加强社区矫正的法律监督,应当在日常工作中改进工作方式,提高监督效果。

第一,应当严格落实定期检察的工作方式。定期检察的最大优点在于其

---

[1] 参见张建升等:"创新监督方式完善监督机制强化社区矫正检察工作",载《人民检察》2015年第15期,第44~45页。

[2] 参见陈永斌、李益明:"社区矫正检察监督的理论根基、域外经验与模式选择",载《西南政法大学学报》2011年第3期,第128页。

严肃性，内容明确，重点突出，工作集中，对于社区矫正机构工作来说具有极强的针对性，对于社区矫正机构工作人员而言则具有一定的压力，更容易让其认真对待。在严格落实定期检察工作方式的基础上，随着基层社区矫正检察监督的实践发展，应当逐渐增加定期检察的次数，形成定制。〔1〕与此同时，要通过规范的形式进一步明确定期检察的基本内容。有些地区尝试制定了定期检察的监督项目清单，以列表形式向社区矫正机构明确列出需要检察的具体事项，提高了检察的针对性、完整性和细致性。这一做法实际上值得各地结合自身的实际情况予以参考和借鉴。应当说，定期检察应当是全面系统的，要涵盖社区矫正执法整个过程的所有内容与事项。再者，需要改进定期检察的工作方法。在定期检察中不能仅凭纸质材料了解情况，应当深入基层如街道、司法所进行调查研究，与社区矫正工作人员、社区矫正对象、街道或社区工作人员、专职社工、社区矫正对象的家属以及邻居等座谈，广泛收集信息，主动发现问题。

第二，鼓励运用不定期检察制度。不定期检察制度的优点在于随机性和及时性，这一制度有助于发现社区矫正中的突发问题，起到防微杜渐的及时预防效果。一般而言，不定期检察主要是基层检察机关通过各种途径发现了社区矫正工作中的某些严重违法问题或重大群体性事件的隐患，从而临时对社区矫正机构进行检察监督。检察机关收到的涉及社区矫正工作的隐患线索，可能来自群众举报，也可能来自社区矫正对象及其家属的控告、其他部门转交材料、媒体反映或者是由检察院在履行职责过程中发现等。

第三，与其他司法部门建立联系协调制度，也是近年来社区矫正法律监督出现的新动向。由于检察机关是国家的法律监督机关，因此在必要时会牵头或由政法委牵头开展集中检察、联席会议、信息共享、情况通报等方面的活动，集中解决社区矫正执行中的一些突出和疑难问题。〔2〕基层实践中比较常见的是联合执法检查。如，检察机关联合公安机关、司法行政机关集中开展核查纠正社区矫正对象脱管、漏管的专项行动。这一做法在基层实践过程中能够充分调动不同机关的积极性，形成合力，集中解决疑难问题，是具有较好实际效果的制度尝试，值得注意。

---

〔1〕 参见凌高锦："中国社区矫正检察监督的实践、省思与完善"，载《北京政法职业学院学报》2020年第1期，第14页。

〔2〕 张燕波："社区矫正检察监督之完善研究"，载《江西科技师范大学学报》2016年第4期，第65~66页。

切实加强社区矫正的法律监督,应当进一步完善监督手段。

第一,对于纠正意见这一手段而言,《社区矫正法》并没有区分口头意见或书面意见。但在实践过程中,一般将纠正意见分为口头和书面两种。应当在新的社区矫正监督实施细则中规定口头意见与书面意见的标准,实现纠正违法意见的规范化和统一化。另外,对于纠正违法意见的具体场合、具体对象、文书格式等问题应进一步细化。还有比较重要的一点,即被监督单位如果拒绝纠正错误,不予回复检察院的,应当明确被监督单位的法律责任。之所以强调这一点,主要是由于我国当前纠正违法意见的法律效力和权威性较低。从法理角度而言,人民检察院所提出的纠正违法意见实际上是一种监督建议文书,并不是实体处分文书。这就意味着,当前的法律并没有规定被监督单位应当纠正违法行为的法定义务以及不履行该义务的法定责任,也并没有赋予检察机关对不予履行纠正违法行为义务的单位的处罚权力。因此,在实践中,被监督单位是否纠正违法行为,主要依靠被监督单位的自觉性,也正是这一点,很多单位对纠正违法意见不予理睬,既不纠正也不回复。对此,检察机关往往无可奈何。事实上,《社区矫正法实施办法》显然也注意到了这一问题,因此明确规定对于检察院的书面纠正意见在规定期限内没有回复纠正情况的,检察院应当督促回复,经督促后被监督单位仍不回复或者没有正当理由不纠正的,检察院应当向上一级检察院报告。然而,《社区矫正法实施办法》规定的"督促回复"和"向上级报告"等做法,对被监督单位来说往往仍然没有威慑力与约束力。笔者认为,在发展和完善纠正违法意见制度时,应当考虑赋予检察院对被监督单位的特定处罚权,实践中比较有效的是罚款,切实提高检察机关纠正违法意见的权威性和严肃性。

第二,应当对检察建议的适用规则作出具体规定。当前检察建议的作出和使用,也存在一定程度的不规范性。因此有必要完善社区矫正法律监督中检察建议的具体适用范围、对象、标准、程序以及文书格式。由于《社区矫正法》已经将检察建议法定化,那么在制定的社区矫正法律监督的具体实施细则中应当进一步明确被监督单位如果不采纳检察建议且不做出说明理由的法律责任。对此,《社区矫正法实施办法》规定,有关单位对检察建议在规定的期限内经督促无正当理由不予整改或者整改不到位的,检察机关可以将相关情况报告上级检察院,通报被建议单位的上级机关、行政主管或行业自律组织等,必要时可以报告同级党委、人大、通报同级政府、纪检监察机关。笔者认为,上述规定虽然在一定程度上强化了检察建议的有效性与约束力,但实际上，仅通报或报告的做法并不能切实地提升检察建议的权威性，也不能真正强化检察机关法律监督的质量和效果。总之，在强化检察机关法律监督职能的新时代如何真正提升检察建议的约束力与权威性，仍然值得进一步思考。

第三，应当重视对于不履行纠正违法意见或检察建议的督促和跟踪机制的制度化建设，如健全复议复核程序，完善对纠正违法意见异议的解决机制。同时，需要尊重检察人员的首创精神，鼓励和支持检察机关内部行之有效的制度创新做法，充分调动广大基层检察人员的积极性。另外，应当充分发挥国家监督与社会监督相结合的基本原则，检察机关也可以运用抄送和报送制度，充分发挥同级人大权力机关监督、党内纪律监察监督的作用，推动权力机关和纪律监察机关对法律监督问题的关注和重视；或者充分运用新闻媒体、舆论以及人民群众的力量，将法律监督切实落到实处，产生积极的实际效果。

本章小结

社区矫正工作人员和社区矫正对象是社区矫正法律关系的基本主体。根据《社区矫正法》的规定，社区矫正工作人员享有监督管理与教育帮扶方面的特定职责和权力，社区矫正对象则需要履行特定的法定义务。职权和义务总是与责任相伴而生，当社区矫正法律关系主体不能正确履行职责或违反法定义务时，则需要承当相应的法律责任。我国社区矫正在实践过程中形成了以警告和治安管理处罚为主要形式的行政性责任与以收监执行为主要形式的司法性责任的区分框架，以此为基础，《社区矫正法》增加了训诫、特定情形下使用电子定位装置两种行政性惩罚方式，进一步明确社区矫正机构对于治安管理处罚和收监执行仅有提请权而没有决定权。

由于社区矫正对象法律责任在法律规定以及具体适用过程中存在着较为突出的问题，由此，按照是否修改《社区矫正法》具体制度为标准，社区矫正对象法律责任的制度完善可以分为近期和长远两种方案。近期方案重点在于细化训诫、警告、提请行政处罚以及收监执行的具体条件和标准；细化社区矫正机构与公安机关、监狱管理机关或人民法院等社区矫正决定机关的衔接程序；建立社区矫正行政性惩罚之间、行政性惩罚与司法性惩罚之间的累进启动机制；尝试建立社区矫正对象行政性惩罚的救济机制。长远方案重点在于有步骤地实现社区矫正监管与处罚决定权一体化；适当扩大社区矫正机构的行政性执法权限，探索和创设新型的惩罚形式和措施。

社区矫正工作人员在未正确履行法定职责时需要承当行政性法律责任或刑事性法律责任。社区矫正工作人员中具有执法权的主体因具备国家工作人员身份，可以适用政务处分。作为党员的国家工作人员还需要承担党纪责任。社区矫正工作人员因监管不到位致使社区矫正对象再次实施犯罪最终承担刑事责任的案件不断增加。对此，应当逐步建立社区矫正机构人员执法追责与容错机制细则规范，强化尽职免责原则，同时，加强对社区矫正机构工作人员承担刑事责任的具体情形及所涉及的刑法理论的学术研究。

社区矫正法律监督是与社区矫正工作人员法律责任具有高度关联性的问题。在狭义上，社区矫正法律监督即检察机关对社区矫正工作的监督。针对我国社区矫正法律监督的问题与困境，应当制定和完善社区矫正检察监督的专门法律规范，强化社区矫正检察监督的统一性、规范性和可操作性；改进社区矫正检察监督的工作方式和监督手段；强化社区矫正检察监督的法律权威性和有效性。

第八章 中国特色社区矫正的困境与趋向问题

我们在前文讨论社区矫正对象现状与发展方向问题时已经明确指出，社区矫正对象的范围在未来会被扩大是社区矫正制度发展不可避免的客观趋势，进而指出，社区矫正对象范围的扩大，可以在近期和长远两种层面上进行分析。

从近期层面而言，即从我国刑事司法的层面讨论社区矫正对象扩张的问题，强调在较短的时期内，在尽可能保持我国刑事司法运行状态稳健有序的情况下，尽最大可能充分利用我国各类政策性资源以及司法解释资源，动员法院提高管制和缓刑的适用率，并且尽量动员监狱、看守所等刑事执行机关优先选择假释，提高假释的适用率。

从长远层面而言，即从我国刑事立法的层面讨论社区矫证对象的扩张问题，基于刑事一体化的思维，从刑法、刑事诉讼和刑事执行法综合考虑社区矫正对象问题所存在的症结和制度性原因，特别是从我国刑法结构的立法改革和发展完善角度讨论社区矫正对象范围和适用规模问题。关于当前社区矫正四类对象所涉及的刑法制度，在立法层面，除了将前述司法层面的操作性建议和地方经验予以进一步归纳和提炼，使之成为立法性或准立法性的司法解释规范而在全国统一适用之外，可以首先从刑罚制度设计的角度加以完善。除了在刑罚制度方面着手之外，笔者认为，社区矫正对象范围的扩大，根本上取决于我国刑法结构的调整以及轻罪制度的建立和完善，即我国犯罪边界的扩张。

然而，在当前社区矫正界以及刑法学界，很多文献始终坚持认为社区矫正适用规模偏小是由于受到重刑主义、"严打"思维、社区矫正缺乏国家层面的立法和制度设计以及非监禁刑等刑罚法规缺乏明确性及可操作性等原因所造成的，也就是说，学界的诸多观点并没有从根本上看到我国社区矫正适用规模的制度性困境与障碍在于多年来刑法中已经形成的重罪重刑结构以及与之紧密相关的基于"行政·刑事"二元模式基础上的危害行为三级制裁体系,因此对我们所提倡的社区矫正适用规模扩大的近期和长远两种路径的认识并不深刻,甚至也看不到这一思路的法治意义、规律性以及可操作性。鉴于此,笔者秉承刑事一体化的学术思路,对造成社区矫正适用规模偏小的诸多原因进行深入反思,同时着重分析我国当前犯罪边界的诸多问题及其解决方案,进而对"社区矫正适用规模制度困境与障碍在于重罪重刑结构"这一命题进行更为深入的论证,并就此问题进一步提出相应的解决方案。

第一节 中国特色社区矫正困境形成之制度根源

自从我国社区矫正试点工作开展以来,从全国在册社区矫正对象的总人数来看,社区矫正适用规模的确在不断扩大,但是,从社区矫正对象所占全国犯罪总人数的比例来看,我国社区矫正的适用规模依然严重偏小。当前对社区矫正适用规模偏小原因的理论分析,绝大部分观点没有抓住问题的关键和根本,即尚未从我国刑法结构的角度寻求制约社区矫正适用规模的规则性与制度性根源。因此,有必要在对社区矫正适用规模偏小及其原因问题进行系统梳理与反思的基础上,探寻影响和制约社区矫正适用规模的规则性与制度性原因,进而为从根源上彻底解决这一问题提供可靠的理论思路与对策建言。

一、社区矫正适用规模的现状与问题梳理

我国社区矫正工作从2003年开始试点并经过扩大试点与全面推行,至今已经开展了近二十年。据统计,社区矫正自成立试点至今,全国累计接收社区矫正对象480余万人,解除社区矫正410余万人。[1]社区矫正的人均成本只有监禁刑的1/10,社区矫正期间重新犯罪率只有0.2%,大大促进了社会和谐稳定。客观而言,社区矫正的运用已经从总量上初具规模并产生了良好的犯罪预防效应与社会治理效果。但是,如果仔细研读社区矫正在整个刑事法律体系中的适用规模、比例与结构,就会发现我国的社区矫正适用规模仍然受到极大的结构性和制度性限制,而这种限制甚至在一定程度上影响了社区矫正制度的进一步发展和完善。

---

[1] 统计时间截至2020年1月初。

根据我国现有的社区矫正法律规定，作为一种非监禁性的刑事执行方式，社区矫正适用于管制犯、缓刑犯、假释犯以及暂缓监外执行犯。就管制与缓刑的刑法适用状况而言，我国管制与缓刑的适用人数与适用比例一直比较低（见图8-1、8-2）。

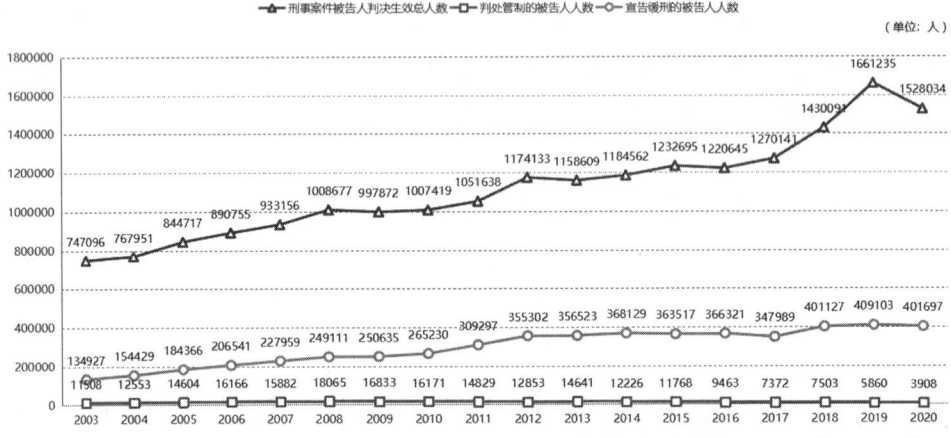

图8-1　全国刑事案件被告人判决生效总人数管制与缓刑数据统计表（2003年-2020年）

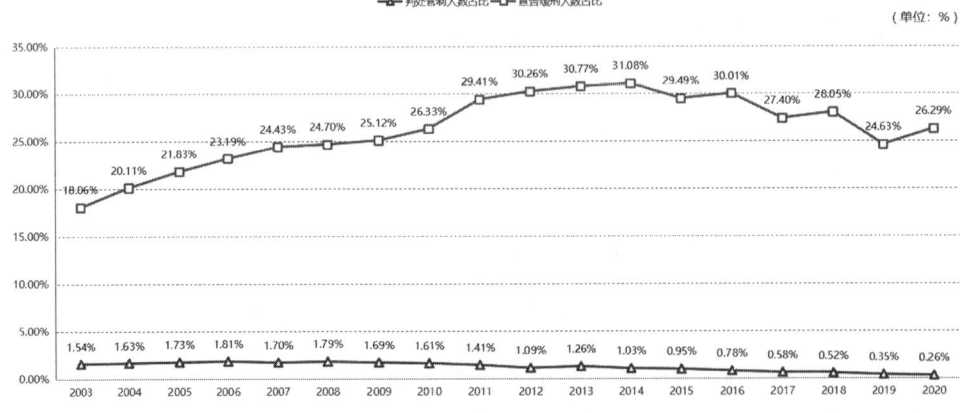

图8-2　全国刑事案件被告人判决生效总人数中管制与
缓刑人数占比图（2003年-2020年）

就假释的刑法适用状况而言，我国的假释适用人数与适用比例也比较低。根据司法部提供的数据显示，在社区矫正试点工作开展之前，从1995年至2001年假释犯的数量为29 950人、36 552人、41 993人、29 541人、30 075人、23 550人、20 939人，分别占在押犯总数的比例为2.3%、2.7%、3.0%、

2.1%、2.1%、1.7%、4%。[1]在社区矫正试点工作开展之后，从2006年至2020年我国每年新增假释犯的人数都未超过8万人，但由于官方始终没有正式公布在押犯总人数的历年数据，因此有关假释犯适用率的官方完整统计数据自然也就没有发布。总体而言，全国历年的平均假释率过低，始终徘徊在1%~2%之间，而且假释工作发展极不平衡，波动很大。往往因为一个被假释的罪犯出狱后再次实施恶性犯罪，引起案件责任倒查与追责，会直接导致该地区假释适用率的进一步下跌。[2]另外，2020年6月司法部监狱管理局有关工作人员曾公开表示，我国假释的适用率非常低，比例只有1%。[3]

就暂予监外执行的适用状况而言，情况与假释适用率较为类似。根据司法部监狱管理局提供的数据显示，在社区矫正试点工作开展之前，1996年至2000年全国监狱系统保外就医的罪犯人数分别为30 178人、27 271人、24 878人、22 513人、20 021人，分别占当年在押罪犯总数的2.13%、1.89%、1.73%、1.58%、1.40%。[4]自从2001年开始，暂予监外执行的人数与比例再次降低，如2001年全国暂予监外执行的罪犯人数仅占在押犯总数的1.13%，2002年则为0.99%。在社区矫正试点开展之后，从2006年至2020年我国每年新增暂予监外执行人数都未超过2.5万人，但暂予监外执行的决定主体除了监狱管理机构之外还有法院，这样，相关统计数据由于主体的不同而不统一、不完整，加之官方同样始终没有正式公布在押犯总人数的历年数据，因此，暂予监外执行适用率的官方完整统计数据自然也无法获得。经过调查研究评估测算大体推测，自社区矫正试点工作开展以来我国暂予监外执行适用率应当也不会高于1%。

在社区矫正试点开始以来，管制、假释与暂予监外执行虽然一直是社区矫正的适用对象，但在历年全国刑事案件被告人判决生效总人数中所占比例一直很低，同样，管制犯、假释犯与暂予监外执行犯在历年全国登记在册的社区对象总人数中各自所占比例也非常低（具体数据见图8-3、8-4、8-5）。

---

[1] 参见王志祥："我国减刑、假释制度改革路径前瞻"，载《法商研究》2009年第6期，第67页。

[2] 参见黄永维：《中国减刑假释制度的改革与发展》，法律出版社2012年版，第82~83页。

[3] 参见王俊："假释适用率低 司法部：加强对依法推进假释适用工作研究"，载《新京报》2020年6月3日。

[4] 参见吴宗宪等：《非监禁刑研究》，中国人民公安大学出版社2003年版，第575页。

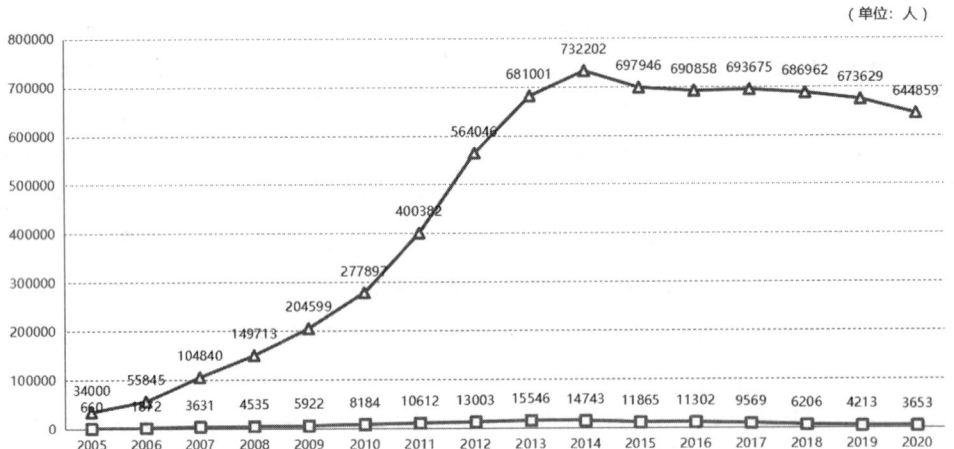

图 8-3　全国在册社区矫正对象总人数与管制社区矫正对象人数对比图（2005 年-2020 年）

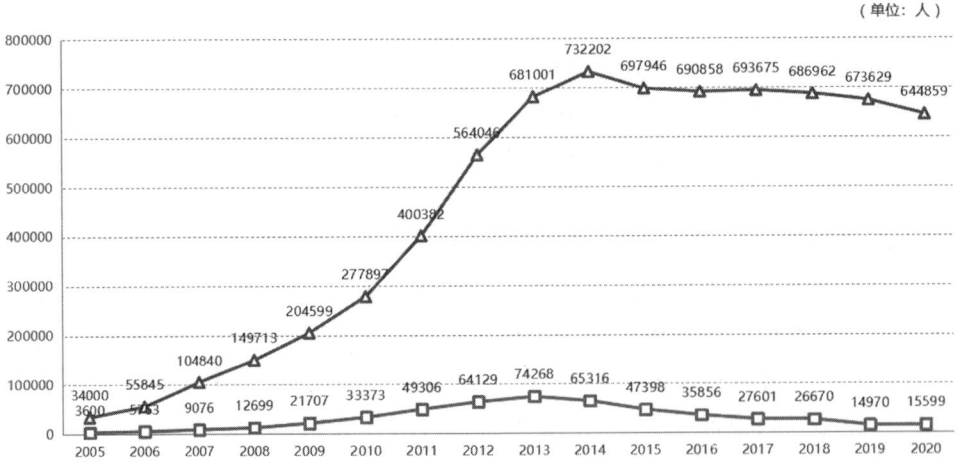

图 8-4　全国在册社区矫正对象总人数与假释社区矫正对象人数对比图（2005 年-2020 年）

第八章 中国特色社区矫正的困境与趋向问题

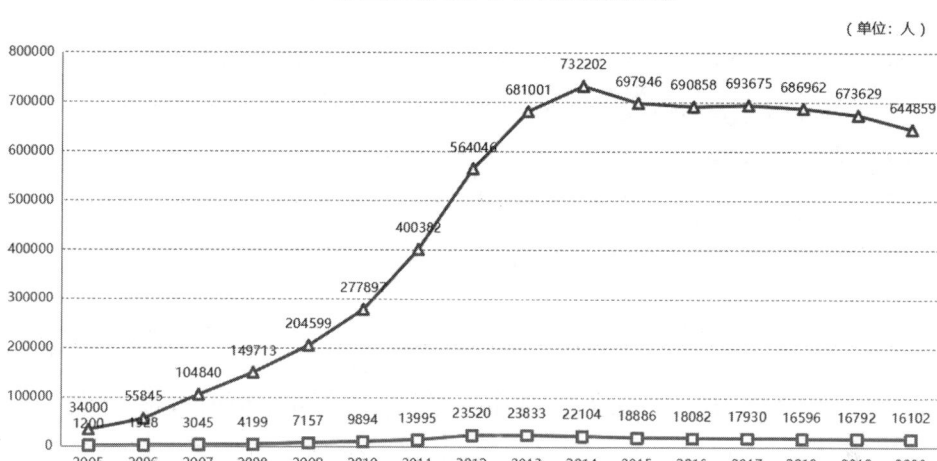

图 8-5 全国在册社区矫正对象总人数与暂予监外执行社区矫正对象
人数对比图（2005 年-2020 年）

相反，缓刑犯虽然在历年全国刑事案件被告人判决生效总人数中比例较低，但却在历年全国登记在册的社区矫正对象总人数比例中高居榜首，而且，缓刑犯比例与管制犯、假释犯和暂予监外执行犯各自的比例之间都呈现出极为不协调的态势（具体数据见图 8-6、8-7、8-8、8-9）。

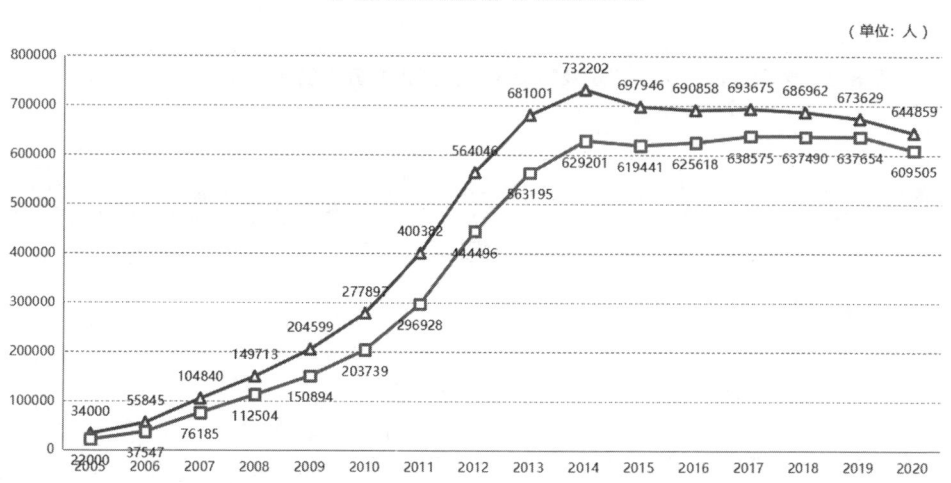

图 8-6 全国在册社区矫正对象总人数与缓刑社区矫正对象人数对比图（2005 年-2020 年）

387

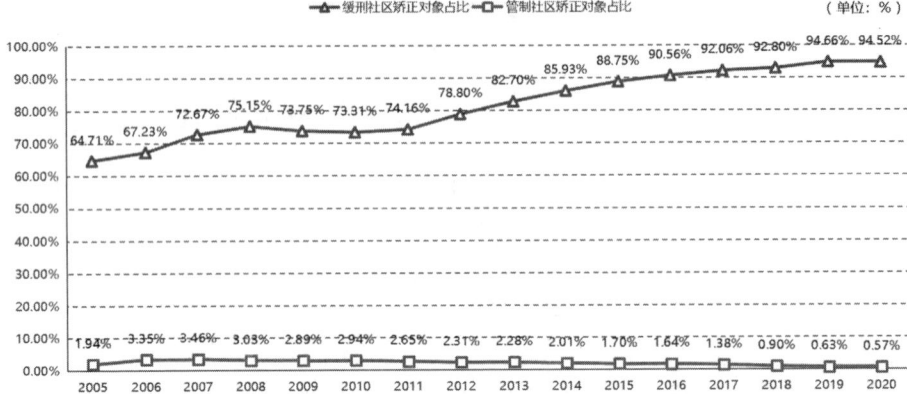

图 8-7　全国缓刑社区矫正对象与管制社区矫正对象比例图（2005 年-2020 年）

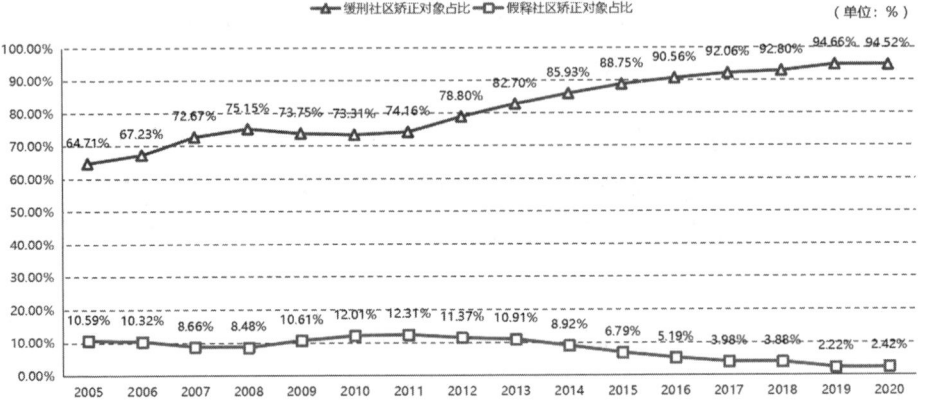

图 8-8　全国缓刑社区矫正对象与假释社区矫正对象比例图（2005 年-2020 年）

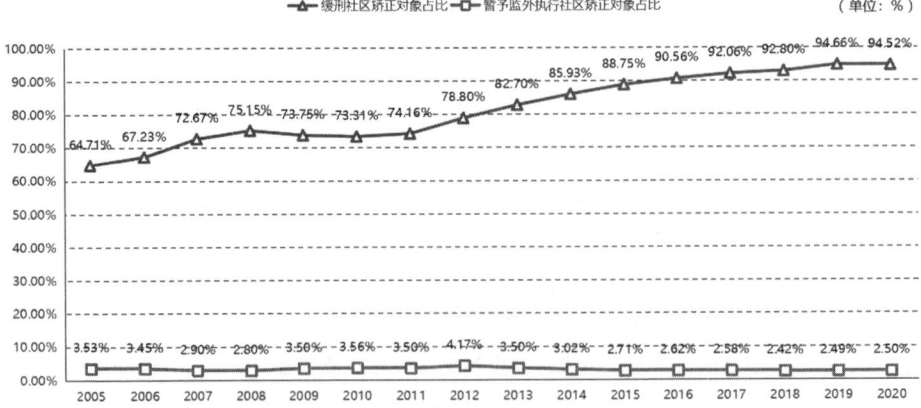

图 8-9　全国缓刑社区矫正对象与暂予监外执行社区矫正对象比例图（2005 年-2020 年）

通过上述数据的列举与分析，可以初步得出以下结论：

第一，在社区矫正试点以及全面推行近二十年中，社区矫正在整体上虽已初具规模，但其在整个刑罚执行制度体系中的适用规模与地位仍然相对较低，这种状况，必然会导致社区矫正在整个刑罚执行制度体系中难以发挥其自身优势。

第二，在社区矫正适用对象中，存在着类型比例失衡的严重问题。如，缓刑犯社区矫正对象所占的比例远远高于其他社区矫正适用对象，而作为国际上社区矫正最主要适用对象之一的假释犯，在我国适用比例却相当低。另外，在社区矫正适用对象内部，不同地区、不同时间的适用比例也存在着较大差异，并没有形成统一的指导原则和规范性标准。

第三，社区矫正的适用规模受到社区矫正适用对象模糊不清这一状况的影响。在社区矫正试点过程中，有关剥夺政治权利的罪犯能否适用社区矫正的问题，规范性指导文件的态度存在着反复和迟疑，这种指导文件规定的不明确性自然影响到了社区矫正的适用规模。

二、我国犯罪边界的现状与问题梳理

在我国现行刑法的调控范围即犯罪边界设定应当缩小还是扩大的问题上，一直存在着比较大的争议和分歧，基本上形成了针锋相对的两种观点，即所谓的犯罪化与非犯罪化之争。

持犯罪化的观点认为，从立法意义上讲，中国的犯罪圈应当扩大，采纳犯罪化的发展路径，对我国刑事法律体系乃至整个国家的法治建设都有着非常重要的理论意义与社会功能：

第一，犯罪化有助于改变或修正我国刑法立法领域的"定性+定量"模式，即通过降低起刑点的方式，逐渐限制或取消立法中的定量因素，从而提高刑法的明确性，尽最大可能防止或杜绝由于立法造成的司法自由裁量权过大而形成的司法恣意或权力腐败现象。与此同时，刑法明确性的提高，可以更好地发挥刑法的预测与引领功能，塑造良好社会秩序。[1]

第二，扩大犯罪圈可以强化刑法的社会保护以及管控作用，将原本不受刑法追究的不法行为纳入犯罪范畴予以统一规制。[2]

---

[1] 参见马聪："刑法起刑点的降低——以劳动教养制度的废止为切入点的思考"，载《山东警察学院学报》2014年第2期，第46~51页。

[2] 参见周光权："转型时期刑法立法的思路与方法"，载《中国社会科学》2016年第3期，第126页。

第三，我国目前的犯罪圈没有将大量的轻微不法行为纳入刑法规制范围，而是依靠行政权力进行制裁和救济。这种不通过司法程序而仅靠行政权力就剥夺行为人自由的做法，使得受处罚人不仅难以获得足够的程序保障，而且在实体上还有可能遭受超越刑罚严厉程度的处遇，这种做法严重违反国际人权法与国际公约的原则和精神。[1]

第四，发达国家的非犯罪化有其特殊的历史和文化背景，更有与我国定罪模式完全不同的刑事惩罚机制，在语境、制度文化与时代背景完全不同的情况下，不宜照搬发达国家的非犯罪化做法。[2]

持非犯罪化的观点则认为，中国刑法的犯罪圈应当缩小，轻微犯罪行为非犯罪化是当今各国刑法发展的趋势，汲取外国刑事立法的这种有益经验，是刑法现代化的要求，主要原因在于：[3]

第一，扩大犯罪圈会造成刑罚权的膨胀和打击面的扩张，违背当前世界性的非犯罪化趋势，而且不利于实现保障人权和自由的原则与功能。

第二，扩大犯罪圈将致使法网严密，增加司法成本，使刑事司法系统不堪重负，不仅会影响刑事诉讼程序的顺利进行，而且还会影响罪犯的教育改造问题。

第三，犯罪圈过大会使国家刑事司法资源投入分散，使很多被规定为犯罪的行为难以获得追究，导致刑法条文出现"虚置"的现象，不仅无法发挥"令行禁止"的社会引导作用，反而会进一步损害刑法的严肃性。

第四，犯罪圈过大会对罪犯产生犯罪"标签"效应，即使罪犯被免予刑事处罚，其也将因犯罪人的身份留下长久的污点。犯罪标签效应既不利于其重新社会化，也不利于社会的稳定。

长期以来，对犯罪化与非犯罪化的争论一直持续，特别是在国家刑法修改或者增加新罪名时，论证犯罪化与非犯罪化的文献便会层出不穷，甚至两种不同的观点会使用同样的原理和论据展开自己的论证。这种纷乱复杂的现象充分说明，我国对发达国家犯罪化与非犯罪化的时代背景、惩罚制度的整体设计甚至文化理念并没有进行深入的研究分析，也没有结合发达国家的刑

---

[1] 参见陈兴良："犯罪范围的扩张与刑罚结构的调整——《刑法修正案（九）》述评"，载《法律科学（西北政法大学学报）》2016年第4期，第182页。

[2] 参见时延安："犯罪化与惩罚体系的完善"，载《中国社会科学》2018年第10期，第108~109页。

[3] 参见何荣功："社会治理'过度刑法化'的法哲学批判"，载《中外法学》2015年第2期，第523~547页。

事惩罚制度对我国的刑法调控范围进行比较法研究。而且，有关犯罪化与非犯罪化的论证，并没有结合我国当前的刑事法治发展水平与实践需要进行理论分析，也并未更多地论及因犯罪改革而引起的刑罚改革的必要性与发展趋势问题，因此，在这一争论中仍有很多值得进一步深入思考的问题。

三、问题的交汇点与解决之道

自社区矫正试点工作开展以来，社区矫正适用规模偏小以及不平衡的问题就已经引起社区矫正理论研究的重视。有不少文献对社区矫正适用规模现状的产生原因以及解决方案进行了比较详细的研究。就社区矫正适用规模现状的产生原因分析，概括起来有以下几点：

第一，社区矫正适用规模受制于我国重刑主义观念和"严打"刑事政策的习惯性思维。有文献明确指出，强烈的报应观念和重刑主义思维是我国传统意识土壤中积淀而成的封闭保守的行刑观念，而社区矫正则是刑罚轻缓化与社会化的体现，它的本土化进程必然要受到传统刑罚观念的重重障碍；同时，"严打"刑事政策的推行更加进一步地激活了重刑主义思想，导致刑罚模式长期处于以监禁刑为主的阶段，非监禁刑则备受冷落。[1]

第二，刑事立法中有关非监禁刑的立法技术存在过于粗疏、模糊，缺乏明确性和可操作性等问题。[2]

第三，社区矫正立法与适用本身存在缺陷。[3]如，社区矫正组织尚不健全、缺乏法律规范的支撑；社区矫正工作仅仅流于监控，矫正、教育与执行的严肃性不足；社区矫正制度至今没有明确社区矫正对象的权利及其保障机制。

就社区矫正适用规模的障碍、发展趋势与问题解决之道而言，我国不少文献都认为应当逐步扩大社区矫正在刑罚适用中的适用频率，逐渐形成监禁行刑与社区矫正并行的刑事执行制度与适用规模。基于此，不少文献对如何扩大社区矫正的适用规模问题提出了对策性的建议，归纳起来主要有：完善管制、缓刑、假释与暂予监外执行的法律规定，细化其适用条件；改革罚金刑，将其纳入主刑范围；创设社区服务刑的刑种作为主刑的组成部分；建立

---

[1] 参见贾宇：《社区矫正导论》，知识产权出版社2010年版，第145～149页。
[2] 参见高伟：《刑事执行制度适用》，中国人民公安大学出版社2012年版，第15页。
[3] 近年来"社区矫正立法或整体制度的缺失"几乎已经成为论证我国社区矫正适用规模偏小之原因的最为有力理由。参见高贞主编：《中国特色社区矫正制度研究》，法律出版社2018年版，第88～89页。

赔偿和解机制；将剥夺政治权利进行改造并创设新的资格刑，并将其纳入社区矫正适用范围；[1]将劳动教养和收容教育纳入社区矫正。[2]

在我国刑法调控范围具体设定与发展方向的问题上，受犯罪化与非犯罪化争论的影响，刑法理论和实践界仍然存在着对犯罪边界应扩张还是缩小、刑法应从严还是从宽的讨论。主张犯罪化和扩张刑法调控范围的文献希望能通过设定新的罪名、降低现有罪名的起刑点、取消特定犯罪的定量因素、修改特定罪名的具体构成要件以及将部分劳动教养中的特定行为进行轻罪改造，从而扩大刑事立法意义上的调控范围。相反，主张非犯罪化和限缩刑法调控范围的文献则仅仅将讨论的重点放在一些与性有关的风化犯罪的非犯罪化或者一些基于社会发展和国家政策变革所导致的犯罪行为的除罪化趋势等问题之上，并没有从宏观层面正面回答我国刑法调控范围到底何去何从的基本立场和趋势问题。

笔者认为，在社区矫正适用规模与刑法调控范围两个问题上，有关文献的讨论及其观点不仅有待商榷，而且缺乏对问题的系统性思考，因此可以说，上述文献对于两个不同议题的讨论，实际上都并没有恰当的找出各个问题的关键及解决之道。

就观点的科学性而言，上述文献的一些说法并没有抓住问题的实质。

如，有文献将重刑主义和"严打"政策归为社区矫正适用规模的障碍，但是，在刑法理论上何为重刑主义、重刑主义的来源与成因乃至重刑主义的刑法结构性根源等问题，学者们并没有形成一致意见，将一个口号性或标签性的术语作为社区矫正适用规模障碍的原因，并不会对该问题的解决产生任何帮助。因为，人们接着就会问道，如果是重刑主义观念阻碍了社区矫正适用规模，那么，刑法制度性的建设引领和塑造社会观念的功能怎么没有发挥呢？如果是"严打"刑事政策阻碍了社区矫正适用规模，那么随着近年来宽严相济刑事政策提出并对"严打"政策进行反思，为什么社区矫正适用规模依然如此呢？

再如，有关健全刑法中管制、缓刑、假释以及暂予监外执行等制度的明确性和可操作性的意见以及尽早制定社区矫正制度和法律规范的观点，的确

---

[1] 参见郑丽萍："互构关系中社区矫正对象与性质定位研究"，载《中国法学》2020年第1期，第149~165页。

[2] 岳平："我国社区矫正对象若干问题的探析"，载刘强、姜爱东、朱久伟主编：《社区矫正理论与实务研究文集》，中国人民公安大学出版社2009年版，第477~478页。

有一定道理。制定明确而清晰的刑法规范，确实有助于增强社区矫正适用的可操作性，从而提高司法机关适用社区矫正的积极性。但是，这仅仅是一种治标不治本的做法，因为，社区矫正实践已经将四种对象纳入适用范围，而刑法中关于四类对象的罪刑规范总量是一定的，而且，我国刑法对于这种轻罪型的罪名规定相对较少，即在我国刑法总体呈现出"重罪重刑"罪名比例较大而"轻罪轻刑"罪名比例较小的总体结构状态下，当前的社区矫正规模总是难以有大的突破。与此同时，我国当前的社会环境和司法状况较为复杂，在法律规范之外，一些部门的不成文规则、政策和指导意见甚至一些获得认同的潜在的规避法律的做法，在司法实践中大量存在并被运用，由此导致了司法工作人员在决定是否适用社区矫正时，往往尽可能地避免适用，这些现象和问题并不是仅仅靠提高缓刑等制度的明确性就可以解决的。

同样，不少文献将增加与社区矫正相适应的刑种以及扩大或改变当前社区矫正适用对象的类型等方法来扩张社区矫正适用规模，但这些意见仅仅考虑到了社区矫正适用规模扩张的刑罚类型性基础和条件，如果没有与之相对应的足够的轻罪的话，新的刑罚种类再多，社区矫正的适用规模也是不太可能会扩大的。而且，有文献指出将劳动教养和收容教育纳入社区矫正的范围。当前的事实情况是，我国已经废除收容遣送、劳动教养和收容教育制度，但并没有对后劳动教养时代的刑法调控机制如何修改做任何明确说明，而且暂时也没有立刻大幅度改变原有的三级制裁体制，如何构建后劳动教养时代的违法犯罪制裁体系仍然存在争议。若将原来劳动教养对象、收容教育对象直接纳入社区矫正的范围之内，确有严重违反法治原则之嫌。毕竟，劳动教养和收容教育是一种行政性惩罚措施，劳动教养和收容教育人员并没有犯罪这一前提，没有经过司法机关的定罪量刑，因此就涉及不到刑罚问题，而将行政性惩罚措施与刑罚的执行方式相混淆，实际上就是未经审判而直接判处刑罚，这种严重违背现代法治原则的做法，是非常不可取的。对此，也有文献指出应当对劳动教养和收容教育进行相应的"司法化改造"，但是，改造后的劳动教养或收容教育的性质到底是不是刑罚则成为两难问题，如果不是，仍然存在着前述问题；如果是，那么则不仅存在如何与当下的刑罚体系对应的问题，而且归根结底仍然涉及轻罪体系的建立问题。

就限缩刑法调控范围的观点而言，绝大部分提法往往是建立在误解发达国家刑事制裁体系基础之上的。关于发达国家非犯罪化的趋势，仅仅是针对特定的风化犯罪等几类非常狭窄的犯罪类型而展开的讨论，而且非犯罪化的立法也仅仅是在一段时间内进行的，并没有形成世界性趋势，更没有成为发达国家刑法的主导性做法。同时，发达国家的非犯罪化呼声，近来也仅仅是理论上的一种呼吁，即有些学者基于发达国家所划定的犯罪范围原始基数较大的客观现实，提出的一种限制犯罪圈膨胀而解决对刑法"过度犯罪化"的质疑的策略。[1]但是，发达国家的刑法实践并没有过多地遵循这一呼声，相反，随着社会的飞速发展，发达国家不断的修改刑法，将环境、食品、电脑、证券、交通、毒品以及跨国恐怖主义犯罪等都逐渐纳入了刑法的调控范围。[2]与之相比，在我国的刑事惩罚范围之外，由于还有治安管理处罚这样的行政性剥夺自由的制裁措施作为辅助性手段，由此使得我国刑法的管控范围较为狭窄，所以，在这种体系背景下照搬发达国家的非犯罪化理论并不恰当。

在主张犯罪化的文献中，大部分文献并没有注意到增加新罪名与降低起刑点两种扩张刑法调控范围的方式对于刑罚种类的不同要求。增加新罪名，是根据其社会危害性的严厉程度分配恰当的刑罚分量和刑罚种类，刑罚类型并不一定是轻刑种类，而降低起刑点或取消罪量要素，则一般要求在轻于现有刑罚分量和种类的情况下设定与之对应的刑罚分量和种类。这就意味着，在扩张我国刑法调控范围的情况下，就必然涉及当前现有的刑罚种类的增加和创新以及刑事制裁体系的整体改革问题，否则在立法上会造成罪刑失衡的后果。对于这一问题，我国主张犯罪化的文献实际上却鲜有论及。

行文至此，我们仍然在分别论述和分析社区矫正适用规模与犯罪边界这两个表面上风马牛不相及的问题，似乎并没有谈到两个问题的交汇点和实质。但是，在分别对社区矫正适用规模成因及其改革对策以及扩大刑法调控范围的措施问题进行梳理的过程中，我们可以逐渐发现一些有学术意义的现象。在扩大社区矫正适用规模的对策方案和扩大刑法调控范围的方法之中，人们都不约而同地论及劳动教养和收容教育这部分处于刑法和行政法之间模糊地带制裁措施的发展方向问题。应该说，这些论述已经比较敏锐地接近了问题的关键和实质，只是还没有明确、清晰和直接地对这两个问题的内在关联进行学术性思考和讨论。

前文已经提到，单从社区矫正对象范围的扩大以及刑罚种类和体系的改

---

[1] 参见［美］道格拉斯·胡萨克：《过罪化及刑法的限制》，姜敏译，中国法制出版社2015年版，第2~14页。

[2] 参见［德］埃里克·希尔根多夫：《德国刑法学：从传统到现代》，江溯等译，北京大学出版社2015年版，第29页。

革与创新等角度，不可能从根本上改变社区矫正适用的整体规模，如欲从根本上扩大社区矫正的地位和适用规模，必须转变既有的刑法理论思维，即不能再只从刑罚论的内容着眼，而应当从我国犯罪论特别是犯罪的轻重结构和轻罪体系的构建等角度寻找问题的突破口，由此实现我国犯罪比例、结构与刑罚种类、体系之间的真正的关联性和体系性思考。唯此，才能为社区矫正适用规模的真正扩大创造制度性条件，并为社区矫正制度在中国的健康发展提供制度性的框架与空间。而且，将轻罪体系引入我国刑事法律体系并以此推动社区矫正制度的发展，可以基于罪刑法定要求而实现罪与刑的法定化、明确化和准确化，就等于是为社区矫正的轻罪适用制定了法定化和明确化的标准，这样，立法明确性的提高就必然意味着刑事司法裁量权的缩减，由此，在社区矫正适用规模扩大的过程中可能存在的腐败或任意等现象就会得到较大程度的遏制，从而实现司法的公平正义，即是说，基于轻罪体系的构建而扩大社区矫正的适用规模具有重要的法治意义。

通过上述梳理可以清楚地看到，只有从我国刑法中有关罪刑体系结构的角度来分析和考察社区矫正适用规模的现有状况和问题，才真正抓住了问题的关键；只有从罪刑体系结构的再造角度来分析和考察我国社区矫正适用规模扩张的问题，才可以有效地将有关劳动教养和收容教育的发展方向、社区矫正适用范围和对象的明确化以及我国刑种与刑罚体系结构的创新等问题相贯通，并找出符合我国法治发展要求的解决之道，推动我国刑事法律制度的整体性发展。

第二节　社区矫正适用规模的刑法障碍与困境

前文已经明确指出，从刑法结构的角度探寻导致社区矫正适用规模偏小的根本原因是一种较为准确、合理且具有实践前瞻价值的研究思路。从刑法角度而言，我国当前刑法所呈现出的并有不断强化倾向的"重罪重刑"结构性特点是造成社区矫正适用规模偏小的根本障碍和制度根源。对此，笔者将在下文予以充分论证和详细说明。

一、社区矫正适用规模障碍与困境成因之辨证

前文对当前我国社区矫正适用规模偏小的成因问题进行了简要概括和说明，这些理由基本上是围绕着"重刑主义与严打""社区矫正立法与适用缺

陷"以及"非监禁刑的立法技术缺陷"等方面展开的。从本质上讲，这些讨论并没有抓住问题的关键和实质，因此上述原因也不是导致社区矫正适用规模偏小的制度性障碍。对此，在论证社区矫正适用规模真正的制度性障碍之前，应当对上述理由的概念表述、研究思路以及存在问题进行详细的逻辑分析和理论反思，从而为分析和论证社区矫正适用规模的制度性成因廓清道路。

（一）"重刑主义与严打"论的理性分析

不少文献在分析社区矫正适用规模偏小这一问题时，都是从我国重刑主义与"严打"传统的角度加以论证。概括而言，在"重刑主义与严打"论中，主要的理论要点有三：其一，我国有数千年的重刑主义的封建史，民众的报应观念强烈，以严惩犯罪作为正义的主要实现方式；其二，由于重刑主义意识的根深蒂固，导致了刑事立法中的重刑化倾向以及执行中对于矫正和改造目的的忽略；其三，"严打"政策更加激活了人们对罪犯的仇视和对重刑的青睐，迷恋监禁的刑罚执行方式，冷漠、忽略或排斥社区矫正这种代表轻刑的社会化执行方式的探索和执行。

从表面看来，这种具有代表性的论述对于社区矫正适用规模问题的理论说明，是有较强说服力的。甚至可以说，不论刑法理论界还是刑法实践部门，都在很大程度上承认了这种观点，以至于这种观点几乎成为论证社区矫正适用规模问题与缺陷的正统观点。但是深究起来，这种理论论调却缺乏理论概念应有的清晰性、论证过程的逻辑性以及结论的明确性，因此，这种观点是非常值得质疑的。

在"重刑主义与严打"论中，首先需要反思的问题是重刑主义的概念，即何为重刑主义？谁的重刑主义思维——是国家的、抑或社会公众的还是理论精英的？如果不对上述问题进行明确的说明，便贸然将"重刑主义"这样具有标签性和口号性的术语作为社区矫正适用规模偏小的原因，是不符合学术的严肃性和科学性的。

一般认为，结合我国社会历史与现实而言，我国文献中所说的"重刑主义"传统，有两层意思：一是就国家和社会治理方式与手段而言，国家的决策者和执政者在众多的治理手段中，往往倾向于选择刑法以及刑罚这种手段以惩罚和威慑的方式实现社会治理和控制，即"重一奸之罪而止境内之邪"，[1]"禁奸止过，莫若重刑。刑重而必得，则民不敢试，故国无刑民"；[2] 二是在

---

[1] 《韩非子·六反》。
[2] 《商君书·赏刑》。

我国刑法中的罪与刑的体系性结构中，对于法定犯罪所配置的刑罚分量偏重，往往形成轻罪重刑的现象，即"夫以重止者，未必以轻止也；以轻止者，必以重止矣"。[1]当前绝大多数文献认为我国的刑法存在重刑主义传统，但仔细分析却不无疑问。对于我国刑法是否具有重刑主义传统的分析和评价，不同的文献或学者由于价值立场和观念的差异，往往得出的结论并不相同。概言之，对于一个国家刑罚轻重的观念和评价，以评价主体作为区分标准可以将其分为三类：即社会公众立场的刑罚观念、国家立场的刑罚观念以及学者立场的刑罚观念。

从社会公众立场而言，的确，在我国数千年的社会历史发展过程中，人们特别重视刑法在社会治理中的作用，往往认为只要一个人实施了具有严重社会危害性的行为，他就应当受到刑法的审判和制裁，并且应当"坐牢"；而且，在社会治安状况不好的情况下，公众则特别希冀国家能够用重典重刑甚至是多用死刑的方式来打击犯罪，实现社会治安和基本秩序的稳定。从这一点而言，我国社会公众确实存在重刑情结，甚至在一定程度上这种情结已经形成了具有较强稳定性的民族心理结构。

国家立场的刑罚观念是国家决策者和执政者对于刑罚观念的整体认知和意识，这种认知和意识集中体现在国家所制定的刑法规范之中。我国当前的刑法特别重视对严重危害社会行为的刑罚制裁，形成了以自由刑为中心的刑罚结构，但随着社会的发展以及刑法观念的变革，近年来我国刑法也开始朝着建立轻罪轻刑体系的方向发展。

学者立场的刑罚观念往往是学术精英所持的具有批判和改造性质的刑罚观念。这种观念主要基于国家的刑罚观念、特定情况下针对社会大众立场的刑罚观念进行理性分析、反思和批判而展开，以刑法理论与学术思潮为基础，在借鉴国外刑法理论知识的基础上对我国现行刑法规范中的制度与具体规定进行比较性和反思性的考察，预测我国刑法改革和发展的方向与趋势，并基于此对我国现有犯罪规定的完善与刑罚制度的发展提供理论观点和学术建议。

从理论上来讲，社会公众立场的刑罚观念虽然代表了绝大多数人的意见，但这种民众意见往往是不确定的，明显具有民意的片面性和断裂性，甚至在极端情况下也具有民意的非理性特点。也就是说，社会公众立场的刑罚观念仅仅是民众淳朴心理情感的反映，并没有进一步的理性化，特别是社会公众立场的刑罚观念在特定舆论、媒体的介入下，会丧失其原有的本来面目，成

---

[1]《韩非子·六反》。

为仇恨或愤怒的集体宣泄工具,因此,社会公众立场的刑罚观念在很大程度上是不可靠的。而且,虽然社会公众立场的刑罚观念强调重刑,但不可否认的是,中国社会的传统文化也非常讲究宽恕,而且这种宽恕的社会心理结构在社会公众心目中也是根深蒂固的,因此,很难说社会公众只偏向于重刑思维,而且,如果对社会公众的宽恕心理有意加以引导,完全可以使之成为一种主导性的社会心理意识。

国家立场的刑罚观念是社会公众立场的刑罚观念的集中体现,与公众的刑罚观念在形成、源流以及内容等方面具有直接的传承关系,因此,国家立场的刑罚观念与社会公众立场的刑罚观念具有紧密的联系,在很大程度上,如果国家立场的刑罚观念不反映民众意见,就很可能丧失自身的正当性与合法性基础,从而使制定的刑法制度与改革措施得不到公众的拥护,最终可能导致国家进行社会统治的合法性与治理能力受到怀疑和削弱。因此,从这一点上说,我国的刑罚体系与结构的确有遵从民意中重刑思维的倾向,但是这种倾向来源于民意,符合民众的正义直觉,而且这种倾向是经过民主的立法程序加以确认的,即成为公众意志的集中表现,因此也就成为刑法制度的合法性基础,这种偏重的倾向自然也无可厚非。与此同时,必须注意到的是,国家立场的刑罚观念经过立法程序,已经将民意中的诸多非理性因素加以过滤和筛选,并对民众刑罚观念中的不合理诉求予以限制或改造,因此,国家立场的刑罚观念在本质上与社会公众立场的刑罚观念仍然存在着较大的差别。如,社会公众立场的刑罚观念一味要求死刑的配置与运用,但是,国家决策层、执政者以及我国刑法的官方态度则是进一步限制和缩减死刑的适用;再如,社会公众立场的刑罚观念要求轻罪重罚,但是,我国刑法却并没有完全依赖民意,而是规定了轻重有别的刑罚分量。总之,国家立场的刑罚观念在本质上是一种理性化的刑罚观念,具有正当性与合法性基础。

学者立场的刑罚观念具有一定的前瞻性,往往在引领刑罚改革和制度完善方面具有一定的积极意义。学者立场的刑罚观念通过对不同国家刑罚制度的比较以及理性分析,就刑罚轻重问题做出评价性结论。事实上,由于我国的刑法学理论深受日本和德国刑法学的影响,一些学者特别是具有日本刑法知识背景的学者往往以日本刑罚的轻重作为标准,与我国刑罚的配置进行比较,从而得出我国刑罚有重刑主义特点和传统的结论。可以说,这应当是我国刑法学界所说的重刑主义特点与传统的主要知识来源和理论滥觞。客观来讲,将我国刑罚配置的轻重及分量与日本的刑罚配置情况进行比较,实际上并没有什么可比性。前文已经提到，在我国当前的社会背景下，社会公众对刑罚的耐受性较强，报应观念依旧强烈，因此，我国刑法形成当前的刑罚配置结构，是考虑到社会公众心理要求的，似乎不应该轻易地将其称之为重刑主义。

经过上述分析，严格来讲，将社区矫正适用规模的障碍归结于重刑主义传统，就存在在什么意义和立场上理解重刑主义的问题。如果站在社会公众的立场上，即认为社会公众的重刑观念导致了我国社区矫正适用规模偏小的话，那么显然这种观点并不能成立。因为社会公众的刑罚观念与社区矫正的适用规模并没有直接的因果关系。应该说，国家对社区矫正制度的推行，是靠国家权力和制度的强制力进行的，这种没有强制力的社会公众观念对社区矫正的抵制并不能成为影响社区矫正适用规模的主要制度性原因。从逻辑上看，社会公众的刑罚观念具有片断性、不稳定性和非理性因素，因此，这种不稳定的社会公众心理不可能对国家特定的具有强制性的制度推行造成多么强有力的抵制。再者，社会公众的刑罚观念也具有宽容性的特点，这一特点不足以成为社区矫正适用规模偏小的障碍因素，反而应当是保障其存在和适用的社会心理与文化基础。此外，国家强制推行特定的制度，自然可以引导乃至重塑社会公众刑罚观念的整体形态，而不仅仅是消极地反映和体现这种既有的社会公众观念。

如果站在国家的立场上，即认为国家重刑观念导致了我国社区矫正适用规模偏小的话，这种观点则有一定的合理成分，但对这种观点的清晰性和准确性则需要进一步说明。首先应当明确的是，我国当前形成的以自由刑为主的刑罚配置结构以及当前的罪与刑的配置结构，是比较符合我国现实意义上社会主导性观念的要求的，同时这一结构也对社会观念中的非理性因素进行了筛选和过滤，而且，我国刑法规定是经过了严格的立法过程加以确立的，具有正当性与合法性基础，因此将其称之为重刑主义其实并不恰当。但是，国家的确在制定刑法与设定犯罪圈时，较多地考虑严重危害社会行为的刑事惩罚问题，从而使得我国刑法没有过多地考虑轻罪体系的问题，因而形成了以"重罪重刑"为主要标志的刑罚结构特征，这确实是与决策者倚重刑法社会控制功能的观念有关，而这种观念则是和我国的传统刑法文化心理、当时严峻的社会治安形势以及违法行为的三级制裁体系存在极其密切关系的。应该说，我国的决策者已经看到刑法在刑罚配置结构方面的问题，因此逐渐通过刑法修正的方式扩大刑法调控范围，扩展轻罪的刑法空间。

如果站在学者的立场上,即批判性地将我国刑罚现有配置结构认定为重刑主义,从而认为是我国刑罚配置的重刑主义导致了社区矫正适用规模的狭小,那这种观念就是非常不理性且不负责任的。首先,学者将我国刑法认定为重刑主义的观点是没有充分依据的,仅仅将中国的刑罚配置结构和刑罚分量与国外的规定相比,而没有考虑到我国当前社会公众的刑罚观念和社会心理结构,就贸然认定我国刑法是重刑主义的刑法,显然有失客观严谨,而且缺乏现实依据。其次,作为引领刑罚制度改革的刑法学术与理论,应当客观而深入地分析涉及刑罚发展的制度性障碍的成因和解决之道,不应当仅仅将"重刑主义"这种标签性和口号性的话语一置了之,之后却不再深入分析和研究解决方案。就社区矫正适用规模问题而言,即便承认重刑主义观念的影响,但是更为重要的制度性障碍与原因,如我国计划经济时代形成的违法行为三级制裁体系、我国刑法的重罪重刑结构以及与此密切相关的刑法调控边界与起刑点问题等,都应被纳入考虑范围,唯此才能真正为社区矫正适用规模的扩大提供制度性改革方案和建议。然而,我国当前刑法学文献对此问题关注并不多,不能不说是一种遗憾。

综合前述分析来看,将重刑主义作为我国社区矫正适用规模障碍的原因,存在着理论不清晰和不明确的问题。重刑主义观念,并不是一个统一而且单一性的概念,细致而言,其含义中蕴含着国家、社会以及学术等不同立场的观念差别,将这样模糊的概念作为社区矫正适用规模狭小的制度性原因,其科学性和逻辑性都存在欠缺。而且,重刑主义观念并非社区矫正适用规模障碍的根本的制度性原因,这一点是非常值得注意的。

在"重刑主义与严打"论中,仍然需要反思"严打"的问题。近来不少文献开始反思"严打"的负面效果和问题,甚至出现了否定"严打"的学术倾向。但是,客观而论,我国坚持了数十年的"严打"政策,真的就只有负面效果而应当被废弃吗?

从法理上讲,在社会治安严峻的情况下,贯彻和执行"严打"刑事政策具有合法性基础和民意基础。就历次"严打"的社会背景而言,"严打"政策的出台与社会转型所引起的犯罪率升高有直接关系。自20世纪70年代末以来,我国社会逐渐由封闭转向开放,市场经济逐步建立并呈规模发展起来,社会道德、价值观念逐渐走向多元化;随着经济建设在社会生活中占据了核心位置,社会的利益结构与社会阶层逐渐发生变化,新的社会阶层产生,两极分化日渐严重,大批社会群众由此在社会心理上产生了失落感和挫折感;

对社会不满的情绪日渐增强；随着流动人口的增加以及行政管理和控制领域的逐渐收缩，社会控制和治理能力逐渐减弱，犯罪进入高发期便成为一个不争的事实。我国社会的犯罪率高涨，严重影响了社会生产生活的正常进行，甚至对我国现代化建设和社会基本秩序造成了一定程度的障碍和冲击，广大群众缺乏安全感，对国家和政府的社会治理能力产生了严重怀疑，因此，严厉打击严重的刑事犯罪，就成了国家和群众的共同愿望与诉求。

应当说，我国的"严打"政策是在社会转型所引发的社会治理能力和措施并不成熟的情况下，国家和政府对待犯罪的一种直觉性的反应措施。这就是说，国家和政府虽然提出了社会治安综合治理的方针，但面临工作重心转移、市场经济确立以及新世纪改革进一步深入等复杂的社会转型状态，国家还没有足够的精力和能力来真正贯彻社会治安综合治理的犯罪预防方针，而是更多地倚重"有犯罪，就需要有更重的刑罚来制裁"这样的简单性和直觉性的犯罪反应方略以期控制犯罪的蔓延。这种简单性和直觉性的思维方式和治理策略是经由最高立法机关加以确定和认可的，是在当时特定社会环境下的一种制度性选择，因此，"严打"政策具有无可置疑的合法性基础和民意支撑。当然，我们现在可以运用先进的法治观念和理论对当时的"严打"政策品头论足，但是应该看到，当时的"严打"政策在当时的社会背景下也是唯一和可能的政策和制度选择，除此之外似乎并无他法，因此，我们不能对当时的"严打"政策要求过高，尤其是对"严打"的批判和全盘否定是不恰当的，而且必须指出，所有的反思和批判，都应当以我国社会治理能力和方略的法治化和进步作为基本目的，不能仅仅为了标新立异或独树一帜而盲目批判或一味否定。

从"严打"的社会效果来看，历次"严打"的实施，的确在一定程度上使得当时的刑事案件的发案率以及犯罪率大幅度降低，实现了社会治安和社会秩序一定程度的明显好转，保证了经济建设和市场经济秩序的健康稳定发展。从立法的意义上讲，"严打"政策的贯彻和执行，倒逼刑事立法的修改和完善，为刑事立法和我国犯罪的刑法控制提供了宝贵经验；从司法的意义而言，"严打"政策的贯彻和执行，促使司法机关在较短的时间内集中各种司法资源降低犯罪率，控制犯罪发生的关键因素，因此提高了司法的效率；从公众满意效果方面来讲，"严打"集中展示了国家和法律的威严和权威，表现出国家对公众的安抚和抚慰意义。"严打"是对犯罪的严厉惩罚和谴责，这种"严打"在很大程度上使得公众安全感得到提升，舒缓了社会紧张，从而以一种"表达正义"的方式维护了社会的必要团结以及社会成员之间的凝聚力。

人们之所以对"严打"广为诟病，主要原因在于在"严打"执行过程中，存在着违反程序、不尊重犯罪人的人权以及司法不公和轻重失衡问题。应当将在"严打"过程中出现这些问题和弊病，置于当时的社会历史背景中综合考察，而不能对当初的政策提出以及适用过于苛求；另外，从现有反思"严打"的文献来看，大部分文献要么从文献立意和立论开始就直接反对和否定"严打"，然后在此基础上再逐渐寻找和罗列"严打"的问题，最终将这些问题形成体系，要么就是通过个案形式对"严打"进行分析论述，进而提出"严打"的问题和缺陷，但事实上，这种从立意和立论开始就否定"严打"积极效果的文献，其客观性是值得怀疑的，而个案的研究，其代表性和全面性也是值得怀疑的。从"严打"的实践发展过程来看，上述问题国家其实也已经认识到并得到了相应的改善，如进一步强调和贯彻社会治安综合治理的预防犯罪策略、强调"从重从快"的"依法"办案原则乃至于近年来提出的宽严相济刑事政策等。因此，无论从理论还是实践的角度来看，"严打"过程中出现的诸多问题，仅仅是"严打"政策贯彻和执行的问题，我们并不能因为这些问题的存在而从整体上否定"严打"政策，否则，宽严相济中的"严"我们又该如何解释？

也有文献从"严打"之后犯罪率反弹以及"严打"对于矫正工作的轻视等角度来分析"严打"的问题。的确，由于"严打"的阶段性和选择性，在"严打"过后犯罪率确实有回升的迹象。但是，犯罪率的回升并不能说明"严打"没有降低犯罪率的明显效果，反而恰恰说明，正是因为"严打"的存在才使得犯罪率得以降低，因为"严打"过后犯罪率上升了！"严打"时犯罪率的降低与"严打"后的犯罪率升高，足以证明"严打"存在的必要意义。总之，对于"严打"这一方针，"事实证明，什么时候对这一方针坚持得好、贯彻得好，什么时候犯罪趋势就能得到遏制"，"实践证明，这是一条完全正确的方针"。[1]"严打"之后犯罪率的升高，主要是由于在"严打"之后公安司法机关解除了"严打"时的高压戒备态势，管理相对松散，而并不是因为"严打"所致。就"严打"过后犯罪率的回升现象而言，我们应当认识到，"严打"的确存在运动式执法的特点，而运动式执法的重要问题就在于效果的暂时性。面对犯罪率的"回升"我们应当以此为契机关注如何建立"严打"的长效机制并发挥其长期效果，而不是借此就直接全盘否定"严打"的政策

---

〔1〕 参见肖扬主编：《中国刑事政策和策略问题》，法律出版社1996年版，第156页。

与实践。与此同时,有文献认为正是由于"严打"政策的执行,形成了"重打击、轻执行"和"重惩罚、轻改造"的刑事执行局面。事实上,这种说法也存在一定问题。我国的"严打"政策,只是特别强调依法对特定犯罪类型在特定时间段内进行从重从快的打击,而并不是对所有的犯罪进行从严打击,这就意味着,对于"严打"之外的犯罪的定罪处罚以及执行改造,并不会受到太多的影响,而且,数十年来我国在刑罚执行和改造领域所取得的成绩与经验,在世界范围内是有目共睹的,很难说"严打"阻碍了刑罚执行和改造的发展。此外,在"严打"的同时,特别强调社会治安的综合治理方略,在综合治理的观念中,罪犯的教育和改造也是实现社会治安好转的重要环节,因此,"严打"政策的贯彻和执行并不可能影响到所有犯罪类型的执行,"重打击、轻执行"和"重惩罚、轻改造"的局面很难说完全是由"严打"而导致的。

(二)"社区矫正立法与适用缺陷"论的理性分析

针对社区矫正适用规模障碍的原因,有不少文献从社区矫正的相关规定进行分析,提出社区矫正适用规模受到限制的原因在于:社区矫正执行主体不明、组织机构不健全、社区矫正人员素质较低;同时,社区矫正流于监控,矫正、教育和行刑的制度和措施严肃性不足;缺乏社区矫正制度的相关配套法律规范;没有导入权利保障机制[1],等等。

客观而言,由于社区矫正在我国兴起的时间还很短,至今刚刚经由试点而推向全国,关于社区矫正制度的国家统一性立法也刚刚制定,与社区矫正相关的组织管理、适用范围、主体、权利保障以及监督等制度尚处于摸索阶段,很多具体的适用和执行方法仍然是对地方性经验的总结,因此,必须承认,由于全国性法律层面的社区矫正制度设计与立法构建特别是具体的实施细则等具体操作规范的实践效果仍有待检验,使得社区矫正的适用和执行工作依然缺乏强有力的规范指引和约束,因而在一定程度上确实会影响到社区矫正的适用规模。

然而,从发展的角度讲,自社区矫正在我国开始推行至今的近二十年中,我国社区矫正的相关规范不断发展和完善,如人们对社区矫正执行主体的问题,至今已经取得了一致意见,即司法行政机关取代公安机关成为社区矫正的执行机关;如在我国社区矫正试点中曾将剥夺政治权利纳入社区矫正的适用范围,但后来我国社区矫正理论界与实践部门逐渐认识到剥夺政治权利属

---

[1] 参见张传伟:《我国社区矫正制度的趋向》,中国检察出版社2006年版,第116~119页。

于非自由刑的性质,而社区矫正是针对自由刑的非监禁性刑事执行措施,因此便不再将剥夺政治权利纳入社区矫正的适用范围。另外,随着我国刑法的修改,涉及社区矫正的刑法规定的明确性和可操作性进一步加强,而且,在社区矫正机构工作人员的组织构成问题上,我国在试点过程中逐渐确立了由司法工作人员、社会工作者以及社会志愿者共同构成的组织队伍体系。同时,我国《社区矫正法》的出台,进一步明确了社区矫正的性质、主体、对象、任务和方式以及执法监督与救济等事关社区矫正顺畅运行的最基本问题,而且对社区矫正实践中形成的行之有效的部分地方经验予以立法确认,对一些不恰当的实践做法予以纠偏。总之,虽然全国性法律规范层面的社区矫正制度刚刚建立,但是实践证明,随着社区矫正制度在我国不断发展,全国社区矫正实践也取得了非常好的效果和成绩。然而,虽然社区矫正立法以及相应的操作规范不断制定、发展和完善,但是,我国近年来社区矫正适用规模也并未发生较大程度的变化。这样看来,缺乏全国性和统一性的高位阶社区矫正法律规范以及制度设计,似乎并不能成为社区矫正适用规模偏小的主要障碍。

另外,由于社区矫正制度在刑事法律体系中是属于执行性质的法律制度,而从刑事法律运行的过程来看,刑事法律执行自然应当是位于立法和司法之后的环节,也就是说,在很大程度上社区矫正制度受制于刑事立法和司法的状况,因此,社区矫正的适用规模问题,如果仅仅从社区矫正制度自身规定的缺陷和不足来讨论,实际上并没有抓住问题的关键和实质。这就意味着,对于社区矫正适用规模的讨论,必须从刑事一体化的角度对社区矫正制度与刑法规定的关系进行深入分析和思考。

(三)"非监禁刑的立法技术缺陷"论的理性分析

有文献指出,我国刑法中对于管制、缓刑、假释和暂予监外执行等非监禁性的刑罚及其执行制度的规定过于模糊且缺乏明确性,对于适用主体规定的条件过于苛刻,内容空泛缺乏可操作性,这些缺点和弊病导致了非监禁刑在刑事司法实践中的适用率非常低,由此,社区矫正的适用规模必然会受到影响而形成较低的适用率。

应当说,对于社区矫正的适用规模偏小这一问题,从刑事立法规定的角度寻找原因,是比较恰当和准确的思路。这是因为,对于罪犯是否适用社区矫正,首先取决于法官在案件审理过程中基于自由裁量权的最终判断与选择,而法官裁量和决定的依据范围必然受制于刑事立法的规定。因此,刑事立法的规定对于社区矫正实践的适用规模有着重要的制约作用。如果刑法对于非监禁性刑罚和执行制度的规定非常模糊甚至苛刻，自然会使法官在定罪量刑过程中抵触选择社区矫正的适用，从而降低社区矫正的适用率。

将社区矫正的适用规模障碍归因于非监禁刑的立法技术问题，虽然在思路上是恰当和准确的，但也不无可议之处。首先，虽然我国刑法中对于非监禁性刑罚以及执行制度的规定曾经确有模糊空泛之处，但是，随着社区矫正制度的全面推开，我国《刑法修正案（八）》和《刑法修正案（九）》以及在之后的刑事司法解释中针对非监禁刑的诸多问题进行了修改和完善，如，对缓刑的适用条件进行细化、增加禁止令制度以及对暂予监外执行的条件和规定进一步严格细化等。应当说，我国刑事立法机关已经认识到了非监禁刑的不明确与空泛的问题，并尝试努力解决这些问题。然而，近两年来虽然有关非监禁刑的立法规定已经初步明确，但是我们仍然看不到社区矫正适用规模的巨大变化。如果说在刑法修改之前认为非监禁刑的模糊与不明确是造成社区矫正适用规模障碍的主要原因，那么，在刑法修改之后社区矫正适用规模依旧没有较大变化，这显然说明前述理由并不成立。

此外，从我国刑法的立法规定来看，刑法中明确规定可以适用管制、缓刑等非监禁刑的条文与罪名并不少，那么，在刑法修正后非监禁刑的不明确性问题得以初步解决的情况下，为什么法官在案件审理过程中仍然不倾向于选择非监禁刑或非监禁性执行措施，就成为一个必须深入思考的问题，而这个问题仅从刑罚结构或者非监禁刑的明确性等角度进行解释和说明，显然是不充分的。对这一问题的解释，则应当超越单一的刑法视角从《刑法》和《治安管理处罚法》等综合性的角度进行切入，否则很难抓住问题的根本和关键。

总之，将社区矫正的适用规模障碍归因于非监禁刑的立法技术问题，将刑法与社区矫正制度联系起来考虑，思路是恰当和正确的，但是，非监禁刑的立法技术并不是社区矫正适用规模障碍的关键与实质，它也不能成为该问题的主要原因。

二、作为社区矫正适用规模障碍与困境根源的罪刑结构

从刑事一体化的角度来讲，社区矫正作为刑事法律体系中的一部分，与《刑法》《监狱法》存在极其密切的联系，社区矫正的适用规模自然在很大程度上受制于属于其上位法的刑法。应当说，从社区矫正与刑法的关系角度来分析和考察社区矫正的适用规模问题，不仅能够使理论研究的思路与结论更

具规范性和可靠性，而且还能够为这一实践问题的解决提供具有可行性的方案。

由于社区矫正的适用对象主要是针对罪行较轻、人身危险性较小、社会危害性不大的罪犯或者经过监管改造、确有悔改表现、不致再危害社会的罪犯，即社区矫正的适用对象主要是轻罪案件的罪犯，或者虽为重罪但经刑罚执行一段时期之后社会危害性与人身危险性程度大大降低的罪犯。然而，就我国刑法的罪刑体系与结构而言，我国刑法总体上却呈现出"重罪重刑"的特点，关于轻罪体系的制度设计的存在空间却少之又少。这就是说，正是我国刑法轻罪体系的缺乏，才是造成我国社区矫正适用规模偏小的根本原因所在。

中华人民共和国成立以来，由于计划经济在我国社会生活中占有绝对的主导性地位，在计划经济条件下，"为了保障无所不包的国家计划的执行，国家需要庞大的行政机器。在贯彻国家计划的同时，利用这个庞大的行政机器处理轻微的违法事件，是经济有效地利用当时现成制度的巧妙做法"。即在计划经济时代，行政权力与措施是社会治理的主要方法。[1]由此，在这种经济和社会背景下，我国对于违法犯罪行为的制裁体系，逐渐形成了一种独具特色的以"行政·刑事"二元模式为基础的"三级制裁体系"，这种"三级制裁体系"是由治安管理处罚、劳动教养等长期性剥夺自由的行政性制裁措施以及刑罚三种制裁措施构成的。[2]其中，以《治安管理处罚法》为依据的治安管理处罚，主要针对一般行政性违法行为而适用，其处罚的严厉性程度最轻；以长期剥夺自由的行政性强制制裁措施，如劳动教养、收容教养、强制隔离戒毒、收容教育等制度处于中间环节，处罚相对严重的行政违法行为，从制度设计的初衷和理论构造来讲，这种强制性制裁措施的严厉性应当重于治安管理处罚而轻于刑罚，并发挥着衔接治安管理处罚与刑罚的基本作用；以刑法及其相关法律为基本依据的刑罚，处罚具有严重社会危害性的犯罪行为。因此从"三级制裁体系"的结构与顺序来看，刑罚作为最为严厉的惩罚措施而处于制裁体系的最末端。根据"三级制裁体系"的思路，国家自然将一些本属于轻微犯罪、可不给予刑事处罚的行为以及严重违反治安管理处罚，适用治安管理处罚不足以有效惩罚的行为都纳入了劳动教养等制度之中，这样，国家只能将更加严重的危害行为纳入刑法的调控范围。根据罪刑均衡的

---

[1] 王世洲："我国刑法人身权保护现状和问题"，载《河北法学》2006年第11期，第48页。
[2] 参见储槐植：《刑事一体化论要》，北京大学出版社2007年版，第118页。

原则，更为严重的社会危害行为应当配置相对更重的刑罚，由此，我国刑法形成"重罪重刑"结构就不言自明了。

我国刑法"重罪重刑"的结构特点，在我国刑事立法和司法实践中都有明确的体现。

从刑事立法角度来看，我国刑法中的重刑种类所占比例很大。

就死刑而言，在《刑法修正案（八）》出台之前，我国刑法共有68个死刑罪名，在《刑法修正案（八）》出台后废除了文物、盗窃和诈骗三类犯罪中的13种死刑罪名。《刑事修正案（九）》出台后，又废除了走私、货币、风化、军职等四类犯罪中的9种死刑罪名。但是，即便如此，我国《刑法》仍有46个死刑罪名。无疑，这些死刑罪名拉升了刑种和刑量整体上的严厉程度，因此，死刑的数量和比例从整体上支持和强化着重罪重刑的结构特征。

就无期徒刑而言，无期徒刑仍然是一种被广泛运用的刑种。在我国《刑法》中，除了规定有绝对死刑的罪行之外，凡是有死刑条款的罪名都同时规定了无期徒刑，此外，无期徒刑也以法定最高刑的形式广泛存在于没有规定死刑的罪名之中。因此，无期徒刑是一种配置广泛并且能够适用于多种罪名的刑种。具体来看，我国现行《刑法》中约有80个罪名中的重罪行为以及基本罪行都规定了无期徒刑。在刑法分则体系中，设置无期徒刑罪名最多的是破坏社会主义市场经济秩序类犯罪，有34个左右；其次为危害公共安全类犯罪，有17个左右；再次为军人违反职责罪，有14个左右；而在渎职罪中，则没有一个罪名设置无期徒刑。从设置无期徒刑的罪名总数所占比例来看，比例最高的是危害国家安全罪，占64%左右；其次为军职类犯罪，占45%左右；再次为危害国家安全类犯罪，占38%左右。根据上述统计分析基本可以看出，我国规定无期徒刑的犯罪类型主要集中在危害国家安全犯罪、军职犯罪以及危害公共安全犯罪之中，同时，在破坏社会主义市场经济秩序罪、侵犯财产罪以及贪污受贿犯罪中的有关财产和经济犯罪也规定了为数不少的无期徒刑。

就有期徒刑而言，自由刑是我国当前《刑法》中最为常用的支柱性刑种。据统计，我国《刑法》中至少存在16种有期徒刑的刑罚幅度，其中，3年以上有期徒刑法定刑幅度过大的有期徒刑大量配置和运用。自由刑是我国刑法最为常用的支柱性刑种。我国刑法中至少存在17种有期徒刑的刑罚幅度。其中，5年以下有期徒刑、5年以上有期徒刑、7年以上有期徒刑、3年以上10年以下有期徒刑在这17种刑罚幅度中占据了比较高的比例，而且我国单一犯罪的有期徒刑最低期限为6个月，最高可达15年。人们往往以3年为标准，将3年以上有期徒刑称之为重刑。在3年~15年的重刑刑罚期间内，大部分幅度规定过宽，其上下线基本超过了5年。以5年以上有期徒刑为例，该刑罚幅度对于某个犯罪行为而言，5年至15年的刑罚量都是可以适用的。显然，这种适用的可能性就意味着，除非特殊的减轻处罚等原因，一般则必然会排除6个月至4年11个月的有期徒刑的适用。这种制度性规定，无形当中又限制了轻刑的运用，实际上进一步强化了我国刑法中"重罪重刑"的特点。

就轻刑而言，我国刑法中主要有管制和拘役两种刑罚方法。我国现行《刑法》分则有350条左右，其中规定有拘役刑的条文有100多个，约占分则条文总数的86%。同时，90个左右的条文，110多个罪名配置了管制刑，大概占罪名总数的25%。从刑法的立法规定而言，我国轻刑还是有一定比例的。但是，在规定轻刑的刑法条文中，管制、拘役往往与有期徒刑并存而表现为"处××年有期徒刑、管制或者拘役"的排列模式。这样，法官在处理具体案件时，往往会根据刑种的排列顺序优先适用有期徒刑而不会选择管制或者拘役。在刑事司法实践中，这种可以由法官在有期徒刑和管制、拘役之间自由选择的刑种排列模式往往会限制法官选择管制、拘役的机会，从而在一定程度上进一步降低管制、拘役的实际适用率。

总之，从我国刑种的整体性结构来看，死刑、无期徒刑和3年以上有期徒刑在我国刑种结构中占有较大的比例，这一比例结构，使得"重罪重刑"的特点在刑事立法规定阶段就能够显现出来。

我国刑法中的"重罪重刑"的结构和特点在刑事司法实践中也得到了印证。

在我国刑事审判机关所判处的刑罚总数中，监禁刑占了绝对多数；法官判处中长期监禁（5年以上自由刑直至死刑缓期二年执行）的犯罪数量占判处监禁刑罪犯总数的比例非常高。根据我国官方公布的2003年至2020年刑事案件生效判决被告人数据可以看到（表8-1、8-2），在2003年至2010年的8年中，我国官方倾向于将判处5年以上有期徒刑的罪犯作为长刑犯进行数据统计，根据这一标准，在此期间历年的长刑犯人数占刑事案件生效判决被告人总人数的比例始终不低于15%，甚至曾超过20%，但该组数据整体上的确呈现出不断下降趋势；自2011年开始，我国官方倾向于将判处3年以上有期徒刑的罪犯作为长刑犯进行数据统计，而根据这一标准，在2011至2020年的10年中，历年长刑犯人数占刑事案件生效判决被告人总人数的比例始终处于13%至24%之间，同时，该组数据随着自然年份的不同而在该区间内上下波动，近年来则明显呈现出上升趋势。

表 8-1　2003 年-2010 年关于判处 5 年以上有期徒刑人数的数量占比统计表

项目＼年份	2003年	2004年	2005年	2006年	2007年	2008年	2009年	2010年
刑事案件生效判决被告人总人数	747096	767951	844717	890755	933156	1008677	997872	1007419
判处5年以上有期徒刑人数	158562	146237	150878	153724	151378	159020	162675	159261
判处5年以上有期徒刑人数占总人数百分比	21.22%	19.04%	17.86%	17.26%	16.22%	15.77%	16.30%	15.81%

表 8-2　2011 年-2020 年关于判处 3 年以上有期徒刑人数的数量占比统计表

项目＼年份	2011年	2012年	2013年	2014年	2015年	2016年	2017年	2018年	2019年	2020年
刑事案件生效判决被告人总人数	1051638	1174133	1158609	1184562	1232695	1220645	1270141	1430091	1661235	1528034
判处3年以上有期徒刑人数	244495	254335	204494	184475	189384	167725	294295	223474	267078	258919
判处3年以上有期徒刑人数占总人数百分比	23.25%	21.66%	17.65%	15.57%	15.36%	13.74%	23.17%	15.63%	16.08%	16.94%

另外，近年来的刑事司法实践数据显示，我国重刑的适用率仍然呈现出日渐提高的趋势。这种趋势主要原因在于：一是"从严"刑事政策的影响。随着我国"宽严相济"刑事政策的贯彻，"从严"已经成为我国刑事司法机关打击严重危害社会秩序的犯罪的基本政策依据。由此，自 2018 年开始，在全国范围内开展的为期 3 年的扫黑除恶行动，严惩了一大涉黑和涉恶的犯罪集团，而这些涉黑和涉恶的犯罪集团实施的犯罪种类较多，因此首要分子、骨干和积极参加者大多属于长刑犯。显然，刑事司法实践中长刑犯数量的攀升必然使得重刑体系难以在短期内得到有效改观。二是我国当前的犯罪类型与犯罪群体开始发生明显变化。近年来，我国犯罪案件总量的确呈现出逐年下降的态势，涉及人的生命、健康的严重暴力性犯罪数量和比例不断降低，但是，经济类和财产类案件的数量和比例则不断提高，而且，从事经济类和财产类犯罪的犯罪群体，往往不再是单个人或者两三人的松散小团体，而是大规模的组织化的群体。以电信诈骗和网络型开设赌场犯罪为例，从事此类犯罪的群体往往呈现出组织严密化、分工复杂化、层级严格化以及人员规模化等特点。从我国刑事司法实践状况来看，查办一个境外的电信诈骗或网络

型开设赌场的案件往往耗时长达一到两年,涉及几十甚至上百名的犯罪嫌疑人和被告人,涉案人数远远高于传统暴力性犯罪。这样,电信诈骗和网络型开设赌场等类型的犯罪自然成为当前我国犯罪治理的重点与难点,国家通过运用刑事立法和司法解释等不同的方式提升了两类犯罪的刑期并降低其入罪门槛,充分体现了从严从重打击和治理的态度。因此,经济类和财产类犯罪人的数量和刑期则在从严刑事司法政策的引导下不断攀升,无形中又巩固和强化了我国的重刑体系。三是我国刑法修正对重刑的影响。《刑法修正案(八)》改变了数罪并罚"最高不超过20年"的规定,规定了有期徒刑数罪并罚,总和刑期不满35年的,最高不超过20年;总和刑期超过35年以上的,最高不能超过25年。我国《刑法》明确限制了对判处死刑缓期二年执行的罪犯的再次减刑,即规定2年缓刑期满,没有故意犯罪减为无期徒刑;确有重大立功表现的,减为25年有期徒刑,从而废除了原有的15到20年的死缓减刑后的刑罚幅度;死缓的累犯和8种暴力犯罪的死缓罪犯其减刑可能会受到严格限制;而且,提高了无期徒刑犯和死缓犯在减刑后的最低服刑期限。《刑法修正案(九)》设置了"对贪污、受贿行为,罪行极其严重,判处死缓二年期满,依法减为无期徒刑后,不得减刑、假释"的刑罚执行措施,即终身监禁措施。这些制度的设置,无疑在进一步巩固和强化刑法重罪重刑的结构性特点。另外,在死刑立即执行案件核准权收回之后,判处死刑缓期二年执行的人数逐渐增多。这就意味着,在严格限制死刑和减少死刑执行人数的政策指引下,死刑案件中判处死刑立即执行不予核准而被改判死刑缓刑执行的人数可能会越来越多,这也会在无形中增加监禁的人数。最后,从我国《刑法修正案(八)》、《刑法修正案(九)》以及《刑法修正案(十一)》的总体立场与内容来看,国家在宽严相济刑事政策指引下,不断增大对严重侵犯公共安全、公民人身权利乃至特定领域的经济或社会秩序犯罪行为的打击力度并提高相应的刑罚幅度。总之,"从严"政策、社会转型与失范以及刑法修正等多方面因素的交互作用和影响,实际上会使得我国的重刑适用率进一步提高。

我国刑法重罪重刑的特点以及刑事司法适用的现状,是与我国监狱罪犯的刑期结构相吻合的。2010年浙江监狱的抽样调查显示,在11 000个样本中,32%的罪犯被判处10年以上有期徒刑(3528人),12%的罪犯被判处无期徒刑(1336人),7.6%的罪犯被判处死刑缓期二年执行(836人),被判处5年以上有期徒刑直至死刑缓期二年执行的罪犯占抽样总数的78.1%,10年以上有期、无期徒刑和死刑缓期二年执行的罪犯比例占到了51.8%。可以看到，在经济文化发达、社会发展迅速和刑事发案率相对较低的东南沿海省份，我国监狱中罪犯的刑期结构和比例尚是如此，可想而知刑事犯罪率较东南沿海更为严重的其他地区的刑期结构和比例会如何。因此，保守估计，在我国近十年以来被判处 5 年以上有期徒刑直至死刑缓期二年执行的罪犯人数占全国在押犯总数的比例不会低于 75%，被判处 10 年以上有期徒刑、无期徒刑和死刑缓期二年执行的罪犯人数占全国在押犯总数的比例不会低于 50%。

因此，通过对刑事立法、司法适用和监狱监禁规模数据的系统整理和综合分析，可以做出以下总结和评论：

第一，我国刑罚适用总体上呈现出中长期监禁比例非常高的态势，而且这种比例有进一步走高的趋向。

第二，一个值得非常注意的特点，即我国刑事立法中对于管制、拘役和缓刑的立法条文规定并不少，可以推测，立法者的初衷也是希望扩大非监禁刑的适用规模，但是，对刑事司法适用的数据分析却可以发现，我国刑事司法实践中管制、拘役和缓刑的适用率很低，甚至管制有弃之不用的趋势。前文已经对管制的适用率进行了分析，总体呈现出适用率非常低的态势自不待言，而就拘役来看，这种典型的短期自由刑的适用也非常低，根据我国官方公布的全国历年刑事案件生效判决被告人数据可以看到（表 8-3、8-4），自 2003 年开始至 2020 年的 18 年中，我国判处拘役的人数占刑事案件生效判决被告人总人数的比例虽然略有波动，但基本上从 7% 上升至 15% 左右，呈现出逐渐提高的趋势。然而，在强调刑罚轻缓化的背景下，该组数据的比例仍然和长刑犯的比例仍然保持相当，这便足以说明作为短期自由刑刑种的拘役在我国刑事司法实践中的适用率仍然有待进一步提升。

表 8-3 2003 年-2010 年关于判处拘役人数的数量与占比统计表

项目 \ 年份	2003年	2004年	2005年	2006年	2007年	2008年	2009年	2010年
刑事案件生效判决被告人总人数	747096	767951	844717	890755	933156	1008677	997872	1007419
判处拘役人数	53092	59472	64676	65790	66606	73183	66125	63848
判处拘役人数占总人数百分比	7.11%	7.74%	7.66%	7.39%	7.14%	7.26%	6.63%	6.34%

表 8-4 2011 年-2020 年关于判处拘役人数的数量与占比统计表

项目＼年份	2011年	2012年	2013年	2014年	2015年	2016年	2017年	2018年	2019年	2020年
刑事案件生效判决被告人总人数	1051638	1174133	1158609	1184562	1232695	1220645	1270141	1430091	1661235	1528034
判处拘役人数	76683	112766	133044	145086	157915	165161	158860	198508	258293	214958
判处拘役人数占总人数百分比	7.29%	9.60%	11.48%	12.25%	12.81%	13.53%	12.51%	13.88%	15.55%	14.07%

而且，在拘役这种短期自由刑的适用中，刑事司法实践表现出一个强烈的倾向和特点，即被判处拘役的罪犯，其适用缓刑的可能性非常低。刑事司法实践对于拘役犯适用缓刑的排斥，似乎并不能够仅仅用法官的"严打"和"重刑"思维解释，而是应当与社会失范造成的犯罪危害性提高以及三级制裁体系有着直接的关系，即如果再对拘役犯适用缓刑，则会违背罪刑均衡原则以及社会公众的正义直觉；而这种判处哪怕是 6 个月以上有期徒刑都"太重"但判处管制又"太轻"的轻罪中相对较重的犯罪存在的制度性根源，则恰恰在于"三级制裁体系"中的行政性剥夺自由制裁措施对于轻微犯罪的分流和处理，使轻微犯罪根本无法进入刑事程序，进而导致刑事程序仅仅适用相对严重的犯罪。

第三，在中长期监禁适用比例进一步增长而管制、拘役及其缓刑等轻刑适用率依旧低迷的情况下，扩大社区矫正的适用规模存在着制度性障碍。这种制度性障碍的消除，只能依赖于改革现有刑法的重罪重刑结构，扩大轻罪数量。

应当说，将社区矫正适用规模的障碍归结于刑法的重罪重刑结构，不仅符合我国刑法制度性设计的客观现状，而且对于我国社区矫正制度自身的完善和刑法整体改革有着重要的价值。

第一，从刑法的重罪重刑结构角度寻找社区矫正适用规模的障碍，具有明显的规范性和科学性。前文已经提到，"重刑主义和严打"的观点，仅仅是从价值观念的角度分析社区矫正适用规模的障碍，而这种价值观念本身就存在着多样性和不确定性，且不能触及问题的本质，也没有抓住问题的关键。这就是说，从价值观念的角度去分析问题，在很大程度上难以为问题的真正解决提供可行的制度性方案和办法。相反，从刑法的罪刑结构角度反思我国社区矫正的适用规模，可以非常明确而清晰地指出社区矫正适用规模问题的关键所在，还能够为社区矫正适用规模问题的解决提供非常准确和可行的发展思路。

第二，从刑法的重罪重刑结构角度寻找社区矫正适用规模的障碍，可以为我国现有的违法犯罪制裁体系的改革和发展提供制度性保障。违法犯罪的"三级制裁体系"因其对于法治原则、程序正义以及人权保障原则的违反而饱受诟病，虽然我国已经废除和废止了收容遣送、劳动教养和收容教育制度，《刑法修正案（十一）》《预防未成年人犯罪法》将收容教养改为专门教育矫治，但是，专门教育矫治制度的顶层制度设计与实施办法尚不成熟，且从更严格意义上来说，治安管理处罚仍属于未经法院审判而剥夺人身自由的制裁措施，因此，如何构建符合法治原则与现代国家治理理念的轻微违法行为制裁体系，是关乎社会稳定和国家长治久安的重大课题。在有关"三级制裁体系"的诸多改革方案当中，实现劳动教养等行政性剥夺自由制裁手段的"司法化"是值得肯定的发展路径，而在"司法化"方案中，通过刑法定量因素的削减以及犯罪构成条件的扩大等方式降低刑法的起刑点，构建我国违法行为的轻罪体系是最符合法治要求和实际情况的做法。轻罪体系的构建，必然要求与之相适应的非监禁性刑罚方法、特殊的轻罪处理措施以及案件程序分流措施等加以配套，而这些制度的构建和完善，都必须建立在对我国当前刑法重罪重刑结构清晰认识的基础之上。反思我国重罪重刑的刑法结构现状，扩大社区矫正适用规模，无疑会对轻罪制度的建立以及违法犯罪治理体系的改革提供重要的保障和支持。

第三，从刑法的重罪重刑结构角度寻找社区矫正适用规模的障碍，并以此为基础改革我国刑法的现有罪刑结构，有助于实现国家和社会治理的现代化和法治化。十八届三中全会通过的《中共中央关于全面深化改革若干重大问题的决定》指出："废止劳动教养制度，完善对违法犯罪行为的惩治和矫正法律，健全社区矫正制度。"这说明，我国决策的最高层已经充分注意到劳动教养的问题所在，特别是将劳动教养废除、三级制裁体系的改革以及社区矫正制度的发展综合起来加以论述，具有明显的新意。这一论述无疑对我国违法犯罪治理体系的现代化和法治化改革指明了方向。应当说，改变我国重罪重刑结构并建立轻罪体系，是贯穿劳动教养废除、社区矫正以及违法犯罪治理体系改革的最佳切入点，是诸多方案中成本最低、社会震荡最小而且效率最高的选择。

第三节 我国犯罪边界问题的反思与调整

不断降低起刑点并扩张我国刑法的保护范围与边界,充分发挥刑法在国家和社会治理过程中的积极功能,是满足人民日益增长的法律保护需求的基本手段,是国家和社会治理能力现代化与法治化的重要方式。可以说,犯罪化与刑法边界的扩张,在我国已经成为不以人的意志为转移的客观必然趋势。主张保持刑法"极度克制"或"能不用刑法就不用刑法"的观点,并不符合我国刑法发展的现实状况与基本规律。在降低起刑点并扩张我国刑法保护范围的过程中,通过建立中国特色的轻微犯罪体系,逐步稀释并改变我国刑法"重罪重刑"结构,已经成为一种不可避免的路径选择。

一、犯罪边界问题的理论与实践意义

前文已经指出,对于我国犯罪边界即刑法调控范围问题,刑法理论中一直存在较大的争议,形成了犯罪化与非犯罪化的争论。实际上,这种争论自从1979年《刑法》制定时起就已经存在了,其后,每逢刑法修改之时,犯罪化与非犯罪化的争论便会随之浮出水面。然而,犯罪化与非犯罪化经历数轮争论,至今却分歧依旧,仍没有形成较为统一和明确意见。在笔者看来,有关我国刑法调控范围的问题,刑法学理论应当给予密切关注,即有关犯罪化与非犯罪化的争论,在当前仍然具有一定的积极意义。

第一,前述分析已经指出,我国社区矫正适用规模障碍的制度性原因在于刑法的重罪重刑结构,而且,改变我国现行刑法的重罪重刑结构,建立轻罪制度体系是扩大社区矫正适用规模的制度前提。但是,这种分析仅仅是从社区矫正立法的发展和完善的角度展开的,并未得到刑法理论和实践的验证或赞同。因此,如希望对社区矫正适用规模问题进行深入可行的研究,就必须反过来从刑法理论和实践的角度来考察我国当前的犯罪边界究竟是该扩张还是限缩,如果经分析得出"犯罪边界应扩张"的结论,那么,这一结论就与社区矫正适用规模问题研究得出的结论保持一致,从而印证社区矫正适用规模问题研究结论的正确性,而且能够为社区矫正适用规模的扩大以及刑法改革找到契合点。如果经分析得出"犯罪边界应限缩"的结论,那么,有关社区矫正适用规模障碍的归因以及改革路径的论证,就应被重新思考。因此,从社区矫正、犯罪治理体系以及刑法三者关系的角度来看,有必要单独分析

刑法的调控范围问题。

第二，对我国当前犯罪边界进行理论研究，特别是全面而理性地梳理犯罪化与非犯罪化的观点，对我国刑法学理论的发展具有重要意义。我国早期文献对犯罪化与非犯罪化的讨论，基本上都是围绕着英国以及欧洲大陆国家在 20 世纪 60 年代废除一些传统近亲属间犯罪和性犯罪展开的，也就是说，我国早期文献将这些立法实践情况作为发达国家非犯罪化的事实基础和正当性根据加以吸收和引进，晚近的文献则基本上围绕着日本刑法学中刑法谦抑主义论证非犯罪化的合理性，而且，诸多文献在论证犯罪化与非犯罪化的观点时，并没有注意到中国和发达国家犯罪边界以及制裁体系方面的差别。因此，系统而客观地分析发达国家犯罪化与非犯罪化争论的社会背景及其影响、思考日本刑法的谦抑主义问题以及全面考量中西关于犯罪制裁体系的差异，反思盲目片面讨论发达国家犯罪化与非犯罪化的问题给中国刑法造成的不良影响，在此基础上才有可能对我国犯罪化与非犯罪化的讨论提供准确的借鉴和参考，与此同时，我们也必须认识到中西社会大众和国家意识形态中关于犯罪化与非犯罪化问题的社会心理差异，唯此才能真正地了解犯罪化与非犯罪化的本质与真相问题，从而为我国刑法理论的发展提供正确的指引和导向。

第三，对我国当前犯罪边界进行理论研究，有助于我国刑法实践的发展。在我国刑事司法实践中，人们对我国犯罪边界究竟是扩张还是限缩的问题，存在着非常大的认识差异。社会公众以其一般性的正义直觉以及对社会安全的切身感受，强调应当扩大犯罪圈，严惩犯罪；然而在司法领域，司法工作人员对犯罪化与非犯罪化的认识并不完全相同，除了有极少观点坚持我国刑法的起刑点应当降低或者废除我国犯罪规定中的定量因素之外，主张提高我国刑法中犯罪起刑点的观点占据了相当大的比例。如，很多司法机关的工作人员都认为应当提高贪污受贿犯罪以及盗窃罪等常见罪名的起刑数额。另外，随着劳动教养制度的废止，司法机关尚面临着如何协调劳动教养废除后的刑法调控与行政法调控的衔接问题，因此，正确分析犯罪边界问题，为我国的犯罪定量因素和劳动教养废除后的制裁体系的衔接等问题提供明确的发展改革思路和方向，无疑对刑事司法实践的现代化与法治化具有重要意义。

二、犯罪边界限缩论的反思与批判

(一) 犯罪边界限缩论之辩证

前文已经提到，在主张限缩我国刑法调控范围和非犯罪化的观点中，其理由主要是犯罪化违背国际趋势、增加司法成本而且不利于改造罪犯、造成刑法虚置以及犯罪标签效果等。然而，从刑法理论角度来看，这四种理由都有值得推敲之处。

第一，非犯罪化并不是世界性的趋势。就我国现有主张非犯罪化的文献来看，绝大多数文献论证发达国家非犯罪化的趋势是以1957年英国公布的《沃尔芬登报告》（Wolfenden Report）作为基础和根据。实际上，英国公布的《沃尔芬登报告》仅仅是以调查同性恋和卖淫行为是否能够非犯罪化作为任务，并基于"社会和法律应该给予个人就私人道德问题作出选择和行动的自由"的理由认为应当将同性恋和卖淫行为非犯罪化。该报告在发达国家确实引起了很大反响，但是，这个报告对于英国立法与司法实践的影响却并没有想象中的那么大。该报告公布后，英国政府仅将卖淫非犯罪化，而并没有立即对同性恋行为进行非犯罪化，直到1967年，英国政府才通过《性犯罪法令》（Sexual Offense Act），将男性之间相互同意的同性恋予以非犯罪化。应当说，英国当初废除与性有关的犯罪，更多的是受到宗教因素以及道德多样性的影响，但这两种因素并没有要求将性犯罪范围之外的犯罪行为予以非犯罪化。显然可以认为，英国公布的《沃尔芬登报告》真正影响实际上并没有大到推动欧美世界以此为根据废除更多的刑法罪名，也并没有导致欧美国家形成一股所谓的"非犯罪化潮流"。相反，自从第二次世界大战之后，随着经济的重建、恢复与繁荣，欧美世界的犯罪圈不断扩大，大量有关经济、金融、证券、交通、企业管理、食品以及航空安全等领域的危害行为被犯罪化，形成法定犯罪日渐增多的趋势，欧美世界的刑事罪名与体系始终朝着不断增加和扩张的方向发展！

的确，近来欧美国家有文献再次提及"过度犯罪化"的问题，认为发达国家存在着过度犯罪化的倾向，国家应当减少犯罪数量的规定。实际上，这种观点也仅仅是看到发达国家特别是美国刑事罪名过多而产生的一种反思，并没有形成强有力的政策性影响。值得注意的是，在发达国家特别是美国的刑事司法实践中，虽然确有犯罪泛化的现象，但刑事司法机构大多却通过各种刑事分流措施和简易程序加以应对，并没有采纳法律上的非犯罪化方案。[1]

---

[1] 2009年10月中旬，在北京大学法学院举办的"犯罪构成理论工作坊"国际学术研讨会上，来自原美国纽约州立大学布法罗分校法学院、现加拿大多伦多大学法学院的马库斯·德克·达博教授（Prof. Markus Dirk Dubber）面对德国、西班牙学者的发言，就明确表达了这种观点。

第八章 中国特色社区矫正的困境与趋向问题

综合上述分析可以看到，实际上发达国家"非犯罪化的潮流"之说应当是我国刑法学文献对于发达国家非犯罪化讨论的误解，或者说是对其观点有意无意地扩大化理解，将一个存在错误理解的事实状况作为论证我国非犯罪化的根据和基础，显然是不科学的。

第二，非犯罪化可以节约司法成本且有利于改造罪犯的说法没有道理。的确，在大规模的犯罪化的过程中，确实可能在短期内造成监狱拥挤、羁押人数过多等问题，这的确可能会增加司法成本，但是，犯罪化却可以推动刑罚制裁体系和执行制度的变革，如增加社区服务等社区刑罚，推行非监禁性的刑事执行制度，同时还可以推动刑事诉讼和程序制度的改革和发展，如刑事轻罪案件的速裁程序，刑事和解、刑事分流以及前科消灭制度等，这些由犯罪化所带来的一系列的制度性变革，不仅不会增加司法成本，而且在很大程度上还可以降低司法成本，提高矫正效率和水平，从长远角度来说是有利于中国刑事司法和矫正工作的现代化与法治化进程的。

第三，有关刑法虚置的说法缺乏实践意义。当前我国刑法调控范围的现状是，大量严重危害社会的行为并没有纳入刑法的规制范围，由此导致我国刑法的调控范围过窄，形成我国刑法的法益保护非常不完整、不充分的现状。我国刑法不能对各种法益实现完整而充分的保护，致使社会公众的安全感严重下降，公民的人身、财产等多项权利受到严重侵害，在公众受到侵害而得不到有效保护的情况下，犯罪模仿和报复便大量增加。不得不说，刑法保护力度和水平的欠缺，是造成当前我国社会恶性犯罪和群体性案件屡有发生的主要诱因。刑法应当为公民和社会提供最高等级的全面的保护，而不应当日渐退缩。[1]因此，对于我国法益保护不完整的情况，应该关注的是如何更多、更有效地利用刑法完整和充分保护法益的问题，谈论刑法虚置的问题没有太多的实践意义。

第四，犯罪标签效果的理论观点值得推敲。

其一，作为犯罪标签效果理论基础的标签理论存在着难以解决的问题。如，标签理论认为犯罪化会使罪犯受到社会歧视，从而激发罪犯再次犯罪的可能。但是，很多犯罪行为自古就存在，在贴标签之前就已经产生了；而且，社会生活中有很多犯罪的确不是因为政府将罪犯贴标签而导致的，而是犯罪人基于自身或家庭环境等因素而出现的。即便在承认标签及其社会反应是违

---

[1] 参见［德］克劳斯·罗克辛：《德国刑法学 总论（第2卷）：犯罪行为的特别表现形式》，王世洲主译，法律出版社2013年版，主译者序第3页。

法犯罪行为的重要原因的情况下，也很难将标签及其社会反应作为唯一的或主导的因素，因为至少现实中存在着以金钱为目的的犯罪和瘾癖性犯罪。[1]另外，犯罪行为往往发生在先，而后才有可能对犯罪人进行贴标签的行为，也就是说，按照常理，标签是犯罪的结果而并非原因。如，标签理论过分强调犯罪人的被动性以及主观性，甚至将其视为"无辜者"或"受害者"，忽略作为犯罪问题根本原因的社会背景与制度因素，以致有的文献甚至调侃道，"读此类文献时，我们似乎得到一个印象：有一个人走在街上，心中盘算着自己的私事，突然间，社会对他重重地迎面一击，并把一个玷污的标签贴了上去，然后他就毁了"，足见标签理论在解释问题上具有相当的局限性。此外，标签理论中的理论性、不确定性和可验证性都存在着较大的疑问。就其理论性而言，标签理论更像是一种感性描述，而缺乏严谨的立论根据和经验数据支持，从而使其理论性明显不足。就其不确定性而言，贴标签是否必然会使行为人产生违法犯罪行为，无论是从思辨还是经验的角度来说，都没有得到清晰和准确的说明，而且，即便承认标签对于违法犯罪的产生有影响，但在贴标签之后，被贴上标签的人的反应也并不完全相同，有的人受标签影响而实施了更严重的犯罪，有的人却没有。就其可验证性而言，标签理论研究至今没有形成支持其理论观点的科学而有效的经验数据，研究者对标签效果与再犯率之间关联性的数据准确程度存在质疑和批评。[2]

其二，犯罪的标签效果之提法，仅仅着眼于标签对罪犯所具有的负面效果，有失片面。因为国家在制裁刑事犯罪时，其实这一行动本身就以"信号源泉"的方式向社会昭示了行为人的道德错误与可谴责性，即行为人接受惩罚是一种"自我选择"和"道德应得"。这种严厉的道德谴责信息向社会公众扩散和传播，实际上有助于对其他行为人的心理和行为产生影响和震慑，有助于加深其他社会成员特别是潜在犯罪人对犯罪的道德禁忌，从而树立和巩固刑法在公众心中的道德权威。从这个意义上讲，国家对犯罪人贴标签的过程，其实是一种"说服源泉"和规训手段，具有积极的社会塑造意义。

其三，退一步讲，即便标签效果真的存在，国家也可以通过相应的制度设计，重塑社会公众对罪犯的态度，从而消解这种贴标签过程可能带来的负

---

[1] 参见［美］戴维·波普诺：《社会学》（第10版），李强等译，中国人民大学出版社1999年版，第222页。

[2] 参见［日］川出敏裕、金光旭：《刑事政策》，钱叶六等译，中国政法大学出版社2016年版，第47页。

面效果。如，我国《刑法修正案（八）》就明确规定犯罪行为较轻微的未成年犯罪人可以在入伍、就业的时候，免除其如实向有关单位报告自己曾受过刑事处罚的义务，这一规定实际上初步建立了我国的前科消灭制度，而前科消灭制度的建立，在很大程度上便可以消解所谓标签化过程可能带来的负面效果。

（二）刑法谦抑原则之反思

近年来，在主张刑法应当限缩调控范围的观点中，谦抑原则（谦抑主义）几乎已经被诸多文献奉为圭臬，甚至成为各种观点中基础性的理论信条。但是，作为日本刑法学重要基础性概念的谦抑原则，真的能够在中国的社会背景下承担起论证非犯罪化正当性与合理性的理论任务吗？这是一个非常值得思考的重大问题。

严格来讲，刑法的谦抑原则并不是一个非常明确的可操作性概念。刑法谦抑主义要求刑法自身保持克制，能不动用刑法时尽量不动用刑法。那么显然，按照这一概念的思路需要进一步分析和讨论的便是，什么情形下能不用刑法，什么情形下又需要用刑法？遗憾的是，讨论谦抑原则的文献至今并未对此予以明确回答。能动用刑法与不动用刑法的条件、标准和规格不明确，谦抑主义就只能是一个模糊而毫无可操作性的概念，而以这种概念作为论证是否将特定行为予以犯罪化是非常缺乏逻辑和理论根据的。

我国不少刑法文献对刑法谦抑原则的性质和体系性位置进行了探讨，但尚未取得一致意见。总的来看，有些文献将谦抑主义定位为"刑法的性质"[1]"特征"[2]或"价值"[3]；有些文献将谦抑主义视为"刑事立法"[4]甚至"刑法"的"基本原则"；[5]有些文献则认为谦抑主义是"一种必须贯穿于刑事政策和刑事法理观念"[6]或者"整个刑法运行过程的精神"。[7]显然，这些文献虽对刑法谦抑主义的具体定位略有分歧，但可以确定的是，它们都极为强调谦抑主义在刑法运行过程中极端重要的地位，以至将其提升到刑法原则、观念甚至精神的高度。另外，上述论证存在一个非常明显的现象，即大

---

[1] 张小虎：《刑法的基本观念》，北京大学出版社2004年版，第55页。
[2] 赵秉志主编：《刑法基础理论探索》，法律出版社2003年版，第15页；许道敏：《民权刑法论》，中国法制出版社2003年版，第109页。
[3] 陈兴良：《刑法的价值构造》，中国人民大学出版社1998年版，第353页。
[4] 张明楷：《刑法的基础观念》，中国检察出版社1995年版，第143页。
[5] 参见熊永明、胡祥福：《刑法谦抑性研究》，群众出版社2007年版，第72~75页。
[6] 参见梁根林：《刑事政策：立场与范畴》，法律出版社2005年版，第106页。
[7] 参见王明星：《刑法谦抑精神研究》，中国人民公安大学出版社2005年版，第22页。

部分文献往往都使用了"宜""应当"等词语，有文献在论述谦抑原则时写道，"宜与罪刑法定、罪刑均衡等刑法原则并列"；[1]"不仅在刑事立法层面存在，在司法领域也应有一席之地"；[2]"刑法应将不得已才使用刑罚的场合作为其对象的原则"，[3]"不仅关于刑法立法，而且刑法解释及其刑法适用均应加以考虑刑法的谦抑主义"。[4]这些阐述表明，学者们对刑法谦抑主义的研究，并不是对谦抑主义在刑法中的体系性地位和功能进行客观的事实性描述，而大多是根据自身的理念和立场对其做出的一种带有感情色彩的主观价值判断。这就是说，在刑法理论中谦抑主义仅仅是，在特定的国家或社会历史条件下学者们基于自身的价值理念对刑法发展方向所做的一种价值判断和应然预期。[5]显然，将这种"价值判断"和"应然预期"直接作为刑法的性质、特征、价值、原则、观念或精神加以论证和大力提倡，实际上已经混淆了"应当"与"是"之间的区别，即混淆了"应然"和"实然"的关系。

有些刑法文献基于对刑法谦抑原则的性质和体系性位置的探讨，对谦抑主义在刑法中的功能和意义进行了总结和概括。总体而言，这些文献基本上都认为，刑法谦抑原则是约束刑罚权恣意扩张或滥用以及保护公民自由和人权的有效手段，具有重要的刑事法治意义；谦抑原则逐渐成为刑事法学者论证、支持或批判国家特定甚至是绝大多数罪名设置之正当性与合理性的重要理论资源和根本理由；刑法谦抑主义成为学者检验、衡量或者批判国家某些刑罚制度性设计的重要的甚至绝对唯一的标准。

然而，关于谦抑原则对于"刑罚权的约束和人权保障"的说法，源于日本刑法学理论，而面对这一说法，我国刑法学文献大多没有深入思考过日本之所以提出这种观念的社会思想根源。日本刑法学界希冀通过刑法谦抑原则即通过限制刑法的扩张而保障公民特别是犯罪嫌疑人或被告人权利的做法，是与日本强烈的封建传统、军国主义思想以及第二次世界大战战败国的地位存在着密切关联的。

长期的封建幕府统治使得日本刑法存在着强烈的干涉性、恣意性、身份

---

[1] 熊永明、胡祥福：《刑法谦抑性研究》，群众出版社2007年版，第73页。

[2] 刘为波："可罚的违法性论"，载陈兴良主编：《刑事法评论》（第10卷），中国政法大学出版社2002年版，第99页。

[3] [日] 大谷实：《刑法讲义总论》（第2版），黎宏译，中国人民大学出版社2008年版，第8页。

[4] [日] 大冢仁：《刑法概说（总论）》，冯军译，中国人民大学出版社2003年版，第24页。

[5] 参见马克昌："我国刑法也应以谦抑为原则"，载《云南大学学报（法学版）》2008年第5期，第1~5页。

性和残酷性的特点,[1]同时,随着"明治维新"以来富国强兵政策的推行以及在推行资本主义过程中犯罪率的攀升,日本刑法形成了强烈的国家主义和权威主义倾向,主张威吓、一般预防和淘汰实现严格的社会防卫的刑罚观念。基于上述社会与思想背景,第二次世界大战前日本刑法在公民特别是犯罪嫌疑人和被告人的自由和权利保障方面存在着严重问题。在第二次世界大战之后,基于战败国地位以及美国的压力,日本通过制定新宪法,推动社会的价值观从国家主义、团体主义向个人主义转变。《日本宪法》第13条明确规定:"全体国民都作为个人而受到尊重。对于谋求生存、自由以及幸福的国民权利,只要不违反公共福利,在立法及其他国政上都必须受到最大尊重。"为贯彻这一宪法规范,刑法领域开始突出强调以个人尊严为基础的生命、财产、自由等生活利益的重要地位,并将社会利益和国家利益仅仅限定为"保护个人生活利益的外部条件"。由此,国家便不再突出强调刑罚对社会伦理所具有的积极维持作用,而是仅强调对于特定法益的保护。同时,战后日本的社会环境相对稳定,犯罪率较低,在这些因素的综合作用下,战后日本刑事立法十分不发达,[2]出现了试图极力缩小刑罚处罚范围的趋势。

综上,日本刑法特别突出强调的谦抑原则,有其特殊的社会历史背景,而这种特殊的社会历史背景,与我国的情况并不相符。如,近代中国并没有依靠皇权实现"救亡图存、富国强兵"的历史条件,也并没有走上强烈主张对外扩张的国家主义、权威主义和军国主义道路。同时,我国多民族国家的特点也难以像日本这样的单一民族国家形成特色鲜明的保守、内敛乃至自我牺牲的民族性格。中华人民共和国成立后,我国开始全面学习苏联的司法制度,完全杜绝了谦抑主义所依赖的自由主义和民主主义宪法基础的影响。凡此种种足以说明,日本刑法谦抑主义发扬光大所依赖的政治、社会和文化条件在我国完全不具备。

我国也有一些文献基于谦抑原则可以"有效实现对刑罚权的约束和人权保障"的说法,提出"刑法人权保障功能优先"的观点。然而,有关"刑法在人权保障和法益保护之间的价值选择"的问题,在很大程度上是一个虚幻的伪问题。因为有关人权保障与法益保护何者优位的讨论,从理论上看,是以启蒙时期社会契约理论中的个人与国家的关系作为分析框架的;从现实上

---

[1] 参见[日]西原春夫:"日本刑法的变革与特点",载[日]西原春夫主编:《日本刑事法的形成与特色》,李海东等译,法律出版社、成文堂1997年版,第2页。
[2] 张明楷:"日本刑法的发展及其启示",载《当代法学》2006年第1期,第3页。

看，是以近代反对欧洲封建刑法的干涉性、恣意性和残酷性为指向的。应该说，这种分析框架并不符合现代政治国家运转的实际状况。国家的正常运转，首先是以保障和维护公民、社会和国家自身存在的基本条件为限度的。在这一过程中，制定刑法打击犯罪以维护社会的基本秩序是国家存在的首要任务。也只有在实现这一任务的过程中，伴随着社会文明程度的发展，才会涉及对犯罪人的自由和基本权利的保障问题。[1]这就是说，对犯罪人的自由和权利的保障是以刑法对广大公民的自由和利益进行充分有效地保护为前提而展开的，亦即，刑法只有在积极完成打击犯罪的任务以及对公民、社会和国家利益进行保护的过程中才会涉及如何保障犯罪人人权的问题，应该说，刑法对广大公民自由和利益的充分、完整和有效保护永远是刑法存在的首要根据。

同时，世界范围的刑法发展经验表明，在刑事立法领域，对于应当把什么行为看成足够严重以至于必须使用刑罚手段，是由立法者根据国情、历史和经验自行判断和决定的，"当不能确定轻微的手段（例如单纯的民事惩罚）是否足以充分保障结果的时候，立法者还享有对此行使自行评价的特权"。[2]这就意味着，谦抑主义在刑事立法过程中并没有绝对的强制作用，而仅仅具有社会政策方面的指导作用。立法者可以采纳和贯彻谦抑主义，也完全可以对其置之不理。[3]现代法治国家的刑法发展趋势深刻表明，随着社会的发展，如果国家认识到特定的利益对社会具有至关重要的意义时，无论这种利益在其他国家或其他时代是如何无关紧要，诸如著作权、信用、环境、食品、药品、家庭暴力等，国家都可能依据宪法赋予的权力将其纳入刑法的保护范围之中，为这些利益提供最高等级的刑法保护。

进而，随着世界范围内各种风险的不断增多和升级，由于刑法谦抑主义所秉持的刑罚权宜消极和限缩观念以及尽量不用或少用刑罚的基本观点，越来越难以适应日益多变的社会生活和诸多的技术风险，也难以有效发挥刑罚作为社会控制工具所本应具有的基本功能。由此一来，在刑罚难以为社会整体秩序和公民基本利益提供全面和完整保护的情况下，谦抑主义所可能发挥的保护公民权利和自由的基本功能根本就无法实现。

---

〔1〕 参见马聪：《刑罚一般预防目的的信条学意义研究》，中国政法大学出版社2016年版，代自序第23~25页。

〔2〕 参见［德］克劳斯·罗克辛：《德国刑法学 总论（第1卷）：犯罪原理的基础构造》，王世洲译，法律出版社2005年版，第24页。

〔3〕 王世洲："刑法的辅助原则与谦抑原则的概念"，载《河北法学》2008年第10期，第6~14页。

第八章 中国特色社区矫正的困境与趋向问题

因此,在刑法谦抑主义与我国国情特点存在冲突的情况下,试图将其作为刑法学理论的逻辑起点以及制度设计正当性的评价标准,无疑是非常不恰当的。亦即,从刑法发展的世界性趋势来看,以谦抑主义作为刑法理论的逻辑起点和刑罚正当性的评价衡量标准,也并不是一个科学而合理的选择。相反,刑法理论界开始将刑罚目的作为刑法(刑罚)的正当性与合理性根据,并将这种以目的为导向的刑事政策思想贯彻到刑事立法、司法和刑法理论的各个部分之中,并且,这种以目的为起点的思考方式,不仅可以有效地通过刑事惩罚范围的调整而预防和应对各种社会风险的侵扰,而且也可以同样有效地保障犯罪人的各项自由和基本权利。[1]

从我国刑事立法与司法实践的角度而言,刑法谦抑主义与我国刑法发展的历史和现实并不合拍。我国是一个刑法文化传统十分发达的国家,自古以来,国家就习惯运用刑法手段实现对社会生活的管理和控制,经过数千年的积淀,国人也已经认同和接纳了"要用刑罚来处理坏人"的思维方式,并将其内化为中国人特有的社会性心理特征。在这种刑法文化根深蒂固的国度,倡导刑法谦抑主义很难真正得到社会公众乃至国家的内心认同。同时,自封建社会以来,我国的刑法调控范围一直呈现出扩张的态势。历史上,从汉朝刘邦的"约法三章",到唐朝则形成了达12篇30卷502条的中华法系代表性法典《唐律疏议》;现实中,自从中华人民共和国第一部刑法典诞生以来,刑法条文和罪名不断增多,大量危害社会的行为被纳入犯罪范围之内。近年来,刑法修正案对金融犯罪、有组织犯罪、环境犯罪、食品安全犯罪、贪污贿赂犯罪以及侵犯公民人身和财产权利的诸多罪名的入罪标准和构成形态的修改更足以说明,我国刑事立法并没有遵循和贯彻谦抑主义,而是呈现出大规模犯罪化的趋势,积极而充分地发挥刑罚对社会基本安全和秩序的塑造和保护作用。

总之,社会转型以及社会风险的增多,对刑法在社会治理过程中的角色以及刑法对法益保护的等级程度提出了更高要求,因此,面对刑法理论与实践的双重需要,必须对旧有的刑法谦抑原则进行清理和反思,否则,无疑会对我国刑法的发展方向、犯罪制裁体系的改革等一系列问题造成不必要的理论混乱,甚至有可能导致我国刑法学理论走向保守、狭隘和封闭,从而对刑法学的发展产生非常不利的影响。

---

〔1〕 参见[德]克劳斯·罗克辛:《刑事政策与刑法体系》,蔡桂生译,中国人民大学出版社2011年版,第20~52页。

三、犯罪边界扩张论的功能主义分析

（一）当前我国犯罪边界的主要问题

我国当前刑法调控范围即犯罪边界，从体系性的观点来看，是通过刑法典的立法规定以及刑事司法解释共同加以设定的。刑法典对犯罪的性质和基本构成要件进行了抽象性规定，刑事司法解释则特别详细和明确地规定了含有诸多犯罪的具体情节、数额、行为方式等内容的刑事立案、起诉和定罪量刑标准。两种规范相互配合相互照应，基本上确立了我国当前刑法的总体调控范围和边界。客观而言，虽然我国当前的刑法调控范围在我国经济建设和社会发展过程中发挥着至关重要的保护和保障作用，但从我国法体系和法秩序的统一性角度来看，我国当前的刑法调控范围仍然存在着比较严重的问题。

1. 刑法法益保护的不完整性

我国刑法对于法益保护的不完整性，主要表现在对现有法益保护完整性的减损以及对新型危害行为惩治的不足两个方面。

第一，我国刑法对现有法益的保护并不完整。根据我国《宪法》和《立法法》的相关规定，犯罪与刑罚的事项只能由法律规定。中华人民共和国成立以来的刑事立法实践表明，我国的犯罪与刑罚事项，仅仅是由《刑法》《刑事诉讼法》及其补充规定、刑法修正案和刑事立法解释规定的。在规定犯罪与刑罚事项的基本实体法律——刑法体系之中，可以很清楚地看到，我国的犯罪概念基本上是由定性因素与定量因素共同组成的，这就意味着，我国的犯罪概念具有明显的不彻底性。我国现行《刑法》第13条规定："一切危害国家主权、领土完整和安全，分裂国家、颠覆人民民主专政的政权和推翻社会主义制度，破坏社会秩序和经济秩序，侵犯国有财产或者劳动群众集体所有的财产，侵犯公民私人所有的财产，侵犯公民的人身权利、民主权利和其他权利，以及其他危害社会的行为，依照法律应当受刑罚处罚的，都是犯罪，但是情节显著轻微危害不大的，不认为是犯罪。"这一规定说明，我国刑法对于犯罪的认定，只有行为符合"危害较大"的条件时才能成立，而危害社会的行为在"情节显著轻微危害不大"的情况下，则"不认为是犯罪"。这种"但书"以总括性的方法对犯罪成立的定性要求——具有社会危害性以及定量要求——这种社会危害性必须达到一定严重的程度做出了原则性规定。不仅如此，刑法还将这一思想贯彻始终，刑法典、修正案以及特别刑法的具体犯罪规定，大量地使用"情节严重""情节恶劣""达到一定数额"或"造成严

重后果"等作为构成犯罪的条件,这种使用"定性因素"与"定量因素"一起即通过起刑点来设定犯罪范围的做法,[1]与世界上诸多经济和法治发达国家在犯罪的成立方面,一般只有性质的要求而没有数量的要求的做法,有着明显的区别。正是这种起刑点的设定,才划分出我国刑法保护与民事、行政等其他法律保护手段之间的界限,而这种界限的设定,实际上是抬高了我国刑法保护的"入罪"门槛,使得相当多的值得动用刑罚惩罚的危害行为并没有被纳入刑法调控范围,从而使得国家和公民的特定法益难以得到刑法完整而有效的保护。[2]

除此之外,由于我国刑法典条文的具体规定相当抽象,具体犯罪的定罪量刑标准基本上是由最高司法机关发布的刑事司法解释加以确定的。刑事司法解释在确定定罪量刑标准时,往往对数额、情节或其他严重结果进行进一步限制,从而,在一定程度上又克减了刑法的保护范围。而且,由于我国司法权力以及部门利益的纠葛,甚至在刑事司法解释中存在着排除或减少司法机关工作人员刑事责任的越权与违法的做法。

如,2003年11月12日最高人民法院、最高人民检察院、公安部发布的《关于严格执行刑事诉讼法,切实纠防超期羁押的通知》第5条中规定:"……本通知发布以后,凡违反刑事诉讼法和本通知的规定,造成犯罪嫌疑人、被告人超期羁押的,对于直接负责的主管人员和其他直接责任人员,由其所在单位或者上级主管机关依照有关规定予以行政或者纪律处分;造成犯罪嫌疑人、被告人超期羁押,情节严重的,对于直接负责的主管人员和其他直接责任人员,依照刑法第三百九十七条的规定,以玩忽职守罪或者滥用职权罪追究刑事责任。"同时,根据2012年12月19日最高人民法院、最高人民检察院发布的《关于办理渎职刑事案件适用法律若干问题的解释(一)》第5条规定,国家机关工作人员滥用职权或者玩忽职守,具有下列情形之一的,应当认定为《刑法》第397条规定的"致使公共财产、国家和人民利益遭受重大损失":1. 造成死亡1人以上,或者重伤3人以上,或者轻伤9人以上,或者重伤2人、轻伤3人以上,或者重伤1人、轻伤6人以上的;2. 造成经济损失30万元以上的;3. 造成恶劣社会影响的;4. 其他致使公共财产、国家和人民利益遭受重大损失的情形。具有下列情形之一的,应当认定为刑

---

[1] 储槐植:"我国刑法中犯罪概念的定量因素",载《法学研究》1988年第2期,第26~27页。
[2] 参见王世洲:"国际人权标准与我国刑法人身权保护的发展方向",载《法学家》2006年第2期,第12~13页。

法第三百九十七条规定的"情节特别严重":1.造成伤亡达到前款第1项规定人数3倍以上的;2.造成经济损失150万元以上的;3.造成前款规定的损失后果,不报、迟报、谎报或者授意、指使、强令他人不报、迟报、谎报事故情况,致使损失后果持续、扩大或者抢救工作延误的;4.造成特别恶劣社会影响的;5.其他特别严重的情节。

对照上述规定可以发现,超期羁押这种侵犯个人自由权的问题,已经完全改变为是侵犯生命权、健康权以及财产权和国家声誉的问题了,也就是说,司法工作人员"超期羁押"这个本质上属于非法拘禁的问题已经不再能够适用刑法规定的"非法拘禁罪"来处理了。值得注意的是,《刑法》第397条还特别规定,"本法另有规定的,依照规定"。也就是说,上述这个通知完全无视刑法的特别规定,将主要是侵犯个人自由权的超期羁押行为,不是依法根据起刑点比较低的"非法拘禁罪"来处理,而是擅自改为按照起刑点比较高的"滥用职权罪或者玩忽职守罪"进行认定了!这样一来,《刑法》第238条第4款规定的从重处罚"国家机关工作人员利用职权"犯非法拘禁罪的规定,事实上就已经被这个通知废除了;而且,国家官吏利用职权仅仅侵犯公民人身自由的案件,就会有根有据地从刑法保护中被排除出去了。

第二,我国刑法尚难以涵盖新型法益,由此使得刑法的保护相对被动。随着各种社会风险的增加,经济和科技的发达带来了社会利益和关系的抽象化、复杂化和网络化,有些犯罪行为的危害性大大提高,新型危害行为层出不穷,日益脆弱的社会和人们希望更多地运用刑罚来确保自身的利益和安全。在这种社会背景下,大量新型危害社会的行为需要纳入刑法的调控范围,如环境、食品、电子信息技术、个人信息、信用、证券、交通、毒品以及跨国恐怖主义犯罪等。除了由于经济和科学技术发展所形成的新型法益之外,一些传统型法益的内涵也在逐渐扩张,因此对侵犯这种扩张型法益行为的刑法规制,也应值得关注。如,我国1997年《刑法》规定了拐卖妇女、儿童罪,但近年拐卖男性的行为再次出现。又如,我国《刑法》规定的强奸罪犯罪对象始终为女性,但近年来男性被女性强制发生性行为或被性侵犯的事件也不断出现。正因如此,我国《刑法修正案(九)》虽然没有将强奸罪的犯罪对象扩张至包括男性在内的"他人",但将《刑法》第237条规定中的"妇女"修改为"他人",将猥亵的对象从妇女扩大为包括成年男性在内的所有人,从而在性权利的刑法平等保护方面迈出了重要一步。再如,由于我国刑法制定相对较早,特别侧重保护动产,而这种观念是典型的传统农耕社会的财产权观念，在现代市场经济条件下，人们对财产权的理解也早已发生了巨大变化，由此凸显了我国刑法对不动产和财产性利益保护的薄弱和不完整。

2. 我国刑法保护效果欠佳

不可否认，我国刑法法益保护的效果存在明显的问题，而这种问题存在体制和观念等多方面的原因。

我国刑法的预防和保护效果的不足，主要是源于我国违法犯罪制裁体系的制度性设计。前文已经谈到，单从刑法的调控范围来看，我国刑法尚难以实现对法益全面而完整的保护。但是，从我国的整个法律体系来看，我国法益的整体保护框架却是完整的。这一点，首先需要予以澄清。而这种完整性，突出地表现在我国刑法调控之外，其他法律特别是行政法律也分担着类似刑事惩罚性的法益保护任务。如，在《治安管理处罚法》中存在着大量以剥夺人身自由的方法规制侵犯人身财产权利、扰乱公共秩序、妨碍公共安全以及妨害社会管理秩序等方面的危害行为的规定；在此基础上，还曾存在着劳动教养和收容教育等长期性剥夺公民自由的行政性强制制裁措施，而这些措施，就其适用对象而言，主要集中在轻微犯罪但可以不给予刑事处罚的；严重违反治安管理处罚但适用《治安管理处罚法》却不足以惩戒的；多次吸毒的；多次卖淫嫖娼的，等等。经过前述列举可以发现，我国对于违法犯罪行为的制裁体系表面上是非常完整的，恰恰是这种表面具有完整性但实质上分割了刑法保护范围的统一性与充分性的制度性设计，导致了刑法保护效果的不佳。

一方面，在由行政权力与刑事权力共同对违法犯罪行为加以规制的制度体系中，有很多具体制度存在着细节不清和界限不明的缺陷，从而导致在具体案件的处理过程中存在着管辖、受理以及处理程序和规则的重合或交叉，这无形之中加大了案件处理的烦琐程度与各方成本。对社会普通公众而言，这种复杂和烦琐的制裁体系与救济措施必然会使人们难以确切和清晰地了解相关的全部法律知识，从而会让当事人在寻求救济手段和方法时因存在疑惑而不知所措。在现实社会中，一般公众对刑法条文以及相关的救济程序的理解都存在着较大的问题。研究表明，"一般民众对不同犯罪最高刑罚以及犯罪成立的条件的认知水平非常低"，[1]实际的法律规则对人们已有的对刑法的认识影响并不是很大，人们对法律规则的看法并不总是与大多数人的观点一致，而是与其自己对法律"应该是什么"的判断相一致。这说明人们往往用自己

---

[1] Dorothy Miller, Ann Rosenthal, Don Miller & Sheryl Ruzek, "Public Knowledge of Criminal Penalties: A Research Report", In Stanley E. Grupp (eds.), *Theories of Punishment* 205~206 (Indiana 1972).

的道德直觉而不是用任何有关法典规则的知识去预测法律规则。[1]这种研究结论虽然是针对美国民众调查得出的，但是，就我国法治发展水平来看，公民对刑法规则的了解程度依然较低，以道德或传统直觉代替法律规则判断的现象也较为常见，因此，我国的情况也不容乐观。而且，经实证调查发现，我国社会中大部分人对故意杀人可以判处3年以上10年以下有期徒刑的规定并不了解，而且，不少人对行政拘留、取保候审、暂予监外执行、缓刑、假释以及之前的劳动教养之间的概念界限与性质差异，是几乎"没有认识"或"认识相当模糊的"。在公众对刑法规范的认知都存在障碍的情况下，让受害人像法学专家那样辨别清楚何者为行政措施、何者为刑罚措施，并该如何恰当地选择救济手段，有点强人所难。在这种情况下，很多受到不法侵害的一般公众在通过公力救济受挫后，往往选择忍气吞声，并很可能不再信任司法和行政机关，而当事人这种忍气吞声的认知态度及客观结果，极有可能会在社区内被散布和传播，从而在公众中形成拒绝寻求救济的传递效应。

另一方面，这种制度设计中的行政权力与司法权力的界限模糊与不明确，还会导致案件的处理效率低下、处理结果的任意性以及因权力寻租而形成的制度性腐败。由于行政权力和司法权力从法律制定的一开始就不那么清楚明确，这就自然使得行政机关和司法机关对于案件的处理都享有较大的自由裁量权，特别是在一些既可以由行政机关处理也可以由司法机关处理的情形下，要么存在着不同权力机构的互相推诿，要么存在着不同权力机构的针对案件中某种利益的互相争抢。无论是对管辖案件的推诿还是争抢，都会降低刑法保护效果。同时，由于行政权力机关和司法机关处理案件并没有统一和强有力的制约和监督机构，很多经由行政机关发现并处理的案件，即便已经达到刑事立案的标准，行政机关也往往会通过罚款或其他行政处罚将其处理掉，而不再将其移送司法机关；更有甚者，一些由刑事司法机关处理的案件，在调查之后本应该按照非刑事程序退给行政机关，但刑事司法机关却可能因为某些原因而继续将案件按照刑事程序处理。

(二) 当前我国犯罪边界扩张的功能

前文已经指出，当前我国刑法边界在保护范围与效果方面都存在着一些明显的问题，因此，为了解决这些问题，扩张我国当前的刑法调控范围应当成为我国刑事立法的发展方向。

---

[1] John M. Darley, Catherine Sanderson & Peter LaMatia, "Community Standard for Defining Attempt: Inconsistences With Model Penal Code", 39 *Ameri. Behav. Sci.* 405 (1996).

第一，扩张我国当前的刑法调控范围，有利于实现对法益的全面、完整和高等级的保护。

现代工业社会各种风险逐年增多，人与人之间、人与自然之间乃至人与组织机构之间的关系和网络日渐密切，同时，这种关系和网络也日渐脆弱。在社会风险日渐增加的社会背景下，往往一个看似很小的技术故障、操作规程的违反、试验的差错乃至患者之间的交往，都可能成为引发重大责任事故、医疗事故以及群体事件的导火线，因此，对这种脆弱的社会关系与人际网络，人们深感担忧，这样，人们在捍卫个人自由与权利的同时，也将这种脆弱关系对于自身安全的影响纳入自身自由与权利的考虑范围，从而，在这个时代，人们更加呼唤国家对这种脆弱关系的强有力保护。在现代社会，国家的保护，是一种以法律为主导的保护，国家保护的安全性、确定性以及有效性已经成为制约个人自由、首创精神以及基本生活权利的重要因素。其中，刑法保护作为对个人在法治环境中可能诉诸的最强有力和最高等级的保护手段，在过去的几十年中已经有了极大的扩展。虽然，在刑法整体的发展趋势上，犯罪化与非犯罪化几乎同时存在，但是，从数量和比例上看，以刑法条文的增加和刑法干涉力度的深入为主要表现的犯罪化，已经在世界范围内成为一种主导性趋势。新的社会生产方式以及个人新的社会存在方式，在使个人活动空前自由的同时，也使个人形成了对国家的空前依赖。如果国家不能为个人提供前所未有的广泛保护，个人在社会上就必然要单独面对前所未有的广泛侵害，而单枪匹马的个人则在很大程度上无法独立地保护自己免受现代危险侵害，或者说，社会的发展使得个人需要国家不断地扩大对自己的保护范围。社会发展的规律，成为刑法不断扩张的客观基础。[1]

第二，扩张我国当前的刑法调控范围，有利于我国危害行为"三级制裁体系"的改革和完善，从而对于我国社会治理的现代化与法治化起到积极推动作用。

扩张刑法的调控范围，将本属于行政违法性质的危害行为纳入刑法的管辖范围，将属于劳动教养或收容教育等长期剥夺人身自由权利的行政性制裁手段逐渐转化为刑罚手段，这种司法化的过程，有助于避免和减轻国际人权组织对我国人权状况的批评，有助于以司法权力的力量改变行政权力过大和过于任意的弊端，也有助于我国刑法朝着更加明确化和准确化的方向发展。

---

[1] 参见［德］克劳斯·罗克辛：《德国刑法学　总论（第2卷）：犯罪行为的特别表现形式》，王世洲主译，法律出版社2013年版，主译者序第3页。

在司法化的过程中,由于刑法调控范围的自我改变和扩张,不仅使得我国重罪重刑的刑法结构特点得以改变,而且还能使得刑法在轻罪领域的明确性和准确性大大增强,这样,由于刑法明确性和准确性所带来的刑事司法可操作性增强,也会大大提高救济和办案的效率;在程序保障方面,轻罪体系的扩张会带动刑事程序特别是适合轻罪审判程序的改革与创新;在执行保障方面,轻罪体系的扩张有助于倒逼刑罚种类和体系的创新和完善以及以社区矫正为代表的各种执行制度的发展与建立。

这样,以司法化为中心建立的轻罪体系,就可以带动刑事立法、司法以及执行制度的整体性和全面性改革与创新,从而推动我国犯罪治理体系的现代化和法治化。

第三,扩张我国当前的刑法调控范围,有利于重塑我国刑法乃至整个刑事司法系统的道德信誉与权威,从而巩固和增强我国刑事司法体系的合法性基础。

在扩张刑事处罚范围的情况下,大量轻微危害行为被纳入刑法的管辖中,再辅之以配套的刑事程序和执行机制保障,便可以非常有效率地处理各种轻微案件,而这种轻微案件的快速处理,着力体现了国家和刑事司法体系对于公众利益和权利的集中和有效保护,会迅速改变当前人们对刑事司法系统形成的不作为、"不管用"的不良印象,并在一定程度上取得当事人的信任,久而久之,公众对社会治安的满意度和安全感的评价就会大大提升,由此,刑事司法系统的公信力和道德信誉得以提高,公民也会借此形成对法律的尊重和信赖心理,形成主动守法和积极与犯罪做斗争的行为模式。

(三) 当前我国犯罪边界扩张的路径

在理论上,有关犯罪边界扩张的基本途径,在世界范围内主要有刑事立法的修改和刑事司法的解释两种方式。刑事立法的修改方式,显而易见,即通过立法机关对刑法典具体条文的增减或具体罪名的改变,实现调控范围的扩张。这种做法的优点在于能够确保个案的正义,有利于使具体的犯罪嫌疑人或被告人免受到溯及既往的刑事追究,但缺点在于有可能放纵具体的犯罪。刑事司法的解释方式,在发达国家主要是通过法官对于具体案件的疑难问题进行扩张性解释,然后将这一解释设定为对此类案件都具有约束力的适用规则,从而将特定行为纳入犯罪处罚范围之内。这种做法的优点在于能够确保具体的犯罪嫌疑人或被告人难以逃脱法网,确保刑事追究的有效性,但缺点在于有可能增加解释的任意性或腐败可能性,实际上并不利于保障犯罪人的基本权利。在我国,也存在通过刑事司法的解释的方式将特定危害行为纳入刑事处罚范围的做法,只不过,我国以解释方式而扩张刑事处罚范围的做法,是通过最高司法机关颁布具有统一性和规范性的刑事司法解释进行的,而并不是通过对具体的案件设定日后需要遵循的规则的方式完成的。在我国,最高司法机关所颁布的具有规范性和可重复适用性的刑事司法解释,虽然从我国立法理论上来讲仍是一种位阶低于法律的"解释",但在实践中却发挥着具有指导法官判案并被普遍遵循的具有规范约束力的"准法律"的作用。这种以刑事司法解释作为准法律而普遍运用的做法,是与我国刑事立法技术发展水平、刑事司法的制度状况乃至法官素质水平等有密切关联的,也就是说,这种做法是在我国现有法治发展水平整体较低的现实状况下,不得不采纳的办法。然而,从法理上讲,这种做法在权力分工、法律位阶和效力以及制定主体方面都存在着明显的问题,而且,在司法实践过程中,最高司法机关制定的刑事司法解释屡屡有越权或擅自修改刑法规定的现象。相信随着我国法治的进步与立法的成熟,这一状况会得到根本性改观。

鉴于上述分析,笔者认为,扩张我国当前的犯罪边界,尽量选择修改和完善刑法立法的方式是最为稳妥和最为理想的做法。

第一,增加新的罪名。对于那些尚未被刑法保护但对于国家和个人具有重大意义的生活利益,不管这种利益是否在其他国家具有重要意义,都值得被刑法保护。如,在我国当前的法益保护范围之中,涉及个人信息、信用、环境等多方面的法益,都应当以刑法加以保护。此外,由于我国刑法结构存在重罪重刑的特点,那么与重罪法益在性质上一致但程度上较轻的法益内容,也应当纳入刑法的保护范围,而这一做法,基本上意味着要将部分劳动教养所调控的法益类型纳入刑法之中,从而成为刑法的轻罪类型。另外,一些曾经废止但随着社会发展又重新泛滥的犯罪,也应当重新设定新罪名,加大法益保护力度。

第二,修改犯罪构成条件。对于刑法已经加以保护,但却因行为类型较少而导致法益保护范围过窄的犯罪,可以通过修改犯罪构成条件的方法,加大对法益的保护程度。其中,对犯罪构成条件的修改,有增加行为类型和删除部分成立条件两种做法。就增加行为类型的做法而言,如可以在现有的盗窃、侵占等侵犯财产的犯罪中增加有关侵犯不动产和财产性利益的行为类型;也可以通过犯罪主体相关规定进行修改,增加犯罪主体的入罪类型;也可以针对我国刑法中特定的犯罪,增加行为次数的规定,即"达到一定次数就成立本罪"。值得注意的是，在《刑法修正案（八）》中，盗窃罪、敲诈勒索罪、寻衅滋事罪、抢夺罪等罪名的入罪门槛降低就是增设了"多次"作为犯罪成立条件。就删除部分成立条件而言，如，在我国大多数的经济犯罪、财产犯罪和贪污犯罪都将特定目的的存在作为入罪条件，实际上这种主观性的态度和内容在司法实践中非常难以认定，无形中增大了控方的证明责任和压力，在一定程度上还有可能放纵犯罪。如果删除部分犯罪的特定目的条件，无疑可以简化犯罪的成立条件，实质上是扩大了此类犯罪的刑法规制范围。

第三，逐步减少乃至取消定量因素的规定。前文已经指出，我国犯罪的概念是一种定性与定量共同发挥作用的产物。一般而言，"定性"主要基于行为的性质对特定行为的伦理性进行法律上的评价，"定量"则是在定性的基础上对行为的数量、情节、结果等属于"量"的内容予以再次考察，即对性质上具有同样伦理苛责性的行为进行程度或情节上的区分，从而将程度较轻且具有伦理苛责性行为进行出罪处理，进一步限缩了"定性"层面的犯罪圈。但客观来说，就定量因素的界定而言，对于情节是否恶劣、结果是否严重、动机是否卑劣、数额是否较大或巨大等定量程度的认识和认定具有极大的模糊性和概括性，不仅缺乏可操作性，而且违反了罪刑法定中的明确性原则。至今为止，人们还尚未发现可以采纳的既明确又能有效限定"量之程度"的实践方法。因此世界范围内的刑事立法，大多都采取的是以"质"为单一向度的犯罪概念界定模式，很少采用定性与定量相结合的方式。因此，逐渐减少我国犯罪中特别是涉及人身权利和财产权利犯罪中的定量规定，乃至在将来法治发展条件成熟时取消定量因素，无疑是扩大现有刑法调控范围最为关键的办法。

第四，适当前置刑法法益保护的范围。中华人民共和国成立以来，自1979年第一部《刑法》诞生、此后经多次修改直至1997年修订《刑法》颁布，在这一段历史时期内由于我国的社会结构与工业化程度尚未呈现出风险社会的诸多特点，因此，我国现行刑法基本上是以对实害和行为的控制作为基本任务的。但是，在近十年来，我国社会转型、工业化和信息化水平加快，我国刑法的确出现了法益保护滞后的状况。为了有效防范和化解各种新型社会风险，我国刑法的法益保护从总体上应当更加前置化和严格化。如，对于一些侵害重大法益的预备行为，可以根据危险控制的原则，在考虑社会安全的基础上，将其入罪化，同时，也可以将一些本属于犯罪未遂的行为予以单独规定使其成为独立的犯罪。如，对于一些严重的危害行为可以设定为抽象危险犯。抽象危险犯实际上是将纯粹的行为危险性作为承担刑事责任的基础，即透过对特定行为的控制达到分配风险的任务，因此在立法上，这种危险不需要立法上的证明，只需要根据一般社会经验即可予以规范化，进而，即便行为人的侵害行为永远都达不到侵害法益的结果，但只要行为因为侵害"不得实施某种危害行为"的规范而承担责任。[1]再如，对于从事特定危险行业的主体在日常业务和管理过程中出现的严重违反注意义务、过失引起多数人的生命、健康和重大公私财产损失的严重危险但没有发生严重的实害结果之行为，可以规定为过失危险犯。值得注意的是，近年来我国刑法实践也认识到新型危险对于公共安全和公共秩序的威胁，所以开始逐渐将法益保护的关口前移，如危险驾驶罪、妨害安全驾驶罪、代替考试罪和高空抛物罪等轻罪的设立以及食品、药品安全生产与环境保护等领域犯罪的成立条件的修改就足以说明，我国刑法已经开始注意到法益前置化在刑法治理中的积极意义。

第四节　基于轻罪体系扩大社区矫正适用规模及法治意义

法治在我国已经成为一种国家治理方式。全面依法治国，必然意味着大规模的犯罪化，而在犯罪化的过程中建立轻微犯罪体系已成为一种客观趋势。在建立轻微犯罪体系的语境下，作为与轻微犯罪相配套的轻刑罚以及轻刑罚的执行方式就必须予以充分关注。社区矫正制度是一种刑事执行制度，但其核心仍然是聚焦轻刑罚以及轻刑罚的执行方式的问题，由此，社区矫正制度的构建与发展便与轻微犯罪体系发生制度性关联，从而不仅会对社区矫正适用规模的扩大产生实质性影响，而且还能对我国国家与社会治理法治化水平的提升产生重要推进作用。

一、推动刑法精确化的规范保障

所谓精确即精准，强调事物的准确性和正确性。刑法的精确性，一般就是指在刑法的规定方面，犯罪和刑罚的规格和标准不应当是含糊不清的，而应当是清晰和明确的；在运用刑法打击犯罪方面，刑法的指向性不应当是模糊的，而应当是准确和确定的。通过精确的刑法立法及其运用，不仅可以有效地打击各种犯罪，而且可以为广大公民提供广阔的自由和权利的空间，精

---

[1] 参见王立志："风险社会中刑法范式之转换——以隐私权刑法保护切入"，载《政法论坛》2010年第2期，第82~93页。

确的刑法,实质上就是"在为社会及其成员规定精确的自由程度",[1]刑法的精确性为实现威慑犯罪、法律忠诚的塑造以及国家法治的贯彻提供了重要的前提性保障。

一般认为,刑法的精确性包括在立法方面的明确性和在司法方面的确定性。刑法明确性的意义在于从刑法规范的内部限制犯罪构成的结构,并借此约束立法者表述刑法规范的形式,从而实现刑法性规范与其他行政性或民事性规范的界限和区分;刑法确定性的意义则是从刑法规范的外部限定犯罪构成的范围,目的不仅在于防止行政权力的拥有者对行为人进行刑罚性惩罚,而且在于防止司法者将抽象的法律规范适用于其应有的范围之外,因此,明确性特别注重的是,在立法过程中,立法者必须准确表述刑法规范的内容;确定性则是指行政权力不得越权施加刑罚性惩罚,同时司法过程中的法官对刑法规范不得类推适用。[2]

前文已经明确指出,由于我国行政权力和司法权力的干涉界限存在模糊和交叉,使得我国刑法在干涉范围上形成了设定起刑点和定量因素的做法和传统,与此同时,行政权力的干涉范围得以最大限度地扩张,由此产生了劳动教养和收容教育等严重剥夺人身自由的行政性强制制裁制度。从总体上看,我国现存的对入罪条件设定界限并允许行政权力分割和行使司法性制裁权力的做法,导致我国刑法在轻罪领域存在着严重的不精确性。在刑法轻罪的立法层面,诸多违法行为本身是属于刑事犯罪抑或行政违法的性质并没有得到清晰的说明,同时,一些行为在情节后果、程度或数额等模糊性用语的描述下,使得其自身在何种范围内成立犯罪、何种范围内成立行政违法的界限也并不清晰,这样,刑法轻罪体系在立法意义上的明确性就大大削弱了;在刑法轻罪体系司法层面,由于立法层面的不明确性以及司法和行政机关自由裁量权的普遍存在,案件在处理的归属、程序和结果等方面都会存在较大的混乱性、随意性和不可预见性。由此,刑法轻罪体系以及剥夺人身权利的严厉行政性强制制裁措施的运用都会在确定性和正确性方面产生诸多的疑问。

在扩张我国刑法的调控范围、建立较之当前刑法边界更广的轻罪制度与体系的前提下,刑法的精确性会得到较大程度的提高。这是因为,一方面,

---

[1] [德]克劳斯·罗克辛:《德国刑法学 总论(第1卷):犯罪原理的基础构造》,王世洲译,法律出版社2005年版,中文版序言第1~2页。

[2] [意]杜里奥·帕多瓦尼:《意大利刑法学原理》(注评版),陈忠林译评,中国人民大学出版社2004年版,第24页。

在立法阶段，从一开始就取消犯罪中的定量因素，并将处于行政制裁和刑事惩罚模糊地带而具有一定社会危害性的行为直接纳入刑法范围，从而使得刑法的入罪条件变得非常清晰和明确，因此在立法意义上，轻罪体系的重构与扩大自然会促使刑法朝着明确性的方向发展；另一方面，刑法明确性的提高与轻罪体系的扩大，可以有效改变行政机关在实质上分割刑罚权力的现状，将刑罚干涉的权力统一于司法机关，而且，设定清晰明确的入罪条件，可以有效地减少刑事司法机关的自由裁量空间，从而在整体上大大降低案件处理的混乱性和随意性，提高案件处理的可预见性和正确性。

扩大刑法调控范围，建立新型的轻罪体系，在提高刑法明确性和可操作性的基础上，可以为罪刑法定原则的真正有效贯彻提供重要的规范性保障，而罪刑法定原则的贯彻，则是法治原则的重要内容和题中应有之义。法治原则作为现代国家治理的基本方略，意味着各种国家权力和社会关系依照法律所构建的秩序原则运行，依照严格的法律规范规制政府行为以及政府与公民之间的关系，依照公正和透明的司法程序协调和处置人与人的社会纠纷。这就是说，根据法治原则的要求，国家依照法律办事，是法治社会的基本要求。显然，在国家惩治犯罪的领域，以"无法律则无犯罪，无法律则无刑罚"为基本内涵的罪刑法定原则与法治原则在本质上具有一致性，因此，罪刑法定原则得以很好地贯彻，那就必然意味着法治原则在国家治理结构体系中能够顺畅运行。正是在上述意义上，有文献明确指出，罪刑法定，即"用以反对不根据法律进行任意和无法预知的惩罚，或者用以反对在不确定的或者溯及既往的法律基础上进行的惩罚"，[1]是法治原则对个人和国家的一种保护措施。

扩大刑法调控范围，建立新型的轻罪体系，不可否认的是，自然会扩大刑法对社会生活的干涉范围，并意味着将会有更多的潜在人群可能受到刑事追究，从表面上看，这无疑是一种"从严"的政策倾向，这种"从严"本身也是从重的手段，但从实质上来看，这种"从严"并不是真正重刑意义上的"从重"，相反它却可以从整体上稀释和降低我国刑法现有的重刑程度，使之变得平缓。同时，这种"从严"能为我国公民、社会和国家的法益保护提供更为充分和精确的法律保障，为我国法治秩序的制度构建提供广阔的理论与实

---

[1] [德]克劳斯·罗克辛：《德国刑法学 总论（第1卷）：犯罪原理的基础构造》，王世洲译，法律出版社2005年版，第93页。

践空间，为我国国家治理能力的现代化与法治化提供有力的制度支持，[1]是一种具有战略意义的长远性目标选择。

二、建立危害行为现代制裁体系的制度根据

自中华人民共和国成立以来，我国逐渐发展形成的以"行政·刑事"二元模式为基础的危害行为三级制裁体系，虽然对社会治安的稳定、社会治理乃至经济和社会的健康发展起到过非常重要的保障作用，但从根本上讲，这种危害行为的三级制裁体系，并非一种符合危害行为制裁体系世界发展规律与法治基本原理的现代制裁体系，而是一种源自计划经济时代的落后制裁体系。

必须承认，以治安管理处罚、劳动教养等长期性剥夺自由的行政性强制制裁措施以及刑罚构成的三级制裁体系，是基于计划经济的全国性运行而产生和发展起来的。在计划经济条件下，计划在国民经济和社会发展中发挥着举足轻重的作用，国家性的计划无所不包、无处不及。在国家诸多权力手段和方式中，行政性的手段和制裁措施，是贯彻和保障国家计划有效率执行的根本性方法。在行政性措施作为国家计划贯彻的主导性手段的前提下，相对轻微的违法犯罪行为也都被纳入庞大的行政机器中予以调整和处理，而且，这种行政性的处理方法相对而言非常节省成本，并且具有较高的效率。因此，在计划经济体制之下，国家首先用强大和无所不包的国家计划以及强有力的行政管理手段压制了各种严重犯罪发生的可能性，实现了国家和社会秩序的良好运行；接下来，在强大的行政管理氛围中，利用行政制裁手段和措施有效地惩罚和遏制了较为轻微的危害行为，从而在整体上使国家与社会在计划经济时代秩序井然，有条不紊。

在计划经济时代，较为轻微的危害行为需要受到行政性的处分和制裁，而在以个人职业固定化、人事关系档案化、住所固定化、流动限制化、交往单位化为主要形式的强大的行政管控之下，人们受到行政处分或制裁就必然会在职业、声誉、自由乃至人格上被打上终身烙印，其所带来的痛苦性、惩罚性和耻辱性效果，不仅不亚于甚至还可能重于当今社会刑罚所可能带来的惩罚性效果。因此，在计划经济条件下，国家使用刑罚手段来干涉危害行为，还是使用行政手段来干涉危害行为，并不是问题的关键。事实上，问题的关

---

[1] 参见王志祥、韩雪："刑法结构优化论——与'严而不厉'和'中罪中刑'两种刑法结构论商榷"，载《人民检察》2016年第23期，第16页。

键在于，不论采用了什么样的制裁手段，只要有效地对违法行为进行了干涉，就是恰当和正确的，而在强大的和扩张性的行政管理权力笼罩下，以国家行政机关甚至是代表国家机器的各种单位所实施的行政性的处分和制裁措施干涉社会危害行为，不仅不会被认为存在任何理论与实践问题，还会被认为是非常具有特色、效能而且经济的正当性方法。事实上，在以计划经济为主导的社会结构下，人们由于对于自己所属的单位和国家具有超出寻常的绝对依附和依赖，要求国家和单位尽可能地为个人提供最快的、最有效的各种保护措施，这就自然压制了以尊崇个人权利和自由的现代法治观念和制度的形成和发展，并由此客观上助长了国家、单位乃至个人对权利的价值和意义的忽视，以及对于权利的"轻微侵犯"甚至对于人身自由"未经司法裁判便可被行政机关剥夺"制度的容忍和固守。[1]

中华人民共和国以来的历史实践和社会发展规律证明，以计划为主导而建立起来的国家治理体系和社会制度，对于国家和个人的前途和命运都是不利的，因此，改革在我国经历惨痛的教训后逐渐全面展开了。这种改革，说到底是将个人的创造性、个人价值从单位和国家的束缚中解脱出来，使之充分成为社会进步的基础、源泉和动力，以此为契机在我国建立以商品流通为基础、严格遵守规则的市场经济体系，并在此基础上衍生和构建一系列的以保护人权为核心的现代法治制度，最终形成现代化与法治化的国家治理体系。

在建立市场经济和改革开放的广阔社会背景下，由于个人权利受到尊重，因此凡是侵犯人权的行为，都会表现出在经济和社会意义上的负面效果，同时也就具有了相对严重的社会危害性。而且，在这一背景下，国家的组织机构也悄然发生变化和分化：如大量国有企业、公司、事业单位开始民营化与市场化，成为市场经济的主体；大量行政机构被精简、裁撤或合并；政府职能开始发生重大变化等。由此，在社会转型过程中出现的大量纠纷，就其争议问题、内容、诉求以及类型而言，比以计划为主导的社会形态下的纠纷要复杂得多，而曾经充当纠纷主要的解决机构的行政机关随着职能的变化和数量的精简，其社会管控能力和纠纷解决能力已经大不如前。这就是说，人们不能再通过原有的行政体制就可以将纠纷予以公正解决，而必须诉诸权力重新得到强化的人民法院。在激烈竞争和充满利益冲突的环境下，法院作为一个独立而公正的机构，在现代社会被公认为是商品社会唯一合格的裁判官。"一个可靠而有效的法院系统，在商品社会的条件下，成为一个国家法治的重

---

[1] 参见王世洲：《追寻刑法理想》，北京大学出版社2019年版，第273~274页。

要标志。"[1]

但是,从国家制度体系的角度来看,如果在把法院系统作为居中裁判的唯一机构之后,却不能够赋予其独立和完整的裁判权力和任务,反而还制定和运用法律允许行政机关分享其裁判职能,这种做法究其本质而言,是不符合现代国家的法治治理理念的。虽然我国已经明确废止了劳动教养和收容教育这种广为诟病的制度,但是,在现行的行政处罚制度框架下,我们仍然存在着与之类似的强制隔离戒毒与由收容教养演变而来,但发展方向仍未十分明确的专门教育矫治制度;在现有的行政处罚地方实践中,我们仍然可以深刻地感受到行政机关抵制"放弃剥夺自由的行政处罚"的强大力量;在现有的法学理论中,我们仍然可以听到为数不少的应建立以行政机关为主导的所谓"矫治和教育制度"的呼声。事实上,如果我国继续在行政领域加强或不放弃剥夺人身自由的行政处罚权力,国家就必须加强行政执法队伍的建设,与此同时,还必须不断加强对这支队伍监督机制的建设。但前文已经说明,由于这个制度和队伍与司法制度在性质和职能上存在重合之处,那么,这种制度性的重复建设在经济上的成本和费用将不断攀升,而且在法治理论和人权观念上也会滋生出一些本可以避免的问题。因此,在关乎法治和人权的问题上,我国必须有意识地调整现有的制度设计思路从而适应时代的发展需要。

就不法行为的追究而言,国家的行政机关和司法机关应当统一行使权力,从而保障不法行为追究的统一性、及时性和公正性。但是,在我国当前的制度设计框架下,追究不法行为的权力却被行政机关和司法机关分割为不同的类型。同时,司法机关和行政机关对不法行为进行干涉的分工条件,也就自然成为限制司法干涉的界限。这种人为分割国家职权的制度,虽然是以避免国家权力对个人的不法侵害为出发点,但是,这种追究不法行为的复杂制度却造成了我国公民人身、财产等权利保护水平不完整和无效性的严重后果,甚至为腐败和权力寻租提供了制度性空间和土壤。

因此,在现代法治社会尊重人权的大背景下,反思和重构我国现有的三级制裁体系,逐渐消弭行政权力对司法权的分割,实现不法行为追究权力的统一化、司法化,应当是我国违法行为现代制裁体系构建的发展方向。与此同时,由于现行刑法存在重罪重刑的特点,使得我国刑法的调控范围整体较窄,大量危害社会的行为没有进入刑法的干涉范围。因此,无论是从制裁体

---

[1] 参见王世洲:《追寻刑法理想》,北京大学出版社2019年版,第274页。

系现代化的角度来看，还是从刑法调控范围的发展方向来看，建立轻罪体系是我国刑法发展的必然趋势。那么，轻罪体系的建立，必然要求与之对应的轻刑体系的建立，而社区矫正制度的引入与发展，恰恰为轻刑制度的建立和完善提供了制度上的契机与发展空间。因此，社区矫正就很自然地成为刑法发展与现代制裁体系建立的中间媒介和助推力量，从而能够为我国刑事法律制度的整体发展和法治化水平的提高做出重要贡献。

三、实现国家治理能力现代化的法治基础

世界各国的历史实践与经验表明，相对于道德、宗教、纪律等国家治理方式和手段而言，依照法律治理即法治方式是一种成本最低、效果最为持久显著的治理方式。应当承认，一个国家的治理能力是否成熟，是否实现了现代化，与该国的法治化水平有着非常密切的正相关关系。这就是说，法治应当是国家治理能力现代化的基础。

第一，在我国刑事法律领域，以轻罪体系的建立为契机扩大社区矫正的适用规模，有利于真正切实地贯彻罪刑法定原则，减少腐败发生的可能性，从而提高刑事司法的公信力。

前文已经明确指出，建立轻罪体系，有助于贯彻刑法的明确性原则，对于罪刑法定原则的遵守和实践贯彻有着根本性意义。那么，随着罪刑法定的贯彻以及危害行为追究的统一化与司法化，司法机关与行政机关的权力"模糊地带"必然会减少，这样，犯罪成立与否的标准进一步明确，此时，无论是行政机关还是司法机关的自由裁量权力便会受到有力的规范性约束，从而减少甚至杜绝腐败或权力寻租的空间。在我国当前的社会背景下，刑事司法领域如能切实有效的避免腐败或权力寻租，那么，刑事司法的公信力和道德信誉则必然会被迅速重建。

危害行为干涉和追究的司法化，意味着国家对于危害行为的处置与惩罚，都集中于法院系统的居中裁判。应当说，通过司法程序处置危害行为的制度设计，比单纯地通过行政机关分享司法权力而处置危害行为的制度设计，要更加符合法治要求。这是因为，在司法体系下处置危害行为，有着侦查、起诉以及审判等不同环节，在不同的环节中不同机关的介入就已经使得法院"任意独断"的可能性大大降低；而且，在整个司法程序之中，法院仍然处于居中裁判地位，当事人可以聘请律师作为制约代表国家权力的侦查与起诉机关，由此便能够确保法院裁判的公正性和可信性。因此，可以看到，通过司

法程序处置危害行为的制度设计，比行政机关分享司法权的制度设计，在防止腐败、确保案件公正审理以及保护人权等诸多方面，有着无可比拟的巨大优势。

第二，以轻罪体系的建立为契机扩大社区矫正的适用规模，为贯彻我国"社会治安综合治理"和"宽严相济"的刑事政策，起着制度性和基础性的支持作用。

在我国，"社会治安综合治理"是预防和遏制犯罪的根本办法，根据"综合治理"的政策要求，国家要通过思想道德教育、精神文明建设、监督制约机制、基层治安、调解、防范制度等多种手段，并在必要的时候使用刑罚来打击犯罪。但是，在诸多手段和策略中，以刑罚为代表的法律手段，应当是预防犯罪最为基本的手段。刑罚以国家对危害行为的强烈否定性评价和国家特有的强制力保障着自身的有效性。社会历史的发展证明，无论在何种社会形态，如果没有国家强制力的支持，任何社会道德和防范机制都是难以长久维持下去的。实际上，我国当代的社会发展经验也表明，如果没有国家强制力的支持，思想道德建设和社会防范机制即使不是没有效果也是收效甚微的。[1] 建立完整的轻罪体系，并辅之以社区矫正作为配套的轻刑体系，便可以充分发挥刑罚特有的国家强制力效果，为我国的思想道德建设和社会防范机制的发展提供强有力的制度性保障，从而为社会治安综合治理政策的切实贯彻提供有力支持。

社会治安综合治理各项措施如果能够得到国家强制力特别是刑法的保障和支持，将会大大提高国家对公民利益、自由和权利的保护程度。因此，社会治安综合治理的贯彻和落实的程度，反映着国家法治发展水平的高低，同时也反映着这个国家治理能力和执政能力的强弱。构建轻罪和轻刑体系，为市场经济环境下的公众提供最为基础性的统一和规范标准，有助于提升社会主体的是非对错标准，促进人们对法律规范特别是作为行为底线的刑法规范的认可与认同；与此同时，构建轻罪和轻刑体系，有助于对个人提供可靠的人身权与财产权的保护。事实上，就社会与个人的关系而言，只有社会的全面发展和进步，才能为个人提供更为强大的保护；同时，只有个人获得更多可靠的自由和权利，才能为社会的全面发展和进步提供更为强大的动力。对个人提供可靠的权利保护，是公民对国家和政府的最基本要求。轻罪和轻刑

---

〔1〕 参见王世洲："国际人权标准与我国刑法人身权保护的发展方向"，载《法学家》2006年第2期，第84页。

体系的建立，可以将大量的危害行为纳入刑法调控范围，以便为国家和政府满足公民这一基本要求，提供切实可行的途径和手段。总之，随着公民对国家、政府以及法律的认同和忠诚程度的塑造和强化以及国家和政府对公民权利保护的进一步完整与有效，国家、社会和公民个人都能够在国家制度框架下和谐发展、共同进步，从而有力地推动在社会转型时期国家和政府自身的治理能力和治理水平的提升。

宽严相济刑事政策是我国社会转型时期的基本刑事政策。一般认为，宽严相济刑事政策要求国家在犯罪治理问题上有宽有严，"严"则主要是立法上刑事惩罚范围的扩大以及司法上对特定犯罪的从严处理，"宽"则主要立法上的特定犯罪行为刑事惩罚程度的降低以及司法上对特定犯罪的从宽把握。因此，建立轻罪体系并建立社区矫正制度，是"严中有宽"的制度构建，完全符合宽严刑事政策的核心要求。

第一，扩大我国刑事惩罚范围，特别是降低现有犯罪的起刑点，自然会扩大刑法对社会生活的干涉范围，意味着将会有更多的潜在人群可能受到刑事追究，从表面看，这无疑是一种"从严"的政策倾向，但这种"从严"却能为我国公民、社会和国家的法益保护提供更加充分的法律保障，为我国法治秩序的制度构建提供广阔的理论与实践空间，为我国国家治理能力的现代化与法治化提供有力的制度支持。由此，国家的发展与前途、人民的幸福与安康以及社会结构的秩序与稳定能够统一于法治治理之下，大大激发人民和社会的创造活力，从而推动国家、社会和个人的协调发展。另外，从我国刑法的现状与国际标准的对比来看，降低我国现有刑法的起刑点，并没有超越国际社会的一般标准和做法。实际上，绝大部分发达国家的刑事惩罚范围都比我国现有刑事惩罚范围宽泛，罪名众多，只不过没有类似我国这样的长期剥夺自由的行政性强制制裁措施。虽然犯罪学文献往往强调"犯罪数量恒定"等理论观点，但是，世界各国的国家治理实践表明，绝大多数发达国家的国家治理水平高、社会秩序稳定，很大程度上源于刑法的调控范围较广，起刑点较低。也就是说，积极运用刑法手段，将国家认为较为重要并值得用刑罚保护的利益加以刑事保护，充分实现刑法在国家治理体系和法治建设中的积极意义，不仅是世界范围内的惯常性做法，更是一种值得借鉴的经验。

第二，对轻罪辅之以社区矫正等非监禁性刑事制裁方式，显然具有"从宽"的意义。随着社会的发展，自由已经成为一种为人类所珍视的权利。在我国现行重罪重刑、以剥夺人身自由为主要刑罚方式的刑法结构状况下，社区矫正以限制而不完全剥夺自由的惩罚执行方式替代自由刑的狱内执行方式，使罪犯恢复了一定的人身自由并回归社会，无疑非常人道并具有进步意义。因此，社区矫正并不仅仅是为了解决监狱执行的压力和困难而产生的一种替代性执行方式，应该说，社区矫正制度无疑是一种贯彻和体现"从宽"原则的新型刑事执行制度，这种新型的执行制度辅之以轻罪制度的建设，必然会完善甚至重构我国危害行为的制裁体系，并对我国刑事法律制度的整体发展产生积极的影响。

因此，扩大我国刑事惩罚的范围并扩大社区矫正的适用规模，与宽严相济刑事政策的基本精神和要求完全一致，有助于真正改变我国刑法现有的重罪重刑结构，建立法网严密、刑罚轻重合理的危害行为制裁体系。因此，上述改革思路与方向，可以切实有效地在刑事立法与司法实践领域贯彻宽严相济刑事政策提供重要的制度推动力量。

第三，以轻罪体系的建立为契机扩大社区矫正的适用规模，在短期内可以为我国社会秩序的稳定以及国家和社会治理结构体系的优化提供具有强制力的法律保障，为我国国家治理的现代化与法治化这一长期目标的实现创造更加具有秩序性和稳定性的时空条件。

建立轻罪体系，扩大社区矫正的适用规模，将一些新出现的危害社会行为和一些原本属于行政性剥夺人身自由领域的违法行为纳入刑事惩罚范围，在当前可以充分利用普通公众长久以来对犯罪和刑罚所形成的心理性恐惧和道德性禁忌，从而有效实现对此类行为的治理和预防，在特定领域实现社会治安以及基本秩序的根本好转。近年来，我国刑法的处罚范围不断扩大，酒驾、虚开普通发票、替考和高空抛物等行为都已经入罪，这在很大程度上起到了防微杜渐的一般预防效果，实际上大大降低了更严重犯罪行为的发生概率。以酒驾治理为例，自危险驾驶罪设置以来，在全国范围内，酒驾行为确实已经大幅度减少，因酒后开车所引发的交通事故、严重的人身伤亡与重大财产损失事件也大量减少，交通驾驶秩序明显好转。大多数公众对酒驾的危害和入罪规定都有了一定程度的了解，对"酒后不能开车"规则的认知和接受程度大幅提升，"开车不喝酒，喝酒不开车"基本上已经成为大多数普通公众的重要信条和行为习惯。总之，运用刑法规定的危险驾驶罪治理酒驾乱象，已经取得了"刑法前进一小步，社会治理前进一大步"的积极效果。[1]即便对一些违反了酒驾禁令而构成危险驾驶罪的人来说，通过适用社区矫正等执

---

[1] 马聪："刑法一小步，社会治理一大步"，载《检察日报》2019年11月9日。

行制度，其执行完毕之后的再犯率也非常低，这就证明，社区矫正作为一种执行措施，对酒驾等轻罪犯罪人的教育矫正来说，是非常有效的。

从国家的发展方向来看，建立轻罪体系，对轻罪体系配置轻刑以及辅之以社区矫正等社会化行刑措施，对于实现国家和社会治理结构体系的现代化与法治化具有至关重要的倒逼意义。首先，轻罪体系的设立，会逐步实现将原来的剥夺人身自由的行政拘禁措施司法化，从而避免国际批评和争议，建立符合法治原则和国际一般标准的现代制裁体系；其次，轻罪体系的设立，会使得我国刑法起刑点进一步降低。在起刑点降低的过程中，刑事处罚的精准性提高，以往因为犯罪的追诉需要考虑特定的数额、情节或程度而出现"达到特定数额或出现某种情节或符合某种程度才被评价为犯罪，否则则不被评价为犯罪而只被认定为行政违法"的现象可以很大程度上得以消除，这样，行政权力与司法权力边界不清晰和不准确的现象则可以有效避免，行政权力则被进一步规范化，司法机关定罪量刑的标准进一步明确，这样，依法办事的意识和行为才会真正得以塑造。最后，轻罪体系的设立，犯罪数量将大量增加，这种数量的增加根据社会治安综合治理的要求，则必然会倒逼其他行政和司法部门乃至全社会考虑轻罪处置的程序简便化问题、轻罪犯罪人改造方式的多样性和有效性问题、对轻罪的态度与评价问题、刑罚执行完毕的轻罪犯罪人是否再次承担行政后果问题、工作保障以及社会福利等问题。这样，与轻罪体系相配套的警务模式、轻罪处理简易程序、认罪认罚从宽、前科消灭、行政性惩罚后果消灭和工作福利保留等一系列的制度和措施便可以逐步建立起来，进一步深化刑事司法制度的改革，从而建立起更为人道化、科学化和现代化的国家和社会治理体系和结构。

国家治理现代化与法治化，不仅需要改变现有的以思想教育、道德约束或纪律规制等传统的社会治理手段以及在此基础上形成的依靠行政或权力手段为主的传统社会治理结构体系，建立以法治作为国家和社会主导性治理手段以及以司法作为纠纷解决与裁判核心机构为特征的社会治理结构体系，而且在社会文化与心理方面，需要公众形成遵从与信赖法律的社会大众心理结构。以轻罪体系的建立为契机扩大社区矫正的适用规模，的确可以为国家治理现代化与法治化提供良好的社会、制度与文化条件和环境。从最直观的层面而言，轻罪体系的建立及其相关的一系列配套制度改革非常有助于特定领域的社会治安状况实现实质性好转，在全国范围内创造和谐稳定的环境，为国家规划的各项改革事业提供良好的社会环境和条件。与此同时，轻罪体系的建立及其相关的一系列配套制度改革，在充分实现秩序价值的前提下，实际上也是在真正贯彻和执行社会治安综合治理的国家战略任务，有助于国家司法和行政机关真正形成依照法律办事的意识和行为方式，而"依照法律办事"，是法治的核心要义；轻罪体系的建立及其相关一系列的配套制度改革，可以充分帮助人们形成良好的守法意识和行为模式，塑造人们直觉性的或者条件反射性守法习惯乃至信仰，树立"违反刑法就是错误的""小错也是错"的社会是非对错观念，根据刑法的规定塑造人们遵守刑法的底线性道德，重新发挥社会主导性观念与核心价值对人们行为的积极引导作用，由此，人们形成对犯罪深刻的道德禁忌与守法信仰，建设法治国家所必需的"公民以法律作为行动准则，普遍信赖法律"的重要条件就可以充分实现了；轻罪体系的建立及其相关的一系列配套制度改革，在优化国家和社会的治理体系和结构的过程中，如在刑事制度方面，可以尝试建立轻罪的前科消灭制度、建立旨在恢复社区关系的补偿性社区公益服务制度、建立对轻罪犯罪人的保留公职和职位的制度等，必然会帮助国家和公众改变人们对犯罪的传统印象，不再将犯罪视为"让人恐惧"或避之不及的"洪水猛兽"，形成宽容、人道和宽恕地对待犯罪的社会态度与风气，从而真正减少社会和公众的冷漠或戾气，形成国家、社会和公众之间的良性互动。总之，以轻罪体系的建立为契机扩大社区矫正的适用规模，并以此深化社会治安综合治理领域的各项改革，从长远来讲，对实现国家治理现代化与法治化具有重要推进意义。

本章小结

我国社区矫正制度虽然已经取得举世瞩目的成就，但其在整个刑罚执行制度体系中的适用规模与地位仍然较低。社区矫正适用对象存在着类型或比例失衡问题，即缓刑犯社区矫正对象数量远高于管制犯、假释犯与暂予监外执行犯社区矫正对象；在社区矫正适用对象内部，不同地区以及不同时间的适用比例也存在着较大差异，没有形成统一的指导原则和规范性标准；社区矫正的适用规模更是受到了社区矫正适用对象模糊不清状况的影响。针对我国社区矫正适用规模偏小的原因，社区矫正理论界形成了"重刑主义与严打""社区矫正立法与适用缺陷"以及"非监禁刑的立法技术缺陷"等观点。然而总体而言，从刑罚理念和传统观念讨论社区矫正对象适用范围、对社区矫正适用对象范围扩张就事论事或仅着眼于刑罚种类和体系的改革与创新，根本没有抓住问题的关键与实质。

我国当前刑法的边界即调控范围应当扩张还是限缩至今存在着较大争议和分歧。社会转型以及社会风险的增多，对刑法在社会治理过程中的角色以及刑法对法益保护的等级程度提出了更高要求，因此，面对刑法理论与实践的双重需要，必须对非犯罪化、刑法虚置、犯罪标签理论以及刑法谦抑思想进行清理和反思。非犯罪化并不是世界趋势，节约司法成本有利于改造罪犯的说法没有道理，有关刑法虚置的说法缺乏实践意义，犯罪标签理论存在难以解决的问题，而且仅承认犯罪标签的负面效果之观点也比较片面。源于日本的刑法谦抑主义仅是在特定的国家或社会历史条件下学者们基于自身的价值理念对刑法发展方向所做的一种价值判断和应然预期。无论是从我国历史还是刑事立法的现实来看，刑法谦抑主义与我国刑法发展趋势并不合拍。

当前刑法调控范围在保护的完整性程度、预防的有效性程度乃至基于此人们对刑法形成的忠诚程度等方面都存在较为突出的问题。因此，扩张我国当前的刑法调控范围已经是一种不以人的意志为转移的客观趋势，自然应当成为我国刑事立法的发展方向。通过刑事立法的修改，增加新罪名、修改犯罪构成条件、减少和取消犯罪的定量因素，将危害行为的刑法干涉前置化和早期化等方式，降低我国刑法的起刑点，建立符合法治一般标准的轻罪体系，是扩张我国犯罪边界比较理想与稳妥的方法。

社区矫正适用规模的扩大与刑罚结构改革和犯罪边界的调整形成了制度性关联，因此，从根本上扩大社区矫正的适用规模，应当在我国犯罪的轻重结构和轻罪体系的构建等角度寻找问题的突破口，实现我国犯罪比例、结构与刑罚种类、体系之间的真正的关联性和体系性思考，亦即，社区矫正适用规模的障碍根源于我国刑法的"重罪重刑"结构。以轻罪体系为基础，彻底解决社区矫正适用率的制度性障碍，大幅扩大社区矫正适用规模，是推动我国刑法实现精确化发展的规范保障；同时也是建立危害行为现代制裁体系的制度根据；更是实现国家治理能力现代化与法治化的制度基础。

第九章 中国社区矫正法学的构建与发展问题

《社区矫正法》的颁布与实施,不仅是我国犯罪治理和罪犯矫正法治建设上的一件大事,也是世界范围内社区矫正法治历史上新的篇章。《社区矫正法》是世界上首部由主权国家制定的专门性的社区矫正法律,同时,该法又是在占有世界五分之一人口且具有深厚的监禁执行历史传统的大国制定的非监禁性刑事执行法律规范,因此《社区矫正法》在世界范围内具有划时代的创新意义。为了更好地学习、研究、适用和完善《社区矫正法》,必须广泛地开展学术交流与理论探讨,同时还必须建立起社区矫正学习教育培训体系,以便更准确地理解与适用《社区矫正法》并为日益发展壮大的社区矫正事业培养人才,为此,创建社区矫正法学不仅具有必要性而且具有现实紧迫性、重要性。社区矫正法学是以《社区矫正法》及其理论与实践发展规律为研究对象的规范性知识体系,是与监狱法学相并列的刑事执行法学的子学科,是值得刑事法学(刑法学、刑事诉讼法学、刑事执行法学)和行政法学乃至整个法学界及其相关科学共同开发的处女地或可期待憧憬的学术高地。鉴于此,本章结合《社区矫正法》的制定过程与基本精神,专门就中国特色的社区矫正法学的构建和发展问题进行深入探讨。[1]

第一节 中国社区矫正法学诞生的时代背景

近代以来,我国主权不断沦丧、战乱频仍,可以说是饱经沧桑、历经磨难。虽然在清末法治改革和民国时期我国已经开始在刑事法律中移植和引入社区矫正制度,但是,在动荡不安的政治与社会环境中,彰显先进理念的社

---

[1] 参见王顺安:"论创建社区矫正法学的必要性与可行性",载《中国法学教育研究》2020年第2期,第26~68页。

区矫正制度难以真正生根发芽并发展壮大。中华人民共和国成立之后,在吸收我国旧法合理成分并总结苏联以及根据地非监禁性处遇制度经验的基础上,同时借鉴发达国家社区矫正百年实践的先进理念与经验,我国最高立法机关、刑事司法、执行机关以及理论工作者齐心协力,长期摸索,逐渐构建了社区矫正的制度雏形和基本框架。因此,深刻理解世界范围内社区矫正实践的时代背景与发展脉络,是构建中国特色社区矫正法学的事实基础与理论前提。

一、域外社区矫正诞生的理论与实践基础

自进入21世纪以来,我国刑事司法改革、刑事立法和刑事法学研究的亮点很多,但社区矫正无疑是最耀眼的领域之一。社区矫正的概念与理念皆是舶来品。"社区矫正",英文为 Community corrections, Community—based Corrections,前者意为在社区进行的矫正,强调与监狱行刑不同的执行场所,注重的是与监狱监禁性相对应的非监禁性,即不剥夺自由而开展的行刑与矫正活动;后者意为在社区并利用社区开展的各项矫正活动,注重的不仅是非监禁性,而且还强调充分利用社会资源参与对犯罪人的各种行刑、处遇及其教育帮扶活动。社区矫正概念主要在英美法系国家使用,在欧洲一些国家、日本等亦称为"社区刑罚""社区制裁与措施""社会内处遇""社区处遇""更生保护""更生服务"等。社区矫正的理念很多,核心是行刑社会化和恢复性司法。

行刑社会化主要是针对传统的监禁刑及监狱行刑的封闭性等问题提出来的,监狱行刑的封闭性不利于罪犯的再社会化和利用社会资源参与到狱内罪犯的改造项目,却很可能导致罪犯交叉感染和形成不利于回归社会的监狱人格,因此,对不需要、不必要收监执行的被判短期监禁刑罚的轻微罪犯和经过监狱较长时间的监管矫正、已改悔有据、不存在再犯可能的,不需要也不值得继续关押的罪犯附条件提前释放予以再社会化的一系列行刑与矫正的理论、思想和观念被倡导。

行刑社会化理念的形成与实践贯彻的历史有一百多年。恢复性司法的历史则比较短,源起于20世纪末英美法系国家的恢复性司法运动(Restorative Justice)。这一运动主要是针对传统刑事司法对犯罪与刑罚的不正确认识与做法而展开理论与实践相结合的新型刑事司法改革。

恢复性司法认为犯罪根植于社会,与社区联系紧密,犯罪不仅是对国家和社会的间接危害,更是对被害人和社区的直接损害,刑罚的目的不仅仅在于惩罚报应,更在于损害修复。刑事司法不应该是对犯罪人、被害人和社区

"有害的公正"，而应该是对犯罪人实施的犯罪行为所造成的各种国家、社会、社区、家庭、自然关系和被害人的损害结果的最大化的修复、弥补和赔偿，追求的是一种"无害的正义"。[1]

社区矫正是职业化、城市化和现代化的产物，诞生在19世纪中叶的英美国家，盛行于20世纪末的世界各国，得益于互联网信息社会的科技支撑。社区矫正源于假释，盛于缓刑，成熟于社区服务刑。社区矫正依托社区开展行刑与矫正工作，不剥夺自由，不需要更多的纳税人财富的投入，有利于犯罪人保留工作、学籍和家庭生活；降低了行刑成本，提高了矫正效果，避免了监狱烙印和交叉感染，充分体现了现代刑罚适用与执行制度的人道文明、公正适当；有利于行刑社会化，促进犯罪人顺利融入社会的预防性和恢复性司法理念的实现。同时，与监狱行刑相比，社区矫正成本更低、矫正效果更好、重新犯罪率更低。社区矫正成为当今世界各国刑罚适用和刑事执行制度的发展趋势，也是世界各国刑事立法的重点，更是犯罪学与刑事司法教育的亮点。

二、我国社区矫正法治建设的探索历程

基于社区矫正的优点及其在世界各国蓬勃发展的趋势，考虑到联合国《公民权利和政治权利国际公约》《囚犯待遇最低限度标准规则》（《纳尔逊·曼德拉规则》）等诸多国际性文件所倡导的将监禁作为"最后一种迫不得已的手段使用"之思想，对于"囚犯的待遇不应侧重于把他们排斥在社会之外，而应注重他们继续成为组成社会的成员"[2]的要求，同时，也为了适应中国社会政治经济发展的要求，改变中国刑罚结构和刑罚适用偏重剥夺自由的监禁刑罚及监狱行刑的面貌，提高教育改造质量，降低刑罚执行成本，减少和预防重新犯罪，充分体现社会主义制度的优越性和人类刑罚文明与刑事执行制度进步的要求，2003年7月，"两高两部"联合发布了《关于开展社区矫正试点工作的通知》，决定在北京、上海、天津、山东、江苏、浙江6省（市）开展社区矫正试点工作，从而拉开了探索与创建中国特色社区矫正制度的帷幕。[3]

---

[1] John Braithwaite, "Restorative Justice: Assessing Optimistic and Pessimistic Accounts", 25 *J. Crime. & Just.* 1–128 (1999); Randy E. Barnett, "Restitution: A New Paradigm of Criminal Justice", 77*Ethics* 279~301 (1977).

[2] 张苏军："在社区中矫正：中美社区矫正制度比较研究"，载《中国监狱学刊》2012年第4期，第10页。

[3] 参见王顺安："社区矫正：现代刑罚人道文明的重要体现"，载《光明日报》2019年12月15日。

第九章　中国社区矫正法学的构建与发展问题

2004年5月9日，司法部印发了《司法行政机关社区矫正工作暂行办法》。2004年底社区矫正工作被列为我国司法体制和工作机制改革的内容之一。2005年初"两高两部"又联合发布《关于扩大社区矫正试点范围的通知》，决定将河北、内蒙古、黑龙江、安徽、湖北、湖南、广东、广西、海南、四川、贵州、重庆12个省（区、市）列为第二批社区矫正试点地区，从而涵盖东、中、西部的18个省（区、市）都被作为社区矫正试点工作的探索者。由于社区矫正符合我国现阶段经济社会发展要求，符合人民群众对社会和谐稳定的现实需要，所以在2009年9月经中央认可并批准后，"两高两部"联合发布了《关于在全国试行社区矫正工作的意见》。2011年2月，第十一届全国人大常委会第十九次会议审议通过了《刑法修正案（八）》，其中明确规定对判处管制、宣告缓刑以及假释的罪犯依法实行社区矫正。2012年第十一届全国人民代表大会第五次会议通过的修正后的《刑事诉讼法》规定了暂予监外执行的罪犯实行社区矫正，其第258条明确规定："对被判处管制、宣告缓刑、假释或者暂予监外执行的罪犯，依法实行社区矫正，由社区矫正机构负责执行。"同时，修正的《监狱法》第27条规定："对暂予监外执行的罪犯，依法实行社区矫正，由社区矫正机构负责执行。原关押监狱应当及时将罪犯在监内改造情况通报负责执行的社区矫正机构。"第33条第2款规定："对被假释的罪犯，依法实行社区矫正，由社区矫正机构负责执行……"同年，"两高两部"为了依法规范实施社区矫正，将社区矫正人员改造成为守法公民，根据修正后的《刑法》《刑事诉讼法》等有关法律法规，结合社区矫正工作实际，联合制定与发布了《社区矫正实施办法》。从此，社区矫正试点从纯刑事政策阶段进入拥有刑事实体法——《刑法》、刑事程序法——《刑事诉讼法》、刑事执行法之一的《监狱法》规定的法律制度新阶段。

2012年底党的十八大之后，社区矫正法的立法步伐加快。2013年党的十八届三中全会通过的《中共中央关于全面深化改革若干重大问题的决定》明确提出，要"健全社区矫正制度"。2014年4月21日，习近平总书记在听取司法部工作汇报时明确指出："社区矫正已在试点的基础上全面推开，新情况新问题会不断出现。要持续跟踪完善社区矫正制度，加快推进立法，理顺工作体制机制，加强矫正机构和队伍建设，切实提高社区矫正工作水平。"[1] 2014年7月28日，"两高两部"为落实习近平总书记的讲话精神，联合发布

---

〔1〕 司法部社区矫正管理局编：《社区矫正法律法规与工作制度汇编》，法律出版社2014年版，第92页。

了《关于全面推进社区矫正工作的意见》。2014年9月26日，司法部联合中央综治办、教育部、民政部、财政部、人力资源和社会保障部共同发布了《关于组织社会力量参与社区矫正工作的意见》。2014年10月23日党的十八届四中全会通过的《中共中央关于全面推进依法治国若干重大问题的决定》又明确规定："加快保障和改善民生、推进社会治理体制创新法律制度建设。……制定社区矫正法。"2016年8月30日，"两高两部"又再次联合发布了《关于进一步加强社区矫正工作衔接配合管理的意见》。2018年重新组建的司法部及其领导班子非常重视社区矫正工作，认真贯彻落实习近平总书记重要指示精神和党中央国务院决策部署，同年12月26日，司法部发布了《关于推进刑罚执行一体化建设工作的意见》。2019年1月11日，司法部办公厅印发了《关于加快推进全国"智慧矫正"建设的实施意见》。2019年12月28日，第十三届全国人大常委会第十五次会议审议通过了《社区矫正法》，并于2020年7月1日起施行。从2003年试点到2019年《社区矫正法》颁布，社区矫正在中国大地上走过了极不平凡的十七年。根据司法部社区矫正管理局有关领导同志的总结："十七年来，社区矫正工作从无到有，经过试点试行、由点到面、从小到大，直至在全国全面推进。截至2019年11月，全国累计接收社区矫正对象478万人，累计解除411万人，每年列管120多万人，为维护社会和谐稳定，推进平安中国，法治中国建设，促进司法文明进步发挥了重要作用。"[1]又根据负责社区矫正立法工作的全国人大常委会法工委刑法室有关领导同志总结："社区矫正法作为规范社区矫正制度的专门法律，为社区矫正工作的开展提供了全面的法律依据，该法是我国社区矫正法制建设的最新成果，是中国特色社会主义刑事法律体系的重要组成部分，体现了我国司法理念和司法制度的进步，对于推进和规范社区矫正工作，促进社区矫正制度的良性发展具有重要意义。"[2]

"徒法不能以自行。"在依法开展社区矫正工作中，尊法、懂法、执法、司法、守法的社区矫正工作者最为关键，而尊法、懂法、执法、司法、守法的人才与其正确的社区矫正理念、政策与法律意识的获得，必须通过正规的大专院校的教育与培训，教育与培训就必须有优秀的教师和优质的教材。为

---

[1] 王爱立、姜爱东主编：《中华人民共和国社区矫正法释义》，中国民主法制出版社2020年版，第379页。

[2] 王爱立、姜爱东主编：《中华人民共和国社区矫正法释义》，中国民主法制出版社2020年版，第364页。

此，我们建议教育部门和主管社区矫正工作的司法部，尽快组织社区矫正法学统编教材的编写与落实。

其实，在相对漫长的社区矫正法的立法过程中，立法机关与实务部门在社区矫正的性质任务、社区矫正的适用范围、社区矫正机构的设置及功能、社区矫正工作人员的警察身份、社区矫正对象的称谓及其法律地位等关键问题上，存在着重大分歧，不仅理论与实践专家意见不能统一，而且诸如此类问题在国家机关各部门之间亦反复纠结，最后全国人大常委会法工委立法部门对有些问题（如社区矫正的概念和性质）也没有在法律中作出明确规定。我国近二十年的社区矫正工作，除了社区矫正引进与试点工作相对时间不太长、经验不够丰富外，更主要的是对社区矫正的历史发展、本质特征及其运行规律还没有研究到位，对中国特色的社区矫正制度归纳总结与研究升华得还不够，同时，社区矫正因其开放性所涉及的实务问题和法律关系，远不是监狱及《监狱法》能够比拟的，由此就已经深深地感受到社区矫正不简单，理论研究与指导太重要了。在社区矫正理论与实践问题还没有完全弄清楚、搞透彻和讲明白之前，最好的办法就是搁置争议，采取立法技术的"留白"方式处理，而且，对于有利于提高社区矫正质量的具体方式方法，《社区矫正法》仅规定了基本制度框架，留下了广阔的空间。我们期待社区矫正理论与实践的不断探索，尤其是社区矫正法学理论研究的深入和对若干重大疑难问题的研究彻底搞清了之后再作立法修改，不断补充与完善《社区矫正法》，推动中国特色社区矫正的制度发展。

根据司法部社区矫正管理局和全国人大常委会法工委刑法室在《社区矫正法》通过后对立法过程的回顾——随着社区矫正工作的开展和法治建设的要求，社区矫正立法工作早就被提上了重要的议事日程。"制定社区矫正法"连续多年被列入中央政治局常委会工作要点，并连年被列入全国人大常委会立法工作计划和国务院立法工作计划。司法部认真贯彻落实中央部署，积极推进社区矫正立法。"在认真调研论证基础上，2013年2月，司法部将《社区矫正法（草案送审稿）》报送国务院。原国务院法制办会同有关单位成立社区矫正立法工作协调小组及审查工作专班，集中研究修改"，[1]并于2016年12月在官网上公布了《中华人民共和国社区矫正法（草案）》，向社会公开征求意见。由于该稿对一些基本问题都未弄清楚，也就没有明确规定，且内容简单，只有6章55条，极不具有操作性，受到了理论与实践部门的一致

---

[1] 姜爱东："《社区矫正法》具有里程碑意义"，载《人民调解》2020年第2期，第11页。

否定，由此致使已经写入党的十八大报告中的"制定社区矫正法"的决策规划暂时搁置。2018年党的十九大之后，司法部在新一届部党组的高度重视和正确领导下，配合推进社区矫正法的立法工作，多次召开社区矫正立法研讨会，加强《社区矫正法》立法调研，研究修改《社区矫正法（草案稿）》，积极协调社区矫正立法中的关键问题，进一步明确解决社区矫正的一些重大问题，立法工作才获得不断地向前推进。〔1〕全国人大常委会高度重视社区矫正立法工作，多次邀请专家学者和实务部门的同志参加立法座谈会、就疑难问题进行咨询。如对社区矫正的性质问题，"大多数意见认为，社区矫正对象包括四类人，这四类人的法律地位、义务都有所不同，简单将社区矫正笼统定性为刑罚执行不准确，也缺乏法律依据"。"不少意见认为，将社区矫正定位为刑罚执行，未能正确理解刑罚理论的一些基本概念和制度，某种程度上反映了理论研究深度不够；用于指导实践，容易出现脱离'罪刑法定原则'的工作偏差，是'画地为牢''法外施刑'等错误做法的思想根源。"〔2〕全国人大常委会法工委的领导同志亲自并组织专家先后赴贵州、云南、浙江、安徽等地调研社区矫正工作。2019年6月17日，第十三届全国人大常委会第三十二次委员长会议决定，将社区矫正法草案交付全国人大常委会审议。第十三届全国人大常委会先后于6月、10月和12月三次召开会议，审议社区矫正法草案，其间立法部门还多次邀请理论与实务部门的专家参加《社区矫正法》的立法问题与风险评估座谈会，甚至在最后定稿之前还就名称问题、用警问题和撤缓刑、撤假释、撤暂予监外执行后的风险防控及拘留或逮捕强制措施的选择问题等征求意见。由此可见本次立法过程中贯彻民主立法、科学立法原则的深度与广度，这不仅反映了我国社区矫正及刑事执行理论研究的极端重要意义，而且确实也暴露了社区矫正及刑事执行理论研究相对薄弱的现实情况。

总之，中国特色社区矫正制度，正是在世界范围内行刑社会化与恢复性司法理念的影响下，根据我国具体的实际情况以及刑事司法经验，借鉴发达国家的有益做法，经过近二十年的不断探索、大胆创新才正式建立起来的。因此，我国社区矫正法学的创建和发展，则必然依赖于我国社区矫正立法实践与法治建设的伟大探索，以生效的《社区矫正法》作为规范依据，通过对概念、体系和功能的研究、批判、砥砺与重构，进而形成新的确信，最终建

---

〔1〕 姜爱东："《社区矫正法》具有里程碑意义"，载《人民调解》2020年第2期，第11页。

〔2〕 王爱立主编：《中华人民共和国社区矫正法解读》，中国法制出版社2020年版，第8、16页。

立崭新的理论体系。

第二节 中国社区矫正法学的创建必要性

前文对我国社区矫正法学创建的时代背景进行了较为详细和完整的描述和考察，接下来，我们便需要进一步研究我国社区矫正法学创建的必要性问题。概言之，创建中国特色社区矫正法学，不仅是社区矫正法治建设和制度进一步发展的客观需要，也是社区矫正实践工作以及高素质社区矫正人才培养的客观需要，更是社区矫正学术理论与学科建设的客观需要。

一、社区矫正法治建设与制度发展的客观需要

需要是一切的原动力，更是科研和创新之源泉。法治建设包括立法、执法、司法、守法和监督等环节，法治建设的新理念、新要求、新方针是科学立法、严格执法、公正司法、全民守法。就科学立法而言，我国《社区矫正法》的颁布，标志着我国成为第一个在此领域进行立法活动的主权国家，尽管全国人大常委会最后审议投票获得了全票通过，但整个立法过程艰难困苦，时间耗得比较长，其核心原因是我国开展社区矫正试点工作时间不长、经验不足，国外可资借鉴的立法例也不多，单独由主权国家制定的适用于全国范围内的社区矫正法尚未出现。但最重要的是，我国社区矫正理论研究不够深入，包括社区矫正性质和社区矫正法律关系都没有完全搞清楚，对社区矫正都没有下定义。而且，在2016年原国务院法制办公室公开征求《社区矫正法（征求意见稿）》意见时，大家见到征求意见稿后非常失望，于是否定声、挖苦声甚嚣尘上，几乎没听到正面的评价。此后，立法机关卧薪尝胆、广泛调研并多方邀请专家学者论证或集体攻关解决重大疑难问题，采取利益平衡和立法技术回避矛盾，为此赢得了2019年最好、最靓丽、最人性化的立法和法治建设的亮点评价。[1]但是，《社区矫正法》仍然无奈地存在留置争议和诸多无法令人满意并圆满解决的立法问题。因此，负责立法工作的全国人大常委会法工委刑法室的有关领导同志非常清醒地认为，社区矫正法"获得全票通过，常委会立法中只有少数法律有此殊荣。但作为亲历者，我们深知，这一结果并非意味着这部法律没有缺憾，须知立法往往是一个不断磨合和妥协，最终向次优解冲刺的过程。我们理解，全票更表达的是常委会组成人员向长

---

[1] 参见王顺安主编：《社区矫正法治研究》，中国政法大学出版社2021年版，第15~23页。

期以来致力于社区矫正工作方方面面的人士辛勤努力的致意;是对社区矫正工作实践呼唤专门法律的急切期盼的回应;也是相关部门和决策者从深入推进全面依法治国大局出发,勇于寻求最大公约数的选择。归根结底,充分体现了立法者对社区矫正工作在法治轨道上继续健康发展的期望"。[1]同时,社区矫正立法时就非常"注意处理好确立社区矫正基本法律制度与为今后发展创新留有余地的关系。由于社区矫正在中国开展的时间不长,草案对社区矫正机构设置、监督管理和教育帮扶的方式方法等作了原则性、基础性规定,为社区矫正制度今后的发展留下空间"。[2]由此可见,《社区矫正法》要想达到"科学立法"的目标,未来还有很长的路要走。在追求不断完善《社区矫正法》的"科学立法"的路上,就必须要有社区矫正法学的理论支撑。如果理论研究水平和层次无法提高,疑难问题无法有效解决,《社区矫正法》要想不断完善并走向科学的梦想,是不可能实现的。

二、社区矫正实践工作以及高素质人才培养的客观需要

第一,创建社区矫正法学是社区矫正实践工作的需要。社区矫正各机关、各部门、各环节都需要学习与掌握《社区矫正法》。社区矫正从来不是一个独立的系统,而是一个涉及方方面面的复杂系统。从工作流程的纵向关系来看,社区矫正涉及起诉环节的以检察机关为主的认罪认罚从宽的量刑建议及审前调查评估,审判环节的人民法院对管制刑的判决、针对短期监禁刑判决的缓刑宣告和附条件提前释放的假释裁定、暂予监外执行决定,羁押和监禁期间公安机关、监狱管理局作出的暂予监外执行的决定,在社区矫正执行阶段的公检法司等刑事司法机关都必须参加的交付执行和撤销社区矫正的收监执行,以及矫正期满后的刑满释放和安置帮教工作,涉及司法行政、监狱和公安、民政、劳动、教育及医疗卫生等国家各部门。从社区矫正工作机构种类来看,涉及社区矫正委员会、司法行政机关、社区矫正机构、司法所、矫正小组。由于社区矫正是一项严肃的刑事执行工作,涉及刑事执行权的应用、监督管理和教育帮扶等日常工作的落实,没有《社区矫正法》的理论知识是完全不能想象的,工作人员即使完成对社区矫正对象的刑事执行工作,也无法完成

---

[1] 王爱立、姜爱东主编:《中华人民共和国社区矫正法释义》,中国民主法制出版社2020年版,前言第1页。

[2] 王爱立、姜爱东主编:《中华人民共和国社区矫正法释义》,中国民主法制出版社2020年版,第315页。

各自在社区矫正工作中的全部职责与任务。至于更加专业的审前调查报告和风险评估，则就更难胜任。加之，《社区矫正法》确立了一系列新理念和新制度，这些新理念和新制度在一定程度上和《社区矫正法》生效前的实践理念、思路和做法有着重要差别，因此，社区矫正工作人员必须通过认真学习《社区矫正法》的具体规定，理解和体会《社区矫正法》蕴含的现代化刑事执行理念，感悟《社区矫正法》对实践工作的引领和导向作用，才能真正依法执法，做好社区矫正工作。

第二，创建社区矫正法学是培养社区矫正高素质人才的需要。良法善治是现代法治的基本要求，"徒法不能以自行"，有了良法，必须要有学法、懂法、遵法、守法的高素质的专业人才进行执法、用法，进而发挥法律最大的规范引导和教育塑造的功能。社区矫正是一项开放性和非监禁性的刑事执行工作，涉及面广，风险责任大，对工作人员素质要求高，不是一般的工作人员所能胜任得了的。除了对生效刑事判决、裁定、决定依法落实外，还要对禁止令、职业禁止、禁止家庭暴力和赦免令予以落实，以及新罪、漏罪和严重违反监管法律法规的人员提出撤销缓刑、撤销假释、撤销暂予监外执行的建议，如果不学法、懂法、用法或者法律职业水平不够，极容易违法担责。为了提高教育矫正质量，促进社区矫正对象顺利融入社会，预防与减少重新犯罪，《社区矫正法》提出了分类管理、个别化矫正，有针对性地消除社区矫正对象可能重新犯罪的因素，帮助其成为守法公民的新理念、新要求、新目标，而要做到这一点，没有专门培训所获得的职业素养、知识储备和执法能力，是根本不可能发现问题、分析问题、解决问题的。因此，《社区矫正法》第16条规定："国家推进高素质的社区矫正工作队伍建设。社区矫正机构应当加强对社区矫正工作人员的管理、监督、培训和职业保障，不断提高社区矫正工作的规范化、专业化。"高素质的人才培养，必须要有精品教材，以及掌握了社区矫正法学真谛的教师和研究人员，否则事倍功半，甚至南辕北辙。

三、社区矫正学术理论与学科建设的客观需要

自从20世纪末以来，以美国为代表的英美法系国家十分重视社区矫正问题研究和社区矫正学科建设。2003年以来，美国马里兰大学犯罪学与刑事司法学院、美国联邦监狱管理局、英国英格兰及威尔士国家缓刑服务机构、英国苏格兰刑事司法中心、加拿大温哥华刑法改革与刑事政策国际中心、澳大利亚犯罪学学院等多次组团与中国司法部共同举办社区矫正国际研讨会和各

种类型的社区矫正研究与培训项目,上海社区矫正社工组织还组织人员去新西兰大学培训,此类中外交流与培训工作,对我国刚起步的社区矫正试点工作的启发与借鉴作用很大,从中我们也看到了社区矫正的理论与实践研究已经超越了传统的监狱管理的项目研究。为了解决国家社区矫正的试点工作人才急需的问题,中央司法警官学院从2002年开始起,在原有监狱学、教育学(矫正教育方向)专业基础上,增设了社会学专业(社会工作与社区矫正方向)。[1]2014年劳动教养废除后,此领域的教师整体转向社区矫正和戒毒工作研究,不少院校专门设置了社区矫正专业。但是,从出版的教材来看,绝大多数都是应急性的社区矫正理论与实务的培训教材,数量多,但质量尚待提高,最主要的是缺乏更深层次的法信条(教义)学类型的社区矫正法学的引领。如在这一专业领域,有些专家学者非常勤奋,同时因社区矫正专业发展迅速,各种教材编写的机会也非常多,因此主编或合著的《社区矫正概论》《社区矫正学教程》《社区矫正的理论与实务》等著作就有十多本。然而,可能是由于《社区矫正法》没有出台的原因,所以很难见到一本纯粹以社区矫正法律法规为研究对象的社区矫正法学。《社区矫正法》的颁布,正好为社区矫正法学学科的建设奠定了坚实的基础,如果教育部、司法部能够与时俱进地将社区矫正法学列入大学专业目录,[2]官方能够组织社区矫正法学统编教材的编写,并相应地成立中国法学会社区矫正法学研究会,那么我们坚信社区矫正法学研究的春天会迅速到来!

第三节 中国社区矫正法学的构建可行性

前文对构建社区矫正法学的必要性问题进行了多方面的分析和论证,接下来,则需要考虑的是,在创建社区矫正法学具有客观必要性的前提下,我们创建社区矫正法学必须依赖什么条件才能得以实施并顺利完成,即社区矫正法学创建的可行性问题。笔者认为,《社区矫正法》的出台与实施,为中国特色社区矫正法学的构建提供了最大可能性,同时,我国开展社区矫正试点工作以来的理论实践探索,尤其是社区矫正立法过程中对疑难问题的深入研

---

[1] 参见章恩友:"发挥行业优势 坚持特色发展——中央司法警官学院行业特色办学的实践探索",载《中国监狱学刊》2012年第4期,第18页。

[2] 值得注意的是,根据教育部公布的《普通高等学校本科专业目录》(2021年版)的最新分类,社区矫正已于2018年作为学科门类法学(03)中法学类(0301)的第7个专业(国家特设与控制布点)被纳入普通高等学校本科专业目录,专业代码为030107TK社区矫正(2018)。

究，为中国特色社区矫正法学的构建提供了坚实的理论与实践基础。

一、社区矫正法学构建的法律制度基础

法学是对法律、法律现象以及法律规律进行研究的知识体系，某一独立或者相对独立的法律诞生，便为某一独立或者相对独立的法学构建奠定了一定的基础并创造了相应的条件。早在1951年初，由于中华人民共和国成立初期剿匪、镇压反革命、"三反五反"、取缔黑社会组织邪教组织、铲除黄赌毒等一切社会丑恶现象等一系列维护新政权和社安秩序的打击犯罪运动，定罪量刑判处了数以百万计的罪犯，除罪大恶极的枪决外，绝大多数都判处徒刑。但当时从国民党手中接管的监狱收押人数有限，遂接受苏联顾问的建议，学习苏联劳动改造罪犯的政策，组织百万罪犯屯垦开矿，因地制宜开展劳动改造，这样，在很短的时间内就解决了国家困难，避免了罪犯坐吃闲饭，并让罪犯在劳动中获得了改造。于是1954年由当时的政务院制定并颁布了《劳动改造条例》（已失效），中国人民大学和北京政法学院（现中国政法大学的前身）最早开设了劳动改造法学的课程并撰写了早期的"劳改法学"教材。粉碎"四人帮"后，劳动改造事业获得了蓬勃发展，中央在保定建立了中央劳改劳教管理干部学院（现中央司法警官学院的前身），全国各地也建立了司法警官学校，普遍开设了劳改专业，并开设了劳改法学课程。1987年，司法部教育司时任司长的余叔通教授还亲自主编了由法学教材编辑部编审的高等学校法学试用教材《劳动改造法学》（法律出版社1987年版），这是中华人民共和国成立后第一本与劳动改造相关的统编教材，为全国培养劳改人才与师资队伍发挥了很好的作用。1994年《监狱法》颁布后，中国政法大学邵名正教授、兰洁教授，中国人民大学力康泰教授与韩玉胜教授等又先后作为主编或合著作者出版了《监狱法学》和《刑事执行法学原理》（分别为法律出版社1996年版、中国政法大学出版社1996年版、中国人民大学出版社1998年版），为监狱法治建设培养了不少优秀人才并带动了教育部认可的监狱学专业的诞生，形成了极具中国特色的监狱法学。

从世界各国社区矫正的发展趋势来看，发达国家社区矫正对象的总人数早已超过了监狱在押罪犯的人口数量。如英国社区矫正对象占全部罪犯的70%以上，美国占68%，加拿大占80%以上，澳大利亚在社区实施矫正项目的罪犯基本上是监禁罪犯数量的2倍左右。中国从2003年开展社区矫正试点工作以来，从最早期的社区矫正对象的几万人，发展到2019年底70多万人，

累计接收社区矫正对象478万人，累计解除411万人，每年列管120多万人，为维护社会和谐稳定、增进平安中国与法治中国建设、促进司法文明进步发挥了重要作用。[1]

在社区矫正国家级层面立法上，我国后来者居上，制定了世界上第一部适用于全国范围内的《社区矫正法》，为社区矫正法学的学术性研究提供了真实的《社区矫正法》研究范本。同时，该法因主客观原因，又给《社区矫正法》的理论研究留下了许多空间，除上述社区矫正概念、性质、社区矫正机构设置、监督管理和教育帮扶的方式方法外，《社区矫正法》与《刑法》《刑事诉讼法》《监狱法》《看守所条例》等法律之间的关系，以及实体法——《刑法》、程序法——《刑事诉讼法》对管制刑、缓刑、假释和暂予监外执行规定的衔接，亟待社区矫正法学的研究深化并为《社区矫正法》的修改与完善提供理论支撑。同时，"两高两部"对过去的《社区矫正实施办法》进行了修改完善，形成了《社区矫正法实施办法》，确保在2020年7月1日《社区矫正法》开始正式实施时，有相应的更为具体和具有可操作性的细则性规范辅助法律实施。总体而言，《社区矫正法实施办法》是与《社区矫正法》同步配套的规范性文件，总体思路有三点：一是，正确处理与上位法的关系，体现《社区矫正法实施办法》与《社区矫正法》紧密衔接的定位和特点，对于《刑法》《刑事诉讼法》和《社区矫正法》以及相关法律法规已有规定的，本办法则尽量避免重复，只进行衔接规定；二是，坚持问题导向，对属于"两高两部"职权范围内、有权决定的内容进行全面修订，尽可能细化，解决执法实践中的问题，以适应社区矫正工作新形势新要求；三是，坚持从实际出发，考虑到我国地域辽阔、各地经济社会发展情况不同，有些条款规定注意留有余地，避免绝对化，为各地制定具体规定和细则预留空间。[2]

此外，联合国、不同地区以成员国的形式缔结的一些条约和规则，如联合国预防犯罪和罪犯处遇大会，欧洲、美洲、亚太地区等专业会议上形成的规范性文件，如《联合国非拘禁措施最低限度标准规则》（《东京规则》）《联合国少年司法最低限度标准规则》（《北京规则》）《欧洲社区制裁与措施规则》等也为社区矫正法学的比较研究提供了素材。

---

[1] 王爱立、姜爱东主编：《中华人民共和国社区矫正法释义》，中国民主法制出版社2020年版，第23、365页。

[2] 参见罗智勇、李慧涛："《社区矫正法》实施中人民法院正确履职的若干思考"，载《法律适用》2021年第2期，第98~105页。

二、社区矫正法学构建的学术智力基础

通过对现有文献资料的收集整理，我们发现最早接触到社区矫正概念并将其翻译引进到我国大陆的，是政法院校从事外国刑法和劳改专业的教师与研究生。1985年6月，西南政法学院（现西南政法大学的前身）外国法学研究室和劳动改造学系的教师与研究生武晓岚、陈忠林、全理其、冯陵在邓又天副教授的带领下，组织翻译并内部印制了美国狱政管理专家尤金·米勒撰写的《监狱管理》一书，其中涉及缓刑、假释、社会服务、工作释放、训练释放和学习释放，在第九章还专门介绍了美国"地方监狱在社区矫正中的作用"。1985年9月由法律出版社出版的美国学者杰西卡·米特福德撰写的《美国监狱内幕》（钟大能、李宝芝译）第十二章，专门介绍了社区矫正的核心制度"假释"。1987年由龙学群译、陈新华校并由群众出版社出版的美国学者克莱门斯·巴特勒斯撰写的《罪犯矫正概述》，第一次全面系统地介绍了美国矫正制度，该书的第二部分"以社区为基础的矫正"，用五章的篇幅介绍了以社区为基础的社区矫正的兴衰，州、地方和私人管理的社区矫正工作，居住方案内的工作，社区志愿者，以及审前释放和转移、缓刑、重返社会方案、假释等制度，这是当时关于社区矫正制度最详细的引介。1989年中国政法大学研究生院刑事诉讼法专业博士研究生谢正权和邬明安翻译了美国学者D. 斯坦利·艾兹恩和杜格·A. 蒂默合写的《犯罪学》，由群众出版社出版，该书专章对社区矫正进行了研究。1991年中国政法大学刑法专业劳改法与犯罪学方向的硕士研究生孙晓雳又组织年轻学者们重新翻译了克莱门斯·巴特勒斯的《罪犯矫正概述》并将此书以《矫正导论》为书名在中国人民公安大学出版社出版。1992年已从中国政法大学研究生院毕业并任司法部预防犯罪与劳动改造研究所副所长的郭建安组织翻译了美国学者大卫·E. 杜菲撰写的《美国矫正政策与实践》，由中国人民公安大学出版社1992年出版，该书对美国的缓刑、假释和社区矫正的一些基本问题进行了全面的介绍。《犯罪学》《矫正导论》和《美国矫正政策与实践》这三本译著的出版对我国的社区矫正具有启蒙意义。

在论著方面，真正是我国学者自己研究整理与深入调查研究的著作应该是吴宗宪、陈志海、叶旦声、马晓东合著的《非监禁刑研究》（中国人民公安大学出版社2003年版）、冯卫国著的《行刑社会化研究——开放社会中的刑罚趋向》（北京大学出版社2003年版）、郭建安和郑霞泽共同主编的《社区矫正通论》（法律出版社2004年版）、翟中东主编的《自由刑变革——行刑社会

化框架下的思考》（群众出版社 2005 年版）、何显兵著的《社区刑罚研究》（群众出版社 2005 年版）、刘强主编的《社区矫正制度研究》（法律出版社 2007 年版）、王顺安著的《社区矫正研究》（山东人民出版社 2008 年版）、但未丽著的《社区矫正：立论基础与制度构建》（中国人民公安大学出版社 2008 年版）、吴宗宪著的《社区矫正比较研究》（中国人民大学出版社 2011 年版）、王平主编的《社区矫正制度研究》（中国政法大学出版社 2014 年版）等。

在论文方面，最早的有邬明安翻译的美国学者 D. 斯坦利·艾兹恩和杜格·A. 蒂默《犯罪学》的内容形成的《美国的监禁与非监禁化危机》一文，发表在《环球法律评论》1987 年第 4 期。1992 年，郭建安研究员发表在《犯罪与改造研究》1992 年第 3 期的《关于参加亚太地区少年犯矫正研讨会及实地考察项目的报告》以及以郭建安研究员牵头组织完成的司法部社区矫正制度研究课题"关于改革和完善我国社区矫正制度的研究报告"为基础并经修改后由郭建安与郑泽霞共同署名发表在《法治论丛》2003 年第 5 期的《略论改革和完善我国的社区矫正制度》两篇论文，对我国社区矫正的启蒙与国家开展社区矫正决策都产生了非常积极的影响和效果。此外，北京市司法局时任局长的吴玉华、中国犯罪学会时任会长的康树华教授和中国政法大学犯罪学研究所所长王顺安教授等分别发表在北京市法学会主办的《法学杂志》2003 年第 5 期的《社区矫正工作初探》《社区矫正的历史、现状与重大理论价值》《社区矫正若干重大理论问题》等三篇文章，是国内最早的一批关于社区矫正制度中国化的学术论文，上述论文的核心观点主要来源于在北京举办的"社区矫正试点工作前专家论证会"上的发言稿。随后即 2003 年 7 月 10 日"两高两部"根据中央决策联合发布了《关于开展社区矫正试点工作的通知》，由此掀开了中国特色的社区矫正试点工作的序幕，吹响了社区矫正理论与实践研究的号角。根据中国知网论文检索，除专著教材之外，我国社区矫正的论文发表数量是 1987 年 1 篇、1990 年 1 篇、1991 年 1 篇、1992 年 1 篇、1993 年 2 篇、1994 年 1 篇、1996 年 2 篇、1999 年 1 篇、2000 年 2 篇、2001 年 1 篇、2002 年 3 篇、2003 年 50 篇、2004 年 162 篇、2005 年 223 篇、2006 年 371 篇、2007 年 430 篇、2008 年 423 篇、2009 年 412 篇、2010 年 504 篇、2011 年 805 篇、2012 年 1042 篇、2013 年 912 篇、2014 年 1029 篇、2015 年 999 篇、2016 年 852 篇、2017 年 764 篇、2018 年 763 篇、2019 年 415 篇、2020 年 416 篇。在论文引用率排行榜中，王顺安教授撰写的《社区矫正的法律问题》（发表在《政法论坛》2004 年第 3 期）始终居首位。此外，王平、何显兵、郝方昉著的《理想主义的〈社区矫正法〉——学者建议稿及说明》（中国政法大学出版社2012年第1版、2017年第2版）和赵秉志主编、吴宗宪和刘志伟副主编的《〈社区矫正法〉（专家建议稿）》（中国法制出版社2013年版）等，都为《社区矫正法》的创制作出了积极贡献，同时为社区矫正法学的创建奠定了学术基础。

第四节　中国社区矫正法学的研究对象

在我国《社区矫正法》颁布并生效之后，构建中国特色的社区矫正法学应当尽快正式提上日程。在社区矫正法学的构建过程中，我们有必要首先对社区矫正法学的逻辑起点即社区矫正法学的研究对象问题进行探讨。社区矫正法学的研究对象，是社区矫正法学构建过程中最为基础最为关键的起点性概念，决定着社区矫正法学研究范围与内容的科学性与精准性。笔者认为，中国特色社区矫正法学的研究对象，应当是我国的《社区矫正法》。对此，笔者在下文进行深入分析。

一、社区矫正创制与发展的历程

一般来说，世界范围内的社区矫正是因监禁刑及其执行弊端而产生的。在社区矫正的发展历程中，假释和缓刑是出现时间较早的社区矫正形式。假释是针对长期监禁刑的不足而采取的附条件提前释放制度，缓刑是针对短期监禁刑的缺陷而采取的附条件缓起诉、缓判决、缓执行制度。随着社区矫正的发展，逐渐出现了社区服务等新的社区矫正项目。社会服务或社区劳动是针对短期监禁刑和羁押强制措施的问题而采取的一种有利于损害修复的非监禁刑罚方法或替刑措施。

最早的社区矫正项目是假释，属于监狱行刑社区化的结果，更是长期监禁刑罚累进处遇制度的最后一环。1840年，英属澳大利亚诺福克监禁地区的行政长官亚历山大·麦克诺基（Alexander Maconochie）提出并试行假释制度，其目的是改善监狱的恶劣环境和罪犯因纯粹监禁而生是非的现象，组织罪犯，并通过对劳动绩效考核的结果予以点数制奖励，最后允许出狱劳动的一种监管处遇措施，这是世界上最早的假释尝试。这一做法后来被爱尔兰刑罚改革家沃尔特·克罗夫顿（Sir Walter Crofton）所借鉴并改造成为三级累进处遇制度最后一个环节的附条件提前释放制度。最早起源于英国的假释的称谓是

"Conditional Release on License"，是一种监禁刑的累进处遇制度，所附加的条件是劳动。后来美国广泛适用这种累进处遇制度并对其进行了改造，使之成了社区矫正的核心内容——假释。假释的英文称谓为"Parole"，是决定假释及其以后监督的合称。[1]中文"假释"一词来源于日本刑法的用法，其含义"与真释放（刑满释放，赦免释放）相对"[2]，属于真出狱、假刑满，要跟进所附条件的保护观察及其执行。第一个假释制度的立法是在美国著名的刑罚改革家、著名的埃尔米拉教养院院长泽布伦·布兰克韦（Zebulon. R. Brockway）的倡导和主持下，"纽约州议会1876年制定了《埃尔米拉教养院法令》（Elmira Reformatory Act），这既是第一个不定期刑的立法，也是第一个假释制度的立法"。[3]

1841年美国波士顿鞋匠约翰·奥古斯塔在城市法院保释酗酒青少年而发展起来的附条件缓期判决制度，至今被大多数文献公认为是最早的社会参与性缓刑。这一做法实质就是英美法系国家率先适用的附条件缓期宣判制度，所附条件为民间担保人和志愿者的财保、人保及考验期内的社会危害性和人身危险性的消除或抑制。"所谓的缓刑（相当于我国的保护观察），就是指刑的裁定和刑的宣判予以缓期，并将犯罪人交付监督而说的。"在大陆法系的欧洲国家如比利时、法国和德国则强调对短期监禁刑罚生效刑事判决的附条件缓期执行，更多的是强调官方甚至是警方负责对所附条件的监督管理。后来，在移植德意志等大陆法系国家制度的过程中，日本结合本国国情与传统将缓刑的工作和制度进行了分解，"仅仅采用了缓期执行制度"，最终发展成为独具东方色彩的"附加处分的保护观察与赔偿损失"。[4]1878年美国马萨诸塞州通过并实行的《保护观察（缓刑）法》（Probation Act Massachusetts, 1878）是世界上第一部缓刑法。这一法规的目的在于通过缓刑让人们不受惩罚而得到改造，[5]基于此，该法规授权波士顿市长有偿雇佣缓刑官开展小规模的缓刑计划，同时授权波士顿警察局局长负责管理被雇佣的缓刑官。[6]社区服务或社区劳动，是指由法庭判决犯罪人到社区中进行一定时间无偿劳动或者服

---

[1] Cyndi Banks, *Punishment in America: A Reference Handbook* 60~70 (ABC-CLIO 2005).
[2] 柳忠卫：《假释制度比较研究》，山东大学出版社2005年版，第1页。
[3] Frank Schmalleger & John O. Smykla, *Corrections in the 21st Century* 71~75 (McGraw-Hill 2007).
[4] 参见[日]前田雅英：《刑法总论讲义》（第6版），曾文科译，北京大学出版社2017年版，第367页。
[5] 参见左坚卫：《缓刑制度比较研究》，中国人民公安大学出版社2004年版，第9页。
[6] Dean J. Champion, *Corrections in the United States: A Contemporary Perspective* 145-149 (2th ed., Prentice-Hall 1997).

务的一种替代短期监禁刑罚的非监禁刑措施。一般认为，现代意义上的社区服务或社区劳动刑是在英国产生的。据可查证的资料显示，1970年英国的刑罚制度咨询委员会（Advisory Council on the Penal System）就在一份题为《非监禁刑与准监禁刑》(Non-custodial and Semi-custodial Penalties)的报告中，首次提出了"社区服务"的建议，旨在实现不同的刑罚目的。[1]具体而言：其一，可以作为弊端丛生的短期监禁刑罚的替代措施；其二，有利于弥补犯罪所造成的损害，对被害人和社区进行赔偿或补偿；其三，可以作为财产刑执行困难者的易科方法；其四，可以体现对犯罪人的惩罚，发挥刑罚必不可少的公正报应及其威慑效果；其五，可以给初犯和偶犯一次改过自新的机会，有益于犯罪人就业就学，防止家庭破裂等。社区服务或社区劳动刑的性质是介于监禁刑罚和缓刑制度之间的一种非监禁刑措施。最早的社区服务或社区矫正劳动刑立法，是1972年英国立法机关通过的《刑事司法法》中明确规定的"社区服务令"。根据该项法律规定，社区服务令的主要适用对象和条件是：(1)判处社区服务令的犯罪人必须年满16周岁或者更大；(2)犯罪人必须被判决犯有可以受到短期监禁刑罚处罚的犯罪；(3)适用于除谋杀罪以外的犯罪类型；(4)在判处社区服务令之前，法庭必须考虑由缓刑官或者社会工作者准备的社会调查报告，相信这名犯罪人适合被判处社区服务令并且有适合劳动的岗位与工作；(5)社区服务的内容是在1年内的闲暇时间内必须完成40小时至240小时的劳动内容；(6)犯罪人的社区工作在社区服务组织者的监督下进行；(7)如果犯罪人不参加工作，或者不按照规定工作，重新违反了社区服务令，就有可能被送回法庭。[2]

二、社区矫正制度的立法模式

社区矫正法的立法模式除了作为社区矫正核心的假释、基础缓刑和新发展而来的社区服务或社区劳动刑的单独和附属性立法外，社区矫正法律规范呈现出以下三种模式：[3]

第一，制定专门的社区矫正法律，即制定与颁布有关社区矫正工作的专门性法律规范。世界上第一个专门性的社区矫正法律规范，人们公认的是美

---

[1] Advisory Council on the Penal System, *Non-custodial and Semi-custodial Penalties* 1-2 (London Advisory Council on the Penal System 1970).

[2] 参见吴宗宪：《社区矫正比较研究》（下），中国人民大学出版社2011年版，第587页。

[3] 参见刘强："国（境）外社区矫正法律规范的现状及思考"，载《中国监狱学刊》2004年第1期，第123~126页。

国明尼苏达州在 1973 年由州议会通过的具有美国联邦制特色的《明尼苏达州社区矫正法》，该法在本州范围内规范地方政府的社区矫正计划、社区矫正机构和工作人员（缓刑官、假释官和矫正社工）的职权、审前风险调查评估、社区矫正项目的发展、对犯罪人适用非监禁措施和为犯罪人提供服务的内容，以及资助县级地方政府积极开展社区矫正运作的程序及其权利义务关系。到 1996 年，美国相继有 28 个州通过了社区矫正或类似社区矫正的地方性法规。如《阿拉巴马州社区矫正法》《俄勒冈州社区矫正法》等。

第二，制定专门的刑事执行法律，将社区矫正作为非监禁刑和非监禁替刑措施与监禁刑、财产刑、资格刑、生命刑（绝大多数国家已废除）及其他刑事制裁措施等一起规范，形成统一的刑事执行法典。除德国的《自由刑和剥夺自由的改善和保安处分执行法》、加拿大的《矫正与有条件释放法》、澳大利亚的《矫正服务令》以外，目前最完整、最规范的刑事执行法法典是俄罗斯的《刑事执行法典》和丹麦的《刑事执行法典》。

第三，制定社区矫正某一领域的单行社区矫正法律规范。这主要是在一些国家和地区根据替刑制度和非监禁刑罚的发展需要，在不同时期分别制定的带有综合性的社区矫正某一领域的法律法规，并非专门性的社区矫正法或专门性的刑事执行法。例如，新西兰的《假释法》，德国的《不剥夺自由刑罚执行方案》，日本的《缓刑执行保护观察法》《犯罪者预防更生法》《更生保护法》。

三、《社区矫正法》的特色模式与结构

从目前世界各国社区矫正法律规范的立法及其表示形式上看，2019 年 12 月 28 日我国通过的《社区矫正法》，是迄今为止全球独一无二的由主权国家制定的专门性社区矫正法，而且是在占世界近五分之一人口的大国制定的非监禁性刑事执行法律规范，毫不夸张地说，我国的这一立法创举，对全人类的刑事执行由监狱监禁行刑旧时代到社区非监禁行刑与矫正新时代的历史性转变，具有重要的推动作用。

（一）社区矫正边界的规范设定

从世界各国的社区矫正及其法律法规所涉范围的广狭程度来分析，社区矫正的概念和范围即社区矫正的边界可分为最狭义、狭义、广义和最广义四类。[1]此种分类及观点被全国人大常委会法工委刑法室的立法专家所认可，进一步完善为以下四种情况及内容：

---

〔1〕 参见王顺安：《社区矫正研究》，山东人民出版社 2008 年版，第 13 页。

1. 最狭义的社区矫正

这类概念认为社区矫正就是对社区刑罚的行刑与矫正活动，其目的是克服监狱监禁与矫正工作的缺陷与不足。例如，美国有文献从刑事政策的角度出发，认为社区矫正是或者应该是刑罚的一种或者是与刑罚有关的事项，称之为"社区刑罚"。具体包括社区服务、家庭监禁、复合刑罚（Split Sentence）、间歇监禁（Intermittent Confinement）等。[1]持此类观点的文献，往往将传统的缓刑和假释都排斥在"社区刑罚"之外，认为社区矫正是对传统矫正体系的改革，仅限于法院定罪量刑并被判处非监禁刑罚，在社区并充分运用社区资源以增补、协助和支持传统犯罪矫正的功能。"由于缓刑和假释是监禁刑变通执行方法，是监禁刑的延伸，属于'传统项目'，而不是使犯罪人重新回归和立足社会的革新措施，因而不属于社区矫正的范畴"。显然，"这一类型的定义将社区矫正限定为各种'社区刑罚'的执行活动，其'社区性'在于执行的刑罚本身就是开放式而非监禁性刑罚"。[2]尽管纯非监禁刑罚种类和方法很少，但力图倡导并推动原本不是刑罚方法的措施，通过立法化而成为非刑罚种类和方法，如英国的社区服务，从而取代成本高昂且矫正效果不好的监狱监禁刑罚，成为新型的刑罚种类和方法。[3]此种观念与做法主要在英美法系国家呈现，非常类似于古典刑法学派在18世纪中叶将古罗马时期绝对不能作为刑罚对待的监狱"监禁"标定为刑罚，以便通过倡导更文明且容易体现"罪刑相适应"量刑原则的理念，否认野蛮不人道且难以分割细化的肉刑和死刑，但此种新型刑罚种类和方法远没有像古典刑法学派那样坚守或机械地坚持罪刑法定和罪刑相适应等刑事法律最基本的原则，而将刑罚概念游离在刑法学和刑事政策学甚至犯罪学之间，表现出一种泛刑罚化趋势。我国有些学者，浸淫于英美法系学术思维和观念之中多年并深受其影响，在有关社区矫正基本性质问题上借题发挥，认为社区矫正就是最狭义的"社区刑罚执行"[4]"非监禁刑执行"或者"非监禁刑罚执行"，然而，该观点所设定的社区矫正概念的具体内容，则远远超出了非监禁刑罚的内涵和外延，将缓刑、假释和暂予监外执行等刑罚适用制度、替刑措施和刑罚变更执行制度都纳入其中，

---

[1] 参见［美］大卫·E.杜菲:《美国矫正政策与实践》，吴宗宪等译，中国人民公安大学出版社1992年版，第290~302页。

[2] 王爱立主编:《中华人民共和国社区矫正法解读》，中国法制出版社2020年版，第8页。

[3] 参见陈俊生、郭华主编:《国（境）外社区矫正立法》，法律出版社2013年版，第3页。

[4] 参见刘强、武玉红:"社区矫正的性质为社区刑罚执行"，载《青少年犯罪问题》2020年第6期，第33页。

中国特色社区矫正基本制度问题研究

使刑罚泛化,导致对刑罚概念和种类的冲击,突破了罪刑法定基本原则的底线。应当说,在我国提倡坚持或固守这种具有刑罚泛化倾向的最狭义社区矫正概念,不仅与社区矫正的世界发展趋势不一致,而且与宽严相济刑事政策乃至社会治理领域化消极因素为积极因素实现治理体系现代化与法治化的国家政策相悖离,值得我们充分反思和警惕。

2. 狭义的社区矫正

这类概念认为社区矫正就是对罪犯的非监禁性行刑与矫正活动,其目的就是为了避免监狱行刑的弊端,提高教育改造质量,有利于矫正罪犯心理和行为恶习,促使其顺利回归社会。狭义的社区矫正除包括了最狭义的"社区刑罚"执行外,还包括了对"监狱行刑"的短期监禁刑罚的替刑措施和长期监禁刑罚的变更执行制度,即传统项目中的缓刑和假释。我国《社区矫正法》规定的四类适用对象就属于狭义的社区矫正范畴,又由于此四类对象都是经过审判机关定罪量刑后的已决犯,所以在缓刑种类上,不包含在侦查和起诉环节的审前转处、缓起诉和针对未成年人的附条件不起诉,也不包括在审判环节的缓判决、缓宣告,仅只是缓执行,即附条件地对原判刑罚的缓期执行制度。目前,缓执行的社区矫正对象占我国在矫总人数90%以上。[1] 假释的种类在我国刑法中仅规定了附条件的提前释放,这种附条件的提前释放是一种经过努力才可能获得的刑事奖励措施,而不是达到一定监禁刑服刑期就必须给予提前离开监狱获得再社会化机会的法定附条件提前释放的罪犯权利,因此适用得比较少,占矫正总人数的1%左右。[2] 暂予监外执行是我国特有的

----

[1] 王爱立、姜爱东主编:《中华人民共和国社区矫正法释义》,中国民主法制出版社2020年版,第8页。

[2] 假释的数据是在广泛调查研究基础上经评估测算得出来的,官方尚未发布完整的假释统计数据。除北京、上海和浙江等地假释较多以外,其他地方都很少甚至没有。根据最高人民法院审判监督庭分管减刑假释工作的黄永维法官的调查研究显示:"历年来全国平均假释率偏低,一直在1%~2%,远远低于30%左右的减刑率。假释工作发展不平衡,而且波动很大。以2007年为例,北京市假释率为9.03%,山东为8.49%,而河南为0.01%,天津为0.02%。同样是在河南,1997年统计数据显示假释率为9%,因为一个被假释的罪犯出狱后恶性犯罪,案件责任倒查,多年来影响深远,假释率跌到了全国最低点,这种情况不是个别的。"参见黄永维:《中国减刑假释制度的改革与发展》,法律出版社2012年版,第82~83页。另外,2020年6月3日,最高人民检察院通报全国检察机关开展刑罚变更执行法律监督工作情况,发布第十九批指导性案例。司法部监狱管理局副局长李静在回应有关假释问题时表示,假释适用率较低,比例只有1%,造成假释适用率低的原因是多方面的,如对假释制度认识不够,出现问题后责任倒查的程序和标准不太明确,办案人员担心假释罪犯假释期间再犯罪被追责,而不愿办理假释;假释条件难以把握,"没有再犯罪的危险"缺乏可量化、易操作的法律认定标准;一些地方各部门之间工作衔接配合不够顺畅等。参见王俊:"假释适用率低 司法部:加强对依法推进假释适用工作研究",载《新京报》2020年6月3日。

针对怀孕女犯、年迈且丧失自理能力的老年犯和身患严重疾病不能在监执行的病残犯，基于人道主义考虑的暂时离开监狱保健康复和保外就医，依法仍然属于特殊的刑罚变更执行场所的制度。管制刑是我国特有的短期非监禁刑罚，没有强制社区服务或社区劳动的要求与义务。因此，我国目前的社区矫正对象是针对已决罪犯的短期监禁刑的附条件暂缓执行、长期监禁刑罚的非监禁化执行和社区刑罚执行的集合。

3. 广义的社区矫正

这类概念认为社区矫正是在整个刑事诉讼过程中的非监禁刑罚和非监禁处遇措施的总和。从刑事诉讼各环节来看，包括侦查预审环节为避免看守所羁押的各种转处制度和非羁押保释措施、检察起诉环节的附条件缓起诉和附条件不起诉制度，在审判环节的羁押变更性非监禁取保候审制度、附条件缓判决和缓宣告制度，在执行环节的非监禁刑罚的执行、附条件原判刑罚的缓期执行、暂予监外执行和附条件提前释放的假释执行。具体的社区矫正对象，不仅包括已决犯，而且还包括属于未决犯的犯罪嫌疑人和被告人。对此可借用犯罪学的词语，概括性称之为"犯罪人"。《联合国非拘禁措施最低限度标准规则》（《东京规则》）就是采用的广义社区矫正，具体是指，在刑事司法执行工作的各个阶段适用于所有受到起诉、审判或执行判决的人，采用口头制裁、有条件撤销、身份处罚、经济处分和罚款、没收或征用令、对被害者追复原物或赔偿令、中止或推迟判决、缓刑和司法监督、社区服务令、送管教中心、软禁以及在判决后处置准假和中途管教所、工作或学习假、各种形式的假释、宽恕、赦免等方式，以求在罪犯的个人权利、受害者的权利，以及社会对于公共安全和预防犯罪的关注之间达到妥善的平衡。[1]

4. 最广义的社区矫正

这类概念认为社区矫正是指一切在社区开展的针对犯罪人的非监禁预防性措施、各种形式的行刑矫正项目，以及监督管理和教育帮扶活动。其内容除包括广义的社区矫正之外，还包括犯罪前的针对未成年人虞犯、未达到刑事责任年龄的犯罪少年、社区吸毒、戒毒、戒酒或戒赌人员的社会帮教、刑满释放人员回归社区后的安置帮教、更生保护和预防再犯的各种措施与活动。美国1973年通过的《明尼苏达州社区矫正法》，是世界第一部地区性的社区矫正法，就将社区矫正的范围扩大到刑满释放人员。日本1949年通过的《犯罪者预防更生法》明确将更生保护的对象扩及所谓实施了"非行"的

---

[1] 王爱立主编：《中华人民共和国社区矫正法解读》，中国法制出版社2020年版，第14页。

人。[1]我国也有一些文献呼吁将已经废除的劳动教养、收容教育、收容遣送、收容劳动,以及还在适用的治安拘留、司法拘留、少年收容教育、强制隔离戒毒、涉暴恐刑满未改造好人员的安置教育措施等对象,都应采用非监禁化替代或补充措施,统一纳入社区矫正系统,以体现法律面前人人平等、罪责刑相适应和人道主义的基本原则,并发挥社区矫正工作的系统化与规模化的效果和效应。

我国《社区矫正法》依据《刑法》《刑事诉讼法》仅规定了被判处管制、宣告缓刑、假释和暂予监外执行的罪犯作为适用对象,属于典型的狭义社区矫正。致使国家采用这种立法设计的主要因素,估计还是社区矫正机构及工作者队伍的待建构性及承受能力不足的问题,待体制机制和队伍建设日趋成熟了之后,根据治理犯罪和预防犯罪的需要,尤其是获得《刑法》和《刑事诉讼法》在非监禁刑种刑制及其适用执行程序上的刑事法治的支持后,完全可以循序渐进地扩大适用范围,充分发挥社区矫正的系统功能与作用,由狭义社区矫正走向广义社区矫正。

(二) 社区矫正基本性质的定位

认识与界定《社区矫正法》的性质,必须认识与界定社区矫正的性质,而社区矫正的性质又是一个争议很多且长期困扰立法的核心问题。从2003年社区矫正试点工作开始起,官方就将社区矫正试点工作定性为刑罚执行制度的改革,社区矫正的性质是"非监禁刑罚执行活动"。因此,有些学者一再强调社区矫正的刑罚惩罚性,以便体现刑罚的公正报应和威慑儆戒,这不仅有利于保障社区安全和预防再犯,而且更有利于社区矫正刑罚执行机构的体制机制改革和工作人员专门化、警察化、职业化的队伍建设。的确动机与目的都很好,自然也赢得了司法行政机关上下的一致认可与拥护,在司法部和原国务院法制办提交的《中华人民共和国社区矫正法(草案送审稿)》和向社会公开征求意见稿,乃至2019年6月提交给全国人大常委会会议审议的"草案送审稿(一审)"的第1条都开宗明义地明确规定了"为了正确有效地执行刑罚"的社区矫正立法的目的与本法性质。但是,也有不少专家学者和实际部门的同志认为,我国社区矫正的适用对象早在2003年的社区矫正试点工作开始以前就存在,而且是由公安机关派出所具体负责执行的五类人员(管制刑犯、剥夺政治权利刑犯、缓刑犯、假释犯和暂予监外执行犯)。2011年

---

[1] 参见王爱立、姜爱东主编:《中华人民共和国社区矫正法释义》,中国民主法制出版社2020年版,第28~30页。

《刑法修正案（八）》和2012年修正的《刑事诉讼法》将剥夺政治权利刑犯仍交回公安机关负责执行，由司法行政机关负责执行的社区矫正对象缩小为四类人员。在这四类人员中，仅只有管制刑是典型的非监禁刑罚，缓刑和假释根本不是非监禁刑罚，而是短期监禁刑罚三年以下有期徒刑和拘役刑罚的附条件缓刑执行原判刑罚的考验制度、长期监禁刑罚附条件提前释放跟进监督考察制度，暂予监外执行则是基于人道主义考虑的，对不适合继续在监狱内服刑的老弱病残孕罪犯暂时交付监外执行的刑罚执行场所的变更制度。因此不能笼统地提"刑罚执行"，尤其是缓刑，在我国《刑法》第76条明确规定："对宣告缓刑的犯罪分子，在缓刑考验期限内，依法实行社区矫正，如果没有本法第七十七条规定的情形，缓刑考验期满，原判的刑罚就不再执行，并公开予以宣告。"然而，司法部社区矫正管理局和若干社区矫正领域的专家学者在此问题上纠结，坚持认为我国刑法规定的缓刑就是刑罚执行或社区刑罚执行，在草案审议并已经删除"执行刑"内容之后，仍然固守上述观点并不断撰写文章予以论证。究其原因，除秉持敢于亮剑和理论争鸣的学术态度以外，更多的是希望"在具体社区矫正工作中，更强调强化社区矫正对象的罪犯身份；加强和体现社区矫正的惩罚性；主张普遍适用强制性的教育改造措施，如社区劳动、电子手铐、集中学习、原则上不得外出等。同时，为保证上述措施的落实，防止社区矫正对象不配合，建议设置专门的社区矫正警察予以震慑"。[1]

经过全国人大常委会立法机关与全国人大代表和专家学者的反复研究与调查分析，最后认定为："社区矫正对象包括四类人，这四类人的法律地位、义务都有所不同，简单将社区矫正笼统定性为刑罚执行不准确，也缺乏法律依据。如社区矫正对象中，管制属于刑罚执行，但占比很小，而占绝大多数的缓刑，是刑罚的暂缓执行，符合条件的，原判刑罚就不再执行，二者的性质、制度设定的目的、理论基础都完全不同。"[2]由此盖棺定论。那么，社区矫正不完全属于刑罚执行，而应该属于什么性质的执行活动呢？作为本书作者之一的王顺安教授，早在2005年就将社区矫正视为刑事执行的重要组成部分，专列一章纳入其独著的《刑事执行法学通论》一书之中。[3]在整个社区

---

[1] 王爱立主编：《中华人民共和国社区矫正法解读》，中国法制出版社2020年版，第8页。
[2] 王爱立、姜爱东主编：《中华人民共和国社区矫正法释义》，中国民主法制出版社2020年版，第8页。
[3] 参见王顺安：《刑事执行法学通论》，群众出版社2005年版，第427~556页。

矫正立法过程中，王顺安教授始终不渝地倡导社区矫正的"刑事执行说"并为社区矫正立法的刑事执行化而鼓与呼。[1]

既然中国特色的社区矫正制度是属于刑事执行制度，那么对属于刑事执行性质的社区矫正制度的全面规划化、法制化的《社区矫正法》，理所当然地属于刑事执行法的性质和未来刑事执行法典的重要组成部分。刑事执行法是全面调整刑事执行机关及其工作者与刑事被执行人之间刑事制裁（刑罚、非刑罚方法和替刑措施、预防性保安保护处分）执行与监管矫正关系的法律规范的总称。目前世界上最规范与最完整的刑事执行法典，是俄罗斯国家杜马1996年12月18日通过，联邦委员会1996年12月25日批准，俄罗斯联邦时任总统的鲍里斯·叶利钦1997年1月8日签发，于1997年7月1日起施行的《俄罗斯联邦刑事执行法典》。我国长期没有刑事执行法，但早在1954年由当时的政务院制定并发布了《劳动改造条例》，1994年颁布了《监狱法》。当时由劳动改造管教队和监狱执行被判处监禁刑和死刑缓期二年执行的罪犯，占整个刑事执行的95%左右，而如今不到2/3。2019年12月28日颁布的《社区矫正法》是我国第一次全面规范社区矫正工作的法律，其出台必定会改变我国的刑罚结构，并推动更加人道、文明、经济和高效的非监禁的社区矫正制度的发展，构成完整的刑事执行法律体系，为我国尽快制定一部包括死刑、财产刑、资格刑等一切刑罚、刑种、刑制、非刑罚方法和中国化的预防性保安保护处分等执法在内的《中华人民共和国刑事执行法典》奠定了坚实的基础。

刑事执行法学理论揭示，刑事执行法是与刑事实体法（刑法）、刑事程序法（刑事诉讼法）相并列的，共同构成一个国家仅次于宪法的刑事法，属于刑事法之下的刑事基本法。从宪法和立法法角度看，刑事执行法是公法、刑事法、刑事基本法、部门法、执行法、强制法。《社区矫正法》与《监狱法》等一起构成刑事执行法的两大核心内容，在秉持了刑事执行法的共性特征如公法、刑事法、执行法、强制法外，与《监狱法》相比较而言，《社区矫正法》既具有监管教育法的共性，又具有非监禁性、社区性、社会参与性、刑罚和非刑罚等执行复合性的个性，与《监狱法》一起构成的不是由国家司法

---

[1] 参见任文岱、李卓谦："专家学者热议社区矫正法草案：社区矫正的定义、机构、矫正对象的概念存争议"，载《民主与法制时报》2019年7月18日；王顺安："社区矫正：现代刑罚人道文明的重要体现"，载《光明日报》2019年12月15日；王顺安："《社区矫正法》出台具有划时代意义"，载《民主与法制时报》2019年7月18日。

行政机关领导的刑罚执行一体化体系，而是既有共性又有相异性、彼此取长补短共同完成将罪犯改造成为守法公民的刑事执行一体化体系。这既是《社区矫正法》的性质，也是《社区矫正法》所处的地位。

(三) 社区矫正立法的特色依据

《社区矫正法》的立法根据，一个是宪法依据，另一个是政策及实践依据。

我国《社区矫正法》立法依据首先是宪法。宪法是国家的根本大法，也是任何现代国家制定法律的依据。因此，《社区矫正法》第1条的规定，社区矫正法是"根据宪法"制定的。在社区矫正立法过程中，最早由司法部起草的社区矫正法（草案送审稿）第1条曾规定，"为了正确有效执行刑罚，对非监禁的罪犯实行社区矫正，预防和减少犯罪，维护社会和谐稳定，根据宪法，制定本法"，但在2016年《社区矫正法（征求意见稿）》和2019年6月《社区矫正法（草案）》立法一审稿中，则取消了"根据宪法"的规定。在立法审议过程中，不少代表和专家建议增加"根据宪法、刑法和刑事诉讼法，制定本法"的内容，待9月二审时，仅规定了"根据宪法，制定本法"。[1]原因是一切法律都应该根据《宪法》来制定，绝对不允许有违宪的法律规范，当然要强调社区矫正立法的宪法根据与违宪责任。而《刑法》和《刑事诉讼法》是作为刑事执行法性质的《社区矫正法》的上位法，《社区矫正法》是根据《刑法》和《刑事诉讼法》规定的管制刑、缓刑、假释和暂予监外执行的内容而落实的刑事执行工作，具体是根据人民法院的生效判决、裁定和决定的内容来做具体执行与变更执行工作，由于此方面的刑事执行内容，《刑法》和《刑事诉讼法》都做了具体的规定，因而《社区矫正法》既无权又不便再做重复性规定，仅规定的是若干必要的法律与实务之间的衔接，这有利于保持各法律之间的职能定位，基于此，一些专家建议仅明确规定"根据宪法"即可，言下之意，作为刑事执行法的《社区矫正法》当然要以《刑法》和《刑事诉讼法》为依据，但其根据的《刑法》和《刑事诉讼法》的内容，也不能违宪。严格来说，《社区矫正法》的立法依据除了《宪法》《刑法》和《刑事诉讼法》以外，最需要的直接立法依据是其上位法刑事执行法，这才是可以在根据宪法以外，直接写上的法律根据，但可惜的是，刑事执行法在我国尚没有制定。

我国《社区矫正法》立法依据其次是政策与实践依据。就政策依据而言，

---

[1] 参见王顺安主编:《社区矫正法治研究》，中国政法大学出版社2021年版，第4~15页。

《社区矫正法》是我国宽严相济刑事政策的重要体现；就实践依据而言，《社区矫正法》是我国近二十年来社区矫正实践经验的重要制度化总结。

所谓政策，是指党和国家在一定历史时期基于社会政治经济等形势和问题作出的政治决策和对策。由于现代化过程中社会变迁带来的犯罪形势急剧变化，与犯罪作斗争的刑事政策及调整就显得异常的重要。自21世纪以来，基于我国犯罪形势的新变化和构建和谐社会的新要求，刑事基本政策从"严打"方针改变为宽严相济。所谓宽严相济刑事政策，是指根据不同的社会形势、犯罪态势与犯罪的具体情况，对刑事犯罪在区别对待的基础上，科学、灵活地运用从宽和从严两种手段，做到该宽则宽，该严则严，从宽济严，以严济宽，宽严适度，宽严合法，其目的是打击和孤立极少数，教育、感化和挽救大多数，最大限度地减少社会对立面，促进社会和谐稳定，维护国家长治久安。宽严相济刑事政策，不仅是贯穿于刑事司法的全过程的司法政策，而且还是最基本的刑事政策，贯穿于刑事立法、刑事执法、刑事司法和刑事执行的每一个环节。[1]在实践中宽严相济刑事政策运用到较为成熟的阶段，就迅速地予以立法化，以体现依法治国的基本国策要求和化解政策与法律的紧张关系及冲突。2011年《刑法修正案（八）》和2012年修正的《刑事诉讼法》就是在此基础上，从刑事实体法和刑事程序法的角度，将社区矫正正式纳入我国刑事法律制度之中。2019年《社区矫正法》的出台，也更是在刑事执行领域落实宽严相济刑事政策的具体体现。从整体上看，尽可能将不需要、不具备和不再需要关押的犯罪人置于监狱和看守所之外，由监禁到非监禁，从深陷囹圄到获得自由，实质上就是从宽。与此同时，将过去由公安机关派出所作为重点人口粗放性管理的五类人员，交给司法行政机关予以严格管理，落实法律所规定的各项监督考察责任与义务，防止漏管脱管和一切违法犯罪行为的再发生，实际上就是从严。一宽一严，张弛有度，宽严相济，宽严合法，使原本没有实行社区矫正的五类罪犯在社区执行过程中的高再犯率，迅速下降到长年保持在0.2%以下的极低水平的再犯率。因此，负责社区矫正立法工作的全国人大常委会刑法室有关领导同志在《社区矫正法》全票通过以后答记者问时强调："社区矫正是贯彻党的宽严相济刑事政策，推进国

---

〔1〕 宽严相济刑事政策的提法首次出现于2004年全国政法工作会议。2005年全国政法工作会议再次重申了这一提法。2006年十六届六中全会通过的《中共中央关于构建社会主义和谐社会若干重大问题的决定》明确提出"实施宽严相济的刑事司法政策"，2010年最高人民法院为此专门制定了《关于贯彻宽严相济刑事政策的若干意见》。

家治理体系和治理能力现代化的一项重要制度。"[1]

所谓实践根据,即作为政策规范化的法律,必须是本国实践经验的制度化。法律来源于实践经验的总结,反过来又指导与规范实践活动。刑事执行工作尤其是社区矫正工作,是一个非常强调实践经验和改革创新而且需要不断完善的工作。要想法律接地气,好用且极具操作性,符合客观规律的发展趋势与需求,成为善法,便于善治,就必须广泛调查研究,将近二十年中国特色的社区矫正的好经验、好做法与好制度,吸收到《社区矫正法》之中,使之成为名实相符的中国特色的社区矫正法律制度。本次社区矫正的立法原则就是总结与升华社区矫正试点工作以来的宝贵经验并将其法制化,同时坚持问题导向,注重解决社区矫正工作中的突出问题。所以负责全国社区矫正工作的司法部社区矫正管理局有关领导同志非常有感触地指出:"社区矫正法尊重基层首创精神,注重将社区矫正工作实践中一些成功有效的做法固定下来,上升为法律制度",并将这种实践经验的法治化作为《社区矫正法》的亮点之一。具体而言,这些经验包括:一是将各地建立的党委政府统一领导、司法行政部门组织实施、相关部门协调配合、社会力量广泛参与的领导体制和工作机制予以吸收,明确规定全国地方人民政府设立社区矫正委员会;二是将各地利用现代科技手段、较广泛适用的手机信息化核查和电子定位装置等智慧矫正的做法写进法中,为运用现代信息技术加强对社区矫正对象的监督管理和教育帮扶提供法律依据;三是总结与规定了矫正小组具体开展社区矫正监管帮扶工作的模式,把矫正小组作为组织社会力量参与社区矫正工作的重要抓手,坚持专群结合,在社区并充分利用社区资源开展监管帮教工作。上述实践经验和做法具有典型的中国特色,有利于打造与践行共建共治共享的社会治理新模式和社会治理体系及治理能力现代化的新要求。[2]

(四) 社区矫正法的宗旨与任务

立法目的即国家制定某一法律所希望达到的效果。任何法律都会开宗明义点明本法律的立法目的。当然,在我国很多法律文本中,立法者往往认为立法目的与立法宗旨具有相同的含义,因此认为两者是一回事可以混用。如,全国人大常委会法工委刑法室编撰的《中华人民共和国社区矫正法释义》和

---

[1] 王爱立、姜爱东主编:《中华人民共和国社区矫正法释义》,中国民主法制出版社2020年版,第364页。

[2] 王爱立、姜爱东主编:《中华人民共和国社区矫正法释义》,中国民主法制出版社2020年版,第384~385页。

《中华人民共和国社区矫正法解读》两本书都是在"立法宗旨"名义下,对《社区矫正法》第1条的立法目的进行解释的,没有区分宗旨和目的,也没有点明各目的之间的关系。根据《社区矫正法》第1条的规定,立法专家们认为有三大方面的立法宗旨或立法目的:一是为了推进与规范社区矫正工作;二是为了保障刑事判决、刑事裁定和暂予监外执行决定的正确执行;三是提高教育矫正质量,促进社区矫正对象顺利融入社会,预防和减少犯罪。我们严格依法将立法目的分为五大方面:一是推进和规范社区矫正工作;二是保障刑事判决、刑事裁定和暂予监外执行决定的正确执行;三是提高教育矫正质量;四是促进社区矫正对象顺利融入社会;五是预防和减少犯罪。在这五大目的中,可以将第一、二项目的和第三、四、五项目的分开,从而将立法目的或宗旨分为两个层次的核心目的或者称为真正的宗旨:第一层次的核心目的或真正的宗旨是"保障刑事判决、刑事裁定和暂予监外执行决定的正确执行",即非监禁的刑事执行,这是社区矫正法的核心与命门,也是前文所论述到的《社区矫正法》的性质。推进和规范社区矫正,就是为了保障正确实施非监禁的管制刑判决、短期监禁刑判决后的缓刑宣告、长期监禁刑的假释裁定和暂予监外执行的决定内容的正确执行,并为此提供法律保障及监督管理和教育帮扶措施。第二层次的核心目的或真正意义上的宗旨是"预防与减少犯罪",这是世界上所有国家适用刑罚或更广泛的刑事制裁等最后的和最严厉的暴力性措施和强制性手段的归宿点、出发点,也是刑事法律(刑法、刑事诉讼法、刑事执行法)共同的最终目的或宗旨。提高教育矫正质量和促进社区矫正对象顺利融入社会,都是实现这一终极目的或宗旨的途径、桥梁和手段。在这两个层次中,第一层次是具体的、直接的、现实的根本目的或基本宗旨,是不能打折扣的社区矫正的本职工作和核心任务;第二层次是抽象的、间接的、未来的终极目的或最高宗旨,是受多种因素影响且难以评估的尽可能最大限度追求的整个刑事法治、刑事司法系统、刑事执行环节的共同工作或终极任务,从某方面而言,更是社会治理的目的或宗旨及其考核指标。

根据《社区矫正法》第2条第2款的规定分析,社区矫正的任务有两项:一是对社区矫正对象的监督管理;另一个是对社区矫正对象的教育帮扶。监督管理任务是基础,是平台,是保障,是社区矫正机构及其工作人员的日常工作,是依法保障非监禁刑事执行的程序和形式,体现的是法定职责和应尽义务。教育帮扶是手段,是方法,是教育,是感化,是福利,是特色,是可以通过政府购买社工服务和组织社会力量、志愿者等参与的工作,是矫正罪犯犯罪心理及其恶习、提高教育矫正质量的直接措施和基本手段，体现的是因人而异的个性化教育和社会化的共建共治共享。"教育帮扶"在2004年司法部印发的《司法行政机关社区矫正工作暂行办法》中被分为两个独立的任务：一是教育矫正；二是适应性帮困扶助。这一规定，显然是强调教育矫正及其福利救济。2012年"两高两部"发布的《社区矫正实施办法》将其合二为一，开始注重监督管理。除上述两个基本任务之外，社区矫正是否还有其他的任务？显然，《社区矫正法》没有明显体现出来，但在司法部起草的《中华人民共和国社区矫正法（草案送审稿）》中，其立法目的就体现了更重要的、更核心的"刑罚执行"任务，该送审稿将《社区矫正法》分为六章，第一章为"总则"，第二章为"社区矫正机构"，第三章为"刑罚执行"，第四章为"监督管理"，第五章为"教育帮扶"，第六章为"附则"。整个大纲及内容是模仿《监狱法》制定的，体现的是非监禁刑罚执行法律规范，注重强调与《监狱法》相衔接的"刑罚执行一体化"建设。显然，"刑罚执行"是核心任务，监督管理和教育帮扶是作为两大手段任务为其中心任务服务的。由于在2019年全国人大常委会二次审议环节中不少人大代表和专家学者指出占90%的缓刑不是刑罚种类，将其视为非监禁刑和社区刑罚，强调惩罚，追求与监狱一体化的警察行刑监管，有违罪刑法定和罪责刑相适应的基本原则并有侵犯人权之嫌，与国家和社会治理的现代化、法治化、人性化、社会化和淡化警察国形象，追求法治国与文化国，化消极因素为积极因素，努力构建和谐社会的理念与目标相悖，故而根据《宪法》《刑法》和《刑事诉讼法》的规定，删除了此章节。尽管否定将四类对象不加区别地认定为刑罚执行并将其删除是正确的，然而，立法者基于"暂时搁置争议"的考虑，在《社区矫正法》中并没有对四类对象的刑事执行作出具体规定，这一做法仍有可商榷之处，由此导致的结果至少是会让部分社区矫正理论与实践工作者产生《社区矫正法》仅只是监督管理法或教育帮扶法或监管教育帮扶法的片面看法，而忽视该法背后所包含的刑事执行法的本质属性以及刑事执行最根本性和最核心性的基本任务与要求。单独到章的"监督管理"和"教育帮扶"，尽管是看得见摸得着的基本任务，但更多是因刑事执行这一本质属性和根本任务而生并为其服务的手段性任务。事实上《社区矫正法》也充分体现了这一点，只不过是分散性规定和有意避免与《刑法》《刑事诉讼法》的重复性规定，于是在第1条规定社区矫正的核心目的与真正宗旨是"保障刑事判决、刑事裁定和暂予监外执行决定的正确执行"，第2条第1款在叙述社区矫正适用范围时，又重复规定了对四种社区矫正对象的刑事执行，并完全移植或照抄《刑事诉讼法》第 269 条的规定："对被判处管制、宣告缓刑、假释和暂予监外执行的罪犯，依法实行社区矫正，……"看起来，这是社区矫正的法律依据和适用范围，但更为重要的是进一步规定与强化了《刑法》尤其是《刑事诉讼法》所明确规定的社区矫正对四类不同性质罪犯的刑事执行任务。这种刑事执行任务的实现政策与执行模式是"依法实行社区矫正"，类似于我国《刑法》《刑事诉讼法》《监狱法》规定的对有期徒刑、无期徒刑和死刑缓期二年执行的"二个半"刑罚执行及实现的政策与模式——依法实行劳动改造。

（五）社区矫正法的原则与目标

现代法治追求良法善治，赋予了所有法律都必须遵守的基本原则：法治原则、人权人性原则、公正和效率相结合原则。刑事法律有三大基本原则：罪刑法定原则、罪责刑相适应原则、法律面前人人平等原则。为了使《社区矫正法》规定的宏观立法目的、立法宗旨和基本任务得以实现和顺利完成，《社区矫正法》第 3 条也规定本法相对特殊的基本原则和目标。基本原则有三条：一是坚持监督管理与教育帮扶相结合的原则，这是将第 2 条规定的社区矫正的两项基本任务和基本矫正手段辩证统一起来，不能片面强调某一方面。二是坚持专门机关与社会力量相结合的原则，尽管此原则是我国公安政法工作长期坚持的一项原则，但用在社区矫正工作中更贴切且更有新意。同时，与监狱行刑和矫正相比，社区矫正在社区开展并利用社区资源参与对罪犯的监管矫正工作，是社区矫正的特点，更是监狱无法比拟的区别点。这也就是社区矫正非监禁性和社会参与性的特征之所在。三是采取分类管理、个别化矫正的原则。这是在立法审议过程中，根据各方面的意见和建议，最后增加到《社区矫正法》之中的。这一原则主要是针对在社区矫正中普遍存在的对四类对象不予以区别的集中教育活动和根据风险评估展开的分级处遇中存在的种种问题而规定的。尤其是，将占有 90% 以上的缓刑犯视为社区刑罚的服刑人员予以惩罚性监管，严重地违背了《刑法》的规定，存在着违宪违法之嫌。从现行刑事法律的规定来看，社区矫正的四类对象是四种性质的罪犯，其法律性质不同，法律地位也就各异，相应的法定权利和义务就存在特殊性，如果不将此类问题搞清楚，不加以区别实施心理学意义的危险分类与管理，就容易出现侵权违法的问题，如就缓刑犯和假释犯而言，看起来经过监狱漫长管教出来的假释犯听话易管理，其实其犯罪性质及其社会危害性比缓刑犯要大许多，其出狱回归社会所遇到的麻烦也大得多，所以我们不能将二者混同起来管理。在国外，缓刑和假释常常是不同的执行机构，缓刑官和假释官也不是同一个序列，其任职资格与要求及其职能也存在着差异性。我国《刑法》也明确规定了缓刑由考察机关负责，假释由监督机关负责，考察与监督的含义和性质是不一样的。同时，如果将四类对象经常召集起来开展集中教育和公益劳动，不仅发生突发事件的风险很高，同时也会出现类似于监狱管理过程中的交叉感染、"囚友"式矫友现象。因此，应坚持根据四类对象不同的分类管理和"一把钥匙开一把锁"的个别化矫正。除接矫和解矫等必不可少的集体管理和教育外，一律采取个别化矫正、个案处遇。

至于社区矫正微观目标，除与《监狱法》规定的"守法公民"内容相同之外，存在许多的不同。《监狱法》第3条规定的目标是"将罪犯改造成为守法公民"，而《社区矫正法》第3条规定的目标是"帮助其成为守法公民"，由"改造"理念到"矫正"理念就是很大的进步，更何况《社区矫正法》不但没有用过一次"改造"一词，甚至也很少用"矫正"一词，在此用的是"帮助"，更加强调平等、自愿和互助，尊重人格，体恤人心。另外，增加了如何帮助社区矫正对象成为守法公民的一种新方法和新模式，那就是针对需求障碍和犯罪心理，尤其是针对犯罪动机、犯罪机会的形成机制和不良诱因及其可能导致重新犯罪的相关因素，进行有针对性的干预、支持和消除。此规定借鉴了欧美发达国家的社区情景预防理论和需要评估、风险管控等社区矫正预防再犯的做法。[1]

（六）社区矫正的法律关系体系

法是调整人们的行为或社会关系的规范，是由国家强制力为最后保障手段的规范体系，具有规范性和强制性。法律规范是法律关系产生的前提，法律关系是根据法律规范建立的一种社会关系，其实质是特定法律关系主体之间的权利和义务关系。权利和义务是法的最核心的内容和要素，法的运行和操作的整个过程与机制（如立法、执法、司法、守法、法律监督等），无论其具体形态多么复杂，但终究不过是围绕权利和义务这两个核心内容和要素而展开的：确定权利和义务的界限，合理分配权利和义务，处理有关权利和义务的纠纷与冲突，保障权利和义务的实现，对违法行为行使权利义务的责任认定及其法律制裁。

既然法律关系是根据法律规范在特定法律主体之间形成的具有权利义务

---

[1] 参见翟中东：《社区性刑罚的崛起与社区矫正的新模式——国际的视角》，中国政法大学出版社2013年版，第194~305页。

内容的社会关系，那么刑事执行法律关系则是指根据刑事执行法律规范在刑事执行机关及其相关单位和个人与犯罪人等之间形成的权利义务关系。社区矫正法和监狱法都属于刑事执行法，其调整的法律关系都可以纳入刑事执行法律关系，社区矫正法律关系属于社区矫正法调整的特定法律关系主体之间的非监禁刑事执行法律关系，监狱法律关系属于监狱法调整的特定主体之间的监禁刑事执行法律关系。

当前，社区矫正法律关系在我国的研究非常薄弱，很少有相关文献对此进行专门论述。但是，从抽象的意义上讲，无论是社区矫正理论还是实践，都是围绕着社区矫正法律关系的具体内容而展开的。因此，社区矫正法律关系不仅事关我国社区矫正法律与制度设计的基本框架和具体内容，而且还直接关系到社区矫正理论体系的研究对象和结构安排。

笔者认为，社区矫正法律关系是刑事执行法律关系的一种独特形态，是在社区矫正实践中依据社区矫正法律规则调整和规范社区矫正主体即国家、社会和社区矫正人员之间的权责义务关系的过程，蕴含着主体、客体与内容之间的配置组合。与监狱法律关系相比，在《社区矫正法》未出台并颁布之前，处于实践中的社区矫正法律关系呈现出地域性、法律依据多元与分散、主体众多且权责界限不清等鲜明特征。在《社区矫正法》正式实施后，以司法行政机关社区矫正机构为中心，以社区矫正主要参与主体为切入点，可以将我国社区矫正法律关系细分为平权型、隶属型、合同型与惩治型等关系类型。[1]

平权型法律关系以司法行政机关社区矫正机构为核心，其主要应对和协调的是与司法行政机关平级的其他公权力主体如法院、检察院、公安（看守所）、监狱、民政、教育、人力与社会资源及医疗卫生等部门以及跨区域的同级社区矫正机构之间因社区矫正工作而发生的各种关系。由于各行为主体之间的地位平等，关系松散，不存在权力支配与责任对应关系。为妥善处理和协调社区矫正工作中行政区域内的公权力主体间的平权型法律关系，建立各级党委和政府领导下的社区矫正委员会负责统筹协调和指导本行政区域内的社区矫正工作就显得非常必要。

合同型法律关系主要以社区矫正小组、政府购买专业社工组织提供的服务、单位和个体自愿承担社会责任等合作形式体现出来。这三种合作形式在

---

[1] 参见哈洪颖：《试论我国社区矫正法律关系的结构性元素》，载《贵州师范大学学报（社会科学版）》2018年第5期，第37~46页。

社区矫正实践中由于权利和义务相对具体，加之没有外在力量的干预，在推进社区矫正工作中有序发展与良性运行等诸多方面发挥了积极的推动作用，体现了社区矫正的社会性和优越性，契合了社区矫正的本质特征及其发展规律。但在社区矫正实际工作中，存在着优质矫正社工的有偿服务无法购买、无偿服务难持续，东西部和城乡社区及社会服务性组织发展极不充分、极不平衡等现实困境，亟待政府培养和落实《社区矫正法》规定的"国家鼓励有经验和资源的社会组织跨地区开展帮扶交流和示范活动"的重要任务。

隶属型法律关系主要体现为中央—省（自治区、直辖市）—地市—区县等四级司法行政机构自上而下的业务指导与管理关系。这种法律关系以条状组织框架为依托，以部门间的纵向指导管理为特征，直接参与和推动了我国社区矫正工作从无到有、从试点到全面试行、从全面试行到常态化运行的发展进程，实践证明社区矫正工作主体的司法体制改革，由公安管理到司法行政管理是正确的，但司法所及司法助理的人财物等资源配置远不及派出所及社区民警，更何况倒金字塔式的司法行政机关社区矫正机构的人员配置会在诸多方面进一步增加资源配置的困难性，因此必须尽快落实《社区矫正法》规定的有关区县社区矫正机构设置和高素质社区矫正工作队伍建设的任务，这是做好社区矫正工作的组织与人员保障。

惩治型法律关系呈现的是社区矫正机构与社区矫正对象之间的行刑与矫正关系。这种法律关系是社区矫正法律关系的核心。在社区矫正实践过程中，社区矫正机构拥有法定的刑事执行权力，肩负着对社区矫正对象的监督管理和教育帮扶的工作重任。人们在对这种惩治型法律关系的认识过程中，曾存在两个明显的认知误区即所谓法律关系的"准监狱化"与"福利化"。[1]之所以存在这些问题，就是没有搞清楚中国特色社区矫正的法律性质，混淆了刑罚执行与刑事执行、刑事执行与社会工作的关系，没有深入研究社区矫正对象、适用范围及其刑事法律关系。

由于《刑法》《刑事诉讼法》确定的中国特色社区矫正适用的四类对象性质各异、法律地位及其权利义务都有所不同，《社区矫正法》在调整社区矫正机构与社区矫正对象的法律地位及其权利义务时，就形成了管制刑、缓刑、假释和暂予监外执行等法律关系。

管制刑法律关系属于典型的非监禁刑罚执行关系，当然要体现出社区矫

---

[1] 参见哈洪颖："在惩治与服务之间——试论社区矫正机构与社区服刑人员互动关系的双重特性"，载《学海》2018年第4期，第110~112页。

正机构单向性的管制刑罚的惩罚属性，注重于监督管理，延伸的才是教育帮扶，以及在法律关系主体之间追求的互动性的惩罚与被惩罚、监管与被监管、矫正与被矫正、感化与被感化关系，但毕竟被判管制刑的罪犯是属于轻微犯罪，故不能惩罚过了头，采用"准监狱"的模式对待，一切依法执行刑罚即可。

缓刑法律关系因缓刑在我国刑法目前的规定，仅只是附条件暂缓原判刑罚的不执行，而执行的是所附条件的考察内容及其考验期，但缓刑期间仍然存在着撤销缓刑收监执行的可能性，具有一定的自由限制性和潜在刑罚兑现的恐吓威慑性，同时，缓刑又是因犯罪行及所判短期监禁刑而生，属于生效刑事判决的宣告缓期执行，因此属于刑事执行，由此产生的是短期监禁刑罚的替刑措施的非刑罚化与非监禁化的暂缓原判刑罚执行的缓刑考验法律关系。社区矫正机构与缓刑犯之间的法律关系，不是短期监禁刑罚的惩罚与被惩罚关系，而是监督管理与被监督管理关系，以及有针对性的教育矫正与被教育矫正关系和因未收监而存在较少需求的帮困扶助与被帮困扶助关系，但更多地存在着缓刑犯对被害人和社区之间的损害修复关系、未成年人就学和就业不受影响的特殊法律保护关系。

假释法律关系是因被判处长期监禁刑罚在监狱服刑的罪犯符合变更执行场所而附条件提前释放予以社区矫正再社会化而产生的刑事执行法律关系，假释犯的身份是监狱服刑人员，但离开了监狱监禁状态，在真正的正常社会的社区接受社区矫正机构的监督考察，由"监狱人"变为"社会人"，以便更好地融入社会，预防再次犯罪。由于是长期在监狱监禁，假释犯的人格可能存在"监狱人格"及回归社会后就业、就学、家庭、住房或交友等诸多问题，相对于缓刑犯而言，再犯风险大、需求问题多，即便比缓刑犯老实听话，害怕撤销假释又被收监执行，但毕竟原判刑期长犯罪恶害大，所以在注重过渡性适应性帮困扶助为主的前提下，同时兼顾严格的监督管理，以防在社区里的再犯罪问题发生，因此其法律关系是监督管理与教育帮扶并重的刑事执行关系，其执行方法属于长期监禁刑罚累进处遇的最后一段处遇措施，尽管不能强调刑罚惩罚，但必须重视严格监管，待假释期满，没有漏罪、新罪或严重违反社区矫正监管秩序，原判刑罚的剩余刑期的内容"就认为原判刑罚已经执行完毕，并公开予以宣告"，这就是所附条件兑现后的事后追认的刑罚执行，否则会被撤销假释，收监重新执行剩余刑期或者根据刑法的规定将剩余刑期与新罪或漏罪合并在一起数罪并罚。因此，在假释期间不是真正的刑罚执行法律关系，而是特殊的刑事执行关系，不能追求与强调对假释犯的刑罚惩罚，而是在预防性严格监管的前提下，消除其可能重新犯罪的因素，监管帮扶，更生保护。

暂予监外执行法律关系，在我国《刑事诉讼法》中被明确规定为基于人道主义考虑的带有福利色彩的暂时甚至长期离开监狱而在居住地社区保外就医和女犯度过怀孕期及哺乳期的刑罚变更执行制度。因此暂予监外执行属于刑罚执行法律关系，肯定存在刑罚本质特征的惩罚与被惩罚关系。但是，对于年迈生病的老人、病入膏肓和丧失自理能力的病残犯和处于怀孕期哺乳期的女犯，又无法兑现刑罚的惩罚甚至严重的监管和教育，而应该是人性化监督、科学化管理和福利性帮扶，由此需要医疗、卫生和民政福利等诸多部门的配合，这样，因监外执行所形成的法律关系最为复杂。也正因为如此，国外对保外就医人员采取的是刑罚中止措施，在此期间不算刑期，也不需要社区矫正和保护观察，仅属于暂予监外保外就医罪犯，予以适度管控即可。[1]

此外，社区矫正法律关系的主体、客体和权力（利）和义务、法律事实、法律责任与法律制裁等，都是需要深入研究的核心内容，只有将法律关系研究彻底、分析透彻，才能依法建构社区矫正机构及其相关组织，才能更好地理顺社区矫正委员会、司法行政机关、社区矫正机构、司法所和矫正小组之间的纵向关系，才能更好地衔接社区矫正机构与人民法院、人民检察院、公安机关（看守所）、监狱和民政、教育、人力和社会资源、医疗卫生等部门之间的横向关系，才能界定社区矫正工作人员与司法所司法助理员、矫正小组成员、矫正社区工作者、志愿者等内部之间和社区矫正对象外部之间的关系，才能区分社区矫正决定机关的内部结构及其职责和社区矫正执行机构在交付执行、收监执行的工作衔接，才能搞清楚社区矫正机构与社区矫正对象之间的单向和双向刑事执行关系及其各自的权力、权利和责任义务，明确哪些该为哪些不该为，若不正确地履行职权、行使权利与践行义务，就会承担哪些法律责任并遭受哪些法律制裁等。总之，上述内容都是关系到我们能否正确认识、理解掌握并正确贯彻落实《社区矫正法》的重大问题。

综上，将社区矫正法律关系作为理论研究的基点，可以将社区矫正的组织机构与人员、社区矫正对象的类型与范围、社区矫正的刑事执行监管与教育帮扶任务、社区矫正主体的相关法律义务和责任以及社区矫正法律监督乃至社区矫正制度的发展方向等方方面面的诸多重要理论问题完整和有机地统

---

[1] 参见邵雷：《中外监狱管理比较研究》，吉林人民出版社2015年版，第100页。

摄起来，进而形成规范化、体系化和信条化（教义化）的社区矫正学术理论体系，从而为构建科学、准确和完整的社区矫正法学提供重要的理论范式与参考样本。

第五节 中国社区矫正法学的体系与地位

社区矫正法学是以社区矫正法为研究对象的知识体系，不仅要研究《社区矫正法》本身，而且还要研究《社区矫正法》背后的理论及其应用过程中的实践问题。因此，社区矫正法学体系应包括以下内容：（1）社区矫正法学的基础理论；（2）社区矫正与社区矫正法的历史；（3）社区矫正的刑事执行及其程序；（4）社区矫正的监督管理；（5）社区矫正的教育帮扶；（6）社区矫正的考核奖惩；（7）社区矫正的法律责任；（8）社区矫正的检察监督；（9）未成年人及老弱病残特殊人员的社区矫正；（10）中国台港澳和中外社区矫正及社区矫正法的比较研究。

上述内容在文献资料研究与实证调查报告积累到一定程度时，皆可以作为社区矫正法学科建设的子学科开展更加深入细致的研究与分析。但目前最重要的就是对社区矫正法学课程体系设计并撰写出版社区矫正法学的法信条（教义）学教材。笔者认为，最简便、快捷的办法，就是以《社区矫正法》的体系内容为核心来设计教材体系。具体构想如下：

第一章　社区矫正法学概述

第二章　社区矫正及社区矫正法的历史

第三章　社区矫正法的立法目的任务和基本原则

第四章　社区矫正法律关系

第五章　社区矫正机关

第六章　社区矫正工作人员

第七章　社区矫正对象

第八章　刑事执行

第九章　监督管理

第十章　教育帮扶

第十一章　未成年人社区矫正特别规定

第十二章　社区矫正检察监督

第十三章　法律责任

在确定社区矫正法学学科体系的基础上,笔者认为,在现阶段我国社区矫正法应当是一门新型的研究非监禁性刑事执行法律规范及实践规律的且与监狱法学相对应的刑事执行法学子学科。具体而言包括三方面内容:

第一,社区矫正法学因有独立的社区矫正法作为研究对象,又有发达国家近百年和我国近二十年来社区矫正理论、制度和实践作为依据,社区矫正法学完全可以作为一门独立的新型法学学科。

第二,社区矫正法学是一门专门研究非监禁刑事执行法律规范及实践规律的学科,与专门研究监禁刑事执行法律规范及实践规律的监狱法学相对应,取长补短相辅相成并有后来居上之势。监狱法学早已是一门独立的法学学科,那么社区矫正法学也应理所当然地成为一门与监狱法学并列的法学学科。

第三,一个国家完整的刑事法学应与完整的刑事法体系相对应。完整的刑事法是由刑事实体法——《刑法》、刑事程序法——《刑事诉讼法》和刑事执行法——《监狱法》、社区矫正法及其他刑事执行单行法等构成,我国刑事执行法学已经有了较成熟的刑法学、刑事诉讼法学和正在成长的监狱法学,作为坚实的刑事执行实体法、刑事执行程序法和监禁刑事执法研究的基础,目前缺乏以非监禁法律为基础的社区矫正法学,财产刑、资格刑执行法学和死刑立即执行法学,以及以非刑罚方法执行等为研究对象的广义的刑事执行法学。既然世界上第一部适用于主权国家全境(我国港澳台除外)的社区矫正法在我国率先制定并公布,那么我们就应该及时跟进,率先编撰出版社区矫正法学,并为丰富与完善刑事执行法学做好铺垫,最后通过理论研究的成长壮大,倒逼刑事执行法典的出台。

社区矫正法学是一门独立的刑事执行法学的子学科,与社区矫正学和社区矫正法研究紧密相连,但不完全是一回事,若不注意,非常容易混淆。社区矫正学是对社区矫正理论与实践及其变化发展规律研究的知识体系,其研究对象与方法不局限于社区矫正法和社区矫正法学,更多地运用社会学和社会工作学研究方法并采纳相应的学术成果,其发展趋势是用多学科的综合性理论深入分析与研究社区矫正工作及现象的全部知识体系。社区矫正学与社区矫正法学的关系,类似于监狱学与监狱法学的关系。社区矫正法研究,是纯粹对社区矫正法的立法背景、立法宗旨及内涵与外延的归纳总结,仅限于法学方法论的应用,属于纯规范解释的学科。社区矫正法学则是一门以《社区矫正法》为研究对象,同时又对其理论、制度和实践问题的研究,即不仅包括社区矫正法条的规范化和体系化的解释,而且在一定程度上对社区矫正规范、具体制度以及实施效果等问题进行反思或批评乃至批判甚至重构，规划和设计社区矫正法的未来发展方向；在方法论上，不仅应用规范性的法学研究方法，同时还会应用历史学、比较法学及经验（实证）循证等调查研究方法，即社区矫正法学的研究方法应当是综合性的。社区矫正法与社区矫正法学的关系，类似刑法与刑法学的关系，当然，我们所说的刑法学是狭义的，是规范性的刑法学，因为如果按照德国著名刑法学家李斯特的观点，将刑法学在整体刑法学或全体刑法学意义上进行广义理解，那么，监狱法学和社区矫正法学，甚至刑事诉讼法学等也被其一网打尽。因此，在我国刑事法律体系逐渐完备、分工逐渐明确的背景下，将刑法学在规范和信条（教义）意义层面进行理解，是比较恰当的。

总之，我国《社区矫正法》的出台呼唤着中国特色的社区矫正法学的诞生。应当说，《社区矫正法》与社区矫正法学完全能够相互呼应、相互支持并相互促进，实现良性发展。《社区矫正法》的出台，为社区矫正法学提供了研究对象和规范样本。与此同时，构建中国特色的社区矫正法学，本身就是对我国《社区矫正法》的立法过程与经验的学术梳理、归纳与记录，同时，社区矫正法学对于我国《社区矫正法》的实施、制度进一步发展、立法的发展方向等重大问题，都有着举足轻重的意义，具体而言：

第一，社区矫正法学对于正确认识和运用《社区矫正法》具有重要的指导意义。社区矫正法学能够帮助我们形成对《社区矫正法》的正确认识，特别是在我国《社区矫正法》的立法目的和制度设计较之过去社区矫正实践有重大差别的情况下，如何尽快改变社区矫正的刑罚执行观念，正确认识社区矫正的刑事执行性质，淡化社区矫正的惩罚色彩，强化社区矫正的分类和个别化矫正的专业性任务，努力推进社区矫正工作进入新阶段取得更大成就，都需要我们有科学和准确的社区矫正法学理论作为指导。以科学的社区矫正法学理论作为指导，可以避免错误地运用《社区矫正法》，减少社区矫正实践工作的偏差甚至失误。与此同时，社区矫正法学并不是研究《社区矫正法》中的某一个条文，而是将社区矫正法律规范中的全部条文、知识进行系统化，从而形成体系性的理论知识。掌握带有体系性的《社区矫正法》相关理论知识，非常有利于把握和理解《社区矫正法》中的基本概念、基本体系，从而有助于我们形成更为科学和准确的社区矫正观念。总之，社区矫正法学作为帮助我们正确理解《社区矫正法》并以此为指引展开社区矫正实践以及衡量和检视《社区矫正法》优劣得失的思想工具和标尺，无疑具有重要意义。

第二，社区矫正法学对我国社区矫正领域的法治建设具有重要的引领意义。《社区矫正法》的颁布标志着我国社区矫正进入了法治化时代。社区矫正法学的引领作用，比较明显地体现在社区矫正法治化的思维方式上。由于《社区矫正法》是具有刑事执行性质的严肃性法律，必须严格遵守其上位法的《刑法》《刑事诉讼法》的基本原则，因此，这一思维方式可以概括为"依据《社区矫正法》，为了《社区矫正法》"。"依据《社区矫正法》"即实施和执行法律，从事社区矫正实践工作，必须严格遵守社区矫正的法律规定，绝不能突破罪刑法定、罪刑均衡以及无罪推定等刑事法治的基本原则。"为了《社区矫正法》"即社区矫正法学的学术研究和体系构建，必须是为了在《社区矫正法》中形成更好的条文，修改条文，解释条文乃至废除不理想的条文。总之，"依据《社区矫正法》，为了《社区矫正法》"是宪法规定的"依法治国"对社区矫正法学的基本要求。

第三，社区矫正法学具有重要的创制新理论与维护法制统一的意义。社区矫正法学的创制意义，不仅表现在推动《社区矫正法》新条文或新制度的产生以及条文的具体适用规则准确化与规范化方面，更重要地表现在社区矫正法学理论自身的创新上。社区矫正法律规范的制定与执行，都是不自觉地受到某种理论或观念的支配并运用这种理论或观念的必然结果。社区矫正法学在梳理社区矫正的相关法律条文与研究相应理论的过程中，能够不断地修正和完善支持某种理论或观念的基本概念、理论乃至思维方式。如，在我国社区矫正理论领域，随着社区矫正实践的深入，社区矫正理论对社区矫正性质由"刑罚执行"到"刑事执行"的修正和发展，在很大程度上能够或者必然改变我国社区矫正法律实施的整体面貌。社区矫正法学的进步，最终会推动我国《社区矫正法》立法与执行的进步。与此同时，在社区矫正理论的支持下，社区矫正法律法规能够很好地适用于不同的地方区域和千差万别的具体对象，这一过程，不仅满足了解决社区矫正具体实践问题的需要，同时也避免了强调特殊性而引发的各行其是的问题。社区矫正法学作为一种体系化的知识，运用自身理性和逻辑的力量，在继承和创新的历史发展过程中，发挥着维护法制统一和稳定的作用。《社区矫正法》正是在有机衔接《刑法》《刑事诉讼法》的过程中，承担并完成了刑事执行的工作，保证了我国刑事法治实体、程序与执行三者的统一。社区矫正法学在发挥维护法制统一的作用时，作为信条（教义）的基本概念和理论具有重要的意义。如，在社区矫正法学体系中，社区矫正法律关系作为一种基础性信条（教义），对社区矫正法学中的基本概念、理论体系、社区矫正实践乃至思维方式都起着重要的支撑作用，从而成为社区矫正法学理论创新与维护稳定法制统一的重要思想基础。

总之，社区矫正法学的构建、发展与繁荣，是国家制定良好的社区矫正法律法规与特色制度的重要学术基础条件。正如沈家本所言："法学不盛，何来善法？""然当学之盛也，不能必政之盛；而当学之衰也，可决其政之必衰。"[1]这就说明，法学兴盛，国家未必治理得好，但如果法学衰亡，则一定会导致国家治理的失败。法学繁荣，是国家兴盛的重要条件。因此，只有社区矫正法学理论和教育的不断繁荣，社区矫正法学人才辈出，才能保障我国社区矫正事业出现"良法美制"，才能保证社区矫正法律法规得到妥当执行。我们相信并期待，随着《社区矫正法》时代的来临，中国特色社区矫正事业与社区矫正法学的春天必将到来！

本章小结

《社区矫正法》的颁布与实施，标志着我国进入了社区矫正法治化时代。我国的社区矫正制度，是在世界范围内行刑社会化与恢复性司法理念的影响下，根据我国的具体国情以及刑事司法经验，同时借鉴发达国家的有益做法，经不断探索和大胆创新逐步建立起来的。《社区矫正法》的出台呼唤着中国特色社区矫正法学的诞生。构建中国特色社区矫正法学，是我国社区矫正法治建设与制度发展的需要，是社区矫正实践工作以及高素质人才培养的需要，是社区矫正学术理论与学科建设的需要。作为世界上第一部由主权国家颁布并适用于全国范围的《社区矫正法》的正式出台，为中国特色社区矫正法学的创建提供了最大可能性。与此同时，我国社区矫正实践的理论与实践探索，特别是社区矫正立法过程中对疑难问题的深入研究，为中国特色社区矫正法学的创建提供了坚实的理论实践基础与学术智力支持。中国特色社区矫正法学是以《社区矫正法》为研究对象的理论知识体系，不仅要对具体条文进行规范化和体系化解释，而且还要研究社区矫正规范、制度以及实施效果等实践问题。换言之，中国特色社区矫正法学应当是一门研究非监禁性刑事执行法律规范及其实践规律的新型规范性学科，是与监狱法学相对应的刑事执行法学子学科。构建中国特色社区矫正法学，对于正确认识和运用《社区矫正法》、推进社区矫正法治建设、维护我国法制统一以及创新和发展社区矫正理论体系都具有重要引领意义。

---

[1]（清）沈家本:《寄簃文存》，商务印书馆2015年版，第116页。

参考文献

一、中文文献

（一）中文著作类

1. 北京市司法局编：《北京市社区矫正工作培训教材》，2004 年。
2. 储槐植：《刑事一体化与关系刑法论》，北京大学出版社 1997 年版。
3. 储槐植：《刑事一体化》，法律出版社 2004 年版。
4. 储槐植：《刑事一体化论要》，北京大学出版社 2007 年版。
5. 陈兴良：《刑法的价值构造》，中国人民大学出版社 1998 年版。
6. 陈春安主编：《社区矫正专业方法应用指南》，法律出版社 2012 年版。
7. 陈俊生、郭华主编：《国（境）外社区矫正立法》，法律出版社 2013 年版。
8. 陈伟：《教育刑理论的实践回应与规范运行研究》，商务印书馆 2020 年版。
9. 崔会如：《社区矫正实现研究》，中国长安出版社 2010 年版。
10. 崔会如：《社区矫正前沿问题研究》，中国政法大学出版社 2019 年版。
11. 但未丽：《社区矫正：立论基础与制度构建》，中国人民公安大学出版社 2008 年版。
12. 杜雪晶：《轻罪刑事政策的中国图景》，中国法制出版社 2013 年版。
13. 冯卫国：《行刑社会化研究——开放社会中的刑罚趋向》，北京大学出版社 2003 年版。
14. 范明林、林德立编著：《社会工作实务：过程、方法和技巧》，社会科学文献出版社 2018 年版。
15. 贡太雷：《惩戒与人权——中国社区矫正制度的法治理论》，法律出版社 2015 年版。
16. 郭建安、郑霞泽主编：《社区矫正通论》，法律出版社 2004 年版。
17. 郭自力主编：《刑法学》（第 6 版），北京大学出版社 2019 年版。
18. 高铭暄主编：《刑法学原理》（第 3 卷），中国人民大学出版社 1994 年版。
19. 高铭暄主编：《中国刑法学》，中国人民大学出版社 1989 年版。
20. 高铭暄主编：《刑法学》（第 9 版），北京大学出版社、高等教育出版社 2019 年版。
21. 高铭暄：《中华人民共和国刑法的孕育诞生和发展完善》，北京大学出版社 2012 年版。
22. 高贞主编：《中国特色社区矫正制度研究》，法律出版社 2018 年版。

23. 高伟：《刑事执行制度适用》，中国人民公安大学出版社2012年版。
24. 高长见：《轻罪制度研究》，中国政法大学出版社2012年版。
25. 葛炳瑶主编：《社区矫正导论》，浙江大学出版社2009年版。
26. 韩玉胜主编：《刑事执行法学研究》，中国人民大学出版社2007年版。
27. 胡虎林主编：《社区矫正实务》，浙江大学出版社2007年版。
28. 胡旭晟：《解释性的法史学——以中国传统法律文化的研究为侧重点》，中国政法大学出版社2005年版。
29. 何显兵：《社区刑罚研究》，群众出版社2005年版。
30. 金碧华：《支持的"过程"：社区矫正假释犯对象的社会支持网络研究》，法律出版社2014年版。
31. 《监狱法及其配套规定》，中国法制出版社2004年版。
32. 贾元：《预防性监禁制度研究》，中国社会科学出版社2021年版。
33. 贾宇：《社区矫正导论》，知识产权出版社2010年版。
34. 梁根林：《刑事政策：立场与范畴》，法律出版社2005年版。
35. 刘志伟、何荣功、周国良编著：《社区矫正专题整理》，中国人民公安大学出版社2010年版。
36. 刘志伟等：《中国社区矫正立法专题研究》，中国人民公安大学出版社2017年版。
37. 刘强主编：《各国（地区）社区矫正法规选编及评价》，中国人民公安大学出版社2004年版。
38. 刘强主编：《社区矫正制度研究》，法律出版社2007年版。
39. 刘强：《美国社区矫正演变史研究——以犯罪刑罚控制为视角》，法律出版社2009年版。
40. 刘强主编：《社区矫正组织管理模式比较研究》，中国法制出版社2010年版。
41. 刘强、姜爱东主编：《社区矫正评论》（第3卷），中国人民公安大学出版社2013年版。
42. 刘强等：《社区矫正制度惩罚机制完善研究》，中国人民公安大学出版社2016年版。
43. 刘立霞、路海霞、尹璐：《品格证据在刑事案件中的运用》，中国检察出版社2008年版。
44. 连春亮主编：《社区矫正学教程》，群众出版社2013年版。
45. 连春亮主编：《社区矫正工作规范》，群众出版社2013年版。
46. 连春亮主编：《社区矫正理论与实务》，中国检察出版社2010年版。
47. 李川：《基于风险管控的社区矫正制度研究》，东南大学出版社2017年版。
48. 李全彩、于海平：《社区矫正社会工作实务研究》，华东理工大学出版社2018年版。
49. 李蓉：《社区矫正程序实证研究》，湘潭大学出版社2011年版。
50. 李豫黔：《中国刑事执行新论——监狱工作创新及变革》，法律出版社2017年版。
51. 骆群：《社区矫正专题研究》，中国法制出版社2018年版。
52. 骆群：《弱势的镜像：社区矫正对象社会排斥研究》，中国法制出版社2012年版。

53. 罗念生、水建馥编：《古希腊语汉语词典》，商务印书馆 2004 年版。
54. 廖斌、何显兵：《构建中国特色的社区矫正制度研究》，中国政法大学出版社 2019 年版。
55. 梅义征：《社区矫正制度的移植、嵌入与重构——中国特色社区矫正制度研究》，中国民主法制出版社 2015 年版。
56. 马聪：《刑罚一般预防目的的信条学意义研究》，中国政法大学出版社 2016 年版。
57. 茅仲华：《刑罚代价论》，法律出版社 2013 年版。
58. 屈学武主编：《刑法改革的进路》，中国政法大学出版社 2012 年版。
59. 荣容、肖君拥主编：《社区矫正的理论与制度》，中国民主法制出版社 2007 年版。
60. 孙培梁：《社区矫正信息化》，清华大学出版社、华中科技大学出版社 2013 年版。
61. 司法部社区矫正管理局编：《全国社区矫正发展情况与数据统计》，法律出版社 2017 年版。
62. 司法部法制司、社区矫正管理局：《社区矫正实施办法解读》，法律出版社 2012 年版。
63. 司法部社区矫正管理局编：《社区矫正法律法规与工作制度汇编》，法律出版社 2014 年版。
64. 司绍寒：《社区矫正程序问题研究》，法律出版社 2019 年版。
65. 司绍寒：《德国刑事执行法研究》，中国长安出版社 2010 年版。
66. 邵名正：《邵名正文集：七十华诞纪念》，法律出版社 2008 年版。
67. 邵雷：《中外监狱管理比较研究》，吉林人民出版社 2015 年版。
68. 田兴洪：《社区矫正中的社区参与模式研究》，法律出版社 2017 年版。
69. 汤道刚：《社区矫正制度分析》，中国社会出版社 2010 年版。
70. 《刑法学》编写组编：《刑法学（上册·总论）》，高等教育出版社 2019 年版。
71. 吴宗宪、蔡雅奇、彭玉伟：《社区矫正制度适用与执行》，中国人民公安大学出版社 2012 年版。
72. 吴宗宪：《社区矫正比较研究》（上、下），中国人民大学出版社 2011 年版。
73. 吴宗宪主编：《社区矫正导论》，中国人民大学出版社 2011 年版。
74. 吴宗宪主编：《社区矫正导论》（第 2 版），中国人民大学出版社 2020 年版。
75. 吴宗宪主编：《中国服刑人员心理矫治技术》，北京师范大学出版社 2010 年版。
76. 吴宗宪等：《非监禁刑研究》，中国人民公安大学出版社 2003 年版。
77. 吴宗宪：《中国社区矫正规范化研究》，北京师范大学出版社 2021 年版。
78. 王顺安：《刑事执行法学》，群众出版社 2001 年版。
79. 王顺安：《刑事执行法学通论》，群众出版社 2005 年版。
80. 王顺安：《社区矫正研究》，山东人民出版社 2008 年版。
81. 王顺安主编：《社区矫正法治研究》，中国政法大学出版社 2021 年版。
82. 王爱立主编：《中华人民共和国社区矫正法解读》，中国法制出版社 2020 年版。
83. 王志亮：《外国刑罚执行制度研究》，广西师范大学出版社 2009 年版。

84. 王公义主编:《刑事执行法学》,法律出版社2013年版。
85. 王世洲:《追寻刑法理想》,北京大学出版社2019年版。
86. 王世洲:《现代刑法学(总论)》(第2版),北京大学出版社2018年版。
87. 王世洲:《世说刑语——你不能不知道的刑法知识》,江苏人民出版社、江苏凤凰美术出版社2021年版。
88. 王平主编:《社区矫正制度研究》,中国政法大学出版社2014年版。
89. 王平、何显兵、郝方昉:《理想主义的〈社区矫正法〉——学者建议稿及说明》,中国政法大学出版社2012年版。
90. 王明星:《刑法谦抑精神研究》,中国人民公安大学出版社2005年版。
91. 王运生、严军兴:《英国刑事司法与替刑制度》,中国法制出版社1999年版。
92. 王增铎等主编:《中加矫正制度比较研究》,法律出版社2001年版。
93. 武玉红:《社区矫正管理模式研究》,中国法制出版社2011年版。
94. 肖扬主编:《中国刑事政策和策略问题》,法律出版社1996年版。
95. 许道敏:《民权刑法论》,中国法制出版社2003年版。
96. 熊永明、胡祥福:《刑法谦抑性研究》,群众出版社2007年版。
97. 熊贵彬、荣容:《社区矫正"北京模式"新发展研究——以朝阳区阳光中途之家为视角》,中国社会出版社2012年版。
98. 颜九红主编:《跨文化视域下的刑事法学——约阿西姆·赫尔曼八秩华诞纪念文集》,中国检察出版社2013年版。
99. 闫佳、冯建仓:《社区矫正对象权利保护研究》,法律出版社2019年版。
100. 杨宇冠、杨晓春编著:《联合国刑事司法准则》,中国人民公安大学出版社2003年版。
101. 翟中东:《社区性刑罚的崛起与社区矫正的新模式——国际的视角》,中国政法大学出版社2013年版。
102. 翟中东:《矫正的变迁》,中国人民公安大学出版社2013年版。
103. 翟中东:《中国社区矫正制度的建构与立法问题》,中国人民公安大学出版社2017年版。
104. 周国强:《社区矫正制度研究》,中国检察出版社2006年版。
105. 周道鸾、张泗汉主编:《刑事诉讼法的修改与适用》,人民法院出版社1996年版。
106. 周道鸾、单长宗、张泗汉主编:《刑法的修改与适用》,人民法院出版社1997年版。
107. 张明楷:《刑法学》(上),法律出版社1997年版。
108. 张明楷:《刑法的基础观念》,中国检察出版社1995年版。
109. 张明楷:《刑法学》(上)(第6版),法律出版社2021年版。
110. 张建明主编:《社区矫正实务》(第2版),中国政法大学出版社2013年版。
111. 张小虎:《刑法的基本观念》,北京大学出版社2004年版,第55页。
112. 张昱、费梅苹:《社区矫正实务过程分析》,华东理工大学出版社2005年版。
113. 张荆主编:《海峡两岸社区矫正制度建设研究》,法律出版社2016年版。

114. 张晋藩总主编：《中国法制通史》，法律出版社 1999 年版。
115. 张传伟：《我国社区矫正制度的趋向》，中国检察出版社 2006 年版。
116. 张传伟：《我国社区矫正运行模式研究》，山东大学出版社 2010 年版。
117. 张旭光编著：《和谐社会背景下的社区矫正问题研究》，中国农业科学技术出版社 2014 年版。
118. 张新民、刘远主编：《中国社区矫正制度与立法研究》，世界知识出版社 2019 年版。
119. 张东平：《监禁行刑与社区矫正的互动衔接研究》，中国法制出版社 2017 年版。
120. 张平吾编：《犯罪学与刑事政策》，正中书局 2000 年版。
121. 张文学等编著：《中国缓刑制度理论与实务》，人民法院出版社 1995 年版。
122. 张军主编：《〈刑法修正案（八）〉条文及配套司法解释理解与适用》，人民法院出版社 2011 年版。
123. 赵秉志主编：《社区矫正法（专家建议稿）》，中国法制出版社 2013 年版。
124. 赵秉志、陈志军编：《中国近代刑法立法文献汇编》，法律出版社 2016 年版。
125. 赵秉志主编：《刑法基础理论探索》，法律出版社 2003 年版。
126. 赵国玲主编：《刑事执行法学》，北京大学出版社 2014 年版。
127. 赵新东主编：《社区矫正管理实务》，法律出版社 2006 年版。
128. 朱久伟、李光勇主编：《上海市社区服刑人员个性化教育矫正的理论与实践》，法律出版社 2012 年版。
129. 朱久伟、王安主编：《社会治理视野下的社区矫正》，法律出版社 2012 年版。
130. 朱久伟、王志亮主编：《刑罚执行视野下的社区矫正》，法律出版社 2011 年版。
131. 郑永年：《重建中国社会》，东方出版社 2016 年版。
132. 《中国监狱史》编写组编：《中国监狱史》，群众出版社 1986 年版。
133. 中国社会科学院语言研究所编纂：《现代汉语词典》（第 7 版），商务印书馆 2016 年版。
134. ［美］戴维·波普诺：《社会学》（第 10 版），李强等译，中国人民大学出版社 1999 年版。
135. ［美］克莱门·斯巴特勒斯：《罪犯矫正概述》，龙学群译、陈新华校，群众出版社 1987 年版。
136. ［美］道格拉斯·胡萨克：《过罪化及刑法的限制》，姜敏译，中国法制出版社 2015 年版。
137. ［美］乔治·P. 弗莱彻：《刑法的基本概念》，蔡爱惠等译，王世洲主译与校对，中国政法大学出版社 2004 年版。
138. ［德］埃里克·希尔根多夫：《德国刑法学：从传统到现代》，江溯等译，北京大学出版社 2015 年版。
139. ［德］格吕恩特·雅科布斯：《行为 责任 刑法——机能性描述》，冯军译，中国政法大学出版社 1997 年版。

140. ［德］克劳斯·罗克辛：《德国刑法学　总论（第1卷）：犯罪原理的基础构造》，王世洲译，法律出版社2005年版。

141. ［德］克劳斯·罗克辛：《德国刑法学　总论（第2卷）：犯罪行为的特别表现形式》，王世洲主译，法律出版社2013年版。

142. ［德］克劳斯·罗克辛：《刑事政策与刑法体系》，蔡桂生译，中国人民大学出版社2011年版。

143. ［意］杜里奥·帕多瓦尼：《意大利刑法学原理》（注评版），陈忠林译评，中国人民大学出版社2004年版。

144. ［日］大谷实：《刑法讲义总论》（第2版），黎宏译，中国人民大学出版社2008年版。

145. ［日］大冢仁：《刑法概说（总论）》，冯军译，中国人民大学出版社2003年版。

146. ［日］川出敏裕、金光旭：《刑事政策》，钱叶六等译，中国政法大学出版社2016年版。

（二）中文论文类

1. 本丽萍、李金杨："当前社区矫正检察监督存在的问题和完善建议"，载《法制博览》2013年第5期。

2. 鲍宇科："社会治理现代化中社会力量参与社区矫正的机制研究"，载《中国监狱学刊》2020年第6期。

3. 蔡雅奇："论社区矫正中的裁决前调查制度"，载《铁道警官高等专科学校学报》2012年第2期。

4. 曹扬文："社区矫正制度本土化构建研究"，载《中国司法》2007年第6期。

5. 曾卫东："借鉴国外以社区矫正为主的先进措施发展'三试'"，载《犯罪与改造研究》1993年第6期。

6. 陈和华："论我国社区矫正的制度建设"，载《犯罪研究》2010年第1期。

7. 陈庆："社区矫正判前调查评估制度探析"，载《中北大学学报（社会科学版）》2013年第2期。

8. 陈威仪："浅析社区矫正执法人员是否应具有警察身份"，载《青年与社会》2013年第9期。

9. 陈卫东："关于社区矫正立法的三点意见"，载《中国司法》2017年第9期。

10. 陈兴良："犯罪范围的扩张与刑罚结构的调整——《刑法修正案（九）》述评"，载《法律科学（西北政法大学学报）》2016年第4期。

11. 陈瑞华："法学研究方法的若干反思"，载《中外法学》2015年第1期。

12. 陈志海："社区矫正性质研究"，载《犯罪与改造研究》2014年第7期。

13. 程晓溪："社区服刑人员隐私权保护问题研究"，载《江西广播电视大学学报》2015年第3期。

14. 程应需："社区矫正的概念及其性质新论"，载《郑州大学学报（哲学社会科学版）》2006年第4期。
15. 崔会如："《社区矫正法》实施背景下司法行政机关的机遇、挑战及应对"，载《天津法学》2020年第1期。
16. 储槐植："我国刑法中犯罪概念的定量因素"，《法学研究》1988年第2期。
17. 褚春红、陈强："构建'四段式'社区矫正风险评估体系"，载《人民调解》2013年第6期。
18. 但未丽："社区矫正的'北京模式'与'上海模式'比较分析"，载《中国人民公安大学学报（社会科学版）》2011年第4期。
19. 但未丽："社区矫正立法若干问题研究——以《社区矫正法（征求意见稿）》为分析对象"，载《首都师范大学学报（社会科学版）》2018年第2期。
20. 但未丽："社区矫正执行机构重设必要性及基本模式"，载《河南司法警官职业学院学报》2011年第1期。
21. 但未丽："中国增设社区服务刑之必要性及立法构想"，载《首都师范大学学报（社会科学版）》2009年第6期。
22. 但未丽："犯罪学视野中的农村社区矫正问题与出路——基于农村社区王镇的实证研究"，载《公安学研究》2020年第3期。
23. 但未丽："社区矫正执法人员玩忽职守罪认定偏差与匡正"，载《法律适用》2020年第22期。
24. 段晖、周卫军："缓刑的刑罚谦抑性考察——兼缓刑的发展趋势探究"，载《当代法学》2001年第7期。
25. 冯卫国、储槐植："刑事一体化视野中的社区矫正"，载《吉林大学社会科学学报》2005年第2期。
26. 冯文杰："社区矫正的正当化根据及其限度"，载《中国监狱学刊》2021年第5期。
27. 费梅苹、邓泉洋："中国特色社区矫正社会工作服务体系研究——基于'社区矫正法'的要求"，载《社会工作》2020年第1期。
28. 高峰、禹得水："社区矫正专业队伍建设研究——以S省L县社区矫正专业队伍为样本"，载《山东警察学院学报》2013年第4期。
29. 高铭暄："社区矫正写入刑法的重大意义"，载《中国司法》2011年第3期。
30. 顾晓浪："关于《中华人民共和国社区矫正法》第17条的案例解读"，载《中国监狱学刊》2020年第4期。
31. 顾晓浪："对《中华人民共和国社区矫正法》第28条的理解和建议"，载《中国监狱学刊》2021年第2期。
32. 郭建安："我国亟需建立专门的缓刑机构"，载《青少年犯罪问题》1993年第2期。
33. 郭华："《社区矫正法》制定中的争议问题研究"，载《法学》2017年第7期。
34. 郭健："我国社区矫正机构论纲"，载《刑法论丛》2011年第4期。

35. 哈洪颖、马良灿:"社会力量参与社区矫正遭遇的实践困境与治理图景",载《山东社会科学》2017年第6期。
36. 哈洪颖:"试论我国社区矫正法律关系的结构性元素",载《贵州师范大学学报(社会科学版)》2018年第5期。
37. 哈洪颖:"在惩治与服务之间——试论社区矫正机构与社区服刑人员互动关系的双重特性",载《学海》2018年第4期。
38. 韩友谊:"积极的一般预防",载《河北法学》2005年第2期。
39. 韩巧香:"台籍犯罪人在大陆适用社区矫正的路径探析——以社会力量整合参与为视角",载《闽南师范大学学报(哲学社会科学版)》2019年第4期。
40. 郝川、王利荣:"再谈社区矫正制度方案的调整——以《刑法修正案》(八)的公布实施为视角",载《社会科学战线》2011年第4期。
41. 何荣功:"社会治理'过度刑法化'的法哲学批判",载《中外法学》2015年第2期。
42. 黄京平、陈鹏展:"缓刑执行说之论证——以'原判的刑罚就不再执行'为切入点",载《法学评论》2006年第4期。
43. 韩斌:"试论提高艾滋病社区矫正对象监管质量的路径选择",载《中国司法》2020年第1期。
44. 江山河:"美国社区矫正官制度对中国的启示",载《青少年犯罪问题》2020年第5期。
45. 金碧华:"社区矫正假释人员回归社会的障碍分析及破解策略",载《犯罪研究》2020年第3期。
46. 姜爱东:"《社区矫正法》具有里程碑意义",载《人民调解》2020年第2期。
47. 冀洋:"我国轻罪化社会治理模式的立法反思与批评",载《东方法学》2021年第3期。
48. 康树华:"社区矫正的历史、现状与重大理论价值",载《法学杂志》2003年第5期。
49. 孔一:"社区矫正人员再犯风险评估量表研究",载《犯罪与改造研究》2012年第7期。
50. 李川:"修复、矫治与分控:社区矫正机能三重性辩证及其展开",载《中国法学》2015年第5期。
51. 李春雷、张云霄、孙凯:"关于我国社区矫正法律监督制度完善的研究",载《中国检察官》2013年第7期。
52. 李凤军:"论社区矫正制度存在的问题及完善措施",载《兰州学刊》2013年第8期。
53. 李高峰:"社区矫正的司法适用探究——以社区矫正对象为视角",载《贵州警官职业学院学报》2012年第6期。
54. 李根宝等:"对社区矫治工作的认识与思考",载《法治论丛》2003年第2期。
55. 李洪杰:"刑事禁止令适用状况实证研究",载《法商研究》2017年第4期。
56. 李正新:"我国社区矫正的性质反思:从刑罚到刑事政策",载《江西科技师范学院学报》2013 年第 5 期。

57. 李训伟："社区矫正中的刑事执行监督问题研究"，载《中共山西省委党校学报》2020 年第 2 期。
58. 劳泓："浙江数字化改革背景下深化'社区矫正'的探索与实践"，载《中国司法》2021 年第 6 期。
59. 连春亮："论社区矫正的研究对象"，载《河南司法警官职业学院学报》2004 年第 2 期。
60. 连春亮："社区矫正的属性及其契约化规制"，载《山东警察学院学报》2016 年第 2 期。
61. 连春亮："社区矫正概念的多维思考与选择"，载《河南司法警官职业学院学报》2007 年第 2 期。
62. 连春亮："社区矫正现代化的价值目标与实现路径"，载《河南司法警官职业学院学报》2020 年第 3 期。
63. 连春亮："《社区矫正法》出台的意义与特点"，载《犯罪与改造研究》2020 年第 4 期。
64. 连春亮："社区矫正的风险认知与管控体系构建"，载《宜宾学院学报》2020 年第 3 期。
65. 连春亮："社区工作面临的现实矛盾与破解路径"，载《天津法学》2021 年第 2 期。
66. 连春亮："社区矫正工作新理念、新特征和新判断"，载《河南警察学院学报》2021 年第 3 期。
67. 梁栋："陕甘宁边区回村执行制度对我国社区矫正的启示与借鉴"，载《东岳论丛》2021 年第 3 期。
68. 廖明："我国社区矫正机构的界定与设置——兼与郭健博士商榷"，载《刑法论丛》2012 年第 3 期。
69. 刘强："论'剥权'人员应纳入社区矫正的范围"，载《河北法学》2013 年第 8 期。
70. 刘强："论社区矫正的社区刑罚执行性质"，载《社会科学战线》2015 年第 8 期。
71. 刘强："社区矫正的定位及社区矫正工作者的基本素质要求"，载《法治论丛》2003 年第 2 期。
72. 刘强："完善我国社区矫正组织管理体制的探讨"，载《河南司法警官职业学院学报》2011 年第 1 期。
73. 刘强："我国社区矫正试点中的管理体制弊大于利"，载《法学》2005 年第 9 期。
74. 刘强："论社区矫正法律制度的发展创新空间"，载《犯罪研究》2020 年第 3 期。
75. 刘强："我国社区矫正机构设置探析"，载《山东警察学院学报》2020 年第 1 期。
76. 刘强："论社区矫正工作的任务"，载《警学研究》2021 年第 1 期。
77. 刘强、武玉红："社区矫正的性质为社区刑罚执行"，载《青少年犯罪问题》2020 年第 6 期。
78. 刘东根："公安机关与社区矫正——兼论社区矫正执行机构的构建"，载《中国人民公安大学学报（社会科学版）》2006年第3期。

79. 刘守芬、王琪、叶慧娟："社区矫正立法化研究"，载《吉林大学社会科学学报》2005年第2期。

80. 刘延和："缓刑适用实证研究"，载《中国刑事法杂志》2007年第3期。

81. 刘政："社区矫正的惩罚功能重塑与惩罚机制重构"，载《法学论坛》2019年第6期。

82. 鲁兰："中国特色社区矫正模式的探索——以浙江省嘉兴市司法局的实践为例"，载《河南司法警官职业学院学报》2019年第2期。

83. 鲁兰："《社区矫正法》的精神意蕴与价值追求"，载《河南司法警官职业学院学报》2020年第2期。

84. 凌高锦："中国社区矫正检察监督的实践、省思与完善"，载《北京政法职业学院学报》2020年第1期。

85. 马聪："刑法起刑点的降低——以劳动教养制度的废止为切入点的思考"，载《山东警察学院学报》2014年第2期。

86. 马克昌："我国刑法也应以谦抑为原则"，《云南大学学报（法学版）》2008年第5期。

87. 马时明、徐祖华："坚持发展'枫桥经验' 全面推进社区矫正工作创新实践"，载《中国司法》2013年第7期。

88. 毛海、李志虎："当前我国缓刑制度适用中存在的问题与完善建议"，载《人民检察》2009年第12期。

89. 莫洪宪："和谐社会背景下的中国未成年人社区矫正制度之构建"，载《河南省政法管理干部学院学报》2007年第1期。

90. 屈学武："中国社区矫正制度设计及其践行思考"，载《中国刑事法杂志》2013年第10期。

91. 任文启："完善我国社区矫正审前调查评估制度的思考——基于文本和现实的比较分析"，载《甘肃政法学院学报》2016年第2期。

92. 邵名正、于同治："论刑事执行法的创制"，载《犯罪与改造研究》2000年第10期。

93. 时延安："犯罪化与惩罚体系的完善"，载《中国社会科学》2018年第10期。

94. 史柏年："刑罚执行与社会福利：社区矫正性质定位思辨"，载《华东理工大学学报（社会科学版）》2009年第1期。

95. 史丹如："社区矫正执行的若干问题研究——以刑法修正案（八）为视角"，载《中国人民公安大学学报（社会科学版）》2011年第4期。

96. 史亚杰："社区矫正理论基础分析"，载《辽宁公安司法管理干部学院学报》2006年第4期。

97. 司法部预防犯罪研究所课题组："社区矫正衔接机制建设研究报告"，载《中国司法》2016年第6期。

98. 司绍寒："《刑事诉讼法》视野下的社区矫正社会调查程序"，载《中国司法》2012年第10期。

99. 司绍寒:"试论《社区矫正法》的意义与不足",载《犯罪与改造研究》2020 年第 6 期。

100. 孙琳:"我国减刑假释制度的历史沿革",载《重庆师范大学学报(哲学社会科学版)》2010 年第 5 期。

101. 田兴洪、蒋晓宇:"《中华人民共和国社区矫正法》立法评析及完善对策",载《温州大学学报(社会科学版)》2020 年第 4 期。

102. 万军、付凤鸣:"当前社区矫正工作存在的问题、原因及对策",载《湖北警官学院学报》2011 年第 2 期。

103. 汪海涛:"论缓刑适用率的高低",载《商》2012 年第 20 期。

104. 王翠竹、王世洲:"社区矫正在我国的现实处境及进路分析——《刑法修正案(八)》颁行后的思考",载《辽宁大学学报(哲学社会科学版)》2012 年第 6 期。

105. 王珏:"关于社区矫正试点工作的几点思考",载《中国司法》2004 年第 1 期。

106. 王喆:"协同治理:社会组织参与社区矫正的一种实现方式",载《社会科学战线》2021 年第 1 期。

107. 王立志:"风险社会中刑法范式之转换——以隐私权刑法保护切入",载《政法论坛》2010 年第 2 期。

108. 王利荣:"从司法预防视角谈社区矫正制度的发展思路",载《法治论丛》2004 年第 2 期。

109. 王琼等:"行刑社会化(社区矫正)问题之探讨(上)",载《中国司法》2004 年第 5 期。

110. 王红星:"社区矫正法实施后社区矫正工作风险防范问题探讨",载《河南司法警官职业学院学报》2021 年第 1 期。

111. 王世洲:"国际人权标准与我国刑法人身权保护的发展方向",载《法学家》2006 年第 2 期。

112. 王世洲:"我国刑法人身权保护现状和问题",载《河北法学》2006 年第 11 期。

113. 王世洲:"现代刑罚目的理论与中国的选择",载《法学研究》2003 年第 3 期。

114. 王世洲:"刑法的辅助原则与谦抑原则的概念",载《河北法学》2008 年第 10 期。

115. 王顺安:"社区矫正的法律问题",载《政法论坛》2004 年第 3 期。

116. 王顺安:"从刑罚执行到刑事执行——谈对社区矫正性质的认识",载《河南司法警官职业学院学报》2020 年第 2 期。

117. 王顺安:"论《社区矫正法》的五大立法目的与十大引申意义",载《中国司法》2020 年第 5 期。

118. 王顺安:"论创建社区矫正法学的必要性与可行性",载《中国法学教育研究》2020 年第 2 期。

119. 王思睿、邢飞龙:"我国社区矫正制度的检视与反思——以中西比较为视角",载《濮阳职业技术学院学报》2013 年第 1 期。

120. 王彦璋："试论我国社区矫正制度的完善"，载《中共乌鲁木齐市委党校学报》2011年第1期。
121. 王志祥、韩雪："刑法结构优化论——与'严而不厉'和'中罪中刑'两种刑法结构论商榷"，载《人民检察》2016年第23期。
122. 王志祥："我国减刑、假释制度改革路径前瞻"，载《法商研究》2009年第6期。
123. 王力达："社区矫正工作者玩忽职守犯罪的特点与预防——基于97份生效判决的分析"，载《铁道警官学院学报》2020年第6期。
124. 韦临、流鳌："论报应、报应的制约与一般预防：兼论一般预防不应是刑罚目的"，载《法律适用》1997年第5期。
125. 罗智勇、李慧涛："《社区矫正法》实施中人民法院正确履职的若干思考"，载《法律适用》2021年第2期。
126. 吴海峰："论社区矫正的性质定位及改革"，载《贵州警官职业学院学报》2013年第3期。
127. 吴宗宪："关于社区矫正若干问题的思考"，载《中国司法》2004年第7期。
128. 吴宗宪："论社区矫正中的危险控制"，载《中国司法》2005年第1期。
129. 吴宗宪："社区矫正的问题与前景"，载《法治论丛（上海政法学院学报）》2007年第1期。
130. 吴宗宪："社区矫正立法的奠基之作和拾漏补缺思考"，载《温州大学学报（社会科学版）》2020年第4期。
131. 吴宗宪："《社区矫正法》的重要价值"，载《中国司法》2020年第2期。
132. 吴宗宪："我国社区矫正立法的历史地位与立法特点"，载《法学研究》2020年第4期。
133. 武玉红："我国社区矫正队伍专业化建设探究"，载《北京联合大学学报（人文社会科学版）》2016年第3期。
134. 武和平："公安犯罪统计失真的现状原因、危害及对策"，载《山东警察学院学报》2001年第5期。
135. 熊贵彬："社区矫正三大管理模式及社会工作介入效果分析——基于循证矫正视角"，载《浙江工商大学学报》2020年第2期。
136. 肖春竹："论影响社区矫正审前调查的因素及排解方法"，载《犯罪与改造研究》2013年第7期。
137. 肖乾利、吕沐洋："《社区矫正法》实施效果考察"，载《宜宾学院学报》2021年第4期。
138. 肖艳秋："社区矫正对象就业权益的保障探析"，载《犯罪与改造研究》2021年第4期。
139. 徐祖华："社区矫正对象经常性跨市县活动相关规定执行问题初探"，载《犯罪与改造研究》2021年第5期。

140. 晓雳：“美国社区矫正制度”，载《犯罪与改造研究》1990 年第 3 期。
141. 薛淑兰、王卫、魏磊：“缓刑适用实证研究”，载《人民司法》2010 年第 9 期。
142. 杨剑锋、彭加恒、施建芳：“新形势下提高罪犯假释适用率的思考”，载《犯罪与改造研究》2019 年第 1 期。
143. 杨明、李静：“我国社区矫正的机构设置及队伍建设现状和构想”，载《传承》2013 年第 5 期。
144. 杨兴培：“刑事执行制度一体化的构想”，载《华东政法学院学报》2003 年第 4 期。
145. 于阳、刘晓梅：“完善我国社区矫正风险评估体系的思考——基于再犯危险的分析”，载《江苏警官学院学报》2011 年第 2 期，第 119 页。
146. 余俊：“社区矫正裁前评估：现状、问题与完善”，载《贵州警官职业学院学报》2016 年第 2 期。
147. 俞伟：“社区少年矫正机构建设的构想”，载《青少年犯罪研究》1996 年第 4 期。
148. 颜九红：“司法所社区矫正国家工作人员探讨”，载《北京政法职业学院学报》2021 年第 1 期。
149. 严庆芳：“《中华人民共和国社区矫正法》立法理念之嬗变”，载《中国监狱学刊》2020 年第 4 期。
150. 曾守锤：“服务对象眼中的社区矫正社工及其服务——以上海为案例的调查研究”，载《华东理工大学学报（社会科学版）》2007 年第 1 期。
151. 张传伟：社区矫正'1+X'运行模式"，载《法学论坛》2010 年第 1 期。
152. 张荆：“北京社区矫正模式特色与问题点分析”，载《中国人民公安大学学报（社会科学版）》2013 年第 3 期。
153. 张荆：“《社区矫正法》的立法意义与执法难点”，载《犯罪研究》2020 年第 4 期。
154. 张明楷：“日本刑法的发展及其启示”，载《当代法学》2006 年第 1 期。
155. 张苏军：“在社区中矫正：中美社区矫正制度比较研究”，载《中国监狱学刊》2012 年第 4 期。
156. 张全仁、张鸥：“监狱行刑的功能与目的”，载《中国法学》2000 年第 4 期。
157. 张瑞菊：“社区矫正档案管理研究”，载《辽宁经济职业技术学院·辽宁经济管理干部学院学报》2015 年第 3 期。
158. 张绍彦：“社区矫正在中国——基础分析、前景与困境”，载《环球法律评论》2006 年第 3 期。
159. 张籘卿：“关于社区矫正审前调查的实践与思考”，载《犯罪与改造研究》2011 年第 6 期。
160. 张雍锭：“我国缓刑犯社区矫正性质探讨”，载《中国人民公安大学学报（社会科学版）》2021 年第 4 期。
161. 张磊、马寅矗、王超：“女性社区矫正对象回归社会的困境与出路——以某区社会支持系统的构建为例”，载《犯罪与改造研究》2021 年第 10 期。

162. 张昱："论社区矫正中刑罚执行和社会工作的统一性",载《社会工作》2004年第5期。
163. 章恩友、刘恒志："开展中国特色社区矫正工作的思考",载《中国监狱学刊》2005年第1期。
164. 章群："在校生社区矫正对象的矫正方式探讨",载《宜宾学院学报》2020年第9期。
165. 章安邦："'监管中心主义'语境下的社区矫正权责失衡问题——以浙江省J县司法局社区矫正监管工作为例",载《哈尔滨工业大学学报(社会科学版)》2017年第3期。
166. 浙江乔司监狱课题组："社区矫正对象生存状况调查报告——以2010—2012年乔司监狱假释犯为样本",载《犯罪与改造研究》2014年第3期。
167. 郑丽萍："互构关系中社区矫正对象与性质定位研究",载《中国法学》2020年第1期。
168. 郑艳："社区矫正机构配备人民警察的现实考察与理想愿景",载《中国司法》2016年第10期。
169. 郑艳："社区矫正中心的功能定位与运作模式研究",载《中国司法》2020年第3期。
170. 翟中东："缓刑刑种化问题的思考",载《天津法学》2021年第3期。
171. 朱景文："法学研究的社会学方法:应用、局限及其克服",载《法学研究》2011年第6期。
172. 周光权："转型时期刑法立法的思路与方法",载《中国社会科学》2016年第3期。
173. 周鹏："社区矫正的理性回归——兼评《中华人民共和国社区矫正法》",载《犯罪与改造研究》2020年第1期。
174. 邹屹峰："《社区矫正法》实施前后社区矫正工作对比分析",载《中国司法》2020年第4期。
175. 左坚卫、肖栈光："缓刑法律性质新探",载《云南大学学报(法学版)》2003年第1期。
176. 张来增："剥夺政治权利社区服刑人员矫正方法的研究",载北京市司法局编:《社区矫正优秀理论研究成果汇编》,2005年。
177. 梁恒昌："缓刑制度之商榷",载刁荣华主编:《现代法学论文精选》,汉苑出版商社1976年版。
178. 刘为波："可罚的违法性论",载陈兴良主编:《刑事法评论》(第10卷),中国政法大学出版社2002年版。
179. 郭建安："社区矫正:改革与完善",载陈兴良主编:《刑事法评论》(第14卷),中国政法大学出版社2004年版。
180. 许庆永、单宝雄："我国社区矫正中电子监控的法律规制研究",载齐延平主编:《人权研究》(第23卷),社会科学文献出版社2020年版。
181. 王虹、刘克志："北京市丰台区社区服刑人员基本生存状况及对策分析",载刘强、姜爱东、朱久伟主编：《社区矫正理论与实务研究文集》，中国人民公安大学出版社 2009 年版。

182. 赵秉志等："关于我国社区矫正立法若干问题的建议"，载赵秉志主编：《刑事法治发展研究报告》（2006—2007 年卷），中国人民公安大学出版社 2008 年版。

183. 刘强："论健全适应惩教需要的社区矫正执法机构"，载金川主编：《社区矫正机构队伍建设与教育矫正研究：首届浙江台州社区矫正论坛论文集（2016）》，法律出版社 2017 年版。

184. 李岚林："司法社会工作在社区矫正中的功能定位及实现路径"，载金川主编：《社区矫正机构队伍建设与教育矫正研究：首届浙江台州社区矫正论坛论文集（2016）》，法律出版社 2017 年版。

185. 岳平："我国社区矫正对象若干问题的探析"，载刘强、姜爱东、朱久伟主编：《社区矫正理论与实务研究文集》，中国人民公安大学出版社 2009 年版。

186. 郑波："上海社会组织参与教育矫正工作的实践与探索"，载金川主编：《社区矫正机构队伍建设与教育矫正研究：首届浙江台州社区矫正论坛论文集（2016）》，法律出版社 2017 年版。

187. ［日］西原春夫："日本刑法的变革与特点"，载［日］西原春夫主编：《日本刑事法的形成与特色》，李海东等译，法律出版社、成文堂 1997 年版。

188. ［美］D. 斯坦利·艾兹恩、杜格·A. 蒂默："美国的监禁与非监禁化危机"，邬明安译，载《环球法律评论》1987 年第 4 期。

189. 蔡雅奇："社区矫正公益劳动并非刑事义务"，载《检察日报》2013 年 2 月 18 日。

190. 张明楷："应当提高缓刑的适用率"，载《人民法院报》2015 年 6 月 3 日。

191. 马聪："刑法一小步，社会治理一大步"，载《检察日报》2019 年 11 月 9 日。

192. 王顺安："《社区矫正法》出台具有划时代意义"，载《民主与法制时报》2019 年 7 月 18 日。

193. 王顺安："社区矫正：现代刑罚人道文明的重要体现"，载《光明日报》2021 年 12 月 15 日。

194. 王俊："假释适用率低 司法部：加强对依法推进假释适用工作研究"，载《新京报》2020 年 6 月 3 日。

195. 任文岱、李卓谦："专家学者热议社区矫正法草案：社区矫正的定义、机构、矫正对象的概念存争议"，载《民主与法制时报》2019 年 7 月 18 日。

（三）公报数据类

1. 司法部："社区矫正信息化建设情况及下一步工作安排"，载 http://www.moj.gov.cn/Department/content/2017-04/21/607_5401.html.

2. 中国法律年鉴编辑部：《中国法律年鉴》（2004 年卷—2021 年卷），中国法律年鉴社

2004—2021 年版。

二、英文文献

1. Edward J. Latessa & Brian Lovins, *Corrections in the Community* (7th ed., Routledge 2019).

2. LeanneFiftal Alarid, *Community-Based Corrections* (12th ed., Cengage Learning 2018).

3. Edward J. Latessa & Paula Simith, *Corrections in the Community* (6th. ed., Routledge 2015).

4. P. Whitehead & R. Statham, *the History of Probation-Politics, Power and Culture Change 1876-2005* (Shaw & Sons 2013).

5. Tom R. Tyler, *Why People Obey the Law* (Princeton 2006).

6. Anthony E. Bottoms, Loraine Gelsthorpe & Sue Rex (eds.), *Community Penalties: Change and Challenges* (Willan Publishing 2001).

7. Stanley Yeo, Neil Morgan & Chan Wing Cheong, *Criminal Law in Malaysia and Singapore* (2th ed., LexisNexis 2012).

8. Frank Schmalleger & John O. Smykla, *Corrections in the 21st Century* (McGraw-Hill 2007).

9. Joel Samaha, *Criminal Justice* (7th ed., Wadsworth Publishing 2005).

10. Norman A. Carlson, Kären M. Hess & Christine M. H. Orthmann, *Corrections in the 21st Century: A Practical Approach* (Wadsworth Publishing 1998).

11. Robert M. Bohm & Keith N. Haley, *Introduction to Criminal Justice* (Glence/McGraw–Hill 1997).

12. Malcolm M. Feeley, *the Process is the Punishment: Handling Cases in a Lower Criminal Court* (Russell Sage 1992).

13. Franklin E. Zimring & Gordon J. Hawkins, *Deterrence: The Legal Threat in Crime Control* (Chicago 1973).

14. Herbert L. Packer, *The Limits of The Criminal Sanction* (Stanford 1968).

15. Cuyora Binder & Nicholas J. Smith, "Framed: Utilitarianism and Punishment of the Innocent", 32 *Rutgers L. J.* (2000).

16. Robert Martinson, "What Works? Questions and Answers about Prison Reform", 35*Pub. Int.* (1974).

17. John M. Darley, Catherine Sanderson& Peter LaMatia, "Community Standard for Defining Attempt: Inconsistences With Model Penal Code", 39 *Ameri. Behav. Sci.* (1996).

18. Daniel J. Bell, "Family Violence in Small Cities: An Exploratory Study", 12 *Police Stud.* (1989).

19. Johannes Andenaes, "The General Preventive Effects of Punishment", 114 *U. Pa. L. Rev.* (1966).

20. Johannes Andenaes, "General Prevention – illusion or Reality?", 43 *J. Crim. L. C.&P. S.*

(1952).
21. John Braithwaite, "Restorative Justice: Assessing Optimistic and Pessimistic Accounts", 25 *J. Crime. & Just.* (1999).
22. Randy E. Barnett, "Restitution: A New Paradigm of Criminal Justice", 77 *Ethics* (1977).
23. Fergus Mcneill, *Community Sanctions and European Penology*, in Tom Daems, Dirk van Zyl Smit and Sonja Snacken (eds.), *European Penology* (Hart Publishing 2013).
24. Dorothy Miller, Ann Rosenthal, Don Miller and Sheryl Ruzek, "*Public Knowledge of Criminal Penalties: A Research Report*", In Stanley E. Grupp (eds.), *Theories of Punishment* (Indiana 1972).

Indexes 索 引

B

帮扶……序言2、25、26、40、42、44、45、46、47、49、50、51、52、53、54、56、57、59、61、62、66、67、69、71、73、74、75、78、80、90、92、93、94、95；正文3、7、9、19、20、21、25、31、32、43、45、49、53、55、57、59、60、63、65、66、68、79、80、82、83、84、85、89、92、93、96、97、98、102、103、105、107、114、128、131、133、139、143、156、167、170、173、185、207、208、210、211、218、219、228、230、233、237、238、247、252、253、254、255、259、260、263、264、266、267、271、281、286、289、290、291、292、293、294、313、324、325、332、333、335、336、345、350、369、380、447、454、458、467、473、474、475、476、479、480、481、482

报告……序言3、4、7、8、14、23、24、25、30、38、40、41、47、53、58、61、67、68、69、70、72、74、76、77、93；正文6、9、42、66、72、125、127、156、159、175、177、182、187、188、207、213、268、269、270、271、272、274、278、279、290、293、297、298、299、302、303、306、324、339、340、343、344、356、357、367、370、379、380、416、419、452、455、460、463、482

报到……序言52、66、67、68；正文159、258、267、275、283、313、314、315、316、317、318、320、321、322、324、326、329、330、338、339、340、343、365

报应……序言2、4、8、54、93；正文20、34、73、74、75、87、88、90、93、108、117、150、172、186、190、194、195、218、239、240、241、242、243、244、245、246、247、248、249、250、252、253、256、260、261、262、264、265、267、284、293、391、396、399、447、463、468

本土化……正文40、41、145、359、391

必要性……序言44；正文13、23、184、190、272、372、391、446、453、456

标签理论……序言4、5、96；正文7、417、418、445

剥夺政治权利……序言14、15、17、20、22、23、26、27、30、36、41、81；正文9、17、49、50、62、79、87、95、105、106、108、112、127、133、167、168、169、176、185、187、213、215、216、389、392、403、404、468、469

索　引

不再执行……序言 3、12、16、23、29、55、63、74；正文 57、58、86、90、110、111、113、124、130、138、143、164、325、373、469

C

撤销……序言 3、6、16、17、20、23、24、29、31、35、37、38、40、43、47、52、57、61、62、63、66、68、69、70、71、77、78、95；正文 45、56、58、79、92、99、120、124、128、137、208、221、222、224、225、226、254、259、278、313、320、321、326、327、328、329、330、331、332、333、334、335、336、337、339、340、341、344、345、346、348、351、352、353、359、360、362、363、371、373、454、455、467、480

程序权利……正文 22、174、179、221

惩罚……序言 2、4、5、8、28、32、34、36、39、40、43、46、47、49、50、54、55、56、74、75、85、90、95、98、103；正文 20、34、42、55、57、64、66、70、72、74、75、85、87、88、90、91、92、93、95、99、104、107、108、121、128、129、130、131、132、133、136、137、138、139、140、141、142、143、150、151、164、172、182、185、186、190、194、195、200、206、212、214、215、218、219、240、243、244、245、250、251、252、253、258、259、260、261、263、264、266、267、269、304、313、319、321、337、338、340、341、348、349、350、351、352、355、356、358、359、360、380、381、390、391、393、394、396、399、401、403、406、418、422、423、425、427、434、435、436、439、441、442、443、447、462、463、468、469、475、476、480、481、484

惩治型法律关系……正文 479

处遇……序言 2、3、5、6、7、8、9、10、11、13、24、25、29、36、45、77、79、80、81、82；正文 8、10、28、41、43、44、46、47、54、55、56、61、66、87、89、90、92、105、107、108、116、117、119、122、123、126、129、139、147、159、160、168、194、215、251、350、351、390、447、458、461、462、467、476、477、480

创制目的……正文 80

次要目的……正文 260、264、267

长远层面……正文 382

层次动态模式……序言 93；正文 243、244、292

D

逮捕……序言 58、61、62、63、66、69、70、71、78；正文 100、137、221、224、226、328、329、330、331、333、339、340、341、346、348、352、452

单一性质说……序言 91；正文 8、54、104、160

党纪责任……序言 95；正文 362、381

倒逼……正文 64、133、401、430、443、483

底线性道德……正文 285、444

电子定位装置……序言 61、63、66、78、95；正文 93、96、99、100、132、142、158、160、183、207、221、224、225、258、259、278、324、333、339、340、344、345、357、380、473

调查评估……序言 37、40、41、45、49、52、66、67、69、70、71、72、73、94；正文 18、19、26、30、91、98、139、157、213、296、297、298、299、300、301、302、303、304、305、306、307、312、329、330、331、335、353、363、365、369、454、464

定量因素……序言 97；正文 201、202、389、392、413、415、424、425、432、434、435、445

对策性……序言 82；正文 28、29、32、391

多元共治……序言 101；正文 5、107、122、142、324、366

诞生……序言 1、16、46、78、80、97；正文 47、202、423、432、446、447、448、457、484、486

F

发展方向……序言 85、86、89、90、92、96、97、98；正文 2、15、23、28、29、34、36、58、68、73、84、97、117、130、140、144、148、166、167、221、222、227、229、230、234、237、238、267、268、280、287、296、309、312、318、329、332、337、347、351、361、365、366、370、376、382、392、394、395、420、423、425、428、438、439、443、445、481、484

法律监督……序言 19、20、21、22、27、51、52、66、71、73、78、88、90、96、103、104；正文 3、6、7、24、26、28、30、34、38、39、69、126、205、219、220、226、300、330、331、336、363、365、366、370、371、372、373、374、375、376、377、378、379、380、381、466、477、481

法制统一……正文 485、486

法治基础……正文 439

法治与人权……序言 90；正文 68、69、70、71、76、77、96、102、146

犯罪边界……序言 85、97；正文 31、151、201、382、383、389、392、394、414、415、424、428、430、431、445

犯罪化……序言 5、96、101；正文 5、55、389、390、391、392、393、394、414、415、416、417、419、423、429、433、445

犯罪治理……序言 85、90；正文 70、73、75、79、81、89、94、102、410、413、414、430、441、446

泛刑罚化……序言 85；正文 58、485

非犯罪化……序言 5、96；正文 55、389、390、391、392、393、394、414、415、416、417、419、429、445

非监禁刑……序言 11、13、14、20、22、24、26、27、28、29、30、31、32、33、34、

索 引

36、37、39、43、44、46、54、62、82、96、103；正文 33、41、42、43、44、48、49、51、52、54、55、56、57、58、95、105、106、108、118、121、127、129、130、133、136、140、152、190、297、360、382、391、396、404、405、411、444、459、461、463、464、465、467、468、469、474、475、478、479、483

非监禁性……序言 13、79、80、81、90、91、97、100、102、103；正文 5、8、17、18、33、36、40、42、43、44、47、49、54、56、57、58、59、66、68、84、86、88、98、100、101、102、106、116、117、118、119、127、136、137、147、149、151、160、163、166、169、190、194、206、212、214、215、239、248、254、261、266、269、384、404、405、413、417、441、446、447、455、464、465、466、470、476、483、486

非主导性目的……正文 246

分类分级……序言 91；正文 26、159、160、258

分配原则……正文 243、244、245、256、264

复归社会……序言 6、80、101；正文 5、9、19、56、72、74、104、107、108、115、143、152、156、167、179、185、206、210、215、218、221、223、234、239、242、244、253、265、266、267、279、281、283、286、311、322、324、331、334、336、350、355

G

更生……序言 4、5、7、80、103；正文 41、45、63、66、88、130、133、139、152、447、464、467、481

概念探索……正文 48、53

搁置争议……序言 102；正文 67、451、475

根本属性……序言 91；正文 33、53、90、103、104、115、116、118、121、141、160、170、260、359

公益活动……序言 6、68、69、70、94；正文 61、93、99、159、177、186、187、233、236、253、254、259、269、279、287、288、294、324、369

公益劳动……序言 31、94；正文 23、61、178、183、184、185、186、187、280、287、288、293、477

构建型制度模式……序言 91；正文 145、160

管制……序言 7、12、13、14、15、18、20、22、24、25、26、27、29、30、34、35、36、37、39、41、45、46、47、51、55、56、58、60、63、67、70、71、73、74、81、90、92、94、96；正文 9、11、12、17、42、49、50、54、55、56、57、58、59、62、66、68、69、71、72、79、86、87、92、102、104、105、106、108、112、117、122、127、133、134、136、137、142、143、147、150、159、163、166、176、177、182、183、185、187、192、193、194、195、199、200、203、205、207、213、215、218、246、247、248、249、253、254、261、268、280、281、282、293、295、297、299、301、302、303、311、317、321、325、356、358、360、371、382、384、385、386、387、388、391、392、404、405、

408、411、412、444、449、454、458、467、468、469、471、474、476、479、480

　　规范保障……序言 97；正文 433、445

　　规范概念……正文 53、54、59

　　国际公共法律产品……序言 98、101

　　国家立场……正文 397、398

H

　　合同型法律关系……正文 478

　　核查走访……序言 93；正文 268、275、293

　　核心目的……序言 101；正文 5、79、223、256、260、279、474、475

　　缓刑……序言 2、3、4、5、7、8、9、10、11、12、14、15、16、17、18、20、21、23、24、25、26、27、28、29、30、31、34、35、36、37、38、39、40、41、42、43、46、47、49、51、52、55、56、57、58、60、61、62、63、66、67、69、70、71、73、74、75、77、78、80、81、85、88、90、92、96；正文 6、8、9、11、12、17、27、31、42、43、44、45、46、49、50、54、55、56、57、58、59、62、68、71、72、73、79、86、87、88、90、91、92、99、102、104、105、109、110、111、112、113、116、117、120、121、122、123、124、126、127、128、129、130、131、132、133、134、135、137、138、141、142、143、145、146、147、152、153、159、164、165、166、176、182、183、185、187、192、193、194、195、196、200、203、205、207、208、213、215、218、221、222、224、225、226、246、247、248、249、257、259、261、277、278、281、282、288、295、297、299、301、302、303、311、312、317、321、325、326、327、332、333、336、337、339、340、341、344、345、346、348、351、352、353、356、357、358、360、363、366、371、373、382、384、387、388、389、391、392、393、404、405、410、411、412、428、444、448、449、452、454、455、458、459、461、462、463、464、465、466、467、468、469、471、474、475、476、477、479、480

　　恢复性司法……序言 8、75、80、97；正文 55、73、75、87、282、447、448、452、486

　　会客……序言 22、23、24、53、69、70、93；正文 66、72、179、207、268、270、271、293、323、339、343

J

　　积极的一般预防……正文 88、245、250、253、254

　　基本权利……序言 5、91、102；正文 22、24、99、151、174、175、189、203、283、322、324、336、349、372、422、423、431

　　基本任务……序言 27、44、49、53、84、89、90、92、93；正文 18、19、34、36、53、97、202、238、239、241、243、245、247、249、251、253、255、257、259、261、

263、265、267、269、271、273、275、277、279、280、281、283、285、287、289、291、292、293、432、475、476

基层自治……序言101；正文5

家庭监禁……序言7；正文42、43、356、357、465

假释……序言2、3、4、5、7、8、9、10、11、12、14、16、17、18、19、20、21、23、24、25、26、27、29、30、31、34、35、39、40、41、43、46、47、51、52、56、57、58、60、61、62、63、66、67、69、70、71、74、77、78、80、81、90、92、96；正文9、11、12、17、18、21、23、24、27、43、44、45、46、47、49、50、54、55、56、57、59、62、64、66、68、72、73、79、86、87、88、92、99、100、102、104、105、108、109、111、116、117、121、122、123、124、125、126、127、129、133、134、136、138、139、141、142、143、147、152、159、163、164、166、176、182、183、185、187、192、193、195、196、197、198、199、200、203、205、207、208、212、213、214、215、218、221、222、224、225、246、247、248、249、259、260、261、278、281、282、290、291、292、295、297、299、302、311、317、325、326、327、328、329、330、332、333、336、337、339、340、341、344、345、346、348、351、352、353、356、357、360、363、371、373、376、382、384、385、386、387、388、389、391、392、404、410、428、444、448、449、452、454、455、458、459、461、462、463、464、465、466、467、468、469、471、474、476、477、479、480、481

监管……序言3、11、16、21、24、26、40、41、42、43、44、45、47、53、56、64、70、74、90、93、94、95；正文2、7、9、11、12、15、17、18、20、21、25、32、33、53、55、56、57、58、59、63、65、72、79、82、84、85、91、92、95、100、103、113、114、115、116、118、121、127、128、132、139、148、456、157、158、159、160、164、165、167、170、171、173、176、177、180、181、182、185、189、194、195、197、200、206、207、212、213、214、215、216、218、219、221、223、224、225、230、234、235、238、240、247、252、253、254、255、256、258、259、260、264、265、266、267、268、269、270、272、273、274、276、277、278、279、280、281、283、288、291、293、297、302、304、306、311、313、314、317、320、321、322、323、324、327、328、331、333、334、335、336、337、338、339、340、342、343、344、345、347、348、349、350、351、352、353、354、355、356、357、358、359、360、361、363、364、365、366、368、369、370、372、373、375、376、380、381、406、447、455、461、470、473、475、476、480、481

监管与处罚权……正文224、354

监狱……序言1、3、4、5、6、8、9、11、12、13、17、18、20、21、22、24、25、28、30、38、39、46、49、51、56、57、62、63、71、72、81、92、97、100、101、102；正文4、5、16、17、20、22、23、25、26、42、43、44、46、47、51、55、57、60、62、63、71、73、74、77、81、85、86、87、88、90、91、92、95、100、101、103、111、123、

509

124、125、126、128、129、130、131、132、134、137、138、139、140、143、144、150、152、155、163、164、171、184、185、187、190、192、193、195、198、199、203、211、212、216、218、219、220、221、223、240、248、255、257、258、261、263、266、269、271、278、281、282、283、288、290、295、297、302、304、309、310、315、316、320、322、325、327、330、356、357、358、360、364、371、372、373、375、376、382、405、410、411、417、442、446、447、448、449、451、457、458、461、463、464、465、467、469、470、472、475、476、478、479、480、483、484、486

监狱管理……序言2、10、19、27、43、70、71、80、90、95；正文13、56、72、76、78、93、102、116、188、205、207、275、313、314、317、318、321、326、329、331、333、335、348、349、352、353、355、380、385、454、455、456、459、466、477、481

降低起刑点……正文71、193、389、394、414

交汇点……正文328、329、330、331、391、394

矫正……序言2、4、5、6、7、8、25、26、27、28、29、31、32、33、36、39、40、41、42、44、45、48、49、50、51、53、59、66、67、68、69、71、73、74、75、80、90、91、102；正文6、10、11、13、14、15、16、19、20、21、22、25、27、32、33、42、43、44、45、46、49、51、52、55、56、57、59、60、61、62、63、64、66、67、71、79、83、87、91、92、94、107、133、137、156、162、168、176、179、184、217、221、229、242、258、269、279、369、373、391、447、450、456、457、460、464、465、476、477、480、481

教育矫正……序言2、32、33、36、40、42、44、45、47、49、53、55、88、90、93、94、95、103；正文3、17、19、20、21、26、31、57、64、65、66、72、73、74、79、82、83、84、85、86、87、88、90、91、92、96、97、105、107、115、116、128、136、139、144、166、171、172、184、190、192、195、205、211、212、213、218、227、230、239、252、253、256、259、260、263、267、271、272、279、280、281、282、283、284、285、286、287、293、296、305、324、332、333、334、335、350、355、358、368、373、375、443、455、474、475、480

教育刑……序言55；正文7、73、74、87、91、107、117

接收送达……正文313、321、323

解释学……序言87、88、89；正文36、134

近期层面……正文382

禁止令……序言34、35、36、37、38、42、47、53、66、68、71、81、94；正文23、92、99、113、129、131、133、136、140、141、169、172、182、183、213、218、224、225、253、254、258、269、278、279、281、281、293、297、303、304、322、329、333、337、339、340、344、345、352、356、360、405、455

经验性……序言82、83；正文23、29、37

警察化……序言43、85、88；正文91、140、468

警告……序言 31、38、40、47、61、66、77、76、78、95；正文 79、123、181、207、221、224、225、259、278、333、336、337、338、339、340、341、342、343、344、347、348、349、350、351、352、353、356、362、363、380

拘役……序言 10、11、14、15、16、18、21、23、29；正文 10、17、56、58、62、106108、111、112、113、123、130、135、137、138、150、164、168、193、194、195、213、215、216、360、408、411、412、469

居住地……序言 14、16、18、19、20、21、40、41、42、43、47、49、52、67、72、73、76、77、94；正文 63、92、99、155、157、175、176、177、207、226、271、272、273、274、297、305、308、309、310、311、312、313、314、315、316、318、320、321、329、330、331、333、335、481

决定程序……序言 47、66；正文 295

K

可操作性……序言 23、35、39、52、53、64、91、92、94、95、96；正文 3、11、15、20、180、183、187、189、197、198、203、219、222、225、226、233、236、237、253、266、268、271、272、279、293、298、301、307、327、335、341、347、348、351、352、367、376、381、382、383、391、392、393、404、419、430、432、435、458

可复制性……序言 85、102；正文 37、97、189

可行性……序言 37、56、38；正文 150、199、220、225、406、456

宽恕……正文 45、126、128、164、221、252、254、290、305、398、444、467

宽严相济……序言 32、33、35、43、44、50、91；正文 40、59、77、78、79、80、82、85、161、193、392、402、409、410、440、441、442、466、472

困境……序言 82、89、96；正文 22、29、30、72、184、295、296、313、326、330、346、381、382、383、395、405、479、

扩张……序言 19、92、96、97；正文 11、38、76、113、122、141、153、167、169、171、189、190、191、192、199、201、203、382、390、392、393、394、395、414、415、416、420、421、423、424、426、428、429、430、431、437、444、445

L

劳动改造……序言 11、12、13、22、81；正文 6、72、77、87、125、126、144、184、186、457、459、470、476

滥用职权……正文 99、132、171、310、361、364、365、366、368、425、426

隶属型法律关系……正文 479

量刑……序言 2、3、7、73、100、103；正文 4、8、43、54、55、56、58、71、73、86、108、109、116、117、127、128、130、136、138、141、194、241、248、262、282、283、298、299、300、301、302、303、306、321、366、393、405、424、425、443、454、

457、465、466

利他……序言 103；正文 115、153、155、227、231

列举静态模式……序言 93；正文 243、244、292

M

明确性……序言 92；正文 11、15、22、23、164、165、166、174、178、182、187、189、196、202、203、253、270、272、279、293、298、347、349、382、389、391、392、393、395、396、404、405、430、432、434、435、439

P

配备警察……序言 92、103；正文 16、17、18、99、100、210、211、212、213、214、215、216、217、218、219、220、221、222、237、331

平权型法律关系……正文 478

Q

谦抑……序言 37、96；正文 6、415、419、420、421、422、423、445

前科消灭……序言 101；正文 5、417、419、444

轻刑罚……序言 81、90；正文 102、433

轻罪……序言 80、81、91、101、102；正文 4、5、70、71、72、73、74、79、81、87、94、112、122、161、164、169、170、178、195、199、200、201、202、203、218、251、252、253、255、263、281、282、290、303、312、361、382、392、395、397、398、399、406、412、413、414、417、430、431、433、434、440、441、442、443、

轻罪体系……序言 97；正文 38、201、202、203、393、395、399、406、413、414、430、433、434、435、439、441、442、443、444

轻缓化……序言 38；正文 73、391、411

请假……序言 10、76、93；正文 267、268、271、272、273、274、293、309、338

R

人道化……序言 79、99；正文 3、45、47、73、79、96、101、108、112、122、167、215、221、251、278、443

日间报告……正文 356、357

容错机制……序言 58、67、96；正文 199、367、368、381

融入社会……序言 1、2、5、9、31、32、33、45、51、55、88、103；正文 51、52、57、64、67、74、79、82、85、87、88、90、92、93、99、137、143、241、242、311、448、455、474、480

索引

S

社工……序言2、58、80、92、103；正文15、32、60、63、91、93、115、156、170、227、228、229、230、231、232、237、362、366、378、456、464、474、478、479

社会工作……序言31、40、50、60、82、83、84、87；正文8、28、51、54、67、98、104、114、115、116、122、144、153、155、157、210、224、227、228、229、230、231、456、479、483、525

社会工作者……序言40、41、42、47、49、58、60、92；正文24、60、67、96、156、210、211、227、231、232、237、404、463

社会公众立场……正文397、398

社会力量……序言3、25、29、33、40、42、44、47、48、51、52、53、54、56、62、66、68、92；正文9、21、22、26、27、35、50、57、60、66、67、80、82、89、92、95、96、97、98、116、133、144、145、146、148、151、153、156、167、205、210、211、229、230、232、233、234、235、236、237、250、278、279、280、310、324、354、450、473、474、476、513、514

社会主导性观念……正文239、399、444

社会组织……序言25、47、52、58、70、71、72、73、101；正文5、60、63、64、66、67、92、96、98、129、130、148、153、156、228、229、230、232、233、236、237、297、298、300、301、306、371、457、479

社区服务……序言7、41、42、45、85；正文10、43、45、46、47、54、60、61、73、87、119、129、132、133、157、168、169、182、184、199、229、230、240、324、356、357、358、391、417、448、461、462、463、465

社区服刑人员……序言27、28、29、30、31、33、43、44、45、46、47、49、91；正文6、9、12、13、14、62、64、83、88、91、99、131、157、163、164、165、166、203、267、309、314、323、356、363

社区矫正……序言1、2、3、4、5、6、7、8、9、10、11、12、13、14、15、16、17、18、19、20、21、22、23、24、25、26、27、28、29、30、31、32、33、34、35、36、37、38、39、40、41、42、43、44、45、46、47、48、49、50、51、52、53、54、55、56、57、58、59、60、64、65、66、67、69、70、71、72、73、76、77、78、79、80、81、82、83、84、85、86、87、88、90、91、92、93、94、95、96、97、98、99、100、101、102、103、104；正文1、2、3、4、5、6、7、8、9、10、11、12、13、14、15、16、17、18、19、20、21、22、23、24、25、26、28、29、30、31、32、33、34、35、36、37、38、39、40、41、42、43、44、45、46、47、48、49、50、51、52、53、54、55、56、57、58、59、60、61、62、63、64、65、66、67、68、70、71、72、73、74、75、76、77、78、79、80、81、82、83、84、85、86、87、88、89、90、92、93、94、95、96、97、98、99、100、101、102、103、104、105、106、107、108、109、110、111、112、113、114、115、116、117、118、119、120、121、122、127、128、129、130、131、132、133、134、135、136、138、139、

513

140、142、143、144、145、146、147、148、149、150、152、153、154、155、156、157、158、159、160、161、162、163、165、166、167、168、169、170、171、173、174、175、176、177、178、179、180、181、182、183、184、185、186、189、190、192、193、194、195、198、200、203、204、205、206、207、208、209、210、211、212、213、214、215、216、217、218、219、220、223、226、227、228、229、230、231、232、233、234、235、236、237、238、239、240、241、242、243、244、245、246、247、248、249、250、251、252、253、254、255、256、257、258、259、260、261、262、263、264、265、266、267、268、269、270、271、272、273、274、275、276、277、278、279、280、281、282、283、284、285、286、287、289、290、291、292、293、294、295、296、297、298、299、300、301、302、303、304、305、306、307、308、309、310、311、312、313、314、315、316、317、318、319、320、321、322、323、324、325、326、327、328、329、330、331、332、333、334、335、336、337、338、339、340、343、344、345、346、347、349、350、351、353、354、355、356、357、358、359、360、361、362、363、364、365、366、367、368、369、370、371、372、373、374、375、376、377、378、379、380、382、383、384、385、389、392、393、394、395、396、397、398、399、404、405、406、412、413、414、430、433、439、440、441、442、443、444、445、446、447、448、449、450、451、452、453、454、455、456、457、458、459、460、461、462、463、464、465、466、467、468、469、470、471、472、473、474、475、476、477、478、479、480、481、482、483、484、485、486

  社区矫正的创制……正文68、73、74、75、76、79、80、81、82、83、84、94、95、96、100、104

  社区矫正对象……序言14、20、28、38、41、46、47、49、51、52、55、56、57、58、59、60、61、62、63、67、68、69、70、71、72、74、75、76、77、78、88、90、91、92、93、94、95、96、99、103；正文9、10、18、19、20、21、22、24、28、32、34、38、45、49、50、57、60、62、64、65、66、67、79、80、82、83、84、85、86、87、88、90、91、92、93、95、96、97、98、99、100、104、105、107、116、118、127、128、130、131、132、133、144、152、155、156、158、160、162、163、165、166、168、169、170、171、172、173、174、175、176、177、178、179、180、181、182、183、184、185、186、187、189、190、191、196、198、199、200、203、204、206、208、209、212、213、214、216、218、221、223、224、225、226、229、232、234、235、238、242、244、245、246、247、249、252、254、255、256、257、258、259、260、261、262、263、265、266、267、268、269、271、272、273、274、275、276、277、278、279、281、282、283、284、285、286、287、288、289、290、291、292、293、294、296、299、303、307、308、309、310、311、312、313、314、316、317、319、320、321、323、324、325、326、327、328、329、330、331、332、333、334、335、336、337、338、339、340、341、344、347、348、349、350、351、352、353、354、355、356、357、358、359、360、361、364、366、368、369、370、

372、373、375、376、378、380、381、382、383、386、387、388、389、394、444、452、455、458、466、467、469、474、476、477、481

社区矫正对象的权利……正文171、172、174、175、178、180、181、295

社区矫正对象的义务……正文171、172、184、189

社区矫正对象扩张……正文167、168、190、199、203、382、383、393、395

社区矫正法……序言7、28、36、40、46、48、49、50、52、53、54、55、56、57、59、62、63、64、65、67、68、69、72、73、74、76、77、78、79、81、87、88、90、91、94、95、97、98、99、100、102、103、104;正文1、2、3、14、24、25、26、27、39、40、45、53、54、55、56、58、59、60、61、63、64、66、67、68、80、81、84、85、86、87、89、90、91、92、93、94、97、98、99、100、101、102、103、104、129、130、132、132、133、134、139、142、144、145、147、148、154、155、158、159、160、162、163、165、166、167、168、171、173、176、177、178、179、180、183、184、186、187、188、203、207、208、209、211、215、220、221、222、224、225、226、228、231、232、233、235、237、238、239、240、241、242、243、246、247、252、253、254、255、256、259、272、273、274、276、278、281、287、288、288、293、297、298、299、300、301、302、303、304、305、306、311、314、317、318、319、320、322、325、326、327、328、329、330、331、333、335、338、339、340、341、343、344、345、346、348、349、350、351、352、354、355、356、358、360、364、370、374、376、379、380、404、446、450、451、452、453、454、455、456、458、461、464、466、468、470、471、472、473、474、475、476、477、478、479、482、483、484、485、486

社区矫正法律关系……序言65、86、95;正文361、380、477、478、481

社区矫正法律责任……序言90;正文336

社区矫正法实施办法……序言39、43、64、65、66、67、68、69、70、70、72、74、75、76、77、81;正文2、3、26、61、83、91、91、147、162、163、177、180、187、189、206、209、222、224、225、226、265、269、270、271、272、273、274、275、278、281、287、298、302、305、306、311、317、318、320、322、323、324、325、326、327、328、329、330、332、339、341、343、345、346、351、352、353、370、379、458

社区矫正法学……序言78、79、84、85、86、87、88、90、97、98、99、100;正文4、34、40、215、446、447、451、452、453、455、456、457、458、459、461、482、483、484、485、486

社区矫正工作人员……序言31、40、41、51、52、58、66、69、90、95、96;正文15、16、18、24、27、56、60、91、92、94、114、115、130、131、132、160、171、178、178、179、187、209、210、211、214、218、219、220、222、223、224、231、234、235、237、253、255、266、271、276、277、292、322、346、365、368、378、380、381、451、455、481

社区矫正机构……序言28、36、37、38、39、40、47、49、50、51、57、60、61、62、

64、66、68、69、70、71、73、74、75、76、77、78、87、88、90、92、94、95、96、98、103；正文6、14、15、16、17、23、27、31、46、56、59、60、62、64、65、67、86、89、90、91、92、93、98、99、100、114、128、131、132、139、156、158、159、160、177、180、181、184、185、187、188、198、199、204、205、207、208、209、210、212、213、215、216、217、219、220、221、222、224、225、226、227、232、237、238、245、246、250、264、265、268、269、270、271、272、273、274、275、277、278、279、280、282、286、287、287、288、290、291、292、295、297、298、300、301、302、303、305、306、307、308、310、312、313、314、315、316、317、319、320、321、322、323、324、325、326、327、328、329、330、331、332、333、334、335、336、338、339、340、341、343、344、345、347、348、349、350、351、353、354、355、356、358、359、360、361、363、365、367、368、371、372、373、375、376、377、378、449、454、468、474、478、479、480、481

社区矫正机构工作人员……序言50、52、60、96；正文60、179、210、211、213、215、222、223、224、231、237、255、277、340、341、344、352、361、363、364、365、366、367、368、369、370、375、378、381、404

社区矫正性质……正文27、28、32、33、90、91、94、95、98、103、104、105、108、110、111、113、116、117、118、119、120、121、122、129、130、132、133、134、135、140、141、142、149、155、160、165、170、185、210、214、217、299、453、468

社区矫正执行地……序言70、71、94；正文99、226、307、308、311、312、313、315、320、335

社区刑罚……序言54、85、103；正文11、13、41、42、43、44、47、48、49、54、55、58、64、91、95、104、119、129、130、133、136、137、149、166、417、447、465、466、467、475、476

是非对错……正文200、235、262、284、440、444

适用规模……序言92、96、97、100；正文31、38、107、119、140、162、190、192、196、199、203、256、283、382、383、384、391、392、393、394、395、396、399、400、404、405、406、412、413、414、433、439、440、442、444、445

适用率……序言92、97；正文10、11、27、69、127、140、193、194、195、196、197、198、203、382、385、404、405、408、409、410、411、412、445、466

收监……序言2、3、18、19、20、21、24、29、31、35、37、38、39、40、43、47、52、54、57、59、61、62、66、69、70、71、77、78、95；正文15、23、54、56、58、62、79、86、92、128、138、139、164、173、188、206、208、213、221、222、255、258、259、278、314、318、322、323、326、327、328、329、330、331、332、333、334、336、337、339、340、341、344、345、346、348、351、352、353、356、357、359、360、363、369、371、373、380、447、454、480、481

双重性质说……序言91；正文8、54、104、113、114、160

司法解释……序言 27、40、92；正文 60、112、113、123、124、126、192、199、203、298、302、303、315、328、345、346、382、405、410、424、425、431

司法性惩罚……序言 95；正文 337、341、348、349、350、351、360、380

司法性责任……序言 95；正文 337、347、348、349、380、

塑造……序言 98；正文 3、87、159、186、245、247、251、253、259、260、263、284、292、389、392、418、423、434、441、443、444、455

T

特殊预防……序言 55、93；正文 20、47、82、87、88、104、107、218、241、242、243、244、245、246、249、250、252、253、256、257、258、259、260、261、262、264、265、267、279、289、293、303

提请……序言 30、31、38、46、52、57、61、63、68、69、70、71、77、92、95；正文 15、79、99、100、126、198、199、208、221、222、224、225、226、237、272、278、297、299、302、327、329、330、331、332、334、335、339、340、341、344、345、347、348、349、352、353、369、371、374、380

W

玩忽职守……序言 70；正文 226、364、365、366、367、368、369、370、375、425、426

危害行为三级制裁体系……正文 69、70、200、383、436

无期徒刑……序言 10、11、14、15、17、18、19、21、23、35、38；正文 54、56、57、66、69、73、86、106、108、112、124、125、138、139、163、164、191、192、407、408、410、411、476

X

信赖……正文 250、252、255、259、260、263、264、430、443、444

衔接程序……序言 94、95、100、103、104；正文 23、38、326、328、329、330、331、332、333、334、335、353、380

现代化与法治化……序言 90、91、97、101；正文 2、4、26、30、38、39、40、59、63、64、66、68、78、80、101、102、132、140、147、161、171、190、324、366、414、415、417、429、436、437、441、442、443、444、445、466

限缩……序言 96；正文 114、297、350、392、393、414、415、419、422、432、445

信条性……序言 86、87、89、90、98、99；正文 2、3、30、33、38、39、162、239、241

信息化核查……序言 41、43、69；正文 96、158、224、276、324、338、344、345、473

信息技术……序言 42、45；正文 96、97、157、198、323、333、345、426、473

刑罚裁量……序言88；正文8、31、109、110、112、113、117、136、141、142

刑罚结构……序言10、85、97；正文31、68、69、70、73、81、146、149、169、390、397、399、405、445、448、470

刑罚具体运用……序言15、23

刑罚目的……序言4、8、88、92、93、100；正文4、7、20、31、38、85、88、108、121、137、190、238、239、241、242、243、244、245、246、250、253、256、257、260、264、267、292、293、423、463

刑罚执行……序言2、3、14、18、19、26、27、28、29、30、31、32、33、34、36、40、43、44、46、50、53、54、55、56、62、63、75、88、96、100、103；正文4、7、8、13、14、17、18、31、33、42、49、50、51、52、54、55、56、57、58、59、64、66、77、78、81、82、83、84、86、90、91、92、95、98、100、101、104、105、106、108、109、110、111、112、113、114、115、116、117、118、119、121、122、124、125、126、127、128、129、130、131、133、134、135、136、139、140、141、143、146、147、151、152、154、155、164、166、181、184、192、197、204、212、213、214、216、217、240、244、248、249、256、257、259、260、262、302、325、372、389、396、403、406、410、443、444、448、450、452、464、465、467、468、469、471、475、476、479、480、481、484、485

刑罚种类……序言54、96、97、100；正文4、11、41、42、44、46、47、54、71、73、95、123、131、132、136、138、149、151、195、248、393、394、395、430、444、445、465、475

刑法结构……序言92；正文5、69、122、191、192、193、199、200、203、382、383、392、395、413、430、431、436、441

刑法障碍……正文395

刑事立法路径……正文199

刑事司法路径……正文192、199

刑事执行……序言4、7、11、14、54、55、57、62、63、64、69、71、77、88、30、31、32、37、100、101、102、103、104；正文4、8、11、13、24、27、28、30、31、34、35、36、38、39、40、54、55、57、58、59、65、66、68、71、73、74、76、77、78、79、81、85、86、87、88、89、90、91、92、94、95、98、100、101、102、106、107、108、109、116、120、122、128、129、130、131、132、133、134、135、136、138、139、140、141、142、148、149、150、152、155、159、160、165、166、158、171、185、193、196、197、199、203、204、206、207、209、210、211、214、215、216、219、221、223、231、236、238、239、245、246、247、248、249、252、256、257、260、262、263、264、299、300、304、306、313、316、320、323、326、333、336、343、346、354、355、361、366、372、374、375、376、377、382、384、391、403、404、417、433、442、446、448、449、452、454、455、457、464、469、470、471、472、473、474、475、476、478、479、480、

481、482、483、484、485、486

刑事执行法……序言 7、57、54、97、100、101、102；正文 4、8、13、28、31、39、54、55、86、88、90、100、106、108、109、116、120、133、134、135、136、140、141、159、196、199、239、246、249、256、382、446、449、457、464、469、470、471、474、475、478、480、483、486

刑种……序言 7、12、13、14、15、23、29、81、85、100、103；正文 8、44、54、57、69、71、73、95、101、108、109、110、116、117、126、127、128、129、131、136、137、138、141、142、149、150、151、152、191、199、391、393、394、395、407、408、411、466、468、470

行刑社会化……序言 25、38、97；正文 6、7、8、48、73、75、105、105、119、142、143、144、151、193、194、257、280、447、448、452、459、486

行政性惩罚……序言 95；正文 340、342、348、349、350、351、360、380、393、443

行政性责任……序言 95；正文 337、347、348、349、380

"行政·刑事"二元模式……正文 69、70、200、383、406、436

学术基础……序言 79、99；正文 3、39、461、486

学者立场……正文 397、398

训诫……序言 66、77、78、95；正文 207、221、224、225、259、333、336、339、340、341、342、343、344、347、348、349、350、351、352、353、356、380

Y

严打……序言 26、32、43、96；正文 69、150、382、391、392、395、396、400、401、402、403、412、444、472

一般预防……序言 93；正文 5、20、74、88、108、117、150、169、190、194、239、241、242、243、244、245、246、249、250、251、252、253、254、255、256、262、264、293、421、422、442

一体化……序言 7、92、94、95、99、100；正文 11、25、30、38、68、69、91、121、129、130、133、140、153、177、198、199、200、203、206、312、335、354、355、380、382、383、404、405、406、450、471、475

意见参考……正文 306

隐私权……正文 158、175、177、178、276、433

有期徒刑……序言 10、11、12、14、15、16、17、18、19、21、23、29、35、38；正文 55、56、57、58、62、66、69、73、86、105、106、108、111、112、113、123、124、125、127、130、135、136、137、138、150、163、164、191、192、194、407、408、410、411、412、428、469、476

有限性权利……正文 175

有效性……序言 32、45、92、96；正文 7、83、182、203、224、249、260、332、333、

350、351、360、373、379、381、429、430、440、443、445

预先登记……正文 316、320

Z

暂缓执行……序言 2、4、16、29、55、63、75、80；正文 45、91、111、113、121、123、128、164、467、469

暂予监外执行……序言 11、12、18、19、20、21、24、25、26、27、30、38、39、41、43、46、47、48、51、55、59、60、61、63、66、67、68、70、71、74、77、81、90、96；正文 9、11、44、49、50、55、56、57、59、60、62、66、68、72、73、79、85、86、87、90、92、102、108、116、122、127、133、134、139、142、143、147、159、164、166、176、187、188、189、195、197、198、205、207、213、218、224、225、226、241、246、247、248、249、260、261、269、270、275、278、281、282、291、295、299、303、304、311、314、315、317、318、321、325、327、328、329、330、333、337、339、340、344、345、346、348、351、352、363、371、376、385、387、388、391、392、404、405、428、444、449、452、454、455、458、465、467、468、469、471、474、475、476、479、481

政务处分……序言 95；正文 362、365、381

知识体系……序言 62、86、87、97、100；正文 4、28、29、446、457、482、483、486

制度发展……序言 26、82、92、94、97、98、100、103；正文 2、4、7、27、29、30、31、32、35、36、37、38、40、50、53、96、101、114、116、120、121、133、144、145、170、176、179、190、203、204、209、220、222、226、235、237、270、287、293、294、295、300、333、346、350、351、352、354、359、360、382、451、453、486

制度根据……序言 97；正文 436、445

制度根源……正文 383、395

制度设计与立法……序言 83；正文 36、241、243、244、245、246、247、248、249、250、251、252、253、254、256、293、403

制度执行……正文 169、241、243、256、264

治安管理处罚……序言 31、34、37、38、40、47、63、66、69、71、77、78、95、100；正文 60、69、79、90、181、200、208、221、222、224、225、226、258、259、272、278、284、326、327、328、329、331、332、333、334、335、336、337、339、340、341、342、344、347、348、349、350、351、353、355、363、369、371、380、394、405、406、413、427、436

治理体系与治理能力……序言 90、91、101；正文 78、80、101、102、132、161

中国特色……序言 13、24、27、28、29、32、33、34、42、44、46、54、59、63、64、65、78、79、81、84、86、87、88、89、90、91、92、94、95、97、92、103；正文 2、8、16、17、18、19、25、26、29、30、32、34、35、36、37、38、39、40、41、43、45、47、48、49、51、52、53、54、55、57、59、61、63、65、67、69、70、71、73、75、77、79、

80、81、82、83、85、87、89、91、92、93、94、95、96、97、99、101、106、109、111、113、114、127、129、136、137、140、145、157、162、163、164、165、167、168、169、171、173、175、177、179、181、183、185、187、189、190、191、193、195、197、199、201、203、204、205、207、209、210、211、213、214、215、217、219、221、223、225、227、229、231、235、237、238、239、240、241、243、245、247、249、251、253、255、257、259、261、263、265、267、296、271、272、273、275、277、279、281、282、283、285、289、291、293、295、297、299、300、301、302、303、305、307、309、311、313、315、317、319、321、323、324、325、327、329、331、333、335、336、337、339、341、343、345、347、349、351、353、355、357、361、363、365、367、369、370、371、373、375、377、379、381、382、383、385、387、389、391、393、395、397、399、401、403、405、407、409、411、413、414、415、417、419、421、423、425、427、429、431、433、435、437、439、441、443、445、446、447、448、450、451、452、453、456、457、460、461、470、473、479、484、486

中国智慧……序言91、98、101；正文80、94、101、102

中间制裁……正文41、42、43、95、356、357、358、359、360

中途之家……序言2、3、9、32；正文21、291、356、357

重刑主义……序言96；正文382、391、392、395、396、397、398、399、400、412、444

重罪重刑……序言93、97；正文5、69、81、122、150、151、191、192、200、201、203、383、393、395、399、400、406、407、408、410、412、413、414、430、431、438、441、442、445

主导性目的……序言93；正文218、246、247、248、249、250、251、252、253、256、260、261、393

自上而下……序言103；正文120、148、152、211、223、235、479

自下而上……序言103；正文30、120、145、146

综合性质说……序言91；正文8、54、104、116、160

罪犯改造……序言27、56；正文57、70、71、72、81、291、376、471、477

罪刑结构……正文405、412、413

遵从……正文36、398

Postscript (1) 后记（一）

中国政法大学研究社区矫正源于20世纪80年代初期因犯罪学与劳改法学教学与研究需要而进行的文献资料的收集，以及组织刑法学专业、劳改法学和犯罪学专业的研究生翻译域外专著和论文过程中的直接与间接的接触。在改革开放初期的政治环境下，劳动改造罪犯事业和劳动改造学及其劳动改造法学研究比较红火。给我印象最深的是劳动改造学和劳动改造法学中极具中国特色的几本书：一本是中国人民大学高铭暄、力康泰、阴家宝编著的《中华人民共和国劳动改造学讲义》（中国人民大学法律系编辑，1963年11月），这是中华人民共和国第一部研究带有半监禁劳动处遇及其改造罪犯制度的内部教科书；一本是北京政法学院（现中国政法大学的前身）的徐觉非、舒鸿康、邵名正、于齐生编著的《劳动改造学》（群众出版社1983年版），这是中华人民共和国第一部公开出版的专门研究劳动改造制度的教科书；一本是力康泰和邵名正合编的《劳动改造法学讲义》（辽宁广播电视大学编印，1983年）这是中华人民共和国第一部给广播电视大学的同学们编写的教科书；一本是中国政法大学薛梅卿主编的《中国监狱史》（群众出版社1986年版），这是中华人民共和国第一部监狱史方面的劳改专业教材；一本是原北京政法学院副院长、时任司法部教育司司长余叔通主编，力康泰、邵名正副主编的《劳动改造法学》（法律出版社1987年版），这是中华人民和国劳动改造领域第一部高等学校法学统编教材。在这些劳动改造学、劳动改造法学和中国监狱史学的著作中，都有对我国非监禁开放处遇监督管理罪犯历史的介绍，以及大量的有关社区矫正适用对象保外就医、暂予监外执行和假释制度的研究。从犯罪学角度而言，由于新中国推翻了旧中国的剥削制度并最大限度地消灭了私有制，社会治安一直都很好，犯罪率也极低，所以犯罪学一直就"没有市场"，甚至在大专院校被裁撤或取消，相关的老师也被迫转行教其他课程，如中国第一位留美犯罪学博士、原北京政法学院（现中国政法大学的前身

后记（一）

著名教授严景耀就一直从事政治学和宪法学甚至是英文教学。但改革开放后的社会治安秩序曾一度异常恶劣，青少年"打砸抢"及流氓犯罪十分嚣张，中共中央及国家有关部门联合发出了全党全国人民必须要高度警惕青少年违法犯罪问题，号召理论与实务部门的同志们深入开展犯罪问题尤其是预防青少年犯罪问题的研究，1982年中国青少年犯罪研究会在南宁成立，由此拉开了中国犯罪学研究的序幕。给我印象最深的有这样几本书：一本是中国政法大学劳改法教研室组织翻译的美国T.S李德著的《犯罪与犯罪学》（中国政法大学劳改法教研室，1984年11月）；一本是高铭暄主编的全国高等院校法学教材第一本《刑法学》（法律出版社1982年版），该书设章专门研究了犯罪现象和犯罪原因；一本是中国政法大学劳改法学教研室魏平雄和刘昭昭老师编辑的一套《犯罪学参考资料》（中国政法大学劳改法教研室，1984年10月）；一本是中国政法大学讲授外国犯罪学的童颜老师在其给1981级本科生讲授的《资产阶级犯罪学概述》讲义基础上印刷成书的《资产阶级犯罪学简介》（中国政法大学劳改法教研室，1985年5月）；一本是童颜、邵名正选编的包括了域外最著名的犯罪学家如意大利的加罗法洛、法国的安赛尔、美国的昆尼等相关论述的《犯罪学概论》（中国政法大学劳改法教研室，1985年10月）；一本是中国政法大学劳改法教研室老师们集体编写的中国政法大学试用教材《犯罪学纲要》（中国政法大学法律系，1985年7月）；一本是华东政法学院陆伦章独著《犯罪学》（华东政法学院犯罪学系编，1985年10月）；一本是中国政法大学劳改法教研室时任主任邵名正主编的全国劳改专业统编教材《犯罪学》（群众出版社1987年版）；一本是魏平雄主编而我作副主编的法大本硕教材《犯罪学》（中国政法大学出版社1988年版）。这些犯罪学书中都或多或少在犯罪预防尤其是刑罚预防部分介绍了开放性处遇和累进处遇假释及刑满释放人员安置帮教工作。其中，比较详细地介绍了与社区矫正相关制度的"劳动释放和休假方案""对矫正工作的展望"和"论开放待遇""累进制与分类制"等内容的，是T.S李德所著《犯罪与犯罪学》一书。

若从最直接引进现代社区矫正理念的著作和译文，我认为是以下几本书和文章起到了启蒙性的作用：一是在1985年6月由西南政法学院（现西南政法大学的前身）外国法学研究室和劳动改造学系的老师与研究生武晓岚、陈忠林、全理其、冯陵在邓又天副教授的带领下，组织翻译并内部印制的美国狱政管理专家尤金·米勒撰写的《监狱管理》一书，其中涉及缓刑、假释、社会服务、工作释放、训练释放和学习释放。该书第九章还专门介绍了美国

中国特色社区矫正基本制度问题研究

"地方监狱在社区矫正中的作用",这是中文中迄今为止第一次在书中正式出现的"社区矫正"的概念。二是1985年由钟大能、李宝芝翻译的美国记者杰西卡·米特福德撰写的《美国监狱内幕》(法律出版社1985年版)一书,该书专门介绍了社区矫正制度的核心内容"假释"。三是1987年由龙学群翻译的美国学者克莱门斯·巴特勒斯撰写的《罪犯矫正概述》(群众出版社1987年版),该书第一次全面系统地介绍了美国现代矫正制度,在书的第二部分直接"以社区为基础的矫正"为名,用了共五章的篇幅专门研讨了美国以社区为基础的社区矫正的兴衰,州、地方和私人管理的社区矫正工作,居住方案内的工作,社区志愿者,以及审前释放和转移、缓刑,重返社会方案和假释等制度,这是上个世纪末最详细地对域外社区矫正制度的引介。四是1989年由中国政法大学研究生院刑事诉讼法专业博士研究生谢正权和法律系刑法教研室邬明安老师共同翻译了美国学者D.斯坦利·艾兹恩和杜格·A.蒂默合写的《犯罪学》一书,由群众出版社出版,该书专章对社区矫正进行了较深入的研究。五是1991年中国政法大学刑法专业劳改法与犯罪学方向的硕士研究生孙晓雳又组织年轻学者们将美国学者克莱门斯·巴特勒斯的社区矫正著作重新翻译并以《矫正导论》为书名在中国人民大学出版社出版。六是1992年已从中国政法大学研究生院刑法专业劳改法和犯罪学方向硕士研究生毕业并任司法部预防犯罪与劳动改造研究所副所长的郭建安组织翻译了美国学者大卫·E.杜菲撰写的《美国矫正政策与实践》,由中国人民公安大学出版社出版,该书对美国的矫正政策尤其是缓刑、假释和社区矫正的一些基本政策及其实践,作了非常全面详细的介绍与研讨。七是1987年邬明安编译美国学者D.斯坦利·艾兹恩和杜格·A.蒂默《犯罪学》中有关社区矫正的内容,以《美国的监禁与非监禁化危机》为名,发表在《环球法律评论》第4期上,该文是迄今为止能检索到的第一篇关于社区矫正的介绍性学术文章。八是1990年孙晓雳从中国政法大学研究生院毕业后在司法部预防犯罪与劳动改造研究所从事研究工作,在《犯罪与改造研究》第3期上发表了《美国社区矫正制度》,较详细地介绍了美国社区矫正的审前释放制度、赔偿和社区服务制度、暂时释放制度(工作释放、学习释放、休假释放)和过渡监所。九是1992年郭建安研究员在《犯罪与改造研究》第3期上发表了《关于参加亚太地区少年犯矫正研讨会及实地考察项目的报告》,首次介绍了域外少年犯社区矫正制度,并第一次较明确地提出研究与借鉴发达国家的非监禁社区矫正制度。

后记（一）

我与社区矫正理论与实务的接触及其研究，一方面是在中国政法大学法律系的刑法、劳改法教研室和犯罪学与监狱法研究所工作期间与邵名正教授、魏平雄教授和兰洁教授等在一起的耳聆目睹及各种研究活动的参与性学习和沉浸式体会；另一方面是与中国犯罪学研究会创始人、北京大学著名教授康树华一起获得的有关社区矫正问题研究的机会。记得1992年中国犯罪学研究会在北京人民大会堂隆重成立之后，康树华会长就着手《犯罪学大辞书》的筹备与撰写工作，我有幸作为学会常务理事兼副秘书长全程参与了该部大辞书的组织编辑工作，除担任"犯罪现象"一篇的主编外，还参与了本书4百余万字的统稿与修改工作。该书的"罪犯惩罚与改造"一篇，由司法部预防犯罪研究所的新老所长李均仁、朱洪德、鲁加伦和北京大学教授杨殿升担任。该书的"设施外处遇"一篇，由中国政法大学教授邵名正和新疆公安专科学校负责人杨征担任。在两篇中规定了大量的有关社区矫正的词条，如矫正、管制、缓刑、假释、监外执行、罪犯再社会化、回村执行、枫桥经验、社区处遇、社区矫正制度、社区扶助制度、社区劳役、家庭监禁制、转处、审前释放、监禁的替代措施、回归社会、更生保护等。我认为，《犯罪学大辞书》（荣获第四届国家图书奖）于1995年4月由甘肃人民出版社出版发行后，对社区矫正基本知识在中国的宣传起到了非常好的权威性工具书的作用。

真正深度性参与社区矫正研究和北京市社区矫正试点工作实践是因为以下几项非常幸运的课题研究与学术活动：第一件幸运的事，是参加"全面建设小康社会进程中犯罪问题"的调查研究。随着改革开放以来的经济转型、企业改制和社会变迁，中国城乡社会治安形势异常严峻。针对新世纪全面建成小康社会的宏伟目标的时限日益临近，结合2001年全国开始的新一轮"严打"专项斗争的现实需要，如何既发展经济又能促进社会治安秩序良性循环，彻底解决在全面建设小康社会过程中的经济发展与犯罪增长的同步现象问题，尤其农村犯罪、流动人口犯罪和刑满释放人员重新犯罪问题，中共北京市委时任副书记、政法委书记强卫同志提出了"全面建设小康社会进程中犯罪问题研究"的课题，并委托北京市法学会来组织调查研究与提交研究报告。为了更好更权威性地完成此次市委市政法委交给的科研任务，北京市法学会会长汪统和常务副会长赵云阁就找到了中国犯罪学研究会会长、北京大学教授康树华，年过七旬的康树华教授又找到了我具体组织与落实此项光荣而艰巨的调查研究任务。中国犯罪学研究会时任会长康树华教授之所以找我：一是因为康树华教授在创建中国犯罪学研究会和撰写《犯罪学大辞书》过程中了

中国特色社区矫正基本制度问题研究

解到我的学术组织能力和科研水平,更是把我当孩子看待,知根知底好悉心照顾与培养;二是我刚配合中国政法大学犯罪学专家魏平雄教授、中国社会科学院法学所刑法专家欧阳涛研究员、人民法院出版社常务副社长闵治奎共同总主编完成了原作为课题负责人时的司法部部长后升任为最高人民法院院长肖扬委托的中国哲学社会科学"八五"重大科研项目《中国预防犯罪的理论与实践》,以《中国预防犯罪通鉴》为书名于1998年在人民法院出版社出版了400余万字上下两辑的巨著,该书荣获了第六届北京哲学社会科学优秀成果一等奖;三是我和魏平雄、欧阳涛两位老专家共同主编并于1995年在群众出版社出版了《市场经济条件下犯罪与对策》一书且荣获公安部优秀学术成果"金盾"奖,此书的内容与全面建设小康社会进程中的犯罪问题有交叉关联性;四是我的博士生导师何秉松教授翻译的美国犯罪学家路易·谢利女士的《犯罪与现代化》在群众出版社正式出版后,书中所提出的"犯罪增长与现代化过程中经济发展同步"的观点,不仅受到学者们的热捧,亦受到了官方的重视并要求有关人员人手一本加强学习与研究。在课题的研究过程中,北京市法学会非常认真负责地提供了各种调查研究的方便和后勤保障服务,汪统会长尽管身体很不好,但也多次过问研究的进度和存在的问题,赵云阁常务副会长曾是北京大学法学院的毕业生,担任过北京市人民检察院副检察长,更是想方设法帮我们到政法系统各部门、各机关查借资料,我的硕士研究生白承君、魏志坚作为我的助手和主要报告的撰写人,忙前忙后地配合我做了大量的文献收集、调查研究和报告草拟等基础工作,受到康老师和领导们的一致好评。当时强卫书记十分关注北京远郊区县经济发展与犯罪同步增长和累犯、重新犯罪率较高的问题,针对密云县(今密云区)邻里纠纷引起的轻微犯罪多和家中壮劳力因严重犯罪在监服刑影响农业生产、家庭生活等一系列问题,首创扩大缓刑假释,维护家庭和谐,发展农业生产,跟进人民法院司法监督和社会各界综合帮教新模式,对此我十分感兴趣,并认为这就是中国特色社区矫正传统做法的进一步发展与完善。在此基础上,我特意撰写了一章"开展社区矫正 提高矫正质量"纳入课题研究的总报告之中。

第二件幸运的事,是2003年"两高两部"发布《关于开展社区矫正试点工作的通知》前后,北京市委政法委、北京市司法局和北京市法学会邀请有关社区矫正方面有所研究与造诣的专家学者和各区县政法委司法局领导一起进行座谈,征求大家的意见,以便集思广益地做好首都作为首善之区的社区矫正首批全国试点省市(直辖市)的试点工作,我有幸被邀请参加并作为嘉

后记（一）

宾做了一个重点发言，并深受大家的好评。大会的发言稿《关于社区矫正的几个问题》和当时北京市司法局吴玉华局长的讲话稿《社区矫正工作初探》、中国犯罪学研究会会长康树华教授的讲话稿《社区矫正的历史、现状与重大理论价值》一起被刊登在由北京市法学会主办的《法学杂志》2003年第5期上，这是我国最早的一批官方安排组织研究并正式发表的社区矫正论文。在此基础上，我又撰写了《社区矫正的法律问题》发表在由中国政法大学主办的《政法论坛》2004年第3期上，由此引起了社会各界较广泛的关注，成为迄今转引注率最高的社区矫正论文之一。也正因为如此，当时北京市司法局吴玉华局长和北京市法学会赵云阁常务副会长找我承担北京市社区矫正试点工作理论与实务研究的课题，后又以我的名义申报了中国法学会的重点科研项目。为了完成这千载难逢的课题研究任务，我亲自开车带着甄宏等硕士研究生跑遍了北京最早开展社区矫正试点工作的区县，其间北京市司法局主管社区矫正工作的监狱和劳动教养联络处许冷处长和林仲书副处长给予我们极大的支持与帮助，现任北京市监狱管理局副局长的林仲书作为老乡还亲自陪我去过几个远郊区县进行问卷调查。记得极具社会实践经验和学术理论素养的吴玉华局长数次关心我们的课题研究情况，数次组织北京市社区矫正试点工作领导小组办公室的成员听我汇报，对社区矫正的地方立法问题、社区安全保障问题、司法所作为日常监督管理机构问题、选派监狱和劳动教养人民警察进驻司法所协助工作的合理性与合法性问题、组织社会力量和志愿者参与社区矫正教育帮扶问题等，进行了深入的交流与沟通，其核心观点体现在《北京市社区矫正工作实施细则（试行）》及一系列有关社区矫正监督管理、教育矫治和适应性帮困扶助的规范性文件之中。其中，我将官方允许发表的部分以自己的名义整理成文并以《社区矫正的"北京模式"》为题公开发表，后将此文融入我的个人专著《社区矫正研究》之中。《社区矫正研究》于2008年由山东人民出版社出版，该书被司法部评为优秀科研成果著作类二等奖。

第三件幸运的事，应该说是一系列的社区矫正学术交流机会和荣誉且皆因上述研究社区矫正而获得。一是2004年12月2日至3日应司法部当时负责社区矫正试点工作的基层工作指导司的邀请，我出席了在上海召开的由全国人大法工委刑法室、司法部基层工作指导司共同主办的"对轻刑犯的非监禁矫治措施中英研讨会"，不仅参与主持了会议，而且还作为专家作了"中国社区矫正的实践探索与立法呼唤"的主题演讲，事后以《社区矫正的立法建议》

为题发表了部分内容,该文刊登于司法部机关刊物《中国司法》2005年第2期上,而且,该文获得2005年年度优秀论文二等奖。二是2005年7月28日至29日在大连召开的中华人民共和国司法部、美国马里兰大学举办的"社区矫正国际研讨会",我同样在大会上既作嘉宾主持人又作专家演讲,提交的论文《社区矫正的利与弊》不仅纳入司法部基层工作指导司编辑的《社区矫正试点工作资料汇编(三)》之中,而且也被《法学杂志》发表。三是2005年1月20日北京市西城区新街口街道办事处建立了北京乃至全国首家阳光社区服务中心,这是专门从事社区矫正工作的非营利性社团法人,在民政部门登记注册,当时是一大新鲜事物。我被聘为该中心的法律顾问和业务指导专家,并组织法大老师和同学们成为该中心的社区矫正志愿者。北京成立阳光社区服务中心的背景,主要是基于对组织社会力量参与社区矫正工作的本质认识,同时借鉴了加拿大等国的先进经验与成功做法,此外是考虑到社区矫正工作的实际需要,目的是缓解基层司法所的人员紧张状况,加强对社区矫正对象的管理、矫正和帮扶,广泛地组织社会力量参与社区矫正试点工作,探索建立"小政府、大社会"的社会管理发展规律和实践经验。四是在2004年我因参与社区矫正理论研究与实践探索工作,并将其转换为"创刑事司法教学实践模式 做社区矫正罪犯帮教工作"的教改项目,荣获北京市高等教育改革成果一等奖,2005年又因此获得中华人民共和国教育部颁发的2005年高等教育国家级教学成果二等奖。五是2006年北京市司法局基于我对北京市社区矫正试点工作理论与实践的贡献,特授予我"北京市社区矫正先进个人"光荣称号。

本书的研究成果是源于我主持的国家社科基金重点项目"中国特色的社区矫正制度研究"(批准号13AFX007),此项目最早让来自贵州省司法厅从事社区矫正工作的哈洪颖博士来做,但她担心题目太大不好控制,便重点研究了中国特色的社区矫正法律关系,后来,哈洪颖博士在其先生的辅助下撰写了数篇高质量的研究论文,发表在核心期刊上,并顺利地完成了博士毕业论文答辩,现已成为贵州省一所高校的副教授。我最期待的是我亲自指导的硕士毕业生,先在北京市基层法院工作,后调任最高人民法院政治部工作的张永健博士,希望他结合审判工作实践来做好课题研究并以此为题撰写博士毕业论文,尽管他很努力且数易其稿,但还是因为学养、阅历和功力不逮,仍未找到中国特色社区矫正的真谛,未能写出最好最令人满意的科研成果报告来。第三位是来自原在浙江财经大学任教的马聪博士,他硕士毕业于中国人

后记（一）

民大学法学院，导师是曾长期以专家身份在北京市检察系统挂职、刑事法律理论水平与实务能力都非常出色的黄京平教授；博士毕业于北京大学法学院，导师是著名的刑法学专家王世洲教授。马聪博士学术功底深厚，研究能力较强，因机缘巧合到中国政法大学研究生院博士后流动站从事刑法学专业（刑事执行法学方向）的博士后研究工作，并慕名拜我为师。正好我手头上有国家社科重点科研项目，并且也想将中国特色的社区矫正制度做深做透，尤其是考虑到2014年我去西藏拉萨援藏，遂将此课题的合作研究任务交给了他，并充分信任他一定能够出色地完成任务。果然马聪博士不负众望，2016年马聪博士将其博士论文修改完成，以课题基础理论研究成果的名义，在浙江省嘉兴学院"文法学院学科专业建设基金"的资助下，于中国政法大学出版社出版了30余万字的《刑罚一般预防目的的信条学意义研究》，并在中外核心期刊上发表了数篇有创意的学术论文。天有不测风云，人有旦夕祸福。一向专注于学术、顺风顺水的马聪博士在个人身体健康、家庭情感乃至工作就业选择等诸多方面接二连三地遇到了挫折，最严重时因腰部手术数月卧床不起，这致使其一度消极伤感、意志消沉，失去了积极进取的斗志，在职业选择与人生志向上迷茫徘徊，甚至数次萌生彻底退出学术研究领域的念头，科研进展与成果一拖再拖，学术研究速度一落千丈，博士后出站报告及答辩一再推迟。幸运的是，在学术梦想、老师叮嘱和家庭责任的多重诱导和激励下，尤其是伴随着身体健康的逐步好转，马聪开始重塑"学术理想"，积极调整心态，无论是学术还是生活都开始逐步走出阴影，不仅顺利地完成了博士后出站报告，而且顺利地通过了博士后出站报告的答辩，其博士后出站报告受到答辩委员会专家们的广泛好评，并被评为"优秀出站报告"。另外，马聪还帮助我于2020年春创办了《监狱法》修改热点问题与立法建议、社区矫正法治建设和法大预防犯罪三大视频会议新型态高峰论坛，三大论坛正日益成为中国犯罪学、监狱法学、社区矫正法学、刑事执行法学乃至刑法刑事诉讼法学及其刑事一体化学术研究的热点、亮点与炫点。与此同时，马聪又花了近三年的时间将其博士后研究报告《中国特色社区矫正制度基本问题研究》进行了深入的修改与精心的打磨，并将我于《社区矫正法》出台前后的重要文章与研究成果揉入其中，对于这种精益求精和"十年磨一剑"的精神，我当然从心底里感到高兴，尽管这种"笨鸟先飞"但也未能"早入林"的做法，耽误了我的很多科研计划尤其是国家课题的及时结项，但其宁缺毋滥的治学精神和奉献给社区矫正事业的有良心的高质量的著作，我不仅不能反对与否定，而且必须积极配合与全力支持。为了跟上学生们前进的步伐与节奏，在出版社将全书的清样交我再次审读时，本可以在一周内就可以交付印刷出版的书稿，又在我手中积压了一个多月，其间在认真阅读了书稿全部内容后，又补写了中外社区矫正的来龙去脉，尤其是对《中华人民共和国社区矫正法》的孕育与诞生着墨很多，以便广大读者和理论与实践部门的同志们从中受益，为社区矫正法的正确适用和贯彻落实贡献点绵薄之力。

2022年是中国政法大学成立70周年的大庆之年，我们师生将长达20余年研究社区矫正这一人类迄今为止最文明、最人道、最经济、最有效乃至最和谐的中国特色社区矫正刑事执行制度的研究成果之一的《中国特色社区矫正基本制度问题研究》，作为节日礼物奉献给培养我们的母校——中国政法大学！

王顺安

中国政法大学70周年校庆前夕

谨识于北京市海淀区明光北里18号楼书室

后记（二）

"几砚昔年游，于今成十秋"。我自从2012年7月北京大学法学院博士研究生毕业南下浙江工作，至今已经将近十年。在这十年中，我的个人轨迹虽随缘而变，但却始终未能偏离恒常之数，无论是尝试重回北京、完成职业转型抑或再次回到浙江重拾教学科研、从事兼职律师工作还是成家立业、照顾妻儿老小，都深深感到人生恒常之数虽无形但异常深刻的影响，起起伏伏兜兜转转，却最终让人感悟到恒常之数的难违与深意。十年的经历，如人饮水，冷暖自知。当我在本书书稿最终修改完毕并准备在后记中记载这十年的诸多经历时，真正体会到了古人"叹十年心事，休休莫莫"的心境与感受。十年种种，不断在眼前浮现，但下笔时却几次停顿，不知从何处说起，以至后记的撰写一拖再拖。我最终决定，索性还是从选择刑事执行法学特别是社区矫正作为学术方向从事博士后研究工作开始写起，在回忆和写作的过程中能有什么相关的想法、感悟甚至牢骚就随时记录于此。随缘就势，也应当是一种不错的态度。

我至今清楚地记得，最初认识社区矫正应该还是在中国人民大学法学院攻读刑法学硕士学位期间。2006年9月，即在研二的第一学期，我选了韩玉胜教授的《刑事执行法原理》这门课程。韩玉胜教授是我国刑事执行法、监狱学以及刑法学领域的著名专家，虽然行政管理与教学科研任务繁忙，但仍然坚持给我们硕士研究生开课，韩老师上课非常认真负责，对于因为国庆假期等原因而耽误的课程不仅全部按课时要求补课，还趁着补课之"工作便利"给我们加了两次课，而且，韩老师上课风趣幽默，往往用非常通俗和简单的语言就能将刑事执行法学理论中的重点争议问题和观点娓娓道来，真正让学生们听起来毫不费力，从来不会觉得晦涩难懂，使得学生们在潜移默化中就能初步了解中国人民大学法学院刑事执行法学专家学者的学术立场、基本观点与知识体系。在上课期间，我记得韩老师用了将近三节课的时间专门讲解

中国特色社区矫正基本制度问题研究

社区矫正试点的宏观背景与法治意义、创新模式、制度规范及其与监狱学、刑事执行法学的关系等问题。正是在这门课的学习过程中，我第一次知道了监狱法学与监狱学、刑事执行法学之间的重大差异，第一次了解到"不管是监狱法学还是未来的社区矫正法学都应该容纳在刑事执行法学体系框架下进行研究"的重要理论观点。然而很遗憾的是，由于当时学术视野和学术敏感度不够，且受到当时学术环境的某些影响，我一直醉心于系统学习和梳理犯罪论体系特别是日本犯罪论知识体系，因此当时并没有太多关注社区矫正以及刑事执行制度领域的相关问题，仅仅是限于知道世界上有社区矫正这种制度，而且这种制度是我国正在引进和尝试的一种与监狱矫正相提并论的执行措施。

也正是在 2006 年 11 月左右，我决定跨校报考北京大学法学院刑法学专业博士研究生，在备考过程中我发现，北大法学院博士研究生入学考试的科目中有一张专业试卷以犯罪学和监狱两个学科为考试内容与范围，而且，在往年试题中竟然已经出现了关于社区矫正与监狱学关系的论述题。正因如此，在备考期间，我不得不对监狱学理论以及社区矫正问题进行重点关注。由于当时中国人民大学法学院的法学硕士学制为两年，学生们首先要修满毕业学分并撰写硕士论文，且不少学生还需同时准备司法考试、国家或各省公务员考试，因此，进入研二之后，纯粹基于刑法学术和理论兴趣而选择一些相对冷门的专业选修课的学生人数过少，所以有些课程就没有再正常开设，或者开设起来之后讲授得较为笼统简单，加之前面提到的某些原因，我对包括监狱学和社区矫正理论在内的刑事执行法学总体而言仍然不如刑法学那么熟悉。在此期间，我因为一个偶然的机会有幸认识了中央司法警官学院的刘世恩教授，并多次向刘老师请教和学习监狱法学的相关知识。刘老师是我国监狱学领域的专家，但却非常平易近人，对于我这样一个"不是刘老师课堂上教的学生"的学生，毫无保留，倾囊相授。当时在刘老师的家中，刘老师多次用和我聊天的方式给我系统的串讲了我国监狱法学的基本体系、核心争议问题与主要观点，并且特别指出社区矫正试点对于我国监狱制度的重大辅助和创新价值。刘老师以略带兴奋的语气、如数家珍的列举社区矫正重大创新意义的情景，我至今历历在目。正是在不同机缘和条件下因学习和考试所必须，我断断续续地接触到监狱学、社区矫正以刑事执行法学的相关知识与理论，才逐渐开始真正深入了解刑事执行法学这一学科。

2007 年 9 月，我正式进入北京大学法学院攻读刑法学专业博士学位。在

后记（二）

博一第二学期即 2008 年 5 月左右，我的导师王世洲教授便与我商量博士论文的选题与写作问题。不久，在王老师的要求与指导下，我初步将"刑罚一般预防目的"作为博士论文的选题方向。此后，我便开始对刑罚一般预防目的问题进行系统的学术梳理与总结，并最终以"刑罚一般预防目的的信条学意义"为题撰写了博士论文。在对刑罚一般预防目的进行学术梳理和综述过程中，我曾多次感悟到，一般预防目的的信条学意义及其影响不会仅仅局限于刑事立法、犯罪边界与构造以及定罪量刑等领域，而且还可能会辐射到刑事执行领域，至少，一般预防目的与社区矫正或多或少存在着一定的关系。在我国当前的法律制度框架之下，基于"向前看"的前瞻性视角，凡是参与社区矫正的罪犯，绝大部分人的人身危险性和再犯可能性都已经非常低，因此无论是从未来的特殊预防还是一般预防角度而言，都是相对容易实现预防目的的对象；然而基于"向后看"的回溯性视角，只要有罪犯进入社区矫正制度机制之中并开始参加社区矫正，这本身就意味着过去刑罚乃至刑法运用对这一群体没有产生效果从而导致一般预防机制的失败。原因很简单，一般预防目的的效果是否实现是与初犯率的高低紧密联系在一起的。如果在特定时期的国家或地区初犯率低，至少在很大程度上可以说明该国或地区刑法运行机制有效即一般预防效果良好，相反，如果该国或地区的初犯率高，则可以说明该国或地区刑法运行机制存在某些欠缺且一般预防效果不佳。因此可以认为，一般预防实现程度的高低和实际效果与一个社会犯罪的初犯率呈负相关关系，亦即，一般预防目的的实现的一个重要考核指标就是必须具备较低的初犯率。因为参加社区矫正的对象都是犯罪人，这部分犯罪人显然拉升了初犯率，而拉升初犯率就必然使得一般预防目的的实现程度降低并削弱一般预防的实际效果。事实上，在我国当前的确存在着大量轻罪现象以及特定的轻罪犯群体，对于这些人为什么会违反刑法但同时并不是严重违反刑法，他们对轻微触犯刑法之后国家所施加轻刑的真实态度如何以及一般公众究竟如何看待这些轻罪犯群体等问题，是非常值得结合刑事司法实践进行总结和研究的。因此，在思考和总结刑罚一般预防目的实现和贯彻的前提条件、制约因素以及机制机理等问题时，从一般预防目的的失败的具体案例和特定人群中总结和反思一般预防的运行机制机理，是我当初思考社区矫正和一般预防目的之间关系的一个重要切入点。

2012 年 7 月，我博士研究生毕业后便南下浙江杭州，正式入职浙江财经学院（现浙江财经大学）法学院从事科研教学工作。2012 年底由于一个非常偶然的机缘，我有幸认识了中国政法大学刑事司法学院的王顺安教授。王老师在我国20世纪90年代就已经对刑事执行法学进行了非常深入和透彻的研究，明确指出建立统一和规范的刑事执行法是我国刑事法律制度发展的一个重要方向，并且在此后的近30年中一直身体力行，不断赴各地基层单位调研并撰写专著文章，为建立统一的刑事执行法体系、繁荣刑事法学研究呼吁奔走。由于机会难得，我曾当面向王老师请教社区矫正的相关法律问题。在请教过程中，我将博士论文送给王老师，并结合自己对社区矫正与一般预防目的的关系的初步思考，向王老师表达了一些粗浅的个人看法，未曾想到王老师异常高兴，认为"总的思路和方向比较正确"，并明确鼓励我"不要始终局限于犯罪论方面的研究"，而要"心怀祖国大地波澜壮阔的伟大实践"，努力"从刑罚执行这一最末端的制度运行机理回溯性的观察我国刑事立法与司法运行机制，其中当然会包括对犯罪论的思考，当然也会包括对犯罪论与刑罚论贯通的一体化思考"，应当"真正深入基层，亲身感受中国正在发生的伟大法治实践，尝试梳理和总结中国的刑事法律实践的具体经验，充分发挥已有的比较研究的优势，构建有中国特色的刑法理论"。寥寥术语，便将我博士论文的写作初衷与逻辑起点予以准确概括并提出了我从未考虑过的建议，我当时听后感慨颇多，心灵受到不小的震撼，在返回住处之后便认真琢磨了许久。

的确，我在硕士和博士研究生期间，基本上都是围绕着刑法基础理论进行研究和写作论文的。在硕士时期，我主要围绕着"刑法功能（机能）"问题进行研究，很惭愧，由于当时自己的学术视野、研究能力、研究方法都有待提高或改进，所作研究的学术新颖性以及结论正确性都存在疑问，选择的参文献也大多是二手译文文本。我记得很清楚，我的硕士研究生导师黄京平教授就曾对我论文的基本结论——"应当构建人权保障优先的刑法机能模式"不太支持，而且在硕士论文答辩时，时延安教授意味深长地对我说："这个结论咱们人大老师们大部分不会同意，千万不要认为有些观点在当下流行就是正确的，有机会可以去刑事司法实践部门看看就有切身感悟了。"然而，母校以及老师们一向对学生非常宽容与呵护，正是在这种宽松的环境中我的硕士论文仍然顺利通过并忝列"优秀论文"之列。坦白说，在硕士论文的撰写过程中，我真的没有考虑过到基层调研这个事！在博士时期的论文写作过程中，因受王世洲教授多年的悉心指导与教诲，我在文献综述、参考文献选择、写作方式与表述以及写作回顾性总结等方面逐渐感悟较多，进步较快。由于博士论文写作主要采用了比较研究的方法，因此在参考文献的选取上，我基本

后记（二）

上已经开始全部选取英文原版文献作为第一手资料并直接阅读原文；在论文写作经验等方面，关于论文写作的常见思路、方法、表述、文风以及习惯等都已基本掌握，但是由于时间、精力以及成本所限，采用调查研究或者实证性方法研究一般预防目的的实现条件与机制，在短期内是几乎不可能完成的。我深知，博士论文最大的遗憾也是由于写作从理论到理论而缺乏对中国刑事司法实践的深入调查研究，缺乏可靠的实证数据与材料。正因如此，当王顺安老师谈到深入调查研究并关注中国刑事司法实践乃至刑事执行过程中的现实问题时，我内心触动很大，便开始尝试着仔细阅读刑事执行法学领域的一些专业书籍。然而，因为年少无知，我当时在翻阅一些文献时，内心总是认为这些文献仅仅是在解释甚至只是复述法条，很多观点平淡无奇，论证也不深刻，根本不能像研习犯罪论体系那时面对形形色色的理论学说而使得思维甚至心灵产生冲击和震撼。另外，由于刑事执行法学的学科内容和体系相对庞杂，不仅涉及刑法学的相关知识，而且还涉及宪法、立法法、检察院与法院组织法、刑事诉讼法和行政法等学科的知识，特别是一些涉及刑事程序方面的制度规则比较繁琐，我阅读起来感觉十分枯燥无味，难以真正提起学术兴趣。因此，在那段时间，我最终还是没有下定决心研究刑事执行法学领域的问题，相反仍然倾向于继续研究犯罪论领域的基础理论问题。我因为关注过英国和东欧某些年轻学者对英美法犯罪化原则中危害原则与德国刑法中法益侵害原则进行比较研究的相关著作和论文，便萌发了对犯罪化原则进行跨法系比较研究的想法。然而，我也明确意识到继续这种基础理论的比较研究其实也从是理论到理论，加之需要对两大法系主要国家的犯罪化原则的相关文献进行大量阅读和完整梳理，我也有点犹豫。这样，时间就在我的犹豫和日常的教学工作中流逝了。

转眼到了2014年春节，在与王顺安老师的春节问候与交流中，王老师再次明确提到学术研究需要考虑国家和社会发展的需要，且当时恰逢社区矫正立法已经正式进入党中央和国家最高立法机关的工作计划，王老师便叮嘱我梳理和总结社区矫正试点和推行特别是统一立法的意义和价值问题。事实上，对此问题我也曾经有过简单的思考，特别是结合刑罚目的的分配原则思考过社区矫正制度对刑罚运用乃至犯罪边界的影响问题，因此我便在文献梳理的基础上提出了"以社区矫正立法为契机，推进刑罚运用、刑种体系乃至犯罪边界、分层以及轻罪体系制度整体发展"的观点。由于寒假时间很短，加之自己俗务缠身，我很快便从河北老家返回浙江准备新学期的教学工作，自然

中国特色社区矫正基本制度问题研究

也就没有按照王老师的要求认真的全部梳理有关社区矫正制度发展和立法意义的相关文献,更没有进行系统性思考、归纳与砥砺,而是仅仅写了七千字左右的提纲便发给王老师敷衍了事。令我没有想到的是,王老师对"社区矫正等刑事执行制度的发展能够推动刑法乃至刑事诉讼法整体性改革"的观点和思路大为赞赏,并鼓励我要心无旁骛的继续从事学术研究。我很惭愧,现在每每回想起过去的种种敷衍潦草与轻浮自负,实在汗颜。

在王顺安老师的大力提携与多方关照下,我终于下定决心对刑事执行法学进行系统学习和研究,并询问王老师我能否到中国政法大博士后流动站专门从事刑事执行法的研究工作,王老师欣然应允。2014年春,在中国政法大学博士后流动站名额和岗位极为紧张、竞争压力极大的情况之下,王老师力排众议、积极奔走,强烈坚持我入站,并在科研经费、学术机会以及经济和生活等方面给予我大力支持和帮助。因此,2014年7月,我正式进入中国政法大学博士后流动站,专门从事刑事执行法学的研究工作。由于当时王老师正在拉萨援藏,由拉萨往返北京十分不便,但王老师仍将社区矫正的立法建议稿和一些专家建议稿复印给我,并叮嘱我结合我国社区矫正立法问题,就中国特色社区矫正制度构建与发展课题进行专门研究。

实际上,在刚开始从一般预防目的的研究领域转向社区矫正这一相对陌生的课题时,我的确有手足无措和焦虑无助之感,看文献时不仅仍然感觉文献非常生疏,耗时很长且抓不住要点;而且对于一些专门的矫正和风险评估技术操作规程和细节也不甚明了,不明所以;对于一些涉及程序性的细节问题,觉得更加乏味,加之受到个人生活、身体以及工作上的困难和挫折的影响,我实际上曾多次想放弃对社区矫正具体问题的研究,然而仔细思量,却深感愧对王老师的片片苦心,愧对父母的叮咛嘱托与期盼,自然也愧对自己多年求学所形成的学术理想。

在内心纠结和反复斗争的同时,我还是没有放弃继续整理相关学术文献。特别值得一提的是,在对王老师以往的学术专著和期刊论文中的主要观点进行了解和总结的过程中,我不禁发现,王老师的学术兴趣比较广泛,除了刑事执行法之外,王老师对治安管理处罚法、犯罪学与刑事政策、看守所与强制戒毒法乃至律师法等领域都广有涉猎、颇有建树,早在20世纪90年代就已经主持过数个国家社科重点或一般课题,并出版了近百万字的两部刑事执行法学专著。正是王老师长期坚持刑事一体化的学术研究思路,而且对刑法相关学科和领域有深刻的理解和领悟,因此,王老师的一些学术观点,从实

后记（二）

质上来看和我的博士生导师王世洲教授以及我在博士论文中所提出的一些观点有异曲同工之处，只不过表述有差异而已。如，对于我国刑法的犯罪圈以及剥夺人身自由的行政处罚的改革方向、对于我国社区矫正与轻罪体系的建立之间互动发展及其法治意义、对于社区矫正制度的刑事执行性质以及对于刑事执行法律制度统一化和规范化的发展思路等等，仔细品读，两位王老师的观点和主张都有殊途同归之感。这一发现的确让我产生了更多的学术共鸣和动力，进而得以重拾信心，继续前行。与此同时，在一个很偶然的机会，我到杭州一家旧版古籍书店闲逛，无意中发现了一本21世纪初出版的《刑事执行法学》（政法机关内部发行，群众出版社2001年版），我仔细一看居然是王顺安老师的专著。打开扉页，王顺安老师手书的"敬请邵名正教授指正 中国政法大学学生王顺安于二零零一年十月二十八日"马上映入眼帘。虽然邵名正教授早已过世，但我在一些文献中也了解到了邵名正教授在劳改与监狱学领域极为重要的学术地位与基本主张。的确，虽然是在无意中得到此书，但我隐隐约约看到了中国政法大学的学术前辈们在刑事执行法学这一冷门领域秉持坚定的学术理想，默默耕耘、无私奉献、薪火传承，我也深切感悟到冥冥之中有某种注定的因缘。种种际遇特别是师长的鼓励与期盼，开始促使我不断克服困难并将社区矫正的研究进一步坚持下去。后来我将无意中获得该书一事告知王老师，王老师也感慨不已并再次鼓励我，"要珍惜这种难得的缘分，将刑事执行法学的研究继续下去。"

我因家庭和生活等多方面的慎重考虑和权衡，最终决定回到浙江工作。2015年10月，我正式调入嘉兴学院法律系。在入职嘉兴学院之后我便开始逐渐接触刑事辩护业务。在不断接触具体的刑事案件过程中，我对社区矫正问题的了解和感悟进一步深化。由于刑事辩护业务中的当事人或委托人大多来自在杭州和嘉兴，这样，我主要和杭州和嘉兴的刑事司法机关进行工作交流，因此对于这两个地区的刑事案件特别是一些轻罪领域的犯罪和刑罚实践问题有了更加深刻的思考。应当说，杭州和嘉兴的社会治安状况和治理水平一直处于全国前列，刑事司法环境相对较好，执法相对标准和规范。这种状况实际上就意味着，由于严格坚持依法办事，进入到刑事立案和侦查过程中的案件数量相对较多，同时，案件最终进入审判阶段，判处三年以下有期徒刑并适用缓刑的情形也就相对较多。正是在从事刑事辩护业务时，我有意识的思考和总结自己所办案件中的犯罪人的情况和特征，特别是涉及其人身危险性和再犯可能性以及对法律了解程度和能力等具体情况，而且在辩护工作结束之后，我也和大部分当事人继续保持着联系，甚至还曾数次以律师身份到不同的监狱去会见原当事人，进一步获知其改造情况和动态。此外，我多次利用外出办案或学术会议的机会，对浙江省内的一些代表性地区如杭州、宁波、嘉兴和台州等地下辖的市、区、县的社区矫正实践运行状况进行调研，由此，我逐渐对东部经济发达地区基层社区矫正的实践运行情况有了更为直观的认识和了解。

在对社区矫正理论和实践形成了较为全面和系统的基本认识之后，我曾开始动笔写作，准备将社区矫正的研究课题早日完成，依稀记得在2017年6月完成了一份初稿。但是，坦白说，我并没有对这份初稿投入多大心血，这份初稿大部分内容其实都是对已有知识的总结和梳理，我也就集中精力写了两章。不能集中精力除了当时确实忙于娶妻生子育儿等家庭事务的客观原因之外，主要的困惑在于，我仍感觉研究思路囿于社区矫正与刑法关系的抽象范畴，偏离了社区矫正基本制度规范研究的方向，与涵盖社区矫正实践、制度规范与立法发展等内容的综合性研究确有较大差距，而且，在研究过程中我初步感受到社区矫正基础理论中很多观点与论证思路不清晰甚至有些混乱，特别是涉及刑罚基础理论的一些问题往往众说纷纭，莫衷一是。如，社区矫正的基本性质究竟该如何定位，特别是缓刑到底是刑罚执行制度还是裁量制度、社区矫正是否需要配置警察、社区矫正机构能否对社区矫正对象进行集中教育、强制性公益劳动、是否必须佩戴电子定位装置、社区矫正到底如何处理缓刑与假释的关系等问题，从刑罚基础理论的角度来看的确仍有诸多疑问。由于我对社区矫正领域的争议问题理解和掌握仍较为粗枝大叶未能十分深入透彻，因此面对这些不清晰甚至有些混乱的争议问题，自己也是一头雾水，理不清头绪。因此，在王顺安老师的建议下，我便暂时再次放下这些问题，"等一等""看一看"。在这段时间里，社区矫正理论和实践部门对上述问题的争论却进一步激烈，甚至可以说，正是由于社区矫正理论和实践部门对社区矫正的某些基本问题存在严重分歧，这在某种程度上甚至影响到了我国社区矫正的立法进程与出台时间。

转眼到了2019年初，我在前两年梳理社区矫正相关文献以及所撰写的部分文稿的基础上，想尽快完成对中国特色社区矫正制度本身的整体性研究，然而，因浙江一带较之河北更为潮湿，加之经常久坐，困扰我数年的腰椎间盘突出旧疾在2019年4月底突然彻底加重，被迫住院手术治疗。因病情严重，学校的教学科研工作不得已暂停，在术后近三个月的时间里只能卧床静养并进行康复训练,在这段郁闷和艰难的日子中,我反而有了较为充足的时间重新思考我国社区矫正规范研究的切入点与具体架构问题,在彻底对初稿进行反思和整合的基础上,重新拟定了写作大纲。此时,我对我国社区矫正理论和实践领域的大部分文献已经较为熟悉,便尝试着对社区矫正知识形态和研究路径等问题进行了一些抽象性总结,并逐渐体会到在社区矫正制度创制和发展初期,以社区矫正立法与制度构建与发展为核心内容的法学规范性研究,仍应当属于社区矫正理论中最为重要的部分,即便社区矫正制度的比较研究以及基于社会学、社会工作或公共管理学等研究方法和路径开展的社区矫正研究,也应当服务于社区矫正立法与制度构建这一国家工作和发展的大局。与此同时,无论是主张何种社区矫正立法模式的观点,都有意无意的承认我国社区矫正立法与制度设计必然是粗线条的、原则性的,主要侧重于基本原则、底线性规范与基本制度框架的确认与构建。这就意味着,对社区矫正制度进行法学规范性研究,应当特别关注社区矫正最基本的法律制度问题。社区矫正法学规范性研究首先要说明的基本问题是:我国社区矫正制度究竟是什么,到底有什么特色?社区矫正制度是什么机构和什么人员对什么人适用和施加的?社区矫正制度对接受矫正的人到底要做什么,按照什么程序做?社区矫正作为一种国家活动,如果执法者与违法者出现问题,该如何承担责任,社区矫正执法者该由谁监督?等等。正是基于这种认识,王老师提醒我关注一下其所指导的博士生哈洪颖女士撰写的"社区矫正法律关系"相关文章,我阅读之后如沐春风、恍然大悟,的确,在社区矫正领域正式引入法理学中的"法律关系"概念尚属首次,这一做法不仅能为绝大多数法律工作者所认可和接受,而且还能将社区矫正所涉及的基本法律制度问题全部涵盖,完全可以称之为是对社区矫正理论的进一步抽象和提升。后来,我又根据对信条学与解释学的区分性理解,体会到社区矫正法学的规范性研究必须基于法律信条学的思维方法展开,而不能仅仅局限对社区矫正规范与制度进行所谓的"解释学"研究。根据上述前提性判断,我便将课题的名称正式确定为"中国特色社区矫正制度基本问题研究"并集中精力对初稿进行修改。2019年12月至2020年1月初突如其来的新冠肺炎疫情大规模爆发,我随后被困于老家安国数月,在这段时间由于疫情的凶猛以及抗击疫情的需要,世间的繁华与喧嚣似乎戛然而止,一切都随之静默。由于刑事辩护业务深受疫情影响而几乎处于歇业状态,各种各样的尘世功名利禄等纷纷扰扰自然暂时褪去,除了运用网络授课方式继续完成学校的教学任务之外,我便心无旁骛对书稿进行大规模的修改甚至重新写作。此时，恰逢我国《社区矫正法》刚刚通过，因此我便不断翻阅法条，努力领会立法规定的基本精神与准确含义，并与书稿中的说法和观点进行对照，进而对一些具体问题又进行了部分修正。这样，书稿的修改一直持续到 2020 年 5 月底才基本告一段落。2020 年 7 月 1 日，随着《社区矫正法》正式生效，与之配套的由"两高两部"发布的《社区矫正法实施办法》正式向社会公布并实施。由于按照《社区矫正法》对书稿进行部分修改时，《社区矫正法实施办法》尚未发布，因此书稿根本无法体现《社区矫正法实施办法》的最新精神与具体规定。当时，书稿修改完毕之后已经交由中国政法大学出版社进行编校，对于是不是撤回书稿并按照《社区矫正法实施办法》更为细致的规定对书稿再次进行补充修改，我内心十分犹豫。由于考虑到课题结项时间以及王顺安老师的科研计划安排，撤回书稿并进行再次补充修改客观上十分被动。然而，我考虑到最初在对社区矫正进行研究时，就是因为《社区矫正法》时时不能出台导致自己的研究没有权威性参照而一再推迟。事实上，其实自己内心是在期盼《社区矫正法》尽早出台，从而使得自己的研究思路和结论有一定的规范性参照和评价。也许这正是理论工作者的些许私心，毕竟理论工作者从内心深处来说，非常希望国家立法的精神和立场与自己的学术成果能够保持一致，以彰显自己的学术贡献与价值，而且一旦立法变动，学者的学术著作的价值就有了非常大的不确定性，也许正如德国著名学者尤利乌斯·冯·基尔希曼（Julius Hermann von Kirchmann）曾感慨的那样："立法者修改三个字，所有法学文献将因此变成一堆废纸"。因此，当《社区矫正法实施办法》这样如此重要的全国性社区矫正指导规范出台以后，自然应当将其纳入书稿之中，这样，至少在理论知识的完整性上不会存在遗憾，至少能够对书稿的观点和态度进行再次评价和检验。因此，我又硬着头皮将《社区矫正法实施办法》中的重要精神与主要内容融入书稿之中，对一些细化的规定略做反思、评价并进一步提出了发展和完善的对策建议。在此期间，王顺安老师又在不同的期刊和杂志上针对社区矫正历史发展、理念转变、性质定位、立法特色与意义以及社区矫正法学的构建与发展等基础理论问题公开发表数篇论文，均高屋建瓴、理解透彻，因此，在与王老师商量之后，便将上述论文的基本思想与主要内容融入书稿之中，使书稿的立意站位更高远，体系内容更丰富，逻辑论证更清晰。在书稿修订的过程中，王顺安教授还结合自己多年来直接参与社区矫正立法与论证工作的切身经历与感受，撰写了"社区矫正的探索与研究永远在路上"的序

后记（二）

言，该序言以 10 万多字的篇幅非常全面和系统的回顾了社区矫正萌芽发展并不断走向成熟的国际背景、理论与实践根据，特别是对我国社区矫正孕育和诞生的历史与现实条件、不同阶段社区矫正规范性文件出台、内容以及特色进行了极为清晰的宏观叙述和概括总结，从而不仅使得书稿的学术造诣和功底更上层楼，而且让书稿的历史厚重感油然而生；由于王老师撰写的序言具有极高的学术价值，我在通读学习和反复揣摩该序言的过程中，进一步感受和领悟王老师对社区矫正制度历史发展演变的认识、观点和立场，感慨颇多，因此只能不揣浅陋，按照王老师的总体学术思路和基本立场，将本书的核心观点浓缩概括并以"努力构建为世界所称道的中国特色社区矫正法学"为题形成文章作为王老师序言的一部分，从而对本书的基本立场与主要观点有所交代，以便于读者同仁们能够在最短的时间内了解本书的梗概。

特别需要提及的是，在社区矫正理论和实践界对社区矫正性质不断争论的过程中，持"社区矫正性质是刑罚执行"的观点曾经非常流行而且几乎成为主流性学说。我在接触和梳理社区矫正文献时，这一观点已为官方规范性文件所确认，因此该观点的影响力不断扩大，甚至还曾数次正式写入立法草案。在这种学术背景与环境下，我便自然而然的倾向于接受这一观点，但是从刑法学规范思维出发，我总觉得这种观点有点"拧巴"，肯定存在某些严重问题，但却道不出个所以然。我曾在梳理和研读王老师的相关论文时，得知王老师早在二十多年前就提出了"社区矫正为刑事执行制度"的观点，始终对"社区矫正的刑罚执行性质"说法不是很赞成。后来，经过和王老师多次交流并认真体会，我才对这两种观点的差异及其法治功能有了更深刻的感悟，最终恍然大悟。实际上，自我国社区矫正试点以来，王老师始终是国家社区矫正实践与立法的参与者与亲历者，更是社区矫正性质"刑事执行说"首倡者，面对我曾经的不完整和不成熟疑问，王老师完全可以直接将自己的观点告诉我并要求我按照这一观点进行论证，但是，王老师却不断循循善诱，仅仅是多次给我发送微信长文阐述我国社区矫正四类对象性质的根本差异、泛刑罚化的思想根源与水土不服、社区矫正制度对罪刑法定的坚持以及"刑罚执行说"对社区矫正目的的不良影响等等，细致说理，让我心服口服。王老师多次告诉我，"学者提出观点要慎重，一定要独立思考，不要人云亦云"。现在我也已经作人师，才慢慢地体会到王老师循循善诱教育方法的特殊价值之所在。

至今，《社区矫正法》正式实施并已经明确将社区矫正的基本性质界定为中国特色的刑事执行制度，这足以说明，"社区矫正的性质是刑事执行制度"的说法是符合国家法治发展需要的正确观点，是经得起历史、理论和实践检验的阶段性总结。与此同时，我们欣喜地看到，《社区矫正法实施办法》中一些具体的操作性和执行性规定，正在沿着"社区矫正是刑事执行制度"这一总体思路进一步发展、细化和完善，而这些规定与我们在课题研究以及本书中所提出的一些具体对策建议基本保持了一致。

总而言之，王老师对国家和历史负责的学术立场，立意高远、着眼未来的学术境界和严谨认真的学术风格，理论联系实际特别注重调查研究的学术方法以及循循善诱与平和宽容的学术态度，在我进行社区矫正研究过程中，于细微点滴处深深影响着我。在此，纵有千言万语，也难以表达王老师对我的教导、栽培与提携之情。我只有遵循王老师的诸多教诲，将社区矫正法学、监狱法学以及刑事执行法学进一步深入研究下去，在学术上不断进步，以不负恩师重望！

本书初稿是我在王顺安老师多方教诲与精心指导下完成的博士后出站报告基础上修改而来；进而在不断融入王顺安老师大量的最新学术观点与成果之后，经过对初稿系统性的修改和补充再次重新确定了基本框架；此后，在王顺安老师、王世洲老师、李豫黔先生、任昕教授、王利荣教授、王志亮教授、翟中东教授、冯卫国教授、连春亮教授、何显兵教授等诸多专家学者的耐心启发与点拨下不断思考、论证与修正后最终完成了本书定稿。事实上，在人文社科领域撰写博士论文和博士后出站报告，两者在学术规范和学术要求上到底有什么差别，据我所掌握的资料，至今仍没有一个清晰和明确的说法。为此，我也曾专门对一些高校的博士培养方案和博士论文的要求以及一些学校的博士后具体管理办法和博士后出站报告的要求做了分析，也就这一问题曾多次请教我所在单位研究高等教育和大学法的专家朱玉苗博士。经朱玉苗博士的答疑解惑，我基本上可以确定论文和报告应当是存在区别的。论文的写作，是围绕一个核心观点或论点进行多角度展开论证，论证该核心观点能否成立；而报告的写作，则应该沿着发现问题、分析问题和提出对策的思路展开，也就是我们常说的对策性研究的基本思路。当然，学术论文和对策性研究应当在研究目的、方法和功能上有原则性的区别，这一看法在国外文献中早已成为共识，但是，在国内学术研究中，两者似乎并没有被严格区分。而且，两者之间是否存在交叉和重合，也需要进一步研究。限于自身的学识，我对这一问题尚没有更深刻和准确的研究和把握，只能留待日后进一

后记（二）

步摸索。因此，关于中国特色社区矫正制度的研究，仅就我国社区矫正制度发展中最核心的信条性问题展开了研究，并且，基本上是沿着提出问题、分析问题以及归纳对策的思路进行的。当然，如果将中国特色社区矫正制度研究进一步浓缩和概括，可以认为，在我国当前社区矫正制度是一项以特定罪犯重新融入社会为根本任务的非监禁性刑事执行制度。另外，由于研究主题中的"中国特色"所限，我虽然也曾比较广泛的搜集境外社区矫正的外文和中文资料，但并没有在研究中过多体现，只是在涉及一些重大问题且有必要时，才对发达国家的相关做法做一定的介绍和阐释，本书更多的仅就中国社区矫正实践所形成的具有独特性的做法进行深入分析和研究。当然，这一特色问题的比较研究，还是以知道和了解发达国家社区矫正的制度和实践做法作为基本逻辑前提的。

本书的最终完成，可以算是我对自己断断续续的学术研究过程的一个阶段性总结。毕竟，经过硕士、博士以及博士后研究，我已完成了国内法学教育和研究体系的所有阶段、类型与形态。同时，本书的最终完成，也可以算是我对自己南下浙江工作十年的一个整体回忆与初步记录。"天正远，伤漂泊"。人在他乡，总是会被一些不经意的细节触发种种思绪。

我生于北方平原，深受燕赵大地慷慨豪迈文化传统的影响，却工作成长于江南水乡，浸染于吴越含蓄细腻文化传统之间，在最初来浙的几年，曾因生活方式、思维习惯以及价值理想等多方面的原因，内心常有起伏，对自己坚持的学术志向也曾多次动摇甚至怀疑，以至深感"文化冲突"理论之正确与合理，甚至曾有"岁月无多人易老，乾坤虽大愁难著"的感叹。然而随着对工作和生活环境的逐渐熟悉，我的认知也逐渐发生了一些变化。正因为对中国法律史比较感兴趣，我一直关注与浙江有关的历史人物与古迹。我关注北宋著名政治家和思想家范仲淹，了解到他无论处江湖之远还是居庙堂之高，都能以国家苍生为念而不计个人荣辱，进退自如，造福百姓。无疑，范仲淹已经成为我国宋代乃至中国整个封建时代文人士子为人、为政、为学理想的最高榜样和精神偶像，激励着一代又一代有良知的知识分子以家国天下为念，不断前行。我关注明代伟大的儒家代表人物王阳明，了解到王阳明"龙场悟道"前被锦衣卫追杀走投无路，被迫在杭州钱塘江畔伪装投江并写下"学道无成岁月虚，天乎至此欲何如"的悲凉绝望诗句，此后在逃亡过程中却能立即写出"夜静海涛三万里，月明飞锡下天风"如此豪迈旷达的名句，在钱塘江畔，我近距离地感受古代士子身处逆境的无限豪情、洒脱与无畏。我关注

"中国第一善书"作者明代思想家袁黄,曾专门到位于嘉善的袁黄纪念馆去参观,深刻感悟其"隐恶扬善""迁善改过"的自我修身、造福桑梓的良苦用心与悲悯情怀。我曾数次到浙江海宁盐官观赏惊涛拍岸的钱江大潮,亲身感受"世界潮流,浩浩荡荡"的真切意境,每每看到孙中山先生"猛进如潮"的题字以及毛泽东主席"千里波涛滚滚来,雪花飞向钓鱼台"的观潮诗句,总能让人心胸开阔,豁然开朗。正是因为古圣先贤内心自我净化、以善立身、家国情怀以及自强不息的精神不断打动和感染我,我才发现自己所遭遇的各种困难与挫折,与古人相比其实都是微乎其微的,正所谓"艰难困苦正是以事练心之时",而且,相对于内心所秉持的天理和良知而言,尘世间名闻利养只是可遇不可求的流转之物,一心贪着则必然身心受损,终无所获。只有将身心安驻于天理良知,知行合一,才能身心泰然,终有所成。对我们世间凡夫来说,树立利他的奉献理想,心无旁骛、雷打不动地为之努力,将各种世间挫折困苦作为磨练自己意志与心境的方法与手段,则心胸自然开阔,终会有所成。于是,我不再纠结于名闻利养、身处何地、周围环境,男儿应志在四方,只要一心不动、心无旁骛地朝着既定的志向目标前进,身处何地或者身处何种环境其实根本不需要在意,不利条件和环境自会逐渐转变。因此,我逐渐回归学术并开始学术研究的转向,重点关注中国最富庶地区之一的基层法治发展状况,特别是浙江乃至长三角地区的社区矫正法治实践,从基层实践调研情况出发,梳理和总结实践中存在的新型和疑难问题,力争形成符合本地区真实情况且对本地区发展乃至对全国社区矫正法治建设具有可复制性意义的学术成果,从而为自己所长期生活和工作的"第二故乡"的法治建设略尽绵薄之力、做些许贡献。

我必须感谢北京大学法学院暨北京师范大学京师首席专家储槐植教授、中国人民大学法学院黄京平教授、韩玉胜教授、赵晓耕教授、谢望原教授、张小虎教授、时延安教授、北京师范大学刑事法律科学研究院王志祥教授、暨南大学人文学院张江河教授、西南大学法学院陈跃辉老师。各位老师一直以来关心我的学习、生活和工作,特别是在刑法学术领域一直给我诸多教诲、提携和无私帮助,学生一直铭记在心。我时常自忖资质鲁钝却又何其有幸,在求学过程中能追随我国数位著名刑法学专家学习多年,从而在各位恩师的指导下,真正经历了不同类型和风格的学术历练:在人大法学院系统掌握理论综述,在北大法学院着重感悟理论体系构建,在法大刑事司法学院则深刻理解理论运行。我的博士生导师王世洲教授,即便在我毕业多年之后至今没有放弃我这个不争气的学生，仍然常常耳提面命、循循善诱和多方教诲，不厌其烦为我解答刑法知识中的疑难和困惑，多次告诫我不能三心二意偏离学术研究，不能放弃学术这一立身之本，引导我树立正确的刑法思维方式与学术理想。特别是，在2020年春新冠肺炎疫情肆虐的时期，王世洲老师当时仍远在以色列希伯来大学孔子学院任职，听我谈及对社区矫正的研究已经略有雏形的情况下，便与王顺安老师商议并由王顺安老师出面，充分运用网络会议的科技便利，以此为契机正式筹备了《监狱法》修改热点问题与立法建议、社区矫正法治建设和法大预防犯罪三大网络会议高峰论坛，使得中外近百名著名专家学者多次云端相聚，至今已经举办了近百场开放性和公益性的学术专题讲座，在中国刑法、刑事诉讼法学以及刑事执行法学界已经形成巨大影响力。另外，我还需要特别感谢当年参加我博士后出站报告评审会的中国政法大学刑事司法学院徐久生教授、阮齐林教授以及社会学院刘邦惠教授，各位老师从比较法学、法解释学以及法社会学等不同角度对出站报告提出了诸多有价值的意见和建议，大部分的意见和建议我都已经在后续的修改过程中采纳或进行了解释说明，在此对各位老师深表谢意！也正是通过博士后出站报告的评审会，我的博士后合作导师王顺安教授与博士生导师王世洲教授相聚一堂，相谈甚欢，后来一起开创了中国刑法学与刑事执行法学联袂交流与深度合作的高峰学术论坛，这些论坛现已经成为我国刑事法学界的重要学术交流典范与佳话。我能有幸参与此项盛事，倍感荣幸的同时，压力和责任陡增，我唯有以各位恩师为榜样，听从各位恩师的谆谆教诲不断砥砺前行，方能不负各位恩师的苦心！

本书的最终完成，必须感谢父母和家庭对我一直以来无私的支持和付出，父母和家庭的呵护与支持使我有了一个良好的环境，能够在恰当处理法律实务和教书育人工作的同时，静下心来认真思考学术问题并在理解和感悟的基础上形成自己的学术观点。父母养育，含辛茹苦，恩重难报，纵千般孝养难报父母恩情，更何况，这十年来我长期在外漂泊，难有充裕时间陪伴父母，每念及此，便充满愧疚。我唯有在工作、学习和家庭生活中不断努力的同时，尽心陪伴妻儿老小，以报恩情于万一。

此外，曾在中国政法大学博士后流动站管理办公室工作的郑永吉老师、戈春老师和以及仍在该办公室工作的王英娜老师，曾给予我诸多帮助，在此深表谢意！嘉兴学院文法学院党委书记洪坚教授、童建华副院长、欧阳仁根教授以及教务办的严建军老师和李敏老师长期以来在工作、生活和学习方面

中国特色社区矫正基本制度问题研究

给予我多方悉心照顾和关怀,让我时刻能够感受到家一样的温暖和温馨,让我这羁旅他乡的游子少了一份乡愁,从而为本书的最终完成创造了诸多便利条件,在此深表谢意!

感谢我的好友赵西斌、李嘉程、李勇军、杨永磊、曹佳、王鲁权、唐涛在工作和生活等方面给予的多种鼓励和帮助,闲暇时节,三五好友,书生意气,把酒言欢,确为已过不惑之年的人生乐事。人生有几个志同道合的好友与知已,因缘际会已实属难得,真心期盼着各位好友"摄衣更上一层楼,才到层霄最上头"!

最后,我特别感谢中国政法大学出版社的丁春晖先生及其编辑团队。在本书出版策划和编校过程中,丁春晖先生和他的团队始终以极为认真负责和耐心细致的态度,为本书的最终出版做了大量的工作,准确辨识我书稿上的近似于蚂蚁般的字迹,时刻容忍我近乎苛刻的各种细节要求,并一再包容我的拖沓和延期。同时,特别感谢我的朋友柳宁女士。在本书出版之前,面对我的喋喋不休、各种各样的非专业性且词不达意的作图要求以及反反复复的数据变更,柳宁女士以其专业的审美能力、高超的绘图技术以及极为耐心负责的态度,最终帮助我顺利完成了书中的统计数据的图表设计和修改工作,从而使得本书的数据展示方式更为多样,形式更为精美,可读性进一步增强。总之,本书的正式出版,各位的辛苦付出与汗水已经融入本书的字里行间,在此,我深表谢意!

本书是我在浙江工作十年间所出版的第二本书。我当年博士毕业前夕去拜访储槐植教授,储老师语重心长地提醒我,"在地方高校要沉得住气,坐得住冷板凳。至少要先练笔写一百篇论文再考虑出道出名。一百篇论文按照每篇一万字来计算,差不多就是写大概一百万字",我当时以半开玩笑的口气回应储老师,"我这人资质、悟性和基础都不太行,还是练笔写两百万字再说吧。"现在我真正感受到,学术进步的真谛的确在于"坚持不停地写"。想想也是惭愧,由于自己的因循懈怠,即便在本书出版后,尚离当年两百万字的目标仍有不小差距,仍需继续不停的一步一步的努力,而且这仅仅是指完成当年所设定的写作目标。即便尽早完成上述目标,我还需要重新回过头来揣摩论文发表和课题申报等事项,也许仍然需要不少时日,因此与那些早已成为教授、博士生硕士生导师且不断出名作、拿课题、获领导批示并早已形成有影响力"学术标签"的师兄弟和同班同学们相比,距离也许仍然还是相差十万八千里,但是,随着十年的砥砺磨炼以及自己身心的不断放下,我越来

后记（二）

越坚信，唯有一心专注，不断自我积淀，修心砥砺，在学术写作和研究过程中更多的追求一门深入、身心安驻，良心无愧与胸怀天下，才能真正对得起"学问"二字。

我过去曾认为著作的后记只是对自己学术历程的一种客观记录，主要是写给自己看而不是给别人看，而且在这个学术著作都没有人认真阅读的浮躁年代，谁会认真的耐着性子去读后记呢？但是这些年来我逐渐发现，其实包括我在内的不少学术同仁都有一种习惯，即在翻阅别人著作时，往往喜欢首先认真阅读著作的后记或致谢部分，进而试着了解作者与众不同的心路历程和学术感悟，这样，著作的后记可能就成为同仁们看得最仔细且记忆最深刻的部分，虽然这部分内容可能和著作的主题没有什么必然联系。自从我了解到学术同仁们的这个习惯之后，就开始好好整理和重新构思后记的内容，以便准确交代本书的写作背景与成书原因，让有缘能阅读到本书的同仁们清晰了解我们师生在我国社区矫正基本制度问题上的理论思路与主要观点，同时让同仁们了解作者从事社区矫正研究的心路历程与重要感悟。

谨以本书献给我的所有母校、诸位恩师、一直无私鼓励和支持我的父母家人以及朋友们！

马　聪

2017 年 6 月 20 日

谨记于浙江嘉兴南湖

2020 年 6 月 9 日

改定于浙江杭州下沙钱塘江畔

2021 年 7 月 1 日

《社区矫正法》生效一周年之际

最终改定于古城药都安国